Entrepreneurship & Management

기업가정신과 창업경영

| 유순근 |

비앤엠북스

서문

창업은 시장이나 기술의 공백, 고객의 욕구나 문제를 확인하고, 이를 혁신과 모험으로 도전하는 과업이지만, 문제해결은 불확실하고, 성공은 보장되지 않는다. 그러나 정주영 회장과 이병철 회장은 탁월한 개척정신과 기회포착 능력으로 글로벌 기업을 이룬 기업가들이다. 또한 스티브 잡스, 빌 게이츠와 래리 페이지 등은 다르게 모방하는 혁신과 창조성으로 혁신기업을 이룬 기업가들이다. 이들은 또한 모두 전문적 지식과 네트워크를 구축한 지식경영자였다. 기꺼이 위험을 감수하고, 기회를 부로 전환할 수 있는 사람은 일반적으로 기업가이며, 초심자들이다. 사업의 비결은 다른 사람들이 모르고 있는 것을 찾아내고, 이를 독창력으로 해결하는 것이다. 경쟁자가 시장에 제공하지 않은 미제공 욕구와 고객의 잠재적 욕구를 탐색하고, 좋은 제품을 개발하여 좋아 보이는 상품을 만들 때 창업은 성공할 수 있다.

기업가 정신은 아이디어와 신기술로 부를 창출하기 위해 경영지식, 경험과 직관으로 시장기회를 포착하고, 사업기회를 혁신과 창의성으로 도전하여, 성공이 보장되지 않은 시장이나 고객의 문제를 해결하는 혁신과 도전정신이다. 창조성과 혁신은 경쟁자와 성공적으로 경쟁할 수 있는 기업의 핵심적인 역량이다. 그러나 창업가는 지식과 경험의 부족으로 종종 경영부실을 맞게 된다. 불행하게도 경영부실은 통상 회사를 운영하는 중에 그리고 사업이 일정한 규모를 성취한 후에 발생하는데 대부분 경영지식이 부족하기 때문이다. 일정한 규모의 경영은 지식과 경험이 있는 전문경영자가 필요하다는 것을 기업가들은 충분히 이해하지 못한다. 필요한 기술과 자원을 갖고 있지 않은 영역에서 사업을 창조하고, 기술과 제품을 개발하는 데 집중하나, 자금관리와 생존전략을 경시하는 경향이 있다. 대체로 중소기업은 경영전략을 계획하지 않고, 즉흥적으로 경영하는 바람직하지 못한 경영방식을 갖고 있다. 또한 소유자나 관리자의 매우 높은 개인화된 경영방식에 대부분 의존하고 있다. 중소기업은 대기업에 비해 유연성, 혁신과 간접비에서는 유리하나, 시장 지배력, 네트워크 접근, 자본과 경영자원에서 한계가 바로 중소기업의 실패의 주요 요인이 된다.

기업가에게는 혁신과 도전뿐만 아니라 전문적인 경영지식과 경험이 필요하다. 그러나 창업이나 기업가에게 경영지식과 경험이 부족하여 사업의 좋은 기회를 성공으로 전환하지 못하는 안타까운 현실이 많이 있다. 따라서 저자는 기업경영과 대학 강의 경험을 토대로 창업기업과 중소기업에 필요한 전문적인 경영지식과 실무기법을 소개하기 위해 『기업가 정신과 창업경영』을 집필하게 되었다. 본 기업가 정신과 창업경영은 시장의 기회를 확인하고, 도전정신과 창조성을 활용하여 성공적인 창업기업을 경영하는 데 필요한 경영이론과 실무기법을 전달하는 창업경영 전문서적이다. 따라서 창업을 공부하는 대학생, 창업 희망자, 관심자, 창업기업을 경영하는 기업가나 도전적이고 혁신적인 기업가적 정신이 필요한 경영자를 위한 전문서적이다.

기업가정신과 창업경영은 총 14장으로 구성되어 있다. 제1장 기업가 정신은 기업가 정신의 특성, 기업가의 유형과 기능, 기업가 과정과 기업가 자질, 제2장 창업과 중소기업은 창업의 기본, 창업의 과정, 중소기업의 이해, 제3장 창업기회의 탐구는 기업환경의 분석, 사업기회의 성격, 틈새시장, 기회개발 과정, 벤치마킹, 제4장 고객욕구의 탐구는 고객욕구의 성격, 고객욕구의 확인과정, 자료분석, 고객욕구의 분류, 고객욕구의 선정, 제5장 아이디어의 창출은 아이디어와 창의성, 창조적 사고기법, 트리즈 원리, 선행기술의 조사, 제품 아이디어 선별, 제6장 제품개발은 아이디어 탐색과 해결안 도출, 제품컨셉 창출, 제품컨셉의 선정, 제품개발, 마케팅 전략, 제7장 지식재산권은 지식재산권의 개요, 지식재산권의 종류, 제8장 사업타당성 분석은 사업타당성 분석, 사업타당성 분석 실제, 제9장 사업계획서는 사업계획서의 의의, 사업계획서의 구성과 내용, 제10장 창업자금, 세무와 사회보험은 벤처기업의 주기, 자금지원 제도, 보증지원 제도, 창업세무, 사회보험, 제11장 중소기업마케팅은 중소기업 마케팅, 마케팅의 성격, 제품관리, 서비스 마케팅, 마케팅 믹스, 세분화, 표적화와 포지셔닝, 유통관리, 제12장 조직관리와 경영전략은 조직관리, 인적자원, 경영전략, 제13장 커뮤니케이션은 커뮤니케이션, 비언어 커뮤니케이션, 언어와 표정의 심리학, 촉진믹스, 온라인 커뮤니케이션, 제14장 협상, 판매기술과 고객관리는 협상, 고객의 발견, 판매기술, 인적판매 기법, 고객관리 등이 있다. 보다 심층적인 학습을 위해 권미에 색인과 참고문헌을 게재하였다.

창업과 창업기업의 경영에 필요한 핵심기법 이외에도 세계적인 국내외 창업가의 기업가 정신 사례를 각 장마다 제시한 본 기업가정신과 창업경영은 실무적으로 활용할 수 있는 경영이론과 실무기법을 소개한 창업경영서이다. 앞으로도 새로운 이론과 실무기법을 계속 보완할 것이며, 아울러 독자 제현들의 많은 조언과 충고를 부탁드린다. 끝으로 본서를 출판해주신 도서출판 비앤엠북스 정광식사장님과 편집에 많은 노력을 해주신 모든 선생님께 감사를 드린다.

2016년 1월

유순근

C O N T E N T S

차례

제4장 고객욕구의 탐구

제5장 아이디어의 창출

제9장 사업계획서

제10장 창업자금, 세무와 사회보험

제 1 장

기업가 정신의 이해

Focus Lens 이봐, 해봤어?

모험, 통찰력과 창의성으로 성공을 이끈 정주영 회장

현대그룹의 창업자인 정주영 회장(1915~2001)은 가진 것도 배운 것도 없이 신용과 창의성으로 기업을 창업하여 세계적인 기업으로 성장시킨 한국경제의 성장에 공헌한 위대한 기업가이다. 어려서 할아버지에게 한문을 배우고, 송전소학교를 졸업한 후 농부라는 자신의 운명을 받아들이지 않고, 16세에 소 판 돈 70원을 갖고 상경했다. 그 후 아버지의 설득으로 다시 농촌생활을 했으나, 이후에도 두 번에 걸쳐 가출하여 스스로의 운명을 개척해 나아갔다. 빈곤한 농부의 자식, 송전소학교 졸업, 가출소년, 부두노동자와 쌀가게 배달원으로 시작하여 현대건설, 현대자동차, 현대중공업, 현대제철, 현대상선 등 수없이 많은 기업을 창업하여 세계적인 회사로 성장시킨 기업가이다. 과감한 도전 정신과 창의력으로 사업성공을 이끈 정주영 회장이 창업한 1960년대는 국민 1인당 소득이 80달러에 불과하여 자본, 기술, 경험 등이 거의 없는 절대빈곤의 국가였다.

근면과 신용

1933년 18세 때 마지막 가출로 인천 부두, 신축 공사장 등지에서의 막노동 생활을 거쳐 풍전 엿공장에서 일하던 정주영은 마침내 첫 직장으로 쌀가게인 복흥상회에 취업하게 된다. 쌀가게에 취업하여 쌀 배달을 하던 소년은 신용과 근검이 가장 큰 자산이라는 생각으로 밤에는 자전거 타기 연습, 경리장부 정리, 곡물분류와 정리로 쌀가게 주인의 신임을 얻어 급기야는 쌀가게 주인이 아들이 있는데도 불구하고 신용과 근면성을 인정받아 쌀가게 주인은 쌀가게를 정주영에게 넘겨주었다. 쌀가게를 인수해 경일상회를 개업하게 되었고, 이때 정주영 회장은 자동차와 인연을 맺게 된다. 정주영 회장은 트럭을 한 대 구입하여 농촌에서 직접 쌀을 구입해 도매를 겸했다. 그러나 불행하게도 1939년 일제의 전시체제령으로 쌀 배급제가 실시되어 경일상회를 폐쇄할 수밖에 없었다.

시험받지 않은 삶은 살 가치가 없다

일본의 통제를 받지 않는 사업을 찾던 어느 날 자기 트럭을 단골로 정비해 주던 정비사 이을학씨를 만나 새로운 사업에 도전하는 계기가 되었다. 그 당시 서울에서 가장 컸던 정비업체인 경성모터스에서 일하던 이을학씨의 권유로 1940년 그의 나이 25세 때 서울 북아현동에 있던 아도서비스(Art Service)라는 작은 자동차 정비공장을 당시 돈 3천 5백원을 주고 인수하게 된다. 그러나 1943년 이마저도 일제에 의해 포기하게 된다. 해방이후 1946년에 현대자동차공업사를 설립해 운영하였고, 일 년 후 1947년 5월 현대토건사를 설립하게 된다. 현대토건사는 6·25 동란으로 인한 전후복구사업을 수행하였으나 물가상승으로 거액의 손해가 발생한 공사가 바로 고령교 공사였다. 그러나 손해를 감수하면서 공사를 계약대로 해냈다. 결국 그는 친척들의 집까지 팔게 되었으나, 신용을 지킨 덕에 후일 한강교 복구공사를 수주하게 된다. 정주영 회장은 "자본이 아니라 신용을 쌓아놓지 못한 것을 두려워하라"고 했다. 신용을 잃으면 모든 것을 잃는다는 자신의 신념이 확고했다.

적극성, 근검, 창조성과 강력한 개척자 정신

1965년 9월 "태국 파티니 나라티왓"고속도로 건설공사를 수주했다. 이 공사는 국내건설업 사상 최초의 해외진출로 현대는 물론 국가의 경사로 기록되었다. 물론 이 공사에서도 현대는 2억 8천 8백만 원이라는 비싼 적자를 내었다. 결국 경험의 부족으로 비싼 대가를 치렀다. 그후 중동, 알라스카, 괌, 호주 등 해외시장을 개척하였고, 자동차, 조선, 반도체, 항공 등으로 도전하여 새로운 사업영역을 개척하였다. 울산 허허벌판 모래사장에 세계 최대의 조선소를 건설하겠다는 계획으로 조선소 청사진과 이순신 장군의 거북선이 있는 지폐로 26만 톤급의 대형선박 수주, 조선소가 완공되기도 전에 수주선박의 진수식, 자체 개발하여 수출한 국산 승용차 고유모델 1호 "포니", 유조선 공법으로 서산의 대단위 농지확보 등은 창의력, 도전과 신념의 결과이다. 정주영 회장의 기업가 정신은 적극성, 근검, 창조성과 불굴의 개척정신이다.

돌파경영과 창조적 개척정신의 리더십

돌파경영은 어려운 난관에 부닥쳐도 '할 수 있다'는 과감한 도전정신과 창의력으로 사업 성공을 이끌어내는 경영을 뜻한다. 정주영 회장은 과감한 도전과 창의력, 시련은 있어도 실패는 없다는 기업가 정신과, 자본가가 아니라 부유한 노동자라는 성취정신으로 한국의 경제발전에 위대한 업적을 남긴 기업가였다. 현대그룹의 성공은 미래를 보는 통찰력, 새로운 방법을 생각해내는 창의력, 도전정신, 개척정신, 손해를 감수하는 신용과 특유의 근검, 미래의 번영을 생각하는 정주영 회장의 창조적 개척정신의 리더십이다.

정주영 회장의 명언

- 이봐, 불가능하다구? 해보기나 했어?
- 사업은 망해도 다시 일어설 수 있지만, 신용은 한번 잃으면 그것으로 끝이다.
- 시련일 뿐이지 실패는 아니다. 내가 실패라고 생각하지 않는 한 실패일 수 없다.
- 무슨 일을 시작하든 된다는 확신 90%와 반드시 되게 할 수 있다는 자신감 10% 외에 안 될 수도 있다는 생각은 단 1%도 가지지 않는다.
- 길을 모르면 길을 찾고, 길이 없으면 길을 닦아야지.
- 고정관념이 멍청이를 만드는 거야.
- 여유가 없으면 창의가 죽는다. 나는 그걸 경험으로 체득한 사람이다.
- 성패는 일하는 사람의 자세에 달린 거야.
- 사람은 의식주를 얼마나 잘 갖추고 누리며 사느냐가 문제가 아니다. 얼마나 많은 사람에게, 얼마나 좋은 영향을, 얼마나 미치면서 사느냐가 중요하다.
- 나는 그저 꽤 부유한 노동자일 뿐이며, 노동으로 재화를 생산해내는 사람일 뿐이다.

01 기업가 정신의 특성

1. 기업가의 성격

1) 기업가의 정의

기업가(entrepreneur, 起業家)는 시장에서 어떤 중요한 기회를 확인하고, 이익과 성장을 성취하기 위해 위험을 추구함으로써 새로운 사업을 창조하는 사람이다. 기회의 이익을 얻기 위해 모험사업(venture)을 조직하고, 진취적으로 행동하고, 무엇을, 어떻게, 얼마나 생산할 것인지를 결정하는 사람이다. 기업가는 위험추구자로서 모험자본을 제공하고, 사업활동을 추적하고 관리한다. 따라서 기업가는 독립을 대단히 중요하게 생각하고, 우수성을 통해 차별성을 추구하며, 매우 낙관적이고, 언제나 적절한 위험과 변화를 선호한다. 다음은 주요 학자들의 기업가에 관한 정의이다.

- **Say, J.(1821):** 기업가는 경제적 자원을 낮은 영역에서 생산성과 수익이 높은 영역으로 이동시킨다.
- **Everett E. Hagen(1962):** 기업가는 혁신으로 이익을 극대화하고, 문제를 해결하고, 당면한 문제에 자신의 능력을 사용하여 만족을 얻는 경제인이다.
- **Frank Young(1971):** 기업가는 변화의 대리인(change agent)이다.
- **Peter F. Drucker(1985):** 기업가는 항상 변화를 찾고, 그것에 반응하고, 기회로 이용하는 사람이다. 혁신은 사업을 위한 기회로 사용하는 기업가의 도구이다.
- **Mark Casson(2003):** 기업가는 희소자원의 조정결정을 전문적으로 다룬다.
- **Kuratko와 Hodgetts(2007):** 기업가는 기회를 인식하고 포착하는 혁신가나 개발자이다. 기회를 시장성이 있는 아이디어로 전환하고, 시간, 노력, 돈이나 기술을 통해 가치를 추가한다. 경쟁적인 시장의 위험을 감수하고, 보상을 추구한다.
- **Hisrich, Peters와 Shepherd(2010):** 기업가는 혁신적인 방법으로 자원결합을 솔선하고, 위험을 감수하는 사람이다.
- **International Labour Organization(ILO):** 사업기회를 이용하기 위해 필요한 자원으로 사업기회를 찾고, 평가하고, 성공을 확보하기 위해 적절한 행동을 주도하는 능력을 갖고 있는 사람이다.

기회를 탐색하고 혁신과 위험으로 사업을 추구하는 기업가는 관찰, 호기심과 도전 정신이 다른 사람들보다 뛰어나다. 기업가는 경험, 시장과 고객의 관찰을 통해 사업을 시작하기 위해 뛰어난 아이디어를 창출하고, 이러한 아이디어를 구체적인 사업으로 전환하는 특징이 있다. 다음은 성공한 기업가들이 갖고 있는 독특한 특징이다.

- **자신감:** 여러 번 실패에 이를 수 있는 목표를 설정할 때 성공을 낙관하고 개인적 능력을 신뢰한다.
- **즉각적인 결과에 대한 열망:** 신속한 결과를 추구하고, 결과를 지속적으로 추적한다.
- **적절한 위험선호:** 계산된 위험(calculated risks)을 감수하는 능력이 있고, 자신의 능력을 신뢰한다.
- **책임감:** 목적을 달성하기 위해 자신의 자원관리를 좋아하고, 책임을 기꺼이 진다.
- **높은 행동력:** 사업을 시작하는데 필요한 놀라운 노력을 기울이는 평균 이상의 높은 행동력이 있다.
- **비전:** 과거 성공이나 실패를 생각하지 않고 미래기회를 발견하는 비전을 갖고 있다.
- **조직기능:** 비전을 실행하기 위해 어떤 과업을 수행하는 사람들을 조직하는 기능이 있다.
- **돈을 버는 것보다는 성취열망:** 기업가의 동기는 진취적으로 추진하고, 단지 돈은 성공의 확인이다.
- **높은 수준의 몰입:** 다른 사람에게는 극복할 수 없는 것처럼 보이는 장애를 제거하고 성공을 창조하기 위해 열심히 일하는 높은 수준의 몰입이 있다.
- **모호성의 허용:** 불확실하거나 모순된 정보에 근거하여 종종 의사결정을 한다.
- **유연성:** 변화하는 고객수요에 적응하는 능력은 기업가 정신의 중요한 특징이다.

2) 기업가의 특징

기업가는 사업기회를 인식하고 활용하기 위해 멀리 보는 통찰력과 능력이 있는 사람이다. 기업가가 갖고 있는 개인적 특징은 선도성, 기회인식, 불굴, 정보수집, 양질의 제품에 대한 관심, 몰입, 효율성 지향 등이 있다. [표 1-1]은 기업가의 개인적 특징이다.

[표 1-1] 기업가의 개인적 특징

핵심능력	기업가 활동
선도성	요청을 받거나 강요하기 전에 행동하고, 새로운 영역, 제품이나 서비스로 사업을 확대한다.
기회인식	사업기회를 확인하고, 유용한 기회를 만들기 위해 필요한 자원을 동원한다.
불굴	장애를 극복하기 위해 반복적이거나 다른 행동을 조치한다.
정보수집	사업과 기술적 충고를 받기 위해 전문가와 상담하고, 고객이나 공급자의 욕구를 수집한다.
양질제품 관심	양질의 제품이나 서비스를 생산하거나 판매하기 위한 열망을 표현한다.
몰입	일을 완성하기 위해 개인적 희생을 하거나 추가적인 노력을 확대한다.
효율성 지향	더 빠르고, 더 좋고, 더 경제적으로 일하기 위한 방법과 수단을 발견한다.

핵심능력	기업가 활동
계획	다양한 내적으로 관련된 일을 계획에 따라 동시에 이룬다.
문제해결	새로운 아이디어를 창안하고, 혁신적인 해결책을 발견한다.
자신감	스스로 결정하고, 초기 장벽에도 불구하고 고수한다.
경험	사업, 자금, 마케팅 등의 분야에서 전문지식을 보유한다.
자기비판	개인적인 한계를 알지만, 과거 실수나 다른 사람의 경험을 통해 배움으로써 향상하려고 노력하고, 결코 성공에 만족하지 않는다.
설득	사업의 동반자를 갖기 위해 고객과 투자자를 설득한다.
유력자 사용 전략	사업계약을 개발하고, 대리인으로서 영향력이 있는 사람을 유지하고, 자신이 갖고 있는 정보의 보급을 제한한다.
독단성	업무에 대한 지시, 질책이나 규율이 독단적이다.
추적	일이 완성되고 고급표준을 확보하기 위한 보고시스템을 개발한다.
대인관계	사업관계에서 단기적 이익보다 장기적 호의를 더 높게 여긴다.
종업원 복지	종업원의 고충에 신속하게 반응함으로써 종업원에 대한 관심을 표현한다.
신뢰	사업 손실을 보더라도 종업원, 공급자와 고객을 대할 때 정직을 유지한다.

이와 달리 경영자(manager)는 회사의 과업을 계획하고 지시하고, 과업을 관리하며 필요할 때 수정행동을 취하는 사람이다. 어떤 기업이라도 경영하기 위해서는 기업가가 필요하다. 기업을 운영하는 것은 경영자이다. 최고경영자와 경영진은 기업가의 역할이고, 중간관리자나 하급관리자는 조직의 직원이다. 전문경영자는 전략계획, 운영계획, 자원조직, 인력계획, 조정, 동기부여와 조직의 과업을 관리한다. 경영자는 조직에 의해 임명받고, 고용계약으로 급여를 받지만, 기업가는 유급경영자가 아니다. 새로운 사업을 시작하고 성공적으로 완수하려는 동기를 갖고 있다. 기업가와 경영자는 종종 동의어로 간주되기도 하지만, 양자의 주요 차이점은 [표 1-2]와 같다.

[표 1-2] 기업가와 경영자의 차이점

관점	기업가	경영자
동기	개인적 만족을 위해 창업한다.	다른 사람이 설립한 기업에 서비스를 제공한다.
신분	소유자	고용인
위험	위험과 불확실성을 책임진다.	기업에 포함된 어떤 위험도 지지 않는다.
보상	매우 높은 불확실하고 고정되지 않은 수익	확실하고 고정된 급여
혁신	고객의 변하는 욕구를 충족하기 위해 제품을 생산하는 방법을 스스로 생각한다.	기업가가 사전에 준비한 계획을 단순히 수행한다.
자격	성취동기, 사고의 독창성, 위험추구와 같은 성격과 자격을 필요로 한다.	경영이론과 실행에서 건전한 지식을 필요로 한다.

2. 기업가 정신의 정의

기업가 정신(entrepreneurship)은 이익을 얻기 위해 위험이 있는 모험사업을 개발하고, 조직하고, 운영하는 능력과 의지이다. 기업가 정신은 규정하기 어려운 개념이지만, 대체적으로 위험추구와 혁신으로 간주한다. 기업가 정신은 사업기회의 인식, 기회에 적절한 위험의 관리와 프로젝트의 결실에 필요한 인적 자원, 자금과 물적 자원을 동원하는 의사소통과 경영기술을 통하여 가치를 창조하려는 시도이다. 슘페터(Schumpeter)에 의하면 기업가 정신은 본질적으로 창조적인 활동이다. 기업가는 혁신하고, 새로운 사업을 수행하는 사람이다. 맥클리랜드(McClelland)에 의하면 기업가는 새롭고 더 좋은 방법으로 일을 하고, 불확실성 하에 의사결정을 한다. 기업가 정신은 위험추구, 혁신성과 기회추구가 기본적인 요소이다. 혁신(innovation)은 새로운 것을 시도하거나 다르게 하는 것이다. 기업가들은 고객들의 변화하는 요구사항을 충족하기 위해 다르고 독특한 일을 하는 것을 항상 찾고 있다. 기업가는 새로운 제품이나 새로운 생산방법의 발명자가 될 필요는 없지만, 기업을 위해 발명을 사용하는 능력을 보유한다. 위험추구(risk taking)는 새로운 사업을 하는 데 나타날 수 있는 위험이다. 새롭고 다른 일을 하는 것은 위험이다. 변화하는 고객의 선호, 경쟁의 증가, 원재료와 같은 다양한 요소에 의존하기 때문에 기업은 이익을 획득하거나 손실을 초래할 수 있다. 기업가는 관계된 위험을 지는데 충분히 대담할 필요가 있다. 그래서 위험회피자가 아니라 위험추구자이다. 위험추구는 계속적으로 시도하고 궁극적으로 성공을 만드는 능력이다. 기회추구(opportunity seeking)는 사업기회의 인식을 통해서 가치를 창조하려는 시도이다. 따라서 기업가 정신의 주요 특징은 경영, 상상력이나 창조성, 혁신, 기민성이나 발견, 카리스마적 리더십, 판단, 위험추구이다.

① 경영(Management)

기업가 정신은 일상적인 경영과업, 모험자본가와 다른 외부자금 원천과의 관계, 제품개발, 마케팅 등으로 구성된다. 경영은 작거나 새로운 기업의 모든 측면을 포함한다.

② 상상력이나 창조성(Imagination or Creativity)

기업가의 개인적, 심리적 특성으로 대담성, 상상력이나 창조성과 관련이 있다.

③ 혁신(Innovation)

슘페터는 발명가와 혁신자를 구별한다. 발명가(inventor)는 새로운 방법과 새로운 재료를 발견하는 사람이지만, 혁신자(innovator)는 발명을 이용하고 새로운 결합(new combinations)을 하기 위해 기회를 발견하는 사람이다. 또한 기업가는 위험추구, 조직화와 혁신의 3요소와 관련이 있다. 따라서 기업가는 새로운 것을 창조하고, 생산을 조직하고 위험을 부담하며, 기업에 관련된 경제적 불확실성을 다루는 사람이다. 혁신자로서의 기업가 관점이다. 기업가는 새로운 결합을 도입한다. 제품, 생산방법, 시장, 공급자나 산업결합의 새로움이다. 기업가에 의해서 이루어지는 새로운 결합의 도입은 다음과 같은 형태로 발생한다.

- 시장에 신제품의 도입
- 아직 검증되지 않은 새로운 생산방법의 도입
- 신시장의 개척
- 원재료의 새로운 원천 발견
- 조직의 새로운 형태 창안

④ 기민성이나 발견(Alertness or Discovery)

기업가는 기회를 얻기 위해 민첩하게 행동한다. 기업가 수익의 원천은 다른 시장 참여자들에게 알려지지 않은 것의 발견이다. 성공은 주어진 수단-목적 틀을 뛰어넘어 어떤 사람도 갖지 않은 지식이나 통찰력으로부터 온다.

⑤ 카리스마 리더십(Charismatic Leadership)

계획, 규칙, 보다 넓은 비전을 분명히 하는 능력이다. 성공적인 기업가는 자신의 비전을 공유하는 다른 사람들과 의사소통하는 데 탁월하다.

⑥ 판단(Judgment)

기업가는 불확실성 하에서 의사결정한다. 판단은 가능한 미래결과의 범위가 일반적으로 알려지지 않을 때 사업의 의사결정을 의미한다. 판단은 일상적인 환경에서 실행되어야 한다.

⑦ 위험추구자(Risk Taker)

위험추구는 기업가의 존재이유이다. 기업가는 신체적 손상이나 재무적 손실이 잠재적으로 발생할 수 있지만, 돈을 벌 수 있는 기회가 있는 방법으로 행동하는 경향이 있다. 혁신을 추구하는 대부분의 사업은 창조적인 경영으로 위험추구를 촉진한다. 기업가는 토지, 노동과 자본을 결합하고 제품을 생산하는 사람이다. 시장에 제품을 판매함으로써 자본비용, 지대와 노무비용을 확보한다. 기업가는 미래에 불확실한 가격으로 제품을 판매할 목적으로 생산요소를 제품으로 결합하기 위해 생산요소를 특정한 가격으로 구매하는 대리인이다. 불확실성은 보장되지 않고 계산할 수 없는 위험이다. 위험과 불확실성은 차이가 있다. 위험(risk)은 결과의 분포가 알려져 있는 보험의 원리로 감소될 수 있지만, 불확실성(uncertainty)은 계산될 수 없다.

[표 1-3] 기업가와 기업가 정신의 관계

기업가	기업가 정신
사람	과정
조직자	조직화
위험추구자	모험성
혁신자	혁신
동기부여자	동기부여
창조자	창조
예상자	비전
지도자	선두
모방자	모방

기업가는 어떤 기회를 이용하기 위해 모험을 하고, 거의 전적으로 개인적 관심에 근거한 전략을 개발하는 사람이다. 기업가는 사람이고, 기업은 대상이며, 기업가 정신은 기업가가 수행하는 행동과정을 뜻한다. [그림 1-1]은 기업가, 기업가 정신과 기업 간의 관계이다.

그림 1-1 기업가, 기업가 정신과 기업 간의 관계

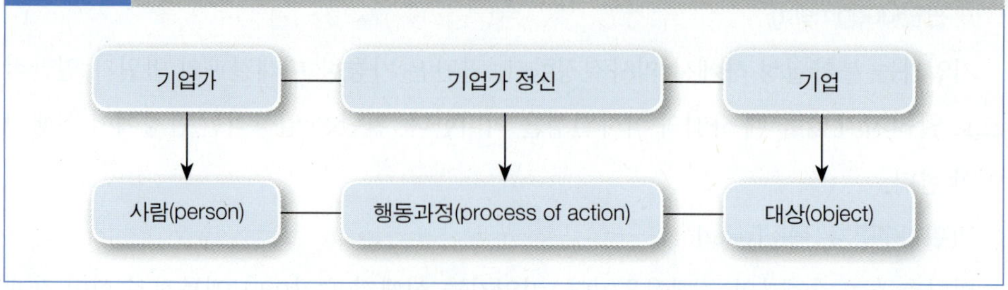

3. 기업가 정신의 장점

중소기업의 소유자들은 대기업에 종사할 때보다 더 열심히 일한다면 더 많은 돈을 벌고 더 행복할 것이라고 믿는다. 그래서 중소기업을 시작하기 전에 모든 기업가들은 잠재적 장점을 생각한다. 다음은 일반적으로 기업을 창업하여 얻을 수 있는 장점이다.

① 독립과 성취기회

자신의 희망을 실행하기 위해 타인들에게 의존하지 않는다. 이것은 바람직한 목표를 달성할 수 있는 기회와 독립이다.

② 사회적 인정

더 좋은 생활과 성공이 있는 사회적 인정으로 자신이 관여하는 분야에서 주목을 받을 기회가 온다.

③ 고급품 사용 기회

기업가들은 자신들이 번 돈으로 양질의 제품을 사용하는 만족을 얻는다.

④ 충분한 수익 획득 기회

사업을 시작하는 이유는 충분한 수익을 얻기 위해서이다.

⑤ 사회적 목적의 달성과 인정

기업가들은 사업을 하는 지역사회에서 가장 존경받는 사람이 된다.

⑥ 좋아하는 것을 할 기회

대부분의 기업가들은 자신이 일하는 것을 좋아하고 특별한 만족을 얻을 수 있는 영역에서 사업을 발전시킨다.

4. 기업가 정신의 도구

기업가 정신은 수익을 획득할 목적으로 환경, 사회, 문화, 기술이나 인구 등의 변화와 기회를 이용하여 가치를 창조한다. 시장의 공백, 미제공이나 과소 제공한 고객의 욕구 등을 발견하여 고객의 문제를 해결하는 과정이다. 가치를 창조하는 기업가의 비결은 창조성과 혁신이다. 고객의 욕구를 충족하거나 고객의 문제를 해결하는 제품이나 서비스를 창조하기 위해 새로운 아이디어와 통찰력을 활용한다. 창조성과 혁신은 종종 동일한 의미로 사용되지만 각각 독특한 의미가 있다. 창조성(creativity)은 새로운 것을 만드는 능력으로, 새로운 것을 만드는 활동이 아니라 능력을 강조한다. 어떤 사람이 새로운 것을 상상하고 얼마나 유용한지를 생각할 수 있지만, 대부분은 반드시 현실로 만들기 위한 필요한 조치를 취하지는 않는다. 혁신(innovation)은 새로운 것을 만드는 과정이다. 새로운 아이디어를 갖고 있는 것만으로는 충분하지 않고, 아이디어를 유형제품으로 변환하는 것을 의미한다. 혁신은 창조적인 아이디어를 유용한 응용으로 변환하는 것이지만, 창조성은 혁신의 선결조건이다. 기업가 정신은 새로운 아이디어를 개발하고 아이디어로부터 사회에 가치를 추가하는 새로운 기업을 창설한다.

기업가는 창조적 사고로 기술을 개발하고 적용하는 방법을 유도한다. 창조성과 혁신은 큰 경쟁자와 성공적으로 경쟁할 수 있는 중소기업의 핵심적인 역량이다. 기업가들은 새롭고 다른 것을 창조하고, 가치 있는 것으로 변환한다. 많은 사람들이 새롭거나 다른 제품과 서비스를 위한 창조적인 아이디어를 창안하지만, 대부분은 결코 어떠한 것도 생산하지 못한다. 기업가는 창조적 아이디어를 사업의 구조와 의미 있는 행동과 연결하는 사람이다. 성공적인 기업가 정신은 시장에서 창조성, 혁신과 적용을 신뢰하는 지속적인 과정이다. 창조성은 경쟁우위를 구축하는데 중요한 원천일 뿐만 아니라 생존에 필수적이다. 문제에 대한 창조적인 해결책을 개발할 때 기업가들은 과거에 했던 것 이상을 해야 한다. [그림 1-2]는 창조적인 과정을 보여준다. 각 단계에서 창조적 개인은 시작단계에서 검증단계로 이동하기 위해 일반적인 사람들보다 매우 다르게 행동한다. 발명과 창조성을 밀접하게 연결하고 발명이 상업적으로 이용할 수 있는 기회가 된다면 발명을 기업가 정신과 연결한다. 창조성은 발명이나 기회탐지와 연관되는지 여부가 출발점이다.

그림 1-2 창조적 과정

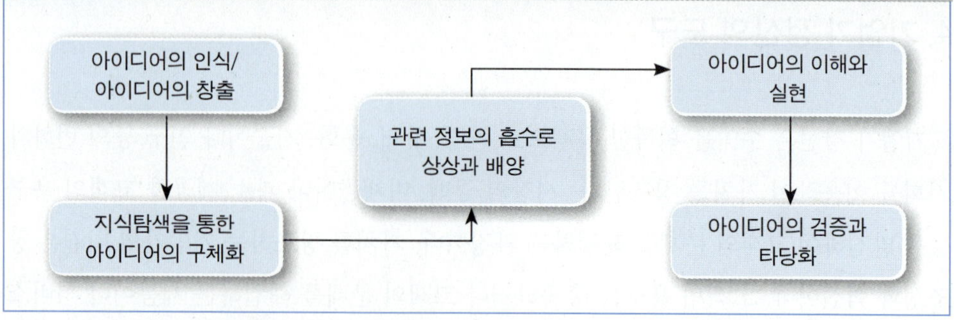

창조성은 혁신을 통해 제품이나 서비스로 전환된다. 창조성과 발명은 재능, 기질, 지식과 기술의 배합으로 지원된 사업현실이 되는 기업가 상황을 필요로 한다.

그림 1-3 창조성과 기업가 정신

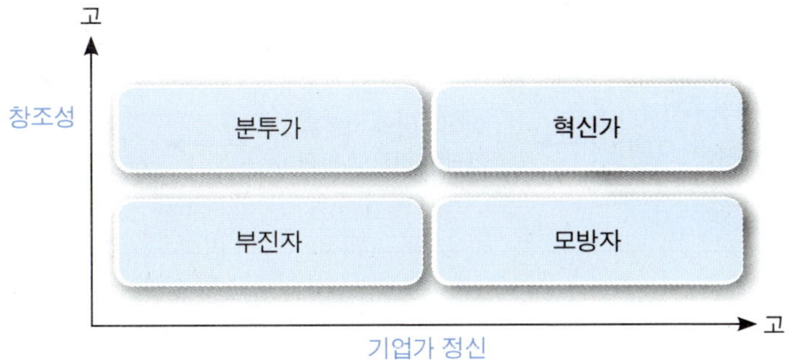

[그림 1-3]은 창조성과 기업가 정신의 관계를 표시한 것이다. 혁신가는 창조성과 기업가 정신을 매력적으로 결합한다. 분투가는 과도하게 아이디어를 낭비한다. 그래서 아이디어의 상업적 적용을 파악하고 그것을 이용하는 능력이 기업가에게는 부족하다. 모방자는 창의성이 부족하지만 적어도 다른 회사를 모방할 수 있고 다른 회사로부터 오는 창조성을 개선할 수 있다. 부진자는 창조성이 부족하고 기업가 정신을 발휘할 수 없기 때문에 참으로 생존이 의심스럽다.

창조성이 기업가 정신을 자극하는 근원이라면 혁신은 기업가 정신의 과정이다. 혁신은 저절로 오지 않는다. 기업가 정신은 변화를 주도하고 새로운 기회를 창조한다. 모방자가 가격과 비용을 일치할 때까지 혁신자는 이익을 수확할 수 있고 균형을 깨트릴 수 있다. 때때로 혁신은 무에서 유를 창조한다. 그러나 혁신은 현재 숙고하고 새로운 방법으로 관련 요소를 결합할 때 오거나 더 단순하거나 더 좋은 것을 창조하기 위해서 어떤 것을 버릴 때 온다. 혁신은 기업가들이 다른 사업이나 서비스를 위한 기회로써 변화를 이용하는 특별한 도구나 수단이다. 따라서 기업가들은 혁신의 원천, 기회와 성공적인 혁신을 위한 기회를 보여주는 징후를 의도적으로 찾을 필요가 있다. 효과적으로 혁신하기 위해 고객과 시장, 가능한 것과 불가능한 것, 일어나는 일에 관한 통찰력이 필요하다. 혁신은 사업성장을 확립하는데 필수적인 조건이지만, 충분조건은 아니다. 혁신을 성공적으로 이용하는 것은 개인적인 특성, 경영능력과 돈을 필요로 한다. [그림 1-4]는 창조성과 혁신의 특징이다.

그림 1-4 창조성과 혁신의 특징

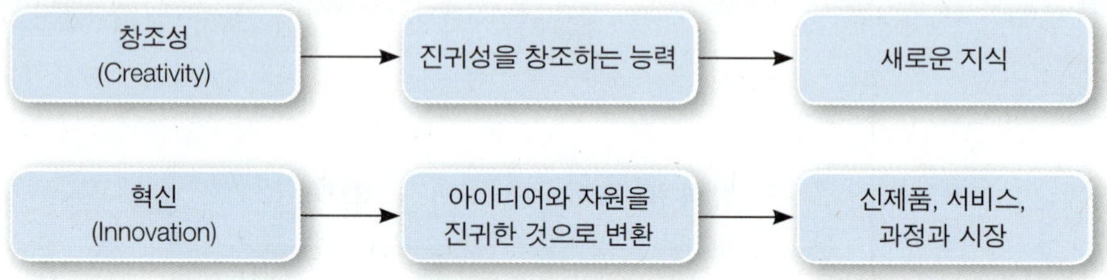

02 기업가의 유형과 기능

1. 기업가의 유형

기업가를 다양한 기준으로 분류할 수 있다. 댄호프(Clarence Denhof)는 기업가를 경제발달의 단계를 기준으로, 다른 학자들은 기능과 특징을 기준으로 분류한다. 경제발달의 초기단계에서 기업가는 덜 주도적인 경향이 있다. 경제발달이 진행됨에 따라 기업가들은 더욱 혁신적이고 열광적이다. 기업가는 경제발전의 기준으로 혁신적 기업가, 채택이나 모방기업가, 신중한 기업가와 단조로운 기업가 등으로 분류한다.

1) 혁신적 기업가

혁신적인 기업가(innovative entrepreneur)는 공격적인 정보의 결합과 제품요소의 신기한 결합이 특징이다. 또한 새로운 사업을 시작하는 창조적이고 혁신적인 아이디어를 갖고 있는 기업가이다. 혁신적인 기업가는 신기술, 신제품이나 신시장을 도입하기 위한 기회를 찾아내며, 기업을 시작할 자금을 조달하고, 다양한 요소를 결합하며, 최고 경영자를 선택하고, 결과적으로 새로운 것을 창조한다.

2) 모방기업가

모방기업가(imitative entrepreneur)는 기존 기업가를 모방하고 동일한 방법으로 회사를 설립한다. 혁신 대신 다른 사람이 혁신한 기술과 방법을 채택한다. 선진국이나 선발기업에서 이미 사용하고 있는 제조기술을 새롭게 결합하고 다르게 모방하는 것은 후진국에 적당하다.

3) 신중한 기업가

신중한 기업가(fabian entrepreneur)는 기업 안에 있는 어떤 변화를 실험할 때 많은 회의를 갖고 신중하게 결정하는 것이 특징이다. 이러한 기업가들은 모방하지 않으면 기업에 큰 손실이 예상된다고 명확하게 인식할 때만 모방을 한다.

4) 단조로운 기업가

단조로운 기업가(drone entrepreneur)는 미래 전망에서 보수적이거나 전통적이다. 그들은 심지어 기술이 변화하더라도 제조의 구식 기술을 언제나 편하게 느끼며, 심지어 수익을 희생하더라도 결코 전통적인 사업, 전통적인 기계와 회사의 전통적인 시스템을 철수하지 않는다.

2. 기업가의 기능

기업가는 기회추구자, 아이디어 창출과 혁신자, 의사결정권자, 조직의 구축자와 제조요소의 조정자이다. 기업가는 사업기회를 인식할 뿐만 아니라 사람, 자금, 기계, 재료와 방법 등의 자원을 동원한다. 기업가의 주요 기능은 위험추구, 기업관리, 변화를 위한 혁신, 동기부여와 기타 관련 활동이 있다. 기업가 기능은 기업의 규모, 형태와 기업가 개인의 특질에 따라 다르고, 이는 훈련과 교육에 의해서 향상될 수 있다.

그림 1-5 기업가의 기능

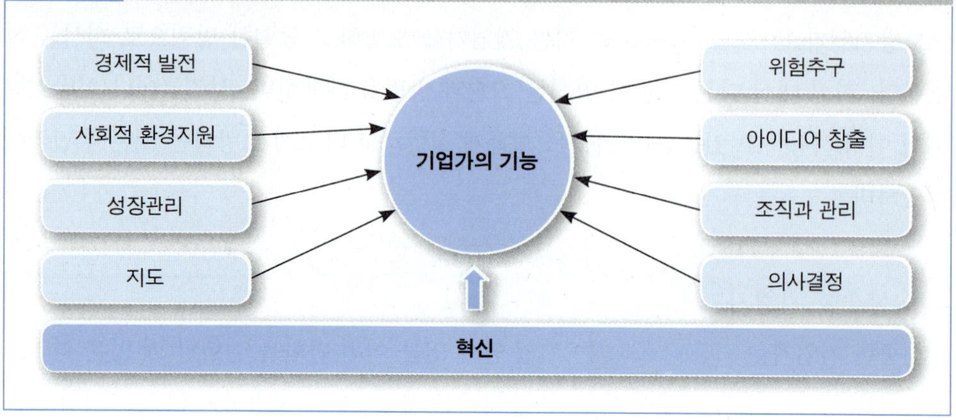

1) 혁신

기업가에 의해서 수행되는 가장 중요한 기능은 혁신이다. 회사의 현재 상태를 분석하고, 기존자원의 결합을 통해 새로운 수준의 균형에 이르려고 노력한다. 창조적인 아이디어를 생각하고, 이를 실현하기 위해 경영과 혁신 재능을 사용한다. 혁신은 상상력과 창조성을 포함한다. 모험사업에서 새롭고 다른 것을 창조하지 않는다면 기업가가 아니다. 또한 기업가는 생산요소를 결합하고, 국가의 경제발전에 도움을 준다. 슘페터에 의하면 혁신(innovation)은 다음과 같은 형태로 나타난다.

- 신제품의 도입
- 새로운 생산방법의 사용
- 신시장의 개척

그림 1-6 기업가의 창조성과 혁신

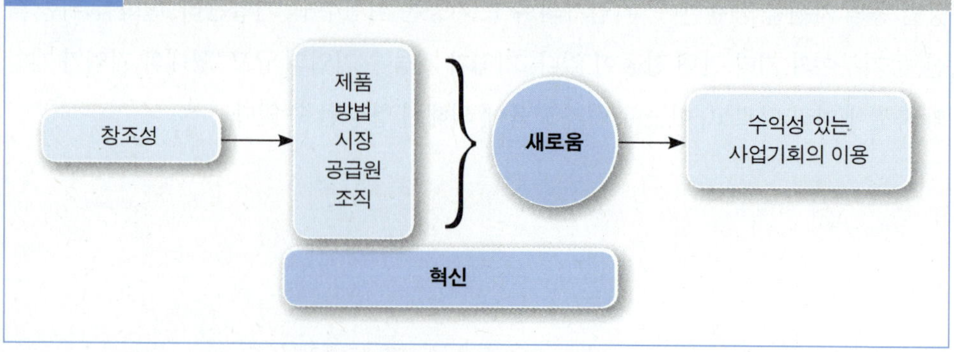

- 새로운 원재료 공급자의 획득
- 어떤 산업의 재조직

기업가가 변화에 기여하는 다섯 가지 유형이 있다. 즉, 초기확장, 후기확장, 요소혁신, 제품혁신과 시장혁신이다. 초기확장은 제품의 최초 생산을 의미하고, 후기확장은 생산된 제품에서의 추가적인 변화를 뜻한다. 요소혁신은 공급이나 생산요소의 생산성향상을 위해 새로운 원천이나 새로운 형태의 자본, 노동력과 재료의 확보이다. 제품혁신은 생산공정의 변화로 새로운 기술의 사용이나 사람들 간의 관계구조 형태에서의 변화이다. 제품혁신은 새로운 제품의 생산, 기존제품의 품질이나 원가에서의 변화와 새로운 시장의 발견이다. 기업가의 장점은 새로운 것을 창조하는 데 있다. 혁신은 완전히 새로운 제품을 기획하는 것이며, 기업가의 불연속적 혁신, 동적 연속적 혁신, 연속적 혁신과 모방이 있다.

① 불연속적 혁신(Discontinuous Innovation)

불연속적 혁신은 이전에 충족하지 못했던 고객욕구를 충족하는 비약적인 제품이나 서비스이다. 예를 들면 1980년대 후기 PC나 휴대폰으로 확립된 구매자 행동 패턴에 파괴적인 영향(disruptive effect)을 준다.

② 동적 연속적 혁신(Dynamically Continuous Innovation)

동적 연속적 혁신은 현재 제품을 실질적으로 개선한 것으로 노트북이나 안드로이드폰이며 약간의 파괴적 영향이 있다.

③ 연속적 혁신(Continuous Innovation)

연속적 혁신은 제품이나 서비스를 계속적으로 향상하는 변화이다. 예를 들면 노트북용 수명이 긴 배터리와 스마트폰용 새로운 소프트웨어의 도입은 파괴적인 영향이 거의 없다.

④ 모방(Imitation)

모방은 제품이나 서비스 개발에 활기를 주기 위해 다른 회사의 혁신을 사용하는 것이다. 예를 들면 Apple이 iPad를 도입했을 때 다른 회사들은 후속적으로 휴대용 태블릿 장치를 출시하였다.

2) 위험추구

실현되는 아이디어가 성공을 보장하지 않는다. 기업가는 기업의 성공이나 실패위험을 감수한다. 이러한 위험엔 보험이 없다. 아이디어를 실현하여 사업을 운영한다면 기업가는 스스로 손실을 감당해야 한다. 진취성, 재능과 현명한 판단에 의해 위험추구나 불확실성을 감소하려고 하는 기업가의 가장 중요한 기능이다. 회사가 추구하는 혁신은 위험과 부정적이거나 긍정적인 상관관계가 있다[1]. [그림 1-7]은 혁신과 위험 간의 상관관계이다. 불연속적 혁신과 모방은 위험과의 상관관계가 높지만, 연속적 혁신과 동적연속적 혁신은 위험과의 상관관계가 낮다.

그림 1-7 혁신과 위험의 상관관계

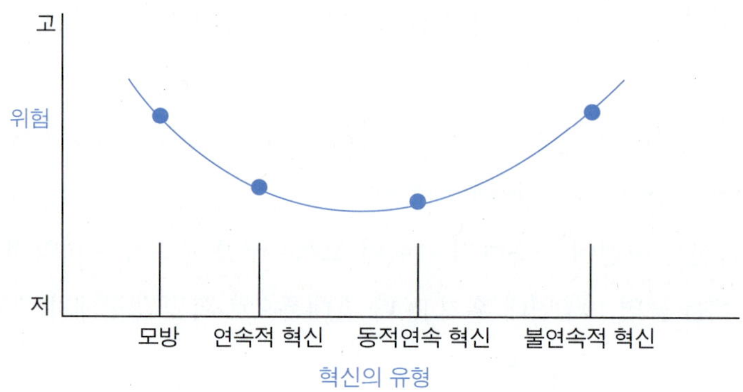

기업가의 위험은 잠재적 수익의 계산된 평가에 근거한다. 위험에는 네 가지 영역이 있다[2]. 즉, 재무적 위험, 경력위험, 가족과 사회적 위험, 심리적 위험이다. 위험관리는 사업의 수익력을 보존하고 우발적인 손실을 최소화함으로써 자산을 보존하는 과정이다[3]. 이러한 사업위험의 관리와 축소전략에는 수용, 축소, 제거와 이전이 있다.

- **수용(acceptance):** 기업가가 어떤 위험에 처했을 때 할 수 있는 것이 거의 없다. 위험은 통제 밖이며 특정한 위험을 제거하는 비용은 너무 크다.
- **축소(reduction):** 기업가는 어떤 위험을 축소하기 위하여 시스템과 과정을 도입할 수 있다.
- **제거(elimination):** 기업가가 위험을 사전에 통제할 수 없다면 위험요인을 제거한다.

1) Morris et. al.(2010).
2) Urban(2011).
3) Atreya(2010).

- **이전(transfer):** 사업으로부터 위험을 이전하는 것은 유용한 전략이다. 위험을 이전하기 위해 보험과 제휴를 사용한다.

3) 아이디어 창출

기업가는 시장과 고객을 탐구하여 찾은 아이디어를 실천한다. 아이디어는 환경심사와 시장조사를 통해 창안될 수 있다. 상업적으로 실행할 수 있는 최적의 사업기회를 선택할 목적으로 많은 아이디어를 창안하는 것이 기업가의 기능이다. 기업가는 다양한 아이디어를 생각하고, 적용가능성을 테스트하는 계량기법을 적용하고, 아이디어를 경험적 발견으로 보충하고, 최적 대안에 도달하고, 실무적으로 적용한다. 아이디어의 선택은 비전, 직관, 통찰력, 관찰, 경험, 교육, 훈련으로 조사방법의 적용을 포함한다. 아이디어 창출은 정확하게 제품선택과 프로젝트 확인을 포함한다.

4) 조직과 관리

기업가는 생산과 관련된 다양한 자원을 결합하고, 적절하게 조직하며, 제조단위로 전환하는 혁신을 적용한다. 또한 시장과 정부정책을 조사하고, 사업목표를 결정하며, 자금을 관리한다. 원재료를 확보하고, 인력의 확보와 양성에 책임을 진다. 혁신적인 기업가는 다음과 같은 활동을 관리한다.

- **사업환경의 심사:** SWOT 분석으로 기회와 위협, 장점과 단점을 파악한다.
- **사업아이디어의 적합성 측정:** 사업목적과 회사의 자원에 적합한지를 검토한다.
- **시장조사와 제품계열의 선택:** 시장조사와 제품조사는 기업가가 제조하려는 제품에 관한 자료의 체계적인 수집이다. 기업가는 의도한 제품수요, 제품계열 선택, 대체품, 고객의 규모 등을 파악하기 위해 지속적으로 시장조사를 한다.
- **정부 규제와 정책 조사:** 정부의 정책변화가 사업에 미치는 영향을 조사한다.
- **목표결정:** 사명, 비전, 목적과 목표를 결정하고 규정한다. 기업가는 벤처기업의 미래 전망에 관한 명확한 목표를 세워야 한다.
- **벤처기업의 형태 결정:** 기업가는 제품의 성격, 투자금액, 활동, 제품유형과 품질, 인적 자원의 질에 근거하여 기업의 형태를 결정해야 한다.
- **자금관리:** 자금조달은 기업가의 가장 중요한 기능이다. 사업의 모든 활동은 적절한 자금 및 경영방식과 관련되어 있다. 내외적으로 자금을 조달하는 것은 사업가의 책무이다.
- **원재료 확보:** 기업가는 저렴한 원재료를 지속적으로 확보할 수 있어야 한다. 생산원가를 절감하고 타 업체와의 경쟁에 도움이 된다.

- **기계와 장비의 확보:** 벤처의 설립을 위한 기계와 장비의 조달 또한 기업가가 해야할 일이다. 기계를 조달할 때 기술의 명세, 기계능력, 설치 후 A/S 등을 확인해야 한다.
- **인력의 모집선발과 배치:** 조직의 필요인력을 추산하고, 선발절차를 계획하고, 종업원을 배치한다.

5) 의사결정

기업가는 의사결정자일뿐만 아니라 대내외적으로 좋은 관계를 유지하고 회사를 대표한다. 또한 제품의 수요고객을 개발하고, 자원을 조달하여 제품을 개발하고, 표적고객에게 제공한다. 기업의 성장을 위한 전략을 개발하고 기업의 성공을 실현한다. 다음은 기업가의 주요 의사결정 내용이다.

- 기업에 필요하거나 유리한 조건으로 사업목적을 결정하거나 변경한다.
- 모든 종업원과의 효율적인 관계를 포함하여 조직을 개발한다.
- 기존과 잠재 투자자와의 좋은 관계를 유지하고 적절한 재무자원을 확보한다.
- 효율적인 기술장비를 조달한다.
- 제품을 위한 시장을 개발하고 고객수요를 충족하는 신제품을 고안한다.
- 공중과 좋은 관계를 유지한다.

6) 지도

벤처기업이 발전함에 따라 기업가는 새로운 지도자의 역할을 맡고, 또한 비전 제시자로 행동한다. 기업가의 지도기능은 인적 자원에서 최선을 끌어내는 것이다. 팀워크와 동기부여를 창출해야 한다. 지도자로서 기업가는 명령과 통제 스타일에서 지시와 협업 스타일로 이전해야 한다.

7) 성장관리

기업가는 기업의 성장을 관리해야 한다. 위기를 관리하고, 재무적 성장에 대한 다양한 방법을 탐구하고, 벤처사업에 가치를 두는 적절한 성장전략을 개발하고 계획해야 한다.

8) 사회적 환경 지원

사회적 환경은 사회관습, 문화, 가치와 신념으로 특징을 이룬다. 변화는 한 나라의 주어진 사회경제적 환경에서 쉽게 수용되지 않는다. 기업가는 재료의 새로운 원천, 신시장과 새로운 기회를 발견하고, 새롭고 수익이 있는 조직의 형태를 확립해야 한다. 이것은 의지력, 열정과 정력의 반영이고 사회의 변화저항을 극복하는 데 도움이 된다.

혁신의 딜레마 **Dilemmas of Innovation**[4)]

- 혁신은 미지, 경영은 관리에 관한 것이다. 알려지지 않은 것을 어떻게 관리하는가?
- 혁신은 규칙을 파괴하는 것이다. 규칙을 파괴하는 사람들은 조직에서 오래 있지 못한다.
- 고객욕구를 다루기 때문에 혁신은 성공한다. 그러나 고객에게 욕구를 물을 때 고객은 자신의 욕구를 알지 못하거나 설명할 수 없다.
- 혁신은 위험하다. 그러나 혁신하지 않는 것은 더욱 위험하다.
- 혁신은 혁명적이거나 진화적이다. 위험과 수익은 다르고, 또 양자는 다른 구조와 경영스타일을 필요로 한다.
- 자주 혁신하는 회사는 잠재적인 수익이 있을 때도 자신의 제품을 진부하게 한다.
- 혁신은 기술적으로 복잡하고 비용이 들지만, 대부분의 비약적인 혁신은 상당한 예산이 있는 대기업이나 R&D부서가 아니라 개인 발명가와 기업가에서 온다.
- 혁신을 기획하는 사람들은 새로운 제품이나 서비스를 완벽하게 하려고 하지만, 시장은 완벽한 것이 아니라 충분히 좋은 것을 원한다. 혁신을 최적으로 만드는 데 필요한 추가적인 시간과 돈은 고객이 지불할 가격을 높이고 기회의 창을 잃는 결과가 된다.
- 혁신이 천재나 수재와 관련이 있더라도 끈기의 기능이 있다.
- 혁신이 게임의 규칙을 파괴하지만, 또한 완전히 다른 게임을 수반한다.
- 시장에 처음으로 출시하는 것이 성공과 관련이 있는 것도 아니고 두 번째와 세 번째 출시하는 것이 실패와 관련이 있는 것도 아니다.

3. 기업가 정신에 대한 장벽

중소기업에서 기업가 정신은 몇 가지 문제와 장벽 때문에 실패한다. 기업가 정신의 가장 큰 장벽은 실행 가능한 컨셉, 시장지식과 기술적 지식의 부족이다. 칼 베스퍼(Karl. H. Vesper)는 기업가 정신의 장벽을 다음과 같이 확인하였다.

- 실행 가능한 컨셉의 부족
- 시장지식의 부족
- 기술적 지식의 부족
- 초기 투입자본(seed capital)의 부족
- 사업 노하우의 부족

4) Morris, Pitt & Honey Cutt(2001).

- 안일과 동기부여의 부족
- 사회적 낙인
- 잘못된 시간관념과 산만함
- 법적 제한과 규제
- 독점과 보호주의
- 특허로 인한 침해

4. 기업가의 잠재적 장애

기업가는 많은 장점이 있는 것처럼 보이지만 반면에 많은 어려움을 갖고 있거나 사업 계획 외에 다른 기회를 박탈당할 수 있다. 사업을 하는 기업가는 이득을 취할 수도 있지만 많은 장애에 직면하게 될 수도 있다. 대표적인 예로 불확실한 수익이 있다. 중소기업은 파산율이 높고, 파산할 경우 전체 투자자금을 손실할 위험이 있다. 초기 실패위험은 대략 35%이다. 중소기업에서 몇 가지 문제와 장벽으로 많은 기업가들은 실패한다. 기업가 정신의 가장 큰 장애는 경영의 실패이다. 가장 주목해야 할 장애물은 다음과 같다.[5]

① 금융장벽

- 초기투자의 원시자본이나 정부의 금융지원 부족
- 차입금 상환에 대한 공포

② 환경장벽

- 원재료의 부족
- 노동력의 부족
- 지대, 임차료와 기반시설의 부족

③ 개인적 장벽

- 시장지식의 부족
- 실행 가능한 컨셉의 부족

5) Vesper, Karl H.(1983).

- 안주–동기부여 부족
- 기술이나 아이디어의 진부화

④ **사회와 법적 장벽**

- 법적 제약과 규제
- 독점과 보호주의
- 특허침해
- 사회적 낙인

⑤ **불안정하고 예측할 수 없는 시장**

- 경기침체
- 예기치 않은 수요

⑥ **글로벌화와 외국상품의 진입**

- 경쟁력 있는 외국상품
- 수출상품의 도전

⑦ **위험**

- 파산위험
- 자원관리 부실에 의한 갑작스런 차질 위험

⑧ **심리적 장벽**

- 고된 과업: 사업이 끝난다면 수입은 거의 없고 고객을 상실하리라는 압박으로 휴가 없이 장시간 일을 해야 한다.
- 형편없는 삶의 질: 사업이 안정될 때까지는 충분한 수입이 없고 고된 작업으로 삶의 질이 형편없게 된다.
- 높은 스트레스: 성공의 낮은 확실성으로 파산에 이를 수 있고, 기업가가 되는데 필요한 큰 투자금액으로 높은 스트레스를 경험한다.
- 완전책임: 기업가는 자신이 결정하는 결과에 대해서 전부 책임을 져야 하고 전문가의 조력을 얻기 어렵거나 관련 지식이 부족하다.
- 실망과 환멸: 직면하는 장애는 실망과 환멸을 야기한다. 그것은 때때로 극복할 수 없는 것처럼 보인다.

5. 기업가의 주요 실수

일반적으로 중소기업은 자원의 한계, 비효율적인 경영과 재무적 불안정성으로 시장에서 대기업보다 더 많이 사라진다. 파산은 기업을 설립한 후 운영하는 동안에 기업가에게 있는 여러 가지 실수에서 온다. 이러한 실수는 대부분 지식이나 경험의 부족에서 온다. 다음은 기업가들이 흔히 하는 실수이다.

1) 경영부실

기업가의 가장 흔한 실수는 지식의 부족에서 발생하는 부실한 경영관리이다. 기업가는 자신의 사업을 운영하는 능력, 지도에 필요한 리더십과 지식을 갖고 있지 못하다. 경영부실은 통상 회사를 운영하는 중에, 특히 사업이 일정한 규모를 얻은 후에 발생하는데 경영지식이 부족하기 때문이다. 일정한 규모 이상의 사업은 지식과 경험이 있는 사람의 필요성을 이해하지 못하기 때문에 많은 기업가들은 실패한다. 기업가적인 재능은 큰 규모의 기업을 지도하는데 충분하지 않다.

2) 경험부족

모든 기업가는 사업을 진전하는 데는 경험과 기술을 필요로 한다. 필요한 경험과 기술을 갖고 있지 않은 영역에서 제품이나 서비스 품질의 경쟁력을 확보하는 것은 쉽지 않다. 성공에 필요한 사업의 모든 영역에서도 마찬가지이다. 신생 벤처기업은 기술과 경험 있는 인력과 기술자가 부족하다. 대부분의 사람들은 수백 명의 종업원과 안정적인 실적을 갖고 있는 안정적인 조직에서 일하는 것을 선호하고, 특히 경험이 있는 인력은 신생 벤처기업에서 일하는 것을 원하지 않는다. 경험이 있고 숙련된 인력의 부족은 생산성과 산출물의 질을 떨어뜨린다. 특히 위기 때 고급인력의 필요성을 절감한다.

3) 초보적 자금관리

사업성공은 자본의 이용성에 달려있다. 사업실패의 원인은 종종 불충분한 자금이다. 특정한 활동의 수행으로부터 수익을 얻을 때 시간에 맞게 자금을 지불하는 재무적 수단이 부족하고, 파산에 이를 수 있다. 경영은 적절한 원가계산 방법의 사용과 적절한 자금관리를 필요로 한다. 그러나 많은 기업가들은 사업수행의 각 단계에서 유동성을 확보하기 위해 현금흐름을 잘 고려하지 못한다. 많은 운영 문제로 재무관리는 상대적으로 소홀히 하는 경향이 있다. 또한 기업가들은 자금조달에 더 관심을 두지만, 자금의 운용에는 덜 관심을 둔다. 재무관리의 공통적인 실수는 불량채권 관리, 부적절한 현금관리, 비생산적인 투자, 빈약한 예산결정과 형편없는 재고관리 등이다.

4) 저급품의 출시

확실하게 존재하는 고객을 위한 양질의 제품을 개발하여 판매하는 것이 고객으로부터 신뢰를 얻고 고객을 계속적으로 유지하는 길이다. 그러나 자원의 부족, 시장조사의 불충분, 성급함과 거래관계의 미숙으로 저급품을 출시하는 경우가 있다. 저급품의 출시는 개인적인 네트워크와 일반 표적고객에게 실망감을 주어 불만족을 유발하여 긍정적 구전의 확산을 방해한다. 또한 잘 만들어진 마케팅 계획에 의한 판매를 실시하는 능력이 부족하여 고객에게 효과적으로 접근하지 못한다.

5) 전략부족

기업가는 경영지식의 무지나 시간의 부족으로 경영전략은 대기업에만 필요하다고 생각한다. 그래서 경영전략의 부족은 신설된 회사가 성장하는데 한계가 있다. 분명한 목표가 없이는 경쟁우위를 성취할 수 없기 때문에 기업은 파산한다. 명확한 전략이 없다면 표적고객을 알 수 없고, 고객을 유지하는 방법을 알 수 없고, 경쟁자보다 고객을 더 잘 충족하는 방법을 알 수 없거나 주어진 경쟁환경에서 지속가능한 발전을 확보하는 방법 등을 알 수 없다.

6) 계획되지 않은 성장

모든 기업가는 지속적이고 급격히 발전하는 사업을 원한다. 그러나 이러한 사업성장은 계획되어야 하고 통제되어야 한다. 그렇지 않다면 성장을 통제할 수 없고, 반갑지 않은 추락으로 들어가는 큰 실수가 될 수 있다. 계획되지 않은 성장은 바람직한 상황이 아니다. 높은 성장은 생산시설, 인력, 유통과 작업능력에 큰 압박을 준다. 이것들은 자원의 한계까지 생산량을 증가시키고 더 많은 자본투자를 필요로 한다. 이때, 많은 기업들이 급격한 성장에 걸맞은 기반을 마련하지 못하고 현금이 고갈되어 위기에 처하는 경우도 생긴다.

7) 적절한 정보의 부족

심지어 무료로 유통되는 정보의 시대에서도 대기업이 활용할 수 있는 정보의 질은 신생기업보다 더 우수하다. 고급정보는 언제나 비용이 들지만, 벤처기업은 고급정보를 얻기 위해 많은 것을 투자할 수 없다. 예를 들면 신시장에 진입하기 전에 신생 벤처기업은 고객, 소매상과 도매상을 인터뷰하기 위해 직원을 보낸다. 반면 대기업은 리서치 업체를 통해 미래의 제품이나 서비스의 잠재력과 신시장의 기회를 전문적으로 조사한다.

8) 불필요한 재고와 부정확한 가격설정

신생기업에서 가장 큰 투자는 필요한 기계설비와 장비이지만 종종 덜 주의를 기울이는 것은 재고수준이다. 그러나 비효율적인 재고는 사업실패의 원인이 되는 불필요한 재고비용을 증가한다. 부적절한 재고관리는 더 큰 문제가 된다. 생산은 과다한 재고 때문에 멈출 수 있지만, 초과재고는 낭비와 재무적 손실이 될 수 있다. 제품이나 서비스의 가격은 중요한 역할을 한다. 가격을 부정확하게 설정하거나 경쟁사와의 과도한 가격경쟁, 최저가격에 가장 좋은 제품을 판매한다는 인식은 사업실패에 이를 수 있는 실수의 하나이다. 그래서 가격결정은 제품이나 서비스 사양을 생산할 때 발생하는 비용의 정확한 지식과 경쟁환경으로부터 출발해야 한다. 원가구조, 생산성 수준, 수요의 성격과 경쟁관계를 고려하여 가격정책을 채택한다. 재고의 비정상적 평가는 회사의 재무상태를 매우 잘못 판단할 수 있으며 이는 부적절한 가격정책으로 이어질 수 있다. 가격은 판매량과 직접적으로 관련이 있기 때문에 가격의 부적절한 관리는 기업가에게 많은 문제를 야기한다.

9) 성장관리의 미숙

회사의 역량에 관한 무지나 지나친 자신감에 차 있는 기업가들은 계획되지 않은 사업성장과 발전으로 장애를 만난다. 사업이 일정하게 발전한 후에는 충분한 경영능력이 있는 전문가를 고용하여야 한다. 소유자가 이러한 상황을 간과한다면 회사의 성장에 필요한 자원을 효과적으로 관리할 수 없어 심지어는 파산에 이를 수 있다.

6. 성공적인 기업가의 특성

성공한 창업자들은 야망, 창조성, 끈기, 위험추구, 도전정신, 독립심, 직관과 혁신을 갖고 있다. 개인이 가지고 있는 기업가적 특징이나 자질은 기업의 성공에 필수적이다. 성공적인 기업가는 다음과 같은 특징을 갖고 있다.

① 혁신자

기업가는 이용가능한 자원의 제약에서 활용 가능한 자원을 잘 이용한다. 기업가는 사업기회를 인식하기 위한 창조적인 비전을 갖고 있고, 창조적인 생각을 하며 다양한 문제와 상황을 분석할 수 있다. 기업가는 신제품, 신기술과 새로운 경제활동을 도입한다. 변화를 예상하고 결정해야 하는 다양한 상황을 연구한다. 드러커(Drucker)에 의하면 기업가는 새롭고 다른 것을 창조하고 가치로 전환한다.

② 성취에 대한 동기

성공적인 기업가는 강한 성취 동기를 갖고 있고 성장을 획득하기 위해 상당한 노력을 기울인다. 성취하기 위한 강력한 동기로 적극적인 모험과 성취욕구를 갖고 있다.

③ 불확실성 관리능력

사업구축자는 다양하고 친숙하지 않은 자원으로부터 얻는 새롭거나 모순된 정보를 사용하여 의사결정을 하기 때문에 불확실성을 관리할 수 있는 능력이 중요하다. 가능한 결과를 예측하는 것이 심지어 어려울 때 과업에 기꺼이 뛰어드는 의지를 보인다.

④ 적절한 위험추구자

기업가는 무모한 위험추구자(wild risk taker)가 아니라 계산하는 위험추구자(calculating risk taker)이다. 기업가는 다른 관점으로 상황을 관찰하고 그들의 목표를 달성할 수 있다고 믿는다. 또한 그들의 지식, 배경과 경험의 영역에서 언제나 기회를 찾고, 성공의 확률을 높인다. 기업가는 문제를 예견하고, 공급자, 채권자와 함께 문제를 공유하는 방법을 창안하고 성공적인 벤처기업을 창조하기 위해 위험을 최소화한다. 성공적인 기업가는 무모한 위험추구자가 아니라 위험제거자이다.

⑤ 조직기술

사업목표를 달성하기 위한 활용이 가능한 최적의 자원을 동원하는 능력을 갖고 있다. 기업가는 과업을 달성하기 위해 적절한 사람을 선정하는 방법을 안다. 자원과 사람을 효과적으로 결합하는 것은 기업가의 비전을 실현하게 한다.

⑥ 목표지향성

기업가는 고객의 미충족 욕구를 충족하는 제품과 서비스를 생산하는 것을 목표로 한다. 기업가는 계획자, 행동자, 공상가와 행동 수행자이다. 기업가는 상상하는 것을 실행하고, 현실적이지만 도전적인 목표를 설정한다.

⑦ 책임에 대한 욕망

기업가는 시작한 벤처기업의 결과에 대한 깊은 책임감을 느낀다. 그는 자신의 자원을 통제하는 것을 선호하며 자기결정 목표를 달성하기 위해 자신의 자원을 이용한다.

⑧ 정서적 안정과 자기통제

정서적 건강은 기업가가 새로운 사업기회를 이용하고 도전하는 데 필요하다. 성공적인 기업가는 성공을 운명으로 인식하기보다는 자신과 기업을 통제하는데 있다고 믿는다.

⑨ 의사소통능력

지도자로서 기업가는 은행, 종업원, 고객, 채권자와 새로운 기업과 관계된 모든 사람과 효과적으로 의사소통한다.

⑩ 미래지향성

기업가는 미래를 보고 어제 한 일보다 내일 할 일에 관심이 더 크다. 기업가는 자신의 성공에 만족하지 않고, 미래에 계속적으로 집중한다. 전통적인 경영자는 이용할 수 있는 자원을 관리하는 데 관심이 있지만, 기업가는 기회를 탐지하고 활용하는데 더 관심이 많다.

⑪ 전념과 헌신

기업가는 성공적인 사업을 하는데 전념과 헌신한다. 기업가가 열심히 일하고 회사를 성공적으로 만드는 데에는 기업가의 전념을 필요로 한다. 많은 기업가는 기업을 창설하고 성장을 유지하기 위해 극복할 수 없는 장벽을 극복해야만 한다. 이것은 전념을 필요로 한다.

⑫ 높은 수준의 정력

기업가는 보통 사람보다 더 정력적이다. 자원을 관리하고 회사를 운영하는 것은 장시간의 업무를 요구하기 때문에 기업가는 높은 수준의 정력을 요구한다.

⑬ 유연성

기업가의 특징은 고객과 기업의 변화하는 수요에 적응하는 능력이다. 빠르게 변화하는 경제에서 경직성은 종종 실패가 된다. 사회, 사람과 욕구가 변화함에 따라 기업가는 또한 이러한 변화에 적응해야 한다. 자신의 아이디어가 자신의 기대에 부응하지 못할 때 기업가는 아이디어를 변경한다.

⑭ 기술지식

기업가는 합리적인 수준의 기술지식을 가져야 한다. 이것은 대부분의 사람들이 열심히 일한다면 얻을 수 있는 능력이다. 기업가는 변화를 열망하고 시장에서 이용할 수 있는 새로운 산업이나 상업적인 기술에 적응해야 한다.

⑮ 정신적 능력

기업가는 높은 수준의 지혜, 창조성, 사고와 의사결정자이다. 그는 다양한 문제와 상황의 분석에 관여해야 한다. 기업가는 변화를 예견하고 필요한 의사결정을 위해 다양한 상황을 조사할 수 있어야 한다.

⑯ 지도자

기업가는 경영자보다는 지도자이다. 기업가는 팀을 구축하고, 교육하며, 높은 수준의 동기를 유지하고, 창조적인 환경을 제공한다. 그는 팀이 생산성과 효율성을 높이기 위해 충성심과 근면을 고취한다.

⑰ 문제해결자와 의사결정자

초창기의 작은 문제들이 기업의 초기 단계에서 많이 발생하고, 기업가는 이런 난제를 장점으로 전환하기 위한 창조적인 문제해결자이다. 기업가는 아이디어 구상에서 실행까지 많은 문제에 직면한다. 결단력이 있는 기업가는 최소의 비용과 시간을 소비하여 문제에 대한 적절한 해결안에 도달한다. 문제해결능력의 부족은 대부분의 문제를 해결되지 않은 상태로 남게 한다.

⑱ 즉각적인 반응에 대한 열망

기업가는 새로운 사업의 도전을 즐기고 운영하는 방법을 아는 것을 좋아하고 끊임없이 신속하게 반응한다. 이러한 즉각적인 반응으로 문제를 신속하게 해결하고 새로운 일에 또 다시 도전한다.

⑲ 인간관계 능력

재치 있고 따뜻한 인관관계는 기업가에게 성공을 가져다주는 중요한 요소이다. 고객, 종업원, 공급자, 채권자와 지역사회와 좋은 관계를 유지하는 기업가는 인간관계에 소홀히 하는 사람들보다 더 성공한다.

03 기업가 과정과 기업가 자질

1. 기업가 과정

기업가 과정은 창업의 성공과 변화에 집중하는 리더십 기능이다. 이것은 특징적인 단계를 포함한다. 기회를 포착하기 위한 다양한 창업환경을 탐구하는 것에서부터 벤처기업을 창업하고 관리하고, 경쟁전략을 선택하는 과정으로 [그림 1-8]과 같다.

그림 1-8 기업가 과정

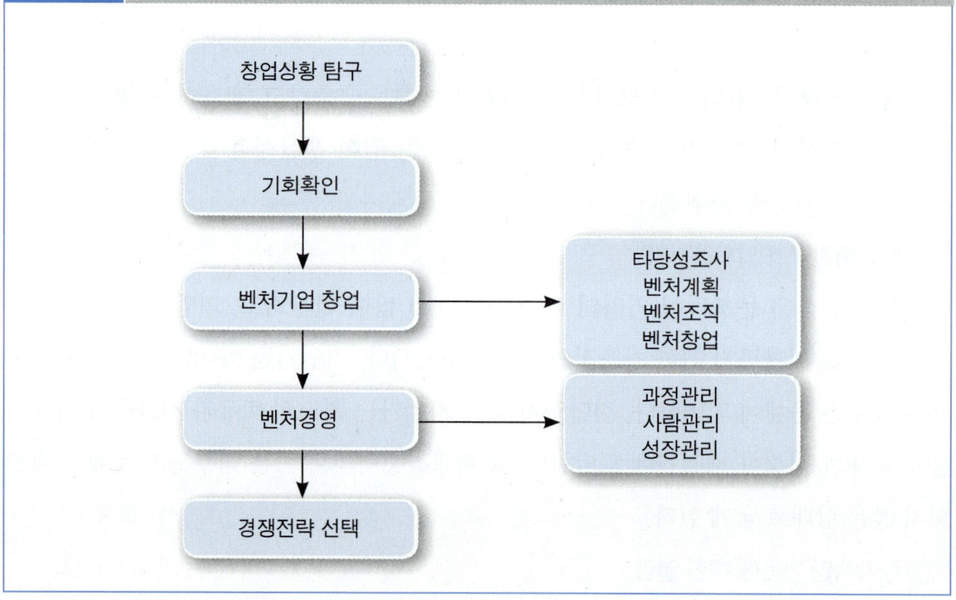

1) 창업상황 탐구

외부환경은 게임의 규칙과 의사결정이 성공적인지를 결정하기 때문에 창업상황을 조사하는 것은 중요하다. 외부환경은 새로운 경제, 사회의 법과 규제를 포함한다. 기업가는 창업 의사결정이 이루어지는 환경을 인식해야 한다. 환경의 탐구를 통해서 기업가는 새로운 사업의 발단이 되는 미개발된 기회와 경쟁우위를 발견할 수 있다.

2) 기회확인

창업과정의 중요한 측면은 기회확인이다. 기회는 혁신과 가치창조를 위한 독특하고 특징이 있는 가능성을 제공하는 긍정적인 외적 추세나 변화이다. 기업가에게는 이용할 수 있는 기회가 아주 많다. 그런 기회 중에서 어떤 것은 높은 잠재력이 있는 실제 기회가 아니지만, 어떤 것은 성장전망을 갖고 있다. 기업가는 수익성이 있는 기회를 탐구하고 그런 다음 매력적인 사업기회를 선택한다. 그러나 기회를 확인하는 것만으로는 충분하지 않다. 창업과정은 가능한 경쟁우위를 정확하게 찾아내는 것이다. 경쟁우위는 조직의 경쟁력이다. 경쟁우위를 갖는 것은 조직의 장기적인 성공과 생존에 필수적이다.

3) 벤처기업 창업

기업가가 일단 외부적 환경을 탐구하고 가능한 기회와 경쟁우위를 확인하면 벤처기업을 실제적으로 창업하는 문제를 조사해야 한다. 창업과정은 벤처기업의 타당성 조사, 벤처기업 계획, 벤처기업 조직과 벤처기업 창업과정이 포함된다. 금융, 물적 자원과 경영자원은 벤처기업을 창업하기 위해서 선택해야 할 요소이다.

4) 벤처기업의 경영

벤처기업이 설립되면 다음 창업과정은 벤처기업을 경영하는 것이다. 기업가는 과정, 사람과 성장을 관리함으로써 벤처기업을 효과적으로 관리해야 한다. 이것은 지도, 의사결정, 실행, 통제와 다양한 관리기술 등의 재능을 필요로 한다.

5) 경쟁우위전략

벤처기업이 설립되고 운영되면, 마지막 단계는 경쟁우위전략을 선택하는 것이다. 다음은 피터 드러커(Peter Drucker)가 제시한 기업가전략이다.

- 빠른 의사결정과 실천
- 창조적 모방
- 기업가적 유도(entrepreneurial judo)[6)]

6) 공격해오는 상대의 강한 힘에 맞서는 것이 아니라 상대의 힘을 이용해 허점을 찔러 제압하는 것이 유도 기술처럼 기업가는 경쟁자의 약점을 이용하는 전략이다.

- 틈새시장의 탐구와 선정
- 효용을 창조하고, 소비자에게 참된 가치를 전달하고, 고객의 사회적 경제적 현실을 적용하고, 적절한 가격결정으로써 가치와 특징을 변경

2. 기업가 자질 테스트

성공에 대한 공식은 없지만 기업가의 자질여부를 판단할 수 있는 도구는 있다. [표 1-4]는 기업가 자질 테스트로 기업가적인 자질여부를 판단하는 데 도움이 될 것이다. 이 검사는 단지 도구이지만 창업을 결정할 때 유용하다. 다음 각 문항에 동의하지 않는다면 0, 잘 판단이 안 된다면 2, 동의한다면 3을 기록하여 총점을 산출한다.

[표 1-4] 기업가 자질 테스트

번호	질문 문항	0	2	3
1	나는 끈기가 있다.			
2	나는 투자할 자산이 있고 자금의 일부를 기꺼이 잃을 수 있다.			
3	나의 사업이 수익이 생길 때까지 나의 생활수준을 낮출 준비가 되어있다.			
4	나는 새롭고 다른 아이디어를 갖고 있다.			
5	나는 변화에 적응할 수 있다.			
6	나는 문제를 도전과 기회로 본다.			
7	나는 정서적 좌절로부터 빨리 회복할 수 있다.			
8	나는 긍정적인 사람이고 자신을 확신한다.			
9	나는 통제 상태에 있는 것을 좋아한다.			
10	나는 경쟁을 좋아한다.			
11	나는 창업하려고 하는 사업과 유사한 사업에 관여하여 왔다.			
12	창업을 도와주고 성공적인 사업을 소유하거나 운영할 친구나 사람이 있다.			
13	나의 가족과 배우자는 나의 결정을 지지하고 사업의 부침으로 집으로 가져오는 스트레스를 견딜 준비가 되어있다.			
14	나는 스트레스가 많은 업무량, 긴 시간, 불규칙적인 일정, 주말 및 휴일 작업을 처리할 수 있는 체력과 정서적 강점을 가지고 있다.			
15	나는 조직을 잘하고 미리 계획한다.			
16	나는 임대인, 종업원과 고객 등 모든 사람과 잘 지낸다.			
17	나는 사람을 잘 판단하고, 도움이 필요할 때 적절한 사람을 고용할 수 있다.			

번호	질문 문항	0	2	3
18	가장 좋은 방법으로 종업원을 관리하고 감독할 수 있다.			
19	나의 창업에 필요한 기본적인 기술과 자본을 갖고 있지 않다고 판단되면 그 것들을 확보할 때까지 나의 계획을 기꺼이 연기할 수 있다.			
20	내가 좋아하지 않는 사람과 나는 함께 잘 지낼 수 있다.			
21	나는 실수를 인식하고, 인정하고, 배울 수 있다.			
22	나는 결정을 잘 하고 행동조치를 이행한다.			
23	나는 내 주위에서 발생하는 것을 관찰할 수 있고 사람들이 원하는 것을 알 수 있다.			
24	나는 다른 사람에게 물건을 잘 팔고 나의 아이디어와 서비스를 판매할 수 있다.			
25	나는 언제나 일을 잘 하는 방법을 찾고 있다.			
26	나는 결코 포기하지 않는 사람이다.			
27	나는 일을 기다리는 대신 일을 만든다.			
28	나는 발전하기 위해 충고, 평가와 건설적 비평을 찾는다.			
29	나는 경청을 잘한다.			
30	나는 신용이 보통 이상이다.			
총점				

출처: Small Business Development Centers

자질 테스트 결과의 판단

- 총점 72 ~ 90: 사업을 시작한다. 사업가의 체질을 갖고 있다.
- 총점 58 ~ 71: 잠재력을 갖고 있으나 약한 영역에 있는 기술을 향상하고 추진력이 필요하다.
- 총점 45 ~ 57: 귀하는 사업을 혼자 시작하는 것을 원하지 않는다. 귀하의 약한 영역을 보완할 수 있는 사람을 찾을 필요가 있다.
- 총점 45: 자기고용은 귀하에게 적합하지 않을 수 있다. 귀하는 누군가를 위해 일하는 것이 더 행복할 것이다.

제2장

창업과 중소기업

Focus Lens 인재제일과 사업보국의 이병철

인재제일과 사업보국의 삼성그룹 창시자 호암 이병철

첫 사업의 실패와 교훈

삼성그룹 창시자인 이병철 회장(1910~1987)은 1929년 와세다대학교 정치경제학과에 입학했으나 1년 만에 대학을 자퇴하고 귀국하였다. 그 당시 마산은 조선 각지에서 생산한 쌀을 수집해 도정하여 일본으로 보내는 도정공장이 있던 곳으로, 1936년 고향 친구인 정현용, 박정원과 동업으로 마산에서 도정공장과 협동 정미소를 운영하기 시작했다. 그러나 중일전쟁의 여파로 사업이 부진하여 정미소, 자동차 회사와 김해 땅을 모두 팔아 은행 빚을 갚고 잔여재산이 없었지만, 이병철 회장은 정미소와 운수회사의 실패에서 귀중한 교훈을 얻었다.

치밀한 준비와 사업환경을 보는 눈

그 후 이병철 회장은 1938년 3월 29세에 3만원의 자본금으로 대구에 삼성상회를 창업하여 1941년에 주식회사로 전환하였다. 청과류와 어물 등을 생산자로부터 공급받아 도소매와 중국 수출로 사업을 확장하고, 1942년 조선양조를 인수했으며, 광복 후 1947년 경성으로 상경하여 다음 해 삼성물산공사를 창설하고 무역업을 확대하였다. 1950년 초에는 일본공업시찰단원의 한 사람으로 선정되어 출국하였다. 일본 제조업, 수공업과 전후 공업시설 복구현장을 직접시찰하고 귀국하였으나, 서울에서 6·25전쟁을 맞았다. 전쟁으로 피난을 떠나 1951년에 부산에서 다시 삼성물산을 설립하여 무역업을 시작하였고, 홍콩 등지에서 비료와 설탕을 수입해 국내에 팔아 얻은 수익으로, 1953년 전쟁으로 미래가 불확실한 상황에서도 제조업에 투자하였다. 이병철 회장은 사업보국의 뜻을 펼치기 위해 제일제당과 제일모직을 세워 수입대체산업 육성에 주력했다. 제일모직을 설립한 지 3년 만인 1957년에 골덴텍스라는 브랜드를 출시하였다. 제일모직은 이후 모직의 본고장인 영국에 양복을 수출하면서 전국 납세액 4%를 감당하는 대한민국 최고의 기업이 되었고, 이때부터 삼성이라는 새로운 재벌이 탄생했다.

탁월한 기업가 정신

1960년대에는 비료, 전자, 유통, 의료, 섬유산업에 진출하면서 한국의 경제 근대화에 주도적인 역할을 했다. 1972년 삼성의 업종구성을 대대적으로 개편하기 위해 삼성석유화학과 삼성중공업, 삼성조선과 삼성정밀 등을 설립하였다. 1980년대에는 전자, 항공, 정밀, 화학 등 기술산업의 육성을 통하여 한국의 기간산업을 발전시켰다. 그러나 삼성전자의 라디오, 세탁기, 텔레비전 등은 항상 금성에 뒤진 만년 2위였다. 항상 1등 제품을 만들고자 했던 이병철 회장은 자존심이 많이 상했다. 비협조적인 합작투자사인 산요전기와의 합작을 청산하고 단독으로 텔레비전을 생산하여 미국에 성공적으로 수출했다. 1973년 말 삼성텔레비전의 국내시판이 허용되면서 이익이 발생하기 시작했다. 다른 업체들이 흑백텔레비전에 집중할 때 삼성은 컬러텔레비전을 개발하여 1974년 국산 컬러텔레비전 1호를 생산해내는 데 성공했다. 1981년 컬러텔레비전 방송이 시작되면서 삼성의 상승세가 시작되어 1984년에는 국내 텔레비전 시장점유율 1위를 차지하였다.

탁월한 개척정신과 기회를 포착하는 능력

1983년, 그의 나이 73세 때 반도체를 국가적 사업이고 미래 산업이라고 판단하여 도쿄에서 대용량 메모리 반도체 사업에 투자하는 결단을 내렸다. 앞을 내다보는 탁월한 개척정신과 기회를 포착하는 능력으로 기업가 정신을 발휘하였다. 이병철 회장의 결단으

로 가전제품 제조업체였던 삼성이 반도체 산업을 선택했을 때 주변의 반응은 냉담했지만 삼성은 담담하게 반도체 사업을 추진하여 그해 64KD 램을 개발하였다. 미국과 일본에 이어 세계에서 세 번째 개발이었다. 10년 뒤인 1992년 삼성은 256메가비트 메모리 장치를 생산하면서 세계 반도체 1위에 올랐다. 국내 기업가 정신의 창시자인 이병철 회장은 한국 근대사이자 발전사였다. 이병철 회장은 사업보국, 인재제일, 합리주의와 모험정신이라는 경영철학으로 미래를 개척하여 글로벌 기업으로 성장시킨 성공한 기업가였다.

이병철 회장의 명언

- 부자처럼 행동하라. 나도 모르는 사이에 부자처럼 되어 있다.
- 자신의 영혼을 위해 투자하라. 투명한 영혼은 천년 앞을 내다본다.
- 있을 때 겸손하라. 그러나 없을 때는 당당하라.
- 부자 옆에 줄을 서라. 산삼 밭에 가야 산삼을 캘 수 있다
- 남의 잘됨을 축복하라. 그 축복이 메아리가 되어 나를 향해 돌아온다.
- 써야할 곳과 안 써도 좋을 곳을 분간하라. 판단이 흐리면 낭패가 따른다.
- 들어온 떡만 먹으려 하지 말라. 떡이 없으면 나가서 만들어라.
- 적극적인 언어를 사용하라. 부정적인 언어는 복이 나가는 언어이다.
- 깨진 독에 물을 붓지 말라. 새는 구멍을 막은 다음 물을 부어라.
- 자꾸 막히는 것은 우선멈춤신호이다. 멈춘 다음 정비하고 출발하라.
- 사업은 국내외 정세를 정확히 통찰해야 하고, 무모한 과욕을 버리고 자기 능력과 한계를 냉철히 판단해야 한다.
- 요행의 유혹에 넘어가지 말라. 요행은 불행의 안내자이다.
- 요행을 바라는 투기는 절대로 피해야 하며, 직관력의 연마를 중시하는 한편 제2, 제3의 대비책을 강구해야 한다.
- 대세가 기울어 이미 실패라는 판단이 서면 깨끗이 미련을 버리고 차선의 길을 택해야 한다.
- 힘들어도 웃어라. 절대자도 웃는 사람을 좋아한다.
- 돈은 거짓말을 하지 않는다. 돈 앞에서 진실하라.
- 씨돈은 쓰지 말고 아껴두어라. 씨돈은 새끼를 치는 종잣돈이다.
- 자신감을 높여라. 기가 살아야 운이 산다.
- 검약에 앞장서라. 약 중에 제일 좋은 약은 검약이다.
- 장사꾼이 되지 말라. 경영자가 되면 보는 것이 다르다.

01 창업의 기본

1. 창업의 정의

창업은 이윤창출을 목적으로 창업자가 기업을 설립해서 사업을 개시하는 것이다. 또한 창업자가 영리를 목적으로 새로운 아이디어와 다양한 경영자원을 동원하여 제품이나 서비스를 생산 혹은 판매할 수 있는 새로운 기업을 만드는 행위이다. 따라서 창업은 해결안이 확실하지 않고 성공이 보장되지 않는 문제를 해결하기 위해 도전하는 일이다. 기업가는 아이디어 단계에서 자금을 조달하고, 사업의 구조를 결정하고, 운영을 시작하는 단계로 이동한다. 「중소기업창업지원법」 제2조에서 창업은 "중소기업을 새로이 설립하여 사업을 개시하는 것"으로 규정한다. 법에서 창업은 제조업, 광업, 건축, 엔지니어링 기타 기술 서비스업, 정보처리 기타 컴퓨터 운용관련업, 기계 및 장비 임대업을 새로이 개시하는 것으로 규정한다. 또한 중소기업의 창업을 촉진하기 위한 「중소기업창업지원법」은 창업절차를 간소화하고 다양한 금융과 세제를 지원한다. 기업가는 기회를 탐색하여 이를 사업 아이디어로 전환하고, 혁신과 모험정신으로 기업을 설립하여 사업활동을 시작한다. 이러한 사업활동의 목적은 성취욕구와 부의 추구이다. 창업은 사업가 개인의 물질적인 풍요를 얻을 뿐만 아니라 고용을 확대하여 일자리 창출로 이어져 결국은 사회 일반에게까지 부와 삶의 질을 개선하는 효과가 있다. 따라서 기업가의 창업은 기업가, 종업원, 공급자, 고객, 지역사회와 사회 일반에게 경제적 소득, 좋은 제품과 서비스, 과학과 기술의 발전 등 많은 긍정적 효과를 가져다준다.

2. 창업의 구성요소

창업은 일정한 자원을 활용하여 제품이나 서비스를 창조하는 경제적 활동이다. 이러한 창업에 필요한 기본적인 요소는 창업자, 사업아이디어와 자본이다. 창업은 창업자가 사업아이디어를 자본과 결합하여 제품과 서비스로 전환하여 판매하는 조직을 구성하는 행위이다. 따라서 창업은 창업자가 이윤을 추구하기 위해 사업아이디어에 인적요소와 물적요소를 결합하여 기업을 조직화하는 활동이다. [그림 2-1]은 창업의 구성요소이다.

그림 2-1 창업의 구성요소

1) 창업자

창업자는 창업에서 가장 중요한 요소이다. 창업자는 인적요소로 기업을 조직화하고 운영을 주도하는 사람이다. 창업자는 창업을 주도적으로 계획하고, 추진하며, 창업에 필요한 자금과 위험을 책임진다. 종업원은 창업자와 함께 제품이나 서비스를 생산하고 판매한다. 창업자는 시장, 고객과 경쟁자의 분석을 통하여 사업 아이디어를 창안해 이를 제품이나 서비스로 전환하는 전반적인 역할을 담당한다. 창업자는 사업 아이디어를 찾고, 고객의 욕구와 문제를 해결하는 해결책을 강구하고, 이를 인적자원과 물적자원과 결합하여 제품이나 서비스로 전환한다. 또한 이러한 제품과 서비스의 경제성과 사업성을 분석하고, 사업계획서를 작성하고, 생산과 판매에 필요한 자원을 동원한다. 창업자의 경험, 지식, 기술, 가치관, 열정, 집념, 헌신, 리더십, 인맥, 정력, 성격, 친화력과 자원동원 능력 등은 창업기업의 성공과 직결된다. 창업자의 자질이나 능력은 중소기업의 성패에 중요한 요인이 되는데, 창업자에게는 다음과 같은 능력과 자질이 요구된다.

- 미래에 대한 통찰력과 판단력
- 사업기회에 대한 창의력과 추진력
- 도전정신과 모험정신
- 성취욕구와 독립욕구
- 경영능력과 리더십
- 윤리의식과 사회적 책임의식

- 열정과 인내심

2) 사업 아이디어

사업 아이디어는 창업을 통해 시장이나 고객에게 제공할 사업내용으로 기업의 존재 이유와 목적이기도 하다. 사업 아이디어는 시장에서 제공하지 못한 고객욕구의 문제와 이에 대한 해결책이다. 창업기업이 제공할 제품이나 서비스는 소비자가 지각하는 가치가 가격보다 커야하고, 충분한 시장수요가 있어야 한다. 이러한 사업 아이디어는 창업자나 창업 구성원의 상상력과 창조성 등 인적 요인에 의해 이루어진다. 사업 아이디어는 시장의 공백, 고객의 미충족 욕구, 경쟁제품의 미제공이나 과소제공에서 문제를 발견하여 해결책을 찾은 사업성이 있는 아이디어이다. 사업 아이디어는 산업의 매력성과 수익성이 있어야 한다. 이러한 사업 아이디어는 창업기업이 고객에게 가치를 제공하기 위한 제품이나 서비스를 결정한다. 따라서 사업가는 사업 아이디어를 통해 사업을 구상하고, 이를 실현하기 위해 기업을 창업한다. 창업기업은 대체적으로 고객에게 탁월하고 차별적인 가치를 제공하기 위해 사업 아이디어를 창안하여 선정하고, 이를 생산과 판매를 위한 조직화를 하여 사업의 방향을 결정한다. 사업 아이디어의 원천은 주로 창업자이지만, 창업 구성원이나 기타 제3자인 경우도 있다. 사업 아이디어는 내용에 따라 다음과 같이 크게 네 가지 유형이 있다.

① 시장의 미제공 욕구나 과소 제공 욕구

지금까지 존재하지 않은 제품이나 서비스를 새롭게 생산하여 새로운 시장에 제공하는 경우이다. 시장과 고객의 욕구에 대한 지식이 불충분하기 때문에 위험이 크지만 큰 보상을 얻을 수 있다.

② 모방제품이나 개선제품

이미 존재하는 기존제품이나 서비스를 개선하여 기존시장이나 새로운 시장에 제공하는 경우이다. 이미 시장이 형성되어 있고, 시장과 고객의 욕구에 대한 지식이 있기 때문에 위험이 적지만, 기존의 경쟁자들과 경쟁해야 한다. 시장으로부터 모방제품으로 인식되기 때문에 가급적 모방제품보다는 기능이나 성능을 다소 개선한 개선제품을 계획하는 것이 더 좋다.

③ **주문자 상표**[1)]

주문자의 상표로 생산한 반제품 또는 완제품을 판매하는 경우이다. 주문자의 상표로 생산하기 때문에 기술개발이나 마케팅 노력을 기울일 필요가 없어 안정적인 생산과 판매가 가능하지만 장기적으로는 수익과 성장에 한계가 있다.

④ **독점적 유통**

기존의 제조자로부터 제품이나 서비스를 독점적으로 공급받아 판매만을 전문으로 취급하는 경우이다. 위험은 상대적으로 적지만 이익 또한 크지 않다.

기업가는 혁신적 행동과 특유의 지식, 기존시장의 불균형, 이익동기나 민첩성을 발휘해 기회를 발견한다. 아이디어는 사업기회와 결합할 수 있어야 한다. 좋은 사업기회는 기술, 경제와 상업적으로 실행 가능하고, 타당하고, 환경적으로 지속가능한 문제이다. 기회는 새로운 제품, 서비스, 원재료와 조직의 방법이 도입되고, 제조비용보다 더 높은 가격으로 판매되는 상황이다. 가치를 창조하거나 추가하는 것이 매력적이고, 지속적이고, 시의적절한 잠재적 제품이나 서비스이어야 한다[2)]. 사업기회는 시장에 혁신적인 제품이나 서비스를 제공하고, 기존의 제품이나 서비스를 개선하거나 수익성이 있는 제품이나 서비스를 모방하고, 수익을 추구하는 잠재적인 모험이다[3)]. 즉, 현재시장에 없는 미래제품과 서비스를 창조할 수 있는 아이디어, 신념과 행동이다[4)]. 따라서 사업기회는 새로운 기술의 개발로 발생하는 새로운 정보의 창조, 정보의 비대칭으로 나타나는 시장의 비효율의 활용과 정치규제나 인구변화로 발생하는 자원에 대한 대체사용으로 온다.

3) 자본

자본은 사업 아이디어를 제품이나 서비스로 전환하고 기업을 운영하는데 필요한 금전적 자원뿐만 아니라 기술, 토지, 건물, 기계설비, 부품, 원재료 등을 포함한다. 창업요소 중 가장 중요한 비중을 차지하는 자본은 사업 아이디어를 구체적으로 제품화하는 데 필요한 기술이나 자원 등을 조달하는데 사용된다. 또한 인적자원은 자본에 따라서 그 질과 양을 결정할 수 있다. 따라서 창업기업에 필요한 적절한 자본은 제품이나 서비스

1) OEM(Original Equipment Manufacturer).
2) Timmons(1999).
3) Singh(2001).
4) Sarasvathy, Dew et al.(2002).

의 생산과 판매에 매우 중요하다. 자본에는 창업자의 자기자본과 타인자본이 있다. 창업자금의 조달원천은 대체로 70% 대 30% 법칙이 적용된다. 즉, 창업 시에 자기자본과 타인자본의 비율이 7:3이 이상적이다. 창업자금은 대체로 시설자금과 운전자금으로 사용된다. 시설자금은 사업장 매입이나 임차비용, 집기비품의 구입비나 제품생산에 필요한 생산설비의 구입비이다. 운전자금은 사업을 시작한 후 회사운영에 필요한 재료비, 인건비, 경비 등이다. 창업의 초기에는 타인자본의 조달에 한계가 있기 때문에 창업자의 자기자본에 의존할 수밖에 없다. 벤처기업의 요건을 충족하면 자본의 조달원천으로써 벤처캐피탈을 활용할 수 있다.

3. 창업자의 유형

통상적인 창업유형은 기술창업, 지식서비스창업, 일반창업, 자영업창업, 청년창업과 시니어창업으로 구분한다.

① 기술창업

기계·재료, 전기·전자, 정보·통신, 화공·섬유, 생명·식품, 환경·에너지, 공예·디자인 등 업종의 창업

② 지식서비스창업

만화, 게임, 캐릭터, 애니메이션, 영화, 방송, 전자출판, 음악, 이러닝, 정보서비스, 디자인 등 업종의 창업

③ 일반창업

통신판매업, 인터넷 쇼핑몰, 유통업, 아이디어 창업 등

④ 자영업창업

소규모 점포 형태로써 도소매, 음식, 서비스 업종의 소상공인 창업

⑤ 청년창업

39세 이하의 창업자가 하는 지식서비스, 문화콘텐츠, 제조업의 창업

⑥ 시니어창업

50대 전후의 직장 퇴직자의 창업

4. 창업조직의 유형

창업기업은 기업의 법적 구조에 따라 개인기업과 법인기업으로 나누어진다. 개인기업은 사업주 개인이 단독으로 출자하고 직접 경영하며, 채권자에 대한 무한책임을 지는 형태로써 소규모 운영에 알맞은 형태이다. 법인기업은 법인격이 주어진 기업이며 주로 주식회사가 대표적이다. 법인기업은 그 자체로 완전한 법인격을 가지고 스스로의 권리와 의무의 주체가 되며, 기업의 소유자로부터 분리되어 영속성이 존재할 수 있는 기업을 말한다. 대표자는 회사 운영에 대해 일정한 책임을 지며, 주주는 출자금의 한도로 채무자에 대해 유한책임을 진다. 일정 규모 이상으로 성장성이 있는 유망사업에 적합하다. 법인기업에는 주식회사, 유한회사, 합자회사와 합명회사가 있다. [표 2-1]은 개인기업과 법인기업의 장단점이다.

벤처기업은 첨단의 신기술과 아이디어를 개발하여 사업에 도전하는 기술집약형 중소기업을 의미한다. 다른 기업에 비해 기술성이나 성장성이 높아 「벤처기업육성에 관한 특별조치법」에 의하여 정부로부터 우선 지원을 받을 수 있다. 주로 소수의 기술 창업가가 기술혁신의 아이디어를 상업화하기 위해 설립한 신생기업이다. 위험부담이 크지만 성공할 경우 높은 기대이익이 예상되고, 성장성이 높고 시장잠재력이 풍부하다. 도전정신이 강한 기업가에 의해 주도된다. 소호창업은 소규모 자영업이다. 소호(SOHO: Small Office Home Office)란 작은 사무실(Small Office)과 자택 사무실(Home Office)을 사용하는 근무형태로 주로 인터넷 등을 활용하여 자신의 사업을 주체적으로 전개하는 지적사업의 소규모 사업장이다.

[표 2-1] 개인기업과 법인기업의 장단점

구분	개인기업	법인기업
장점	· 설립등기가 필요 없고 사업자등록으로 사업개시가 가능 · 기업이윤과 손실은 기업주에게 전부귀속 · 창업비용과 창업자금이 비교적 적게 소요되어 소자본 창업가능 · 기업활동 자유, 신속한 계획수립과 변경 용이 · 초기 중소규모 사업에 적합	· 자본조달과 대자본 형성용이 · 출자금액 범위 내에서 법적 유한책임 · 소유와 경영의 분리가 가능 · 코스닥이나 증권거래소 상장 등을 통하여 기업의 대중화 가능 · 법인에 대한 공신력이 높으므로 영업 상 유리 · 일정규모 이상의 성장 유망산업에 적합
단점	· 기업주가 채무자에 대한 무한책임 · 투자 등 자본조달 한계 · 사업양도 시 높은 양도소득세 · 소유와 경영의 일치로 경영능력의 한계 · 대표자 변경 시 폐업 후 신규 등록	· 설립절차가 복잡하나, 최소 납입자본금 요건이 없음 · 기업이윤이 출자지분에 따라 배당 · 주주 상호 간의 이해관계 대립 및 마찰소지 · 각종 법상 각종 의무가 많음

5. 개인기업과 법인기업의 회계 차이

개인기업은 「소득세법」의 적용을 받으므로 과세기간은 매년 1월 1일부터 12월 31일까지이고, 과세소득은 총수입에서 필요경비를 공제한 금액이 되며, 대차대조표 공고의무가 없다. 이에 반해 법인은 「법인세법」의 적용을 받고, 과세기간은 정관과 규칙에서 정하는 회계기간에 따라 달라지며, 과세소득은 익금총액에서 손금총액을 공제한 금액이며, 법인은 대차대조표의 공고의무가 있다. 세율에서 개인기업은 10%~40%이나, 법인기업은 16%~28%로 개인기업보다 더 유리하다. 세율의 차이가 많은 개인기업이 법인으로 전환하는 주요 이유이다. 대체로 세금부담 측면에서 기업을 설립한 후 연간 매출총액이 5억 원 이상으로 예상되면 법인기업이 더 유리하다.

[표 2-2] 개인기업과 법인기업의 과세 비교

내용	개인기업	법인기업
관련법률	소득세법	법인세법
과세기간	매년 1월 1일부터 12월 31일까지	정관에 정하는 회계기간
과세소득	총수입금액-총필요경비	익금총액-손금총액
과세범위	특정소득에 대해서는 종합과세를 하지 않고 원천징수만으로 분리과세	분리과세 불인정
이중과세여부	하나의 원천소득에 대해 이중과세가 되지 않음	법인세 과세 후 주주의 배당에 대해 소득세 과세
세율	세율: 10%~40% 누진 적용 주민세: 소득세의 10%	세율: 16%~28% 주민세: 법인세의 10%
납세지	개인기업의 주소지	법인등기부등본 상의 본점/주사무소
기장의무	수입금액에 따라 일기장 의무자, 간이장부 의무자, 복식부기의무자로 구분	수입금액에 관계없이 복식부기 의무
외부감사제	적용되지 않음	자산총액이 70억 원 이상 공인회계사의 감사를 받음
대차대조표 공고	대차대조표 공고 의무가 없음	법인세 신고기간 내에 일간신문에 공고 의무가 있음

① 대표자의 인건비

법인의 대표이사는 고용관계에 의하여 근로를 제공하므로 임원 보수와 상여금을 손금에 산입하지만, 개인기업의 대표는 사업의 경영 주체로서 고용관계에 있지 아니하므로 급여를 지급받을 수 없다. 급여를 지급받아도 출자금의 인출에 불과하므로 필요경비에 산입하지 않는다.

② 퇴직급여 충당금 설정

법인세법에 따라 1년 이상 근속한 모든 임직원에 대해 퇴직급여 충당금을 설정해야 하므로 대표이사는 퇴직급여충당금의 대상이 되나, 개인기업의 대표는 소득세법상 퇴직급여충당금 설정대상이 아니다.

③ 이연자산의 종류

법인세법은 법인의 이연자산을 창업비, 개업비, 신주발행비, 연구개발비, 사용수익기부 자산가액 등을 인정하고 있으나, 개인사업자는 소득세법에서 개인기업의 이연자산을 개업비, 연구개발비, 사용수익기부자산가액 등만 인정하고 있다.

④ 대손충당금 설정 대상

법인세법은 대손충당금 설정대상 채권을 소비대차계약에 의한 대여금과 미수금을 포함하고 있으나, 소득세법은 사업과 관련된 채권만 대손충당금 설정대상으로 규정하고 있으므로 소비대차계약에 의한 대여금과 정상적인 사업거래에서 발생하지 않는 투자자산, 유형자산 처분미수금은 대손충당금을 설정할 수 없다.

02 창업의 과정

1. 창업의 과정

창업의 과정은 준비절차와 본절차로 구분하여 준비하는 것이 좋다. 준비절차에서는 기회를 확인하여 아이디어를 탐색하고, 해결안을 도출하여 제품을 개발하는 과정이 포함된다. 제품을 개발하여 테스트 마케팅을 실시해 사업성이 있다고 판단된다면 본격적인 회사설립절차에 돌입한다. 준비절차는 충분한 기간을 거치는 것이 좋다. 준비가 끝나고 성공적인 토대가 마련된 후에 창업을 하는 것이 바람직하다. 이러한 과정을 거치는 창업자는 많은 자금과 자원을 낭비하지 않아 초조하지 않고 제품개발에 전념할 수 있다.

신제품개발은 기업의 본질적인 경영활동이며 수익창출의 근원이다. 혁신은 새로운 아이디어, 장치나 방법에 의해서 고객의 미충족 욕구와 기대를 충족하는 가치창출 과정으로 기업의 생존과 성장에 필수적이다. 혁신은 기존제품을 새로운 제품으로 대체하거나, 새로운 제품범주를 창조하는 것을 의미한다. 신제품개발은 현재 시장에 존재하지 않는 제품에 관한 새로운 아이디어의 개념화이거나 이미 시장에 존재하는 제품의 향상을 목표로 한다. 소비자 욕구와 필요의 변화, 제품수명주기상의 성숙기제품, 쇠퇴기 제품, 경쟁자의 활동, 제품상의 문제와 환경변화에 대응하여 기업의 수익을 창출하기 위해서 기업은 신제품을 개발한다. 신제품개발(New Product Development: NPD)은 시장기회의 인식과 고객의 미충족 욕구의 탐색으로 시작하여 아이디어 창출, 제품컨셉 창출, 제품사양의 결정과 제품설계, 시제품 개발과 테스트, 경제성 분석, 마케팅 전략의 수립과 출시, 출시 후 관리로 끝을 맺는 활동이다. 신제품개발의 구체적인 절차는 아이디어 탐색, 해결안 도출, 제품컨셉 창출, 제품개발, 마케팅 전략과 출시 과정으로 진행된다.

아이디어의 탐색은 사업기회를 탐구하여 제품 아이디어를 선정하는 과정이다. 또한 고객에게 제공되지 않은 욕구, 과소제공되거나 미충족된 욕구를 확인한다(제3장, 제4장과

그림 2-2 창업의 과정

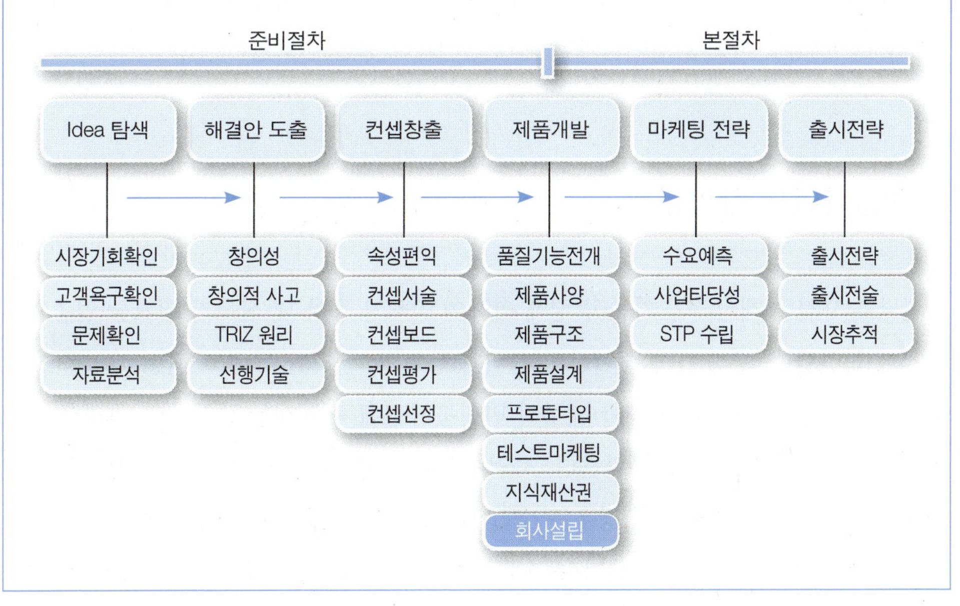

제5장). 제품 아이디어를 토대로 제품컨셉을 창출한 후 최종 선정하여 제품을 개발한다(제6장). 제품이 개발되면 지식재산권의 획득과 사업타당성을 분석한다(제7장과 제8장). 사업타당성을 분석한 후 시장에서 사업성이 있다고 판단된다면 조직화를 진행한다(제9장 이후). 비로소 창업의 시기가 된 것이다. 자금조달 방법, 조직의 구축과 시장전략을 수립하는 시기이다. 창업의 유형은 개인사업자나 법인사업자를 선택하는 문제가 있다. 창업의 과정과 창업기업의 경영은 해당 장에서 자세히 설명한다.

2. 창업 인허가의 취득

창업 시 업종을 선정하고 사업계획을 수립했다면 다음으로 해당 업종이 인허가 대상인지를 파악한다. 법령에 의해서 인허가 등록 및 신고를 득해야 사업을 개시할 수 있는 업종은 사전에 주무관청이나 시군구에서 인허가나 신고를 하여야 한다. 일반적으로 사업의 인허가 신청은 관할 시·군·구청의 해당부서에 필요한 서류를 작성하여 제출한다. 관할 행정기관은 현장 확인이나 서류를 통하여 허가여부를 결정할 수 있다. 그러나 인허가 업종이 아닌 경우 사업자 등록만으로 사업을 개시할 수 있다. 인허가는 허가, 신고, 등록, 지정, 면허, 인정 등이 있다. 인허가의 내용은 시설기준, 자격기준, 준수사항 등이 있다. 일반적으로 인허가 내용은 법률에 있고, 절차는 시행령에 있으며, 신청서 서식은 시행규칙에 있다. 사업장 임대차계약 전에 인허가 내용을 검토한다.

3. 개인기업의 창업절차

신규로 사업을 개시하는 자는 법령에 의하여 인허가 등록 및 신고가 필요한 업종인지 사전에 확인한다. 필요한 업종이라면 인허가 등록 및 신고를 득하고 새로 사업을 시작하려면 사업장이 소재하는 관할 세무서 민원봉사실에 사업자를 신청하면 대체로 신청일 즉시 사업자등록증을 교부받는다. 사업자등록 신청 시 구비서류로는 사업자등록 신청서 1부, 법령 규정의 업종인 경우는 사업 인허가증 사본 1부, 주 사업장 매매계약서 또는 임대차계약서 사본 1부, 대표자 주민등록등본 1부 등이 필요하다.

그림 2-3 개인기업의 창업절차

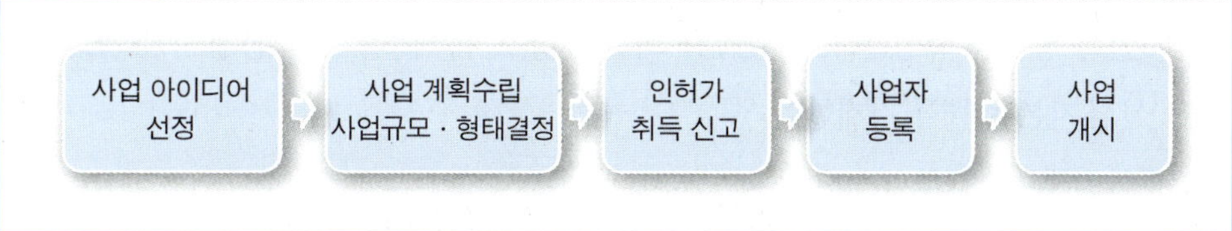

4. 법인기업의 창업절차

대체적으로 개인기업보다는 법인기업이 사업을 운영하는 데 유리한 점이 많기 때문에 주식회사를 설립하는 경우가 가장 많다. 주식회사를 설립할 때는 대상 소재지의 법무사와 상의하는 것이 편리하다. 설립형태는 발기설립과 모집설립이 있다. 발기설립은 발기인이 주식의 전부를 인수하는 경우이나, 모집설립은 발기인이 주식의 일부만을 인수하고 나머지는 주주를 모집하여 주식을 인수시키는 경우이다.

그림 2-4 법인기업의 창업절차

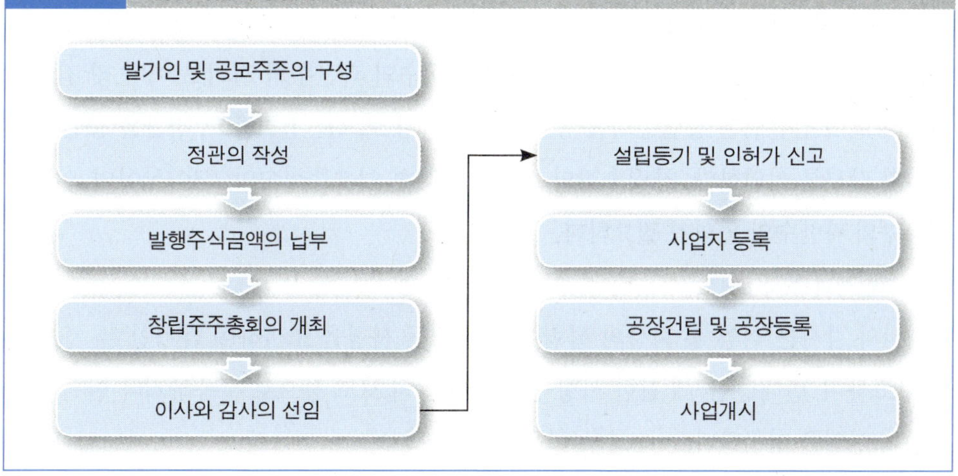

① 발기인 구성

발기인은 형식적으로는 정관에 발기인으로 기명날인한 자로 개인이나 법인도 될 수 있다. 발기인은 3인 이상이며(자본금 5억 원 이하의 경우에는 1인도 가능), 발기인은 1주 이상의 주식을 인수한다.

② 정관 작성

발기인은 정관을 작성한다. 정관에는 회사의 상호, 목적(업태, 종목), 본점 주소지, 1주의 금액, 설립 자본금 등을 기재한다.

③ 주식 발행사항 결정

정관에 기재 또는 발기인의 결의에 의하여 주식의 종류, 액면이상 발행사항, 청약기간, 납입기일, 납입 취급은행 등 주식발행 사항을 결정한다.

④ 주식인수

발기설립은 주식의 전부를 발기인이 서면으로 인수하나, 모집설립은 주식의 일부를 발기인이 인수하고 잔여주식에 대해 주주를 모집하여 주식을 배정한다. 청약인은 1인이라도 되고, 청약인이 인수할 주식의 수는 그 제한이 없으므로 1주라도 무방하다. 주주를 모집하는 방법은 공모든 연고모집이든 관계없다. 단, 50인 이상의 다수인을 상대로 공모할 경우에는 금융감독위원회에 유가증권 발행인등록을 한다.

⑤ 주금납입

발행하는 주식의 총수가 인수된 때에는 지체 없이 각 주식에 대한 인수가액의 전액을 취급은행에 납입하여야 하며, 취급은행으로부터 주금납입보관증명서를 받아야 한다.

⑥ 발기인총회, 창립총회 개최

발기설립은 발기인총회를 통하여 인수한 주식수의 과반수의 결의로 이사 및 감사를 선임하고, 모집설립은 창립총회를 통하여 발기인의 보고를 청취하고, 정관을 승인하고, 이사와 감사를 선임한다. 창립총회의 결의는 출석한 인수주식수의 2/3이상이며, 인수주식총수의 과반수의 동의가 필요하다.

⑦ 설립경과 조사

이사와 감사는 취임 후 회사의 설립에 관한 모든 사항을 조사하여 발기인(또는 창립총회)에 보고하며, 변태설립[5]에 관한 사항 등은 공증인의 보고 등으로 갈음하거나 법원에 검사인의 선임을 청구한다.

⑧ 대표이사 선임

선임된 이사들이 이사회를 개최하여 대표이사를 선임하여야 한다.

5) 회사설립 시 회사자본의 충실과 회사채권자를 해치는 위험한 사항을 변태설립사항(變態設立事項)이라 하며, 이러한 정관사항을 기초로 회사를 설립하는 것을 변태설립이라 한다. 재산의 전부 또는 일부가 현물출자나 재산인수와 같이 금전 이외의 재산으로 이루어지는 경우 정관의 상대적 기재사항으로 하여 엄격한 검사와 책임을 지우고 있다.

⑨ 설립등기

발기설립은 검사인의 조사보고와 법원의 변경처분의 절차가 종료된 때로부터 2주 내에, 모집설립은 창립총회가 종결된 날 또는 변태설립 사항의 변경절차가 종료된 때로부터 2주 내에 설립등기를 한다.

설립등기사항

- 목적, 상호, 회사가 발행할 주식의 총수, 1주의 금액, 본점소재지(지점을 둔 경우 그 지점소재지 기재), 회사가 공고를 하는 방법
- 자본의 총액
- 발행주식의 총수, 그 종류와 각종 주식의 내용과 수
- 주식의 양도에 대해 이사회의 승인을 받도록 정한 때에는 그 규정
- 주식매수선택권을 부여하도록 정한 때에는 그 규정
- 회사의 존립기간 또는 해산사유를 정한 때에는 그 기간 또는 사유
- 개업 전에 이자를 배당할 것을 정한 때에는 그 규정
- 주주에게 배당할 이익으로 주식을 소각할 것을 정한 때에는 그 규정
- 전환주식을 발행하는 경우에는 전환주식 발행 절차: 주식을 다른 종류의 주식으로 전환할 수 있다는 뜻, 전환의 조건, 전환으로 인해 발행할 주식의 내용, 전환을 청구할 수 있는 기간
- 사내이사, 사외이사 기타 상무에 종사하지 않는 이사, 감사의 성명과 주민등록번호
- 회사를 대표할 이사의 성명·주민등록번호 및 주소
- 여러 명의 대표이사가 공동으로 회사를 대표할 것을 정한 때에는 그 규정
- 명의개서(名義改書)대리인을 둔 때에는 그 상호 및 본점소재지
- 감사위원회를 설치한 때에는 감사위원회 위원의 성명 및 주민등록번호

03 중소기업의 이해

1. 중소기업의 특징

1) 중소기업의 특징

중소기업은 소유자나 관리자의 성향에 따라 매우 주관적인 방식으로 경영되고 있다.

소수의 종업원을 고용하며, 산업 내에서 중요도가 작은 독립적인 조직이다. 오늘날 중소기업은 대기업보다 상당히 창조적이고 혁신적인 경향이 있을 뿐만 아니라 고용의 주요 원천이다. 중소기업이 경제적으로나 사회적으로나 중요하나 높은 실패율은 전반적으로 경제나 사회에 해롭다. 중소기업은 시장에 밀착하고, 유연성과 적은 이익으로 운영할 능력을 갖고 있고, 신속하게 의사결정을 할 수 있다. 그러나 자금, 인적, 물적이나 정보자원이 제한적이다. 일반적으로 중소기업은 산업 내에서 상대적으로 규모가 작고, 끊임없는 불확실성에 직면하고, 공식적인 전략을 계획하지 않고, 즉흥적으로 경영하는 바람직하지 못한 경영방식을 갖고 있다. 또한 소유자나 관리자의 매우 높은 개인화된 경영방식에 대부분 의존하고 있다. 중소기업은 대기업에 비해 유연성, 혁신과 간접비에서는 유리하나, 시장 지배력, 네트워크 접근, 자본과 경영자원에서 한계가 있다. 많은 중소기업의 경영자들은 마케팅, 정부규제, 자본조달과 조직관리에서 문제를 경험한다. 중소기업의 종업원들은 대기업의 종업원보다 매우 높게 동기를 받고, 다양한 업무를 수행하고, 그들의 사장과 더욱 밀접한 관계에서 일한다. 이러한 방식들이 대기업 마케팅과 다른 특성의 마케팅을 수립하고 실행해야 할 이유이다.

2) 중소기업가의 개인적 특질

중소기업의 경영에서 소유자나 경영자의 편재(omnipresence)는 일반적이다. 즉, 중소기업에서 소유자나 경영자들은 사업 자체와 분리할 수 없는 경우가 많다. 중소기업의 마케팅 지식은 대체로 소유자나 경영자의 마케팅 지식에 대한 제한된 이해에 의존한다. 회사경영에 관해 소유자나 경영자의 영향력을 지나치게 과장한 측면이 있지만, 중소기업 소유자나 경영자의 관리능력은 기업성공이나 실패의 가장 중요한 결정요인이다. 모든 중소기업 소유자나 경영자가 동일한 것은 아니지만, 신념, 이상, 선호, 경험과 지식은

그림 2-5 중소기업 소유자의 특질

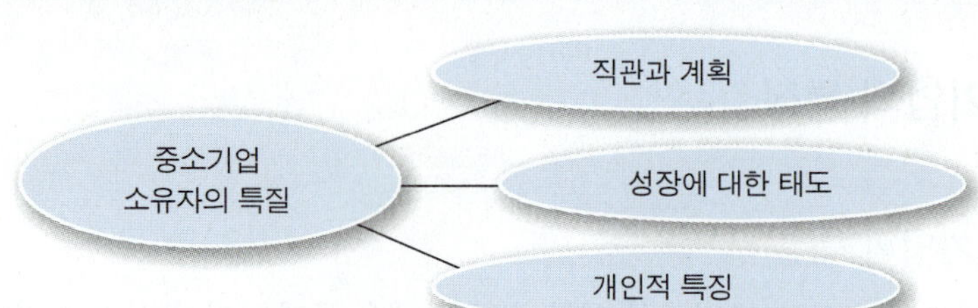

본질적으로 중소기업 그 자체이다. 그러나 기업을 창업하는 이유, 교육, 경험, 전략적 경영능력과 성장에 대한 태도가 각각 다르다. 모든 중소기업 소유자나 경영자의 중요한 특징은 개성을 사업에 겹쳐놓은 정도가 매우 크다는 점이다. 중소기업 소유자의 특질을 직관과 계획, 성장에 대한 태도와 개인적 특징 등의 측면에서 살펴본다.

(1) 직관과 계획

중소기업의 소유자나 경영자는 자원의 제약으로 사업에 관하여 전략적으로 생각할 시간이 없다. 일반적으로 중소기업의 소유자나 경영자들은 계획체계에서 공식과 비공식의 균형을 이루어야 한다는 권고에도 불구하고 공식적인 전략계획이 사업에 이익이 된다는 것을 잘 믿지 않는다. 많은 성공적인 중소기업이 전략경영을 실행하지 않았다는 증거도 있다. 이러한 현상은 복잡한 이론과 수준 있는 공식절차를 소유자나 경영자들이 사용하지 않을 뿐만 아니라 정교한 계획과 관리기법보다는 오히려 비공식적인 경영실무와 직관(intuition)에 따라 경영하는 것을 선호한다. 이것은 많은 마케팅 이론이 대기업을 위한 것이거나 관련된 것으로, 중소기업을 위한 이론이나 기법이 거의 없기 때문이다.

(2) 성장에 대한 태도

중소기업 소유자나 경영자의 성장에 대한 태도의 하나는 기업이 작을 때 독재 경영방식이 성공한다는 것이다. 그러나 회사가 성장함에 따라 경영방식과 조직구조가 변화할 필요성이 있다. 중소기업은 대기업에 비하여 자원의 제약이 많기 때문에 새로운 경영방식의 도입과 혁신이 오히려 더 필요하다. 회사의 성장은 소유자나 경영자의 이미지와 회사가 활동하는 시장 등에 달려 있고, 이러한 경영환경은 직관과 독재 경영방식의 한계를 극복할 필요가 있다. 따라서 소유자나 경영자에게 혁신과 과학적인 경영방식이 중소기업의 성장에 중요한 의미가 있다.

3) 성공한 중소기업가의 개인적 특징

새로운 기업을 일으켜 성공으로 이끈 창업자들은 위험에 대하여 도전적이고 업무에서는 정열적인 자세를 갖고 있다. 그들은 중소기업에 특유한 장점과 단점을 알고, 이에 적합한 이론과 기법을 개발하여 회사를 경영한다. 다음은 중소기업을 더 혁신적인 경영

그림 2-6 성공한 중소기업가의 특질

열정(passion)

고객연결(customer connection)

민첩성(agility)

실험 감수성(willingness to experiment)

자원의 제약(resource limitation) 극복

정보공유(information sharing)

방식으로 운영해 자원의 한계를 극복한 성공한 중소기업의 소유자나 경영자들의 특질이다.

- **열정(passion):** 중소기업 소유자들은 사업을 성공적으로 이끄는 데 관심이 있고 달성하기 위해 새로운 구상과 아이디어에 더 개방적이다.
- **고객연결(customer connection):** 중소기업은 고객욕구를 더 잘 알고 욕구를 충족시키기 위해 고객과 밀접한 관계를 유지한다.
- **민첩성(agility):** 중소기업은 변화하는 환경에 더 쉽게 적응할 수 있다.
- **실험 감수성(willingness to experiment):** 중소기업 소유자들은 어떤 실험에 대한 실패위험을 기꺼이 감수하려고 한다.
- **자원의 제약(resource limitation):** 중소기업은 자원이 적지만, 적은 것보다 더 많은 역할을 하는데 능숙하고 이를 극복한다.
- **정보공유(information sharing):** 소규모는 아이디어 공유에 대한 밀접한 사회적 네트워크가 있다는 것을 의미한다.

2. 중소기업의 성공요인

대체로 중소기업의 성장(growth)은 매출액, 수익성, 종업원 수와 재무자산 등의 증가와 관련이 있고, 일반적으로 이를 성공지표로 사용한다. 기업의 수가 비교적 적다면 적당한 성장은 높은 성장률로 이어질 수 있지만, 경쟁기업의 수가 많기 때문에 높은 성장률

은 실제로 흔하지 않다. 높은 성장률은 원래 중소기업의 수와 관련이 있다. 작은 조직이 큰 조직보다 신생기업이 오래된 기업보다 더 빨리 성장하는 것이 일반적이다. 그래서 중소기업의 빠른 성장은 종종 찬사를 받지만 위험이 없는 것은 아니다. 중소기업의 급속한 성장은 종종 현금흐름의 불균형과 급박한 현금부족을 야기하여 사업성에도 불구하고 때때로 성숙 전 붕괴로 이어진다. 따라서 중소기업이 성장함에 따라 직관적인 경영은 충분하지 못하게 되고, 잘 계획되고 관리되는 시스템에 대한 필요가 중요하다. 기업은 더욱 제도화되고, 관료화되고, 체계화되어야 하며, 이러한 구조와 체계는 자원이 취약한 중소기업과 대조된다. 소유자나 경영자가 관리할 수 있는 범위를 벗어나는 성장은 종종 위기를 유발한다. 많은 소유자나 경영자가 기업성장의 한계를 극복하기 위해서는 성장과 관리에 대한 태도가 변화되어야 한다.

1) 성공적인 중소기업

사업의 목적은 현재와 미래에 만족스런 이익을 창출하여 이해관계자의 부를 극대화하는 것이다. 피터 드러커(Peter Drucker)는 사업이 성공하기 위해서는 고객을 창조하는 것이라고 하고, 데밍(Deming)은 고객을 감동시키는 것이라고 한다. 중소기업 소유자와 사업가 간에는 어떤 면에서는 상당한 차이가 있다. 어떤 기업가는 성공의 정의에서 성장을 더 강조한다. 그러나 사업가와 중소기업 소유자는 독립을 제공하는 맥락에서 개인과 기업의 성공을 정의하는 것이 분명하다. 많은 중소기업 소유자들에게 자신의 삶을 책임지는 것이 최고의 동기이다. 사업의 목적은 독립의 유지이고, 돈의 축적은 유익한 부산물로 간주한다. 중소기업 경영자의 3가지 유형은 다음과 같이 성공의 관점에 따라 분류할 수 있다.

- 기능 보유자(artisan): 사업활동에서 본질적 만족 추구
- 기업가(entrepreneur): 성장추구
- 소유자(owner): 독립추구

2) 중소기업 성공요인

중소기업이 다른 기업과 직접적으로 경쟁할 때 대기업은 언제나 승리의 좋은 기회를 갖고 있는 것처럼 보인다. 실제로 중소기업은 좋아하는 부문에서 사업을 하는 고유한

영역을 갖고 있다. 경쟁우위를 확인하고 유연하게 혁신을 유지하고 고객과 밀접한 관계를 구축하고 품질을 위해 노력한다면, 중소기업을 경영할 때 성공을 달성할 기회는 증가할 것이다. 대기업과 중소기업이 공생관계(symbiotic relationship)이듯 중소기업도 마찬가지이다. 예를 들면 현대자동차는 많은 부품업체들로부터 부품을 공급받는다. 중소기업은 여러 분야에서 대기업보다 더 효율적으로 수행할 수 있다. 대기업이 규모의 경제로 더 높은 수익을 향유하는 경향이 있지만, 중소기업은 종종 유통에 더 효율적이다. 대부분의 도매상과 소매상들은 작고 전 세계에 분포되어 있는 수백만 고객을 효율적으로 갖고 있는 거대 제조업체와 연결하여 사업을 운영한다. 사업에 성공하기 위해서 경쟁자가 제공하는 것보다 더 큰 가치를 고객에게 제공해야 한다. 가치는 기업에게 경쟁우위(competitive advantage)를 제공한다. 예를 들면 경쟁자가 흑백프린터만을 제공한다고 가정하자. 컬러프린터 장비 투자는 적어도 경쟁자가 동일한 장비를 구매할 때까지는 경쟁우위를 준다. 경쟁우위가 더 강력하고 길게 유지될수록 고객을 획득하고 유지하는 기회는 더욱 증가한다. 사업은 경쟁자보다 더 좋게 제공하는 제품이나 서비스를 가져야한다. 그렇지 않다면 시장의 압력은 사업을 진부하게 만들 것이다. 중소기업은 고유의 경쟁우위를 활용해야 시장에서 성공할 수 있다. 따라서 중소기업의 경쟁우위이자 성공비결은 혁신, 유연성과 고객과의 밀접성 등이 있다.

그림 2-7 중소기업 성공요인

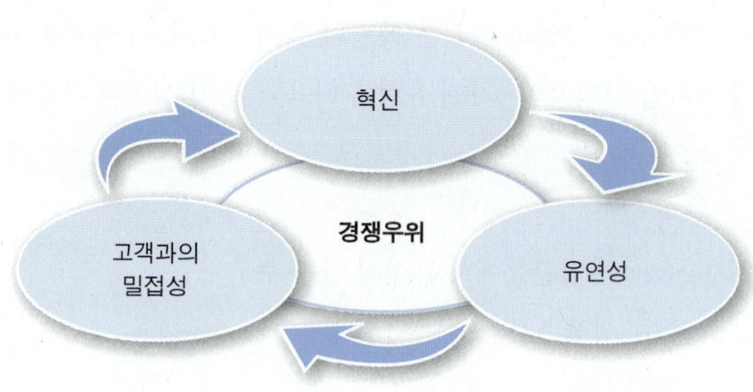

(1) 혁신

실제로 혁신(innovation)은 독립적인 발명가와 중소기업에서 종종 온다. 그 이유는 무엇인가? 대부분의 대기업의 연구개발 부서는 회사가 이미 만든 제품의 개선에 집중하는 경향이 있다. 이러한 관행은 회사가 거대한 공장과 설비투자로부터 이익을 창출하려는 동시에 기존제품과 관련된 새로운 아이디어와 제품을 개발하는 경향이 있다. 예를 들면 이동통신 회사들은 고객들에게 더 좋은 서비스를 제공하기 위해 중계국을 계속적으로 확장하고 새로운 부가서비스를 제공한다. 이와 달리 중소기업은 매일 많은 발명에 몰입한다. 기업가적 회사의 매우 큰 가치는 혁신에 대기업을 반응하게 하는 방법이다. 중소기업은 새로운 기술과 시장을 도입하고, 새로운 시장을 창조하고, 새로운 제품을 개발하고, 대기업과 경쟁해야만 하는 새로운 아이디어와 행동을 촉진하고, 그럼으로써 대기업을 변화하도록 함으로써 혁신을 해야 한다. 기존 제품공정, 아이디어와 사업을 새롭고 개선된 것으로 대체하는 것을 창조적 파괴(creative destruction)[6]라고 한다. 그러나 이것은 쉬운 과정이 아니다. 변화는 위협적이지만 변화의 이면에는 위험을 갖고 오는 위협과 기회의 양면성이 동시에 상존하고 있기 때문이다. 특히 중소기업이 신기술을 개발할 때 창조적 파괴에 이르는 변화의 추진력이 발생한다. 슘페터의 주장처럼 중소기업은 혁신을 창조할 때 중요한 역할을 한다. 다음은 중소기업이 창조하는 혁신의 유형이다.

그림 2-8 혁신의 유형

- 제품혁신(product innovation)
- 서비스혁신(service innovation)
- 공정혁신(process innovation)
- 경영혁신(management innovation)

- **제품혁신(product innovation):** 새롭거나 개선된 제품의 개발
- **서비스혁신(service innovation):** 판매를 위해 새롭거나 변경된 서비스의 제공
- **공정혁신(process innovation):** 제품이나 서비스 생산을 위해 물리적 투입을 조직하는 방법의 발명
- **경영혁신(management innovation):** 경영자원을 조직하는 새로운 방법의 창안

혁신의 대부분은 제품과 서비스와 관련이 있다. 미국중소기업청(SBA)의 자료에 따르면 모든 혁신의 38%는 서비스와 관련이 있고, 32%는 제품과 관련이 있다. 대부분의 혁

6) Schumpeter, Joseph A(2013), *Capitalism, Socialism and Democracy*, Routledge.

신은 1명에서 19명의 종업원이 있는 가장 작은 회사로부터 나온다. 이와 같이 서비스 혁신의 34% 이상은 매우 작은 중소기업에서 일어난다. 창조적 파괴의 공정은 첨단기술 산업이나 대기업에 제한되어 있지 않다. 시장혁신을 계속하지 않는 중소기업 소유자 뒤에는 위험 요소가 언제나 기다리고 있다. 창조적 파괴는 신기한 산업뿐만 아니라 이발소를 대체하는 헤어 체인점처럼 평범한 산업에서도 일어난다.

(2) 유연성

규모의 경제를 활용하기 위해서 대기업은 장기간 언제나 많은 제품을 생산할 자원투입을 찾는다. 이러한 자원의 투입은 새롭고 빠르게 변화하는 시장에 반응하는 능력을 제한한다. 중소기업은 의사결정과정이 짧고 신속하다. 그래서 상황에 따라 신속하고 변화에 적응할 수 있는 효과적인 의사결정이 가능하다. 경영환경 전반에 걸쳐 변화가 일어나기 때문에 경영에서 유연성(flexibility)은 매우 중요하다. 변경할 수 있는 선택을 갖는다면 사업이 덜 취약하다. 유연성은 실수, 오류와 비효율을 수정하는데 도움이 된다. 유연성은 쉽게 변경할 수 있는 권한과 시스템을 의미한다. 변경할 권한을 갖는다면 유연한 것이다. 유연성은 기업운영의 시스템에서 나온다. 기업운영의 시스템은 변경에 반응할 때 쉽고 신속하여야 한다. 변경에 더 유연한 기업을 만들 수 있는 시스템과 제도가 성공의 핵심요소이다. 변경에 반응하는 속도는 경영에서 정확한 유연성이다. 그래서 재조정하고, 변경하고, 추진하는 유연성은 중요하다. 환경이 시간을 통하여 변경할 수 있기 때문에 사업은 언제나 불확실하다. 따라서 유연성이 환경을 수용할 필요가 있다.

(3) 고객과의 밀접한 관계

중소기업 소유자들은 고객과 이웃을 개인적으로 잘 알고 친밀하다. 이러한 친밀성으로 고객의 욕구와 필요를 직접 알고, 개인화된 서비스를 제공할 수 있다. 반면에 대기업은 마케팅조사의 제한된 표본을 통해서만 고객을 알게 된다. 고객을 개인적으로 알게 되면 중소기업은 전문품, 개인화된 서비스와 품질에 근거하여 경쟁우위를 구축할 수 있고, 대량생산으로 얻는 거대기업의 저가격과 맞서 경쟁할 수 있다. 특히 중소기업은 고객과 구축하는 라포(rapport)[7]가 매우 중요하다는 것을 언제나 기억해야 한다.

---

7) 상호 간에 신뢰하며, 감정적으로 친근감을 느끼는 인간관계.

3. 중소기업의 실패요인

중소기업의 실패율은 한 마디로 혼란스럽다. 90%에서 10%로 매우 다른 수치를 갖고 있기 때문이다. 실패율에는 많은 요인들이 빠져있고, 산업에 따라서 다양하다. 또한 실패율의 차이를 설명하는 중요한 요인은 기간 설정이 다르다. 기간 설정은 여러 의미가 있다. 실제로 다양한 이해관계자 집단들이 평가에 사용된 기준에 따라서 동일한 기업을 동시에 성공과 실패로 판단할 수 있다. 결과적으로 중소기업의 실패율에도 혼란이 따르기 마련이다. 실패율을 정의할 때 실패의 부적절한 정의와 결과적으로 부정확성이 지속되지만, 중소기업은 자금부족과 마케팅의 부적절성으로 대기업보다 상당히 취약하다는 견해는 일반적이다. 비호의적인 경제상황, 부적절한 사업계획과 관리능력과 같은 요인이 결합된 취약성은 중소기업의 실패와 관련이 있다는 것이 일반적인 견해이다.

중소기업의 실패원인은 대체로 마케팅 능력의 부족, 경영의 부적절성, 자금의 부적절성과 외적 요인 등이 있다. 경영의 부적절성(managerial inadequacy)은 기업실패에서 가장 빈도가 높다. 이것은 모든 비행기의 추락을 조종사의 실패라고 설명하는 것처럼 모두 포괄하는 설명이다. 자금의 부적절성(financial inadequacy)이거나 자금의 부족이다. 또는 경제침체와 같은 환경이나 외적 요인이다. 이러한 요인은 서로 관련이 없는 독립적인 요소가 아니다. 침체되는 경제는 기업의 판매를 위축하고, 이것은 부정적으로 기업의 현금흐름에 영향을 준다. 이러한 현금흐름 문제를 관리하기 위한 지식이나 경험이 부족한 소유자는 기업실패를 보게 될 가능성이 크다.

그림 2-9 중소기업의 실패이유

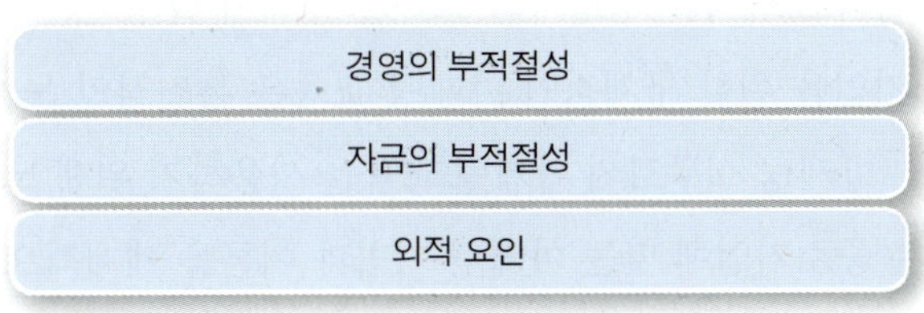

1) 경영의 부적절성

(1) 마케팅 능력의 부족

마케팅 능력은 좋은 제품의 개발과 좋아 보이는 제품의 판매를 의미한다. 대기업이든 중소기업이든 기업은 제품이나 서비스를 개발하여 고객에게 제공함으로써 수익을 창출하고 기업을 유지한다. 혁신은 제품, 공정이나 경영혁신을 의미한다. 혁신을 통하여 기업의 경쟁력을 강화한다. 그러나 기업의 생존과 성장에 더욱 필요한 것은 제품혁신이다. 제품혁신은 기업이 시장기회를 탐색하고 고객의 미충족 욕구를 발견해 개발기술을 적용하여 경쟁자와 다르고 독특한 제품을 제공하는 것을 뜻한다. 독특하고, 차별화된 제품을 적절한 마케팅 믹스로 시장에 제공하는 능력은 고객과 시장조사의 결과에 의존한다. 중소기업은 고객의 소리를 기술적 사양으로 변환하는 능력이 상대적으로 대기업에 비해 부족할 뿐만 아니라 기술개발에만 지나치게 몰두하여 마케팅 시야가 좁다. 때문에 기술적으로는 탁월한 제품이지만 팔리는 제품이 되지 못한다. 또한 시장경쟁을 이기는 전략이 부재하여 소비자에게 접근하지 못하는 경우가 많다. 또 다른 경영실패는 마케팅의 기능영역에서 제한점이다. 실패하는 기업은 고객의 변화하는 욕구를 무시하는 경향이 있고, 그 결과를 잘 반영하지 않는다. 고객이 중요하게 생각하는 것을 이해하지 못하고 변화하는 고객욕구를 수용하지 않는 것은 종종 사업실패에 이른다.

부적절한 마케팅으로 실패에 이르는 중소기업의 비율이 높다. 마케팅 부족은 일반적으로 중소기업의 인지된 특징 중의 하나이다. 마케팅이 모든 사업문제를 치유하는 만병통치약도 아니며 한계점도 갖고 있지만, 마케팅 능력을 증가하고 마케팅 실행을 향상하여 자원의 취약성을 보완함으로써 기업이 성장하는데 도움을 준다. 마케팅 실천을 향상하는 것은 중소기업의 소유자나 경영자의 교육을 통해서 달성될 수 있다. 일반적인 마케팅 교육과 중소기업을 위한 구체적인 마케팅 교육은 본질적인 문제가 있다. 이러한 문제는 중소기업의 마케팅 실무로써 마케팅 교육을 사용하기 위해 노력하는 마케팅 교육자들이고 이들은 중소기업에 맞는 마케팅 기법과 이론을 체계적으로 수행해야 하지만, 현실적으로는 대기업에 적합한 교육 프로그램으로 실행하고 있는 것이 가장 큰 문제 중의 하나이다. 중소기업에 적합한 마케팅 교육이론을 개발할 때 고려해야 할 요소들이 있다. 이것은 대기업 위주의 마케팅 교육이 빚은 부작용이다.

(2) 경영의 부적절성

경영의 부적절성은 일반적으로 중소기업 실패의 주요 원인이 된다. 소유자나 경영자의 경영무능 때문에 일어난다. 구체적으로 확인된 문제는 행동문제, 경영기술의 부족, 특정한 기술능력의 부족과 마케팅 근시안(marketing myopia)[8]을 포함한다. 이러한 소유자의 제한점을 일일이 열거하는 것은 손댈 수 없을 정도이다. 그러나 어떤 제한점은 주목할 만하다. 종업원과 고객과의 불충분한 의사소통은 실패의 표시로 나타난다. 자신의 생각에서 유연할 수 없는 것처럼 비판이나 다양한 견해에 귀를 기울이는 능력의 부족이다. 체계적인 전략계획을 수립하지 않는 중소기업 소유자나 경영자가 많다. 이와 같이 공식적 계획을 수행하지 못하는 것은 중소기업 실패에서 자주 언급되는 항목이다. 자원이 상대적으로 부족하기 때문에 중소기업은 계획을 직관적인 방법으로 선택하는 경향이 있다. 계획의 공식적 접근은 시간 낭비로 보거나 이론적으로 본다. 이러한 이유로 최종 결과는 많은 중소기업 소유자들이 의미 있는 방법으로 공식적인 전략계획을 수행하지 못한다. 중소기업은 전략계획을 개발할 뿐만 아니라 계속적인 갱신으로 수행할 필요가 대기업보다 오히려 더 많이 있다. 그런데도 많은 경영자들은 전략적인 계획을 수립하지 않고 직관에 따라 경영을 하고, 직원을 정확하게 선택하거나 관리할 능력을 갖고 있지 않다.

2) 자금의 부적절성

중소기업 실패의 두 번째 요인은 자금(finance)이다. 자금문제는 창업(start-up), 현금흐름(cash flow)과 자금관리(financial management) 등 세 측면에서 분류된다. 기업이 사업운영을 시작할 때 자금이 필요하다. 불행하게도 많은 중소기업 소유자들은 처음에 운영에 필요한 자금을 과소 추정한다. 창업 이후 필요자금의 과소추정은 너무 낙관적인 자금흐름 추정에 원인이 있다. 대부분 중소기업이 충분한 자금으로 시작하지 못하면 소유자가 필요할 때 자금을 집행하지 못하는 결과가 된다. 필요자금에 대한 계획의 실패가 곧 사업실패로 연결된다. 기업실패의 주요 요인은 자금과 영업 간의 상호작용의 불일치에 있다. 양호한 현금흐름 관리는 기업의 생존에 필수적이지만, 중소기업은 특히 세밀한 주의를 요

8) 테오도르 레빗(Theodore Levitt) 하버드대 교수는 마케팅 근시안을 먼 미래를 예상하지 못하고 바로 앞에 닥친 상황만 고려한 마케팅이라고 한다. 근시안적 시각을 가진 조직 또는 기업은 오래갈 수 없다. 사업단위를 제품이 아니라 고객의 욕구로 정의할 것을 제시한다.

한다. 중소기업은 채권관리와 같은 효과적인 자금통제를 개발하고 유지해야 한다. 중소기업 소유자는 적어도 회계와 자금에 기본적으로 친숙해야 한다. 불행하게도 많은 소유자들은 사업을 관리하기 위해 회계사의 충고를 충분히 사용하지 않는다.

3) 외적 요인

마지막 요인은 외적 요인이다. 잠재적으로 무한한 원인이지만 경제환경은 가장 중요하다. 대체로 경제환경이 중소기업 실패의 30%~50% 사이라고 한다. 경제성장율, 환율, 이자율과 실업율의 경제적 요인은 실패율에 미치는 영향이 크다. 이러한 외적 경제변수의 잠재적 영향은 중소기업 소유자가 계획자가 되거나 잠재적 우발성이나 운을 다룰 필요가 있다는 것이다. 다음 [표 2-3]은 중소기업의 실패이유를 요약하여 설명한 것이다.

[표 2-3] 중소기업의 실패 이유

경영의 부적절성	자금의 부적절성	외적 요인
· 사업계획의 실패 · 사업운영관리의 경험부족 · 비효율적인 인력충원 · 불충분한 의사소통 기술 · 충고의 실행이나 반응의 실패 · 과거실패의 학습 무시 · 경쟁 무시와 혁신실패 · 고객기반의 다양화 실패 · 비효과적인 마케팅 전략	· 현금흐름 문제 · 불충분한 최초자금 · 부적절한 자금기록 · 회계사의 통찰력 미활용 · 부적절한 자금확보 전략 · 성장에 추가되는 자금부족	· 경제침체 · 실업증가 · 이자율 상승 · 고객이 원하지 않는 제품이나 서비스 · 대항하기 어려운 해외경쟁 · 사기 · 재난

4. 창업기업의 성공요인

사업을 성공적으로 경영하기 위해서 중소기업의 성공과 실패요인을 참고할 만하다. 창업에 성공하기 위해 창업 전에 준비할 사항을 확인할 필요가 있다. 사업을 시작하기 전에 성공하기 위한 적절한 도구를 갖고 있는지를 확인한다. 따라서 이익을 창출할 만한 시장, 충분한 자금, 숙련된 종업원과 정확한 정보를 확인하는 것이 중요하다.

1) 시장규모와 정의

누가, 왜, 제품과 서비스를 구매하는가? 마케팅 기법은 제품을 구매하는 고객이 누구

그림 2-10 창업의 성공요인

- 시장규모와 정의
- 충분한 자금확보
- 유능한 종업원의 발견과 유지
- 정확한 정보수집

인지, 그리고 고객이 원하는 것이 무엇인지, 즉 표적고객과 제품을 발견하는데 도움이 된다. 정보로 무장하면 특정한 제품이나 서비스를 제공하는 수익성에 관하여 현명한 의사결정을 할 수 있다. 사업을 시작하기 위해서는 시장규모가 충분히 크고, 잠재고객들이 공통적으로 갖고 있는 것과 잠재고객들이 좋아하거나 싫어하는 것을 파악하여 고객들에게 가장 가치 있는 것을 제공하고 경쟁우위를 유지해야 한다.

2) 충분한 자금확보

기업가들은 충분한 창업자금(sufficient capital)의 확보 없이 창업을 시작하려고 한다. 신생기업의 생명선은 현금이다. 취약한 자금은 성공의 기회를 약화한다. 수익은 궁극적인 목표이지만 부적절한 현금흐름은 성장의 기회를 제한한다. 따라서 창업자본을 찾을 때 현금흐름을 고려한 현명한 계획이 필요하다.

3) 유능한 종업원의 발견과 유지

유능한 인재의 확보와 유지는 중소기업에게는 끝이 없는 과업이다. 중소기업은 직원 선발에 충분한 시간을 들이지 않고 우발적으로 채용하는 경향이 있다. 사업을 시작하기 전에 직원을 고용하고, 훈련하고, 동기를 부여하여야 한다. 고용한 종업원은 가장 가치 있는 자산인 동시에 창업의 동반자이다. 사업을 성공적으로 만드는 것은 종업원의 기술, 지식과 정보이다. 이러한 무형자산을 지식자본(intellectual capital)이라 한다.

4) 정확한 정보수집

조직의 경영자들은 모든 관련 정보를 얻기 전에 의사결정을 하는 것이 어렵다. 다양한 정보원으로부터 자문을 받고 몇 가지 유리한 점을 고려한다면 더 정확한 그림을 그릴 수 있다. 따라서 시장과 고객에 관한 정확한 정보를 수집하고 분석할 수 있어야 한다. [표 2-4]는 창업정보를 얻을 수 있는 유용한 웹사이트이다.

[표 2-4] 창업정보 웹사이트

번호	기관	웹사이트
1	창업진흥원	http://www.kised.or.kr
2	소상공인시장진흥공단	http://www.semas.or.kr
3	서울산업통상진흥원	http://www.sba.seoul.kr
4	소상공인포털	http://www.seda.or.kr
5	중소기업연구원	http://www.kosbi.re.kr
6	중소기업진흥공단	http://www.sbc.or.kr
7	중소기업청	http://www.smba.go.kr
8	창업보육네트워크시스템	http://www.bi.go.kr
9	창업정보관리시스템	http://www.changupnet.go.kr
10	한국산업단지공단	http://www.kicox.or.kr
11	한국창업보육협회	http://www.kobia.or.kr
12	창업넷	http://www.startup.go.kr

제3장

창업기회의 탐구

제1절
기업환경의 분석

제2절
사업기회의 성격

제3절
틈새시장

제4절
기회개발 과정

제5절
벤치마킹

Focus Lens LG그룹의 창업자인 구인회

LG그룹의 창업자인 연암(蓮庵) 구인회 회장(1907~1969)은 한국의 산업화를 이끈 주역 중의 한 사람이다. 1926년 서울 중앙보고에 진학했으나 그해에 학업을 중단하고, 고향에서 선배·동료들과 함께 협동조합을 설립하고, 1929년에 협동조합 이사장이 된 그는 이득의 원리를 터득했다. 그 후 많은 기업을 설립한 그는 "국민들에게 꼭 필요한 제품을 개발해 보급하겠다"는 고객중시 경영철학으로 화장품, 치약, 플라스틱, 전화기, 냉장고, TV, 세탁기, 에어콘 등을 국산화하여 생활문화에 혁신을 일으킨 기업가이다.

구인회 포목상점을 열다

연암은 1931년 7월 부친으로부터 받은 종잣돈 2,000원과 동생 구철회의 자금 1,800원으로 진주에 구인회 포목상점을 열었다. 그러나 장사가 잘 안 되어 고향의 토지를 담보로 동양척식회사로부터 8,000원을 융자받아 포목 유통을 확장하여 돈을 벌었지만, 1936년 병자년의 대홍수로 그동안 축적했던 재산의 대부분을 잃었다. 병자년 수해를 딛고 재기한 것은 평소 사람들과 좋은 신용관계를 유지했기 때문이었다. 부산과 진주의 은행들에서 자금조달이 쉽지 않았으나 이전부터 사귀어 온 원창약방의 주인 원준옥으로부터 한 장으로 정리한 사업계획서로 자금을 조달할 수 있었다. 신용이 재기의 발판이 된 것이다.

미군정청 승인 제1호 무역업체인 조선흥업사를 설립

연암은 1941년 구인회 포목상점을 주식회사 구인상회으로 전환하고, 1945년 부산에서 미군정청 승인 제1호 무역업체인 조선흥업사를 설립했다. 유통업에서 제조업으로 눈을 돌리게 한 것은 화장품이었다. 흥아공업에서 생산한 여성용 화장품인 아마쓰 구리무(크림)를 사다가 팔기 시작했다. 아마쓰 구리무에 대한 서울 소비자들의 반응이 좋아 화장품을 직접 제조하기로 결심했다. 락희화학공업사를 세우기 직전 Lucky Cream(樂喜크림)을 개발·생산하고 사진 모델로는 할리우드 여배우 디아나 더빈(Deanna Durbin)을 내세웠다. 화장품을 판매해서 얻은 자금과 고향의 논밭을 처분해 마련한 3,000만 환으로 1947년 락희화학공업사를 설립, 럭키크림을 본격적으로 생산했고, 매출이 급증했다.

문제가 곧 새로운 발명과 사업기회

생산된 화장품의 문제는 크림통 뚜껑이 쉽게 깨지는 것이었다. 연구와 실험으로 합성수지를 개발하여 뚜껑을 만들고, 칫솔, 비눗갑, 머리빗에 이어서 비닐시트와 필름, PVC 파이프, 비닐장판 등의 제품을 생산함으로써 플라스틱 시대를 열었다. 사업의 중심을 화장품에서 플라스틱 성형으로 전환했다. 1953년에 화장품사업을 청산하고 동양전기를 락희화학에 흡수했다. “이런 것이 바로 우리가 해야 할 진짜 사업인기다. 생산업자는 부족한 생활필수품을 만들어 내는 게 참 애국하는 길인기라. 남들이 미처 생각지 못하고 있는 사업을 한 번 성공시켜보자. 그런 보람 한 번 찾아보자.” 치약, 칫솔, 비누, 합성세제 등을 연이어 한국 최초로 생산하였다. 1964년 최초의 합성세제인 ‘하이타이’를 생산하여 주부들의 생활에 변화를 가져왔다. 그 후 사업은 고밀도폴리에틸렌, PVC, 아크릴 등 석유화학계 기초화학 물질, 정유산업, 생활용품, 화장품, 음료사업으로 확대되었다.

전자산업의 시작

1950년대 후반 전기통신 시설이 상당한 수준으로 복구됨에 따라 연암은 라디오를 비롯한 전자공업 진출을 모색했다. 전자산업 진출에 많은 반대가 있었으나 “사업은 기회고 선점이다”라는 신념으로 1959년 금성사를 설립하여 Gold Star 라디오 국산화에 성공했다. 냉장고, 흑백 TV, 에어컨, 승강기 등의 국산화에 성공함으로써 사업기반을 다졌다. 연암의 생각은 "남이 안 하는 것을 해라. 뒤따라가지 말고, 앞서 가라. 새로운 것을 만들라"는 것이었다. 이후 금성사는 전화기, 선풍기, 세탁기 등을 개발·생산하여 한국인들의 일상생활을 크게 변화시켰다. 1964년 말부터는 동남아·중남미 등에 전자제품을 수출하며 사세가 급성장했다. '전자제품은 금성'이란 말이 소비자들 사이에 회자되어 금성사는 락희화학과 함께 국내최초와 최고를 지향해왔다. 현재 LG와 GS는 다른 그룹으로 분리됐으나, 시대의 변화와 추세를 정확하게 예측하고, 현재에 만족하지 않고 새로운 분야를 개척하는 도전정신과 국리민복의 사업목적, 책임경영과 인화단결이 오늘날 글로벌 기업으로 성장한 힘이다.

01 기업환경의 분석

기업환경은 동전의 양면처럼 기업에 위협과 기회의 복잡한 형태를 나타내고 기업에 심대한 영향을 준다. 일반적으로 기업환경은 외부환경과 내부환경으로 나눈다. 외부환경은 조직외부에서, 내부환경은 조직내부에서 일어나는 마케팅 요소이다. 기업은 종종 내부환경보다는 외부환경에 더 많은 주의를 집중하지만, 양자가 모두 중요하다. 환경의 힘을 다루는 방법에는 두 가지가 있다. 사후(reactive) 환경관리는 많은 환경요소를 통제할 수 없고, 환경변화에 적합하도록 마케팅 계획을 조정하는 것인 반면에 사전(proactive) 환경관리는 많은 환경요소를 통제할 수 있거나 적어도 어떤 방식으로 영향을 준다는 신념으로 환경을 변화하기 위한 방법을 찾는 것을 뜻한다.

외부환경(external environment)은 기업에 밀접한 요인인 미시환경과 사회전체에 공통적인 요인인 거시환경으로 구성된다. 미시환경(micro-environment)은 고객, 경쟁자, 공급자와 중개자 등이다. 숙련된 종업원의 이용가능성과 같은 어떤 미시환경 요인은 내부환경과 겹친다. 거시환경(macro-environment)은 인구통계학적 요인, 경제적 요인, 정치적 요인, 법적 요인, 사회문화적 요인, 생태적, 지리적 요인과 기술적 요인 등이 있다. 외부환경은 종종

그림 3-1 미시와 거시환경 요인

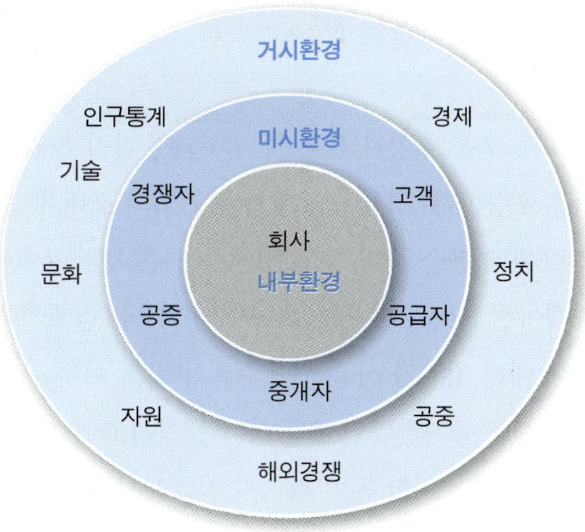

직접적인 통제에 둔감하다. 위협은 기회로 전환해야 한다. 새로운 입법은 경쟁자가 새로운 규칙을 준수해야만 하는 동안 이용할 수 있는 허점을 제공한다. STEP(Socio-cultural, Technological, Economic, Political) 분석은 외부환경을 조사하는 유용한 방법이다.

1. 거시환경

거시환경(macro-environment)은 회사 자체에 영향을 줄 뿐만 아니라 미시환경에 있는 경쟁자와 요소에 영향을 주는 주요 힘을 포함한다. 거시환경은 미시환경보다 미치는 영향을 이해하기 어렵지만 회사가 단순히 수동적으로 있는 것을 의미하지는 않는다. 통제 불능은 영향을 주지 않는다는 것을 의미하지는 않는다. 종종 거시환경은 좋은 공중활동에 의해서 영향을 받는다. 다음은 거시환경의 주요 요인이다.

1) 인구통계학적 요인

인구통계학(demographics)은 인종, 성, 위치나 직업과 같은 인구요소의 조사이며, 인구밀도, 인구규모와 같은 일반적인 요인이다. 인구통계학적 변화는 회사에 중요한 영향을 미칠 수 있다. 예컨대 최근의 출생률 감소는 유아용품의 판매에 분명한 영향이 있고 조기퇴직과 고령화는 근로인구의 수를 위축한다. 이와 같이 인구집중화는 지역 서비스에 대한 수요에서 변화를 야기하고 소매상들에게 제품과 서비스의 변화를 초래한다.

2) 경제적 요인

경제적 요인(economic factors)은 호황과 불황 주기와 전통적인 산업 폐쇄의 결과로 실업의 증가와 같은 영역을 포함한다. 경제는 소비자와 기업의 소비에 큰 영향을 미치고, 결국 기업의 목적과 전략에 영향을 준다. 거시경제 요인은 경제학에서 수요관리를 다룬다. 경제요인은 인플레이션, 실업, 이자율, 경제가 성장기나 침체기에 있는지와 같은 변수이다. 이러한 요인에 대해 정부가 사용하는 주요 방법은 이자율 관리, 조세정책과 정부지출이다. 정부가 지출을 증가한다면 유동성이 증가하고 수요가 증가할 것이다. 세금을 증가한다면 소비자들이 소비할 돈이 적어지고 그래서 수요는 위축될 것이다. 인플레이션은 주거비가 계속적으로 상승할 때 발생하고, 구매력을 약화한다. 이자율은 인플레이션이 발생할 때 종종 상승한다. 금리상승은 수요를 감소하는 경향이 있고 주택대출은 점점 더 고리가 되고 신용카드사용이 증가될 것이다. 침체는 높은 가격이 저성장이나 마이너스 성장을 때때로 야기하기 때문에 인플레이션이 일어날 때 발생한다. 침체기 동안 고급제품과 저급제품이 잘 판매되는 것은 가능하다. 사치재를 구매할 여유가 있는 소비자들은 계속 구매하지만, 저소득층 소비자들은 가치 의식적이 되는 경향이 있다. 재래시장에서 판매되는 제품처럼 다른 제품과 서비스는 고통을 받는다. 심각한 경제침체 앞에서는 사치재의 판매까지도 고통을 당할 수 있다. 미시경제 요인은 사람들이 그들의 소득을 소비하는 방법을 다룬다. 소득은 계속 증가되어 평균생활비용도 증가되고 소비패턴은 극적으로 변화된다. 소득이 증가함에 따라 식품과 주택에 소비되는 비율이 떨어져왔지만, 여가와 의류에 소비되는 비율은 증가되어 왔다. 경제정보가 널리 알려지고 마케터들은 소비자들에게 발생할 수 있는 일과 제품수요를 예측하기 위하여 이러한 정보를 사용한다.

3) 정치적 요인

정치적 요인(political factors)이 종종 사업에 영향을 준다. 민영화에 대한 광범위한 추세는 산업의 효율성과 경쟁력을 강화하고 있으나 고용시장을 불안정하게 하는 요인이 된다. 회사들은 주요한 정치환경에 대응하고, 마케팅 정책을 수정할 필요가 있다. 거의 모든 기업의 활동은 정치적 요인에 의하여 영향을 받지만, 정치가 안정되지 않은 후진국일수록 그 강도는 더욱 커진다. 모든 조직들은 정부의 규제에 순응해야 하고 사업을 하는 지역의 정치와 법적환경을 이해해야 한다. 어떤 국가는 소비자와 산업을 보호하기 위해 제정된 많은 규제를 강제한다. 기업은 여러 지역의 시장에서 사업을 할 때 규제가 나라에 따라서 다르다는 것을 이해해야 한다.

4) 법적 요인

법적 요인(legal factors)은 정부가 종종 기업에 영향을 미치는 법률을 통과하기 때문에 정치적 요인으로부터 온다. 많은 국가는 기업전략에 영향을 주는 법률을 갖고 있다. 예를 들면 제품수요를 맞추기 위해 새로운 공장을 건설할 때 국가에 따라서 지원과 규제가 다른 경우이다. 때때로 법원은 법률을 재해석하는 방식으로 사건을 결정하지만 이것은 사업위치에 영향을 줄 수 있다. 분명히 사업은 법률 안에서 유지해야 하지만 법이 규정하는 것을 확실히 하고 법의 변화가 임박하다는 것을 아는 것은 점점 어렵다.

5) 사회문화적 요인

사회문화적 요인(socio-cultural factors)은 사람들의 공유된 신념과 태도를 포함하는 영역이다. 사회와 문화환경은 체력과 영양에 대한 사람들의 태도와 같은 사회추세, 연령, 소득, 결혼여부, 교육과 직업과 같은 인구특성, 사람들의 신념과 가치와 관계되는 문화를 포함한다. 이러한 것들은 세계 시장에서 변화하고 있다. 사람들은 사회로부터 피드백의 결과로써 특별한 방식으로 행동하는 것을 배운다. 부적절하거나 무례한 것으로 간주되는 행동과 태도는 즉시 수정되고 또한 사람들은 다른 사람들이 행동해야 하는 방식을 기대한다. 건강, 영양과 신체 단련 추세는 많은 기업의 제품에 영향을 주고 있다. 예를 들면 펩시는 비타민 음료와 스포츠 음료를 생산한다. 많은 여성들이 일을 하고 가정청소와 주간보호와 같은 서비스 수요가 증가한다. 기업들은 냉동식품과 영양스낵처럼 더 편리한 제품을 생산함으로써 소비자들이 직면하는 시간제약(time constraints)에 대응한다. 마케팅 상황에서 사람들은 점포 직원이 공손하고 기꺼이 도와야 하고, 패스트푸드 레스토랑은 밝고 깨끗해야 하고, 점포에 재고가 있어야 한다고 믿는다. 이러한 믿음은 자연의 법칙이 아니라 무슨 일이 발생해야 하는지에 관한 합의이다. 이러한 기준이 적용되지 않는 나라가 많다. 세계적인 환경, 인종과 기술의 변화로 이러한 일반적인 믿음과 태도는 변하고 장기간에 걸쳐 일어난다. 동일한 기간에 문화적 변화는 세계여행의 증가와 음식시장의 글로벌화로 식사습관에서의 큰 변화를 포함한다. 문화적 변화는 마케팅 활동의 결과로 온다. 거의 문화적 변화는 마케팅 활동의 결과로 생겨난다.

6) 생태 및 지리적 요인

생태 및 지리적 요인(ecological and geographical factors)은 과거 몇 년 전에 사고의 중심이 되어왔다. 원재료의 희소성, 폐기물 처분 문제와 산업단지의 적절한 위치 발견의 어려움은 사업의사결정에 심각한 영향을 미치는 요인들이다. 마케팅 상황에서 기업은 이러한 문제에 대한 공적 견해를 고려해야 하고 개인뿐만 아니라 조직화된 집단으로부터의 압력을 종종 받는다. 이러한 사안을 가장 효과적으로 처리하는 방법은 불일치가 해결되기 위해서 기업이 과도한 자원을 약속하기 전에 관련된 압력집단과 상의를 시작하는 것이다. 사회적 마케팅 개념을 채택하는 기업은 이것을 당연한 것으로 받아들인다. 천연자원은 희소한 상품이고 소비자들은 이러한 사실을 알고 있다. 많은 기업들은 환경을 보호하고 천연자원을 보존하는 지속가능한 실천에 더 많이 관여하고 있다. 그린 마케팅(green marketing)은 환경에 유용한 방식으로 환경적으로 안전한 제품과 서비스를 마케팅 하는 것이다. 물 부족은 종종 여름철에 발생한다. 그래서 많은 레스토랑은 고객의 요청에 따라 이용자에게 물을 제공한다. 그린 마케팅은 환경에 도움이 될 뿐만 아니라 회사와 궁극적으로 소비자들에게 절약이 된다. 지속가능성, 윤리와 사회적 책임은 조직의 계획과 전략에 영향을 미친다.

7) 기술적 요인

최근 기술적 진보는 빠르게 진전되어 왔고 생활의 거의 모든 영역에 영향을 미치고 있다. 인터넷이 가상현실이나 컴퓨터 지원 설계 시스템처럼 새로운 산업을 출현하였다. 이러한 산업들은 20년 전에는 알려지지도 않았다. 세상에서 이용할 수 있는 기술은 사람들이 의사소통하는 방법과 기업이 사업하는 방법을 변화하고 있다. 모든 사람들은 기술변화에 의해서 영향을 받는다. 점포의 자동스캐너(self-scanners)와 영상표시기(video display), ATM, 인터넷과 모바일 폰은 기술이 기업과 소비자에게 영향을 주는 예이다. 많은 소비자들은 정보를 얻고, 신문을 읽고, 문자메시지를 사용하고, 온라인 쇼핑을 한다. 결과적으로 마케터는 온라인 광고와 모바일 마케팅에 촉진예산을 할당한다. 기술변화가 계속적으로 증가하고 더 새로운 산업이 출현할 것이다. 필연적으로 어떤 구산업은 사라지거나 적어도 전적으로 예측하지 못한 방향에서 경쟁에 직면할 것이다. 미리 이러한 추세를 확인하는 것은 극히 어렵지만 불가능하지도 않다.

8) 조직공중

기업의 공중은 거시환경의 한 부분을 형성한다. 공중(publics)은 회사에 대한 실제적이거나 잠재적인 영향을 갖고 있는 모든 집단을 포함하는 일반적인 용어이다. 공중의 범위는 정부공중, 금융공중, 지역공중, 매체공중과 시민행동공중 등을 포함한다. 이러한 공중과 관련된 마케팅 활동을 공중관계(public relations)라고 한다.

(1) 정부공중

정부공중(governmental publics)은 법률을 통과하고, 금리를 설정하고 환율을 정함으로써 기업의 활동을 제한하는 지방, 국가와 국제기관이다. 정부공중은 로비와 무역협회에 의해서 영향을 받을 수 있다.

(2) 금융공중

금융공중(financial publics)은 회사의 자금을 통제하고 특별한 방법으로 회사가 행동하도록 압력을 주는 은행과 주주를 포함한다. 이러한 압력은 강력할 수 있고, 심지어 회사의 존재를 위협할 수 있다. 회사는 금융공중에 의해서 회사가 선호하지 않는 것을 강제로 할 수 있다.

(3) 지역공중

지역공중(local relations)은 주로 회사의 이웃으로 구성된다. 이러한 지역조직과 개인들은 회사가 지역행동을 취하도록 압력을 가한다. 예를 들면 오염방지나 지역자선단체에 대한 후원 등이다. 지역공중과의 친선은 회사가 이웃과 조화롭게 살아가는 것을 쉽게 하고 단기적인 지역난제를 감소할 수 있다. 예를 들면 바디 샵은 놀이터를 감독하거나 지역자선에 기금을 후원함으로써 체인점(franchisee)이 지역사회를 돕는 프로젝트에 참여한다. 종업원들이 회사 시간에 이러한 프로젝트에 참여한다. 지역활동은 회사의 이미지를 높이고 지역주민들 사이에 있는 점포에 긍정적인 감정을 창출한다. 회사 직원을 위한 분할설립(spin-off)이 있는데, 종업원들은 모회사에 의하여 일한다는 것을 느낀다. 바디 샵 종업원들은 그들의 사용자에게 매우 긍정적인 경향이 있다.

(4) 매체공중

매체공중(media publics)인 신문, TV와 라디오는 기업의 마케팅을 돕거나 반대로 기업의 평판을 해칠 수 있는 뉴스, 특집과 광고를 전달한다. 공중관계 부서는 매체공중이 기업의 긍정적인 이미지를 전달하는 것을 확실히 하기 위해 온갖 노력을 다한다. 예를 들면 기업은 주요 스포츠 경기의 후원을 알리기 위해 기자회견을 발표할 수 있다. 스포츠 경기가 방송될 때 이것은 공중으로부터 긍정적인 반응과 기업의 긍정적인 이미지를 낳을 수 있다.

(5) 시민행동공중

시민행동공중(citizen action publics)은 일반 공중을 위한 생활을 향상하기 위해 제조자와 다른 사람을 로비하는 소비자권리단체나 시민단체와 같은 압력단체이다. 어떤 압력단체는 비공식적으로 조직화되어 있고, 최근에 지역압력단체와 항의자들이 급증하고 있다. 따라서 지역공중에 대한 적절한 관리가 필요하다.

2. 미시환경

미시환경(micro-environment)은 기업이 고객의 욕구를 충족시키는 능력에 영향을 직접적으로 미치는 요인으로 마케터가 통제 가능한 환경이다. 시장진입 가능성을 파악하기 위한 미시환경 분석은 거시환경 분석 후에 실시한다. 미시환경 분석은 고객, 경쟁사 분석을 통하여 자사의 역량을 높일 수 있다. 이러한 미시환경이 기업에 직접적으로 영향을 주는 요인들로 일반적으로 다음과 같은 요소이다.

1) 경쟁자

기업들은 경쟁자가 누구인지 잘 인식하지 못한다. 단순히 기업들이 사업을 너무 좁게 정의하기 때문에 기업들이 경쟁을 너무 협소하게 정의하는 것은 전혀 드문 일이 아니다. 예를 들면 버스 회사가 자사의 사업을 버스 사업으로 정의한다면 경영층은 다른 버스 회사를 경쟁자로 정의할 수 있다. 반면에 회사가 운수회사로 정의한다면 경영층은 철도, 택시와 심지어 자전거까지 경쟁으로 인식할 것이다. 번화가 소매상은 다른 번화가의 소매상을 경쟁자로 정의하면 소비자의 한정된 지출에 대한 경쟁으로써 온라인 회사를 인식하지 않을 것이다. 마케팅 관리자들은 소비자들의 욕구를 충족하기 위해 경쟁자들이 아주 밀접한 대체재를 공급하는지를 알 필요가 있다. 유사한 욕구와 특성으로 소비자를 분류하는 것을 시장세분화라고 한다. 각각의 세분시장은 다른 욕구를 갖고 있기 때문에 경쟁의 위협은 다른 욕구에서 온다. 극단적으로 모든 사업은 소비자들의 돈에 대해 상호 간에 경쟁을 하는 것이다. 소비자들은 지출할 정해진 금액만을 갖고 있고 고가의 주택을 구매하는 소비자는 동시에 고가의 휴가를 갖지 않을 것이다. 처리해야 할 당장의 경쟁자로부터 멀기 때문에 대부분의 마케터에게 이러한 경쟁의 유형은 중요하지 않게 생각할 수 있다. 그러나 회사가 독점적인 위치에 있고 전체시장을 확대할 여유가 있다면 이것은 문제가 된다.

모든 조직은 소비자를 얻기 위해 다투는 직접적이거나 간접적인 경쟁이든 경쟁환경을 고려해야 한다. 유사한 제품이나 서비스를 제공하는 경쟁자의 집단은 산업을 형성한다. 마이클 포터(Michael Porter) 교수는 산업분석을 위한 방법인 Five Forces Model을 개발하였다. 마이클 포터 교수는 장기적으로 특정 산업의 수익성 및 매력도는 산업의 구조적 특성에 의하여 영향을 받으며, 이는 5가지의 힘(Five Forces)에 의하여 결정된다고 한다. 즉, 신규 진입자의 위협, 공급자의 협상력, 구매자의 협상력, 대체재의 위협, 산업 내 기존 경쟁자 간의 경쟁강도 등이다. 이것은 기업을 둘러싼 환경에서 이해관계자들의 힘이 미치는 영향을 설명해 준다. 기업은 환경시스템의 한 구성원이기 때문에 환경 속에서 에너지를 교환하는 것이다. 따라서 기업은 에너지가 유리하게 교환되는 체계를 구축해야 한다.

그림 3-2 마이클 포터 5가지의 힘

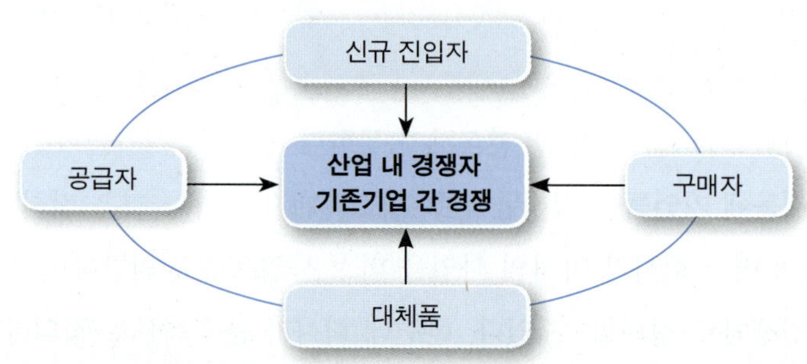

(1) 기존기업 간 경쟁강도

기업은 시장지위를 자사에 유리하게 만들기 위해 가격, 신제품개발과 광고 등으로 경쟁을 반복한다. 이러한 경쟁으로 결국 자원을 소모하여 수익이 악화된다. 시장이 성숙단계로 진입하면 기업도 매출을 유지하기 위해 시장을 침식하는 전략에 돌입하게 된다. 다음은 기존 경쟁기업 간의 경쟁을 격화시키는 요인이다.

- 경쟁기업 수가 많거나, 경쟁기업의 규모나 힘이 동등할 때

- 급속한 성장속도
- 높은 재고비용과 고정비용
- 차별화가 없으며, 전환비용이 들지 않을 때
- 높은 철수장벽

(2) 신규 진입자의 위협

신규 진입기업은 기존기업과의 경쟁에서 생존하기 위해 공격적인 마케팅 전략을 구사하기 때문에 산업계 전체의 수익이 저하된다. 이에 맞서 기존기업은 과도한 경쟁을 막고, 수익을 유지하기 위해 진입장벽을 높이는 다양한 전략을 실행한다. 진입장벽을 높이는 방법은 규모의 경제, 제품차별화, 유통채널 확보와 원가우위 전략 등이 있다.

(3) 대체재의 위협

대체품의 등장은 기존 산업에 큰 위협이 될 수 있다. 해당 산업의 제품과 유사하여 동일한 고객의 범주욕구를 충족할 수 있는 제품은 대체재로 쉽게 전환할 수 있기 때문이다. 또한 대체재 이외에도 동일한 시간대에 소비하는 대안재도 큰 위협요소가 된다. 따라서 가격인하는 불가피하고 수익은 상대적으로 떨어진다.

(4) 공급자의 협상력

원자재의 가격변동은 기업의 경쟁력에 중요한 영향을 미친다. 공급자의 교섭력이 증가할수록 기업의 수익은 악화되어 시장매력도가 떨어진다. 가격인상이나 품질수준의 상향으로 비용이 증가되거나 이익이 감소된다. 다음은 공급자의 교섭력을 강하게 만드는 요인이다.

- 소수의 공급자에 의해 지배되고 있는 경우
- 구매자가 공급자를 교체할 때 전환비용[1]이 높은 경우
- 공급자가 전방통합[2]에 나설 경우

1) 전환비용(switching cost): 현재 사용하고 있는 제품이 아닌 다른 제품을 사용하려고 할 때 들어가는 비용으로 금전적인 비용과 개인의 희생이나 노력 등 무형의 비용도 포함한다.
2) 제조업체가 원자재나 유통업체를 합병 또는 인수하는 것을 전방통합(forward integration)이라 하고, 반대로 원자재나 유통업체가 제조업체를 합병 또는 인수하는 것을 후방통합(backward integration)이라고 한다.

(5) 구매자의 협상력

구매자의 교섭력이 크면 구매자는 가격인하, 품질 및 서비스 개선을 요구하여 산업의 매력도가 떨어진다. 다음은 구매자의 교섭력을 강하게 만드는 요인이다.

- 구매자가 소수이고, 대량으로 구입하는 경우
- 구매자 전환비용이 낮은 경우
- 제품이 표준화되거나 차별화가 적은 경우
- 구매자가 후방통합에 나설 경우

세계가 더 작아지고 세계 시장은 오히려 더 많아지고 있다. 많은 회사들이 동일한 규격제품이나 유사한 제품(대체품)을 생산하고 있고 경쟁에 열중하고 있다. 인터넷은 고객들이 제품과 서비스를 찾는 것을 더욱 쉽게 하고 있다. 회사들은 외국기업을 인수하고 있다. 이러한 모든 요인들이 전략결정에 영향을 준다.

2) 고객

고객들(customers)의 욕구는 변화하거나 심지어 없어지기도 한다. 존슨 앤 존슨은 베이비 샴푸와 땀띠약이 많이 판매되는 것을 알게 되었다. 조사결과 많은 성인들이 제품을 사용하고 있었다. 그래서 존슨 앤 존슨은 성인용 땀띠약 캠페인을 벌였다. 이처럼 새로운 소비자 집단이 나타나면 이것에 반응하여 변화된 환경을 활용할 수 있다. 분명히 소비자의 욕구는 마케터에게 매우 중요하기 때문에 새로운 세분시장을 정확하게 확인하는 것이 필수적이다. 더욱 중요한 것은 어떤 세분시장이 사라지는 것을 인식하고 더 수익성이 좋은 세분시장에 마케팅 노력을 전환할 때를 아는 것이다.

3) 공급자

공급자들(suppliers)은 그들이 회사에 영향을 주기 때문에 미시환경의 한 부분을 형성한다. 얼핏 보면 공급자들은 마케팅 부서의 범위 밖에 있는 것처럼 보이지만, 사실 회사는 공급자들의 호의를 크게 기대하고 좋은 홍보운동에 항상 공급자를 포함하려고 한다. 공급자는 값싼 물건을 공급하거나 납기일을 맞추지 못함으로써 회사 내에 부정적 영향을 야기할 수 있고, 마침내는 회사의 고객에게 부정적인 영향을 준다. 소매상이 정부보다 공급자에게 더욱 주의를 기울이듯이 대부분의 회사들은 공급자를 추적할 필요가 있고, 그들이 적절한 제품을 공급하고 있다는 것을 확보해야 한다. 구매와 공급할 때 공급자와 고객 간의 관계가 밀접해야 하고, 고객의 약속과 높은 수준의 정보교환을 위해 회사는 공급자를 자주 방문해야 한다. 공급자가 적절한 제품과 서비스를 적절한 장소에 적절한 시간에 제공하기 위한 시스템 안에 연결된 물류시스템을 갖추고 있는지도 매우 중요하다. 이러한 시스템은 원재료를 취득하고 소비자가 필요한 제품을 이동하고 전달할 수 있기 때문이다.

4) 중개기관

중개기관(intermediaries)은 회사의 제품을 유통하는 소매상, 도매상과 대리상 등이다. 회사가 최종 소비자에게 제품을 성공적으로 전달하려면 중개기관과의 관계가 좋아질 필요가 있다. 이들과의 좋은 관계는 마케터에게 매우 중요하다. 또 판매기능 이외의 중개기관은 조사기관, 광고기관, 수송과 보관을 제공하는 물류회사와 전시회사와 같은 마케팅 서비스 제공자를 포함한다. 이들은 회사와 고객 사이에서 제품의 유통을 돕는 개인이나 조직이다. 중개기관은 자신의 사업을 갖고 있고 자신의 영역에 노력을 기울인다. 공급자와 함께 정보를 공유하고 좋은 의사소통을 유지함으로써 좋은 관계를 지속할 수 있다.

5) 내부환경

내부공중(internal publics)은 회사의 종업원이다. 종업원들이 외부환경보다는 오히려 내부환경의 일부이지만, 외부환경을 지향하는 활동은 종종 종업원 태도에 영향을 준다. 그 밖에 종업원 태도는 종종 외부공중에 영향을 준다. 때때로 종업원들은 그들이 일하는 조직의 부정적인 이미지를 전달하고 이것은 더 광범위한 공중의 지각에 영향을 미칠 수 밖에 없다. 조직의 내부환경은 외부환경의 축소판(microcosm)이다. 모든 조직은 종업원을 갖고 있고 자신의 언어, 관습, 전통과 위계가 있는 기업문화(corporate culture)를 개발한다. 조직의 하위집단과 개인들은 정치적 의제, 압력단체 유형를 가질 수 있다. 조직은 자신의 규정과 규제를 갖고 있다. 조직문화, 규칙, 위계와 전통은 불가피하게 조직의 공개 얼굴을 구성하는 주요 요인이기 때문에 마케터의 관점에서 내부환경은 외부환경만큼 중요하다. 조직의 구성원들은 일과 후 기업의 긍정적이거나 부정적인 이미지를 줄 수 있고, 그들의 가족과 친구와 상호작용을 하고 심지어 일하는 동안 회사의 외부공중과 접촉

한다. 외부공중의 구성원들이 이러한 커뮤니케이션을 권위적으로 생각하기 때문에 결과는 마케팅 부서가 유료 커뮤니케이션으로 산출할 수 있는 어떤 것보다 더 강력하다. 회사의 직원이 외부인들에게 회사에 대해 나쁘게 말한다면 외부인들은 회사의 촉진캠페인을 믿는 것보다 이들의 말을 더 신뢰할 수 있다. 직원의 충성시대는 지나갔고, 서열을 주는 것은 복종을 확보하기 위해 필요한 모든 것이다. 종업원들은 일상 과업에서 일정한 자율권을 갖고 있고 단순히 고용된 이유로 사용자에 대한 어떤 특별한 의무를 느끼지 않는다. 기업은 종업원들의 충성과 헌신을 필요로 하고 그 대가로 종업원에게 급료와 안전을 제공한다. 내부마케팅은 종업원들이 기업의 전략적 정책을 알고 이해하는 것을 확실히 하는 과정이다.

3. 환경분석 기법

1) 3C 분석

3C 분석은 고객(Customer), 경쟁자(Competitor)와 자사(Company)의 현재 상태를 분석하는 기법이다. 3C 분석은 기본적으로 현재 상태에 대한 분석이지만, 미래의 변화되는 상황에 대한 분석은 아니기 때문에 미래에 대한 분석을 위해서는 시나리오 분석 등이 추가적으로 필요하다. 따라서 기업은 3C 분석을 통해 자사와 동일한 고객을 대상으로 경쟁하고 있는 경쟁자를 비교, 분석함으로써 자사의 차별화와 경쟁전략을 찾아낼 수 있다. 현재의 시장동향을 파악하여 고객의 범위를 정의함으로써 대상시장을 명확히 하는 것이다.

그림 3-3 3C의 관계

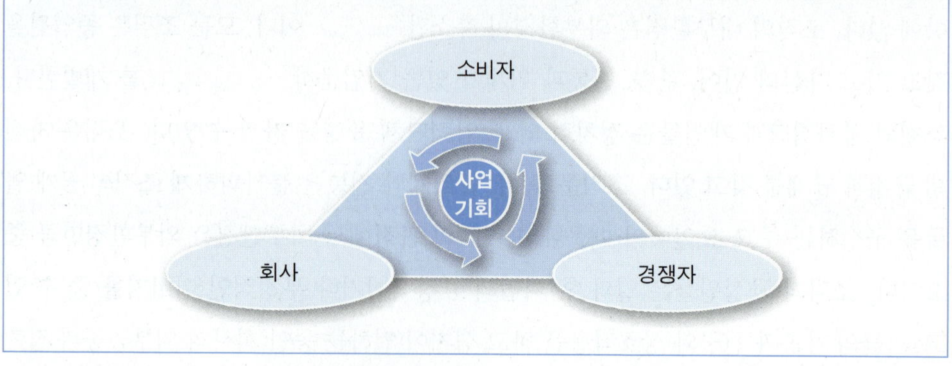

회사는 3C 분석을 통해서 고객의 욕구와 필요를 파악하여 새로운 제품이나 서비스를 찾아낼 수 있다.

3C 분석은 다음과 같은 질문 사항을 파악하고 세분시장에서 자사의 강점과 약점을 분석하고 경쟁우위 부문을 찾아 표적시장을 선정하는 데 활용된다. 따라서 기업은 자사에 대한 SWOT와 3C 분석 등을 활용하여 자사의 핵심역량(core competence)과 USP(Unique Selling Point)를 극대화할 수 있는 전략을 강구할 수 있다. 경쟁자 분석을 통해 경쟁상황을 이해하여 기회와 위협의 요인을 확인하여 경쟁력을 강화하는 것이 중요하다. [표 3-1]은 환경분석할 때 체크할 사항을 요약한 것이다.

[표 3-1] 환경분석의 주요 고려 사항

주요 요소	고려 사항
환경적 요소	■ 제품 · 서비스에 중요한 경제적 요인
	- 산업성장률
	- 경제추세
	- 원자재 가격 추세
	■ 법률적 요소
	■ 국내외 경제동향과 미래전망
표적고객	■ 주요고객층
	■ 고객별 매출액 예상
	- 주요고객:
	- 내수비중:
경쟁환경	■ 주요 경쟁자
	- 회사명:
	- 시장점유율:
	- 마케팅 전략:
	- 제품 · 서비스 특징:
	■ 시장의 경쟁상황
	■ 보유자원의 장단점
	- 장점:
	- 단점:
제품 · 서비스	■ 제품특징
	■ 사업의 구체적 시기
	■ 제품개발능력
	■ 제품생산능력
	■ 유통계획

2) SWOT 분석

상황분석에 근거하여 조직은 그들의 장점, 약점, 기회와 위협을 분석한다. SWOT 분석은 강점(Strength), 약점(Weaknesses), 기회(Opportunities)와 위협(Threats)을 종합적으로 고려하여 기업내부의 강점과 약점, 그리고 외부환경의 기회와 위협요인을 분석·평가하고 전략을 개발하는 도구이다. 강점과 약점은 내부요인이며 다소 통제가능하다. 예를 들면 조직의 강점은 브랜드 명, 효율적인 유통 네트워크, 서비스에 대한 평판과 우수한 재무상태이다. 회사의 약점은 시장에서 제품인지도 부족, 인적자원의 부족과 열악한 위치 등이다. 기회와 위협은 회사의 외부에 있는 요인이며 거의 통제 불가능하다. 기회는 회사제품에 대한 국제수요, 적은 경쟁자와 사람들이 장수하는 것처럼 호의적인 사회추세이다. 위협은 침체하는 경기, 지급비용을 증가하는 금리인상과 노동자를 찾는데 어려운 고령인구 등이다. 경쟁우위를 파악하기 위해 회사의 SWOT을 분석할 수 있다. 기업의 강력한 리더십 능력과 의사소통 기술은 강점이다. 침체되는 경제와 다른 기업과의 동일한 위치에서 경쟁은 약점이 된다. 한 기업의 장점은 다른 기업에는 약점이 될 수 있다.

이 기법은 기업의 강·약점 등의 내부역량과 기회·위협과 같은 외부의 가능성 사이의 적합성을 평가하기 위해 사용된다. 기업이나 조직이 미래에 나아갈 방향을 살펴보고, 명확한 목적을 구체화하고, 유리하거나 불리한 내외적 요인을 확인함으로써 기업의 전략수립에 유용한 도구이다. 내적 요인(internal factors)은 조직의 강점과 약점이다. 강점은 목적을 달성하는데 도움이 되는 내적 속성이며, 약점은 목적을 성취하는데 해로운 내적 속성이다. 내적 요인은 인사, 재무, 생산능력뿐만 아니라 4P's[3]를 포함한다. 외적 요인(external factors)은 외부환경에 의해서 영향을 받는 기회와 위협이다. 기회는 조직이 목적을 달성하는데 도움이 되는 외적 요인이며, 위협은 조직이 목적을 달성하는데 해로운 외적 요인이다. 외적 요인은 시장이나 경쟁위치의 변화뿐만 아니라 경제, 기술변화, 법률, 사회문화의 변화를 포함한다. 요소가 내부 또는 외부인지를 파악하는 쉬운 방법은 회사, 조직이나 개인을 제거하고 요인이 아직도 존재하는지를 알아보는 것이다. 강점과 약점과 같은 내부요인은 회사나 개인에 구체적이고 분명하지만, 기회와 위협과 같은 외부요인은 많은 개인과 시장에 있는 조직에 영향을 준다. SWOT 분석이 성공하기 위해서는 기업은 다음을 기꺼이 할 수 있어야 한다.

3) 4P's: 제품(Product), 유통경로(Place), 판매가격(Price), 판매촉진(Promotion)

- SWOT 분석은 제품으로부터 고객의 욕구를 충족하는 사업과정으로 집중한다.
- 경쟁보다는 고객에게 더 좋은 가치를 전달함으로써 강점을 활용한다.
- 핵심적인 영역에 전략적으로 투자함으로써 약점을 강점으로 전환한다.

그림 3-4 SWOT의 요소

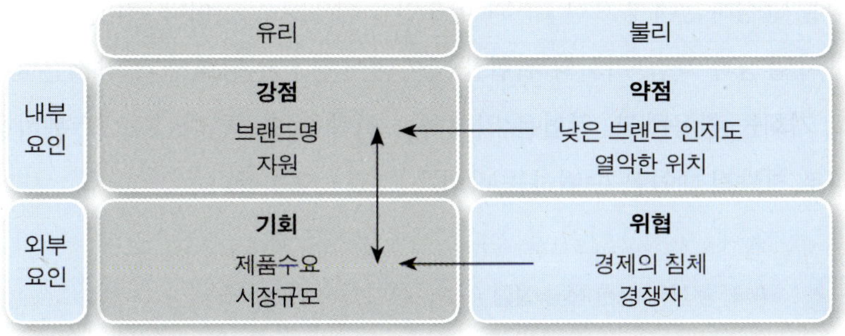

(1) 내부환경 평가

조직이 강점과 약점요인을 평가하는 것이 내부환경 평가이다. 회사가 강점을 알면 회사는 기회를 이용하기 위해서 강점을 사용할 수 있다. 조직이 내부환경을 평가할 때 브랜드 인지도와 위치뿐만 아니라 성과와 같은 요인을 검토해야 한다. 경영자들은 회사의 과거와 현재전략을 검토할 필요가 있고 어떤 전략이 성공할지와 어떤 전략이 실패할지를 파악해야 한다. 이것은 회사가 미래행동을 계획하고 성공할 가능성을 높인다. 예를 들면 회사는 제품에 잘 어울리는 포장을 조사하고 신제품에 동일한 형태의 포장을 사용할 수 있다. 잘 어울리는지를 확인하기 위해 포장을 포함하여 제품상의 변화에 대한 소비자의 반응을 조사할 수 있다. 자신이 성공한 것과 실패한 것을 알아보기 위해 과거에 시도했던 전략을 조사하는 것은 현명하다. 전략이 작동되지 않는다면 무엇 잘못되었는지를 알아보고 그것을 변경한다. 그렇게 하면 내부환경을 분석할 때 조직이 하는 것과 유사하다.

(2) 외부환경 평가

외부환경을 분석하는 것은 주로 통제할 수 없더라도 조직이 사업을 하는 방법에 영향을 주는 시장의 상황을 추적하는 것이다. 이러한 요인은 경쟁, 경제, 문화와 사회적 추세, 정치와 법적 규제, 기술변화와 자연자원의 가격과 이용성이다. 세계 회사라면 환경 분석은 사업을 하는 각국의 외부환경을 조사해야 하기 때문에 더욱 복잡하다. 외부환경이 모든 조직에 영향을 주더라도 회사는 그들의 영업과 관련된 요소에 집중해야 한다. SWOT을 확인한 다음에 요인과 상호의존성을 파악하는 것은 최종목적을 달성하는데 필요한 조치로 기업이 처한 현재의 상태를 명확하게 포착할 수 있다. 따라서 SWOT 분석은 목적을 달성하는데 중요한 내·외적 요인을 확인하는 것이다. 기업의 내·외부 요인을 분석하여 강점과 약점, 기회와 위협을 찾아내어 강점은 강화하고, 약점은 제거하거나 축소하고, 기회는 활용하고, 위협은 억제하는 전략을 수립한다. SWOT 분석을 통해서 얻은 결과로 전략적 대안을 수립하는 방법은 [그림 3-5]와 같다.

그림 3-5 SWOT 분석에 따른 전략 설정

	기회(O)	위협(T)
강점 (S)	SO: 강점으로 기회 활용 1위: 성공전략, 시장선점, 제품다각화	ST: 강점으로 위협 회피 2위: 위협회피, 시장침투, 제품확충
약점 (W)	WO: 약점 보완으로 기회 활용 3위: 약점보완, 핵심강화, 전략 제휴	WT: 약점 보완으로 위협 극복 4순위: 약점보완, 철수, 집중화

02 사업기회의 성격

1. 사업기회

기회(opportunity)는 기업에 신제품, 서비스나 사업을 위한 욕구를 창출하는 일련의 호의적인 환경이다. 기업은 고객에게 탁월한 가치를 전달하기 위해 기업에 유리하고 유익한 환경을 활용함으로써 기회를 사업의 계기로 만든다. 기업은 자원의 창조적 결합으로 시장욕구, 관심이나 필요를 충족할 수 있다. 불완전하게 사용하거나 제공되지 않은 자원, 독점적 지식이나 능력 그리고 기술로부터 발생하는 기회는 가치창조 능력이다. 불완전하게 정의된 시장욕구, 제공되지 않은 자원이나 서비스, 정의하지 않은 기술, 발명이나 제품 아이디어 등은 모두 시장기회가 된다. 새로운 역량이나 기술, 충분히 이용하지 않거나 제공되지 않은 자원은 잠재고객을 위한 새로운 가치를 창출할 수 있는 조건이다. 예를 들면 금속과 유리를 결합하는 기술은 응용방법이 알려지기 전에도 개발될 수 있고, 새로운 의약 화합물은 처방의 조건이 알려지기 전에 창조될 수 있다.

시장욕구를 탐색하여 제품컨셉을 창출하려면, 시장기회, 자원의 유형과 양을 확인하는 것이 필요하다. 기회는 경쟁자가 다루지 않았기 때문에 기업이 이용할 수 있는 최신의 확인한 욕구, 필요와 수요추세에서 온다. 따라서 시장기회는 기업에게 제품수요를 증가하거나 변화추세를 이용할 수 있는 잠재적으로 유리한 조건이다. 마케팅 기회를 활용하기 위해 기업은 잠재적인 고객, 충족시킬 특정한 욕구, 시장의 규모와 시장점유율을 증가할 수 있는 규모 등을 확인해야 한다. 기업은 시장기회를 확인해야 미충족 욕구(unmet needs)를 탐색할 수 있다. 시장에서 탐색한 미충족 욕구를 처리하는 것은 바로 확실한 성공의 비결이다. 고객의 욕구는 모두 동일하지 않기 때문에 시장의 모든 욕구를 안다는 것은 불가능하다. 그러나 고객의 욕구를 경쟁자보다 먼저 처리하는 방법을 아는 것은 회사 성장을 체계적으로 가속화할 수 있다. 시장기회를 조사하는 것은 시장기회의 발견을 통해 아이디어를 탐색하고, 고객욕구 분석을 통해 개발할 제품을 구상하기 위한 것이다. 기회는 제품개발의 맥락에서 신제품을 위한 아이디어의 단서이다. 초기에 소비자들이 새로 느끼는 욕구와 새로 개발해야 할 기술이 가능한 해결안을 찾을 때 기회는 비로소 제품개발로 이어질 수 있다. 제품개발 초기 단계에서 성공의 불확실성으로 미래가 애매해서 기회가 가치창조로 이어지는 과정은 쉽지 않다. 기업은 미충족 욕구에 대한 해결안과 제품범주를 정의하여 신제품 기회를 확인하는데 집중해야 된다. 따라서 시장기회를 활용하면 기업은 소비자에게 중요한 가치를 추가하여, 뛰어난 시장욕구를 충족하고, 잠재적으로 높은 수익을 창출할 수 있다.

2. 기회의 유형

기회를 분류하는 데는 많은 방법이 있지만 두 가지 차원이 특히 유용하다. 본서에서는 Terwiesch and Ulrich(2009)가 분류한 기회의 유형을 설명한다. 기회는 개발팀이 사용할 수 있는 해결안에 대한 친숙성과 해결안이 처리하는 욕구의 두 측면이 있다. 이것은 기술과 시장지식에 관한 생각이다. 이러한 두 측면을 [그림 3-6]으로 설명한다. 기회1에서 기회3으로 갈수록 위험수준뿐만 아니라 불확실성도 증가한다. 실패위험이 증가하기 때문에 개발팀은 이미 잘 알고 있는 것으로부터 해결안을 찾기 어렵다. 따라서 해결안의 지식이 확장되어야 한다. 기회가 클수록 시장에 대한 욕구는 처리되지 않았거나 새롭게 생기며 이를 해결하기 위한 대안도 현재까지 사용하지 않은 지식을 요구한다.

기회1에 대한 해결안은 주로 기존시장에 대한 기존제품의 개선, 확장, 변형과 원가절감이다. 현재 해결안으로 가능하기 때문에 상대적으로 위험이 낮은 기회이다. 기회2는 시장이나 기회 중에 적어도 하나 이상은 적게 알려진 영역이다. 현재까지 사용하지 않은 해결안을 요구하는 영역으로 해결안의 지식을 새롭게 적용해야 한다. 기회3은 불확실성이 최고 높은 수준을 나타내고 세상에 새로운 기회를 탐구하는 영역이다. 이 영역은 새로운 해결안과 접근법을 고안해야 한다.

그림 3-6 기회의 유형[4]

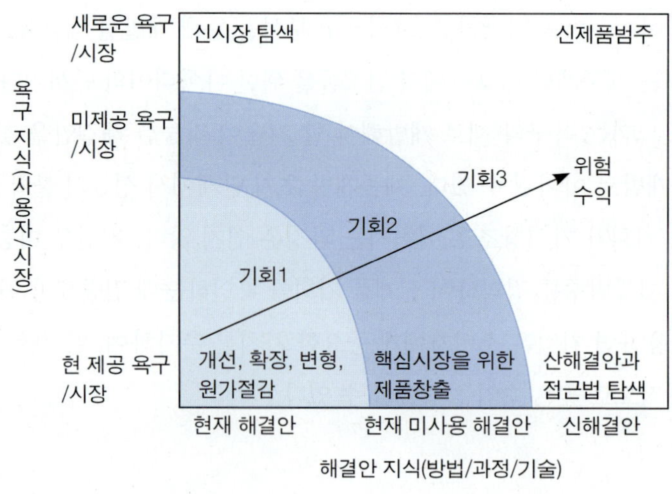

4) Source: Terwiesch and Ulrich(2009).

3. 기회의 창

전략전문가인 타이어(Tyre)와 올리코스키(Orlikowski)는 기회의 창(window of opportunity)은 기회로 이용할 수 있는 창문으로 특정 시간에 짧은 기간 동안 열렸다가 어느 정도 지나면 닫힌다고 한다. 기회의 창은 즉시 포착해야만 하는 호의적인 짧은 기회이다. 창이 열리고, 시장이 성숙함에 따라 창은 닫히기 시작한다. 곡선은 pc와 소프트웨어, 스마트 폰과 바이오 기술과 같은 새로운 산업의 급속한 성장 패턴이다. 성숙기 산업은 성장이 빠르지 않고, 곡선의 경사가 가파르지 않고, 기회의 가능성도 적다. 기회의 창을 고려할 때, 창이 열리는 시간의 길이가 중요하다. 새로운 벤처가 성공이나 실패를 알기 위해서는 상당한 시간이 걸린다. 만일 성공이라면 성공의 혜택은 수확할 필요가 있다. 즉시 기회를 창조하고 포착하는 과정을 생각하는 방법은 열려 있는 창, 기회의 창으로 이동하는 컨베이어 벨트(conveyer belt)로부터 대상을 선택하는 과정이다. 컨베이어 벨트의 속도가 변하고, 이동하는 창이 끊임없이 열리고 닫힌다. 컨베이어 벨트의 속도가 끊임없이 변화하는 것은 시장이 불안하기 때문이다.

그림 3-7 기회의 창

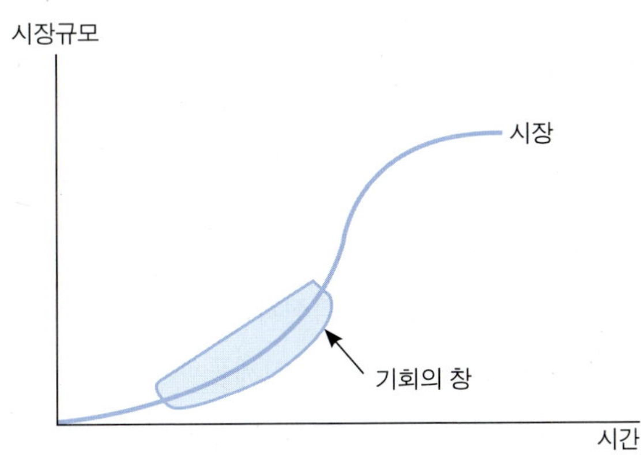

기회를 창조하고 포착하기 위해서 창이 닫히기 전에 컨베이어 벨트로부터 선택할 필요가 있다. 기업은 항상 이 짧은 기회를 감지할 수 있도록 항상 주의하고 관찰해야 한다. 특히, 외부적 환경으로 기회의 창이 열려져 있을 때 기업은 시장상황과 역량이 적합하다면 전략적으로 우월한 위치를 선점할 수 있다. 신제품을 위한 시장이 출현하면 기회의 창이 열리고 새로운 진입이 일어난다. 어떤 지점에서 시장이 성숙하여 새로운 진입자에 대한 기회의 창이 닫힌다. 기회와 아이디어 간의 차이가 있다는 것을 이해하는 것은 중요하다. 아이디어는 생각, 인상이나 관념이다. 아이디어만으로는 사업기회의 기준을 충족하지 못한다. 아이디어에 고객의 미충족 욕구를 해결하는 해결책이 결합되어야 사업기회를 창출할 수 있다. 사업을 시작한 기업가가 열심히 일하지 않기 때문이 아니라 고객의 미충족 욕구에 대한 해결책이 부족하기 때문에 사업에 실패한다.

4. 사업 아이디어의 원천

중소기업은 언제나 신제품과 서비스의 추진요인을 갖고 있다. 대기업으로 연상되는 많은 제품과 발명은 중소기업에서 창조되었다. 예를 들면 에어컨, 베이클라이트(bakelite)[5], FM 라디오, 회전 나침반, 컴퓨터 단층촬영기, 인공심박조율기(pacemaker), 선체의 외부에 붙어 있는 엔진, 퍼스널 컴퓨터, 냉동식품, 안전면도기, 소프트 콘택트렌즈와 지퍼 등이다. 이러한 창조성과 혁신능력은 광범위한 재무자원, 인적자원 제한이나 물리적 자원이 부족한 중소기업이 신제품과 서비스를 제공함으로써 고객가치를 제공하는 경쟁우위를 발견할 수 있다. 중소기업은 창조성과 혁신의 몰입을 어떻게 장려할 것인지를 고려하는 것이 중요하다.

1) 창조성과 혁신

중소기업이 대기업과 경쟁하는 방법은 혁신과정에서 더 잘하는 것이며, 이것은 새롭고 다른 것(new and different)을 창조하는 것이다. 신제품과 서비스를 창조에 한정할 필요가 없다. 혁신(innovation)은 제품이나 서비스가 사용되는 새로운 방법을 포함한다. 혁신은 고객에게 도달하기 위한 새로운 방법이나 새로운 고객을 확인하는 것과 관련이 있다. 간단히 설명하면 혁신은 고객가치를 제공하는 새로운 방법을 발견하는데 집중한다. 창조

5) 베이클랜드(Leo Baekeland)가 발명한 합성수지의 일종으로 경화되기 전의 제1차 반응에서 생긴 것이 천연의 로진을 닮아 합성수지라고 불리며, 베이클라이트의 상품명으로 공업화되어, 오늘의 인조재료, 즉 플라스틱의 시초가 되었다.

성과 혁신 간의 차이가 있더라도 창조성은 고객가치를 구성하는 혁신적인 수단을 안출할 필요가 있다. 혁신과 관련된 큰 실수 중의 하나는 혁신은 높은 창조적 개인과 R&D 시설을 갖고 있는 조직에 제한되어 있다는 것이다. 조직의 규모는 새로운 제품이나 서비스를 생산할 능력과 관계가 없다. Alexander Hiam은 조직 내에서 창조적 사고방식을 방해하는 요소를 확인하였다[6].

① 질문을 하지 않는다.

중소기업 소유자와 종업원들은 why-type 질문을 자주 하지 않는다.

② 아이디어를 기록하지 않는다.

개인들이 창조적이고 많은 아이디어를 생산하더라도 도움이 되지 않는다. 다른 사람들이 이런 아이디어를 평가할 수 없는 경우이다. 아이디어를 기록하고 공유하는 것이 중요하다.

③ 아이디어를 다시 논의할 수 없다.

아이디어 기록의 혜택 중의 하나는 즉시 실행될 수 없더라도 미래 어느 시점에 실행할 수 있다.

④ 아이디어를 표현할 수 없다.

때때로 개인들은 비난이 두려워서 새로운 아이디어를 표현하려고 하지 않는다. 어떤 조직에서 충분히 개발하는 것을 허용받기 전에는 아이디어를 지나치게 비판한다.

⑤ 새로운 방법으로 생각하지 않는다.

너무 진부한 생각이다. 고객가치를 제공하는 문제를 찾고 접근할 때 새로운 방법을 생각한다.

⑥ 더 많은 것을 원하지 않는다.

특정한 문제를 해결하는 수단이나 문제의 현재 상태에 대한 만족은 고객에게 가치를 제공하는 새로운 방법을 찾을 수 없는 것으로 전환한다.

⑦ 창조적으로 노력하지 않는다.

많은 사람들은 전혀 창조적이지 않다고 잘못 생각한다. 이것이 현재 진행 중인 문제의 새로운 해결안을 안출하려고 하지 않게 된다.

---

6) Alexander Hiam(1998).

⑧ **계속 시도하지 않는다.**

고객가치를 창조하는 새로운 방법을 제공하려고 할 때 때때로 창조적 방해물에 직면하게 된다. 그때 간단히 포기한다. 이것은 창조적인 사고과정을 파괴하고 창조적 행동을 허용하지 않는다. 조직은 창조적인 과정을 종종 육성하지 않는다. 조직은 사람들에게 문제에 관하여 생각할 시간을 주지 않는다. 조직은 종업원들로부터 낯선 것을 허용하지 않고 창조성을 좁은 영역에 가둔다.

2) 사회와 소비자 추세

모든 기업이 사회와 소비자 추세(trends)와 관련이 있는 것은 아니다. 어떤 기업은 비교적 안정된 환경에서 운영되고 표준제품이나 서비스를 제공한다. 지역의 작은 식당은 메뉴에 표준가격을 제공한다. 남성복 주인은 주류 남성복을 제공하는 것을 예상한다. 그러나 중소기업은 최근에 만들어진 사회나 소비자 추세를 확인함으로써 더 큰 이익을 얻는다. 틈새시장에 집중하는 중소기업은 쉽게 새로운 사회와 소비자 추세를 확인할 수 있다면 판매를 할 수 있다. 추세는 일시적 유행과 다르다. 일시적 유행(fads)은 고객을 감동시킬 수는 있지만 그 자체의 특성에 의해서 짧은 수명을 가지고 있다. 반면 추세(trends)는 어떤 현상이 일정한 방향으로 나아가는 경향으로 미래의 잠재력이다. 중소기업은 추세를 잘 활용할 위치에 있다. 작은 규모는 더 큰 유연성을 갖고 있다. 작은 규모는 광범위한 관료구조가 아니기 때문에 매우 신속하게 움직일 수 있다. 소기업을 위한 큰 과제는 적절한 시기에 추세를 정확하게 확인할 수 있어야 하는 것이다. Google Trends(www.google.com/trends)는 특정한 시간범위 동안에 특정한 주제가 검색된 것을 추적한다. 이 시스템은 복합주제를 추적할 수 있고, 검색된 주제와 특정 지역을 조사할 수 있다. 특정한 추세의 존재를 알기 쉬운 그래픽 형태로 자료가 제시된다.

3) 고객의 이해와 발견

지각된 가치제안은 어떤 기업에게 중요한 과제를 제공한다. 기업은 고객의 편익과 비용에 대한 지각을 완전하게 이해하는 것이 필요하다. 시장세분화가 기업이 시장의 분할을 더 잘 이해하는데 도움이 되더라도 과제는 아직도 고객을 이해하는 것이다. 많은 경우 고객들은 제공물의 편익과 비용으로써 지각하는 것을 분명하게 이해하는데 어려움이 있다. 중소기업은 이러한 중요한 요구사항을 어떻게 확인하는가? 단순한 해답은 고객의 소리(voice of the customer)에 귀를 기울이기 위해 모든 기회를 열어놓는 것이다. 이것은 일대일 기준으로 고객에게 적극적으로 말하는 것이다. 만족도 조사나 회사의 웹 사이트를 사용하여 고객의 응답을 요청하는 것이다. 고객을 잘 이해하고 제안된 신제품과 서비스를 평가하기 위해서 시장조사를 사용한다. 이것은 고객의 욕구와 필요를 더 잘 이해하기 위한 목적이다. 또한 회사가 좋은 청취자가 되려면 무엇에 귀를 기울여야 하는가? 고객은 어떠한 질문을 할 것인가? 회사는 다음질문을 설명하여야 한다.

- 회사는 고객의 어떤 욕구를 현재 충족하고 있는가?
- 회사는 고객의 어떤 욕구를 현재 충족하지 못하는가?
- 고객은 자신의 욕구를 이해하고 알고 있는가?
- 미충족 고객욕구를 어떻게 확인하는가?
- 고객의 소리에 어떻게 귀를 기울이는가?
- 고객이 회사에 어떻게 말하게 하는가?
- 고객이 원하는 현재 가치제안은 무엇인가?
- 가치제안은 다른 고객과 어떻게 다른가?
- 회사의 가치제안은 경쟁자와 어떻게 다른가?
- 고객은 경쟁자를 위해 회사를 배제하는 이유를 회사는 아는가?

고객에게 탁월한 가치를 제공함으로써 회사의 목표를 달성할 수 있다. 가치창출은 사업이 돈이 되는 것을 확실히 하는 방법으로 이루어져야 한다. 이렇게 하는 하나의 방법은 수익성이 있는 고객을 확인하고 선택하는 것이다. 기업들은 고객생애가치(lifetime value)[7], 고객에 의해서 이루어지는 수입의 측정, 고객에 의해 지출되는 비용과 고객의 일생 동안 고객의 유지율을 제안한다.

7) 한 고객이 평균적인 고객생애기간 동안 산출하는 수익의 순수 현재가치.

03 틈새시장

1. 틈새시장의 성격

1) 틈새시장의 특징

틈새시장(niche market)은 가격, 품질, 특징뿐만 아니라 특정한 시장욕구를 만족시키는 것을 목표로 하는 특정한 제품에 집중된 시장을 의미한다. 틈새시장을 '남이 아직 모르는 좋은 낚시터'로 비유한다. 틈새시장은 지금까지 존재하지 않았던, 존재했더라도 관심을 끌지 못하고 대체재가 없어 새로운 수요가 확실한 시장이다. 틈새(niche)는 존재하지는 않지만 고객을 만족시키기 위해 다른 기업이 불충분하거나 전혀 다루지 않고, 제품이나 서비스를 개발하지 않고, 전달하지 않는 욕구, 필요와 요구를 확인함으로써 창조될 수 있다. 새 시장은 거대 경쟁자가 달성할 수 있는 규모경제에 맞서 중소기업이 경쟁할 수 있는 이용 가능한 매력적인 기회(attractive opportunity)가 있는 시장이다. 틈새시장은 공통의 욕구와 관심이 있는 큰 시장의 작은 분할이다. 비행기 여행객은 큰 시장이지만, 회사임원과 대기업의 최고경영층은 시장에서 틈새시장이다. 애완시장은 큰 시장이지만, 흰 담비는 대부분의 회사가 제공하지 않는 작은 틈새시장이다. 틈새제품(niche product)은 틈새시장의 욕구를 제공하기 위해 특별히 창조된 전문품이나 서비스이다. 항공기 기내용 포장 스낵은 스낵 제품 포장자가 만든 틈새제품이다. 틈새제품은 틈새유형제품, 틈새서비스, 틈새유통과 틈새위치로 분류된다.

- 틈새유형제품(niche physical product)
- 틈새서비스(niche service)
- 틈새유통(niche distribution)
- 틈새위치(niche location)

틈새유형제품(niche physical product)은 어떤 틈새시장을 위해 특별히 창조된 제품이나 포장이다. 예를 들면 대형 책, 항공기 간식 및 출산 옷 등이 있다. 틈새서비스(niche service)는 제품이 실제로 서비스인 것이다. 바쁜 전문직을 위한 가정 식품배달이 해당된다. 전문 조류 또는 조류공급 사업처럼 특별한 지식이나 전문지식도 틈새서비스이다. 틈새유통(niche distribution)은 부가가치가 특별한 시장에 제공하기 위해 기존제품에 집중하는 곳이다. 이것은 인터넷에서 발생한다. 예를 들면 알레르기 환자를 위한 제품을 판매하는 온라인 상점이나 모든 종류의 배터리만을 판매하는 온라인 배터리점이 있다. 라지 몰이나 스몰 몰 등은 인터넷에서 볼 수 있는 틈새유통이다. 틈새위치(niche location)는 일반제품이나 서비스가 전문 틈새의 위치로 배달되는 곳에 있다. 위치가 틈새이다. 해변가의 선탠로션(suntan lotion)이나 오일, 막힌 시외도로에서 판매하는 오징어나 뻥튀기, 졸업식 학교에서 판매하는 꽃다발이나 사진촬영, 또 레스토랑에서 판매하는 꽃이 해당된다. 틈새시장은 성공을 보장하지는 않지만, 새로운 수익을 창조하는 동안 새롭고 미개척된 자원을 사용하는 수단을 창조적인 경영자에게 제공하기 때문에 틈새시장 탐구는 경영선택을 대표하고 있다. 다음은 이상적인 틈새시장의 5가지 특징이다.

- **수익성(profitability):** 시장은 수익이 있는 적절한 규모와 구매력을 갖고 있다.
- **성장(growth):** 잠재적인 성장이 예상된다.
- **제한된 경쟁(limited competition):** 뛰어난 생산자로부터의 경쟁이 없다.
- **경쟁우위(competitive advantage):** 생산자는 필요한 자원, 기술과 경쟁자보다 더 잘 할 수 있는 효과적으로 시장에 제공할 지역을 갖고 있다.
- **고객호감도(goodwill):** 생산자는 경쟁을 방어하고 생존할 수 있는 고객의 충분한 충성도를 구축할 수 있다.

2) 틈새시장과 작은 시장의 차이

틈새시장은 사업을 구축하기가 더 효과적이다. 틈새시장은 제공할 제품과 서비스를 개발할 수 있는 공통의 욕구와 관심을 갖고 있지만, 유사한 대체재가 존재하지 않는다. 이에 비해 작은 시장은 다양한 고객과 욕구가 있고, 유사한 대체재가 존재하지만 공통의 관심요소나 공동체가 존재하지 않는다. [표 3-2]는 틈새시장과 작은 시장의 비교이다.

3) 틈새사업과 사업기회

틈새사업(niche business)은 틈새시장에 전적으로 틈새제품을 제공함으로써 구축되는 시장이다. 사업아이디어를 탐구하고 발전할 때 틈새시장, 틈새제품, 틈새마케팅과 궁극적

[표 3-2] 틈새시장과 작은 시장의 비교

시장 유형	특성	예
틈새시장 (Niche Market)	· 고객집중 기반 · 유사한 인구통계 특성 · 제품과 서비스의 복합적으로 제공될 수 있는 공동체 행동과 공동의 관심 · 유사한 대체재 비존재 · 해안 마을의 특정한 고객욕구	· 옛날식이나 고전적인 청량음료 시장 · 소규모로 선박 소유 · 라지 몰이나 스몰 몰 · un-cola · 초기의 새우깡 · 초기의 햇반
작은 시장 (Small Market)	· 다양한 고객과 욕구 기반 · 유사한 대체재 존재 · 관심의 공통요소나 공동체 비존재	· 작은 해안마을의 인구 · 시장에서 이용할 수 있는 청량음료

인 목표인 틈새사업 간의 관계를 이해하는 것이 중요하다. 처음부터 시작하는 경우 최소한 방어적인 틈새사업을 시작하는 것이다. 이미 사업을 시작했다면 틈새마케팅을 사용하여 틈새시장에 집중하거나 틈새제품을 추가하는 것은 성공의 길로 가는 것이다. 시작할 때 너무 많은 비용이 들고 수익이 발생하기도 전에 경쟁자들이 포위하고 있는 전체시장에서 경쟁하는 것이 아니다. 사업을 이미 시작했다면 틈새제품과 시장을 생각하고, 틈새시장에서 사업을 하고 있다면 다른 분야의 틈새시장에 걸치는 것(crossover)을 생각하는 것이 필요하다. 틈새시장은 몇 가지 장점이 있다. 틈새시장은 경쟁이 거의 없거나 적다. 틈새시장에서 고객과의 강력한 관계를 형성할 수 있고, 경쟁이 거의 없기 때문에 사업이 안정적이다. 이러한 시장에서 기업은 계속적인 기술과 능력을 개발하여 새로운 진입자로부터 경쟁우위를 확보할 수 있다. 또한 수익성이 높은 시장에 집중함으로써 새로운 기회를 찾기 위한 노력이나 시간을 낭비할 필요가 거의 없다.

틈새시장은 성장하거나 변화하는 것을 찾는 사업에 특히 흥미롭다. 하나의 잠재적인

[표 3-3] 틈새시장의 이점

구분	설명
약한 경쟁	성공적인 틈새시장은 사실상 경쟁이 없고 새로운 진입의 위험이 적은 시장이다.
강력한 관계	경쟁위협으로부터 틈새시장 진입자를 보호하고 핵심고객과의 강한 관계구축
사업 안정성	경쟁이 적거나 없다. 변동성을 경험하지 못한 기업에 안정성을 준다.
향상된 능력	회사는 계속적으로 기술과 능력을 추가한다. 이것은 새로운 진입자로부터 도전을 받을 때 경쟁우위가 된다.
사업의 집중	새로운 기회를 찾기 위해서 시간이나 노력을 낭비하지 않는다. 핵심사업에 집중하고 전념할 수 있다.
높은 수익	고객들이 가격을 중요한 속성으로써 고려하지 않기 때문에 수익이 높다.

결정은 활동의 규모나 범위를 증가할 수 있다. 일반적으로 성장목표는 판매, 종업원이나 자원의 증가나 사업의 다양성을 포함한다. 성장에 대한 희망은 마케팅 기회나 새로운 자원에 대한 최적화로 운영된다. 대부분의 변화는 새로운 수익의 개발이나 다양화의 형태를 필요로 한다. 틈새중심(niche-driven) 변화는 수요측면에서 변화하는 소비자 기호나 기업조직 측면에서 종업원 관심의 강력한 지표에 의해 추진된다. 기존의 고정관념으로 일하는 것처럼 보이기 때문에 대부분의 사람들은 기회를 잃는다. 어떠한 새로운 사업방향도 많은 계획과 바라는 결과의 신중한 고려 없이는 오지 않는다. 내적 사업의도는 외적 틈새시장 기회와 일치해야 한다. 내적 희망의 결과가 이용할 수 있는 기회와 일치된다면 행동에 대한 지속가능하고 효과적인 계획을 개발할 시간이다. 다음은 틈새시장을 계획할 때 고려해야 할 방향이다.

- 명확하고 일관성이 있는 이미지와 주제
- 사업구조와 문화의 일치
- 전략과 행동의 분명한 연결
- 집중된 주의와 필요조치

4) 중소기업의 이상적인 전략

자금과 인적자원이 취약한 중소기업은 대기업과 정면적인 경쟁을 피하기 위해 시장의 한 부분을 선택하고 전문화하는 것이 더 낫다. 틈새시장은 경쟁이 적고 많은 경우 평균이상의 수익을 얻을 수 있는 기회를 제공한다. 틈새시장(niche market)은 공통의 특성과 특정한 욕구가 있는 잘 정의된 지속적인 분할시장이다. 틈새시장은 현재 존재하고 있으나 종종 간과되고 과소 제공된 시장이다. 틈새시장의 한계는 시간의 경과에 따라 성장하거나 시들어진다. 일시적 유행시장(fad market)은 유행제품이 인기로 창조되는 시장으로 단기간에 급속히 성장하다 급속히 시들어지는 시장이다. 이러한 시장은 소멸되기도 하고 존재하기도 하지만, 인기의 정점에서 위축된다. 시장추세(market trend)는 라이프 스타일의 변화, 인구통계적 이동이나 다른 현상에 대한 반응으로 기본적인 진화, 습관, 선호나 기호의 변화이다. 추세는 틈새시장을 종종 창조하거나 확장한다. 예를 들면 Starbucks가 효과적으로 발견한 미식가 커피시장은 가처분소득의 증가, 대중 주류소비와 운전의 감소, 고급품의 증가와 개인 사업가의 증가로 성장했다. 적절한 시간에 적절한 배달로 적절한 제품을 갖는 것은 성공 이야기를 확정짓는다. 틈새시장은 언제나 있고, 추세는 인식할 수 있고, 성공할 수 있고, 성장하는 시장이 될 수 있다. 라이프 스타일의 변화는 대규모 추세이다. 라이프 스타일 변화는 추세보다 더 크고 영구적이기 때문에 틈새시장으로써 많은 것을 시작할 수 있다.

2. 틈새마케팅 전략의 수립

틈새시장은 유사한 인구, 구매행동과 라이프 스타일을 갖는 시장에 있는 고객집단으로 구성된다. 예를 들면 품질보증과 생산자원을 중요시하는 식품 구매자, 편리한 형태에서 쉬운 준비음식을 찾는 소비자를 포함한다. 동일한 구매행동이 있는 소비자들조차도 다른 동기를 갖는다. 표적시장을 이해하는 것은 사업이 잠재고객의 욕구를 충족하는데 필요한 자원, 관심과 사업요소를 갖고 있는지 밝히는데 중요한 요소이다. 특성이 비슷한 소비자를 확인하면 표적마케팅 활동과 브랜드를 촉진하는 방법으로써 군집화(clustering)하는 것이 도움이 된다. 기업이 제품을 구매하거나 특정한 판매점을 방문하는 소비자의 동기를 이해한다면 소비자의 군집화는 표적과 효과적인 마케팅 활동을 계획할 수 있다. 소비자의 군집화는 잠재적 방문자수와 상이한 고객집단에 대한 적절한 가격을 추정하는데 도움이 된다. 예를 들면 편의성을 중요시하는 고객집단에 제품을 출시하는 기업을 고려해 보자. 기업의 제품을 쉽게 사용할 준비가 된 형태로 만들기 위해 마케팅 자원을 획득한다면 책정된 가격은 필요한 고객에게는 적정할 것이다. 틈새가 확인된 후 다음 단계는 구매자를 발견하고 그들의 주의를 끌어들이는 것이다. 잠재적 구매자와 연결하기 위해 사려 깊은 촉진계획과 메시지를 개발할 필요가 있다. 틈새시장 소비자와 연결하기 위해서 웹 사이트, 홍보전단, 인적 커뮤니케이션, 포장, 이미지 등과 같은 마케팅 재료는 신뢰할 수 있는 광고 주장, 동기유발 메시지와 일관된 이미지를 통합할 필요가 있다. 다음은 틈새시장 마케팅을 위한 규칙이다.

- **시장의 독특한 욕구(unique needs) 충족:** 소비자와 시장조사를 필요로 한다.
- **적절한 정책개발:** 세분시장의 동기와 관심을 목표로 하는 촉진정책을 개발한다.
- **테스트시장(test market):** 이미 확립된 소매상이나 협력자와 협력을 필요로 하는 최소한 시장테스트로 시작한다.

틈새마케팅(niche marketing)은 큰 연못에 있는 작은 고기 대신 작은 연못에 있는 큰 고기(a big fish in a small pond)를 목적으로 한다. 이를 미시마케팅이라고 한다. 틈새시장 마케팅은 경쟁을 완화하고 제품가격에 대한 통제력을 얻는 방법이다. 틈새시장을 성공적으로 탐구하기 위해서는 다른 경영기술과 마케팅 전략이 필요하다. 약한 경쟁으로 틈새시장 제품에 대한 수요는 탄력성이 적다. 생산자가 가격을 인상한다면 수요량에 비례하는 하락보다 더 적을 것이며, 결과적으로 총수입은 증가할 것이다. 대량마케팅은 모든 고객이 동일한 제품욕구를 갖고 있다는 가정에서 사용하는 산탄총(shotgun) 접근이지만, 틈새마케팅은 잘 정의된 고객집단, 즉 고유한 욕구를 제공하는 집중된 소총(rifle) 접근이다. 어떤 생산자도 제품에 대한 시장가격을 통제할 수 없다. 누구도 가격선도(price leadership)를 행사할 수 있을 만큼 충분한 생산을 갖고 있지 않다.

1) 틈새시장 진입 시 고려사항

생산자의 관점에서 적당한 틈새를 확인하는 것은 부가가치를 붙여 판매가격과 수익을 증가할 수 있는 기회이다. 그러나 특정한 틈새 속으로 확장하는 것을 회사가 결정하기 전에 탐구해야 할 많은 요인들이 있다. 다양한 요인들은 틈새시장으로 이동하기 전에 고려해야 한다. 틈새시장에 진입할 것인지 여부를 결정할 때 고려할 요소는 고객인식, 제조에 미치는 영향, 몰입, 시장과 마케팅이다.

(1) 고객인식

마케팅의 관점에서 회사가 표적고객들에게 만족시키는 편익을 고객은 지각한다. 편익은 그들이 주문할 때 양질의 제품을 공급 받는 것이다. 사실 마케팅은 제품의 싸움이 아니라 인식의 싸움(battle of perceptions)이라고 알 리스와 잭 트라우트는 말한다. 틈새시장으로 이동하기로 결정할 때 자사의 제품이 고객의 인식에 어떻게 영향을 주는지를 아는 것이 중요하다. 가치를 추가하는 기회의 유형에 따라서 현재 고객을 갖고 있는 어떤 업체가 경쟁자가 될 수 있다.

(2) 제조에 미치는 영향

고려할 두 번째 중요한 요인은 현재 제조에 관한 영향이다. 조직이 확장에 필요한 인력과 장비를 갖고 있는가? 인력이 틈새기회에 필요한 부분에서 훈련되어 있는가? 얼마나 많은 인력이 새로운 기회에 필요한가? 틈새시장 진출에 필요한 회사의 내부자원을 확인한다.

(3) 몰입

고려할 다음 요소는 몰입(commitment)이다. 틈새시장을 추구하기 위해 몰입되어 있는가? 추가적인 인력이 틈새기회를 추구하는데 필요한가? 새로운 운영이 수익이 있기 위해서는 어느 정도의 기간이 필요한가? 새로운 틈새시장에서의 성공을 어떻게 측정하는가? 판매량, 판매금액, 새로운 고객이나 수익의 증가? 부가가치 기회는 회사의 장기 계획과 일치하는가? 이러한 요소들이 회사의 전략과 적합해야 한다.

(4) 시장과 마케팅

마지막 고려사항은 틈새시장을 위한 시장과 마케팅이다. 틈새기회는 이미 제조한 다른 제품과 관련이 있는가? 새로운 틈새시장의 판매에 관하여 지식이 있는가? 새로운 틈새시장에서 주요 경쟁자는 누구인가? 그들은 얼마나 큰가? 신제품이나 부가가치 영역에서 강력한 경쟁우위를 개발할 수 있는가? 틈새시장에 진입하는 것을 결정하기 전에 고려할 주요 요소이다. 틈새시장에 성공적으로 진입하기 위해 구체적인 전략을 채택해야 한다.

2) 틈새시장 진출전략 수립절차

틈새마케팅(niche marketing)은 특정한 틈새에 제품을 출시하는 전략이다. 예를 들면 항공사들이 신혼부부들의 욕구를 알고, 그런 다음에 유리한 시장을 향해 표적광고를 할 수 있다. 이러한 고객틈새에 변형제품을 제공하기 위해 기존제품을 수정하기까지 한다. 틈새시장은 더 작은 틈새에 집중함으로써 사업을 키우는 대기업이 사용하는 기법이기도 하다. 다음은 틈새마케팅 전략을 고려할 때 필수적인 요소이다.

- 고객을 파악한다. 전체시장의 세분화는 경영자가 기업이 제공할 수 있는 것을 목표로 할 수 있다.
- 틈새마케팅을 수행함으로써 달성하려고 하는 명확한 목표와 목적을 설정한다. 새로운 고객세분시장에 접근하고, 마케팅 비용을 낮추고, 프리미엄 가격을 확보한다.

• 틈새마케팅은 회사의 자원, 역량과 선호와 일치해야 한다.

비록 수익성이 있는 틈새시장이 우연히 발견되더라도 틈새기회를 찾고 개발할 때 체계적이어야 가능하다. 다음 단계는 수익성이 있는 틈새시장을 활용하기 위해 무엇을 판매할지, 어디에서 팔지, 누구에게 팔지, 그리고 판매가격을 어떻게 할지를 결정하기 위한 틀을 형성한다. 다음은 틈새시장 진출전략을 수립하는 절차이다.

그림 3-8 틈새시장 진출전략 수립절차

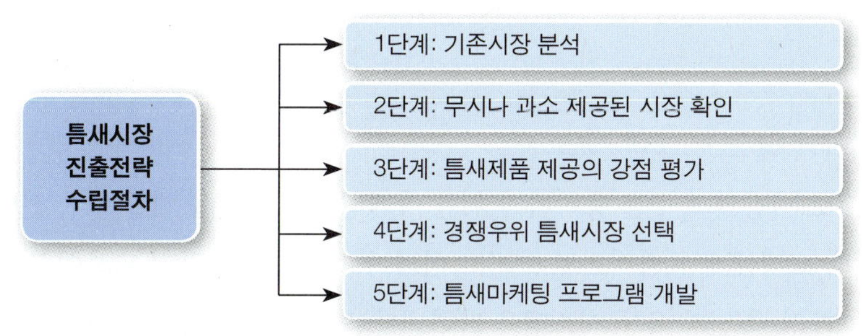

(1) 기존시장 분석

틈새시장 마케팅 전략의 첫 단계는 기존시장을 분석하는 것이다. 고객이 누구인지, 시장에서 현재 진출자나 경쟁자가 누구인지, 어떤 제품이나 제품계열이 제공되는지, 어떤 가격이 책정되었는지, 그리고 어떤 유통경로가 사용되는지를 찾는다. 이러한 정보는 기업이 수행하는 조사로부터 이용할 수 있다.

(2) 무시나 과소 제공된 시장 확인

기존시장에 있는 어떤 세분시장이 현재 무시되었거나 과소 제공되었는지를 알아낸다. 정보는 개인적 관찰, 현재 시장참여자들의 면접, 컨설턴트, 협회 간행물, 정부 간행물, 시장정보나 신문을 통해서 얻을 수 있다.

(3) 틈새제품 제공의 강점 평가

무시된(neglected) 또는 과소 제공된(underserved) 세분시장의 욕구를 만족할 때 효과적으로 필요한 자원과 기술을 알아낸다. 경쟁에 필요한 원재료, 장비, 기술, 자금과 경영자원을 고려한다. 또한 판매원 규모와 유통경로 구성원과 같은 마케팅 필요사항을 고려한다. 추가적으로 시장분할에서 예상되는 경쟁이나 경쟁자를 알아낸다.

(4) 경쟁우위 틈새시장 선택

경쟁우위를 갖고 제공할 수 있는 틈새시장을 선택하는 것이다. 장점, 위치와 자원에 근거하여 하나 이상의 세분시장을 선택한다. 틈새마케팅은 임시적이거나 경쟁자에 의해서 공격을 받을 때 위험할 수 있다. 하나의 틈새시장보다 더 많이 전문화하는 것은 위험을 감소하고 성공의 기회를 증가한다. 시장틈새에 포지션을 어떻게 설정할 것인가를 고려한다.

3) 틈새마케팅 프로그램 개발

마지막으로 시장의 욕구를 충족하기 위한 마케팅 프로그램을 개발한다. 선택된 틈새시장에 대해 고객에게 효과적으로 그리고 이익이 되도록 제공하기 위하여 적절하고 최고의 제품, 가격, 촉진과 유통 시스템을 밝혀낸다. 탁월한 서비스(superior service)는 고객충성도(customer loyalty)를 구축하고 유지하는데 도움이 된다. 틈새시장에 관한 조사를 하는 좋은 방법은 산업과 관련된 전시회와 박람회에 참가하는 것이다. 이러한 박람회에서 많은 기업들이 틈새시장에 이미 제공하는 것을 확인할 수 있다. 이러한 정보는 틈새시장으로 확장하는 아이디어가 성공할 수 있는지를 판단하는데 도움이 된다.

04 기회개발 과정

초보적인 아이디어에서 전면적인 사업계획을 형성할 때 기회는 전개된다. 기회인식은 시장욕구나 미제공 자원의 탐색, 지각, 특정한 시장욕구와 특정한 자원 간의 적합성 인지와 발견 등으로 진행된다. 이러한 과정에서 기회의 인식, 발견과 창조가 각각 나타난다. 시장욕구와 자원 간의 적합은 욕구와 자원이 미리 일치된다고 가정하는 것이다.

시장욕구와 자원의 현재 일치는 특정한 지역이나 제조자 시장의 탐구하는 유형이다. 현재 더 유망한 기회로 자원을 재배치할 기회가 있다고 생각할 때 기업가들은 신제품−시장을 확장하거나 신사업을 시작하는 것을 결정한다. 기회개발과정은 시장기회를 확인하여 그 결과를 토대로 유망한 사업기회를 선정하는 과정이다. 먼저 시장의 기회확인 대상을 설정하여 탐지·판별한 다음 선정할 수 있는 최적의 유망기회를 발굴하는 일련의 과정은 간단하지 않지만, 시장기회는 모든 사업기회의 시작이기 때문에 매우 중요한 과업이다. 기회개발 과정은 대상기회의 선정, 기회창출과 판별, 대상기회의 심사와 유망기회의 선정이 단계적으로 진행된다.

그림 3-9 기회개발 과정

1단계	대상기회의 선정
2단계	대상기회의 창출
3단계	대상기회의 심사
4단계	유망기회의 선정

1. 대상기회의 선정

종종 기업가는 제품 아이디어나 기술로 시작하여 제품에 적합한 시장 잠재력을 탐색하는 경우도 있다. 마케팅 기회는 기업이 처리하지 않은 고객들의 바람이나 충족되지 않은 고객욕구가 존재한 곳이다. 기업은 기존고객으로부터 판매확대를 통해 수입을 증가하고, 제품라인에서 공백을 보충하거나 새로운 시장을 분할하는 목표를 설정하여 신상품을 창출하기도 한다. 기업은 시장욕구나 미제공 자원을 확인하거나 지각할 수 있다. 새로운 가치창조와 전달을 위해 기회에 대한 민감성은 사람들마다 매우 다르다. 충분히 제공되지 못하거나 미충족(unmet) 욕구를 지각하거나 연결 짓는 능력들도 개인들마다 차이가 크다. 기업가들은 가치창조와 전달을 위한 새로운 능력을 부단히 개발하지만, 새로운 능력과 현실적 적용 방법도 매우 다르다. 이러한 개인적인 차이는 유전적 요인, 환경과 경험, 그리고 그들이 특정한 기회에 관하여 갖고 있는 정보의 양과 형태에서 차이가 발생하기 때문이다.

어떤 기업가들은 시장의 욕구나 문제에 민감하여 환경에서 기회를 발견하고 신제품에 대한 가능성을 지각한다. 그러나 문제인식이나 가능성에 대한 민감성(sensitivity)은 문제를 해결하기 위한 아이디어의 창출로 반드시 전개되는 것은 아니다. 미제공된 제품, 지역, 유휴생산설비, 미활용된 기술이나 발명, 불용자산 등과 같이 전혀 사용하지 않거나 충분히 사용하지 않은 자원을 확인하는데 기업가들마다 다르다. 발명가, 과학자나 개인들은 발명, 신기술의 시장수용이나 상업적 실행가능성과 관계없이 신제품과 서비스에 관한 아이디어를 창출할 수 있는 능력이 뛰어나다. 기회는 누구에게나 의식적이든 무의식적이든 주어진다. 그러나 기회가 있다 하더라도 사전에 추구할 가치가 있는지를 결정하는 것은 쉬운 일이 아니다. 기회를 포착하는 능력과 이를 활용하는 능력이 뛰어나면 사업기회는 확대될 수 있다.

1) 시장규모의 추정

시장기회를 정량화하는 것은 확인한 욕구를 갖고 있는 소비자들의 수와 문제를 느끼는 소비자들의 수를 추정하는 문제이다. 판매수입계획은 계획기간에 판매수입을 획득할 것으로 기대하는 기회의 일부분이지만 아주 어려운 과업이다. 많은 보고서와 자료로 시작하는데, 일차 시장조사가 충분히 견실할 때까지 조사의 타당성을 전적으로 신뢰하지 말아야 한다. 시장규모의 추정(market sizing)은 잠재고객의 수를 계산하는 과정이다. 잠재고객을 이해함에 따라 잠재고객들이 기업이 제공하는 욕구에 대한 해결안을 구입할 것이라는 가설을 형성한다. 이러한 속성을 공유하는 다른 소비자들에 대해서도 가설을 검증해야 한다. 일단 합리적으로 좋은 가설이라면 잠재고객으로부터 실제 시장잠재력을 추정하기 위해 보고서와 자료를 찾을 수 있다. 이러한 과업이 신중하게 수행되더라도 아직도 비현실적인 자료이므로 기회의 최고와 최저 가능범위로써 시장기회를 생각하는 것은 매우 유용하다.

2) 파괴적 혁신

크리스텐슨(Christensen)의 파괴적 혁신(disruptive innovations)[8]은 단순하고 저렴한 제품이나 서비스로 시장의 밑바닥을 공략한 후 빠르게 시장 전체를 장악함으로써 궁극적으로 기존의 경쟁자를 대체하고 가차 없이 시장을 석권하는 과정이다. 파괴적 혁신을 통해 성장을 추구할 때 가치를 인식하는 기업들은 다양한 점에서 수익을 낸다. 이와 같은 파괴적인 신생기업(disruptive upstarts)이 가치사슬의 상층을 점령함에 따라 새로운 시장이 닫혀져 기존기업들은 근거를 잃게 된다. 어떤 기업들은 고객의 욕구가 진화하는 것보다 더 빠르게 혁신하는 경향이 있기 때문에 대부분의 기업들은 궁극적으로 매우 정교하고, 비싸고, 복잡한 제품이나 서비스를 결국 생산함으로써 시장의 상층에서 지속되는 혁신을 추구한다. 시장의 상층에 있는 가장 다루기 어렵고 까다로운 고객에게 가장 높은 가격을 부과함으로써 회사는 매우 큰 수익을 달성할 수 있다. 파괴적 기업의 특징은 전통적인 성능과 비교할 때 기존 해결책만큼 매력적인 것으로 보이지 않는 저마진, 작은 표적시장과 단순한 제품과 서비스이다.

그림 3-10 시장기회의 탐색 기준

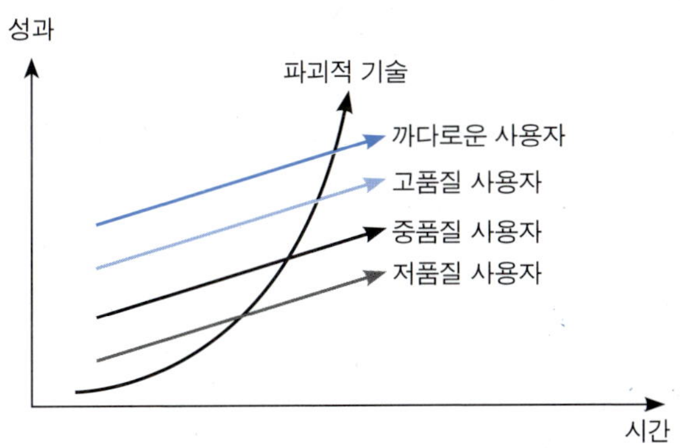

기업이 일반적으로 주요 고객과 잠재고객의 욕구에 집중하여 발견한 기회를 인지하거나 활용하는 것은 쉽지 않다. 잠재고객들이 기업의 본류가 아니고, 지각된 시장규모나 수익이 심사기준을 충족하지 못하고, 욕구를 처리하기 위해 적절한 과정을 갖고 있

8) Christensen, Clayton, Richard Bohmer, and John Kenagy(2000).

지 않기 때문에 기회는 기업이 다루기 더욱 어렵다. 새로 확인한 시장욕구는 기존시장, 공급자와 소비자 관계와 어떻게 관련이 있는지를 찾는 것이 중요하다. 그렇다고 욕구를 발견하더라도 언제나 이용할 수 있는 시장기회를 갖는 것은 아니다. 기업이 제공하는 어떤 해결안에 대하여 장점을 갖는 잠재고객들이 이용할 수 있는 대안은 많이 있다. 심지어 고객들은 기업이 제안한 해결안을 구매하지 못하도록 하는 다른 문제가 있을 수 있다. 이것은 방해가 되는 편견일 수 있고 기업의 노력을 위축하는 다른 요인들이 있을 수 있다. 시장조사를 실시할 때 기대하는 주관적인 편견은 항상 발생할 수 있다.

3) 추세발견

좋은 틈새시장을 찾기 위해서 추세를 발견해야 한다. 유망제품이나 유행제품을 구분할 필요가 있다. 추세를 따르는 것은 사회변화에 따라 일정한 형태가 있기 때문에 틈새를 더 잘 찾을 수 있다. 기회를 확인하는 방법은 추세를 관찰하고 사업가들이 추구하는 기회를 창조하는 방법을 연구하는 것이다. 경제적 요인, 사회적 요인, 기술진보와 정치행동과 규제변화에 대한 추세를 관찰하여 사업이나 제품·서비스를 위한 기회를 탐색하는데 활용한다. 추세관찰과 사업기회의 탐색은 복합적인 시장조사의 과정으로 새로운 사업의 시작단계에 해당한다.

그림 3-11 추세관찰과 사업기회의 탐색

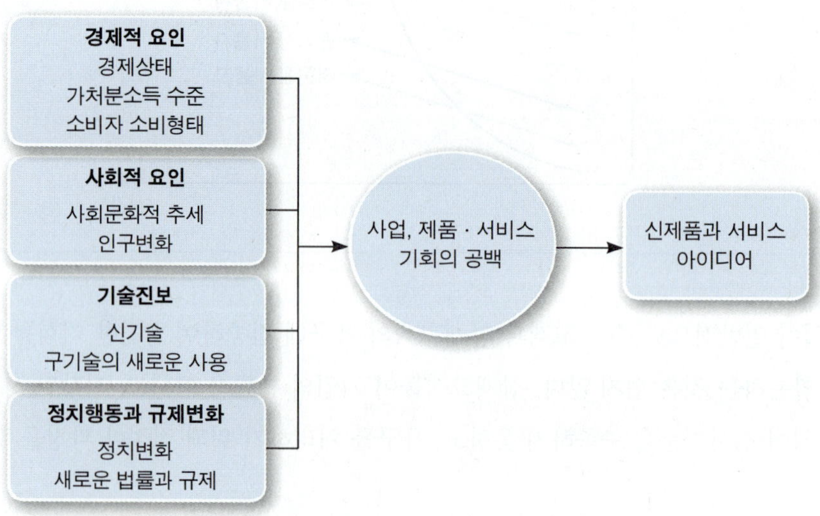

① 경제적 요인

경제적 요인(economic forces)은 소비자들의 가처분소득에 영향을 미친다. 경제의 개인 영역은 소비자들의 구매형태에 직접적인 영향을 준다. 예를 들면 이자율 하락은 신규주택건설과 소비의 증가를 가져온다. 조사와 관찰, 구매시장 예측과 분석에 의해서 이러한 요인을 확인할 수 있다.

② 사회적 요인

사회적 요인(social forces)이 신제품, 서비스와 사업 아이디어에 어떻게 영향을 주는지를 이해하는 것은 기회인식의 기본이다. 예를 들면 패스트푸드 레스토랑의 지속적인 확산은 사람들의 패스트 음식에 대한 사랑 때문이 아니라 오히려 사람들이 바쁘다는 사실 때문이다. 이렇듯 새로운 기회를 가능하게 하는 최근의 사회적 추세는 가족과 근무형태, 인구의 고령화, 작업자의 다양화, 산업의 세계화, 건강관리의 관심증가, 컴퓨터와 인터넷의 확산, 핸드폰 사용자의 증가, 음악의 새로운 규범과 오락의 유형 등이다.

③ 기술진보

기술진보(technological advances)는 기업가들에게 새로운 기술이 현재와 미래의 기회에 영향을 준다. 일단 기술이 창조되면 뒤이어 제품은 향상되어 나타난다. 기술의 진보는 종종 기회를 창조하는 경제와 사회적 변화와 꼭 들어맞는다. 예를 들면 핸드폰의 창안은 기술적인 성취이지만, 사용자들에 의해 기술적 진보의 자극을 더욱 더 받는다.

④ 정치행동과 규제변화

정치행동과 규제변화(political action and regulatory changes)는 기회에 대한 토대를 제공한다. 예를 들면 기업이 법을 준수하도록 하는 새로운 법률은 창업을 시작하는 기업가에게는 기회를 제공한다. 규제를 받는 반대편에 있는 기업은 새로운 사업의 기회가 생성되기 때문이다.

⑤ 고객행동

고객행동(customer behavior) 안에 있는 격차와 기회를 발견한다. 소비자들은 특정제품을 왜 구매하는가? 소비자들의 구매에 영향을 주는 요인은 무엇인가? 사회의 변화요인은 무엇인가? 따라서 고객행동으로 제품선택과 구매이유 등을 파악할 수 있다.

2. 기회창출 과정

이 과정은 확산적 사고를 통해서 많은 기회를 탐지해내는 과정이다. 기업에서 혁신기회는 조직의 내부와 고객과 기타 외부원천에 의해서 인식된다. 개발팀은 기회의 내부와 외부 원천에 모두 집중하고 확인한다. 수많은 기회를 모두 효과적으로 확인한다는 것은 쉬운 일이 아니다. 그러나 다행히도 이러한 벅찬 과업은 구조화된 기법을 활용하여 쉽게 이루어진다.

1) 시장기회의 명확화

시장기회의 발생은 다양하다. 외부환경의 기회요인은 환경의 변화, 신기술 출현 등에서 발생한다. 이러한 요인은 인구 구성과 가족 구성의 변화, 생활습관과 생활상의 변화, 소득과 가처분소득, 법적 규제와 사회문화적 환경의 변화 등이 있다. 경쟁환경의 기회요인은 산업의 경쟁격화, 산업 내 참여자들의 경쟁관계의 변화, 자사의 위상과 기업 이미지의 변화, 미개척 시장의 출현 등이 있다. 내부환경의 기회요인은 자사의 기술개발, 제품의 다양화. 제품의 독특성, 소비자 욕구의 적합성과 가격경쟁력 등이 있다. 시장기회를 확인하기 위해서는 다음과 같은 질문을 할 수 있다.

- 시장진입이 어려운가?
- 시장이 충분히 큰가?
- 시장이 성장하는가?
- 기업은 경쟁우위를 갖는가?
- 제품을 명확하게 정의할 수 있는가?
- 제품이 중요한 고객의 문제를 해결하는가?
- 고객이 기꺼이 가격을 지불할 용의가 있는가?
- 제품은 수익을 발생할 수 있는가?
- 사업을 추진할 기술을 갖고 있는가?
- 투자비용은 얼마나 들어가는가?
- 아이디어를 어떻게 개발할 수 있는가?

2) 시장기회의 창출기법

창조적인 사람은 새로운 아이디어를 찾아내는 일을 재미있어 한다. 그러나 모두가 다 창조적인 사람이 아니기 때문에 유망한 기회를 창출하는 것은 쉬운 일이 아니다. 새로운 것을 찾아내는 문제가 매우 추상적이고 비구조화되어 있고, 너무 많은 자유도가 있을 때는 더욱 난처하다. 신흥기술, 추세와 사업모델이 기업들에게 미치는 영향을 고려한다. 아니면 개인적인 관심과 연결된 미충족 욕구를 확인한다. 어려운 과제이긴 하지만 기회확인을 자극하는 기본 기법을 활용하면 매우 효과적이다.

그림 3-12 시장기회 창출기법

(1) 결점열거법

성공적인 혁신자들은 자신의 주위에 있는 세계를 종종 만족하지 않는다. 그들은 자신을 포함한 사용자의 미충족 욕구를 주목한다. 매일이나 주별로 발생하는 성가심이나 좌절을 모두 열거한 다음 이중에서 가장 공통적이고 성가신 것을 추출하여 해결안을 생각해낸다. 이것은 모든 문제는 기회라는 관점이다. 기회를 낳는 성가심은 고객의 불만이나 시장조사로 발견할 수 있다. 다른 사람의 성가심을 이해하는 강력한 방법은 자사의 제품이나 서비스를 사용하는 사람들의 세계에 몰입하는 것이다. 이렇게 하여 입수한 결점열거목록(bug lists)을 편집한다. 따라서 대상의 단점을 열거하여, 제거하고, 개선방법을 찾아내는 것이 사업기회이다.

(2) 역량활용

기업이 아이디어를 독특한 자원으로 이용하여 수익을 획득한다. 자원은 포괄적 용어로 생산능력, 핵심역량과 경쟁우위를 포함한다. 수익을 창출하기 위해 자원은 가치 있고, 희귀하고, 모방할 수 없고, 비대체적(valuable, rare, inimitable, non-substitutable)이어야 한다. 자원은 기업에게 경쟁자보다 더 큰 성과를 달성하게 하고 경쟁자와 관련된 약점을 감소하게 한다. 이러한 관점에서 자원목록을 명확히 하고, 그런 다음 기회창출을 위한 렌즈로 목록을 사용하고 표적고객을 정의한다. 따라서 이러한 자원을 활용하여 고객의 욕구를 충족하고 문제를 해결할 수 있는 기회를 탐색한다.

(3) 고객과 추세조사

기회는 선택된 세분시장 안에 있는 고객을 연구함으로써 확인된다. 잠재적 욕구가 자원과 연결될 때 기회창출이 된다. 기술, 인구나 사회규범의 변화는 종종 혁신기회를 창조한다. 예를 들면 ubiquitous mobile 전화 서비스는 매우 다양한 정보전달 서비스를 가능하게 한다. 또 다른 예로는 점점 증가하는 중국인 관광객인 요우커(遊客)의 한국방문은 쇼핑, 관광서비스와 의료서비스에 이어 중국어 서비스 수요를 늘리고 있다. 환경인식의 증가는 그린제품과 서비스를 위한 시장을 창조한다. 사회, 환경, 기술이나 경제추세를 리스트하고 이러한 요인에 의해 이루어지는 혁신기회를 상상한다.

(4) 모방

모방하되 더 좋게 모방하라(imitate, but better). 기업이 성공적으로 혁신할 때 사실상 금광의 위치를 발견하는 것이다. 동일한 욕구를 다루는 선택적인 해결안은 주변의 정보를 이용하여 더 좋게 모방할 수 있다. 모방할 수 있는 기회의 원천은 다음과 같다.

① 경쟁자 추적관찰

매체조사, 무역박람회 참석이나 특허출원 검색 등 다른 기업의 활동을 추적 관찰한다. 예를 들면 욕구와 해결안을 확인하여 혁신과 관련이 있는 연결을 찾는다. 그런 다음 새로운 접근법으로 다루는 욕구나 선택적 대안을 충족하는 방법을 창출한다.

② 제품범주 분해

종종 가격경쟁은 제품범주의 특징이 되고 제공물 자체가 대표상품 역할을 하는 경우가 있다. 소비자들이 특정제품을 특정제품범주로 생각하여 최초 상기군으로 인식한다. 예를 들면 '스마트 폰' 하면 '갤럭시'를 환기하거나 '라면' 하면 '신라면'을 생각한다. 이런 종류의 혁신을 추구하기 위해 비싸지 않고, 차별화하지 않은 제품이나 서비스를 열거한 다음 범주분할의 가능성을 고려한다.

③ **하향확장과 상향확장**

고급제품이나 서비스를 범주 안에 리스트하고 그런 다음 동일한 편익을 제공하는 많이 싼 하향확장을 상상한다. 이와 달리 저가제품이나 서비스를 제품범주 안에서 열거한 다음 속성과 편익을 고급화하는 고급품으로 상향확장을 고려한다.

(5) 원천발굴

신제품개발의 아이디어는 조직 내부원천과 외부원천에서 온다. 결과적으로 아이디어의 외부원천을 활용함으로써 제품개발의 혁신을 이룰 수 있다. 이러한 외부원천의 종류는 선도구매자, 사회단체 대표자, 대학과 정부연구소와 온라인 아이디어 제출이 있다.

① **선도사용자**

회사는 혁신을 위한 풍부한 인센티브를 갖고 있다. 혁신은 결국 수익의 새로운 원천이다. 선도사용자(lead users)와 독립적인 발명가는 더 큰 인센티브를 갖는다. 선도사용자들은 기존제품이나 서비스로 만족하지 못하는 고급욕구를 갖고 있는 사람들이다. 이들은 미충족 욕구를 감내하거나 처리하기 위해 자신을 혁신한다. 예를 들면 건강관리의 많은 기구와 절차가 선도사용자들의 미충족 욕구나 과소제공 욕구를 조사하여 임상연구가들에 의해서 발명되었다.

② **사회단체 대표자**

적절한 사회네트워크 이용을 확보함으로써 기회탐지의 날카로움을 향상할 수 있다. 모든 종류의 사회제도는 발명가와 소통을 촉진한다. 어떤 기관은 사업기회와 직접적으로 관련되지 않을 수 있지만, 온라인 소셜네트워킹 공동체와 토론은 발명가들 간의 소통을 육성한다.

③ **대학과 정부연구소**

학생, 연구원과 교수들은 끊임없이 골치 아픈 과제에 대한 진기한 해결안을 추구하는 연구자들이다. 많은 경우 대학과 정부 연구소에서 확인된 해결안은 기존기업과 창업기업을 포함한 제3자에 의해서 사업화될 수 있다. 대학연구소와 정부연구소는 이러한 과정을 촉진하기 위해 기술이전 조직을 갖고 있다.

④ 온라인 아이디어 수집

기회는 웹 사이트를 통해서 고객과 비고객으로부터 수집되기도 한다. 예를 들면 컴퓨터 회사 Dell은 고객으로부터 혁신기회를 요청하기 위한 온라인 아이디어 스톰(Idea Storm)을 운영한다. 뿐만 아니라 많은 기업들은 고객의 아이디어나 불만을 자사 웹 사이트를 통해서 수집한다.

3. 대상기회의 심사

기회심사의 목적은 가치창조가 되지 않는 기회를 제거하고 추가조사의 필요가 있는 기회에 주의를 집중하는 것이다. 이것은 단일 최적 기회를 심사하는 것은 아니기 때문에 심사기회가 많을 때 비교적 효과적이다. 매우 효과적인 선택기준은 집단에 의한 전체적인 판단이다. 다중 선발기준(시장욕구, 기술타당성, 전략 등)을 분리적용하면 불필요한 토론을 유발하는 경향이 있다. 강한 의견은 종종 예외적인 아이디어를 알려준다. 이러한 목적은 추가 투자에 가치가 없는 기회를 효과적으로 제거하고 잠재적으로 우수한 아이디어를 발굴하는 것이다. 기회심사의 방법은 다중투표(multivoting)와 웹 기반 조사가 있다. 두 방법은 모두 집단의 독립적 판단에 의존한다. 심사집단은 조직의 구성원으로 구성되나 팀, 친구와 가족 등으로 확대할 수 있다. 물론 평가를 수행하는 집단은 기업과 관련이 있어야 한다.

1) 다중투표

다중투표(multivoting)는 참여자가 하나 이상의 기회를 집단에 제시하는 것이다. 한 사람이 하나의 아이디어만 고르는 것이 아니라, 여러 개의 아이디어를 동시에 선택할 수 있다. 그 결과 가장 표를 많이 받은 아이디어가 선정되는 방식이다. 이는 다양한 의견을 몇 가지로 축소하기 위한 팀 단위의 구조화된 투표방식이다. 다중투표의 장점은 빠른 시간 안에 결론을 내릴 수 있다는 것이다. 다중투표의 진행절차는 다음과 같다.

- 의견 목록을 만든다.
- 각각의 항목에 번호를 적는다.

- 스티커를 목록수의 1/3만큼 배부한다.
- 각자 하나 이상의 선호하는 기회의 번호에 스티커를 붙인다.
- 가장 득표가 많은 안을 선택한다.

참여자들은 스티커를 가장 선호하는 기회에 모두 붙일 수 있고, 여러 개의 목록에 나누어 붙일 수도 있다. 가장 표를 많이 받은 기회를 선택할 것인지, 또는 상위 순위 몇 개를 선택할 것인지를 집단과 상의한다. 이때 적은 투표를 받은 항목은 제외한다. 다중투표를 이용하면 가장 유망한 컨셉을 효과적으로 선택할 수 있다.

2) 웹 기반 조사

웹 기반 조사는 기회의 가치 여부를 찬성과 반대로 표시하도록 응답자들에게 요청하는 간단한 표현으로 기회의 목록을 작성하는 방식과 다중투표로 선호하는 목록을 우선순위로 집계할 수 있다. 워크 샵은 약 50여 개의 기회를 검토하는데 효과가 있지만, 50여 개 이상은 웹 기반 심사를 이용하는 것이 좋다. 웹 기반 조사의 장점은 많이 있다. 시간과 장소에 제한을 받지 않고 편하게 조사할 수 있다. 신속하고 정확한 자료의 수집과 분석이 가능하다. 표본의 선정이 비교적 용이하고 조사비용이 매우 경제적이다. 이러한 웹 기반 조사에서 참여자들이 기회의 질에 대한 선호를 투표하는 것이기 때문에 아이디어의 창안자를 알 수 없다. 따라서 개인적인 친밀도가 작용되지 않는다.

4. 유망기회의 선정

너무 많은 불확실성이 성공가능성을 감소하기 때문에 단일 기회를 주장하는 것은 적절하지 않다. 기회 중에 소수를 개발할 때 자원의 적정투자를 고려한다. 최소한으로 최초심사를 통과한 기회는 소수의 잠재고객과 비공식 토론을 하거나 기존 해결방안에 대한 인터넷 심사를 한다. 추가적인 과업은 고객면접, 기존제품의 시험, 컨셉창출, 시제품, 시장규모와 성장률의 추정 등이 있다. 유망기회의 개발목적은 제한된 시간과 돈 안에서 최저비용으로 각 기회를 둘러싼 매우 큰 불확실성을 해결하는 것이다. 이를 위해 기회의 성공, 불확실성을 해결하기 위한 과업과 개략적인 비용에 관한 주요 불확실성을 리

[표 3-4] 시장기회의 탐색 기준

1. 실제 시장과 실제 제품욕구가 있는가?

구분	상	중	하
욕구가 있는가?			
욕구가 무엇인가?			
욕구를 어떻게 만족시키는가?			
고객이 구매할 수 있는가?			
시장규모가 충분히 큰가?			
고객이 구매할 것인가?			
제품컨셉이 있는가?			
컨셉을 개발할 수 있는가?			
제품이 사회적, 법적, 그리고 환경적 규범 안에서 수용할 수 있는가?			
타당성이 있는가?			
제작가능한가?			
이용할 기술이 있는가?			
제품이 시장을 만족하는가?			
다른 제품에 비해 상대적 이점이 있는가?			
저원가로 생산이 가능한가?			
고객이 지각된 위험을 수용할 수 있는가? 수용장벽은 무엇인가?			
답			

2. 제품이나 서비스가 경쟁력이 있는가? 회사로서 성공할 수 있는가?

구분	상	중	하
경쟁우위가 있는가?(성능, 특허, 진입장벽, 대체재, 가격)			
지속가능한가?			
시점이 적절한가?			
브랜드에 적합한가?			
경쟁을 이길 것인가?(얼마나 향상할 수 있을 것인가? 가격, 경로, 참가자)			
우수한 자원을 보유하는가?(공학, 재무, 마케팅, 생산: 핵심역량과 적합성)			
승리할 수 있는 경영자인가?(경험, 적합문화, 기회몰입)			
경쟁자보다 더 잘 시장을 아는가?(고객행동? 유통경로?)			
답			

3. 수행할 가치가 있는가? 수익은 적절하고 위험은 수용가능한가?

구분	상	중	하
돈을 벌 것인가?			
수행할 자원과 돈을 갖고 있는가?			
위험은 수용가능한가?			
무엇이 잘못 될 수 있을까?(기술위험 vs. 시장위험)			
전략에 적합한가?(성장기대, 브랜드 영향, 내재옵션)			
답			

스트 하는 것이다. 예를 들면 기발한 컨셉에 근거한 제품개발이라도 특허등록의 가망이 희박하다면 가치가 없다.

일단 소수의 기회가 적절한 자원의 투자로 제품으로 개발되려면 투자의 타당성이 있어야 하고, 불확실성은 충분히 해결되어야 한다. 이를 위해 사용하는 방법은 3M에서 개발한 현실–승리–가치법(Real–Win–Worth doing: RWW)으로 아이디어를 선별하는 방법이다. Real은 기회는 현실적인가? 소비자가 그것을 구입할 것인가? Win은 이길 수 있는가? 경쟁우위를 가져오는가? Worth doing은 할 만한 가치가 있는가? 충분한 잠재수익을 제공하는가? 등을 의미한다. 이 기법에는 기회를 심사할 때 조직이 답해야 하는 세 가지 질문이 있다.

① 기회는 현실적인가?: Real

제품을 제공할 수 있는 현실적인 시장이 있는가? 확인된 많은 기회는 어떻게 내부원천과 외부원천에서 오는가? 많은 기회를 고려했는가? 고려기준은 시장규모, 잠재적 가격결정, 기술의 이용가능성과 제품이 필요한 비용으로 필요한 양을 전달할 수 있는 가능성을 포함한다. 유망기회를 발굴하고 나면 시장자원의 투입과정이 있지만, 시장성공은 심사기준이 실제 시장실적이다.

② 이 기회를 얻을 수 있는가?: Win

여과기준이 과학적이고 궁극적인 제품성공의 가능한 추정에 근거한 것인가? 이 기회를 활용하여 지속가능한 경쟁우위를 수립할 수 있는가? 아이디어를 특허등록하거나 제품화할 수 있는가? 경쟁자보다 더 잘 수행할 수 있는가? 이를 수행할 수 있는 탁월한 기술능력을 보유하고 있는가?

③ 기회가 재정적으로 가치가 있는가?: Worth doing

필요한 자원을 갖고 있는지와 투자가 적절한 수익으로 보상된다고 자신하는가? 이러한 요인들을 경쟁자의 기회와 구별한다. 창업을 시작하는 기업가는 설립된 회사와 다른 기준을 사용한다. 예를 들면 RWW에 다른 요인을 추가하거나 이를 대신하여 기업가는 필요자본의 양, 시장에 출시하는데 필요한 시간이나 기회에 의해서 유발된 정열과 흥분에 근거한 기회를 선정할 수 있다.

05 벤치마킹

1. 벤치마킹의 성격

최우수 경영사례(best practice)는 선도회사로서 독특한 방법과 자원을 통하여 상당히 향상된 성과를 실현한 경영사례를 뜻한다. 제품판매, 개발과 생산 등 특정 경영활동 분야에서 최고수준의 성과를 창출해낸 운영방식이다. 이것은 후발기업이 단순한 모방이 아니라 상황에 적합하게 적용할 수 있는 벤치마킹의 대상이다. 따라서 최우수 경영사례는 다른 방법으로 성취한 것보다 우수한 결과를 끊임없이 나타내는 방법이나 기법이다. 최우수 사례는 탁월한 결과를 산출하는 체계적인 과정으로써 성공으로 증명된 것을 의미한다. 다음은 최우수 경영사례이다.

- 우수한 결과나 성과가 될 때
- 인력이나 기술처럼 자원의 새롭거나 혁신적인 사용을 포함할 때
- 존경받을 만한 개인이나 조직에 의해서 조직화될 때

벤치마크(benchmark)는 기준(점)이나 표준을 의미하며 질량이 알려지고 다른 것과 비교될 수 있는 기준이다. 경영학에서 최고수준의 성취, 비교를 위한 기준이나 측정기준, 특정한 사업진행에 대한 우수성의 기준을 의미한다. 벤치마킹(benchmarking)은 지속적인 개선과 성과향상을 위해 동업계의 최고(best-in-class), 세계 최상급(world-class)이나 최우수 경영사례(best practice)로 인정받는 회사를 평가, 이해, 비교하는 계속적, 장기적, 체계적, 조직화된 과정이다. 아래는 최우수 경영사례를 찾아서 기업의 경쟁력을 강화하기 위한 벤치마킹을 수행하는 목적이다.

- 기회확인
- 개선방법의 확인
- 지속적인 개선과정의 촉진

- 현실적이고 공격적인 목표설정
- 개선된 공정방법 이해
- 조직의 강점과 약점 발견
- 우선순위 설정

최고수준의 회사로부터 얻은 지식을 상세한 행동계획으로 전환할 때 경쟁우위를 강화할 수 있는 효과적인 도구이다. 따라서 벤치마킹은 최고성과가 있는 외부나 내부조직과 비교를 통해서 성과 갭(performance gap)을 감소할 수 있다. [그림 3-13]처럼 최고수준의 회사가 성과를 어떻게 달성했는지를 파악하고 이를 자사에 창조적으로 채택하여 비약적인 성과를 산출하는 것을 목표로 한다.

그림 3-13 벤치마킹의 개념

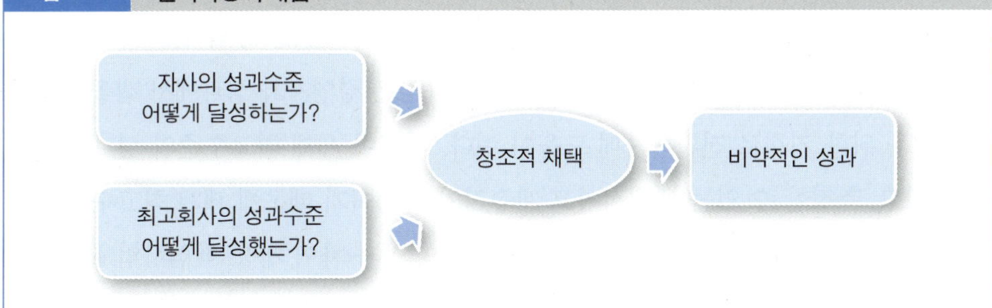

벤치마킹은 단 한 번의 실행으로 간주되어서는 안 된다. 효과적이기 위해 항상 개선하는 최고경영사례를 유지하는 목적으로 계속적이고 통합적인 개선과정이 되어야 한다. 즉, 벤치마킹의 목적은 최고의 경영사례와 관련하여 기업이나 조직의 현재 위치를 이해하고 평가하는 것이다. 벤치마킹은 기존 과정개선 방법 내에서 독립형 장치(stand alone)[9] 분석이나 통합형 분석으로 수행될 수 있다. 벤치마킹의 결과를 사용하는 방법을 이해하는 회사들은 계속적인 실행을 선호한다. 벤치마킹이 계속적인 과정 속에 포함될 때 과정을 개선하는 기회를 확인하는 도구로써 효과적으로 사용될 수 있다. 지속적인 공정개선 프로그램이 조직화나 계획을 위한 회사전략을 지원하기 때문에 벤치마킹의 목적과 목표는 동일한 전략에 맞추어 조정되어야 한다. 이러한 결과는 사업개발과 조직이 당면한 문제를 다루는 우선순위를 위해 사용될 수 있다. 벤치마킹을 적용할 때 성공의 기본

9) 다른 어떤 장치의 도움도 필요 없이 그것만으로 완비된 장치.

은 성취를 위한 잠재적 파트너의 확인이지만, 이것은 다음과 같은 여러 가지 요인에 달려있다.

- 벤치마킹의 유형
- 활동, 선호공정, 시간과 지원의 이용가능성
- 필요한 정보와 우수사례의 원천
- 벤치마킹을 사용할 때 수행되는 경험수준

2. 벤치마킹의 이점

벤치마킹의 주요 목적은 조직 내에 있는 약점을 확인하고 최고 중의 최고(best of the best)가 되는 생각으로 개선하는 것이다. 벤치마킹의 과정은 경영자가 성과에서 갭을 발견하고 개선을 위한 기회로 전환하는데 도움이 된다. 기업이 세계 최고수준의 성과를 확인할 수 있고, 측정할 수 있는 체계적이고 계속적인 과정이기 때문에 세계 최고수준의 성과 확인, 탁월한 성과의 추진력 결정, 비교회사와의 성과 차이 계량, 핵심사업 분야에서 최고 경영사례의 확인, 최고 경영사례 지식의 공유와 성과개선의 토대 구축과 같은 목적이 있다. 벤치마킹은 지속적인 학습이다. 많이 실행할수록 더 많이 적용할 수 있다. 중요한 성공요인, 과정과 역할은 벤치마킹의 목표이다. 중요한 성공요인은 사명을 달성하기 위해 조직이 지향해야 하는 것이다. 과정은 회사의 자원을 사용하는 관련되고 구조화된 활동이나 과업이며, 역할은 개인이 수행하는 기능이나 업무이다. 벤치마킹은 개선을 위해 비효율성과 잠재영역을 지적하기 위해서 이러한 일에 집중한다. 벤치마킹의 이점은 다음과 같다.

- 벤치마킹을 사용함으로써 우수성을 달성하기 위한 계속적인 개선을 중시하는 문화를 창조한다.
- 벤치마킹은 협력회사와 비교하는 제품과 서비스의 비용과 성능에 관한 지식을 향상한다.
- 벤치마킹은 팀 과업을 위한 효율적인 도구이고 모든 부문이 함께 작업하며 경쟁에

뒤지지 않기 위한 공동전선을 창조하는데 도움이 된다. 또 벤치마킹 협력자 간의 최고 사례를 공유한다.

- 종업원이 설정한 성과목표를 통해 자원에 집중한다.
- 벤치마킹은 최신의 혁신과 발명을 가져오고 외부환경에 있는 변화에 민감성을 높인다.

3. 벤치마킹의 유형

다른 기업의 성공요인을 탐구하는 벤치마킹에는 전략적 벤치마킹, 경쟁력 벤치마킹, 과정 벤치마킹, 기능적 벤치마킹, 내부 벤치마킹 등이 있다. 벤치마킹은 실무적으로 성공한 조직의 도움을 찾기 위해 사용된다. 대부분은 외부 벤치마킹으로 다른 회사의 최고성과로부터 배우는 것을 목표로 한다.

1) 전략적 벤치마킹

전략적 벤치마킹(strategic benchmarking)은 최우수 사례의 회사가 성공한 장기적 전략과 방법을 조사함으로써 회사의 전체성과를 향상하는 것을 목표로 한다. 핵심역량, 제품과 서비스 개발과 혁신전략을 조사하는 것을 포함한다. 이런 유형은 대체로 산업에 고유한 것이기 때문에 다른 산업을 조사하는 것이 최선이라는 것을 의미하지는 않는다.

2) 경쟁력 벤치마킹

경쟁력 벤치마킹(competitive benchmarking)은 핵심제품과 서비스의 성능특징에 대하여 경쟁사와 비교하는 방법이다. 경쟁력 벤치마킹은 동일한 영역의 회사에 관한 조사이다. 즉, 자사와 유사한 경쟁사에서 어떻게 처리하는지를 비교하는 것이다. 비교는 직접적 경쟁사나 동일한 고객기반의 회사에 대해서 이루어지고 자료분석은 경쟁사의 탁월한 성과에 관하여 이루어진다. 이것은 회사성과에 영향을 주는 많은 외인성 변수(exogenic variable)가 경쟁자와 피모방회사 간에 동일하다는 점에서는 쉽지만, 경쟁본질로 자료복구가 간단하지 않기 때문에 어렵다. 이러한 어려움은 두 조직이 다른 지리적 시장을 갖고 있다면 극복될 수 있다. 직접적으로 관련되고, 비교할 수 있는 경영과 기술을 파악할 수 있는 장점이 있으나, 자료수집의 어려움, 윤리적 문제와 반대경향 등이 단점이다. 이를 성능 벤치마킹(performance benchmarking)이라고도 한다.

3) 과정 벤치마킹

과정 벤치마킹(process benchmarking)은 하나 이상의 벤치마킹 회사로부터 최우수 사례를 확인하고 관찰하는 것을 목표로 사업과정의 관찰과 탐구에 집중하는 기법이다. 대상 회사는 동일한 사업을 수행하거나 동일한 제품과 서비스를 제공하는 회사이다. 사업의 일정한 부분이 유사하지만, 다른 제품을 생산하는 다른 회사, 예를 들면 항공사와 호텔이 고객에게 음식을 공급하는 과정을 조사하는 기법이다. 이를 본원적 벤치마킹(generic benchmarking)이라고도 한다.

4) 기능적 벤치마킹

기능적 벤치마킹(functional benchmarking)은 사업영역이나 동일한 기능이나 운영과정인 활동의 영역을 조사함으로써 과정이나 활동을 향상하는 것을 목표로 한다. 즉, 동일한 산업의 동일한 기능을 비교하는 것이다. 문제가 되는 부분의 최우수 기업을 대상으로 한다. 회사는 특별한 기능의 운영을 개선하기 위하여 단일 기능에 벤치마킹을 집중한다. 인적자원, 재무, 회계, 정보와 커뮤니케이션 기술과 같은 복잡한 기능은 비용과 효율성 측면에서 직접적으로 비교할 수 없고 타당한 비교를 위해 과정 속으로 분해할 필요가 있다.

5) 내부 벤치마킹

내부 벤치마킹(internal benchmarking)은 자신의 사업단위나 지점에 대한 벤치마킹이다. 즉, 자사 내 타부서와 비교하는 것이다. 회사 내에서 다른 사업단위, 위치, 부서에서 동일한 활동을 갖고 있는 조직에서 적용될 수 있다. 예를 들면 다른 지역에 위치하고 있는 회사의 사업단위를 벤치마킹한다. 정보, 심지어 민감한 자료에 쉽게 접근할 수 있고, 다른 벤치마킹보다 시간과 자원이 적게 소요된다. 커뮤니케이션의 공유, 자료입수의 용이성, 즉각적인 결과와 혜택 등이 장점이지만, 제한된 집중과 내부편견은 단점이다.

4. 벤치마킹의 특징과 장벽

1) 경쟁력분석모델과 벤치마킹의 차이점

맥나미(McNamee) 등이 개발한 경쟁력분석모델(Competitive Analysis Model: CAM)은 중소기업의 전략개발을 위해 개발되었다. 이 모델은 성장과 수익성에 의해서 성과를 측정하고 매출액 성장, 고용성장, 자산수익, 판매수익과 종업원 당 수익처럼 성과측정을 이용한다. 이 모델은 내부, 외부와 회사 전략요소를 고려한다. 대부분의 중소기업은 이 모델이 지나치게 이론적이고 시간 소모적이라고 안다. CAM과 벤치마킹은 다르다. 전자는 회사가 성취한 결과에 관한 정보를 얻는 것이지만, 후자는 회사가 이러한 결과를 어떻게 달성하는가에 관한 정보를 얻는 것이다. 벤치마킹은 강력한 도구이며 중소기업에서 성공적으로 추진된다면 회사의 필요에 적합하기 위해 조직 내에 있는 사람들과 함께 착수해야만 한다.

[표 3-5] 경쟁력 비교분석과 벤치마킹

경쟁력 비교분석	벤치마킹
결과 검토	과정 검토
발생내용 검토	발생이유 검토
산업비교	다른 기업과 비교
공유 없는 조사	상호이익 공유를 위한 조사
경쟁적	협조적
비밀	공유
분리	동업자정신
독립	협동적/의존적
경쟁검토	개선목표 달성
산업지식이 목표	과정지식이 목표
산업욕구 집중	고객욕구 집중

2) 벤치마킹의 장벽

기업이 벤치마킹을 추진하는 것을 방해하는 장벽은 많다. 장벽의 유형은 기업의 규모에 따라 다르다. 대기업은 경쟁우위를 얻고 유지하기 위해 벤치마킹을 추진하지만, 중소기업은 벤치마킹을 추진하고 채택하는데 매우 느리다.

(1) 불충분한 계획과 평가

중소기업의 계획은 불충분하고 조잡한 경향이 있고 사업성과를 대체로 검토하지 않는다. 중소기업은 매우 복잡하고 시간 소모가 많은 벤치기법을 사용하기는커녕 비재무적 척도를 거의 사용하지 않는 경우가 많다.

(2) 비용

중소기업은 과정을 도와줄 컨설턴트를 사용하려고 하지 않는다. 벤치마킹 자료를 제공하는 대책과 지식이 있는 협회 구성원 관계자를 얻는 것은 비용이 들어가는 문제이다. 중소기업이 벤치마킹을 실행하는 것이 어려운 이유는 주로 비용 문제이다.

(3) 인식과 이해의 부족

벤치마킹을 착수하는 방법에 관한 이해의 부족이 문제이다. 중소기업에서 기준설정이 중요하다고 많이 느끼지만, 기준을 향상하는 방법이 난제이다. 많은 기업소유자나 경영자는 벤치마킹이 실제로 의미하는 것에 관하여 혼란스럽고 사업개선을 위한 활용할 수 있는 자료를 이용하는 방법을 거의 이해하지 못한다.

(4) 직원문제

대체로 많은 중소기업은 5명 미만을 고용하는 소기업(micro businesses)이다. 직원은 관리, 마케팅, 재무관리와 생산관리를 포함한 다양한 역할을 공유한다. 중소기업은 자원과 이용할 수 있는 시간이 제한적이다. 또 다른 장애는 벤치마킹의 잠재적 이익을 경영자가 미심쩍어 한다. 중소기업은 경쟁목적을 위해 경쟁자가 접근하는 것을 꺼려한다. 벤치마킹을 막는 장애는 적절한 최우수 사례를 쉽게 확인하고 접촉할 수 있는 능력이 없는 점이다.

(5) 자료노출의 민감성

자료노출의 민감성은 중소기업과 대기업에 공통적이다. 벤치마킹의 윤리적 측면은 상호작용에 대한 규약을 정의하는 원리, 지침과 기준과 관련하여 일어난다. 기업은 당연히 내부 운영과 혁신에 대해 보호적이어서 제3자가 민감한 자료를 수집하는 것을 어렵게 한다.

(6) 능숙하지 못한 기술과 태도

효과적인 커뮤니케이션의 부족, 변화의 두려움, 불충분한 훈련은 과정이 아니라 숫자에 집중하고, 고객에 대한 집중의 부족과 종업원의 저항은 성공적인 벤치마킹에 대한 심각한 장애이다.

5. 벤치마킹 분석절차

벤치마킹은 성과를 전략적으로 관리할 수 있는 조직의 능력을 상당히 향상할 수 있는 강력한 도구이다. 벤치마킹으로 경영자가 더 넓은 관점을 고려하고, 뚜렷한 성과로부터 배우고, 안전지대로 들어갈 수 있다. 최고의 성과를 내는 회사의 최우수 사례를 밝힘으로써 회사가 세계수준급의 회사로 들어갈 수 있다. 성공적인 벤치마킹의 핵심은 과정을 통한 철저한 추적과 그러한 프로그램의 설계와 제정에 경험이 있는 컨설턴트의 조언이다. [그림 3-14]는 벤치마킹 분석을 실시하는 절차이고, 참여하는 회사와 내부과정에서 개선을 산출하기 위해 지향하는 과정이다.

그림 3-14 벤치마킹 분석절차

계획	비교할 내용 확인 비교할 회사 확인 자료 수집방법 설정
분석	현재 성과 갭 설정 미래 성과수준 계획
실행	벤치마킹 결과 의사소통 운영목적 수립
행동	행동계획 개발 구체적인 행동실행 벤치마크 재측정

1) 계획

개선을 필요로 하는 활동과 서비스를 검토한다. 벤치마킹할 내용, 즉 서비스, 공정이나 실무 등을 확인한다. 조직 내에서 추진한 벤치마킹 팀을 만들고, 비교할 회사를 확인한다. 회사 내에 있는 다른 운영단위, 경쟁자나 비관련 회사가 된다. 그러나 비교회사는 최고수준의 회사나 선도자이어야 한다. 지표와 데이터 수집방법을 결정한다. 예를 들면 벤치마킹할 내용은 다음과 같다.

- 고객만족
- 동시설계
- 린 생산방식(lean production)[10)]
- 혁신과 제품개발
- 제조와 공학시스템
- 물류
- 회사조직과 문화
- 재무

조직 자체는 장단기적인 계획에서 개선해야 할 중요한 사항을 확인해야 한다. 조직 안에서 벤치마킹할 것을 확인하기 위해 몇 가지 중요한 사안을 사전에 정리하는 것이 좋다. [표 3-6]처럼 벤처마킹의 우선순위를 설정하기 위하여 주요한 사항을 추출하여 정리하는 것이 바람직하다.

[표 3-6] 벤처마킹의 우선순위 설정

NO.	행동	체크
Q1	비용, 시간과 품질에서 조직의 중요한 성공 영역에 잠재적 영향은 무엇인가?	
Q2	고객은 이러한 과정의 중요성을 어떻게 평가하는가?	
Q3	어떤 구체적인 문제를 확인하는가?	
Q4	조직에서 중요한 비용은 무엇인가?	
Q5	어떤 기능에서 비용이 가장 높은가?	
Q6	어떤 기능이 개선의 여지가 가장 큰가?	
Q7	어떤 기능이 경쟁자와 구별되는 가장 큰 영향을 갖고 있는가?	
Q8	변화과정을 실행할 준비가 있는가?	
Q9	조직은 변화할 수 있는 구조적 · 조직적 능력이 있는가?	

10) 각 공정에서 낭비의 요소를 제거하고, 리드타임을 줄이고 안전성을 개선하여 최고의 품질과 최저의 비용을 얻는 방식

2) 분석

자료를 수집하고 현재 성과수준을 파악한다. 높은 성과 부문에 있는 직원을 면접함으로서 직접적인 정보를 얻는다. 현재 성과수준에서 자료와 정보를 수집한다. 회사와 성과지표를 사용하여 현재 활동을 확인한다. 자신의 회사와 비교회사 간의 갭을 확인한다. 자료수집을 통해 성과차이를 분석한다. 성과차이의 분석과정은 높은 성과조직과 비교하여 부문의 현재 상태를 이해하고 평가하는 것이다. 이는 높은 성과에 대한 이유를 확인하는데 도움이 되고, 이렇게 하면 성과를 향상하기 위해 사용된 방법뿐만 아니라 개선이유를 확인하게 된다. 다음은 성과차이를 분석하는 과정이다.

- 부문 내에서 향상된 과정을 조사한다.
- 과정과 성과지표, 높은 성과조직의 상세한 분석을 수행한다.
- 운영을 개선하고자 하는 부문의 지표를 높은 성과조직의 부문과 비교하고 차이와 변동의 성격을 파악한다.
- 성과 갭을 진단하고 그 유형, 규모와 원인을 파악한다.
- 수준을 향상하고 성과차이를 극복하는데 필요한 방법이나 개발단계를 파악한다.

성과 갭을 극복하기 위한 개발 제안에 근거하여 목표 미래 성과수준을 확인할 수 있다. 개선 프로그램으로 설정된 목표가 빨리 구식이 되지 않도록 비교회사의 기대된 개선을 예측하여 미래성과 수준을 결정한다. 목표 미래 성과수준을 확인하는 과정은 다음과 같은 기준에 근거한다.

- 개선과정이 실제로 목표를 성취하는 정도를 측정하기 위해 기준값(reference value)을 확인한다.
- 의뢰자와 부문 종업원의 의견을 조사함으로써 포괄적인 반응을 포함하여 성과평가기준에 관하여 다수의 원천을 적용한다.
- 명확한 비전이 있는 중립적인 개인이나 조직과 관련된 활동에 대한 포괄적인 이해로 설정된 목표가 현실적이고 개발을 추적하고 있다는 것을 확실히 한다.

벤치마킹으로 과정을 최고에 맞추는 조직은 그들의 욕구와 문화를 일치한다. 벤치마킹은 현재상황을 명확히 하고 기준 회사와의 성과 갭을 확인하는 것에서 시작한다. 갭 분석을 위한 장단기 계획을 수립하여 최고회사의 실행정보를 파악하여 그 결과를 자사에 도입하는 과정이다. 과정에서 단계의 수는 조직에 따라 다르지만 다음 6단계는 핵심 기법이다.

그림 3-15 벤치마킹 과정의 핵심 기법

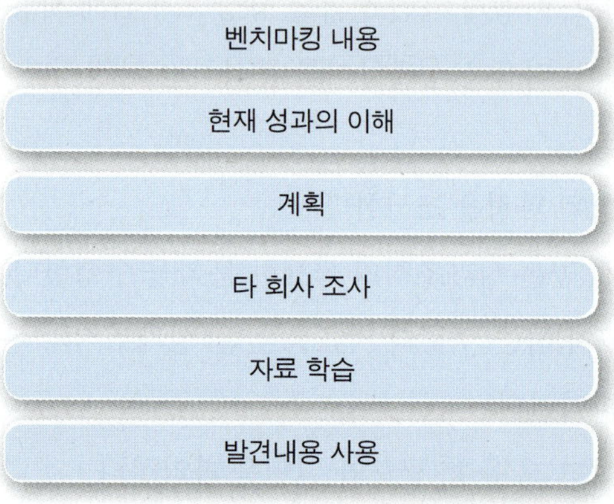

3) 통합

벤치마킹의 발견사항을 의사소통하고 관련자로부터 채택을 얻기 위해서 결과를 알리고 제안된 변화가 적절하고 채택되는 것을 확실히 한다. 이것은 희망했던 기준을 알리고 전파하는데 도움이 된다. 더불어 희망했던 기준을 달성하기 위해서 필요한 방법을 시행할 때 관련된 종업원을 훈련한다. 벤치마킹의 발견사항을 근거로 희망했던 성과목표를 달성하기 위해 부문은 새로운 운영목적을 결정하고 개선을 위해 목표로 한 부문을 확인한다.

4) 실행

행동계획을 준비한다. 구체적인 행동을 실행하고 과정을 추적한다. 벤치마킹을 통해 개발된 새로운 작업방법을 실행한 후 향상된 과정과 활동의 영향을 조사한다. 따라서 벤치마킹을 실행한 결과를 측정한다. 다음은 행동계획을 준비할 때 고려할 사항이다.

- 행동절차를 위한 분명한 범위가 있는 구체적인 시간이 제한된 계획을 개발한다. 부정적인 갭을 감소하거나 줄이기 위해 실행한다.
- 개선비용을 고려하고 성과향상의 지속성을 확실히 하기 위하여 구체적인 기준을 개발한다.
- 변화로부터 희망했던 결과의 달성을 확보하기 위해 변화는 모든 부문과 임원, 관련된 개인에 의해서 채택된다.
- 작업팀을 선정하고 개선을 실행한다.

6. 중소기업의 벤치마킹

1) 중소기업의 벤치마킹 필요성

중소기업이 벤치마킹을 추진하는 데는 많은 장애가 있다. 이러한 장애는 시간부족, 비용문제, 지식부족과 불충분한 전략계획이다. 다른 품질경영 프로그램처럼 중소기업에서의 벤치마킹 사례는 주로 정부, 산업협회와 대학을 포함한 제3자에 의해서 수행된다. 벤치마크, 인증, 우수사례 및 감사는 산업계 주도 개발프로그램이다. 벤치마킹은 중소기업이 광범위한 기술에 접근할 필요가 있고, 중소기업의 특이성을 대처하기에 충분한 유연성이 있다는 것이 많은 연구에서 증명되었다. 정확한 자료의 부족, 기밀, 고비용과 알려지지 않은 경쟁자와 같은 장벽은 중소기업이 벤치마킹을 충분히 이용하기 어려운 점이다.

벤치마킹을 성공적으로 착수하기 위해 중소기업은 먼저 적용가능성과 중요성을 알 필요가 있다. 벤치마킹의 이점이 많이 알려져 있지만 중소기업이 적용가능성을 확신하지 않는다면 달성할 수 없다. 외부기관에 의해서 촉진되는 계획은 벤치마킹의 착수를 장려하는 데는 효과적이다. 외부기관은 중소기업이 지속적인 개선계획의 핵심부분으로써 벤치마킹을 실시하기 위해 과정의 완전한 이해를 얻는 데는 도움이 된다. 경쟁자나 유사기업의 성과에 관해 정확한 자료의 접근은 중소기업에게는 기본적인 필요이다. 협업자와의 관계형성은 사업성과의 평가와 개발에 대한 많은 필요한 정보를 경영자에게 제공한다. 중소기업은 경영경험의 부족으로 개선을 위해서 변화를 추진할 전략개발과 자료분석에 대한 욕구가 강하다. 다양한 기법을 위한 접근은 중소기업의 특이성을 대처하는데 충분히 유연하다고 증명된 새로운 벤치마킹 측정을 도입할 수 있게 해준다. [표 3-7]은 벤치마킹과 관련된 일반적인 함정의 목록을 벤치마킹이 있는 경우와 대조한 목록이다.

[표 3-7] 벤치마킹의 유무에 따른 현상

구분	벤치마킹이 없는 경우	벤치마킹이 있는 경우
고객의 요구사항 정의	경험과 직감 근거	시장현실에 근거
	지각에 따라 조치	객관적 평가에 따라 행동
효과적인 목표 설정	외부집중 부족	신뢰할 수 있는 고객집중
	반응적	선제적
	산업후행	산업주도
생산성 척도개발	좋아서 하는 사업추진	실제문제 해결
	강점과 약점 미이해	최고수준에 근거한 성과산출
경쟁력 확보	내부집중	경쟁이해
	점진적 변화	증명된 성과로 혁신적인 아이디어
	저수준의 몰입	고수준의 몰입
산업사례	발견 없음	변화에 대한 선제적 탐구
	적은 해결책	많은 옵션
	계속적인 개선	비약적 발전

2) 중소기업의 성공적인 벤치마킹

성공적인 벤치마킹은 회사가 정규적이고 지속적으로 수행할 때 실현된다. 성공적인 벤치마킹의 핵심은 개선전략의 실행이지 외부 최고의 기업이나 경쟁자의 정보를 수집하거나 성과의 단순한 내부분석이 아니다. 벤치마킹은 한 번의 프로젝트가 아니라 경영개선 과정의 한 부분이다. 벤치마킹 절차는 조직의 성공에 중요한 과정에 적용되어야 한다. 성공적인 벤치마킹의 핵심적 특징은 조직의 목표에 중요한 과정을 벤치마킹하는 능력이다. 어떤 목표는 다른 목표보다 더 쉽게 측정될 수 있다. 예를 들면 소비자만족 측정은 간단하지 않다. 그러나 성과 갭을 확인하기 위해 어떤 측정기준을 적용하는 것이 필수이다. 벤치마킹은 목적이 분명하고, 외부적으로 집중되고, 측정에 근거하고, 정보가 철저하고 객관적이어야 한다. 다음은 성공적인 벤치마킹 적용을 위한 조건이다.

- 최적의 벤치마킹 파트너 선정

- 전략적 목적에 맞춘 프로젝트
- 경영자의 벤치마킹 지원과 변화추진의 몰입
- 명확한 목적의 정의
- 조직성과의 분명한 이미지
- 정통한 직원
- 예방할 실수 언급
- 성과비교에 집중
- 벤치마킹 적용 시 나타나는 문제언급
- 협동과 경쟁

벤치마킹을 통한 경영의 지속적인 개선은 끊임없는 노력을 의미하고 문제의 근본원인을 제거하는 것이다. 보통 압도적인 혁신보다는 오히려 점진적이거나 적은 단계의 개선을 포함한다. 지속적인 개선은 지속적인 변화와 실천이 필요로 한다. 예를 들면 제조와 공급사슬 계획에서 벤치마킹은 장기적인 효율목표에서 상당한 증가에 이를 수 있다. 다음은 성공적인 벤치마킹이 되기 위해서 고려해야 할 사항이다.

- **집중(focus):** 회사의 중요한 과정에 집중한다.
- **갈망(desire):** 전략적 계획과 함께 벤치마킹을 사용하는 것을 바란다.
- **자발성(willingness):** 회사가 최고가 아니라는 것을 기꺼이 허용한다.
- **개방성(openness):** 예기치 않은 원천에서 새로운 아이디어를 얻는 개방성
- **책무(commitment):** 자원을 제공하고 변화에 대한 저항을 극복하려는 책무
- **인정(recognition):** 성공적인 벤치마킹 팀에 주는 인정
- **이해(understanding):** 벤치마킹 과정의 철저한 이해
- **의사소통(communication):** 벤치마킹 계획의 목적에 관한 조직 내의 의사소통

제4장

고객욕구의 탐구

제1절
고객욕구의 성격

제2절
고객욕구의 확인과정

제3절
자료분석

제4절
고객욕구의 분류

제5절
고객욕구의 선정

Focus Lens 빌 게이츠 (Bill Gates)

빌 게이츠(Bill Gates)는 1955년 미국 워싱턴주 시애틀에서 변호사의 아들로 태어났다. 1967년 레이크사이드 스쿨(Lakeside School)에 입학하면서부터 컴퓨터와 인연을 맺게 되었으며, 이곳에서 마이크로소프트사의 공동 창업자인 폴 앨런(Paul Allen)을 만났다. 게이츠는 여러 면에서 애플의 창업자인 스티브 잡스(Steve Jobs)와 비교된다. 우여곡절이 많았던 잡스와 달리 그는 명문가에서 태어나 안정적인 환경에서 성장했다. 그는 초등학교를 다니며 자신이 소프트웨어에 관심이 있다는 것을 알았다. 고등학교 시절엔 친구 폴 앨런과 함께 교통량 데이터를 분석해 그래프로 그려주는 회사를 설립하기도 했다.

앨런과 공동으로 MS 설립

1973년 하버드대학교 법학과에 입학했다가 수학과로 전과하였다. 1973년 하버드대학교에 입학한 그는 폴 앨런과 함께 인텔 8088 마이크로프로세서용 BASIC 해석 프로그램을 최초로 개발했고, 1974년 폴 앨런과 함께 다트머스대학교에서 개발한 컴퓨터 프로그래밍 언어 베이직(BASIC)에서 아이디어를 얻어 소형 컴퓨터에 쓰일 새로운 버전(Altair Basic) 개발에 성공한 게이츠는 3학년 때인 1975년 대학을 중퇴하고 앨런과 공동으로 MS를 설립했다. 1981년 당시 세계 최대의 컴퓨터 회사인 IBM사로부터 퍼스널컴퓨터에 사용할 운영체제 프로그램(후에 DOS) 개발을 의뢰받아 기틀을 마련하게 되었다. 1995년 8월 '윈도 95'를 출시함으로써 PC 운영체제의 획기적 전환을 가져 왔으며, 이는 발매 4일 만에 전세계적으로 100만 개 이상의 판매실적을 올리는 대기록을 세웠다. MS의 성과는 그 자체로 게이츠의 업적이다. 초창기 MS는 마이크로컴퓨터 프로그래밍 언어에서 두각을 나타냈다. 1981년에는 IBM PC에 맞는 디스크 운영체계(DOS, Disk Operating System)를, 그리고 나중에는 비IBM 계열의 PC에서도 작동하는 MS-DOS를 만들었다. 1987년 MS는 윈도(Windows) 운영체제의 최초 버전을 출시했다. 이후 윈도3.0 그리고 이를 이은 윈도95의 인기에 힘입어 MS는 전 세계 컴퓨터 소프트웨어 산업을 사실상 장악하기에 이르렀다. MS는 세계 1위의 OS 및 애플리케이션 공급자가 되어 현재 MS의 윈도OS는 데스크톱 분야에서 표준으로 받아들여지고 있으며, MS는 서버 부문에서도 막강한 영향력을 행사하고 있다.

빌 게이츠는 IBM PC가 수십 년간 PC의 표준으로 자리 잡게 한 일등 공신이다. 그는 1980년대 애플 매킨토시의 성공을 보고, PC에 매킨토시와 유사한 인터페이스를 제공하는 윈도를 개발해 IBM PC를 살릴 수 있었다. 빌 게이츠는 고유한 제품을 개발하지 않고 단지 경쟁사의 아이디어만을 모방해 왔다고 비판받기도 한다. 대표적인 사례가 애플의 그래픽 사용자 인터페이스를 모방한 윈도의 인터페이스와 넷스케이프 웹브라우저를 모방한 인터넷 익스플로러다.

빌 게이츠는 불공정한 경쟁을 통해 데스크톱 운영체계 산업과 소프트웨어 산업의 성장 환경을 붕괴했다고 비난을 받는다. PC의 급속한 확산과 세계 컴퓨터 시장의 주도권을 장악하면서 막대한 부를 축적하여 세계 억만장자 순위에서 22년째 1위를 차지하고 있다. 그는 강연이나 저서를 통해 컴퓨터와 IT 산업 전반에 대한 견해를 밝히는 등 실제로 미국과 세계 IT 산업의 발전에 크게 기여했다. 2008년 6월 자선활동에 전념하기 위하여 33년간 경영하던 MS에서 퇴임하고, 현재는 기술을 통해 사회문제를 해결하려는 '빌 & 멜린다 게이츠 재단'을 설립해 사회봉사에 전념하고 있다.

빌 게이츠의 기업가 정신

MS의 성공은 빌 게이츠의 기업가 정신의 성공이다. 단지 혁신이나 꿈보다는 사업기회의 잠재적 원천으로써 소프트웨어에 대한 훌륭한 학습 방법을 취했다. 그는 조립식 컴퓨터 키트의 선도적인 제작자였지만, 우수한 인재를 채용하고, 철저한 성과주의에 기초한 창조적 인력 및 학습조직을 구축하였다. 일등주의의 실현은 우수한 인재에서 가능하다. 끊임없이 새로운 아이디어를 창출하는 창조정신과 스스로가 과업을 설정하고 일하는 자발성이 있다. 스티브 발머의 영입 후 동업적 협력체제를 구축하는 한편 최고를 창출해내는 지치지 않는 인내심이다. 미래의 첨단기술에 대한 연구개발과 스피드 경영, 변화와 혁신의 주도자, 일등주의와 소비자의 수요와 정보에 대한 분석력과 예측능력이다. 훌륭한 경영자가 되려면 사람을 좋아하고 대화에 능숙해야 한다. 사람들과 교류하는 것을 진정으로 즐기지 않는다면 그들을 잘 다루는 것은 힘들다.

빌게이츠의 명언

· 태어나서 가난한 건 당신의 잘못이 아니지만 죽을 때도 가난한 건 당신의 잘못이다.
· 실수는 누구나 한번쯤 아니 여러 번, 수 백, 수 천 번 할 수 있다. 그러나 같은 실수를 반복하면 그건 못난 사람이다.
· 인생이란 결코 공평하지 않다. 이 사실에 익숙해져라.
· 겨울은 내 머리 위에 있다. 하지만 영원한 봄은 내 마음 속에 있다.
· 좋게 만들 수 없다면 적어도 좋아 보이게 만들어라.
· 성공을 자축하는 것도 중요하지만 실패를 통해 배운 교훈에 주의를 기울이는 것이 더 중요하다.
· 결승선에 대한 어떤 정해진 생각이 있었다면 내가 그 결승선을 이미 몇 년 전에 넘었을 거라고 생각하지 않으세요?
· 공부벌레들에게 잘 해주십시오. 나중에 그 사람 밑에서 일하게 될 수도 있습니다.
· 어릴 적 나에겐 정말 많은 꿈이 있었고, 그 꿈의 대부분은 많은 책을 읽을 기회가 많았기에 가능했다고 생각한다.
· 가장 불만에 가득 찬 고객은 가장 위대한 배움의 원천이다.
· 텔레비전은 현실이 아니다. 현실에서는 커피를 마셨으면 일을 시작해야 한다.
· 자신에게 엄격한 사람이 되라.
· 훈련을 통해 좋은 습관을 만들어라.
· 나쁜 습관을 빨리 과감히 버려라.
· 작은 일도 소홀히 여기지 말라.
· 평범한 것이 큰 일을 이룬다.
· 작고 하찮은 일부터 시작하라.
· 작은 것에서 승부를 낼 줄 알아라.
· 큰 일이든 작은 일이든 시종일관 충실하라.
· 지식재산권의 유통기한은 바나나만큼 짧다.
· 행동을 변화시키려면 많은 돈을 투자해야 한다.

01 고객욕구의 성격

1. 욕구의 의미

욕구(needs)는 현재 상태(what is)와 이상적 상태(what should be) 간의 차이 또는 불일치이다. 욕구는 본원적 욕구로 어떤 기본적인 것이 결핍된 상태이다. 필요(want)는 욕구를 만족시킬 수 있는 구체적인 제품이나 서비스에 대한 바람이다. 욕구는 현재까지 충족된 상태가 아닐 뿐만 아니라 분명한 해결책을 갖고 있지도 않을 수 있다. 예를 들면 욕구는 "배가 고프다"처럼 막연한 결핍상태이나, 필요는 "밥을 먹고 싶다"처럼 구체적인 희망을 의미한다.

그림 4-1 욕구의 의미

욕구 (needs) = 이상적 상태 (desired state) − 현재 상태 (current state)

욕구는 고객의 행동을 유발시키는 동기의 직접적인 원인이 된다. 즉, 욕구가 내·외적 자극을 받아서 활성화되면 동기가 된다. 따라서 욕구는 자극을 받아 동기가 되고, 동기는 특정행동의 원인이 된다. 고객의 욕구는 고객이 제품을 통해 해결되기를 원하는 문제로 상품이 제공하는 편익(benefits)을 통해서 충족될 수 있다. 고객의 욕구는 단순히 제품이나 서비스의 물리적 또는 기능적 실체에 한정되는 것이 아니라 고객이 제품을 사용하는 전 과정과 관련된다. 따라서 욕구는 결핍상태로 시장을 정의할 때, 필요는 바라는

[표 4-1] 욕구와 필요의 특징

욕구(needs)	필요(want)
결핍상태	희망상태
본원적 욕구	구체적 욕구
시장정의	제품포지션

상태로 제품 포지션할 때 활용된다.

2. 욕구의 유형

1) 매슬로우의 욕구계층

매슬로우(Abraham Harold Maslow)에 의하면 인간의 욕구는 선천적이며 욕구는 강도와 중요성에 따라 위계를 이룬다. 하위욕구가 제대로 충족되지 않으면 상위욕구가 나타나지 않는다. 심리적으로 건강한 사람은 현재 당면하고 있는 욕구의 위계적 수준이 높은 사람이다. 욕구는 생리적 욕구, 안전·안정 욕구, 소속·애정 욕구, 존경욕구와 자아실현 욕구 등 5단계로 이루어진다.

그림 4-2 매슬로우의 욕구 위계 모형

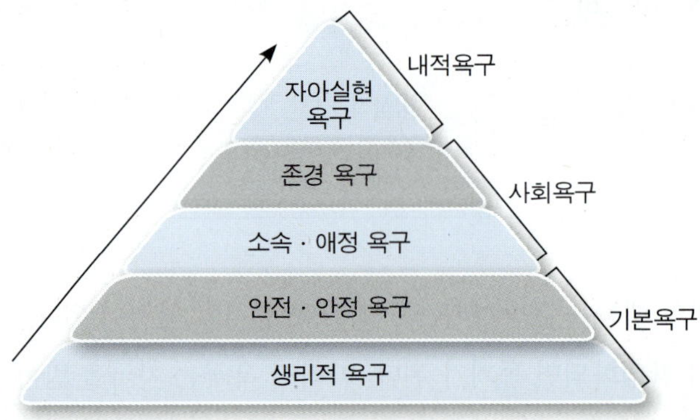

① 생리적 욕구(Physiological Needs)

생리적 욕구는 기아를 면하고 생명유지를 위한 가장 기초적 욕구로 의식주·성적 욕구가 있다.

② 안전·안정의 욕구(Safety Needs)

안전·안정의 욕구는 위험, 위협, 박탈로부터 자신을 보호하고, 불안을 회피하고자 하는 욕구이다.

③ 소속·애정의 욕구(Belongingness and Love Needs)

소속·애정의 욕구는 인간의 사회적이고 사교적인 동료의식을 위한 욕구이다. 애정, 귀속, 우정, 사랑 등이 있다.

④ 존경의 욕구(Esteem and Status Needs)

존경의 욕구는 자기 존경에 초점을 두고 있으며, 타인으로부터의 인정과 존경이다.

⑤ 자아실현의 욕구(Self-Actualization Needs)

자아실현의 욕구는 계속적인 자기 발전을 위하여 자신의 잠재력을 최대한 발휘하는 데 초점을 둔다. 성장 동기가 자아실현의 심리적 조건이 된다.

2) 욕구의 유형

욕구를 명시적 욕구와 잠재적 욕구로 분류할 수 있다. 명시적 욕구(explicit needs)는 고객들이 알고 있고 제품공급자와 비교적 쉽게 의사소통할 수 있는 욕구이지만, 잠재적 욕구(latent needs)는 소비자들이 표현할 수 없거나 표현하는 방법을 알지 못하여 비교적 쉽게 공급자와 의사소통할 수 없는 욕구이다. 명시적 욕구에는 기본적 욕구와 표현된 욕구가 있다.

(1) 명시적 욕구

① 기본적 욕구

기본적 욕구(basic needs)는 어떤 제품이나 서비스가 충족해줄 것이라고 가정하거나 기대하는 욕구이다. 제품이 고객을 만족시키는 가장 기본적이고 본질적인 욕구이다. 예를 들면 세탁세제는 의류에 있는 때나 먼지를 제거해 주는 것이다. 샴푸는 두발을 깨끗이 해준다. 기본적인 욕구만으로 제품이나 서비스를 차별화하기는 매우 어렵지만 제품이 기본적으로 충족해야 할 최소한의 욕구이다.

② 표현된 욕구

표현된 욕구(articulated needs)는 잠재적인 욕구를 보다 구체적으로 표현한 욕구로 고객들이 비교적 쉽게 말로 표현할 수 있는 욕구이다. 고객이 현재 느끼는 욕구 중에서 일부 충족되지 못한 부분이다. 이러한 욕구는 고객들이 기존 제품으로 일부 충족하고 있거나 적어도 기존시장에서 충분히 충족이 가능한 욕구이다. 예를 들면 열고 닫기에 좀 더 편리한 양문형 냉장고이다.

3) 잠재적 욕구

잠재적 욕구(latent needs)는 구체적으로 표현되지 않고 고객의 마음속에 잠재되어 있는 욕구로 고객들이 보고 경험하기 전까지 욕구를 갖고 있다고 인식하지 못하고 깨닫지 못하는 욕구이다. 회사가 이러한 욕구를 제공한다면 고객들은 놀라거나 흥분할 수 있는 욕구이다. 고객이 잘 느끼지 못하고 있지만 기업은 욕구를 충족할 수 있는 해결책을 만들 수 있는 부분이다. 기본적 욕구와 표현된 욕구는 소비자 조사를 통해서 탐색할 수 있지만, 잠재적 욕구는 발견하기 매우 어렵다. 이 잠재적 욕구는 고객들이 기존제품으로 만족하고 있지 않으며 인식하고 있지도 않은 욕구이다. 예를 들면 '배터리가 필요 없는 스마트폰'이다. 고객의 욕구는 시간의 경과에 따라 일반적으로 잠재적 욕구에서 표현된 욕구로, 표현된 욕구에서 기본적 욕구로 전환될 수 있다. 기본적 욕구를 만족시켜주지 못하는 제품은 시장에서 존재이유가 없으며, 표현된 욕구는 현재 경쟁자들이 만족시켜 주지 못하고 있는 경우 기회로 활용할 수 있다. 잠재적인 욕구는 경쟁우위를 확보하고 신규고객을 개발할 수 있는 기업에 매우 유리한 기회를 제공하고, 또한 이를 충족하는 제품을 개발한다면 제품차별화의 효과가 매우 크다. 그러나 잠재적 욕구는 공급자들에게도 쉽게 보이지 않고 심지어 소비자들도 잘 지각하지 못하는 경우가 많다.

고객의 잠재적 욕구를 확인하는 것은 쉽지 않다. 욕구가 존재하는 경우도 있고 욕구가 존재하지 않는 경우도 있기 때문이다. 게다가 욕구가 존재하더라도 인지하기가 쉽지 않지만, 찾아내어 상품화한다면 시장성과 수익성이 대단히 큰 기회이다. 이러한 잠재적 욕구는 미충족 욕구, 미제공 및 과소제공 욕구 등이 있다.

그림 4-3 잠재욕구의 종류

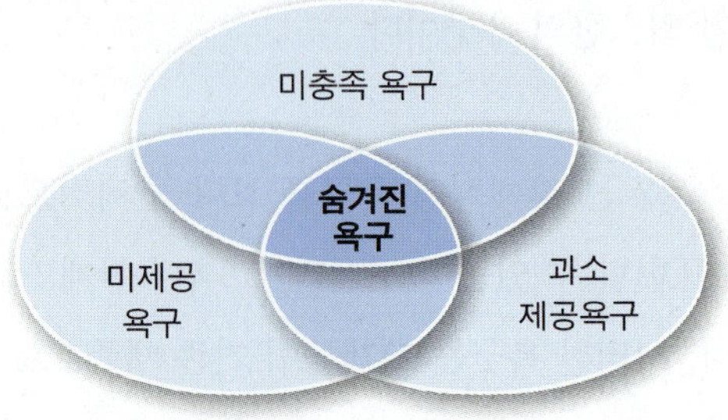

(1) 미충족 욕구

미충족 욕구(unmet needs)는 기업이나 경쟁자들이 고객에게 아직까지 제공하지 않아 발생할 수 있으나 고객들은 실제로 인식하거나 못할 수도 있다. 첫째는 고객들의 욕구와 기대가 존재하지만 기업들이 제품이나 서비스를 제공하지 못하는 경우가 있다. 이는 기술수준, 경제적 요인, 법적 제약이나 사회문화적 요인 때문에 제품이나 서비스가 개발되지 못한다. 둘째는 제품이나 서비스가 개발되었다 하더라도 유통 상의 문제나 기타 요인에 의해 고객들의 접근가능성이 낮아 발생하는 경우가 있다. 또 다른 요인은 고객들에게 욕구와 기대가 없는 경우이다. 이러한 경우는 기업이 고객의 욕구를 선도해서 창출하는 경우 기회가 될 수 있다. 따라서 미충족 욕구의 발견은 제품이나 서비스의 차별화를 가져올 수 있어 높은 경제적 잠재력을 갖고 있는 매우 큰 기회이다.

그림 4-4 미충족 욕구의 종류

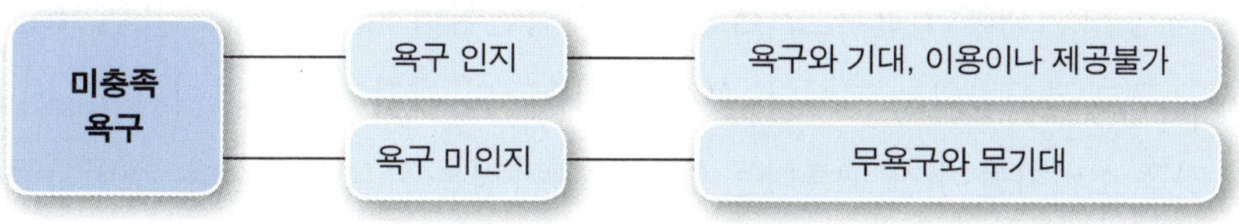

(2) 미제공 및 과소제공 욕구

미제공 욕구(unserved needs)는 미충족 욕구의 일종으로 고객들의 욕구와 기대가 존재하지만 기업들이 시장에 제공하지 못할 때 발생하는 욕구나 기대이다. 기술부족, 수요부족 예상, 집중화, 시장세분화, 자원의 한계나 기타 사유로 시장에 제공하지 못하는 경우이다. 미제공 욕구의 상품화는 새로운 시장을 창출하는 제품범주 창출전략으로 시장선도전략이 될 수 있는 신제품과 신시장이다. 예를 들면 많은 대히트작(blockbuster)은 이러한 틈새시장에 접근하여 성공한 경우이다. 따라서 시장기회의 탐색과 분석이 중요한 이유가 된다. 과소제공(underserved)은 제품이나 서비스의 기능을 제공하지만 뭔가 부족한 부분이 있는 욕구이다. 완전한 문제해결책을 제공하지 못한 제품들은 시장에 비교적 많이 있다. 제품이나 서비스의 불충분한 제공으로 고객들이 만족하지 못하는 욕구로 불완전한 만족이 발생한다. 기능이나 서비스가 부족하여 시장에 명확하게 과소 제공된다면 시장에서 활동하는 기존의 다른 업체는 그 과소제공에 대한 공백을 메울 것이다. 대부분의 개선제품은 기존제품에서 충분히 제공하지 못했던 기능의 개선, 추가나 변형이 많다. 예를 들면 소비자들은 이전에 불가능했던 상황에서 의사소통하는 능력을 스마트폰이 제공하기 때문에 새로운 스마트폰을 구매한다. 기업이 제품이나 서비스를 제공하지 않거나 충분하지 않게 제공된 시장을 찾는 것이 적절한 틈새를 창조하는 위험이 적은 최적의 방법이다. 종종 과소제공 시장을 확인하는 것은 쉽다. 예를 들면 빠르게 성장하는 신도시는 쇼핑센터, 교육과 문화시설, 주유소, 레스토랑과 소매점을 필요로 한다. 또한 스마트폰의 사용자 증가는 응용프로그램의 과소공백을 메우기 위해 관련 기업들은 관련제품을 개발하여 더 빠르게 사용자를 창조해 나아간다.

(3) 숨겨진 욕구

경쟁자와 차별하기 위해서는 소비자의 숨겨진 욕구(hidden needs)를 발견하고 이를 기회로 활용하는 것이다. 이러한 욕구를 발견하려면 필요한 욕구의 형태와 욕구의 표현에 몇 가지 특징을 이해해야 한다. 고객욕구와 기업인식의 차이, 그리고 표현 또는 표현하지 않은 욕구로 분류한다는 점이다. 첫째 고객욕구와 기업인식의 차이이다. 소비자들이 원하는 것을 소비자들이 잘 모른다는 일반적인 가정은 사실이 아니다. 소비자들은 그들이 원하는 것을 잘 알지만, 단지 진실로 원하는 것을 표현하는데 어려움이 있을 뿐이다[1]. 고객욕구를 단기적으로 관찰하고 언제나 고객이 확인하거나 고객이 언어로 표현할 수 있는 욕구에만 기업은 대체로 민감하다. 따라서 기업들은 고객이 원하는 속성이 필요라고 인식하고 알려진 욕구(known needs)를 단기적으로 충족하려고 한다. 이와 마찬가지로 고객은 제품이나 서비스에 의해서 충족되는 편익을 고객욕구로 정의하는 경향이 있다. 둘째 고객의 욕구는 표현 또는 표현하지 않은 것으로 분류할 수 있다. 표현한 욕구(articulated needs)는 고객이 말로 직접 표현할 수 있는 욕구이다. 이러한 욕구는 장기적인 기본적 욕구를 대신하여 단기적 문제에 대한 해결안과 기술적 특징으로 종종 해결된다. 따라서 전통적인 시장조사방법은 이러한 욕구를 수집하는 데는 적합하지만[2], 고객이 직접적으로 표현하는 것만을 욕구라고 인식하는 것은 매우 적절하지 않다. 중요한 것은 표현하지 않은 욕구(unarticulated needs)를 고려해야 한다. 이러한 욕구에 대한 의미는 숨겨진 또는 잠재적 욕구라는 점이다.

1) Belliveau, Griffin, & Somermeyer(2004).
2) Carlgren(2013).

숨겨진 욕구(hidden needs)는 고객의 인식여부에 따라 두 종류로 구분된다. 하나는 고객들이 인식한 욕구이지만 고객들이 표현하지 않거나 표현할 수 없는 욕구이다[3]. 표현하지 않은 욕구는 단지 표현하지 않았을 뿐이지 욕구가 없는 것이 아니다. 따라서 이러한 잠재적인 욕구들이 기대한 대로 제품이 충족한다면 당연한 것으로 생각하지만, 충족이 되지 않으면 매우 부정적인 결과를 낳는다. 따라서 인식상태 욕구는 고객들이 인지하고 있으나 단지 표현하지 못한 욕구일 뿐이다. 이와 달리 숨겨진 욕구 중에서 고객이 아직 깨닫지 못한 인식불능 욕구가 있다. 고객이 아직 깨닫지 못한 욕구가 충족된다면 고객은 감동할 것이다. 제품이 충족하지 않더라도 고객은 아직까지 생각하지 못한 상태이기 때문에 실망하지도 않을 것이다. 따라서 혁신적인 기업은 고객들이 인식하지 못한 욕구를 발견하여 고객의 욕구를 창출하고 수요를 유도할 것이다.

그림 4-5 숨겨진 욕구의 종류

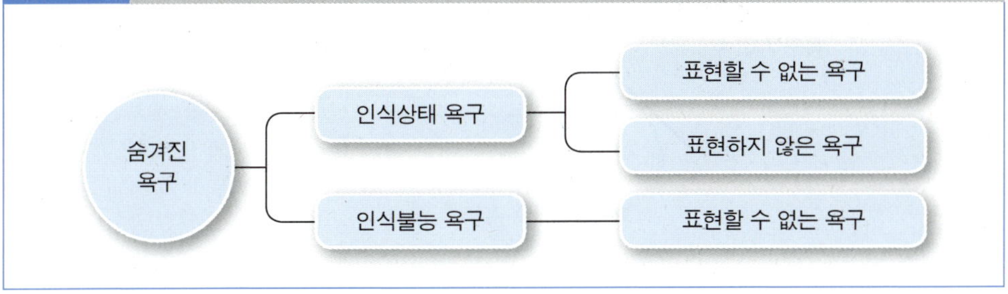

4) Kano 모형에 의한 욕구 유형

고객욕구는 고객이 제품이나 서비스로부터 얻는 편익의 언어적 기술(verbal statements of benefits)이다. 예를 들면 고객은 안전한 차, 해상도가 선명한 컴퓨터 모니터, 주름이 잘 가지 않는 바지 또는 살이 찌지 않는 음식을 원한다. 그래서 개발팀은 제품을 설계하기 위해 이러한 욕구를 제품특징으로 면밀히 계획한다. Kano 모형은 제품의 품질요소에 따라 소비자의 만족에 차이가 나타나는 것을 설명하는 모형이다. 품질요소를 욕구로 변경하여 설명한다. 소비자의 욕구를 충족한다고 해서 반드시 소비자는 만족하는 것은 아니다. 따라서 매력적인 욕구를 갖고 소비자들이 중요하다고 생각하는 속성을 찾는 것이 바람직하다.

3) Kärkkäinen, Piippo, Puumalainen, & Tuominen(2001).

(1) 당연적 욕구

당연적 욕구(must-be needs)는 제품에 당연히 있을 것으로 기대하는 욕구이다. 고객은 욕구가 충족되지 않는다면 매우 실망하는 기본적인 욕구이다. 그러나 충족되어도 고객은 당연한 것으로 받아들여 만족이 증가하지 않을 것이다. 예를 들면 스마트폰의 통화품질이 양호하더라도 고객들은 통화품질만으로는 만족하지 않지만, 통화품질이 불량이라면 대단히 실망할 것이다. 따라서 만일 당연적 품질조건이 충족되지 않는다면 고객은 제품에 매력을 느끼지 않을 것이다.

그림 4-6 Kano diagram[4)]

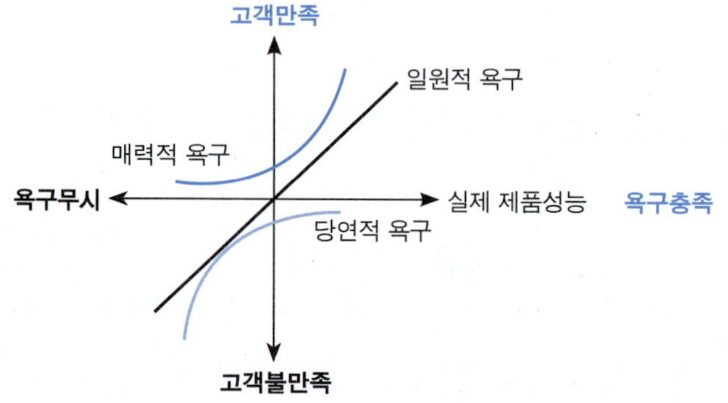

(2) 일원적 욕구

일원적 욕구(one-dimensional needs)는 욕구가 충족되면 고객은 만족하고, 충족되지 않는다면 고객은 불만족하는 욕구이다. 충족의 수준이 높을수록 고객만족은 더욱 높다. 이런 욕구의 충족은 고객 충성도를 얻을 수 있다.

(3) 매력적인 욕구

매력적인 욕구(attractive needs)는 제공되는 제품속성으로 고객만족에 높은 영향을 미치는 제품기준이다. 고객은 품질요건을 기대하지는 않으나 충족되면 상대적인 만족보다 더 크다. 이와 달리 충족되지 않아도 고객은 불만족하지 않는다. 결과적으로 매력적인 품질요건은 제품을 경쟁자와 차별화할 수 있는 요소이지만, 경쟁자들이 충족하면 이는

4) Bayus(2008).

당연적 품질욕구나 일원적 욕구 수준으로 떨어지게 된다.

(4) 무관심 욕구

고객은 기업이 제공하는 제품속성에는 관심이 없으며 그것의 유무에도 관심이 없는 욕구가 무관심 욕구(indifferent needs)이다. 따라서 기업은 자원과 시간을 투입하여 고객의 만족에 아무런 영향을 미치지 않는다면 낭비요소가 되기 때문에 이는 자원과 시간을 다른 부문으로 재할당하는 것이 더 현명하다.

(5) 역품질 욕구

고객이 제품속성을 바라지도 않고 오히려 그 반대를 기대하는 욕구가 역품질 욕구(reverse needs)이다. 예를 들면 일반적으로 고객들은 주택의 창문이 큰 것을 선호하지만 어떤 고객은 집 안의 큰 창문을 고려하지 않고 오히려 에너지 절약으로 작은 창문을 원하는 경우가 해당된다. 이처럼 때로는 고객이 원하는 욕구와 상반되게 제품이 설계되는 경우가 있다. 최근에 실버 폰이 인기를 얻는데 이는 어떤 실버고객은 다양한 기능의 제공보다 오히려 경제성과 사용성에 중요도를 더 두는 경우이다. 하이테크 제품은 기술집약적으로 고객에게 사용의 어려움을 준다. 제품 사용성(usability)을 높이고 기술의 복잡성으로 인한 소비자의 기술저항을 극복하는 것이 필요하다.

(6) 고객감동

Kano 모델은 고객의 기대와의 관계에 따라 제품기능의 특성을 부여하는 것이다. 어떤 특징들은 꼭 필요한 당연적(must have) 욕구를 설명한다. 그러한 욕구는 보통 현재 기술로 충족되고 신제품이라면 이러한 욕구를 충족해야 한다. 그러나 기존의 경쟁제품에 의해서 이미 잘 충족되기 때문에 제품을 차별화하는 것은 어렵다. 신기술이나 개선된 아이디어가 다다익선(多多益善: the more the better) 욕구에 의해서 만족되는 양이 증가할 때 고객만족은 증가하나 보통 수익은 감소한다. 이러한 욕구는 기술의 진보가 빠를 때 관련이 있다. 욕구의 특별한 분류는 고객이 표현하기 어렵거나 충족되리라고 거의 기대하지 않는 욕구이다. 특징이 그러한 고객욕구를 충족하기 위해 제품에 포함될 때 고객은 감동(delight)을 경험한다. 고객감동의 원천은 초기구매에 강력한 동기와 판매 후 고객만족이 된다. 제품이 기능성의 기대치를 넘는 감동적인 특징을 갖는다면 고객은 대단히 만족하고 그러한 특징이 있는 제품을 찾을 것이다. 그러나 오늘의 감동특징은 내일의 당연적 특징이 된다. 실제로 성공적인 제품은 혁신적인 방법으로 기본적인 고객욕구를 다루는 새롭게 확인된 감동특징에 기인한다.

3. 고객욕구의 발생원천

소비자들의 욕구는 내적 요인과 외적 요인에 의해 발생된다. 욕구는 자극에 의해 동기를 유발하고 동기는 행동의 원인이 된다. 따라서 행동의 원인을 파악하기 위해서는 소비자들의 욕구를 파악하는 것이 중요하다. 욕구의 발생원천은 실용적 욕구, 경험적 욕구와 상징적 욕구로 구분한다. 욕구는 단일의 동기에서 발생하는 것이 아니라 복합적인 동기에 의해서 발생하는 다차원적인 개념이다.

그림 4-7 욕구의 종류

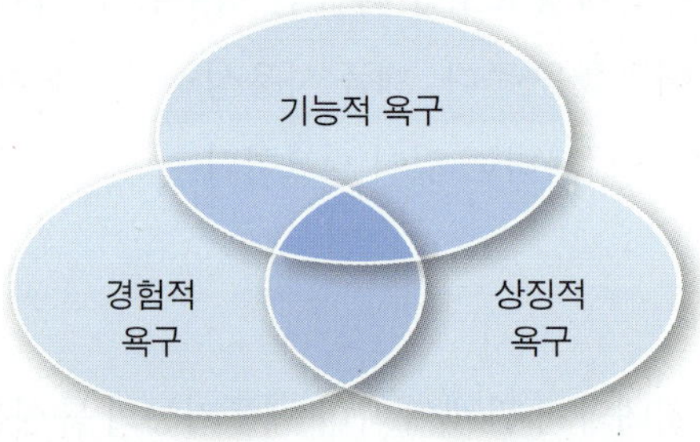

1) 기능적 욕구

기능적 욕구(functional needs, utilitarian needs)는 실용적 욕구라고도 하며 제품의 구매나 사용으로부터 기능적인 편익을 추구하고자 하는 욕구이다. 제품의 기본적인 속성과 밀접한 관련이 있지만, 안전과 위험회피 욕구 등과 같은 기본적인 동기들과도 관련이 있다. 예를 들어 자동차를 구매할 때 엔진의 출력, 주행성, 가격, 안전성과 연비를 비교하여 구매하는 경우가 해당된다.

2) 경험적 욕구

경험적 욕구(experiential needs, hedonic needs)는 쾌락적 욕구라고도 하며 제품이나 서비스를 사용함으로써 느끼는 쾌감, 환희, 즐거움과 관련된 욕구이다. 이러한 욕구는 오감으로 느끼는 감각적인 즐거움, 지적 호기심, 다양성 추구 등 영화, 콘서트, 뮤지컬, 여행 등이 있다.

3) 상징적 욕구

상징적 욕구(symbolic needs, social needs)는 사회적 욕구라고도 하며 제품이나 서비스의 소비를 통해 얻을 수 있는 비상품 관련 속성에 관한 욕구이다. 즉, 자아 존중감, 자아 이미지, 남과 다르다는 차별성, 사회적 연대감, 사회적 존경이나 인정 등을 얻기 위한 욕구이다. 고객들이 사회적 신분, 유대, 소속, 성취 등을 충족하기 위해 명품, 고급세단, 고급 레스토랑을 이용하는 경우이다. 상징적 욕구와 사회적 욕구는 구분하기도 하지만 한 범주에 속한 것으로 본다.

02 고객욕구의 확인과정

고객욕구의 확인은 표적시장의 고객에 대한 정보를 정확하게 수집·분석하여 고객의 미충족 욕구, 숨겨진 욕구, 과소제공이나 미제공 욕구를 확인하여 시장기회를 찾는 과정이다. 고객과 직접 대면하면서 면접하는 심층면접과 집단을 대상으로 면접하는 표적집단면접은 정성적 방법이다. 사전에 설문지를 작성하여 개인별로 면접하는 개인면접, 인터넷이나 전화조사는 정량적 방법이다. 구조적 방법으로 목록격자기법이나 수단목표분석이 있다. 조사과정은 제품개발과정의 통합된 부분으로 제품컨셉의 창출과 직접적으로 관련되어 있다. [그림 4-8]과 같이 제품 사명선언문에 근거한 제품개발을 염두에 두고 시장과 고객에 관한 자료수집, 자료분석, 욕구분류, 상대적 중요도 추출과 아이디어 추출 과정으로 이어진다.

그림 4-8 고객욕구의 확인과정

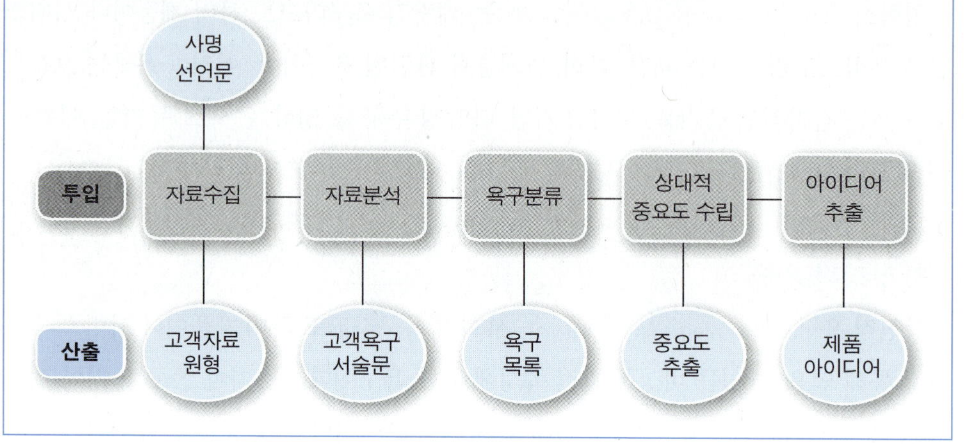

1. 자료수집

고객욕구의 확인과정은 사명선언문과 적합해야 한다. 기업이 구체적인 시장전략을 명시하고 제품개발을 위한 특정한 제약과 목적을 제품개발 전에 제시하는 정보가 제품 사명선언문(product mission statement)이다. 이 사명선언문은 제품계획의 진행방향을 구체적으로 명시한 것으로 제품개발의 지침이 된다. 즉, 제품과 관련된 기능부문, 제품개발 전략, 제품개발 활동과 조직, 제품개발 목표를 회사와 일치시키는 내용을 서술한 것이다. 이 선언문은 제품에 필요한 투입요소가 기업의 신제품개발에 잠재적으로 사용하는데, 회사의 목적, 경영전략과 자원이 일치하는 지침을 제공한다. 따라서 기업은 사전에 비전, 제품개발 전략과 사업기회를 일치할 제품 사명선언문을 작성한다.

고객욕구와 필요, 시장의 경쟁상황과 시장의 성격을 철저하게 이해하는 것이 제품성공에 필수적이다. 고객에게 강력하게 집중하는 것은 제품의 성공률과 수익성을 향상할 뿐만 아니라 한 제품의 제품개발 출시기간(time-to-market)을 감소한다. 따라서 시장과 고객의 정보를 정확하고 적시에 수집하여야 한다. 고객에 관한 원자료(raw data) 수집은 고객의 제품사용 경험과 고객접촉에 관한 자료를 수집하는 절차이다. 자료수집 방법은 관찰법, 실험법과 설문법 등으로 단독이나 결합하여 사용한다. 이러한 마케팅조사결과는 고객행동에 관한 통찰력 있는 지식과 제품의 개발방향을 제공하며 고객이 만족하지 않는 제품에 대해 진행이나 중단의 결정기준을 설정한다. 조사방법에는 정량조사와 정성조사가 있다. 정성조사는 응답자로부터 정보를 수집하기 위해 구조화되거나 공식적인 방법을 사용할 수 없는 경우에 사용하는 방법이다. 소비자는 잠재의식 속에 있는 욕구, 동기나 가치 등은 잘 노출하려고 하지 않는다. 이러한 경우 관찰이나 면접을 통해서 파악하는 방법이 정성조사이다. 조사방법에는 표적집단면접, 심층면접법, 관찰면접법 등이 있다. 정량조사는 조사결과가 수치로 요약되어 소비자의 태도를 전반적으로 파악할 수 있다. 정량조사를 위해서는 모집단을 대표할 수 있는 정도의 표본을 추출하고, 구조화된 설문지를 통해 체계적이고 객관적으로 조사하여 통계분석을 한다. 조사에는 일반적으로 설문을 사용하며, 계량화된 자료는 다양한 통계분석을 할 수 있는 장점이 있다.

2. 조사대상

새롭고 성공적인 제품은 기업이 극심한 경쟁시장에서 생존과 성장을 확실히 하기 위해서 필수적이다. 혁신이 기술가능성과 고객욕구를 결합한 결과이지만 제품성공의 중요한 요인은 고객욕구이다. 고객욕구를 알아내기 위해서 신제품개발 초기 단계에서 고객의 소리(Voice Of the Customer: VOC)가 무엇인지를 파악해야 한다. 고객의 소리는 고객에 의해 분류되고 우선시하는 고객욕구의 집합이다. 고객의 소리를 다루는 목적은 잠재적인 욕구의 가장 상세한 부분을 이해할 수 있기 때문이다. 고객욕구를 확인하기 위해 회사는 서베이, 표적집단면접과 설문지와 같은 전통적인 방법으로 고객욕구를 조사한다. 그러나 고객이 진실로 원하는 것을 심도 있게 파악하기 위해서는 새로운 시장조사법이 필요하다. 전통적인 조사방법의 기본적인 한계는 기존시장과 제품에 너무 집중되어 있다는 점이다. 서베이는 고객응답의 계량적인 자료가 간단하게 제공되지만 심층적인 심리적 내면을 설명하지 못한다. 표적집단면접은 토론의 범위가 현재 제품에 대해 갖고 있는 지식으로 제한되고 실제상황과 다른 환경에서 실시되기 때문에 숨겨진 욕구분석에는 약하다. 이러한 방법은 이미 알려진 표현된 해결안과 성능 요구조건에만 적합할 수 있다. 고객욕구의 정확한 파악을 위해서는 조사를 실시할 조사대상자나 내용을 구체적으로 정의하여야 한다. 이러한 조사대상은 일반적으로 표적대상과 선도사용자, 숨겨진 욕구, 구매와 소비맥락, 제품선호·사용, 유사점·차이점, 사용추세, 그리고 대체품과 대안품 등이 있다.

그림 4-9 조사대상

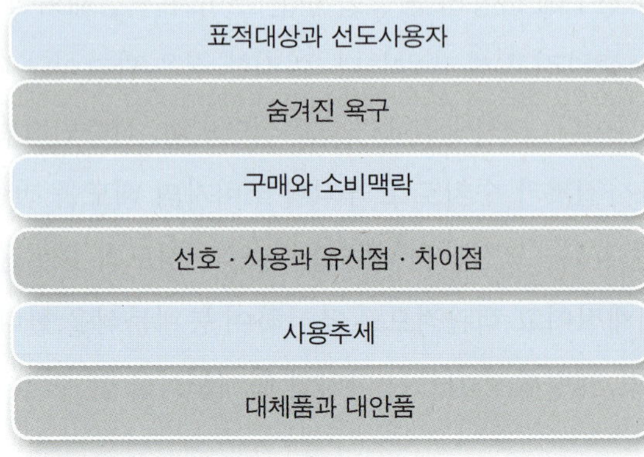

1) 표적대상과 선도사용자

주된 사용자들을 탐색하고 그들의 욕구를 충족하는 것은 제품성공에 이르는 길이다. 표적대상자에 따라 가치, 선호, 구매방식, 사용장소, 사용량과 사용빈도 등이 매우 다르다. 따라서 표적 소비자를 대상으로 고객욕구 조사를 실시해야 한다. 이러한 조사들은 정밀한 조사기법을 필요로 하지만 조사자들에게 많은 정보들을 제공할 수 있다. 신제품의 확산을 위해서는 선도사용자 확인이 절대적으로 필요하다. 선도사용자(lead users)들은 두 가지 기준을 충족하는 사용자들이다. 그들은 중요한 시장추세의 최첨단(leading edge)에 있다. 최첨단에서 만나는 신기한 욕구(novel needs)에 대한 해결안을 찾는데도 강한 자극을 갖고 있다. 선도구매자를 확인하기 위해 광범위한 관점을 고려해야 한다. 선도구매자는 많은 관여와 관련이 있는 산업에서 발견된다. 선도구매자와 접촉을 유지하기 위해서 네트워크가 제안된다. 주제에 관하여 더 많이 알고 있다고 생각하는 첫째 사람에게 질문한다. 선도사용자를 현재 시장에서 만난다면 그 사람은 관련된 시장에서 배우역할을 할 수 있다. 따라서 그의 관계망을 통하여 또 다른 적절한 선도구매자와 사용자를 확인할 수 있게 해준다.

2) 숨겨진 욕구

경쟁자와 차별하기 위해서는 소비자의 숨겨진 욕구(hidden needs)를 발견하는 것이다. 이러한 욕구를 발견하려면 필요한 욕구의 형태와 욕구의 표현에 몇 가지 특징을 이해해야 한다. 표현한 욕구(articulated needs)는 고객이 말로 직접 표현할 수 있는 욕구이다. 이러한 욕구는 장기적인 기본적 욕구를 대신하여 단기적 문제에 대한 해결안과 기술적 특징으로 종종 해결된다. 따라서 전통적인 시장조사방법은 이러한 욕구를 수집하는 데는 적합하지만, 고객이 직접적으로 표현하는 것만을 욕구라고 인식하는 것은 매우 적절하지 않다[5]. 중요한 것은 표현하지 않은 욕구(unarticulated needs)를 고려해야 한다.[6] 조사자들의 중요한 과업은 소비자의 숨겨진 또는 잠재적 욕구를 포착하는 것이다.

3) 제품구매와 소비맥락

소비맥락이란 소비자들이 소비행동에 의미를 부여해 영향을 미치는 주변 상황이다. 소비자들은 사회적, 문화적 및 상황적 맥락에 많은 영향을 받기 때문에 브랜드나 제품에 대한 사용–상황은 마케팅에서 중요하다. 이것은 제품이나 브랜드의 선택과 사용과 관련되는 문제이다. 예를 들면 응답자가 막힌 코를 치료하기 위해 사용하는 제품을 초기, 중기, 치료 중 또는 낮이나 밤에 욕구가 발생할 수 있다. 제품의 구매와 소비는 각각 시간과 관련되어 확인된다. 또한 남들이 보는 제품의 구매, 선물제품과 집에서 사용하는 제품의 구매는 상황적 요인이 많이 다르다. 물리적 상황(장소, 시간, 사람)이나 욕구상태가 존재한다. 브랜드나 제품은 효과적인 포지션과 광고에 중요한 사용상황과 관계가 있다. 따라서 욕구가 발생하는 상황을 탐색하고 분석할 필요가 있다.

4) 선호 · 사용과 유사점 · 차이점

개인적 선호도나 사용은 브랜드 비교에 근거하여 브랜드에 대한 일반적인 차이를 지각한 결과일 뿐만 아니라 주된 구매자나 사용자의 생활양식, 가치관, 신념, 문화, 사회적 신분과 소득에 따라 매우 다르다. 고객들이 제품을 사용하는 이유와 비사용자들이 제품을 사용하지 않는 이유는 각각 다르다. 또한 경쟁자의 다른 제품과의 유사점과 차이점은 브랜드를 구분하는 직접적인 방법이기도 하다. 유사점은 제품의 본래 기능인 제품범주를 나타내고, 차이점은 경쟁자 제품에 비해 강력하고, 독특하고, 신기한 속성을 말한다. 성공적인 중요한 속성과 결과는 고객의 선호도나 사용률을 증가하여 더 높은 시장성과로 가는 길이 된다.

5) Carlgren(2013).
6) Koners, Goffin, & Lemke(2010).

5) 사용추세

제품의 과거사용과 기대된 미래사용 간의 관계는 신제품의 성장성을 예측할 수 있는 지표일 뿐만 아니라 소비자의 사용추세는 기업의 수익성과도 밀접한 관련이 있다. 예를 들면 이 제품이 과거에 사용했던 것보다 더 자주, 더 적게 혹은 동일하게 사용하느냐고 사용빈도를 질문할 수 있다. 증가, 감소나 동일한 사용은 이유가 있다. 사용추세에 대한 추적분석은 시장동인과 시장성장의 잠재영역에 대한 생생한 통찰력을 준다.

6) 대체품과 대안품

대체품(subsititutes) 분석은 사용과 관련된 지각된 속성의 유사성 정도를 끌어낸다. 대체품의 출현가능성이 있을 때 속성과 결과는 대체품을 추가하거나 제거할 필요가 있는 속성이나 결과를 방해하거나 촉진한다는 것을 밝혀낸다. 친근하지 않은 브랜드에 대해서 응답자들은 브랜드를 시용구매하거나 브랜드를 어떻게 대체할 것인지를 설명하도록 요청할 수 있다. 김위찬과 르네 마보안이 저술한 『블루오션 전략』에서 처음 언급한 대안상품(alternatives)은 대체품보다 훨씬 광범위하며, 형태는 달라도 동일한 기능이나 핵심적인 편익을 제공하는 제품 및 서비스를 말한다. 예를 들면 영화관과 레스토랑은 물리적 특성이나 기능은 다르지만, 저녁 외출을 즐긴다는 점에서 이 둘은 대안상품인 것이다. 대체품 사용에 관한 질문은 브랜드가 선택 집합에 있거나 없는지와 이유를 밝히도록 응답자에게 제시된다. 어떤 경우에 특정 브랜드를 사용하는지, 특정 브랜드 사용으로 무엇을 얻는지 알아낸다. 특정 브랜드가 새로운 환경에 적합한 긍정적인 이유와 적합하지 않은 부정적인 이유를 끌어내고, 세분시장을 확인한다.

3. 고객욕구 포착방법

숨겨진 고객욕구 포착의 의미는 통찰력을 창출하고 숨겨진 욕구를 확인하기 위해 원자료를 수집하고 분석하는 것이다. 숨겨진 욕구를 발견하기 위해서 원자료를 수집할 때 방법의 결합사용은 2가지 이유에서 주로 권장한다. 복합적인 자료수집 방법은 숨겨진 욕구를 포착할 기회를 증가하고 조사결과의 신뢰성을 향상한다[7]. 고객욕구와 신뢰성에

7) Goffin & Mitchell(2010).

영향을 주는 두 번째 요인은 조사에 관여된 고객의 수이다. 따라서 숨겨진 욕구를 포착하는 방법은 감정이입구축법, 감정이입 선도사용자, 개인적 경험, 친구, 친척과 전문가 활용, 고객좌절과 같은 다양한 경험을 활용한다.

1) 감정이입구축법

감정이입구축법(empathy building)은 조사자나 개발자가 고객이 되어, 고객의 입장으로 들어가서 사용자의 경험을 하는 것이다. 즉, 상대방의 입장이 되어보는 것이다. 다른 사람의 처지에서 생각하라는 역지사지(易地思之)이다. 이 방법을 감정이입구축법이라고 하고 숨겨진 욕구를 확인하는 성공적인 방법으로 추천한다[8]. 다른 사람의 신체적 상황을 자신의 신체로 체험하는 것이다. 이 방법을 수행하는 방법은 정형화되어 있지 않지만, 고객, 조사활동과 집중된 제품이나 서비스에 달려있다. 조사자나 개발자가 고객과 함께 활동을 실천하는 기업도 있고 기업의 시설 내에 동일한 환경의 활동을 재구축하는 기업도 있다. 예를 들면 Ford Focus 차를 설계할 때 제품설계자들은 자동차 안으로 기어 들어갈 때 연장자들이 직면하는 문제를 탐지하기 위해 두꺼운 옷을 입는다.

2) 개인적 경험

많은 제품과 기업은 기업가가 경험한 현재 상태에 대한 불만족으로 창조되었다. 개인적인 경험은 사업의 좋은 기회가 된다. 예를 들면 민들레 영토의 창업자인 지승룡 대표는 마음 놓고 쉴 문화공간이 없는 것을 경험했다. FedEx의 창립자인 프레드 스미스(Fred Smith)는 편지가 하루 안에 전달되지 못하는 이유를 이상하게 생각했다. 이탈리아 여행 중에 스타벅스 회장인 하워드 슐츠(Howard Schultz)는 유럽풍 카페가 미국에 없는 이유를 의아하게 느꼈다. 이처럼 개인적인 경험은 사업 아이디어로써 훌륭한 원천이 된다. 시장기회를 평가할 때 중요한 점은 기술확산이다. 욕구가 많은 고객집단이 존재하더라도 새로운 해결안을 수용하는 데는 각자 많은 차이가 있다. 따라서 이러한 역학과 조기수용자부터 조기다수자로부터 격차를 이해해야 한다.

8) Koners, Goffin, & Lemke(2010).

3) 친구, 친척과 전문가 활용

친구, 친척이나 준거집단이 어떤 제품과 서비스를 구매하는지와 구매하는 이유를 알아본다. 그러면 그들이 어떤 문제를 해결하기를 원하는지를 탐색할 수 있다. 예를 들면 최첨단 제품을 구매하는 조기선도자가 아니라면, 친구를 찾고 그들이 무엇을 구매요소에서 고려했는지를 알아보는 것이다. 또한 전문가, 컨설턴트, 미래학자 등은 틈새를 발견하는데 도움을 준다. 전문가들은 관련 산업에 대한 지식, 경험과 정보가 풍부하고 항상 새로운 정보에 정통해 있는 경우가 많다. 이들을 통한 기회의 발견은 새롭고 참신한 아이디어를 얻는데 유용하다.

4) 고객좌절

고객들은 제품사용 중에 작동이 잘 안 되어 마음이 상하는 좌절을 경험한다. 이러한 고객좌절(customer frustrations)을 이해하면 기회가 된다. 회사의 제품이나 서비스에 좌절을 느끼는 소비자들은 반복구매를 기피하고 다른 사람들에게 회사를 비판하는 경향이 크다. 기업들은 이를 토대로 고객 서비스와 제품설계를 개선하여 제품이나 회사에 대한 소비자 좌절을 최소화하려고 노력한다. 또한 다른 회사의 불량 서비스로부터 해결안을 도출하여 자신의 사업에서 변화를 추구할 수 있다. 자신이 겪은 불편, 불만이나 분노를 자신의 고객도 동일하게 느끼는지를 고객에게 묻고, 회사의 직원이 고객에게 동일한 실수를 하는지를 점검한다. 잘못된 것을 반복적으로 허용하는 것은 자신의 사업에서 현실적인 변화를 거부하는 개선해야 할 일이다. 따라서 고객의 공통적인 좌절을 확인하여 고객이 동일한 좌절이나 불만을 경험하지 않도록 변화를 추구해야 한다. 근본적으로 사업을 향상하는데 도움이 되는 가능한 해결안은 각 상황 안에 있다.

4. 조사과정

욕구발견은 간단하지만 심오한 과정이다. 고객의 욕구를 분명하게 정의하면 해결책이 당연히 드러나게 되어 있다. 욕구발견(need finding)의 핵심은 일반화되어 있는 방식 사이에 존재하는 틈을 찾는 일이다. 욕구가 어떤 특정한 해결안보다 더 오래 지속되기 때문에 조사자가 고객욕구를 포착하는데 집중한다면 욕구를 포착할 수 있다. 따라서 올바로 관찰한다면 기회가 나타날 것이고 그릇되게 본다면 노력은 낭비될 것이다. 욕구발견은 제품설계 조사의 한 과정이다. 그 목적은 제품이 만족을 목표로 하는 사용자의 기본적인 욕구를 확인하는 것이다. 사용자들을 관찰하고 면접하는 기법은 문화인류학에서 사용하는 민족지학방법과 유사하다. 욕구를 이해하여 설계규범과 제품해결책을 창출하는 것이다. 설계규범은 고객욕구를 해결함으로써 고객에게 실제 가치를 제공하는 당연적 품질특징이나 성능의 높은 수준을 말한다. 설계해결책은 실제 사용자 욕구를 충족하고 직접적으로 설계규범을 따르는 컨셉, 제품과 원형제품이다. 고객의 욕구를 밝혀내어 제품 아이디어로 연결하기 위한 조사과정은 구상과 준비, 관찰과 기록, 그리고 해석과 재구성으로 이루어진다.

그림 4-10 조사과정

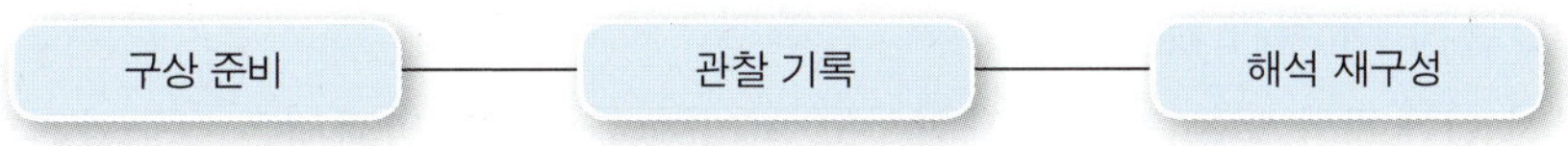

1) 1단계: 구상과 준비

첫 단계로 조사문제, 범위, 목적, 표적고객이나 고객집단을 결정한다. 질문의 유형과 찾을 정보를 사전에 구상하는 단계이다. 다음 단계로 넘어가기 전에 2차 자료와 기타 조사를 잘 이해하는 것이 중요하다. 이미 이루어진 과업을 다시 반복할 필요는 없다. 조사를 시작하기 전에 준비할 사항이 있다.

- 조사문제를 구성하고, 조사의 목적을 결정한다.
- 모집단을 정의한다.
- 시장분할을 확인하고 고객과 시장을 일치시킨다.
- 주제에 근거한 설정된 자료를 조사한다.

2) 2단계: 관찰과 기록

고객의 행동과 그들이 직면하는 문제를 발견하는 것이다. 고객들이 문제로써 전혀 깨닫지 못하거나 지각하지 못하는 것도 문제이다. 고객의 행동을 방해하지 않을 뿐만 아니라 고객이 관찰 받는다는 것을 알지 못하는 자연스런 환경을 조성해야 한다. 사람들이 해야 할 것과 하지 말아야 할 것을 때때로 말로 적는 것은 어렵기 때문에 녹화와 같은 방법을 고려한다. 그리고 관찰만으로 고객과 행동을 완전히 포착할 수 없기 때문에 질문하는 것이 필요하다. 질문은 현재상황에 대한 고객의 감정과 생각을 더 깊게 이해할 수 있다. 다음은 고객을 관찰할 때 고려해야 할 것들이다.

- 관찰할 집단에 몰두한다.
- 고객을 이해하기 위해서 조사자는 관찰할 집단의 상황에 자신을 노출해야 한다.
- 자연스런 행동을 유지하도록 강요하지 않는다. 관찰 받을 때 사람들은 자신의 행동을 경계하고 행동을 최소한으로 유지하려고 한다.
- 적절한 기록방법을 사용한다.

3) 3단계: 해석과 재구성

이전 단계에서 얻은 정보를 해석하고 처리한다. 제품개발과정은 욕구발견과정과 병행하여 계속 진행할 수 있다. 고객의 상황을 개선하기 위해 문제가 해결될 필요가 있다는 것을 기억한다.

- 욕구서술문을 만든다. 많은 자료가 조사자 앞에 암묵적인 지식으로 아직도 존재하더라도 가능한 많은 욕구서술문을 적는다.
- 욕구를 분류하고 우선순위를 정한다.
- 조사를 재구성한다.

03 자료분석

고객의 욕구평가 과정을 제품개발과정과 잘 통합하는 것이 중요하다. 정보가 컨셉과 제품속성에 관한 의사결정에 사용될 수 있도록 고객의 욕구평가는 제품개발과정 이전에 이루어져야 한다. 마케팅과 R&D 부문의 협력은 신제품개발의 성공률을 증가한다. 서로가 상대방의 정보를 필요로 하기 때문에 고객욕구를 수집할 때 함께 작업하는 것이 중요하다. 기술개발 부문은 현재 고객욕구에 관한 정보를 필요로 하고 마케팅 부문은 제품생산에 관한 기술정보를 필요로 하기 때문에 상호보완적이어야 한다. 마케팅 부문은 고객욕구의 수집에, 기술개발부문은 신기술, 경쟁과 자원에 각각 책임이 있다. 기술 전문성은 신제품성공과 상당히 상관관계가 있지만, 기술개발 직원이 실제 고객욕구보다는 신기술에 더 반응하기 때문에 제품이 기술개발부서에서 주도된다면 성공할 기회는 더욱 적어진다. 정보를 넘겨줄 때 정보의 손실이 크기 때문에 다기능 팀을 확보하는 것이 매우 중요하다. 연구에 의하면 정보의 70% 이상이 각각 넘겨줄 때 소멸된다고 한다. 따라서 고객의 소리를 조사하기 위해서 작업이 구조화된 방식으로 수행되도록 준비되어야 한다.

사업기회의 핵심은 미충족 욕구(unmet needs)와 미해결 문제(unsolved problem)가 있다. 이러한 욕구를 어떤 방법으로 해결할 수 있는지를 검증하는 것은 잠재고객이 수용하고 구매하도록 설득할 수 있는 방법을 찾는 것이다. 고객이해는 기업에게는 본질적이다. 고객욕구와 선호에 대한 이해는 기업이 착수할 가치가 있는지를 결정하는 토대일 뿐만 아니라 마케팅에서 중요한 과업이다. 시장조사는 현재고객이나 잠재고객을 이해하는 과정이기 때문에 기업이 반드시 수행해야 하는 첫 과업이다. 고객욕구분석은 컨셉개발, 제품개발, 가치분석과 수단목적 분석을 포함한 다양한 제품과 브랜드 관리에서 사용된다. 이러한 분석조사는 시장과 고객을 한층 더 깊게 이해하는데 유용하다. 기업가들은 고객의 문제를 해결한 다음 기술, 경쟁위치, 경제성과와 자금조달 등에 관한 중요한 해결책으로 이동할 수 있다.

1. 수단-목적 사슬 접근법

수단-목적 사슬은 속성, 결과와 가치의 위계적인 3단계로 이루어진다. 예를 들면 스타벅스는 커피를 판매하는 장소보다는 편안한 장소, 음악과 향기가 있는 분위기와 즐거운 대화를 할 수 있는 곳이다. 커피라는 속성을 토대로 편안한 장소, 음악과 향기가 있는 분위기와 즐거운 대화라는 결과를 얻게 되어 최종적으로 정서적 안락과 행복이라는 가치를 주기 때문에 찾는 곳이다. 이와 같이 소비자는 기업이 제공하는 제품속성을 통해 편익을 느끼며 최종적으로 도달하고자 하는 추상적인 가치를 얻을 것으로 기대하여 구매하게 된다. 이처럼 소비자의 마음속에 제품속성과 속성이 제공하게 될 편익과 가치를 연결하는 인지구조적인 사슬이 존재한다는 개념이 수단–목적 사슬(means-end chain)이다[9]. 가치는 소비자의 행동을 동기화하고, 제품이나 서비스 속성에 대한 흥미를 유발한다. 따라서 소비자는 어떤 제품이나 서비스를 선택할 때 제품이나 서비스의 속성, 편익과 가치 단계 사이의 연결 관계에 초점을 맞추게 된다. 수단적 가치(instrumental value)는 어떤 목적을 실현하는 수단이기 때문에 가지게 되는 가치인데 비하여 최종적 가치(terminal value)는 궁극적 가치로 즐거움이나 행복을 줄 수 있는 가치이다. 예를 들면 미백치약은 연마제라는 속성을 통해 치아를 하얗게 한다. 연마제라는 속성이 미백이라는 편익을 가져와 소비자는 하얀 치아를 통해 자신감과 행복이라는 가치로 연결된다. 어떤 제품에 대해 소비자가 갖고 있는 지식의 구조를 속성–결과–가치의 3단계 틀로 보는 것이 수단-목적 사슬이다. 소비자는 제품의 구체적인 속성들을 자신의 목적(결과나 가치)을 위한 수단으로 여기기 때문에, 자신이 중요하다고 생각하는 결과나 가치에 근거하여, 제품과 브랜드의 속성을 지각하는 경향이 있다.

그림 4-11 수단-목적 사슬

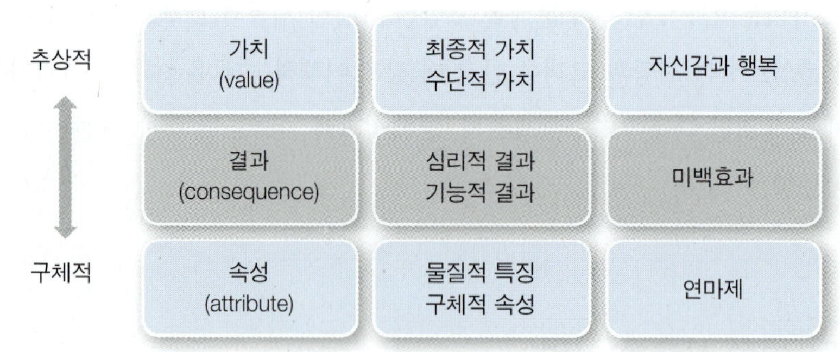

따라서 어떤 제품에 대한 소비자의 수단-목적 사슬의 분석을 통해 제품에 대한 소비자의 가치나 관여도를 파악할 수 있다. 가치구조는 제품의 속성을 편익이나 가치에 연결

9) Gutman(1982).

시키는 것이다. 따라서 수단-목적 분석은 제품속성, 제품속성에서 기인하는 기능과 심리·사회적 제품편익 그리고 기능적·심리적·재무적·사회적 및 상황적 개인 가치 간에 존재하는 세 부분의 연결에 집중된다. [표 4-2]는 연구자들의 속성, 결과, 가치와 개인적 가치를 정리한 것이다.

[표 4-2] 수단-목적 사슬의 속성·결과·가치

연구자	속성	결과	가치	개인적 가치
Young & Feigin(1975)	기능적 편익	실용적 편익	감정적 결과	
Howard(1977)	제품속성	선택기준	도구적 가치	궁극적 가치
Gutman & Reynolds(1979)	제품속성	결과 편익	가치	
Olson & Reynolds(1983)	구체적 속성	추상적 속성	기능적 · 심리적 결과, 도구적 가치	궁극적 가치
Reynolds & Jamieson(1985)	물리적 특성 추상적 특성	기능적 결과 심리적 결과	도구적 가치	최종적 가치
Olson & Reynolds(2001)	제품속성	기능적 결과 심리적 결과	가치	

2. 숨겨진 욕구분석

숨겨진 욕구의 탐구는 혁신적이고, 비약적인 제품을 창출할 수 있는 기회이다. 고객욕구의 충족과 차별화의 경쟁력을 갖기 위해서 회사는 소비자의 욕구를 끊임없이 처리하고 또 창출해야 한다. 만일 이를 처리하지 않는다면 고객의 소리를 무시하는 결과가 된다. 울위크(Ulwick)에 의하면 회사는 4가지 유형의 정보를 언제나 올바르지 않게 수집한다[10]. 즉, 해결안, 사양, 욕구와 편익이다. 해결안(solution)은 고객들이 사용하는 제품이나 서비스에서 알기를 원하는 물리적이거나 유형적인 특징이다. 사양(specification)은 중량, 색상, 크기나 외양처럼 차별적인 설계특징이다. 욕구는 '신뢰할 수 있는', '효과적인' 또는 '확고한'처럼 개발팀에서 잘못 해석하기 쉬운 부정확한 서술이다. 편익(benefit)은 다소 욕구와 비슷하지만 매우 모호한 표현으로 고객이 누리는 심리적인 혜택이다. 따라서 회사는 이러한 것들을 정확하게 수집하는 시스템을 구축하는 것이 필요하다.

고객에 대한 심층이해의 중요성에도 불구하고 대부분의 회사들은 아직도 전통적인

10) Ulwick, Anthony(2005).

마케팅조사에 의존한다[11]. 그는 이러한 근본적인 이유를 다음과 같이 지적한다. 첫째 회사는 전통적인 방법과 새로운 방법으로 포괄적인 마케팅조사를 실행할 자원을 갖고 있지 못하다. 둘째 회사는 새로운 방법에 대한 지식이 부족하다. 마지막으로 회사는 고객의 욕구를 수집하고 분석하는 것이 어렵다는 것을 안다. 그렇기 때문에 조사자들이 조사결과가 실제결과와 다를 때 나름대로 불안감을 해소하고 편안한 심정을 유지하기 위해서 전통적인 방법을 집착하는 경우가 있다.

1) 숨겨진 욕구의 원천

Goffin and Mitchell(2010)은 숨겨진 욕구라고 부르는 전통과 새로운 시장조사법을 구성하는 방법을 발표했다. 숨겨진 욕구분석을 수행하기 위한 첫 단계는 조직이 개선제품과 혁신제품을 개발하려고 하는 것을 조사자가 알게 하는 것이다. 목표가 설정될 때 시장조사를 계획한다. 그것은 전통과 새로운 방법을 결합하지만 목표가 매우 혁신적인 제품을 개발하려는 것이라면 새로운 방법에 집중해야 한다. 그러한 방법은 고객의 소리, 목록격자분석, 감정이입설계, 선도사용자와 제품수명주기 등이 있다. 이 방법이 수행될 때 자료가 수집되고 그런 다음에 분석된다. 분석으로부터 사용자욕구와 욕구서술이 확인된다. 이러한 과정의 결과로 인해 혁신제품을 확실히 하는 제품속성을 정의한다.

(1) 고객의 소리

고객들이 더욱 복잡한 사슬을 갖는 경향이 있기 때문에 회사는 표적고객을 아는 것은 중요하다. 고객의 소리(voice of the customer)를 포착하기 위한 표적고객을 신중하게 선정해야 하는 이유가 있다. 만족하지 않은 고객보다 오히려 가장 만족한 고객이 조사에 응한다는 것이다. 그러나 만족하지 않은 고객은 제품에 없는 것에 관한 유용한 정보를 더 많이 제공한다. 조기수용자들이나 잠재고객들이 신기술을 수용하는 첫 번째 사람들이다. 그들은 기술을 더 많이 수용하기 때문에 제품이 주류시장에 출시되기 전에 가치 있는 피드백을 제공할 것이다. 표적고객뿐만 아니라 조사할 분야를 아는 고객이 중요하다. 조사의 목적이 명확하게 정의되지 않았다면 질문과 관찰할 문제를 아는 것은 어렵다.

11) Carlgren(2013).

(2) 고객가치 사슬분석

고객가치 사슬분석(customer value chain analysis)은 회사의 이해관계자들이 서로 상호작용하는 방법을 개략적으로 살피는 도구이다. 이해관계자들은 원자재 공급자, 소매상과 최종사용자를 포함한다. 가치사슬이란 기업활동에서 부가가치가 생성되는 과정을 의미하는데, 생산 → 마케팅 → 판매 → 물류 → 서비스 프로세스를 말한다. 고객의 욕구를 파악해 기업이 어떤 가치사슬 과정에서 차별화된 전략을 할 것인지 결정하는 것이 중요하다. 이해관계자 간의 상호작용은 주로 돈, 정보나 제품의 교환이다. 신제품을 출시할 때 명확한 전략을 갖는 것은 중요하고 고객가치 사슬분석은 그 문제에 도움이 된다. 모든 관계자들 간에 상호작용하는 방법을 개략적으로 살펴보는 것으로 제품개발팀은 제품이 어떻게 사용되는지와 그들이 고려할 필요가 있는 욕구와 요구사항을 잘 이해할 수 있다. 고객가치 사슬분석을 수행하는 것은 어떤 고객집단이 시장분석에서 제외되는 것을 방지하고 고객의 욕구나 욕구사항을 밝혀낼 수 있다. 그러나 적절한 수준으로 방법을 수행하는 것이 중요하다. 기본적으로 절차는 6단계로 이루어진다.

- 1단계: 제품을 위한 사업모델을 결정한다.
- 2단계: 제품수명주기에 포함될 적절한 관계를 기술한다.
- 3단계: 제품과 고객이 상호 어떻게 관련이 있는지를 밝힌다.
- 4단계: 고객에 대한 가치제안을 확인하고 그 흐름을 정의한다.
- 5단계: 중요한 고객과 가치제안을 결정할 고객가치 사슬을 분석한다.
- 6단계: 고객가치 사슬분석 결과를 제품설계 과정 안에서 사용한다.

2) 고객욕구의 관리

고객의 숨겨진 욕구를 찾아내는 전체적인 과정을 개발한 연구가 있다. Ulrich와 Eppinger(2012)는 표현되고 숨겨진 고객욕구를 포괄적으로 확인하는 과정을 발표하였다. 기본철학은 고객과 개발자 간의 정보공유 채널을 만드는 것이다. 이것은 프로젝트에 관여한 모든 사람들이 제품의 사용환경을 경험할 기회를 공유하게 되는 것이다. 고객욕구의 확인은 개발과정의 한 부분이어야 하고, 컨셉창출·선정, 경쟁자 벤치마킹, 제품사양의 설정과 같은 활동과 밀접하게 관련되어야 한다. 고객과 개발자 간의 정보를 공유하여 고객욕구를 확인하는 과정은 다음과 같다.

- 제품이 고객욕구 주변에서 개발된다는 것을 확실히 한다.
- 표현되고 숨겨진 욕구를 확인한다.
- 고객의 요구사항을 정당화하기 위한 사실적 기반을 제공한다.
- 과정을 문서로 기록한다.
- 모든 중요한 고객욕구를 확실히 듣는다.
- 고객욕구에 관한 공통적인 사고방식을 개발한다.

04 고객욕구의 분류

개발팀의 욕구분류를 토대로 잠재적 소비자를 대상으로 한 욕구분류를 실시하여 양자를 비교하여 유사점과 차이점을 분석하고 재구성하는 절차를 밟는다. 왜냐하면 양자가 보는 시각과 정보의 차이가 크기 때문에 잠재적 소비자가 오해하거나 이해하지 못한 부분이 나타날 수 있기 때문이다. 고객욕구의 분석은 분류(categorization), 서열화(prioritization)와 포괄적인 방법으로 할 수 있다. 고객들은 제조나 설계방법보다 오히려 다른 특징과 기능에 따라 제품을 분류하는 경향이 있다. 이것은 고객의 욕구를 정확하게 기술하는 결과가 된다.

1. 욕구서술문

1) 욕구서술문의 의미

가치 있는 분석을 위해 원자료를 욕구서술문(need statements)으로 변환해야 한다. 욕구서술문은 어떤 욕구를 설명하는 고객이나 고객집단으로부터 얻은 명확하고 정확한 서술이다. 욕구서술문을 구성할 때 사실에 근거하고 편견이 없어야 하고, 제조방법이 아니라 제품이 수행하는 기능에 의해서 작성한다. 욕구서술문은 정보손실을 막기 위해서 원자료처럼 구체적이고 명확해야 한다. 욕구서술문은 제품사양으로 전환을 촉진하기 위해 제품속성으로 기술한다. 욕구서술문을 작성할 때 가능한 고객의 언어를 유지하는 것이다. 그뿐만 아니라 표현된 욕구서술문과 잠재욕구서술문을 구별해야 한다. 고객의 표현된 욕구서술문(explicit need statement)은 고객의 관점에서 이루어지는 욕구의 기술이고 동작동사(action verb)에 집중된다. 한편 고객의 잠재욕구서술문(latent need statement)은 고객의 상황에 관한 정보와 함께 고객의 소리나 관찰로부터 형성된다. 따라서 고객이 표현한 것과 조사자가 보거나 느낀 것의 차이를 알 수 있다.

2) 욕구서술문의 활용

조사자들은 처리해야 할 욕구가 무엇인지에 대한 질문을 간단하게 설명해야 한다. 욕구서술은 욕구 조사팀의 주의를 집중하게 하는 것이다. 문제의 집중이 너무 좁거나 해결책의 범위가 너무 제한적이라면 해결책의 창조성과 혁신은 억제될 것이다. 적절한 해결책은 실천가능한 해결책에 대한 간단한 이론적 근거와 주장을 포함한다. 가치 있는 욕구서술문은 Who, What, Why, Where, When, How 등 5W 1H로 설명한다. 고객을 충분히 이해하면 다음의 욕구를 설명할 수 있다.

[표 4-3] 고객욕구의 수집

Who	What	Why	When/Where	How		
표적고객	제품편익	고객욕구	구매시간, 장소	사용방법	사용과정	보완제품

2. 욕구의 계층적 분류

다수의 욕구서술문을 추출하고 그것들을 일차, 이차와 삼차욕구로 계층적으로 분류한다. 일차욕구(primary needs)는 하위수준 욕구의 제목으로 사용한다. 분류 전에 불필요한 서술을 확실히 제거한다. 이 분류과정은 개발팀이나 고객에 의한 두 가지 방법으로 실행한다. 개발팀은 고객들이 제품을 어떻게 보는가에 근거하여 서술문을 분류하는 것이 유용하다는 것을 기억해야 한다. 고객들이 특정 서술문이 독특한지, 감동적이거나 기대하지 않은 것인지를 체크하도록 요청받는 점수표에 1~5점 사이의 숫자를 할당함으로써 서술문을 평가한다.

욕구의 위계적 분류작업은 친화도를 활용하면 쉽다. 친화도(affinity diagram)는 일본의 인류학자인 카와키타 지로(Kawakita Jiro)가 개발한 방법으로 방대한 자료에서 의미 있는 결론을 이끌어내는 데 효과적이다. 조사하여 수집한 다양하고 방대한 자료로부터 의미 있는 결과를 도출하는 기술로 이를 이용하면 다양한 아이디어나 정보를 몇 개의 연관성 높은 집단으로 분류하고 파악할 수 있어 문제에 대한 해결안을 도출할 수 있다. 따라서 이 친화도는 다량의 자료나 아이디어를 유사성에 따라 군집화하기 위해 사용한다. 개발팀이 고객욕구를 설계 요구조건으로 변환하기 위해 고객의 욕구를 확인할 때, 아이디어와 정보를 새로운 형태로 조직하여 문제를 더 좋은 관점에서 다룰 때, 문제의 속성을 정의할 때, 개발팀에게 문제해결, 공정개선이나 신제품개발의 방향을 제시할 때 활용된다. 다음은 친화도를 분류하는 절차이다.

- 각자 아이디어를 카드에 따로 기록한다.
- 카드를 모아서 탁자에 섞어서 펼쳐놓는다.
- 전체 참석자들이 카드 주위에 모인다.
- 서로 관련된 아이디어가 적힌 카드들을 가까이 모아서 놓는다. 이때는 대화가 허용되지 않는다.
- 모든 아이디어의 군집화가 끝나면 각 집단의 표제가 될 만한 아이디어를 골라서 그 카드를 해당 집단의 상단에 놓는다.
- 표제어로 쓸 적당한 카드가 없으면 새 카드에 표제를 쓴다. 이때는 대화가 허용된다.
- 집단 간의 결합이 적절하다고 판단되면 집단을 합할 수 있다.

간단히 예를 들면 스마트폰에 관한 욕구에 해당하는 단어를 각각 카드에 적어서 제출하라고 했을 때 "사용성, 심미성, 품목의 다양성, 터치의 반응 속도, 메뉴의 복잡성, 외관 스타일, 다른 화면 표시"를 기재한 카드를 수거한다. 그런 다음에 수거한 카드를 탁자에 무작위로 섞어놓은 다음 유사한 것끼리 모아놓는다. 마지막으로 세 개의 집단에 가장 적합한 표제어를 1차 욕구, 2차 욕구와 3차 욕구 카드에 써서 집단 위에 놓는다. 유사한 종류로 군집화하는 과정이다.

그림 4-12 친화도에 의한 분류의 사례

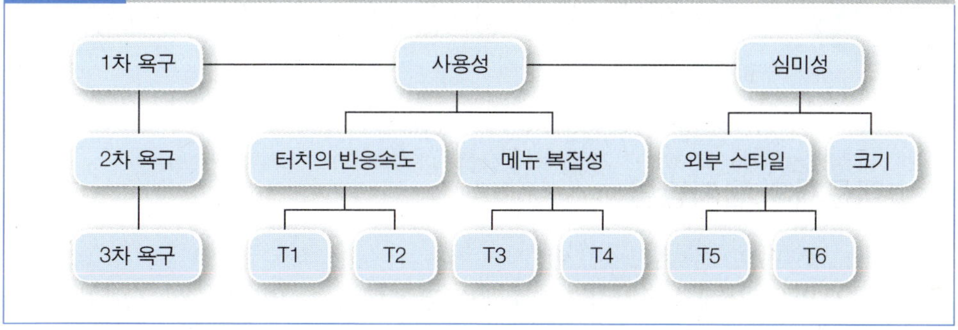

[표 4-4] 고객욕구의 계층적 분류표(사례)

대분류	중분류	소분류	평점
1차 욕구	2차 욕구	3차 욕구	
사용성	터치의 반응속도	화면이 열리는데 오래 걸림	
		터치를 잘 인식하지 못함	
		다른 화면 표시	
		영상 해상도가 깨지기도 함	
		화면 회전이 너무 잘 됨	
	메뉴의 복잡성	분류의 연관성이 부족	
		사용빈도 배열순서가 아님	
		메뉴구성이 가시성이 떨어짐	
		메뉴 길이가 길다.	
심미성	외부 스타일	색상이 단조로움	
		기능성에 어울리지 않는 디자인	
	크기	크기가 크다.	
품목의 다양성	구성이 협소	품목이 너무 단순하다.	
	기타		

05 고객욕구의 선정

1. 고객문제의 탐지방법

불평은 사용자들에게 공통적이고 종종 신제품에 대한 요청일 뿐만 아니라 고객문제를 발생하기도 한다. 불평이나 골칫거리인 고객의 핵심문제에 대한 탐지에는 역 브레인스토밍(reverse brainstorming)이 일반적으로 사용되는 기법이다. 문제탐지 절차는 제품 사용자를 통해서 현재 사용 중인 제품의 핵심문제 목록을 만들고, 목록을 분류하고 제품개발에 가장 중요한 문제처리인 골칫거리를 추출하여 서열화하는 것이다. 첫째, 고객문제를 탐구할 제품을 결정하고, 결정한 제품의 다량 제품사용자의 집단을 확인한다. 다량 사용자는 문제를 많이 이해하는 경향이 있고 그들은 대부분의 시장에서 많은 구매력을 나타내는 사람들이다. 또한 해결할 수 있는 문제가 시장 밖에 있는지를 알아보기 위해 비사용자를 조사한다. 둘째, 제품과 관련된 문제를 다량 사용자나 보통 사용자로부터 수집한다. 제품으로부터 원하는 편익과 그들이 얻는 편익을 순위화한다. 이들 간의 차이는 고객문제이다. 또한 고객이 생각하는 제품의 중요도(importance)에 따라서 분류하고 순위화할 수도 있으나, 고객이 기대한 편익과 제품이 제공하는 편익의 중요도를 순위화하여 고객이 기대한 편익의 중요도가 높은 것이 고객문제가 된다.

셋째, 골칫거리와 발생빈도를 사용하여 고객문제를 탐지하는 방법이다. 여기서 골칫거리(bothersomeness)는 현재 사용자 인식으로 사용자가 제품을 사용할 때 가장 문제가 된다고 생각하는 기능이나 속성을 의미한다. 따라서 이것은 사용자들에게 중요하고 현재 해결안이 없는 문제가 된다. 문제발생빈도의 척도는 5점으로 "전혀 발생하지 않는다, 조금 발생하지 않는다, 그저 그렇다, 조금 발생한다, 매우 자주 발생한다"로 묻고 그 응답 결과를 기록한다. 골칫거리의 척도도 5점으로 "전혀 골칫거리가 아니다, 조금 골칫거리가 아니다, 그저 그렇다, 조금 골칫거리이다, 매우 골칫거리이다"로 묻고 그 응답결과를 기록한다. 문제발생 빈도와 골칫거리를 승법하여 기록하고 점수가 가장 높은 것이 고객의 가장 큰 문제이다. 이 고객의 가장 큰 문제가 바로 고객의 미충족 욕구로 시장의 기회가 된다. 따라서 이를 해결하면 신제품이 되는 것이다. [표 4-5]에서 가장 골칫거리는 배터리 사용 시간이다. 그 다음은 터치의 반응 속도이다. 이와 같이 고객이 가장 골칫거리로 생각하는 부분을 파악할 수 있다. 기타 제품의 중요도나 제품의 만족도를 조사하여 고객의 욕구와 비교분석하면 의사결정에 더욱 유용하다.

[표 4-5] 골칫거리와 발생빈도에 의한 문제탐지

항목	골칫거리(A)	문제발생 빈도(B)	A×B	순위
터치의 반응 속도	3	4	12	2
메뉴 복잡성	3	3	9	3
화면 해상도	2	4	8	4
배터리 사용 시간	4	5	20	1

2. 고객욕구의 서열화

고객의 욕구는 모두 동일하지 않거나 중요도가 다르고 어느 정도 단계적이다. 고객에 따라서 과소나 과도 추정된 고객욕구가 나타나기 때문에 고객들이 더 매력적으로 느끼는 제품에 상대적 가중치를 주는 것이 일반적인 현상이다. 이것으로 고객욕구를 서열화(prioritization)하는 것이다. 고정총합법은 욕구의 총합이 보통 100이 되도록 하는 것으로 어떤 고객욕구가 가장 중요한지를 결정하는 것이다. 즉, 주어진 대안의 상대적 선호도나 속성의 상대적 중요도 총합이 100이 되도록 하는 척도이다. 상대적 비교를 통해 수치가 부여되므로 서열척도의 성격이 강하다. 그러나 조사대상의 수가 적으면 조사결과가 부

그림 4-13 중요도와 만족도

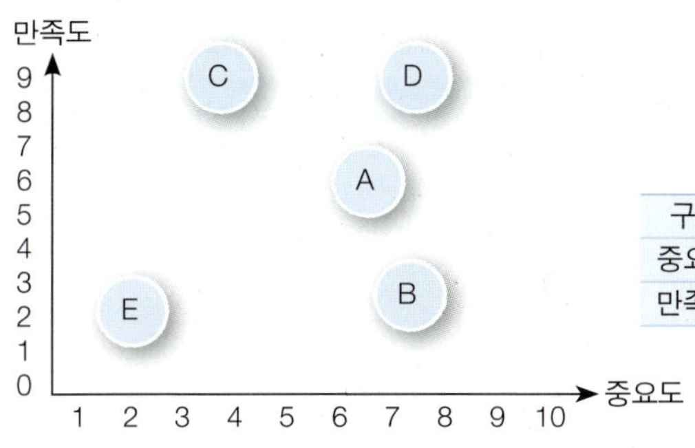

각 아이디어별 중요도와 만족도

구분	A	B	C	D	E
중요도	7	8	4	8	2
만족도	6	3	9	9	3

정확할 수 있고 조사대상의 수가 많으면 응답하기 어려운 단점이 있다. 예를 들면 다음은 자동차를 구매할 때 고려하는 요소이다. 7개의 요소 합계가 100이 되도록 각 중요도에 따라 점수를 부여한다. 전혀 중요하지 않은 항목은 '0'점을 줄 수 있으며, 점수를 부여한 후 합계가 100이 되는지를 확인한다.

어떤 욕구가 얼마나 중요하고 그것이 얼마나 만족되었는지를 고객이 평가하는 다른 방법이 있다. 예를 들면 중요도와 만족도를 측정한 결과 [그림 4-13]과 같다. 4분면에 고객이 평가한 두 축에 배치한다. 중요도에 높은 평점과 만족에 낮은 평점을 받은 욕구(B안)는 노력이 집중되어야 할 욕구이다. 낮은 중요도와 낮은 만족의 결합(E안)은 처리할 수 있는 숨겨진 기회(hidden opportunities)이다. 만일 어떤 욕구가 중요한 것으로 고려되지 않았지만 매우 만족했다면(C안) 회사는 제품의 다른 특징에 자원을 재할당하면 돈을 절약할 수 있다. 만족과 중요도가 높게 평점을 받은 욕구는 현재 수준에서 유지해야 한다.

제품 중요도 조사

아래는 2015년 중형 H자동차의 기능들입니다. 이 제품을 구매하실 때 기능들이 얼마나 중요하다고 생각하시는지 그 정도를 선택해 주십시오.

	전혀 중요하지 않음	조금 중요하지 않음	보통	조금 중요	매우 중요
안전성	1	2	3	4	5
주행성	1	2	3	4	5
경제성	1	2	3	4	5
심미성	1	2	3	4	5
가격	1	2	3	4	5

※ 중요도 조사의 결과로 제품속성의 가중치를 결정하는데 참고할 수 있다.

제품 만족도 조사

아래는 2015년 중형 H자동차의 기능들입니다. 이 제품을 구매하실 때 기능들을 얼마나 만족하시는지 그 정도를 선택해 주십시오.

	매우 불만족	조금 불만족	보통	조금 만족	매우 만족
안전성	1	2	3	4	5
주행성	1	2	3	4	5
경제성	1	2	3	4	5
심미성	1	2	3	4	5
가격	1	2	3	4	5

제5장

아이디어의 창출

제1절
아이디어와 창의성

제2절
창조적 사고기법

제3절
트리즈 원리

제4절
선행기술의 조사

제5절
제품 아이디어 선별

Focus Lens 시대가 만든 천재 손정의

도전할 산을 정하면 고민하지 말고 앞으로 나아가라

손정의(孫正義)는 현 SOFTBANK 그룹의 최고경영자이다. 일본 최대 소프트웨어 유통회사이자 IT투자기업인 소프트뱅크사를 설립한 이후 세계적인 인터넷 재벌로 떠오른 재일교포 3세로 재산이 132억 달러로 세계 부호 17위이다. 손정의 회장은 가난한 재일교포 2세로 태어나 통신회사인 소프트뱅크를 설립하여 야후 재팬을 기반으로 120여 개 회사를 인수하고 중국의 알리바바에 투자하였고 한국 등 세계적으로 유망한 기업에 과감한 투자를 하고 있다. 투자 기업들이 주식공개를 하자 희대의 연금술사로 불린다.

손정의의 성장배경

어린 시절 '조센진'이라며 차별과 멸시를 많이 당한 손정의는 후쿠오카 지역 명문고에 들어갔으나, 고교 1학년 때 미국 캘리포니아 주립대학 버클리캠퍼스 영어연수를 다녀온 후 자퇴하고 1974년 미국으로 유학을 떠났다. 검정고시로 고교 과정을 마치고 1975년 홀리네임즈대학교에 입학하였다. 이때부터 한국인이라는 차별로 사용하던 야스모토 마스요시 성을 버리고 자신의 성인 손 씨를 썼다. 1977년 버클리대 경제학부로 편입하였다. 대학시절 1년 동안 250여 건의 발명을 해내고 일본어를 입력하면 영어로 번역해 주는 번역 장치를 개발해 1백만 달러에 판매하였다.

소프트뱅크설립과 지속적인 발전

미국에서 대학을 졸업하고 일본으로 귀국하여 1981년 자본금 1억엔과 직원 2명으로 소프트뱅크를 설립하였다. 회사를 설립한 후 파산 위기를 겪기도 하였으나, 전자전시회에 참여했고, 1년 뒤 매출 35억 엔의 중견기업으로 성장하였다. 그 후 미국의 첨단업체인 야후, 킹스턴테크놀로지, 지프 데이비스 등에 속속 투자하면서 세계적인 인터넷 재벌로 부각되었다. 일본에서 하위 이동통신사인 보다폰 일본법인을 인수하여 소프트뱅크 모바일로 상호변경하였다. 2010년 소프트뱅크는 창립 30주년을 기념하며 2040년까지 소프트뱅크를 계열사 5,000개, 시가총액 200조 엔의 세계 톱10 기업으로 만들겠다는 비전을 제시하였다. 2013년 7월 일본 3위의 소프트뱅크는 미국 3위 이동통신사 스프린트 넥스텔 지분 78%를 216억 달러에 인수하였다. 2000년 15년전 창업한지 2년밖에 안된 알리바바그룹에 2천만달러(204억)를 투자하여 지분의 34.4%를 보유하는 최대주주가 되었다. 현재 증시상장으로 알리바바의 총가치는 160조로 투자 가치는 약 55조에 달해 무려 2,700배의 투자가치가 상승한 것이다. 소프트뱅크는 2015년 6월 한국의 쿠팡에 10억$ (한화 1조 1,000억원)를 투자하였다. 소프트뱅크가 쿠팡에 투자를 결정한 배경으로는 전국 단위 물류센터 구축 및 배송 전담직원 쿠팡맨을 통한 자체배송 시스템 완성, 판매부터 배송까지 직접 책임지는 새로운 다이렉트 커머스 모델 실현, 거래액 중 최대 81%, 평균 75%로 높은 모바일 거래 비중달성, 모바일 앱 다운로드 수가 2천 500만으로 전국민 2명 중 1명 꼴의 사용자 보유와 해외 R&D센터를 통한 글로벌 수준의 IT기술력 보유 등이다. 유례가 드문 대규모 투자로 쿠팡이 제2의 아마존, 알리바바와 같은 글로벌 이커머스 업체로 성장이 가능할 것으로 전망된다.

현대경영은 속도경영과 최고의 전문가 네트워크

"유능한 경영인은 결정이 아무리 힘들더라도 결코 미루지 않는다. 실패한 결정 10개 중 8개는 판단을 잘못해서가 아니라 '제때' 결정을 못 내렸기 때문이다"라는 손정의 회장의 말이다. 현대 경영의 특징은 속도경영이다. 이를 실현하기 위해 10명 단위의 소규모 팀제를 편성하여, 팀의 일상적인 경영활동은 팀장에게 권한을 부여하고, 사업팀장 이상에게는 급료와 상여 이외에 자사 주식을 10년 분할부여하여 주인의식을 고취한다. 관리자와 경영진의 업무를 구분하여 경영진은 M&A, 제휴, 방향성 제시와 같은 의사결정, 과감한 결단과 추진에 집중한다. 따라서 사업에 도움이 판단되면 위험을 부담하더라도 과감하게 도전하는 결단력과 추진력이 가능하다. 기업가의 인맥 관리도 매우 중요하다. 전세계적인 전문가와 네트워크를 구축하여 최고의 정보를 수집하고 경영에 활용하는 전략이다. 영향력이 있는 최고 전문가인 컴퓨터 황제 빌게이츠, 미디어계의 루퍼트 머독, 넷스케이프의 짐 클라크 이들과의 개인적인 친분을 이용해 정보를 수집하는 전문가 중심의 인적 네트워크 구축이다. 최고 경영인은 해당 분야의 전문가를 강조한다.

미래를 예견하는 통찰력

향후 10년 이내에 손 안의 PC 시대가 올 것을 예측하고 보다폰을 전자상거래의 활성화를 예측하고 알리바바를 인수하였다. 이러한 사업의 적중은 미래를 예견하는 통찰력이며 이는 최고의 전문가 네트워크에서 오는 정보력이다. 통찰력과 속도경영은 주력사업을 과감하게 전환할 수 있다. 무선과 컨텐츠 융합시대에 1등이 되기 위해서는 단 하루라도 빨리 이동통신사업에 진출해야 한다며 신규투자의 80%인 3,000억엔을 보다폰 K.K의 정상화에 과감하게 투입하여 유선통신 기업이 불과 1년 만에 이동통신기업으로 변신하였다. 이러한 특유의 기업가 정신이 현실에 안주하지 않는 공격적인 투자로 위기를 호기로 전환하여 이례없는 성장을 지속하고 있다.

01 아이디어와 창의성

1. 아이디어

아이디어(idea)는 정신적 이해, 인식이나 활동의 결과로써 마음속에 존재하는 구상(conception)이다. 아이디어는 문제해결에 대한 구상이나 떠오르는 생각으로 의도(intent)가 있어야 생성되지만 무심코 생성될 수도 있다. 따라서 아이디어는 마음속에 존재하는 구상이다. 아이디어는 기회와 문제에서 얻을 수 있다. 기회(opportunity)는 경쟁우위를 얻기 위해 이용하거나 문제를 해결할 수 있는 현재상황과 잠재적 미래에 존재하는 확인된 사업이나 기술의 공백(gap)이다. 아이디어는 신제품이나 서비스의 초기 지각으로 기회를 이용할 수 있는 해결책의 초기 관점이다. 따라서 아이디어는 시장에 나타난 기회를 개발하고 실행 가능한 컨셉을 개발하기 위해 필요한 것이다. 문제(problem)는 현재 상태(actual state)에서 개선된 상태(ideal state)로 변환이 가능한 상황으로 현재 상태와 이상적인 상태 간의 차이를 말한다. 대체로 문제는 현재 상태가 이상적인 상태보다 작기 때문에 사업기회가 발생하는 것이다. 제품 아이디어(product idea)는 소비자들이 시장에서 욕구를 충족할 수 있는 제품에 관한 생각이다. 따라서 제품 아이디어는 다른 기업이 충족시키지 못하는 소비자들의 욕구와 필요를 탐구하는 과정에서 창출된다. 즉, 제품화하여 시장에 도입하면 상업성이 있다고 생각하는 제품에 관한 아이디어이다. 제품컨셉(product concept)은 소비자들이 제품사용으로부터 얻는 편익으로 제품 아이디어를 언어, 상징, 디자인 등으로 표현한 것이다. 따라서 시장기회의 진화는 시장에서 문제를 확인하는 기회를 발견하여 제품 아이디어를 착상하고, 고객에게 편익을 제공할 제품컨셉을 창출하여 신제품으로 변화하는 과정이다.

예를 들면 도둑이 벽을 타고 올라와 집에 있는 물건을 훔쳐 달아나는 사건은 문제이지만, 시장기회는 이 문제를 인식하고 신제품이나 서비스를 위한 욕구를 창출할 수 있는 호의적인 환경이다. 문제를 인식하고 해결안을 찾을 수 있는 환경이 발생할 때 기회는 오는 것이다. 따라서 방범과 퇴치장치를 생각했다면 아이디어가 된다. 이 아이디어를 발전하여 도둑이 접근하는 것을 감지하여 퇴치할 장치가 바로 제품 아이디어이다. 접근할 때 소리로 퇴치하고 녹화하여 증거로 남기는 광음과 녹화기능 CCTV가 제품컨셉이 되고 이를 제품으로 개발하면 '도둑 끝 CCTV'신제품이 된다.

발명(invention)은 지금까지 존재하지 않았던 것을 새로이 창출해내는 것이다. 과학적 창의와 기술적인 아이디어를 통한 새로운 방법·기술·물질·기구 등을 창조하는 것이다. 이와 달리 발견(discovery)은 미처 찾아내지 못하였거나 아직 알려지지 아니한 사물이나 현상, 사실 등을 찾아내는 것을 의미한다. 발견은 새로운 것을 찾아내는 것인 반면, 발명은 새로운 것을 만들어 내는 것을 뜻한다. 이와 같이 발견은 발명의 선행단계로 대부분의 경우 발견을 거쳐 발명으로 완성된다.

2. 창의성

1) 창의성

창의성(creativity)은 라틴어의 Creo(만들다)를 어원으로 하는 Creatio라는 말에서 유래되었다. 창의성은 無에서 또는 기존의 자료에서 새로운 것을 발견하고, 새로운 것을 만들고 산출하는 것을 의미한다. 학자들이 주장하는 창의성의 개념은 다음과 같다.

- **Guilford(1977):** 새롭고 신기한 것을 낳는 힘(인지능력)
- **Lubart(1994):** 새롭고 유용한 산출물을 생성하는 능력(인지능력)
- **Seligman(2000):** 독창적이고 가치 있으며 실행될 수 있는 사고과정이나 산출물(산출물)

창의성이란 사물을 새롭게 탄생시키거나, 새로운 사물에 이르게 하는 개인의 지적 특성인 동시에 새롭고, 독창적이고, 유용한 것을 만들어 내는 능력이다. 따라서 창의성은 확산적 사고(divergent thinking)와 수렴적 사고(convergent thinking)를 포함하는 다양한 지적능력, 인성, 지식, 환경의 총체적인 관점이다. 창의성은 의식적 사고나 노력뿐만 아니라 무의식적인 사고와 노력의 영향을 받아 일어나기도 한다. 창의성은 모든 사고가 총체적으로 결합되어 나타나는 가장 고차적인 사고능력이다. 과학과 공학에서 창의성은 새로운 아이디어, 컨셉의 창출이나 기존 아이디어 간의 새로운 연상을 포함하는 정신적 과정이다. 창조적 사고는 신제품을 창조하거나 문제해결과 현상을 설명하는데 필수적인 과정이다.

Sense 창의성을 방해하는 요소(Amabile)

- 평가: 평가 받는다는 것에 대한 스트레스
- 과다한 보상: 보상이 너무 심한 경우 내적 동기가 사라질 위험
- 경쟁: 심리적으로 불안정한 상태에서 창의성이 충분히 발휘되지 않는다.
- 선택권의 제한: 스스로 선택할 수 있는 기회를 주어야 창의성이 증진된다.
- 창의성을 저해하는 말 사용: 부정, 조소, 비난, 무시, 경멸, 핀잔

2) 창의성의 구성 요소

매슬로우(Maslow)는 창의성을 "일상생활 전반에서 넓게 나타나며 매사를 보다 창의적으로 수행해 나가는 어디에서나 볼 수 있는 성향"이라고 하였다. 즉, 자신이 맡은 일에서 얼마만큼 창의적으로 사고하고 행동할 수 있느냐를 기준으로 삼는다. 그 구성요소는 유창성, 융통성, 독창성과 정교성을 포함한다.

- **유창성(fluency):** 많은 아이디어를 내는 능력
- **융통성(flexibility):** 유창적인 사고의 연장으로 사물을 다른 각도에서 볼 수 있는 능력, 여러 관점에서 상황을 볼 수 있는 능력
- **독창성(originality):** 아이디어의 양보다 질적인 측면, 소재의 독특함
- **정교성(elaboration):** 아이디어를 정교하게, 세밀하게 하거나 재미있고, 아름답게 꾸미는 능력, 기존의 지식이나 원래의 생각에 추가하고 확장시키는 능력

02 창조적 사고기법

제품개발에서 창의성은 새로운 아이디어를 창출하기 위한 다양한 범위와 문제해결을 위한 접근법으로부터 지식과 경험의 요소를 결합하는 능력을 말한다. 이것은 생각의 구조와 패턴을 미리 극복하는 것을 의미한다. 창의성 기법은 향상원리로 새로운 아이디어를 얻는 절차이다. 해결책의 직관적 개발을 위한 연상과 전환, 새로운 접근법의 체계와

분석적 생성을 위한 추상화와 결합이 있다. 수직적 사고(vertical thinking)는 어떤 아이디어나 제안의 옳고 그름을 따지기 위한 선택적 사고이며 논리의 규칙에 맞추어 따져보는 사고이다. 이와 달리 수평적 사고(lateral thinking)는 옳고 그름을 판단하는 것이 아니라 통찰력이나 창의성을 발휘하여 기발한 해결책을 찾는 사고방법을 말한다.

창조적 사고(creative thinking)는 생산적 사고라고도 하며 이전에는 관계가 없었던 사물이나 아이디어의 관계를 재형성시키는 역동적인 힘이다. 이 기법은 어떤 유형의 사고를 하기 위하여 의도적, 계획적으로 사용하는 사고 절차이다. 따라서 과거의 경험을 이용하여 미지의 새로운 결론이나 새로운 발명을 끌어내는 사고과정이다. 이는 고차적 정신능력을 제공하는 다양한 정보로 다양한 결과를 산출해내는 능력으로써 확산적 사고와 수렴적 사고가 동시에 요구된다. 확산적 사고기법(divergent thinking)은 주어진 문제에 대해 가능한 많은 해결책을 창출하는 기법이다. 유의미하고 새로운 연결을 만들고 표현하는 사고기법으로 아이디어를 생성해내는 사고과정이다. 반면 수렴적 사고(convergent thinking)는 주어진 문제에 대한 최적의 해결책을 창출하는 사고기법으로 아이디어들을 분석하고, 다듬고, 선택하는 사고과정이다. 따라서 아이디어를 선택하거나 개발하는 초점화의 사고과정이다. 창의적이고 효과적인 문제해결에서는 확산적 사고(발산적 사고)와 수렴적 사고(비판적 사고)가 자전거의 두 바퀴처럼 보완적으로 이루어져야 한다. 따라서 창조적 사고과정은 확산적 사고기법을 통하여 가능한 많은 아이디어를 창출하고, 그런 다음 수렴적 사고기법을 통하여 최적의 아이디어를 선별하는 것이다.

그림 5-1 창조적 사고기법에 의한 아이디어 선별과정

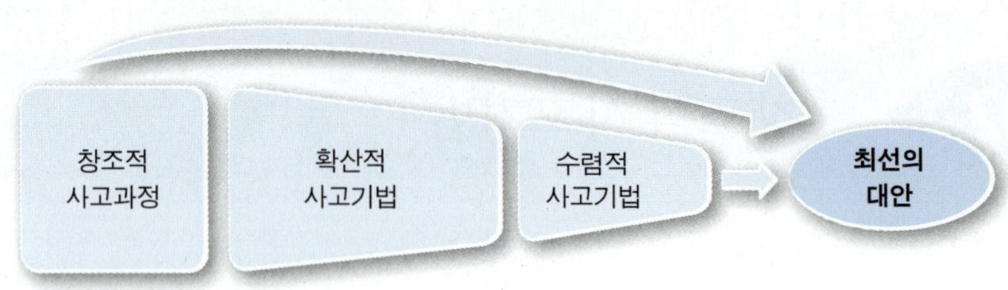

[표 5-1] 창조적 사고기법의 종류

구분	의미	사고기법
확산적 사고	가능한 많은 아이디어 창출 다량의 아이디어 생산	브레인스토밍 브레인라이팅 결부법 스캠퍼 육색사고모기법 연꽃기법
수렴적 사고	아이디어의 분석, 정교화, 선택 소수의 최적안 선택	하이라이팅 PMI기법 P-P-C 평가행렬법 쌍비교분석법

1. 확산적 사고

1) 브레인 스토밍

브레인 스토밍(brain storming)은 400여 년 전 인도의 힌두교 교리를 가르칠 때 사용된 교수방법을 토대로 오스본(Alex F. Osborn)이 창안한 기법이다. 브레인스토밍은 뇌에 폭풍을 일으킨다는 뜻으로 어느 한 주제에 대해 다양한 아이디어를 공동으로 내놓는 집단토의 기법이다. 어떤 구체적인 문제에 대한 해결방안을 생각할 때, 비판이나 판단 없이 질을 고려하지 않고 머릿속에 떠오르는대로 가능한 많은 아이디어를 창출하는 방법이다. 이 방법은 문제해결에 유용하다고 생각되는 정보를 권위, 책임이나 고정 관념에 빠지지 않고 자유분방하게 끄집어내는 것으로 언어의 논리구조의 틀에 제약되는 좌뇌보다는 오히려 이미지, 유추, 비유 또는 패턴 형식의 인식 등을 담당하는 우뇌를 활동시키는 것이다.

(1) 브레인스토밍의 4가지 규칙

① 비판금지(deferment-of-judgment)

산출 아이디어에 대해서 끝날 때까지 평가나 판단을 금지한다. 어떤 것이든 말하며 부적절한 제안이라도 평가나 비판하지 않는다.

② 다다익선(quantity yield quality)

아이디어의 수준에 관계없이 가능한 많이 산출하도록 한다. 아이디어의 질보다 많은 양의 아이디어를 산출한다.

③ **자유분방(free-wheeling)**

과거의 지식, 경험, 전통 등에 관계하지 않고 자유롭게 아이디어를 산출한다.

④ **결합과 개선(combination and improvement)**

제안된 아이디어에 다른 아이디어를 결합이나 개선하여 새로운 아이디어를 창출한다.

(2) 진행절차

- 집단의 크기: 5~12명(투표를 위해 홀수가 좋음)
- 집단의 구성: 구성원의 성별, 연령이나 수준 등을 균등하게 구성하여 문제에 대해 다양하고 폭넓은 시각을 갖고 다양한 아이디어를 산출한다.
- 사회자: 많은 아이디어를 발표할 수 있도록 자유스럽게 진행한다.
- 기록자: 발표 내용을 빠뜨리지 않고 핵심 단어로 기록한다.
- 아이디어 생성을 위한 진행시간이나 아이디어의 수를 미리 정할 수 있다.
- 아이디어를 정리한 후 하나씩 평가과정을 거쳐 좋은 아이디어를 선택한다.
- 소심한 참여자들이 많은 경우에는 Brain Writing으로 변경할 수 있다.

(3) 활동과제

- 낙뢰를 보관하여 전기로 사용하는 방법
- 석유 없이 가는 자동차
- 무거운 짐을 가볍게 지고 가는 장치
- 10,000원으로 할 수 있는 것

[표 5-2] 브레인스토밍 활동지

문제 진술: 마우스의 소음을 제거하는 방법은?			
아이디어 / 참여자	아이디어A	아이디어B	아이디어C
1			
2			
3			

2) 브레인 라이팅

브레인 라이팅(brain writing)은 독일의 형태분석 기법 전문가인 홀리겔(Holliger)이 고안한 기법이다. 이는 말을 하는 것이 아니라 아이디어를 종이에 기록하여 제출하는 방법이다. 참석자 중에 내성적인 사람이 많을 때, 아이디어를 공개적으로 발표하기 어려울 때, 참석자가 너무 많을 때 또는 많은 아이디어를 빠르게 생성하고자 할 때에 적절하다. Brain Writing은 초기에는 6-3-5법이라고 불리었는데 6인의 참가자가, 3개씩의 아이디어를, 5분마다 계속 생각해낸다는 것이다. 문제의 원인분석, 해결안의 도출, 실행계획의 수립 및 평가기준 개발 등 문제해결 전 과정에서 광범위하게 활용될 수 있는 기법이다.

(1) 진행절차

- 구성: 전체 집단을 5-6명으로 구성한다.
- 활동지를 각 모두에게 한 장씩 배부한다.
- 참여자들의 아이디어가 떨어질 때까지 계속한다.
- 먼저 적힌 아이디어들을 조합이나 추가하여 새로운 것을 만들 수도 있다.
- 제시된 아이디어를 모아서 편집한다.

3) SCAMPER

SCAMPER는 에베를레(Eberle)가 오스본(Osborne)이 개발한 것을 토대로 기존의 형태나 아이디어를 다양하게 변형하고 오스본의 질문 리스트를 재조직한 것으로 이를 Osborne Checklist라고도 한다. 주로 제품개선이나 신제품개발에 많이 활용된다. 이것은 대치(Substitute), 결합·혼합(Combine), 적용(Adapt), 수정(Modify)·확대(Maginify)·축소(Minify), 다른 용도 사용(Put To Other Use), 제거(Eliminate), 재배치(Rearrange) 등의 두음자를 결합한 기법이다.

[표 5-3] SCAMPER의 활용

단 계	질 문	예
대치(Substitute)	대신 사용할 수 있을까?	종이컵, 나무젓가락
	누구? 무엇? 성분? 장소?	고무장갑, 태양 전지, 물침대
결합하기(Combine)	무엇을 결합할 수 있을까?	전화기, 카메라와 컴퓨터 결합
	혼합하면? 조합하면?	→ 핸드폰

단 계	질 문	예
적용하기(Adapt)	조건이나 목적에 맞게 조절할 수 있을까?	장미 덩굴 → 철조망
	번안하면? 각색하면? 비슷한 것은?	산우엉 가시 → 벨크로(Velcro)
	적용하면?	돌고래 → 수중음파 탐지기
수정 · 확대 · 축소 (Modify · Magnify · Minify)	색, 모양, 형태 등을 바꿀 수 없을까?	Post-it, 워크맨, 노트북
	확대? 축소? 변형? 빈도를 높이면?	마트로시카 인형
	생략? 간소화? 분리? 작게? 짧게?	소형냉장고
다른 용도 사용 (Other Use)	다른 용도로 사용할 수 없을까?	폐타이어 → 발전소의 원료
	수정하면? 맥락을 바꾸면?	톱밥 → 버섯 재배
제거하기 (Eliminate)	삭제, 제거할 수 있을까?	씨 없는 수박
	없애면? 줄이면? 압축시키면?	알뜰 폰, 반값 TV
	낮추면? 가볍게 하면?	압축기
재배치하기 (Rearrange · Reverse)	순서를 바꿀 수 없을까?	장갑→ 다섯 발가락 양말
	거꾸로? 반대로? 바꾸면?	발전기, 선풍기, 양수기
	위치를 바꾸면? 원인과 결과를 바꾸면?	

4) 시네틱스

시네틱스(synectics)는 서로 관련 없는 요소들의 결합을 의미하는 희랍어의 synecticos에서 유래했다. 이는 시네틱스사를 창립한 고든(W. Gordon)이 개발한 것으로 유사한 문제의 인식을 촉진하는 것이다. 여러 개의 유추(analogy)로부터 아이디어나 힌트를 얻는 방법이다. 이는 이질순화(異質馴化: 낯선 것을 친숙한 것처럼)와 순질이화(馴質異化: 친숙한 것을 낯선 것처럼)의 과정이다. 서로 다르고 언뜻 보기에 관련이 없는 것 같은 요소를 연결시킨다. 어떤 사물

[표 5-4] 결부법의 진행절차

① 문제제시: 팀원에게 문제를 제시한다.
② 해결목표의 설정: 해결해야 할 문제를 목표의 형태로 구체적으로 기록한다.
③ 유추요구의 질문: 사회자는 목표에 근거 유추한 것에 어떤 것이 있는지 질문한다.
- 직접유추(direct analogy): 창조하려는 대상과 다른 것을 선택하여 두 대상을 직접 비교 검토하는 것(우산으로 낙하산의 원리 파악)
- 의인유추(personal analogy): 자신이 해결하려는 대상이 되어 보는 것(자신이 직접 자동차가 되어 차가 겪는 어려움 생각하기)
- 상징적 유추(symbolic analogy): 두 대상물 간의 관계를 기술하는 과정에서 상징을 활용(신제품 개발은 성공의 천사이다)
- 환상적 유추(fantasy analogy): 환상적이고 신화적인 유추(하늘을 나는 자동차)

④ 유추선택: 각 도출된 안들 중 과제해결에 사용할 수 있는 것 선택
⑤ 유추검토: 해결목표에 따라 상세한 힌트를 찾고, 검토한다.
⑥ 가능성 연결: 도출안을 현실적으로 쓸 수 있는 아이디어로 연결한다.
⑦ 해결책 작성

과 현상을 관찰하여 다른 사상을 추측하거나 연상하는 것이다. 친숙한 것을 이용해 새로운 것을 창안하는 것과 친숙하지 않은 것을 친숙한 것으로 보는 것이다. 고든은 비유를 활용한다. 비유는 사물, 현상, 사건 등의 유사, 비교 등의 관계를 나타내는 것으로 비유를 통해서 특정 사물과의 개념적 거리를 느끼고, 고정관념을 깨뜨리고 새로운 대안을 창출할 수 있다. 상상력을 동원해서 특이하고 실질적인 문제전략을 이끌어내는데 유용하다.

5) 마인드맵

토니 부잔(Tony Buzan)이 창안한 마인드맵(Mind Map)은 좌·우뇌의 기능을 유기적으로 연결한 사고력 중심의 두뇌개발기법이다. Mind Map이란 생각의 지도란 뜻으로 무순서, 다차원적인 특성을 가진 사람의 생각을 읽고, 생각하고, 분석하고, 기억하는 것들에 대해 빈종이 위에 이미지, 핵심단어, 색과 부호를 사용하여 마음의 지도를 그려나가는 기법이다. 이 기법은 복잡한 아이디어를 빠르고 쉽게 파악할 수 있고, 아이디어들 간의 관계를 확인하는 것이 편리하며, 새로운 통찰력을 얻을 수 있는 가능성을 높여 준다. 마인드맵의 장점은 다음과 같다. 두뇌에 숨어 있는 잠재적 가능성을 쉽게 이끌어낼 수 있다. 신속하게 시작하고, 짧은 시간 동안 많은 아이디어를 발상해 내게 한다. 우뇌, 좌뇌 전체를 활발히 움직이게 한다. 작은 공간에 많은 양의 정보를 표현할 수 있다. 우뇌 기능인 색상을 활용하여 집중력과 기억력 등을 높이기 위해 가지별로 다른 색상을 사용한다. 같은 가지에서는 핵심단어를 반복하여 사용하지 않도록 한다.

(1) 진행절차

① 1단계: 중심 이미지

먼저 나타내고자 하는 주제를 종이의 중앙에 함축적으로 나타낸다. 주제를 이미지로 표현한 것을 중심 이미지 또는 핵심 이미지라 한다. 중심 이미지는 함축적인 단어, 상징화한 그림, 기호, 삽화, 만화, 사진이나 인쇄물 등으로 나타내고 채색을 하여, 주제를 가장 효과적으로 시각화하면서 상상력을 자극할 수 있는 방법을 택한다. 예제에서 중심 이미지는 창업가이다.

그림 5-2 중심 이미지

② **2단계: 주가지**

중심 이미지로부터 연결된 가지를 주가지라 한다. 중심 이미지 쪽 가지는 굵고, 그 반대 쪽 가지는 가늘어지게 곡선을 유지하도록 한다. 주가지 위에는 핵심 단어(명사, 동사, 형용사, 부사 등)를 쓴다. 그 이유는 중심 이미지가 그림이므로 주가지에서 그림이 다시 나올 때에는 생각의 폭이 넓어져 혼돈을 일으킬 수도 있기 때문이다.

그림 5-3 주가지

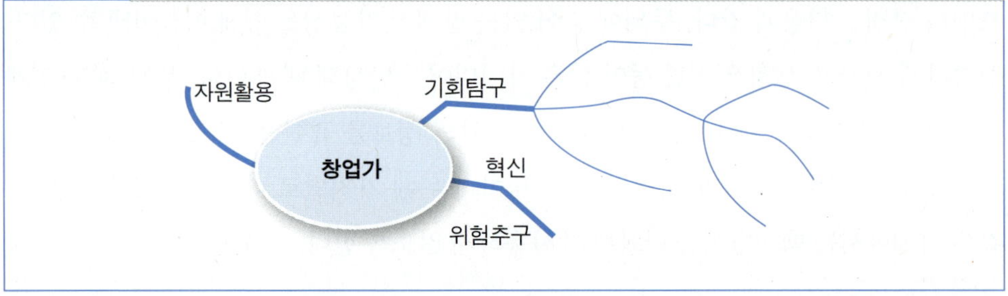

③ **3단계: 부가지**

주가지로부터 연결된 가지를 부가지라 한다. 부가지는 주가지보다 작고 가늘게 나타내며, 부가지 위에는 핵심 단어, 그림, 기호, 약화 등으로 표현해도 된다. 양쪽 뇌의 기능을 사용함으로써 효과를 높이기 위함이다. 또 부가지 작성 시 주가지별로 차례대로 작성하지 않아도 된다. 중심 이미지와 주가지가 이미 연결성을 갖고 집중해야할 생각을 확고하게 만들어 놓고 있으므로 부가지의 경우 생각이 먼저 떠오르는 쪽을 선정하여 연결해도 생각의 혼돈은 일어나지 않는다. 부가지는 생각이 이어지는 한 가지를 계속 그려 나간다.

그림 5-4 부가지

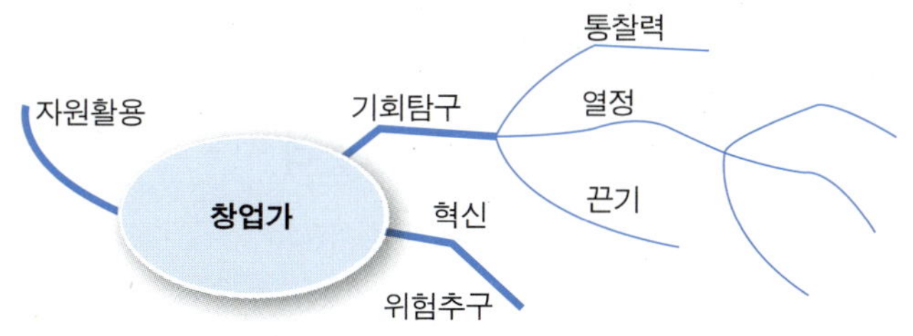

6) 속성열거법

속성열거법(attribute listing)은 제품공정 상에서 아이디어나 서비스 개선의 기회를 찾기 위한 목적으로 네브라스카 대학의 로버트 크로퍼드(Robert Crawford) 교수가 개발한 기법이다. 대상을 속성에 의해서 세분화하고, 각 속성마다 사고의 방향을 국한시켜 새로운 아이디어, 개선안이 상기되도록 만든다. 이 기법은 문제 해결안이나 서비스 개선의 아이디어를 찾기 위해서 제품공정이나 서비스 상에서 과정상의 속성을 체계적으로 변화시키거나 다른 것으로 대체한다. 어떤 대상, 형태, 사물, 아이디어, 방법, 과제 등의 전체나 각 부분들에 대해 대표적인 성질이나 형태의 특성을 기술하고, 개선, 변형, 대체하는 등을 발상하는 방법이다. 즉, 사물의 중요한 속성 등을 빼내어 열거하고, 각 항목마다 바꾸는 아이디어를 생각하여 항목을 짜 맞추고 효과 있는 아이디어에 연결하는 단순한 방법이다.

속성열거법은 팀의 구성원들이 아이디어를 내지 못할 때나 아이디어가 너무 한 편으로만 치우칠 때 새로운 아이디어가 나오도록 유도하기 위하여 사용된다. 어떤 문제를 제거하거나 축소시키기 위하여 문제에 해당하는 필수적인 속성들을 검사하여 그 속성 자체를 고치거나 변경하고자 할 때 주로 사용된다.

(1) 진행절차

- 아이디어 발상의 대상과 주제를 결정한다.
- 대상이 가진 특성을 도출한다.
  - 물리적 특성으로 나누어 특성을 도출한다.
  - 도출된 특성은 카드나 메모지 등에 적은 후 정리한다.

– 5~7명이 같이 하는 편이 훨씬 쉽다.

- 도출된 특성을 나누어 정리한다.
- 중복, 누락 부분을 확인한다.
- 열거한 특성을 기초로 개선 아이디어를 내 놓는다.
- 도출된 아이디어로부터 개선안을 생각한다.
- 개선안을 평가해 실시안을 결정한다.

(2) 벽걸이 에어컨을 개선하기 위한 아이디어 창출

현재의 벽걸이 에어컨은 사각형의 철제 케이스이지만, 송풍구는 플라스틱으로 제작되었고 벽에 걸도록 되어 있다. 다음과 같이 개선해 본다.

[표 5-5] 속성열거법의 예

속성		현재	아이디어
명사적 속성	전면	철제	알루미늄
	앞면	송풍구	아크릴
형용사 속성	모양	사각형	원형, 하트형, 동물, 별 모양, 꽃 모양, 캐릭터형
동사적 속성	부착	고정	매단다, 붙인다, 세운다.

- 전면을 철제 대신 알루미늄이나 플라스틱 등으로 만든다.
- 앞면 송풍구를 아크릴로 한다.
- 송풍구의 모양을 사각형에서 원형이나 하트모양으로 한다.
- 벽에 부착하는 대신 천장에 매달 수 있게 만든다.

7) 연꽃기법

연꽃기법(lotus blossom)은 연꽃 모양으로 아이디어를 발상해 나가는 사고기법으로 아이디어나 문제해결의 대안을 다양한 측면에서 얻기 위하여 활용된다. 주로 기존의 기술이나 제품을 응용하여 새로운 방법을 찾으려고 할 때나 미래 시나리오를 가상으로 만들 때 적용된다. 연꽃기법은 마인드맵의 자유로움과 스토리보드의 구조가 결합된 창의적 사고기법으로 일본 크로바 경영 연구소의 마쓰무라 야스오(Matsumura Yasuo)가 개발했다 하여 MY법이라고도 한다. 기본적으로 연꽃에서 힌트를 얻은 아이디어이다. 연꽃의 꽃

잎들은 가운데를 중심으로 밀집되어 있으면서 바깥으로 펼쳐진다. 연꽃기법은 아이디어, 문제, 이슈, 주제 등을 3칸과 3줄로 이루어진 표에 배열하는 데서부터 시작한다. 가운데 네모 칸을 둘러싸고 있는 8개의 칸은 연꽃잎이 배열된 모습과 유사하다. 해결책, 아이디어, 독창적인 용도, 주제의 확대 등 핵심 아이디어와 관련이 있는 것들이 꽃잎이 된다. 이러한 프로세스를 한 번 반복한 후에는 중앙을 둘러싼 아이디어들이 새로운 연꽃의 중심부가 될 수 있다.

(1) 진행절차

- 먼저 가로·세로 각각 세 칸짜리 표 아홉 개로 이뤄진 그림 가운데 표 중간에 중심 주제를 기록한다.
- 중앙에 쓴 중심 주제를 해결하는 방향이나 관점이 다양한 하위 주제로 중심주제 주변 여덟 칸에 기록한다.
- 중심 주제를 작성한 가운데 표를 뺀 나머지 표 여덟 개 중간에 중심 주제를 해결하는 다양한 방안과 관점을 담은 하위 주제를 기록한다.
- 하위 주제 아이디어를 생각해 하위 주제 표 주변 여덟 칸에 기록한다.
- 상대방의 아이디어를 평가나 비판하지 않고, 자유로운 분위기를 조성한다.
- 개인이 아이디어를 작성하면 중심 주제를 해결하는 하위 주제에 따른 각 아이디어를 조합해 가장 좋은 새 대안을 만들기도 한다.
- 하위 주제별로 최적 아이디어에 동그라미를 쳐서 아이디어를 정리한다.

(2) 연꽃기법의 장점

- 연꽃기법은 집단이나 개인이 아이디어나 대안을 얻기에 유용한 방법으로 기존 기술이나 제품을 응용하는 새로운 방법을 찾으려고 할 때 유용하다.
- 다양한 아이디어를 이끌어 낼 수 있고, 독창적인 아이디어가 많이 표출될 수 있다.
- 토론하는 과정을 통하여 상호작용을 통한 협동적인 학습을 할 수 있다.
- 표현 능력, 추론 능력을 키울 수 있어 학습 참여도를 높일 수 있다.
- 미래 시나리오를 가상으로 만들어내려고 할 때 유용하게 쓰일 수 있다.

(예) 스마트폰에 관한 아이디어 찾기

① [그림 5-5]의 가운데에 스마트폰을 기록한다.

② 좌측 상단 A 주위에 a1 .... a8까지 아이디어를 산출하여 기록한다. 이 아이디어의 중심 주제가 A가 된다. 이 A를 중앙에 있는 셀의 스마트폰 좌측 상단에 기록한다.

③ 이와 같은 방식으로 B, C, D, E, F, G, H의 중심 주제를 찾아 선정하여 중앙에 있는 스마트폰 주위의 각 셀에 기록한다.

그림 5-5 연꽃기법의 다이어그램 만들기

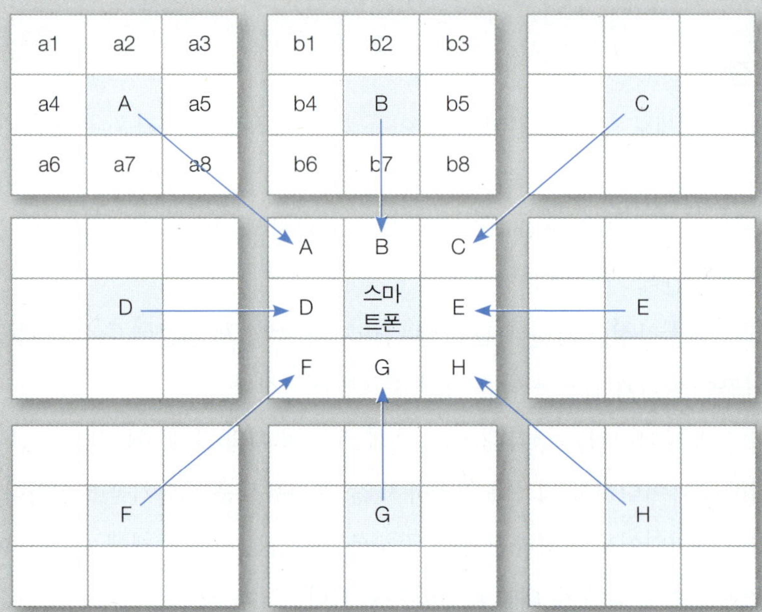

2. 수렴적 사고

1) 하이라이팅

하이라이팅(highlighting)은 여러 대안들을 몇 개의 같은 범주로 압축하여 분류하기 위한 수렴적 사고기법이다. 직관에 의하여 분류해 보는데 먼저 히트한 대안에 번호를 부여하고 같은 성격의 아이디어이거나 대안들 간의 어떤 관계를 중심으로 공통 주제끼리 영역을 만들어 조직화한다. 조직화된 영역에서는 공통의 주제를 재진술한다. 생성된 아이디어들 중 괜찮다고 느껴지는 아이디어들(hit)을 선택한 다음 공통적인 측면이나 요소에 따라 묶음을 만든다(적중영역: hot spot). 각각의 히트를 대표하는 적중영역을 문제해결에 적합한 형태로 재진술하는 기법이다.

(1) 진행절차

- 아이디어들을 나열하고 차례대로 번호를 붙인다.
- 생성된 아이디어들 중 괜찮다고 느껴지는 히트(hit)를 표시한다.
- 서로 관련되어 있는 것 같이 보이는 히트들을 함께 묶는다.
- 적중영역(hot spots)을 발견한다.
- 적중영역(hot spots)을 재진술한다.
- 문제의 요구를 가장 잘 만족하는 적중영역 하나를 선택한다.
- 두 개 이상의 적중영역을 조합하여 하나의 해결책을 만들어도 좋다.

(2) 하이라이팅 기법의 예

- 주제: 환경오염을 방지할 수 있는 방법
- 재진술에 의한 해결책: 산에 나무를 심고, 가급적 일회용품을 사용하지 말자. 또한 쓰레기를 분리수거하고, 자전거로 출퇴근하고, 재활용품 사용 캠페인을 하자.

[표 5-6] 하이라이팅 기법의 예

문제	환경오염을 방지할 수 있는 방법
해결책	괜찮다고 느껴지는 아이디어 선택: 50개 대안 중 14개 히트
자전거를 타자.	음식을 날로 먹자.
재활용품을 사용하자.	나무를 많이 심자.
비료를 사용하지 말자.	석유를 쓰지 말자.
살충제를 쓰지 말자.	자연으로 돌아가자.
분리수거를 하자.	일회용품을 쓰지 말자.
쓰레기를 버리지 말자.	재활용 캠페인을 하자
농약을 쓰지 말자.	
공장을 없애자.	

※ 위의 아이디어는 50개의 대안 중 히트는 14개이다.

[표 5-7] 적중영역 분류의 예

환경	생활	교육	사회	문화	건강
식목	일회용품 금지	캠페인	분리수거	재활용품사용	자전거 타기

※ 재진술에 의해 선택된 해결책: 적중영역을 통하여 해결책을 재진술한다.

2) PMI 기법

드 보노(Edward de Bono)가 개발한 PMI(Plus, Minus, Interesting)는 일상생활에서 쉽게 응용할 수 있는데 매우 유용하고, 확산적 사고를 연습하거나 어려운 선택을 결정하는데 도움이 된다. 제안된 아이디어를 장점(P), 단점(M), 흥미 점(I)을 따져본 후 그 아이디어를 평가하는 기법으로 하나의 아이디에 대해 집중적으로 분석할 때 간단하면서도 효과적으로 활용할 수 있는 기법이다. PMI의 목적은 제안된 해결안 중 어느 것이 최선책인지를 결정하는 것이다. 창의적 사고력 개발 및 수평적 사고 이론으로는 창의적인 사고를 개발하기 위해서는 무엇보다 전통적인 고정관념과 논리로부터 벗어나야 한다. 불가능하다고 생각하는 기존의 관념을 바꿔 아무리 어려운 문제라도 해결할 수 있다는 자신감으로 전환시키는 사고방식이다.

- **P(Plus):** 아이디어에 대한 좋은 점(왜 그것을 좋아하는가?)
- **M(Minus):** 아이디어에 대한 나쁜 점(왜 그것을 좋아하지 않는가?)
- **I(Interesting):** 아이디어에 관해 발견한 흥미(왜 그것에 흥미가 있는가?)

[표 5-8] PMI 기법의 기록표

구분	설명
Plus(장점)	제시된 아이디어의 좋은 점
Minus(단점)	제시된 아이디어의 나쁜 점
Interesting(흥미점)	제시된 아이디어와 관련하여 흥미롭게 생각되는 점

(1) 진행절차

- PMI의 의미를 집단 구성원들에게 설명한다.
- 각 영역별로 아이디어를 생성한다.
- P를 고려할 때에는 P에만 집중한다.
- PMI 결과를 발표한다.
- PMI 결과를 논의한다.

(2) PMI의 예시

[표 5-9] PMI 기법의 기록 사례

아이디어	도로를 차종별로 전용차선제를 실시한다.
P(Plus)	교통사고가 줄어든다.
M(Minus)	교통흐름이 길어진다.
I(Interesting)	자동차 보험료가 인하된다.

3) P-P-C

P-P-C 기법(Positive-Possibilities-Concerns)은 의심스러운 생각이 드는 아이디어에 대해 긍정적인 면, 가능성이 있는 면, 의심스러운 면으로 구분하여 이야기해 보는 대화기법이다. 이 기법을 사용하면 너무 성급하거나 극단적으로 판단하는 것을 막을 수 있으며, 아이디어가 가지고 있는 모순점을 보완하여 문제해결을 위해 보다 완벽한 계획을 세울 수 있다.

[표 5-10] P-P-C 기법의 기록표

구분	설명
P(Positive)	· 긍정적인 면
	· 제시된 아이디어의 훌륭한 면을 칭찬해 준다.
P(Possibilities)	· 가능성이 있는 면
	· 아이디어를 구체적으로 응용할 수 있는 상황을 항목별로 작성한다.
C(Concern)	· 의심스런 면
	· 없애려면 어떻게 하면 좋을 것인가?

4) 고든법

고든법(gordon technique)은 진정한 문제가 무엇인지를 모른다는 상태에서 출발한다. 주제와 전혀 관계없는 사실로부터 발상을 시작해서 문제해결로 몰입하는 것이다. 브레인스토밍과 달리 문제를 바로 제시하지 않고 문제와 직접적으로 관계가 없는 멀고 폭넓은 추상적인 문제를 제시하여 시작한다. 문제를 알고 있는 사람은 리더뿐이며, 리더는 크고 추상적인 문제로부터 작고 구체적인 문제로 구성원을 유도해 나간다.

(1) 진행절차

- 참가하는 사람은 해결하려고 하는 문제의 성질, 그 문제해결에 필요한 지식, 기술

에 있어서 전문성을 가진 사람으로 구성한다.

- 리더가 문제를 이해한다.
- 리더는 구성원들이 자유롭게 발언하도록 한다.
- 리더는 해결이 가까워질 때까지 구성원들에게 문제를 알리지 않는다.
- 생각이 날 때까지 계속한다.
- 리더는 해결이 가까워지면 구성원들에게 문제를 알려 실현가능한 아이디어를 형성해 간다.
- 문제에 대한 해결점을 찾는다.

5) 평가행렬법

평가행렬법(evaluation matrix)은 아이디어를 준거에 따라 체계적으로 평가할 때 사용될 수 있을 뿐 아니라 문제해결 과정의 단계에서도 사용할 수 있는 기법이다. 이 기법은 가장 흥미 있는 대안, 생성된 대안이나 행위계획을 위한 대안을 평가할 때 활용된다. 제안된 대안들을 미리 정해놓은 어떤 준거에 따라 체계적으로 평가하고자 할 때 사용할 수 있다. 평가하려는 아이디어들을 세로축에 나열하고 평가 준거(기준)를 가로축에 적어 행렬표를 만든 후 각 준거를 기초로 모든 아이디어를 평가한다. 다수의 해결대안을 평가하고 선택할 때뿐만 아니라 문제해결의 어떠한 단계에서도 사용할 수 있다. 그러나 체계적인 만큼 시간과 노력이 소요되는 단점이 있다.

(1) 진행절차

- 행렬표를 준비한다.
- 아이디어는 왼쪽에, 준거는 윗부분에 나열한다.
- 행렬표를 완성한다.
- 평정척도에 따라 점수를 부여한다.

> ▶ 평정척도는 3점이나 5점 척도가 있다.
> ▶ 5점 척도: 1 = 매우 그렇지 않다. 2 = 그렇지 않다. 3 = 보통이다.
> 4 = 그렇다. 5 = 매우 그렇다.
> ▶ 3점 척도: 1 = 부정적, 2 = 보통, 3 = 긍정적

- 결과를 해석한다.

행렬표의 결과는 아이디어의 강점과 약점을 확인하는 데에만 이용한다. 점수가 낮다고 나쁜 대안이 아니라 그 준거에 대하여 약하다는 것을 의미한다. 점수가 낮은 대안은 어떻게 하면 그 대안을 보완할 수 있을까를 생각해 본다. 어떤 준거에서는 점수가 낮은데 어떤 준거에서는 높은 점수로 평가되었다면 그 아이디어를 다듬어 발전시킬 방도를 연구하고 궁리해봐야 한다.

[표 5-11] 평가행렬표

기준 / 아이디어	구매의도	사용구매	선호도	가격	합계
가	5	4	4	5	18
나	4	4	4	3	15
다	5	3	5	5	18
라	3	3	2	5	13
마	3	4	3	4	14
바	3	5	5	5	18
사	5	5	5	3	18

6) 쌍비교분석법

쌍비교분석법(paired comparison analysis)은 많은 대안들이 모두 중요해서 무엇을 먼저 실천하거나 처리할지를 판단하고자 할 때 사용되는 기법이다. 즉, 우선순위를 정하여 대안을 선택하고 결정할 때 사용하는 기법이다. 모든 대안들에 대하여 한 번에 한 쌍씩 비교하여 상대적인 중요성을 결정한다. 노력과 시간이 많이 들지만 아이디어들이 모두 중요해서 우선순위를 매기기 힘들 때 적절하게 사용할 수 있다.

(1) 진행절차

- 주어진 아이디어로부터 만들 수 있는 2개의 쌍들에 대해 우열을 비교함으로써 아이디어별 점수를 계산한다.
- 가로축과 세로축에 아이디어 기입한다.
- 세로축의 아이디어가 더 좋으면 +1, 아니면 −1, ⓐ안이 ⓑ안보다 좋으면 +1, 같으면 0, 나쁘면 −1을 기록한다.
- 아이디어의 개수가 5개~10개 정도인 경우 효과적이다.

[표 5-12] 쌍비교분석의 기록표

ⓐ \ ⓑ	출력	정숙성	안정성	연비	합계	순위
출력	0	−1	1	1	1	2
정숙성	−1	0	1	1	1	2
안정성	1	1	0	1	3	1
연비	−1	−1	1	0	−1	4

7) 형태분석법

형태분석법(morphological analysis)은 즈위키(Fritz Zwicky)가 개발한 발상법으로써 체크리스트법과 속성열거법을 입체적으로 조합한 발상법이다. 이미 존재하는 것들을 새롭게 조합하는 기법이다. 그는 "사람은 문제를 해결하는 데 있어 선입견을 갖고 사전에 평가하는 경우가 지나치게 많다"라는 생각에서 발상하였다. 선입견과 사전평가에서 벗어나기 위해서는 어떻게 해야 하나? "확실히 불가능하다고 증명되지 않는 한 어떤 것도 불가능하다고 할 수 없다"라고 하는 가능성 추구의 관점에서 사물을 구성요소로 자세하게 분해하는 것이다.

해결해야 할 문제를 모든 구성요소의 조합으로 보고 차트를 그린다. 이 구성요소를 독립변수(independent variables)라 하고, 이 독립변수의 각각이 형태분석차트의 축이 된다. 해결될 것 같지 않은 문제를 해결하거나 여러 가지 대안적인 아이디어들을 생성해내는 데 도움이 된다. 속성열거법이 제품개선 같은 일반적으로 국한된 문제에 적용하였을 때 효과가 큰 점에 비해 형태분석법은 보다 폭넓은 문제에 효과가 높다는 점이다. 고급레스토랑의 접객용 의자를 예로 들어 설명한다. 첫째 관련된 변수들을 모두 나열하고 각각의 변수에 가능한 한 많은 속성들을 배정한다. 둘째 브레인스토밍을 활용한다. 이를테면 의자는 고급기종으로 안락성과 유연성이 높고 디자인이 독특해야 한다. 이 때 다양한 각 변수의 속성 중에서 이런 요건에 적합한 속성을 찾아 새로운 조합을 한다.

(1) 진행절차

- 개선되어야 하는 상품 또는 서비스를 정한다.
- 2차원 행렬표에 한 축에는 특징이나 속성들을 나열한다.
- 다른 축에는 다양한 안을 기입한다.

- 각각의 안에서 우수하다고 생각하는 것(청색 칸)을 결합할 수 있다.
- 바뀐 단어들을 특징이나 속성들에 적용한다.
- 결과를 토론 또는 평가한다.
- 예제는 고급레스토랑의 접객용 의자를 개선하는 것이다.

[표 5-13] 형태분석법의 기록표

구분	대안 1	대안 2	대안 3	대안 4	대안 5	대안 6
재료	나무	유리	플라스틱	고무	철제	알루미늄
높이	30cm	40cm	50cm	60cm	70cm	80cm
형태	원형	사각	정사각형	타원형	육각형	팔각형
색상	갈색	투명	청색	녹색	황색	회색

(2) 요소결합을 통한 아이디어 개발

- 창조하지 말고, 재창조하라.
- 각 대안별에서 최적의 요소를 추출하여 결합한다.
- 예: 대안 아이디어: [나무, 50cm, 타원형, 갈색]

8) 역 브레인스토밍

역 브레인스토밍(reverse brainstorming)은 Hotpoint 회사가 고안해낸 것으로 대안이 가지고 있는 부정적인 측면과 가능한 모든 약점에 대한 아이디어를 생성해내는 것이다. 브레인스토밍은 문제해결이나 상황에 대하여 아이디어를 생성하는 것인 반면에 역 브레인스토밍은 생성해 놓은 아이디어를 실제상황에 적용하거나 실천할 것을 예상해보고 아이디어에 대한 비판점이나 문제점, 약점만을 생성하는 것이다. 아이디어가 가질 수 있는 약점들을 모두 발견해 내고 아이디어가 실천될 때 잘못될 수 있는 것을 예상한 후 최선의 해결방법을 찾는 기법이다. 역 브레인스토밍을 할 때는 평가할 대안의 수가 10개 이내일 경우에 활용하는 것이 효과적이다. 아이디어를 만들어낸 사람이 직접 아이디어 평가에 참여할 수 있으며, 첫 번째 아이디어에 대한 비판을 모두 하고 나면 두 번째 아이디어를 비판한다. 약점이 가장 적고 문제를 잘 해결할 수 있을 것 같은 아이디어를 선택한다. 그 다음 단계는 실천을 위한 행동계획을 세우는 것이다.

(1) 진행절차

- 목표와 문제 확인하기
  - 종이에 선정된 아이디어들의 목록과 함께 목표와 문제를 제시한다.
- 아이디어에 대한 비판 생성하기
  - 아이디어가 적힌 종이에 그 아이디어에 대한 반론을 기록한다.
- 해결책 선정하기
  - 비판된 아이디어를 검토하고 수정하여 가장 적절한 해결책을 찾는다.
- 실천계획 세우기
  - 해결책의 실천을 위한 행동계획 세우기

[표 5-14] 역브레인스토밍의 기록표

문제:			
순서	아이디어	아이디어 비판	문제해결
1			
2			
3			
해결책:			

03 트리즈 원리

TRIZ(트리즈)는 러시아어 Teoriya Resheniya Izobretatelskikh Zadatch의 약자로 영어로는 Theory of Inventive Problem Solving(창의적 문제해결 이론)이다. 옛 소련의 과학자 겐리히 알트슐러(Genrich Altshuller)는 1940년대 당시 군 관련 기술 문제를 해결하던 중에 전 세계 특허 중에서 창의적인 특허 4만 건을 추출·분석한 결과 모든 발명과정에는 공통의 법칙과 경향성이 있는 것을 발견하였다. 창의적으로 문제를 해결할 수 있는 체계적인 문제 해결책을 찾아내고 이를 트리즈(TRIZ)라 하였다.

독일의 미하엘 오를로프(Michael Orloff) 박사와 영국 배스대학의 대럴 만(Darrel Mann) 교수가 현대적으로 수정하여 39가지 기술변수와 40가지 발명원리를 만들었다. 물리적 모순은 시간, 공간, 조건, 전체와 부분 등 분리의 원리로 해결책을 찾는다. 39가지 기술변수를 활용해 그 모순을 정의하고 모순 테이블을 만들어 이들이 충돌할 때 40가지 발명원리를 적용하는 것이다. 세상의 위대한 발명들은 대체로 물리적 모순이나 기술적 모순을 해결한 것이다. 물질장 모델링은 구성요소 간의 상호작용을 물질과 에너지의 특성으로 파악하는 분석법으로 76 표준해결책을, 복잡한 문제는 ARIZ를 적용한다. 장(場)이란 2개의 물질들이 상호작용하는데 필요한 에너지이다.

그림 5-6 TRIZ의 구조

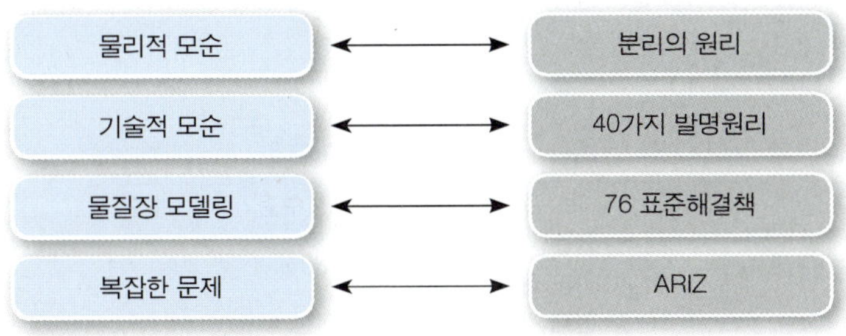

이러한 창의적 사고기법인 TRIZ의 특징은 다음과 같다

- **규칙(regularity):** 주제와 시간에 관계없이 문제가 반복된다.
- **모순(contradiction):** 모순을 타협하지 않고 분리한다.
- **이상성(ideality):** 이상적인 해결안을 설정한 후에 현재의 문제 해결안을 찾아보는 방식을 사용한다.
- **시스템 사고(system thinking):** 문제를 보는 시야를 점이 아닌 선이나 면, 공간으로 본다.
- **기술진화(technology evolution):** 기술도 사회와 마찬가지로 일정한 법칙에 따라 진화한다.
- **물질장 분석(substance-field analysis):** 구성요소 간의 상호작용을 물질과 에너지의 특성으로 파악하는 분석법이다.

1. 발명의 5가지 수준

알트슐러는 러시아 특허 20만 건을 분석한 뒤 먼저 특허발명을 5가지 수준으로 분류하였다. 창의적 문제해결에 어떤 공통된 원리들이 있지 않을까라는 의문을 갖고 찾아낸 원리가 모순의 극복이었다. 트리즈는 3과 4수준의 4만 특허를 분석한 결과 창의적인 문제해결의 공통점은 모순을 극복한 것이었다.

그림 5-7 발명의 5가지 수준

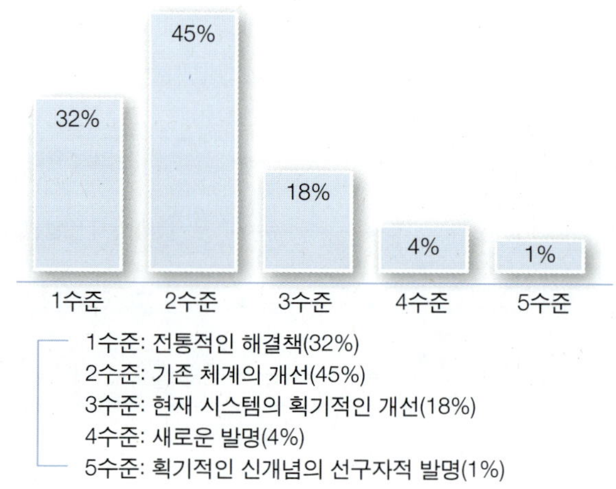

- 1수준: 잘 알려진 해결책으로 개인적 지식으로 이루어지고, 시행착오 횟수가 1~10 정도 되며 발명의 32%가 해당된다.
- 2수준: 동일한 분야에서 기존의 체계를 향상하여 이루어지는 개선으로 현재의 시스템에 기능을 추가하는 개선이다. 산업범위 내의 해당분야 전문지식을 활용한다. 시행착오 횟수가 10~100 정도 되며 발명의 45%가 해당된다.
- 3수준: 현재 시스템의 획기적인 개선으로 이루어지며 타 산업 내 지식을 활용한다. 시행착오 횟수가 100~1,000정도 되며 발명의 18%가 해당된다.
- 4수준: 기술 밖에서의 발명으로 신개념의 시스템을 창조하며 다른 분야의 과학을 사용한 새로운 발명이다. 시행착오 횟수가 1,000~10,000정도 되며 발명의 4%가 해당된다.

- 5수준: 새로운 개념의 발견으로 획기적인 신개념의 선구자적 발명이다. 시행착오 횟수가 10,000~100,000정도 되며 발명의 1%가 해당된다.

2. TRIZ에 의한 문제해결 과정

트리즈에 의한 문제해결 과정은 문제의 분석, 모순도출, 모순의 모델링, TRIZ Tool 적용과 해결책의 평가 등을 거친다. 문제의 정의를 정확히 해야 최선의 해결책이 도출될 수 있다. 이렇게 해서 도출된 해결책은 특허정보 검색을 통하여 지식재산으로 확보되거나 신제품개발에 활용할 수 있다.

그림 5-8 TRIZ에 의한 문제해결 과정

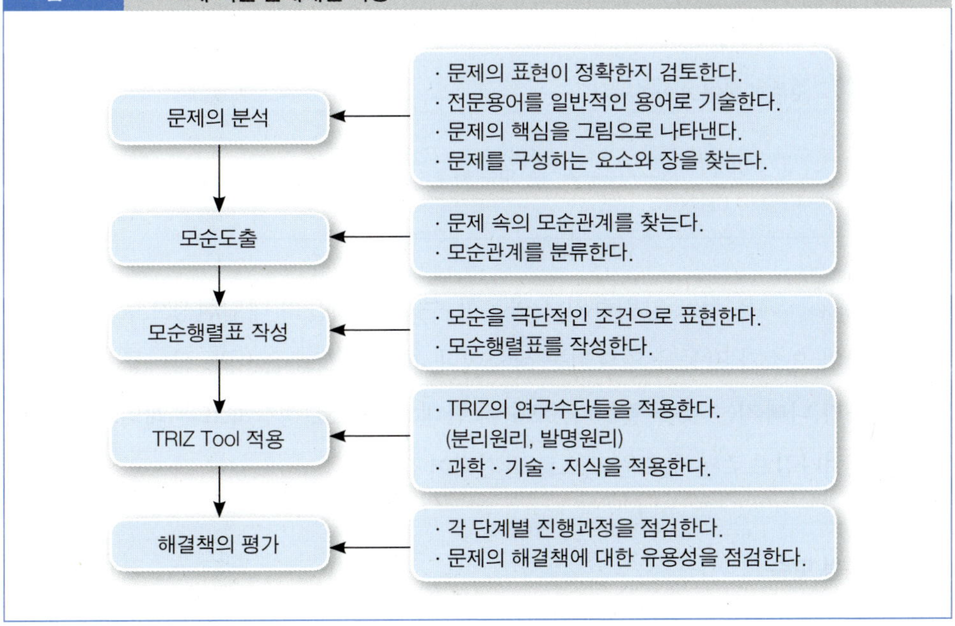

1) 문제의 분석

현재 상태와 이상적인 상태 간의 차이를 발견하기 위해서 당면한 문제가 무엇인지를 정의한다. 문제를 정의한 후에 문제의 도식화(사물의 구조, 관계, 변화 상태 등을 시각화)를 통해서 문제를 재정의하여 핵심적인 문제가 무엇인지 파악한다. 문제를 구성하는 시스템, 환경, 자원, 고객의 요구사항 등을 함께 고려한다. 고객 요구사항(customer requirements)은 고객이 제품이나 서비스에 대하여 요구하는 특정한 특징과 사양이다. 또한 문제분석은 최소한의 시스템의 변화로 문제해결 방안을 찾기 위해 최소 문제(mini-problem)로 서술한다. 이때 전문적인 용어를 사용하지 않고 문제를 일반적인 용어로 기술한다. 필요한 결과를 얻고자 하는 내용을 기술한다.

2) 모순도출

찾아낸 문제 속에서 모순관계를 파악한다. 물리적 모순과 기술적 모순을 분리하고 발생할 수 있는 모순을 찾는다. 또한 선택된 기술적 모순의 특성을 극단적인 상황으로 격상시킨다. 문제해결을 위해 하나의 기술적 특성을 개선하면 다른 기술적 특성에 악영향을 미쳐 또 다른 문제를 야기하는지를 파악한다. 모순을 발견하여 해결하면 바로 발명이 된다. 기술적 모순을 물리적 모순으로 전환한다.

그림 5-9 모순과 발명의 인과관계

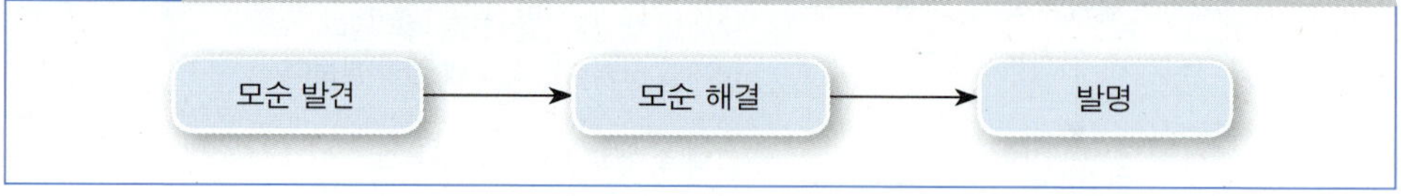

모순(contradiction)은 서로 양립하거나 공존할 수 없는 것들의 대립현상으로 최소한 두 가지 이상의 요소가 갈등을 일으키는 상황이다. 따라서 모순은 어느 하나를 좋게 하면 어느 하나가 나빠지는 것을 말한다. 모순이 반대 세력으로 성장하고 본래의 것과 격렬하게 부딪쳐나감으로써 새로운 것으로 발전되어 간다.

(1) 물리적 모순

물리적 모순(physical contradiction)은 하나의 기술적 변수(parameter)가 서로 양립할 수 없는 다른 값을 동시에 갖는 경우이다. 물리적 모순은 동시 존재함으로써 생기는 모순이다. 물리적 모순은 분리의 법칙으로 해결책을 제시한다. 시스템 내의 한 특성이나 특성의 값에 상호 배타적인 요구가 있는 상황이다. 예를 들면 면도기의 날은 면도성능을 높이기 위해서는 날카로워야 하고, 피부가 손상되는 것을 방지하기 위해서는 무뎌야 한다.

[예 1] 자전거 체인은 단단해야 하지만 동시에 유연해야 한다.

- 회전력을 바퀴에 전달하기 위하여 체인은 단단해야 하고
- 둥근 체인은 휠에 감기기 위하여 유연해야 한다.
- 전체와 부분에 의한 분리

[예 2] 비행기의 착륙 바퀴는 있어야 하지만 동시에 없어야 한다.

- 착륙 바퀴는 착륙 시에는 있어야 하고
- 비행 중에는 저항을 줄이기 위하여 없어야 한다.
- 시간에 의한 분리

그림 5-10 모순의 구조

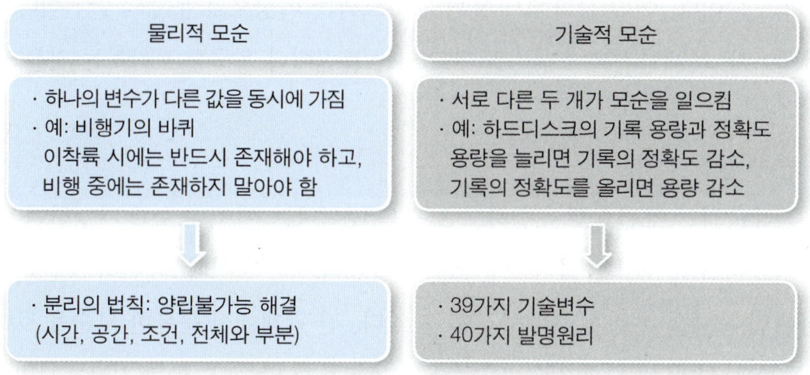

(2) 기술적 모순

기술적 모순은 서로 다른 기술적 변수(parameter)들이 서로 충돌하는 것이다. 시스템의 한 특성을 개선하면 다른 특성이 악화되는 상황이다. 예를 들면 자동차의 가속성능을 향상하면 연비가 나빠지는 현상이다. 이러한 모순을 해결하는 것이 발명이다. 기술적 모순은 40가지 발명원리(40 inventive principles)를 해결책으로 제시한다. 기술적 모순에서 서로 상반되는 기술적 변수(parameter)들에 해당할 수 있는 것들을 39가지로 표준화된다. 물리적 모순은 사물의 본질이지만 기술적 모순은 처리의 결과이다. 따라서 기술적 모순을 더욱 강화하여 물리적 모순으로 전환하여 문제를 해결한다.

[예 1] 서로 다른 두 기술적 요소가 충돌하는 경우

- 하드디스크의 기록의 정확성을 증가하면 기록 용량이 감소
- 기록 용량을 증가시키면 기록의 정확도가 감소

[예 2] 석유회사의 화학공정 반응속도와 불순물 양과의 모순

- 석유 생산량을 늘리면 품질이 저하되고
- 품질을 높이면 생산량이 감소

(3) 관리적 모순

관리적 모순(administrative contradiction)은 문제 해결자에게 부여되는 상반된 요구로 희망과 현실과의 모순이다. 어떤 상황에서 불편하게 느끼는 현상으로 문제의 발견이나 욕구도출의 단계이다. 문제발견은 고객이 느끼고 있는 불편이나 욕구를 포착하는 것을 말한다.

3) 모순행렬표 작성

모순을 극단적인 조건으로 표현하고 모순을 벗어나는 어떤 요소를 가정한다. 이러한 핵심은 기술적 모순에서 물리적 모순으로 이끌어나가는 것이다. 왜냐하면 물리적 모순을 알아내면 문제를 본질적으로 해결할 수 있다. 전 단계에서 분류한 모순을 토대로 모순행렬표를 작성한다. 39개 기술변수로 모순행렬표를 만든다. 39개 기술투입변수는 기술시스템의 가장 중요한 특징이다. 질량, 길이, 부피, 신뢰성, 속도, 온도, 측정의 정확성, 제조의 정확성 등 39개 변수는 기술적 모순의 속성으로써 표에 나타나고 표준용어로 시

[표 5-15] 모순행렬표

악화변수 개선변수		1	4	9	29	32	36
		움직이는 물체의 무게	고정된 물체의 길이	속도	제조의 정확성	제조용이성	장치의 복잡성
9	속도			3, 11, 1, 27	28, 27, 35, 26		35, 3, 24, 37
21	곡선화	2, 28, 13, 38		11, 16, 29	28, 32, 1, 24		
17	온도	8, 1, 37, 18		3, 35, 13, 21	35, 10, 23, 24		3, 28, 35, 37
25	시간의 낭비	35, 26, 24, 37		1, 35, 10, 38	1, 10, 34, 28		

스템 안에 있는 기술적 모순을 형성하는데 도움이 된다. 기술적 모순은 모순행렬표를 작성하고 모순해결을 위해 40개 발명원리를 적용해 본다. 동력 드릴을 개선하기 위한 예를 들면 동력은 증가하는데 속도는 떨어져 사전예방조치, 조처 과부족, 공압이나 유압 사용 등으로 모순을 해결할 수 있다.

4) TRIZ Tool 적용

많은 발명은 적은 수의 해결원리에 근거한다. 모순해결은 혁신이지만, 절충(compromise)은 혁신적 해결책이 아니다. 기술체계의 진화는 패턴에 근거하고 부분적으로 예측할 수 있다. 모순의 해결책을 찾기 위해 39가지 기술변수, 40가지 발명원리와 분리원리 등과 같은 TRIZ의 연구수단들을 적용한다. 문제(기술적 모순)는 한 변수를 개선하면 다른 변수가 악화되는 것이다. 구체적인 문제를 해결하는데 사용할 수 있는 일반적인 해결책을 찾아내기 위해 먼저 미래에 사용될 수 있는 관계나 상관관계를 찾아내서 문제와 해결책을 분류한다. 일반적인 경우를 추상화할 때 문제와 해결책을 상관관계나 관련성에 따라 분류하는 것이 필요하다. 구체적인 해결책을 끌어내기 위해 관련성을 설정하는 것이다. TRIZ 원리를 끌어내어 해결책을 찾을 때 공통적인 상관관계를 설정하기 위해 문제와 해결책을 분류하는 것이 중요하다.

그림 5-11 TRIZ 적용도구

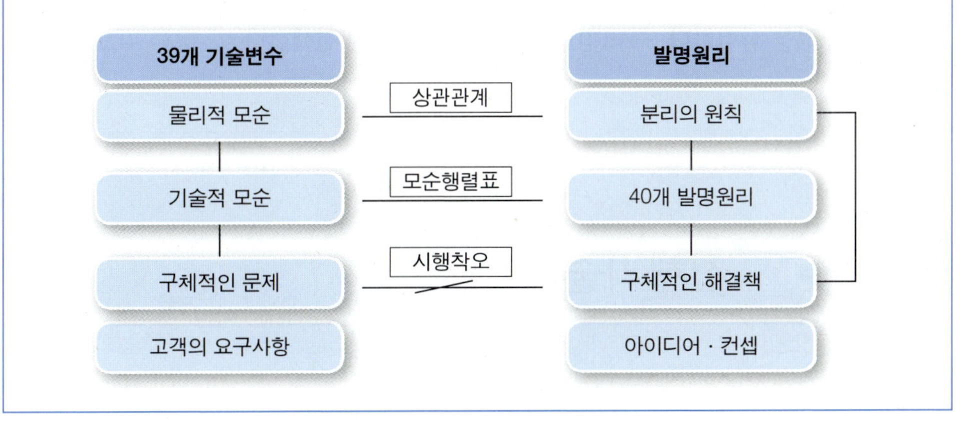

위 그림은 기술적 모순과 40개 발명원리에 근거한 해결책을 찾는 방법을 보여준다. 물리적 모순은 고속과 저속, 경질과 연질, 고형물질과 투과물질, 거친 성질과 연한 성질,

동적 성질과 고정 성질, 냉기와 온기, 그리고 대소 등이다. 이러한 성질들은 물리적 모순으로 분류하고 분리의 원칙을 적용한다. 기술적 모순으로부터 물리적 모순을 형성하는 것은 모순을 깨뜨리는 데 사용된다.

5) 해결책의 평가

각 단계별 진행과정을 마지막으로 점검하고 문제의 해결책에 대한 유용성을 평가한다. 해결안을 검증하고 필요하다면 기술적 해결안을 수정한다. 해결책이 본래의 목적대로 도출되었는지를 평가하는 것이다. 다음은 주요 평가사항이다.

- 주요 해결사항이 시스템의 복잡성을 증가하게 하는가?
- 어떤 물리적 모순이 해결이 되었는가?
- 어느 요소가 어떻게 제어되는가?
- 여러 사이클 사용에도 내구성에는 문제가 없는가?

도출된 해결안이 어떤 유용한 효과를 발생하는지와 적용할 수 있는지를 검토한다. 일반적인 해결원리를 기술하고 다른 문제에 대한 해결원리를 바로 적용이 가능한지 검토한다. 또한 다른 문제에 해결원리를 반대로 적용할 수 있는지 검토한다. 추가 발명, 설계도, 계산, 조직의 변화에 대한 저항극복 등에 관한 목록을 작성한다. 특허를 검색하여 특허등록 가능성을 점검한다. 특허청 특허 DB를 활용하여 검색한다.

04 선행기술의 조사

선행기술 조사는 연구자들이 연구개발을 하기 전에 연구동향을 조사하기 위해 선행문헌을 조사하거나, 연구개발 완료 단계에서 특허출원을 하기 전에 유효한 권리획득 등을 목적으로 선행문헌을 조사하는 것이다. 여기서는 선행기술 조사는 특허정보의 조사로 한정하여 설명한다. 따라서 특허정보의 조사는 기술개발의 갭을 찾고 중복연구를 방지하기 위한 것이다. 발명은 자연법칙을 이용한 기술적 사상의 창작으로써 고도한 것으로 정의하며, 불특허 사유에 해당되지 않고 다른 선출원이 없는 경우에만 배타적 권리를 특허출원일로부터 20년간 부여한다. 신기술을 발명한 자에게 기술을 공개하는 대가로 독점권을 부여하는 동시에 제3자에게 공개된 신기술의 이용 기회를 부여하는 제도이다. 산업재산권에는 특허권, 실용신안권, 디자인권, 상표권 등이 있다.

1. 특허정보의 조사목적과 활용

특허는 특허정보를 일반에 공개하는 대가로 특허권자에게 부여되는 독점적 권리이다. 특허정보를 조사하는 목적은 신기술 개발을 위한 기초자료를 입수하고, 특허출원 전 권리획득 가능성을 검토할 뿐만 아니라 향후 특허분쟁에 대비하기 위한 증거자료를 확보하기 위한 것이다. 또한 특허정보의 검색은 현재 기술동향을 파악하여 신제품개발에 유용하게 활용할 수 있다. 신제품은 고객의 요구사항을 기술적 변수로 변환하는 과정에서 이를 구현할 기술을 필요로 한다. 기술주도로 신제품을 개발하여 고객에게 제공하는 경우도 있다. 특허정보 조사는 기술동향 및 권리동향을 파악하여 미개척 대상 분야, 즉, 기술 갭을 찾을 수 있을 뿐만 아니라 새로운 제품개발에 대한 아이디어를 창안하는데 매우 유용한 방법이다. 또한 연구개발 방향을 수립하고 연구개발 중에 일어나는 문제를 해결하기 위한 아이디어를 찾을 수 있다. 그리고 연구개발을 통하여 확보한 기술이 특허권으로 이미 출원되었다면 연구개발에 기울인 비용, 시간과 노력은 낭비되는 불필요한 중복연구가 된다. 사전에 선행기술을 파악하여 중복연구를 예방할 필요가 있다. 다음은 선행기술을 조사하는 목적이다.

① 신기술이나 신제품개발을 위한 기초자료

- 관련기술 분야의 개발동향 파악
- 연구개발 주제를 선정하거나 미래기술 예측
- 선행기술조사로 중복연구 및 중복투자 방지
- 기술개발 시 문제점 해결을 위한 아이디어 발견

- 타사의 기술개발 동향 파악
- 종래 기술의 문제점 파악과 참고
- 특허취득 가능성 판단 및 기술적 범위의 확인
- 무용한 특허출원여부 사전 검토

② **특허분쟁에 대처하기 위한 증거자료**

- 자사의 실시기술에 대한 공지기술 확보
- 타사 보유 특허조사로 특허분쟁 사전 예방
- 침해가능 특허에 대한 회피설계 가능여부 파악
- 특허권 소멸여부 확인

2. 특허 정보조사의 종류

특허 기술정보는 최신 기술정보의 원천으로 기술 배경, 문제점 및 해결방법이 구체적으로 구현되어 제품개발의 아이디어 및 적용기술 개발에 효과적으로 활용할 수 있다. 이러한 신제품개발과 관련된 특허정보를 조사하는 대표적인 방법이 몇 가지 있다.

1) 서지사항 조사

서지(書誌)사항은 책이나 문헌에 대한 내용으로 서지사항 조사(bibliographic search)는 발명자·출원인 등의 인명정보, 특허권자, 출원번호, 공개번호, 등록번호 등을 파악하기 위해 특허공보의 서지사항을 조사하는 것이다. 이를 통하여 경쟁자의 특허권이나 기술개발 동향을 파악할 수 있다.

2) 특허성 조사

특허성 조사(patentability search)는 특허출원 전에 특정 발명이 특허를 받을 수 있는 특허의 유용성, 산업성, 신기성을 구비하고 있는지를 판단하기 위해 선행자료를 조사하는 것이다. 권리취득 가능성을 미리 확인한 후 출원여부를 결정하거나, 청구범위를 변경할 수 있도록 권리를 취득하기 위해 수행하는 조사이다. 즉, 선행기술이 존재하는지 조사하는 것이다.

3) 특정 기술 분야 조사

특정한 기술 분야에 대한 개괄적인 조사로 보다 효과적이고 전략적인 연구개발 추진을 위해 관련된 특허정보를 광범위로 조사하거나 분석하기 위하여 수행하는 조사이다. 조사방법에 따라 관련 자료를 수집하는 기초 정보조사, 기술을 분류하는 분류 정보조사와 기술을 분류하고 분석하는 분석 정보조사가 있다.

3. 특허정보 검색

미국 특허청 조사에 의하면 특허문헌에 공개된 71%가 다른 문헌에서는 공개되지 않았다. 특허청에서 제공하는 특허정보 검색서비스와 e특허나라에서 특허정보를 검색할 수 있다.

① 한국

- 한국특허정보원(http://www.kipris.or.kr): 국내 산재권(무료)
- e특허나라(http://www.patentmap.or.kr): 국내 산재권(무료)
- 윕스(http://www.wips.co.kr): 국내외 산재권 (유료)

② 해외

- 미국특허청(http://www.uspto.gov): 무료
- 일본특허청(http://www.jpo-miti.go.jp): 무료
- 유럽공동체특허청(http://www.epo.co.at): 무료
- 세계지식재산권기구(http://www.wipo.org): 무료
- IBM특허정보검색(http://www.dolphion.com): 미국, 유럽, 일본 등 세계 주요국의 특허정보(유료)

05 제품 아이디어 선별

1. 사업기회의 선정

창조적인 제품은 새로움과 유용성이 있어야 한다. 새로움(newness)은 독창성(originality)과 관련이 있다. 유용성(usefulness)은 고객과 사회적 가치에서 창조성에 종종 이바지한다. 새롭고 성공적인 제품이 현실에 근거하여 어떤 사람의 번뜩이는 아이디어의 결과로 산출되는 것이다. 창조성은 하늘에서 저절로 떨어지는 것이 아니다. Edison, Curie, Einstein과 Picasso 등은 모두 열심히 일하고 큰 아이디어를 산출하는데 집중했다. 천재적인 아이디어는 어느 날 갑자기 온다는 믿음은 어리석다.

그림 5-12 제품 아이디어 선별과정

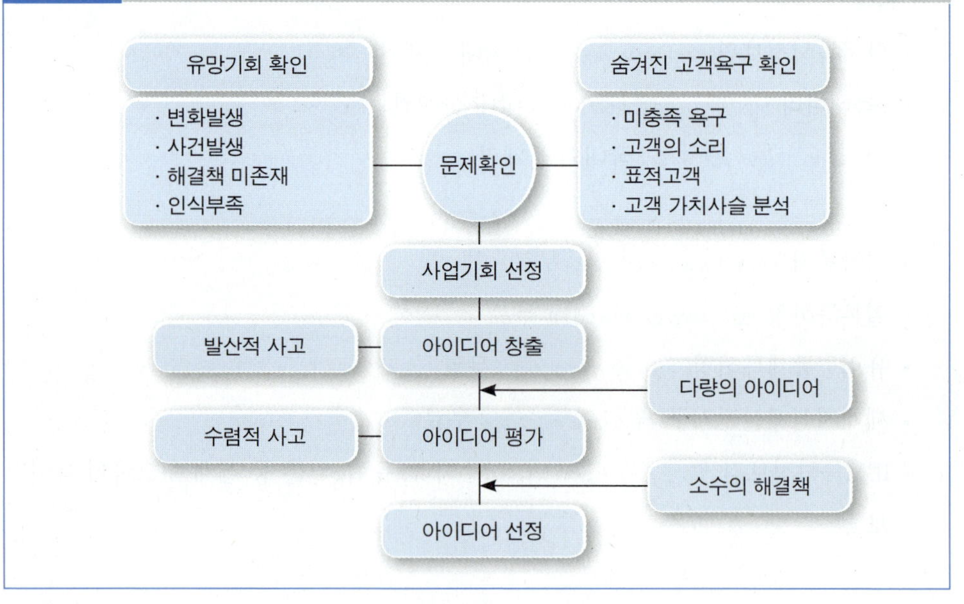

창조적인 사고과정으로 창출된 제품 아이디어(product idea)는 기업이 찾아내어 시장에 제공하는 가능한 제품을 위한 아이디어이다. 제품 아이디어 선별과정은 창조적인 사고과정으로 문제확인으로 시작하여 사업기회를 선정하고 아이디어를 창출하는 연속적인 과정이다.

1) 유망기회의 확인

기회(opportunity)는 기업에게 신제품, 서비스나 사업을 위한 욕구를 창출하는 일련의 호의적인 환경이다. 어떤 변화나 사건이 사회에 발생하였는데 이를 해결할 대상이 존재하지 않는다거나 있더라도 불편하다면 사업기회가 되는 것이다. 이러한 현상은 시장을 불완전하게 정의하거나 기회를 인식하여 포착하지 않았기 때문에 발생할 수 있다. 기회는 현실적인데 아직까지 시장에 해결책이 제시되어 있지 않다면 매우 좋은 여건이다. 새로운 역량이나 기술, 충분히 이용하지 않거나 제공되지 않은 자원은 잠재고객을 위한 새로운 가치를 창출할 수 있는 좋은 조건이다. 아무리 좋은 아이디어라도 사회문화적으로 수용하기 어렵고 법적 규제가 있다면 초기에 탈락하는 것이 바람직하다. 따라서 유망기회를 확인하기 위해서 아래와 같은 질문에서 해답을 찾는다.

- 기회는 현실적인가?
- 아직까지 해결책이 제시되지 않았는가?
- 소비자가 구입할 것인가?
- 제공할 만한 가치가 있는가?
- 충분한 잠재수익을 제공하는가?
- 경쟁우위를 가져오는가?

2) 숨겨진 고객욕구 확인

욕구는 고객의 행동을 유발시키는 동기의 직접적인 원인이 된다. 경쟁자와 차별하기 위해서는 소비자의 숨겨진 욕구(hidden need)를 발견하는 것이다. 미충족 시장욕구, 제공되지 않은 제품이나 서비스, 정의하지 않은 기술, 발명이나 제품 아이디어 등은 모두 시장기회가 된다. 고객욕구의 확인 과정은 표적시장의 고객에 대한 정보를 정확하게 수집·분석하여 고객의 미충족 욕구, 숨겨진 욕구, 과소제공이나 미제공 욕구와 불만족한 욕구 등을 확인하여 시장기회를 찾는 과정이다. 숨겨진 욕구의 탐구는 혁신적이고, 비약적인 제품을 창출할 수 있는 기회이다. 회사가 숨겨진 욕구를 처리한다면 고객욕구의 충족과 차별화의 경쟁력을 갖기 때문에 소비자의 욕구를 끊임없이 처리·개발하고 해결책을 창출해야 한다.

3) 문제확인

근원적인 문제를 해결하기 위해서는 징후(symptom)가 아니라 원인(cause)을 다루어야 한다. 예를 들면 열병으로 아스피린을 복용한다면 원인이 아니라 징후를 처리하는 것이다. 이것은 임시적 안도를 경험할 수 있으나 원인이 해결되지 않은 채로 남아있기 때문에 열병은 다시 되돌아올 것이다. 제품판매와 관련된 문제도 마찬가지이다. 예를 들면 제품의 판매가 저조할 때 제품력이나 포지션을 개선하기보다 판촉에 집중하는 경우 일시적인 매출증가를 가져올 수 있으나 그 효과는 단기에 그칠 수 있다.

문제(problem)는 현재 상태(actual state)에서 개선된 상태(ideal state)로 변환이 가능한 상황으로 현재 상태와 이상적인 상태 간의 차이를 말한다. 이것은 바라는 결과나 행동의 표준과 직간접적으로 관련되어 있다. 분명하게 정의되고 구체적인 문제를 확인하는 것은 문제해결 과정을 성공적으로 수행하는 중요한 단계이다. 문제에는 위험과 기회의 두 측면이 있다. 기회확인은 문제를 알아차리고 문제를 해결하는 방법을 발견하는 것이다. 문제는 직관, 행운이나 기회와 같은 단순한 방법과 관찰을 통해서도 알 수 있다.

사업기회는 문제를 해결하기 위하여 체계적으로 시작해야 한다. 적합한 제품 아이디어를 얻는 것은 제품개발 초기 단계에 제품판매의 불확실성을 감소하기 위해 매우 중요하다. 고객욕구의 확인과 기술적 기반으로 이루어지는 새로운 해결책은 고객의 새로운 사용계획을 유발하고 표적집단을 개발하는 것이다. 따라서 기회확인은 시장에 있는 공백을 찾는 것이다. 그러나 시장에 있는 공백(gap)은 고객의 욕구가 있는 시장이지만, 소매업자나 제조업자에게 이익이 되는 충분히 큰 시장을 의미하지는 않는다. 따라서 고객의 욕구가 있고 충분히 규모 있는 시장의 공백이어야 매력적이다. 다음은 매력적인 아이디어를 발견하는 방법이다.

- 시장에 있는 공백을 찾는다.
- 경쟁이 서투른 것을 찾는다.
- 고객을 위해 문제를 해결한다.
- 아이디어를 새로운 방법으로 결합한다.
- 완전히 새로운 아이디어를 찾는다.
- 창조적인, 모방적인 새로운 방식으로 생각한다.
- 다른 사람의 성공적인 아이디어를 모방한다.

- 아이디어를 추가한다.
- 제품, 서비스나 공정을 개선한다.
- 자신의 취미나 기량을 개발한다.
- 다른 사람이 "~라면 좋을 텐데"가 공백의 표현이다.

2. 아이디어의 창출

아이디어 창출은 시장기회와 고객의 숨겨진 욕구에서 찾아낸 정보와 자신의 영감을 회사의 사명과 목적에 적합하게 많은 아이디어로 변환하는 것으로 시작한다. 경영자, R&D 직원, 마케팅 직원들은 내부원천이나 외부원천으로부터 영감을 찾음으로써 활발하게 새로운 아이디어를 탐색하려고 노력한다.

- **내부원천:** 경영자, R&D 부서, 마케팅 직원, 영업직원, 종업원, 기술자
- **외부원천:** 현재 고객, 선도사용자, 특허, 경쟁자, 공급자, 공공정보, 협회 잡지, 외부 컨설턴트, 업계 전문가, 유통 구성원, 대학, 정보, 법·규제

문제중심 질문은 아이디어 창출을 위한 좋은 출발이다. 내·외부 원천으로부터 수집

[표 5-16] 아이디어의 자극 요인

구분	요소
차원 수	큰, 작은, 긴, 짧은, 두꺼운, 얇은, 깊은, 얕은, 수평 위치, 수직 위치, 십자형, 경사, 병렬, 계층화, 반전, 역으로
수량	더 많은, 더 적은, 비율 변경, 세분, 결합, 추가, 완성
순서	배열, 우선순위, 시작, 조립, 분해, 집중
시간	빠르게, 느리게, 더 짧은, 연대기, 영속적, 동시, 기대, 갱신, 반복, 교대
원인결과	자극, 격려, 강화, 더 크게, 부드러운, 변경, 파괴, 영향상쇄
특성	강한, 약한, 변경, 변환, 대체, 교환, 안정화, 반전, 탄력, 균일, 저렴한, 비싼, 색상 추가, 색상 변경
형태	동적, 고요, 가속, 감속, 방향, 이탈, 매력, 격퇴, 인정, 금지, 해제, 감소, 회전, 동요, 진동
상태	더운, 추운, 경화, 연화, 성형, 개폐, 부드럽게, 일회용, 통합, 부분, 전체, 액화, 기화, 분쇄, 마모, 윤활, 대소, 건조, 절연, 거품, 응고, 신축성
신시장 적용	기존시장, 신시장, 국내시장, 해외시장
	남성, 여성, 아동, 직장인, 장년층

한 정보를 아이디어로 변환하려면 이를 자극하는 요인을 활용하는 것이 효과적이다. 기회와 고객욕구의 탐색을 통해 문제점을 해결하기 위한 자극 요인은 차원 수, 수량, 순서, 시간, 원인결과, 특성, 형태, 상태나 신시장 적용 등에 관한 요소들이 있다.

아이디어 창출은 브레인스토밍으로 시작한다. 브레인스토밍은 특정한 주제에 관한 대안이나 해결책을 창출하기 위해 집단에 적합한 창조적 사고과정이다. 훌륭한 브레인스토밍은 아이디어의 양과 창조성에 집중한다. 아이디어의 질에 집중하는 것은 단순히 양에 집중하는 것보다 덜 중요하다. 많은 아이디어에서 불필요한 아이디어를 제거하기 위해 아이디어를 창출한 후에는 아이디어를 분류하고, 평가하여, 우선순위를 정한다. 아이디어 창출은 경영진, 직원과 잠재고객뿐만 아니라 이해관계자 집단을 포함하는 것이 바람직하다. 시장기회와 고객욕구 파악의 결과로 만든 브레인스토밍의 주제를 모든 사람이 확실히 이해할 수 있도록 사전에 충분히 설명한다. 바라는 결과와 관련된 가능한 아이디어를 창출하기 위해 아이디어를 자극할 질문이 많이 있다. 시장기회와 고객욕구 확인을 통해서 제공되지 않은 문제에 대한 해결책이 바로 아이디어가 된다. 이러한 아이디어는 확산적 사고를 통해서 많은 아이디어를 생산하고 수렴적 사고를 통해 최적의 아이디어를 선별하는 것이다.

그림 5-13 최적의 아이디어 산출과 선별

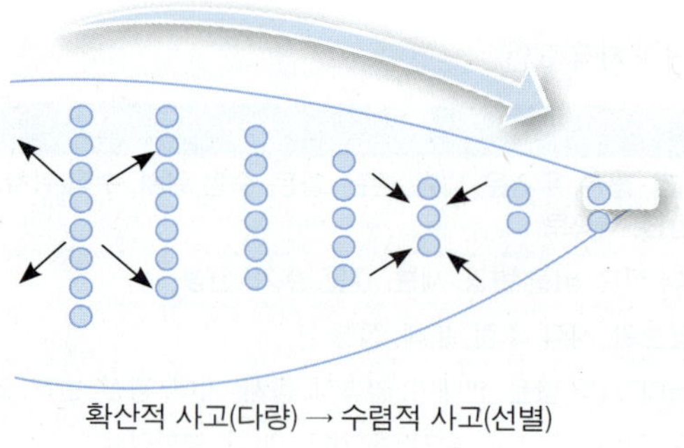

3. 아이디어의 평가

1) 아이디어의 일차평가

아이디어의 선별은 여러 차례에 걸쳐 시행한다. 창출된 아이디어가 많을수록 좋은 아이디어를 많이 생산할 수 있지만, 아이디어가 양적으로 많다고 해서 모두 다 좋은 아이디어라 할 수 없다. 그렇기 때문에 아이디어를 선별할 필요가 있다. 일차선별의 목적은 초기에 열등한 아이디어를 제거하는 것이다. 선별할 때 중요한 점은 좋은 아이디어를 제거하는 탈락오류(drop error)와 불충분한 아이디어를 제품개발과 상업화로 진행하는 진행오류(go error)이다. 평가방법은 현재 경쟁자 제품이나 자사제품을 기준으로 하여 기준안을 만들고 기준안보다 우수하면 +1점을, 동일하면 0점을, 열등하면 ?1점을 주어 총합하여 순위를 정한다. 여기서는 전체 안 중에서 개략적인 평가에 지나지 않기 때문에 각 안별로 비교하여 비교적 우수한 안을 적정한 숫자만큼 선별한다. [표 5-17]의 아이디어 1차 평가표를 활용한다.

[표 5-17] 아이디어 1차 평가표

평가질문	기준안	1안	2안	3안
기회가 현실적이다.	0			
시장에 있는 공백이다	0			
숨겨진 욕구이다	0			
제공되지 않은 욕구이다.	0			
고객을 위한 문제해결이다.	0			
아직까지 해결책이 제시되지 않았다	0			
불만족을 해결한 것이다.	0			
제공할 만한 가치가 있다.	0			
소비자가 구입할 것이다.	0			
충분한 잠재적 수익을 제공한다.	0			
완전히 새로운 아이디어이다.	0			
새로운 방법으로 결합한 아이디어이다.	0			
모방한 아이디어이다.	0			
제품, 서비스나 공정을 개선한 것이다.	0			
합 계				
순 위				

2) 아이디어의 최종평가

참으로 좋은 아이디어인가? 필요한 것과 불필요한 것을 많은 아이디어 중에서 선별하는 과정이 최종평가 과정이다. 이 단계에서 과제는 추가적인 탐색을 위한 적절한 아이디어를 확인하고 결정하는 것이다. 기술과 시장용어로 소비자의 관점에서 바라는 것과 타당성 간의 균형을 발견하는 것이다. 시장반응과 기술적 요구조건에 관한 정밀한 정보가 이 단계에서 이용할 수 없기 때문에 직관이나 육감에 의존할 필요가 있다. 심사할 때 탈락오류와 진행오류 등 2가지 잠재적 위험을 기억해야 한다. 아이디어 선별의 목표는 성공할 가능성이 낮은 제품 아이디어를 제거하고 최선의 아이디어를 선택하는 것이다. 그러나 실무에서 최선의 아이디어를 선택하는 것을 종종 실패한다. 실패이유는 불충분한 심사체계의 사용, 동기와 반응의 부족, 다른 사람의 아이디어에 대한 부정적인 태도 등이 있다. 아이디어의 분석과 평가는 단계가 많을수록 성공과 실패에 대한 확신성은 높아지나 상대적으로 비용과 시간이 많이 소요되는 상충관계이다. 따라서 최적해를 탈락하는 오류와 불량해를 선택하는 오류를 범하지 않기 위하여 평가기준을 사용하는 것이 효과적이다. 최종 평가는 이전단계에서 얻은 새로운 정보에 근거하여 아이디어를 재평가하는 것이다. 진행결정(go decision)은 아이디어를 사업분석으로 이동하는 것으로 시간과 돈에서 더 높은 투자를 필요로 한다. 여기서는 최종 평가를 위해 가중치를 둔 평가표를 사용할 수 있다. [표 5-18]의 아이디어 최종 가중치 평가표를 활용하여 각각의 평가항목에 대해 10점 척도를 사용하는 것이 좋다. 1~2차에서 넘어온 각안을 평가하고 비교하여 득점이 많은 안을 선택할 수도 있고, 각각의 안에서 우수한 평가요소를 결합할 수도 있다.

[표 5-18] 아이디어 최종 가중치 평가표

평가항목		가중치	점수	가중 평가치
전략	회사 전략과의 적합성			
	회사 이미지 일치성			
	법적 제약성			
	수익성			
기술	기술개발 능력			
	기술개발 기간			
	기술개발 비용			

평가항목		가중치	점수	가중 평가치
마케팅	고객가치			
	고객편익			
	제품차별성			
	경쟁상황			
	시장규모			
	타제품과 잠식여부			
	매출기여도			
생산	생산원가			
	생산인력			
	생산능력			
	원자재 조달능력			
OO안	합 계	100		
	순 위			

Sense **천재들의 사고 전략(by Michael Michalko)**

대부분의 사람들은 어떤 문제에 직면할 때 전에 했던 과거 경험에 근거한 가장 잘 될 것 같은 방법을 분석적으로 선택한다. 이와 대조적으로 천재는 재생적(reproductive)이 아니라 생산적(productive)으로 생각한다. 예를 들면 문제에 직면할 때 천재들은 다른 방법으로 볼 수 없을까? 다른 방법을 생각할 수 없을까? 문제를 해결한 다른 사람들에 의해서 배운 바가 아니라 다른 방법으로 문제를 해결할 수 없을까? 그들은 색다르고 독특한 많은 다른 반응을 생각해낸다.

생산적인 사고가(productive thinker)는 13을 표현하는 방법이 많다고 말한다. 즉, 1/13, 1과 3, 11과 2 등 표현의 방법이 많다. 생산적인 사고로 많은 대안을 창안한다. 아인슈타인이 그와 보통 사람과의 차이를 질문 받았을 때 보통 사람들에게 건초 더미에서 바늘을 찾으라고 한다면 바늘을 발견했을 때 보통 사람들은 멈출 것이다. 그러나 자신은 가능한 모든 바늘을 찾기 위해서 전체 건초 더미를 벗기어 낼 것이다. 미국의 물리학자인 파인먼(Richard Philips Feynman)은 천재의 비밀은 과거 사상가 문제에 대해 생각하는 방법을 무시하는 자신의 능력이 있다고 느끼고, 새로운 사고방식을 창안한다. 천재는 다양한 대안과 추측의 예측할 수 없는 생산을 한다는 점에서 생물학적 진화와 유사하다고 한다.

① 다른 방식의 문제인식

천재들은 매우 다른 방식으로 문제를 본다. 천재는 누구도 시도하지 않은 새로운 관점에서 발견을 종종 해낸다. 레오나르도 다 빈치(Leonardo da Vinci)는 문제에 관한 지식을 얻기 위해 다른 방식으로 재구성하는 방법을 시도한다. 그는 사물을 보는 독특한 방식에 너무 편향되었다고 느껴 하나의 관점에서 바라봄으로써 문제를 재구축하고 나서 다른 관점으로 이동한다. 이동은 이해를 깊게 하고 문제의 본질을 알게 한다. 아인슈타인의 상대성 이론은 상이한 관점 간의 상호작용의 기술이다. 프로이트의 분석방법은 전통적인 방법과 맞지 않는 완전히 새로운 관점을 찾아낸 것이다. 문제를 창조적으로 해결하기 위해 생각하는 사람은 과거의 경험에서 비롯되는 초기 접근법을 포기하고, 문제를 재개념화한다. 기존의 문제를 해결하는 것이 아니라 오히려 새로운 문제를 확인하는 것이다.

② 생각의 시각화

천재들은 생각을 시각적(visible)으로 만든다. 르네상스 시대에 있어서 창조성은 괄목할 만하게 팽창하였는데, 다빈치와 갈릴레오처럼 회화나 도해해서 방대한 지식을 기록하였을 뿐만 아니라 전달하였다. 갈릴레오는 자신의 사상을 시각화하여 과학을 대변혁하였으나, 그의 동료들은 전통적인 수학과 언어적 접근만을 사용하였다. 천재들은 최소한의 언어기능을 사용하기 때문에 그들만이 다른 방식으로 정보를 표시할 수 있는 공간적·시각적 능력을 개발한다. 아인슈타인이 문제를 생각할 때 도해를 사용하여 주제를 형성하는 것이 필요하다는 것을 발견하였다. 매우 시각적인 정신을 갖고 있었고, 추리를 수학이나 언어적으로 생각하기 보다는 오히려 시각과 공간적 형태로 생각하였다. 그는 단어와 수가 사고과정에서 중요한 역할을 하지 않는다고 믿었다.

③ 신기한 결합

천재들은 신기한 것을 결합한다. 불일치하거나 특이한 것이라도 아이디어, 이미지와 생각을 다른 조합으로 결합하고 또 재결합한다. 그레고르 멘델(Gregor Mendel)은 수도원의 정원에서 완두의 교배실험을 하던 중 1865년에 유전의 모든 법칙을 명확하게 밝혔는데, 당시의 학계로부터는 인정받지 못하였다. 현대 유전학에 근거한 유전법칙은 멘델로부터 왔고, 그는 새로운 과학을 창조하기 위해 수학과 생물학을 결합하였다.

④ 관계형성

천재들은 사물 간의 관계를 형성하여 새로운 사물을 창조한다. 천재적 미술가·과학자·기술자·사상가인 레오나르도 다빈치(Leonardo da Vinci)는 물을 치는 돌과 벨소리 간의 관계를 억지로 맺었다. 이것은 소리가 파동 안에서 이동하는 것을 연결했다. 미국의 화가·전신발명가 새뮤얼 모스(Samuel Finley Breese Morse)는 1837년 독자적인 알파벳 기호와 자기장치를 완성하였는데 이 기호가 개량된 것이 모스부호이다. 그는 말을 위해 역을 중계하는 것을 관찰할 때 전신신호용 교대역을 발명하였다. 이처럼 천재들은 다른 주제들을 연결하여 새로운 것으로 관계를 창조한다.

⑤ 역설적인 사고

천재들은 반대로 생각한다. 물리학자겸 철학자인 봄(David Bohm)은 반대 사물이나 두 양립할 수 없는 대상 간에 모순을 허용할 수 있기 때문에 천재들은 다른 생각을 할 수 있다고 믿는다. 로텐버그(Rothenberg)는 아이슈타인, 모차르트, 에디슨, 파스퇴르와 피카소를 포함한 천재들에게서 이러한 능력을 발견하였다. 물리학자인 닐스 보어(Niels Bohr)는 상반된 것을 함께 갖고 있을 때 생각을 일시 중지하고 마음은 새로운 수준으로 이동하였다. 생각의 일시중지는 행동하고 새로운 형태를 창조하려는 생각보다 뛰어난 지혜를 낳는다.

반대의 소용돌이는 새로운 관점이 마음에서 자유롭게 달아오르는 조건을 창조한다. 입자와 파동 모두로 빛을 상상하는 닐스 보어의 능력은 상보성의 원리(complementarity)가 되었다. 에디슨이 발견한 조명의 실제 시스템은 전통적인 사고방식으로는 생각할 수 없는 것으로 두 개의 공 안에 고저항 필라멘트가 있는 병렬회로 선으로 연결한 것이다. 왜냐하면 에디슨은 두 개의 양립 불가능한 대상 사이에 모순을 허용할 수 있었기 때문에 큰 발전이 되는 관계를 볼 수 있었다.

⑥ 은유적 사고

천재들은 은유적으로 생각한다. 아리스토텔레스는 은유(metaphor)를 천재의 신호라고 하였다. 존재의 분리된 두 영역 사이에서 유사성을 인식하고 그들을 연결하는 능력을 갖는 개인들은 특별한 재능의 소유자라고 믿었다. 닮지 않는 사물들이 어떤 면에서 실제로 비슷하다면 아마 다른 면에서도 비슷하다. 전화기 발명가인 벨(Alexander Graham Bell)은 귀의 내부동작과 강철을 움직이는 막(membrane)의 튼튼한 조직을 비교하여 전화기를 상상하였다. 아인슈타인은 열차가 지나가는 동안 연단에 서있거나 배 위에서 노를 젓는 것처럼 일상의 사건에 유추(analogy)를 끌어냄으로써 추상적인 원리를 설명하였다.

⑦ 기회를 위한 준비

천재들은 기회를 위해 자신을 준비한다. 어떤 일을 시도하고 실패할 때마다 뭔가 다른 일을 끝낸다. 이것은 창조적 사건의 첫째 원리이다. 의도했던 것을 하는데 실패한 이유를 자신에게 묻는다. 이것은 합리적인 질문이다. 그러나 창조적인 사건은 다른 질문을 야기한다. 질문에 신기하게 답변하기 때문에 예상하지 않은 방법은 본질적인 창조적 행동이다. 행운이 아니라 최상위의 창조적인 통찰력이다.

페니실린을 발견한 영국의 세균학자 플레밍(Alexander Fleming)은 치명적인 박테리아를 연구한 첫 번째 의사가 아니다. 덜 재능 있는 의사는 겉으로는 무관한 사건을 폐기했지만, 플레밍은 흥미 있는 것으로 인식하고 가능성이 있는지를 궁금해 하였다. 이러한 흥미 있는 관찰로 페니실린에 이르게 되었다. 에디슨은 탄소 필라멘트를 만드는 방법을 숙고하는 동안 그의 손가락을 돌리고 틀면서 한 조각의 퍼티(putty)를 갖고 놀았다. 그의 손아래를 내려다볼 때 답이 눈 사이에서 스쳤다. 퍼티 끝처럼 탄소의 끝부분을 비틀었다. 스키너(Skinner)는 과학적 방법론의 첫 원리를 강조하였다. 어떤 것이 관심이 있다고 느낄 때 다른 모든 것을 버리고 연구한다. 어떤 일은 사전에 연구하였으나 결과를 얻지 못했다. 창조적인 천재들은 기회의 선물을 기다리는 것이 아니라 적극적으로 우연한 발견(accidental discovery)을 찾는다.

제6장

제품개발

Focus Lens 신경영의 이건희 회장

신(新)경영 선언과 위기경영

이건희 회장은 1987년 아버지 이병철 선대회장의 사후부터 삼성그룹의 회장을 유지하고 있다. 이건희 회장이 경영하는 삼성전자는 실적과 시장점유율 면에서 큰 성장을 이루었다. 시장점유율 1위 제품은 20개로 늘어났다. 삼성의 최고경영자인 이건희는 위기를 강조하는 것으로 유명하다. 이건희 회장은 1993년 6월 7일 "처자식 빼놓고 다 바꿔라"는 신(新)경영을 선언하였다. 신경영은 기존 경영관행에 대한 철저한 부정에서 출발했다. 양 중심의 경영을 버리고 질 중심의 신경영으로 대대적인 경영혁신을 단행했다. 2010년 3월에도 "삼성전자의 앞날을 예측할 수 없으며, 앞으로 10년 이내에 삼성전자를 대표하는 대부분의 제품이 사라질 것이므로 다시 새롭게 출발해야 한다"고 밝혔다. 또한 신경영 10주년 기념에서 이건희 회장은 "신경영을 안 했으면 삼성이 이류, 삼류로 전락했거나 망했을지도 모른다는 생각에 등골이 오싹하다"고 말했다.

신(新)경영의 성과

삼성의 신경영 전략은 10년 동안 대단한 성과를 냈다. 삼성은 D램·초박막 액정표시장치·모니터 등 19개 제품을 세계 1등으로 만들었고, 휴대전화 애니콜이 세계 톱3으로 도약했다. 후발주자의 한계를 극복하기 위해 선견, 선수, 선제, 선점의 사업전략을 전개했다. 휴대전화, 디지털 TV, DVD 플레이어 등 시장이 원하는 기능과 디자인을 갖춘 제품을 경쟁사보다 빨리 시장에 출시했다. 고품질·고가전략을 통해 디지털기업 이미지를 심었다.

속도경영

반도체는 전형적인 장치산업이다. 시장선점이 중요하다. 일본 업체들이 경기침체기에 투자를 줄이는 동안 삼성은 투자를 증가하였다. 경기회복기를 대비해 오히려 공격적 투자에 나섰다. 경기 침체기에는 설비가격이 저렴한 것을 기회로 삼았다. 경기회복기에 투자를 확대하여 제품이 생산될 쯤에는 공급과잉으로 가격이 인하된다. 삼성이 소니를 압도한 분기점은 2009년이다. 2009년 3분기 삼성전자의 영업이익(4조 2,300억 원)은 소니, 파나소닉 등 일본 주요 9개 업체의 같은 기간 영업이익을 모두 합한 것보다 2배 이상 많았다. 일본기업의 패배는 기술력이 아닌 경영능력의 차이에서 비롯된 것이다.

구매의 예술화

구매의 예술화는 이건희 회장이 직접 지어낸 말이다. 조립산업은 원가의 80%가 구매원가이기 때문에 협력업체를 잘 육성해 질을 높여야만 경쟁력을 높일 수 있다. 조달만 하는 단순한 구매가 아니라 협력업체와 상생하는 관계가 양질과 저렴한 부품의 신속한 구매로 이어져야 한다. 삼성전자에는 협력업체 모임인 협성회가 조직되어 있다. 이건희 회장의 일화이다. 그는 "우리 회사에 오시면 어디에 주차하십니까?"라는 질문을 던졌다. 이 회장의 생각은 협력회사 사장이 들어오면 삼성전자 사장 옆에 주차할 수 있어야 한다는 것이었다. 협력업체에 대한 파트너십을 표현한 것이다. 그는 협력회사 대표에게 삼성전자의 상시 출입이 가능한 프리 패스제를 도입했다. "부품의 품질이 확보되지 않으면 100년이 가도 일류가 될 수 없다"는 것이 그의 지론이다. 이 회장이 강조한 납품업체와의 공존체제는 협력포털, 공급망관리 등으로 시스템화 됐다. 협력포탈은 삼성전자가 어떤 물건을 언제 어떻게 얼마만큼 만들지 등의 정보를 3개월 전에 협력회사와 연결된 인터넷 사이트에 띄워 공유하는 시스템이다.

품질경영

이 건희 회장은 불량은 암이라며 품질경영을 강조했다. 1994년에는 무선전화기 출시 후 통화품질에 문제가 발생하자 전화기 15만대를 수거해 구미 공장에서 화형식을 가졌다. 순식간에 150억원을 연기로 날려 보낸 것이다. 품질의 삼성은 이렇게 소비자의 마음에 깊이 각인되었다.

이건희 회장의 명언

· 마누라와 자식만 빼고 다 바꿔라.

· 2등은 아무도 기억해주지 않는다.

· 천재 한 사람이 10만 명을 먹여 살린다.

· 앞으로 우리는 자만하지 말고 위기의식으로 재무장해야 한다.

· 미꾸라지가 있는 물속에 메기를 풀어놓으면 미꾸라지들이 잡아먹히지 않기 위해 더 열심히 헤엄치기 때문에 오히려 건강해진다.

· 자신의 영혼을 위해 투자하라.

· 투명한 영혼은 천 년 앞을 내다본다.

창의적 신제품개발

신제품은 기업의 생존과 발전을 위해 독특하고, 경쟁제품과 다른 차별적인 편익과 탁월한 성능을 제공할 수 있는 제품이어야 한다. 신제품개발(New Product Development: NPD)은 시장기회의 인식과 고객의 미충족 욕구의 탐색으로 시작하여 아이디어 창출, 제품컨셉 창출, 제품사양의 결정과 제품설계, 시제품 개발과 테스트, 경제성 분석, 마케팅 전략의 수립과 출시, 그리고 출시 후 관리로 끝을 맺는 활동이다. 따라서 신제품개발은 전략, 조직, 컨셉창출, 제품·시장계획과 신제품의 상업화에 관한 전반적인 과정이다. 신제품개발의 구체적인 절차는 아이디어 탐색, 해결안 도출, 제품컨셉 창출, 제품개발, 마케팅 전략과 출시 과정으로 진행된다. 본서에서는 저자가 개발한 신제품개발 모델([그림 6-1])에 따라서 개략적으로 서술하고 설명한다.

그림 6-1 신제품개발 모델

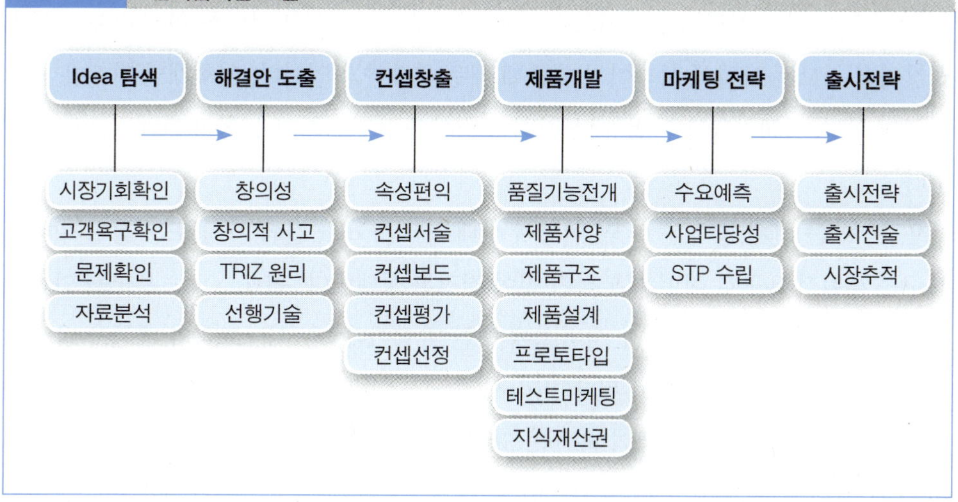

01 아이디어 탐색과 해결안 도출

1. 아이디어 탐색

성장하고 비전이 있는 기업은 시장의 새로운 변화에 민감하고, 고객의 욕구와 필요를 탐색함으로써 신제품기회를 창출한다. 특정한 제품컨셉을 창출하기 위해 시장기회를 조사하고, 평가하여 제품 아이디어로 전환한다. 시장기회는 신제품, 서비스나 사업을 위한 욕구를 창출하는 일련의 호의적인 환경이다. 시장의 변화는 기업에 기회를 주며, 이러한 기회는 제품개발의 맥락에서 신제품을 위한 아이디어이다. 기회의 창(window of opportunity)은 기회로 이용할 수 있는 창문으로 특정 시간에 짧은 기간 동안 열렸다가 어느 정도 지나면 닫힌다. 기업은 이 짧은 기회를 감지할 수 있도록 항상 주의하고 관찰해야 한다. 외부적 환경으로 기회의 창이 열려져 있을 때 기업은 시장상황과 역량이 적합하다면 전략적으로 우월한 위치를 선점할 수 있다. 그러나 시장의 기회를 탐지·판별한 다음 선정할 수 있는 최적의 유망기회를 발굴하는 일련의 과정은 간단한 과정은 아니지만, 시장기회는 모든 사업의 시작이기 때문에 매우 중요한 과업이다. 기회개발 과정은 대상기회의 선정, 기회창출과 판별, 대상기회의 심사와 유망기회의 선정이 단계적으로 진행된다.

욕구(need)는 현재 상태(what is)와 이상적 상태(what should be) 간의 차이 또는 불일치이다. 욕구는 본원적 욕구로 어떤 기본적인 것이 결핍된 상태이다. 필요(want)는 욕구를 만족시킬 수 있는 구체적인 제품이나 서비스에 대한 바람이다. 욕구는 고객의 행동을 유발시키는 동기의 직접적인 원인이 된다. 따라서 욕구는 자극을 받아 동기가 되고, 동기는 특정 행동의 원인이 된다. 고객의 욕구는 고객이 해결되기를 원하는 문제로 상품이 제공하는 편익(benefits)을 통해서 충족될 수 있다. 잠재적 욕구(latent needs)는 구체적으로 표현되지 않고 고객의 마음속에 잠재되어 있는 욕구로 고객들이 보고 경험하기 전까지 욕구를 갖고 있다고 인식하지 못하고 깨닫지 못하는 욕구이다. 기업이 이러한 욕구를 고객에게 제공한다면 고객들은 놀라거나 흥분할 수 있는 욕구이다. 경쟁자와 차별하기 위해서는 소비자의 숨겨진 욕구(hidden needs)를 발견하는 것이다. 이러한 잠재적 욕구는 미충족 욕구, 미제공 및 과소제공 욕구 등이 있다. 숨겨진 욕구는 고객의 인식여부에 따라 두 종류로 구분된다. 하나는 고객들이 인식한 욕구이지만 고객들이 표현하지 않거나 표현할 수 없는 욕구이다. 표현하지 않은 욕구는 표현하지 않았을 뿐이지 욕구가 없는 것이 아니다. 따라서 이러한 잠재적인 욕구들이 기대한 대로 제품에 충족된다면 당연한 것으로 생각하지만, 충족이 되지 않으면 매우 부정적인 결과를 낳는다. 따라서 인식상태 욕구는 고객들이 인지하고 있으나 단지 표현하지 못한 욕구일 뿐이다. 이와 달리 숨겨진 욕구 중에서 고객이 아직 깨닫지 못한 인식불능 욕구가 있다. 고객이 아직 깨닫지 못한 욕구가 충족된다면 고객은 감동할 것이다. 제품이 충족하지 않더라도 고객은 아직까지 생각하지 못한 상태이기 때문에 실망하지도 않을 것이다. 따라서 혁신적인 기업은 고객들이 인식하지 못한 욕구를 발견하여 고객의 욕구를 창출하고 수요를 유도할 것이다.

고객욕구의 확인 방법은 고객과 직접 대면하면서 면접하는 심층면접과 집단을 대상으로 면접하는 표적집단면접 등의 정성적 기법이 있다. 사전에 질문지를 작성하여 개인별로 면접하는 개인면접, 인터넷이나 전화조사와 같은 정량적 방법이 있다. 또 구조적 방법으로 목록격자기법이나 수단목표분석 등이 있다. 조사과정은 제품사명선언문에 근거한 제품개발을 염두에 두고 시장과 고객에 관한 자료수집, 자료분석, 욕구분류, 상대적 중요도 추출과 아이디어추출 과정으로 이어진다.

2. 해결안 도출

아이디어(idea)는 정신적 이해, 인식이나 활동의 결과로써 마음속에 존재하는 구상이다. 아이디어는 신제품이나 서비스의 초기 지각으로 기회를 이용할 수 있는 해결책의 초기 관점이다. 따라서 아이디어는 시장에 나타난 기회를 개발하고 실행 가능한 컨셉을 개발하기 위해 필요한 것이다. 창의성은 사물을 새롭게 탄생시키거나, 새로운 사물에 이르게 하는 개인의 지적 특성인 동시에 새롭고, 독창적이고, 유용한 것을 만들어내는 능력이다. 따라서 창의성은 확산적 사고와 수렴적 사고를 포함하는 다양한 지적능력, 인성, 지식, 환경의 총체적인 관점이다. 확산적 사고기법(divergent thinking)은 주어진 문제에 대해 가능한 많은 해결책을 창출하는 기법이다. 이에 비해 수렴적 사고(convergent thinking)는 주어진 문제에 대한 최적의 해결책을 창출하는 사고기법으로 아이디어들을 분석하고, 다듬고, 선택하는 사고과정이다. 시장기회와 고객욕구 확인을 통해서 제공되지 않은 문제에 대한 해결책이 바로 아이디어가 된다. 이러한 아이디어는 확산적 사고를 통해서 많은 아이디어를 생산하고 수렴적 사고를 통해 최적의 아이디어를 선별하는 것이다. 창조적 사고기법은 확산적 사고와 수렴적 사고를 모두 포함한다. 집단이나 개인에게 적당한 방법을 통하여 아이디어를 생성한다.

모순(contradiction)은 서로 양립하거나 공존할 수 없는 것들의 대립현상으로 최소한 두 가지 이상의 요소가 갈등을 일으키는 상황이다. 따라서 모순은 어느 하나를 좋게 하면 어느 하나가 나빠지는 것을 말한다. 모순이 반대 세력으로 성장하고 본래의 것과 격렬하게 부딪혀 나감으로써 새로운 것으로 발전되어 간다. 모순을 해결하면 발명이 된다. 따라서 모순을 발견하고 TRIZ 원리로 해결하는 방법을 찾는다면 발명으로 이어질 수 있다. 특허기술정보는 최신 기술정보의 원천으로 기술배경, 문제점 및 해결방법이 구체적으로 구현되어 제품개발의 아이디어 및 적용기술 개발에 효과적으로 활용할 수 있다. 이러한 선행 특허정보의 검색은 아이디어의 개발과 중복연구 방지에 유용하다.

02 제품컨셉 창출

1. 제품컨셉의 개념

1) 컨셉의 개념

컨셉(concept)은 라틴어 concipere의 과거분사 conceptus(생각, 의도)에서 연유하며, 개념, 구상, 발상, 상품·판매의 기본적 테마 등을 의미한다. 어떤 대상의 특성을 마음속에서 결합함으로써 형성된 어떤 대상에 대한 생각이다. 이처럼 컨셉은 어떤 대상을 마음속에서 상상한 것이며 사고나 판단의 결과로써 형성된 특정한 사물, 사건이나 상징적인 대상들의 공통된 속성을 추출하여 종합한 보편적 관념이다. 또한 컨셉은 경험으로부터 얻는 일반화로 실제 세계나 다른 생각 안에 있는 것, 또는 실제나 잠재적 대상을 구체화하는 기능이 있다. 이러한 컨셉은 수많은 대상으로부터 유사성을 추출하여 단순화하고, 이 단순화는 높은 수준의 사고를 가능하게 한다. 따라서 컨셉은 여러 관념 속에서 공통적인 성질을 뽑아 종합하여 얻은 새로운 보편적인 관념으로 표현의 중심이 되는 아이디어이다.

어떠한 사물이나 대상의 공통적인 요소를 추출하여 인간의 감각적 경험으로 표현할 때 인식은 매우 효과적이다. 왜냐하면 어떤 대상의 보편성을 뽑아 전달할 때 인식의 공감이 이루어지기 때문이다. 인식을 높이기 위한 컨셉의 구성요소가 있다. 바로 컨셉은 전달하는 내용을 듣는 대상인 청자(Who), 전달할 내용(What), 전달하는 방법(How)과 공감해야 할 이유(Why) 등으로 이들은 간결해야 한다. 즉, 컨셉은 표적대상, 전달내용, 전달방법과 공감이유의 함수이다. 따라서 소비자들의 지각과 인식은 이러한 4가지 요소에 크게 영향을 받는다.

그림 6-2 컨셉의 함수

Concept = f(Who, What, How, Why)

2) 제품컨셉의 개념

한 제품의 언어는 그 제품의 세계이다. 시장기회를 탐색하여 제품 아이디어를 얻게 되면 제품개발을 하기 위해 제품컨셉을 창출하고, 여러 과정을 통하여 최적의 제품컨셉을 선정하게 된다. 제품컨셉은 제품 아이디어를 구체화하기 위한 과정으로 제품을 형태화하는 토대가 된다. 제품컨셉(product concept)은 의미 있는 소비자 언어(meaningful consumer terms)로 상세하게 표현한 신제품 아이디어이다[1]. 제품컨셉은 제품 아이디어를 소비자가 사용하는 언어로 전환시킨 것이다. 제품컨셉은 소비자의 충족되지 않은 욕구(unmet needs)를 특정 제품이나 서비스가 해결해줄 수 있다는 약속, 그 욕구를 제품이 만족시켜줄 수 있는 이유와 그 제품에 대한 소비자의 인식에 영향을 줄 수 있는 요소를 설명하거나 기술한 것이다. 따라서 제품컨셉은 소비자들이 제품사용으로부터 얻는 편익이나 가치를 의미한다. 제품의 기능, 속성, 편익, 가치, 존재 이유나 독특한 판매제안에 관한 명확한

1) Kotler et al.(2014).

기술인 제품컨셉은 간단하고 쉬운 일상용어로 표현해야 한다. 소비자가 알기 어려운 전문용어로 표현한다면 소비자는 그 제품의 기능, 속성이나 편익을 충분히 이해하지 못한다. 그러므로 제품컨셉은 간단하고, 쉽고, 분명하고, 사실적으로 구성하는 것이 매우 중요하다. 제품컨셉의 용도는 신제품개발 목적에 따른 설계지침, 물리적 원리, 재료와 형태에 관한 추상적 구현이라 할 수 있다.

제품컨셉은 실제 세계뿐만 아니라 인간의 마음속에 존재하거나 존재할 수 있는 제품의 기능, 속성, 편익이나 가치를 표현한 것으로 제품의 특징이 된다. 제품은 유형적 형태와 이미지의 관념을 포함하기 때문에 유형적이거나 무형적 요소가 포함된다. 제품컨셉은 제품 아이디어를 구체적으로 언어로 표현한 것이다. 제품컨셉에는 표적고객(Target)에게 전달하는 소비자의 문제를 해결할 수 있는 제품속성(Attribute), 제품을 구매하거나 사용함으로써 얻는 제품편익(Benefit)과 고객이 제품을 구매할 이유(Rationale)가 포함된다. 따라서 제품컨셉은 고객에게 전달하는 속성, 제품편익과 고객이 구매할 이유 등으로 구성된다. 즉, 제품컨셉은 표적고객, 제품속성, 제품편익과 구매이유의 함수이다. 그러므로 소비자들의 제품에 대한 지각과 인식은 이러한 4가지 요소에 주로 영향을 받는다.

그림 6-3 제품컨셉의 함수

Product Concept = f(Target, Attribute, Benefit, Rationale)

3) 서비스컨셉

서비스컨셉(service concept)은 조직이 고객, 종사자, 주주와 채권자들에 의해서 지각되는 서비스를 가지려는 방법이며[2], 서비스 패키지의 구성요소나 고객편익 패키지이다[3]. 즉, 서비스컨셉은 고객에게 제공하는 편익(benefit)과 가치(value), 전달방법과 구매이유의 기술이다. 따라서 서비스컨셉에는 고객에 대한 편익인 서비스 마케팅컨셉(service marketing concept)과 서비스가 전달되는 방법의 명세인 서비스 운영컨셉(service operations concept)이 있다[4]. 서비스 기업은 고객의 욕구를 이해하고 만족시키도록 조직을 자극하는 시도로써

2) Heskett(1986).
3) Collier(1994).
4) Lovelock and Wright(1999).

마케팅컨셉을 사용한다[5]. 이러한 서비스컨셉은 대부분의 서비스 조직에 존재하는 서비스 마케팅과 서비스 운영의 불리할 수 없는 교차로에 있다.

서비스컨셉은 만족되어야 할 고객의 욕구, 만족시키는 방법, 고객을 위해 수행해야 하는 것과 달성되는 방법에 관한 상세한 기술이다[6]. Johnston과 Clark(2001)의 연구에 따르면 서비스컨셉은 서비스 전달 방법(way)인 서비스운영(service operation), 고객의 서비스에 대한 직접적인 경험인 서비스경험(service experience), 고객에게 제공된 서비스 결과(service outcome)와 고객이 서비스의 비용에 대하여 서비스에 내재한 것으로 지각하는 편익인 서비스의 가치(value of service)이다. 따라서 서비스컨셉은 서비스를 제공받는 표적고객과 서비스 제공자(person), 서비스운영, 서비스경험, 서비스 결과와 서비스 가치의 함수이다.

그림 6-4 서비스컨셉의 함수

Service Concept = f(Person, Operation, Experience, Outcome, Value)

2. 제품의 속성과 편익

제품컨셉의 속성과 편익은 고객들에게 핵심편익을 제공하는데 매우 중요하다. 시장의 기회를 확인하고, 미충족 욕구나 과소제공된 욕구를 발견하여 제품 아이디어를 창출하고, 목표로 하는 제품범주 욕구를 찾는 데서부터 출발한다. 이를 토대로 목표고객을 선정하여 최적의 속성을 추출하는 과정으로 속성과 편익을 개발한다. 여기서 개발된 속성과 편익 목록은 제품컨셉 개발의 투입요소로 잠재고객의 미충족 욕구, 과소제공이나 미제공된 욕구를 반영하여 선정된다.

5) Dibb et al.(1997).
6) Edvardsson et al.(2000).

그림 6-5 제품속성과 편익 추출 과정

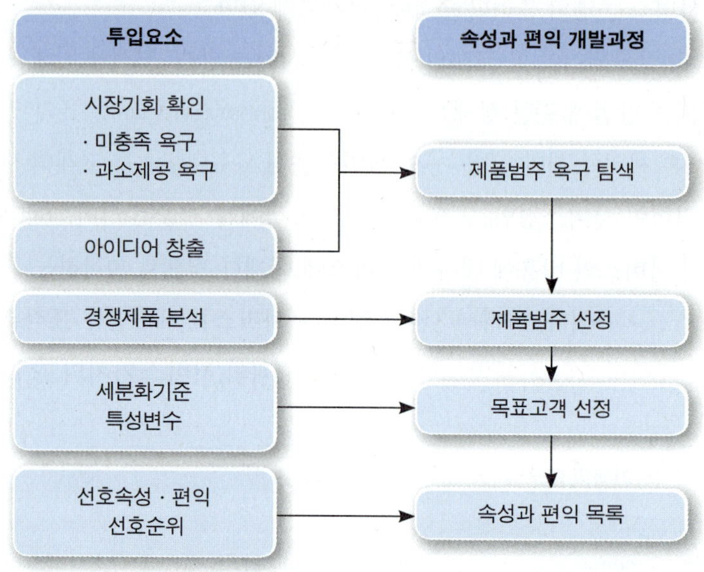

1) 제품범주 욕구의 탐색

(1) 시장기회의 확인

시장기회를 확인하면 시장에서 경쟁자나 자사가 소비자들에게 제공하지 못한 속성이나 편익을 발견할 수 있다. 특히 소비자들이나 경쟁자들이 미처 알지 못하여 제공하지 않은 미충족 욕구나 여러 가지 환경의 제약으로 과소제공된 속성은 제품 아이디어(product idea)가 된다. 이러한 아이디어를 통해 문제를 확인하여 해결방안을 찾으면 바로 신제품이 될 수 있다. 예를 들면 최근에 인기가 있는 실버세대를 위한 알뜰폰은 "실버세대에게 꼭 필요한 기능만 제공하고 저렴한 비용으로 쓸 수 있는 핸드폰은 없을까"라는 아이디어에서 출발한 것이다. 숨겨진 욕구의 탐구는 혁신적이고, 비약적인 제품을 창출할 수 있는 기회이지만, 고객욕구는 날로 진화하고 있기 때문에 포착하기 쉽지 않다. 고객욕구의 충족과 차별화를 갖기 위해서 회사는 소비자의 욕구를 끊임없이 다루고, 새롭게 창출해야 한다. 만일 이를 처리하지 않는다면 고객의 소리를 무시하는 결과가 된다. 미충족 욕구와 과소제공 욕구 등은 제4장 고객욕구의 탐구를 참조하기 바란다.

(2) 아이디어의 창출

시장기회와 고객욕구 확인을 통해서 제공되지 않은 문제에 대한 해결책이 바로 아이디어가 된다. 이러한 아이디어는 확산적 사고를 통해서 많은 아이디어를 생산하고, 수렴적 사고를 통해 최적의 아이디어를 선별한다. 아이디어 창출에 활용되는 기법인 창조적 사고기법은 확산적 사고와 수렴적 사고를 모두 포함한다. 아이디어 창출은 시장기회와 고객의 숨겨진 욕구에서 찾아낸 정보와 자신의 영감을 회사의 사명과 목적에 적합하게 아이디어로 변환하는 것에서 시작한다. 아이디어 창출 과정에 경영진, 직원과 잠재고객뿐만 아니라 이해관계자 집단을 포함하는 것이 바람직하다.

(3) 경쟁제품 분석

경쟁제품이 제공, 미제공이나 과소제공하는 제품특징과 편익을 탐색하고, 경쟁제품의 결함이나 고객의 불만사항을 파악하여 차별화된 제품을 설계하기 위해 경쟁제품을 분석하는 것이다. 따라서 자사의 제품범주를 정의하여, 경쟁환경과 경쟁제품을 분석하는 절차를 수립하는 것이 필요하다.

① 경쟁자와 경쟁환경 분석

경쟁제품을 분석하기 전에 먼저 해야 할 사항은 주된 경쟁자의 설정과 경쟁자의 자원을 분석하고, 그런 다음 경쟁제품을 분석하는 것이 바람직하다. 다음은 경쟁자와 제품경쟁환경을 분석하기 위해 고려해야 할 주요 요인들이다.

- 주된 경쟁자는 누구인가?
- 경쟁자의 제품과 서비스는 무엇인가?
- 경쟁자가 제공하는 제품이나 서비스의 범위는 무엇인가?
- 경쟁자는 판매를 확대하고 있는가? 아니면 축소하고 있는가?
- 경쟁자는 사업을 얼마나 오랫동안하고 있는가?
- 경쟁자가 갖고 있는 자원은 무엇인가?

② 경쟁제품 분석

회사가 경쟁하고자 하는 경쟁제품을 선정하고 나면 경쟁제품의 소비자 반응 상태를 탐색하여 주요한 정보를 수집하여야 한다. 경쟁제품의 표적고객, 핵심편익, 제품차별화 속성이나 성능을 추출하여야 한다. 경쟁제품이 제품범주를 창출했는지 또는 분할했는지, 선도제품인지, 또는 어느 위치에 포지션하였는지를 분석한다. 다음은 경쟁제품을 탐색하기 위해 고려해야 할 주요요인들이다.

- 경쟁제품의 표적고객은 누구인가?
- 경쟁제품의 제품범주는 무엇인가?
- 경쟁제품의 핵심속성과 편익은 무엇인가?
- 경쟁제품의 경쟁우위는 무엇인가?
- 고객이 평가하는 경쟁제품의 긍정적인 속성은 무엇인가?
- 고객이 평가하는 경쟁제품의 부정적인 속성은 무엇인가?
- 경쟁제품의 규모와 수익은 어떠한가?
- 현재 고객이 경쟁제품을 평가하는 정도는 어떠한가?
- 경쟁제품의 가격은?

③ 경쟁제품의 정보원천

ⓐ 경쟁제품

경쟁제품 분석은 매우 훌륭한 정보를 입수할 수 있는 방법이다. 경쟁제품의 기능, 속성, 사용성, 디자인이나 이를 구현한 기술적 특성은 자사제품의 특성과 차별화를 위한 비교 기준점이 된다. 경쟁제품에서 느끼는 고객의 지각된 품질수준, 만족, 불만족과 불편사항이나 고객의 요구사항을 추적하고, 특히 경쟁제품의 미제공이나 과소제공 부분을 탐색하여 해석한다.

ⓑ 광고

제품광고는 경쟁제품의 가격뿐만 아니라 제품특징, 핵심편익, 기능과 차별화 요소 등 많은 제품정보를 알려준다. 또한 광고는 경쟁제품의 판촉전략과 예산의 지표를 제공한다. 따라서 경쟁자의 광고물은 제품내용, 이벤트, 강조하는 제품특징과 편익 등을 알 수 있는 훌륭한 제품정보의 원천이다. 그러므로 경쟁자가 전달하는 제품 이미지, 광고물의 디자인과 풍조를 아는 것은 매우 중요하다.

ⓒ 판매 광고전단

판매 광고전단(sales brochures) 또한 풍부한 제품정보를 포함하고 있다. 경쟁자가 판매하기 위해 사용하는 제품과 회사의 포지션뿐만 아니라 제품특징과 편익이 무엇인지를 광고전단을 통해 비교적 상세히 알 수 있다. 또한 경쟁자의 광고변화는 새로운 전략이 시도되고 있다는 지표로 중요한 원천이다.

ⓓ **신문과 잡지**

신문과 잡지는 경쟁자가 미래를 위한 계획, 신제품 정보와 혁신이 무엇인지, 그리고 조직을 어떻게 운영하는지를 알 수 있는 정보의 훌륭한 원천이다. 기자들은 때때로 비판적인 자세로 경쟁자에 관해 비호의적인 정보를 드러내 보인다. 신문이나 잡지의 제품평가는 경쟁제품의 강점과 약점을 노출한다.

ⓔ **협회자료**

대부분의 전문협회는 협회 잡지나 뉴스레터를 통해 산업통계를 정리하고, 편찬하고, 간행할 뿐만 아니라 산업소식을 이해관계자들에게 전달한다. 또한 전문협회는 전시회나 기타 전문회의를 자주 후원하거나 개최한다. 이러한 협회자료나 행사는 장차 경쟁자가 되는 새로운 회사를 발견하는 기회를 제공한다.

ⓕ **직접관찰**

직접관찰은 고객의 경쟁제품 구매, 사용과 만족 상태를 직접적으로 관찰하거나 직접 경쟁제품을 사용하여 제품으로부터 기능, 성능, 사용성, 결함과 불만족 사항을 발견하여 정보를 얻을 수 있다. 때로는 잠재고객으로 행동하기도 하면서, 판매원, 설계자나 A/S 담당자에게 제품에 관한 질문을 통해 제품정보를 입수할 수 있다. 또한 경쟁제품을 자사제품과 비교하면서 경쟁제품으로부터 선택과 범위를 배울 수 있다. 그러나 직접관찰이나 직접사용을 통해서 경쟁자로부터 입수한 정보를 결코 편견이나 왜곡하지 않는 것이 무엇보다도 중요하다.

ⓖ **경쟁자의 임직원**

전시회, 설명회, 협회 회의 등에서 경쟁자의 경영자나 직원을 만나볼 수 있다. 이러한 경우에 단순하고, 우호적인 대화로도 경쟁자에 관한 많은 정보를 얻을 수 있다. 사람들은 대부분 대화하는 것, 성공 스토리를 공유하는 것과 사업동료와 관계를 형성하는 것을 좋아하는 경향이 있다.

ⓗ **고객의 제품평가**

고객과 잠재고객에게 제품특징과 편익에서 가장 중요한 것이 무엇인지를 판매원과 고객의 피드백으로부터 알 수 있다. 고객이 만족하는 부분, 불만족하는 부분, 요구사항이나 구전관계를 탐색하는 것은 매우 바람직하다. 기타 제품이나 서비스의 경쟁위치는 주로 경쟁자와 차별화하는 방법과 가격에 의해서 결정된다. 중요한 순서에 따라 제품특징과 편익의 목록을 만들고 사용자가 경쟁제품을 만족하는지를 알기 위해 목록을 준비한다.

(4) 제품범주

① 제품범주의 개념

조직화(organizing)는 제시된 자료를 속성에 따라 의미 있는 단위로 묶어서 기억하는 방법을 말하는데, 범주화와 군집화가 있다. 범주화(categorization)는 사물이나 개념들이 지닌 속성, 용도, 관계 등을 공통적인 특징에 따라 사물이나 개념들을 분류해서 체계화[7]하는 것이다. 따라서 관련 내용을 의미 있게 묶는 것이다. 범주화는 개념이나 대상을 쉽게 변별하고, 이해하고, 기억하는 데 많은 도움을 준다. 도표, 개념도, 개요도, 모식도, 그래프, 순서도 등이 범주화의 좋은 도구들이다. 군집화(clustering)는 서로 연관이 있는 것끼리 묶는 것이다. 예를 들어 '실, 생수, 낙타, 바늘, 컵, 사막'으로 구성된 목록을 기억할 경우에는 '실–바늘, 생수–컵, 낙타–사막'으로 묶는 것이다. 제품범주(product category)는 제품유형에 따라 제품을 조직화하는 방법이다. 따라서 제품범주는 소비자의 욕구와 사용목적이 동일한 제품의 집합이다. 제품유형(product typology)은 제품범주 내에서 보다 구체적인 욕구를 만족시키는 여러 가지 제품형태를 의미한다. 즉, 제품유형은 소비재와 산업재, 소비재 중에서는 편의품, 선매품, 전문품으로 분류한다.

개념을 일반적으로 보편개념과 개별개념으로 구분한다. 보편개념(universal, general concept)은 수많은 사물에 공통으로 적용될 수 있는 개념으로 일반개념이라고도 한다. 개별개념(singular or individual concept)은 개별적인 대상을 나타내는 개념이다. 개별개념은 고유명사나 고유명사와 교환 가능한 이름으로 정의할 수 있는 반면, 보편개념은 고유명사를 사용하지 않고서도 정의될 수 있다. 예를 들면 본 책의 저자인 '유순근 교수'에서 특정인을 지칭하는 '유순근'과 '교수'는 개별개념이지만, '교수'는 상황에 따라서는 특정인

7) 체계화(systematization): 일정한 원리에 따라서 개개의 부분이 짜임새 있게 조직되어 통일된 전체로 됨

을 지칭하지 않고 대학에서 연구와 강의하는 학자를 지칭할 때는 보편개념이 된다. 여기서 개별개념은 고유명사를 지칭하는 단일개념이지만, 보편개념은 복수로 이루어진 개념의 집합으로 보통명사를 지칭한다. 따라서 보편개념은 개별개념의 집합이다.

제품을 예로 들면 가정에서 사용하는 제품들을 TV, 스마트 폰, PC, 자동차, 냉장고와 주택 등으로 분류할 수 있다. TV가 제품범주라고 할 때 제품유형은 흑백 TV, 칼라 TV 등이 있다. 삼성 SUHD TV와 LG 울트라 HD TV처럼 개별상표는 고유명사로 개별개념이고, 이들 개념의 집합인 칼라 TV는 보편개념이며 제품범주가 된다. 칼라 TV 제품범주는 TV 제품범주에서 제품범주가 분할되거나 창출된 것이다. 제품범주의 하부개념은 개별개념이 되고, 개별개념이 하부개념으로 다시 분화한다면 그 하부개념에 대해서는 보편개념인 제품범주가 된다.

개념을 종개념과 유개념으로 구분하여 사용하면 더욱 명확하게 제품컨셉을 표현할 수 있다. 유개념(類概念, generic concept)은 종개념을 포함하는 상위개념으로 보편개념이고, 종개념(種概念, specific concept)은 유개념의 하위개념으로 개별개념이 된다. 어떤 개념의 외연(일정한 개념이 적용되는 사물의 전 범위)이 다른 개념의 외연보다 클 때 전자를 유개념, 후자를 종개념이라 한다. 따라서 유개념은 제품범주이고, 종개념은 개별제품이다. 종차(種差, specific difference)는 한 유개념 속의 어떤 종개념이 다른 종개념과 구별되는 요소로 제품에서는 차별성을 의미한다.

그림 6-6 유개념과 종개념의 관계

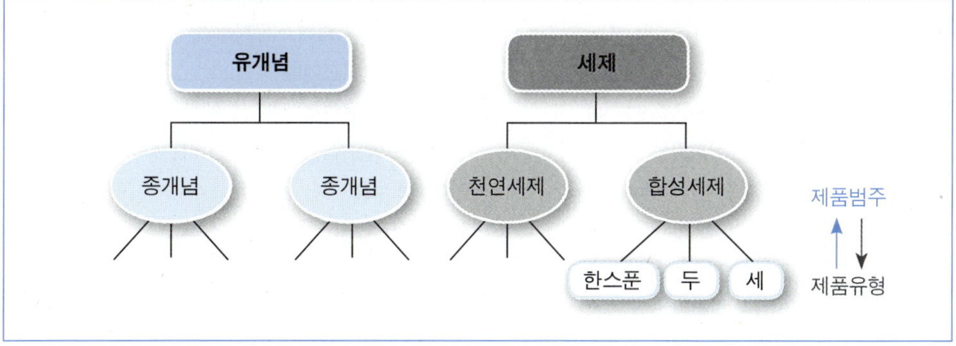

[그림 6-6]은 개념을 도식화하여 제품범주를 설명한 것이다. 세제(유개념)를 구성하는 것은 천연세제(종개념)와 합성세제(종개념)가 있다. 따라서 종개념은 상위개념(유개념)에 대해서

는 종개념이지만 하위개념에 대해서는 유개념이 된다. 여기서 한스푼, 두스푼, 세스푼은 종개념이자 개별개념이고 이것의 유개념인 합성세제는 제품범주가 된다. 유개념, 종개념과 종차 개념을 활용하여 제품컨셉을 표현하면 소비자들은 다른 제품보다 더 분명하고 쉽게 제품을 인식할 수 있다. 예를 들면 한 스푼(종개념: 제품명)은 조금만 넣어도 때가 잘 빠지는(종차: 차별화 속성) 세제(유개념: 제품범주)이다. 따라서 종개념은 개별개념이고 유개념은 보편개념이다.

그림 6-7 종개념의 분해

종개념 = **종차** + 유개념 ⇒ 제품명 = **차별화 속성** + 제품범주

한스푼(종개념) = **조금만 넣어도 때가 잘 빠지는(종차)** + 세제(유개념)

② 제품범주 욕구

제품범주 욕구(category needs)는 제품범주의 기능을 활용하여 문제나 결핍감을 해소하려는 욕구로 제품의 용도와 관련된 욕구이다. 이러한 욕구에는 기능적 욕구, 경험적 욕

[표 6-1] 범주욕구의 종류

범주욕구	구매동기	제품 예
기능적 욕구	문제해결	진통제: 심한 통증(제품범주 욕구)
	(Problem Solution)	진통제 복용: 통증해소(문제해결)
	문제예방	문제발생 전 사전예방
	(Problem Prevention)	생리대, 섬유유연제, 컨디션, 예방주사
	접근-회피갈등	긍정적 편익은 접근, 부정적 편익은 회피
	(Conflict Resolution)	다이어트식품
	불완전한 만족	불만족하지만 구매를 방해할 정도는 아님
	(Incomplete Satisfaction)	닥터캡슐
경험적 욕구	감각적 즐거움	소비자의 감각기관 자극
	(Sensory Pleasure)	술, 기호식품, 오락, 대중음악
	지적탐구	두뇌활동 자극
	(Exploratory Interest)	독서, 영화, 바둑, 기념품 수집
상징적 욕구	사회적 인정	상징물로 자아표현과 자아이미지 형성
	(Social Recognition)	열망집단 동일 시, 화장품, 패션제품, 명품

구와 상징적 욕구가 있다. 제품범주 욕구에서는 특정한 브랜드를 고려하기보다는 대체로 특정한 문제를 해결하려는 욕구이다. 따라서 제품범주는 제품의 핵심적 욕구를 함축하고 있다. 이를테면 자동차는 거리이동, 휴대폰은 통화, 장난감은 즐거움을 제공하는데 이러한 제품범주의 핵심적인 욕구가 범주욕구이다.

2) 제품범주의 선정

시장환경과 경쟁상황을 분석한 다음 시장진입을 어떻게 할 것인가는 매우 중요하다. 왜냐하면 경쟁자와 관련하여 다각도로 검토하고, 자사의 제품에 적합한 제품범주를 설정하여 제품컨셉을 창출하는 것은 향후 포지션을 설정하고 시장에 출시하는 모든 과정에 영향을 미치기 때문이다. 제품범주의 선정전략에는 일반적으로 제품범주 창출, 제품범주 분할과 시장세분화 전략으로 구분할 수 있다.

[표 6-2] 제품범주 진입전략

전략	의미
제품범주 창출전략	시장선도자가 제품범주를 창출하여 최초로 시장에 진입하는 전략
제품범주 분할전략	후발 참여자가 시장에 이미 형성된 제품범주를 분할하여 자사 제품을 차별화된 하위범주에, 기존 경쟁제품은 진부한 하위범주에 연결하여 차별화를 시도하는 계층적 구조를 형성하는 전략
시장세분화 전략	이미 동일한 제품범주에 다수의 상표들이 진입하여 제품범주가 있는 시장에 신제품으로 진출하는 전략으로 동일한 제품범주에서 동일한 표적고객이나 다른 표적고객을 대상으로 하는 전략

3) 목표고객의 선정

제품시장과 서비스 시장을 세분하려면 중요한 소비자, 제품이나 상황 등 관련된 기준에 근거하여 세분시장을 확인하고 표적시장을 선정한다. 세분화 기준은 대체로 인구통계변수, 심리변수와 행동변수가 있다. 인구통계변수는 인구, 연령, 소득, 사회계층과 지리 등이 있다. 심리변수는 라이프 스타일, 개성, 지각, 태도와 추구편익 등이 있다. 행동변수는 구매, 거래, 소비, 사용, 매체사용, 기술사용, 충성도 등이다.

제품범주의 선정은 경쟁제품과 비교하여 구체적인 표적고객의 특성을 제품이 제공하는 욕구와 편익으로 연결하는 것이다. 구체적 목표고객의 특성은 기존 사용자, 잠재적 사용자 등의 예상 사용량이나 사용빈도, 라이프 스타일, 사회적 신분과 소득 등 변수를 고려한다. 이를 선호하는 표적고객을 "~를 위한 제품, ~가 선호하는 편익"처럼 암묵적으로 나타낸다. 예를 들면 컨디션은 우루사를 경쟁제품으로 할 수 있다. 직장인들의 음주가 많았던 시절에 숙취해소제인 컨디션은 "직장인을 위한 숙취해소제"와 같이 표적고객을 직장인으로 선정하고 제품편익을 나타내는 숙취해소제의 제품범주를 제시할 수 있다.

4) 속성과 편익 목록 선정

시장에서 제공되지 않거나 과소제공되는 미해결된 제품범주 욕구 중에서 잠재고객이 선호할 속성과 편익을 추출하여 선정한다. [표 6-3]처럼 고객의 문제를 해결할 해결안에 따라서 잠재고객의 선호속성과 편익을 순위에 따라 목록을 작성할 수 있다. 이때 중요한 점은 추출한 속성과 편익이 자사의 자원으로 해결이 가능한지를 함께 검토하는 것이다. 또한 현재 개발되었거나 개발된 기술이 제품화할 수 있는지를 관련부서와 협의하는 것이 바람직하다. 속성과 편익을 개발한 후에는 제품컨셉을 제작하는 과정으로 전환한다.

[표 6-3] 속성과 편익 목록

미해결 욕구	문제	범주욕구	속성	편익	목표고객
미충족 욕구					
과소제공 욕구					
미제공 욕구					

3. 제품컨셉의 개발

시장기회를 통해 고객의 미충족 욕구나 과소충족 욕구를 발견하고, 제품 아이디어를 개발하여 기업이 새롭게 제공할 수 있는 해결안을 찾는다. 이러한 제품 아이디어에 대한 해결안을 근거로 제품개발을 위한 속성과 편익을 추출하여야 한다. 추출한 속성과 편익 목록을 토대로 변환과정을 통하여 제품컨셉으로 창출된다. 즉, 제품속성, 제품편익과 구매이유를 결합하여 제품컨셉을 창출하게 된다. 소비자는 단순히 제품을 구매하는 것이 아니라 여러 가지 속성의 덩어리를 구매하는 것이기 때문에 속성 덩어리를 구성하기 위한 언어적 구성이 바로 제품컨셉의 변환과정이다. 선정된 속성과 편익이 제품컨셉 창출의 투입요소가 된다. 투입되는 속성과 편익에서 제품특징과 이를 구현할 적용기술, 핵심적이고 차별적이면서 고객이 감각적으로 자각할 수 있는 편익, 그리고 제품을 구매해야 할 이유를 드러낼 수 있는 제품컨셉을 개발하여야 한다.

그림 6-8 제품컨셉의 개발모델

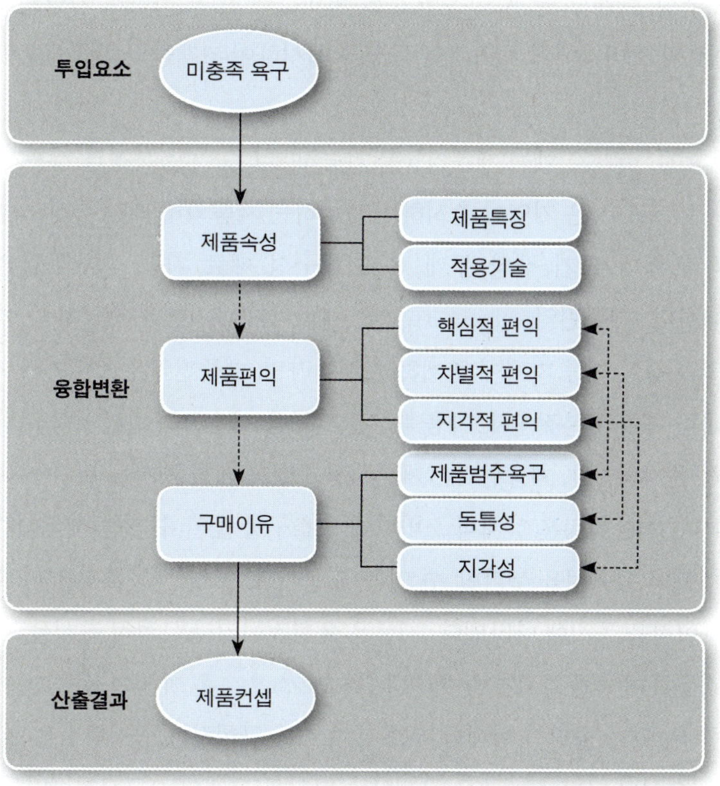

1) 제품속성과 편익의 변환

(1) 제품속성

① 제품속성의 성격

기업이 제공하는 제품은 다양한 속성으로 구성되어 있다. 제품속성(product attributes)은 다른 제품과 구별되는 원재료나 완성품의 특징이다. 이러한 제품속성은 크기, 색상, 기능성, 구성요소와 시장에서 제품의 소구나 수용에 영향을 주는 특징을 포함한다. 속성은 소비자들의 기능적, 사회적, 상징적인 욕구를 만족시켜주는 성질이자 소비자들이 제품을 평가하는 지표이다. 따라서 소비자들은 제품을 평가할 때는 다양한 속성을 고려하기 때문에 신제품개발 이전에 소비자의 욕구를 충족할 수 있는 제품속성을 파악하는 것이 신제품 성공의 중요한 과정이 된다. 가령 자동차를 구입할 경우 안정성, 연비, 디자인, 가격, 내구성, 브랜드 명, A/S, 옵션 등을 비교하게 된다. 따라서 기업은 제품속성을 변화시킴으로써 소비자에게 매력적인 품질을 제시하여 고객들의 제품선호도를 증가시킬 수 있다.

제품속성(product attributes)에는 제품기능을 가능하게 하는 제품특징과 적용기술이 있다. 제품특징(product features)은 기업이 출시하여 판매하는 제품의 물리적 특징(physical characteristics)으로 외관, 형태, 크기, 색상, 무게, 속도, 내구성, 재료, 기능, 성능과 같은 품질이나 변수를 포함한다. 제품편익(product benefits)은 제품이 구매자에게 제공하는 이익이나 가치이다. 제품특징이 제품 자체에 존재하는 것이라면, 제품편익은 소비자가 제품으로부터 이끌어내는 가치의 본질이다. 제품특징은 제품을 사용하는 방법이나 사람과 관계없이 동일하게 유지되지만, 제품편익은 제품사용자에 의해서 평가될 뿐만 아니라 제품특징에 의존한다. 제품특징은 잠재적 소비자에게 소구를 높일 수 있는 제품이나 서비스의 특징이며 제품의 유용성을 부각할 수 있는 요인이다. 또한 제품특징은 다른 제품과의 유사점과 차이점을 동시에 나타낸다. 제품은 유형적이거나 무형적 속성을 포함하고, 필요기술을 적용하여 제품실체가 구현된다. 기술(technology)은 제품의 성능이 기능하여 편익을 창출할 수 있는 물리적 형태와 무형적 요소를 구현하는 공정방법을 의미한다. 따라서 제품은 속성의 다발로 제품을 구성하는 다양한 고객의 요구사항이나 신기성을 구체적인 특질로 변화하기 위해서는 개발자의 창의성, 직관, 통찰과 필요한 기술이 결합된다. 제품특징과 이를 가능하게 하는 제조공정인 기술이 결합되어 제품속성을 기능할 수 있도록 한다.

- **제품속성(product attributes):** 외관, 형태, 크기, 색상, 기능성, 구성요소
- **제품특징(product features):** 제품의 물리적 특징
- **제품편익(product benefits):** 제품이 구매자에게 제공하는 이익이나 가치
- **기술(technology):** 물리적 형태와 무형적 요소를 구현하는 공정방법

소비자의 유형적, 사회적, 심리적인 욕구를 만족시켜주는 제품특성 때문에 소비자가 제품을 평가하는 중요한 지표이다. 제품속성은 1차 속성, 2차 속성과 3차 속성으로 구분할 수 있다. 1차 속성에는 기술적 속성과 인간적 속성이 있다. 기술적 속성은 물리적 속성과 기능적 속성으로, 인간적 속성은 미적 속성, 사용자 속성과 심리적 속성으로 구성된다. 인간은 합리적이면서도 감성적인 판단을 한다. 감성적인 판단은 구매결정에서 결정적인 역할을 수행하기 때문에 인간적 속성의 중요성이 날로 증대하고 있다. 이와 같은 이론들을 종합하여 [그림 6-9]와 같이 제품속성을 분류한다.

그림 6-9 제품속성의 분류

1차 속성	2차 속성	3차 속성
기술적 속성	물리적 속성	재료, 재질, 원료, 물성 촉감, 질감, 형태, 길이, 무게, 크기
	기능적 속성	기능의 효율성 작동의 용이성 구조의 신뢰성 기술과 특허 수준
인간적 속성	미적 속성	디자인, 색상, 형태 스타일의 특징, 그래픽 장식, 마감처리
	사용자 속성	사용자 인터페이스 사용의 편리성과 쾌적성 사용의 안전성과 적응성
	심리적 속성	스타일의 유행성, 상징성 사회적 적합성과 차별성 감각성과 가시성

② 제품속성의 결정

소비자에게 편익을 제공하는 제품특징과 속성을 결정한다. 제품특징은 제품을 구성하는 사양(specification)의 작동으로 제품 아이디어가 제품화되었을 때 표적고객에게 제공할 수 있는 기능성(capability)을 확보할 수 있어야 한다. 또한 경쟁자의 제품에 비해 표적고객에 대한 속성들의 차별적 편익을 고려한다. 고려할 사항들은 기능, 디자인, 제품품질,

품질수준이나 품질일관성 등이 있다. 제품품질(product quality)은 표적시장 소비자들이 기대하는 편익을 제공하는 능력이다. 품질수준(level of quality)은 표적소비자들의 욕구를 충족시킬 수 있고 가격에 비해 합당하게 생각하는 수준이다. 품질일관성(quality consistency)은 소비자가 기대하는 품질수준을 얼마나 일관성 있게 제공할 수 있는 정도이다.

(2) 제품편익

제품편익(product benefit)은 소비자들이 제품사용으로 얻는 혜택으로 고객의 욕구나 필요를 만족하는 실제적인 요소나 지각요소를 포함한다. 실제적인 요소는 비용 효과성, 디자인, 성능 등으로 구성되나, 이미지, 인지도, 평판 등으로 상징요소를 형성한다. 제품편익을 확인하는 것은 다양한 제품특징을 열거하는 것이 아니라 고객의 욕구와 필요를 발견하는 것이다. 고객들은 문제해결과 욕구충족을 원하기 때문에 제품과 서비스를 구매한다. 언제나 제품이 고객들을 위해 무엇을 갖고 있는지를 고객들은 질문을 한다. 이러한 질문에 답하기 위해 제품은 기능적 편익, 상징적 편익과 쾌락적 편익 등을 제공한다. 기능적 편익(functional benefit)은 기능적, 실용적이거나 물리적 성능을 통해 문제를 해결하여 얻는 편익이다. 상징적 편익(symbolic benefit)은 제품이나 서비스의 소비를 통해 얻을 수 있는 부가적인 욕구로 일반적으로 소비자 이미지와 관련되어 있는 자기 표현적 욕구이다. 또한 보석, 패션이나 자동차와 같이 사회계층, 사회적 신분이나 특정한 사회집단과 제품을 연상으로부터 얻는 지각된 편익이다. 명품 의류, 고급승용차, 보석이나 고급 레스토랑 이용 등이 해당된다. 쾌락적 편익(hedonic benefit)은 스포츠 관람, 게임이나 TV 시청처럼 즐거움, 재미, 환희와 긴장완화의 욕구를 충족할 수 있는 제품기능으로부터 얻는 편익이다. 쾌락적 편익은 경험적 편익(experiential benefit)과 동의어로 사용된다.

핵심적 편익(core benefit)은 주로 기능적 편익으로 제품이 무슨 용도로 사용되는가를 나타내는 편익이다. 이 편익은 제품의 고유기능으로 제품범주 안에 포함된 제품범주 욕구를 의미한다. 즉, 고객들이 제품이나 서비스로부터 기대하는 주요한 편익이나 만족을 의미한다. 예를 들면 자동차를 구매할 때 어떤 사람은 디자인이나 색상과 같은 심미적 편익을, 다른 사람은 성능이나 가격과 같은 기능적 편익(functional benefit)을 핵심편익으로 고려하는 것처럼 이들은 개인에 따라서 다르다. 또한 핵심적 편익은 브랜드명이나 포지션할 때 매우 중요하다. 핵심적 편익이 모호하면 제품분류인 제품범주에서 혼란이 일어나 경쟁제품을 잘못 설정하기 쉽다. 예를 들면 청량음료로 출시하였으나 청량음료, 탄

산음료, 아니면 이온음료인지 구분하기 어려워 소비자들이 올바로 인식하지 못하여 시장에서 실패하고, 결국은 브랜드 활성화를 하는 경우가 있다.

차별적 편익(differential benefit)은 이 제품이 경쟁자의 제품에 비하여 어떻게 다른가를 나타내는 편익이다. 경쟁제품에 비하여 다른 편익을 제공하는 것이다. "기능이 다른가, 이미지가 다른가, 디자인이 다른가, 또는 서비스가 다른가?"등 경쟁자의 제품과 다른 면을 제시하는 것이다. 이는 제품의 기능에서 오는 기능적 편익이나 제품의 구매와 사용으로부터 오는 사회적, 상징적 편익에서 제공하는 제품의 독특성에서 오는 편익을 의미한다. 예를 들면 제품의 디자인이나 사용성에서 경쟁자와 차별화를 시도하여 혁신기업으로 꼽히는 애플의 제품들은 소비자들에게 다양하고 진기한 감각적 편익을 제공하기도 한다. 기업 간에 기술수준의 차이가 적기 때문에 제품의 차별화를 많이 활용하는 편이다.

지각적 편익(sensible benefit)은 고객이 제품이나 서비스에서 지각할 수 있는 물리적이거나 유형적인 제품특성(physical or tangible features)이다. 이것은 제품을 오감으로 인식할 수 있을 정도로 경쟁제품보다 쉽게 인식할 수 있는 편익을 제공하는 것이다. 또한 합리적인 편익과 고객욕구를 일치하는 정서적 편익(emotional benefits)을 전달할 수 있어야 한다. 따라서 오감으로 쉽게 지각할 수 있도록 소비자들의 인지적 과부하를 유발하지 않으면서 경쟁자의 제품보다 더 잘 인식하고, 핵심적 편익이나 차별적 편익을 분명하게 구별할 수 있도록 표현되어야 한다.

(3) 구매이유

소비자들의 구매이유는 표현컨셉의 3요소로 요약된다. 제품컨셉은 제품이 사용하는 용도가 무엇인지(제품범주 욕구), 경쟁자의 제품과 어떻게 다른지(독특성)과 소비자들이 오감에 의해 쉽게 지각과 인지할 수 있는 정도(지각성) 등이 간결하게 표현되어야 한다. 제품범주 욕구는 제품범주를 나타내는 표현이어야 소비자들이 제품용도를 혼돈하지 않는다. 아무리 제품의 성능이 뛰어나더라도 제품이 무엇에 사용하는 제품인지 소비자가 잘 알지 못한다면 제품은 성공할 수 없다. 경쟁자의 제품과 차별성이 없다면 제품의 존재감이 부각되지 못한다. 제품이나 서비스의 독특성은 경쟁자와 차별하는 요소이다. 이러한 독특성(uniqueness)은 제품의 지각된 독점성(perceived exclusivity)과 진귀성(rareness)으로 제품에 대한 소비자의 욕망이나 선호를 증가시킨다.

2) 제품컨셉의 개발

제품컨셉은 제품을 쉽게 이해할 수 있도록 제품 아이디어를 글이나 그림으로 묘사한 것이다. 제품을 사전에 경험하지 못한 잠재고객들이 제품이 제공하는 편익을 이해하여 제품 구매의도가 있는지를 판단하는데 유용하다. 다량의 제품컨셉을 창출하고, 컨셉의 문제점과 개선점을 발견하여 최적의 컨셉으로 이르는 과정을 거치는 것이 제품컨셉의 정교화 과정이다. 제품컨셉을 개발할 때 사전에 고려할 사항을 확인한 후에 제품컨셉의 개발과정으로 진입하는 것이 바람직하다. 컨셉조사는 제품을 구매할 때 관심의 정도, 제품에 대한 긍정과 부정적 지각, 사용될 수 있는 제품특징, 가격지각, 사용빈도와 같은 행동정보 등을 발견하기 위한 것이다. 다음은 제품컨셉의 개발과정을 설명한 것이다.

(1) 제품컨셉의 개발과정

제품컨셉의 개발은 가설 제품컨셉의 창안부터 시작된다. 많은 가설 제품컨셉을 개발하는 것은 제품컨셉을 정교화하기 위해서이다. 추출된 아이디어를 정리하여 최종의 최적 제품컨셉을 선정하기 위해 만든 초안을 가설 제품컨셉(temporary product concept)이라고 한다. 불충분한 제품컨셉을 제거하고 최적의 제품컨셉을 찾기 위해서 가설 제품컨셉은 아이디어별로 구성요소를 변경하여 10개 정도 개발하는 것이 적당하다. 가설 제품컨셉의 산출과 제품컨셉 보드의 구성으로 가설 제품컨셉 작업이 완료되면 개인면접, 표적집단면접이나 서베이를 통해서 가설 제품컨셉을 평가하여 수정하게 된다. 수정 제품컨셉도 동일한 과정을 반복적으로 거쳐 정교화 과정을 거친다. 이렇게 하여 제품컨셉은 평가와 수정을 거쳐 최종 제품컨셉에 이르게 된다.

제품컨셉을 정교화하기 위해서는 잠재고객에게 제품컨셉 보드를 제시하여 그들의 제품속성, 제품편익이나 구매이유 등을 측정하여 수정하는 작업을 거친다. 이러한 절차로 개발된 제품컨셉은 개별면접, FGI나 CLT(Central Location Test), 서베이, 컨조인트분석(Conjoint analysis) 등의 방법으로 잠재적 소비자의 구매의도나 선호도를 조사하여 우선순위를 평가한다. 이렇게 하여 제품컨셉의 후보안을 3~5개 정도로 압축한다. 구매의도 측정은 보통 5점 척도를 사용한다. 이때 구매거부 이유와 구매유발 이유를 찾아내어 제품컨셉을 개선하는데 활용한다. 적절한 과정의 반복을 통해 최적해를 찾아낸다.

그림 6-10 제품컨셉의 정교화 과정

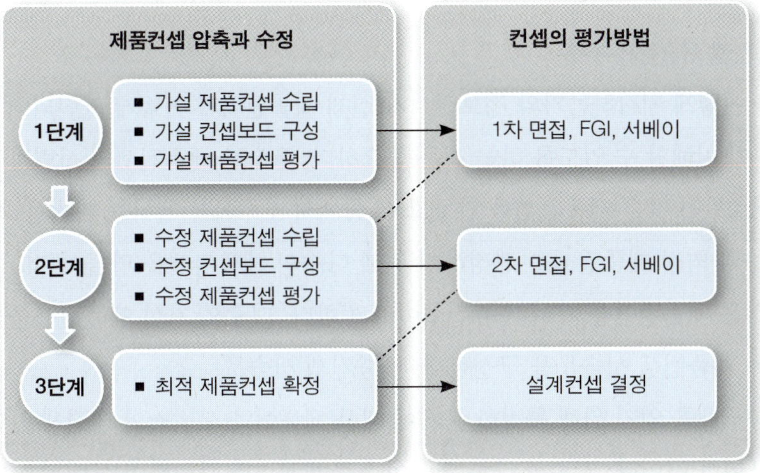

(2) 최적 제품컨셉의 조건

아이디어도 좋아야 하지만 이를 추상화하는 제품컨셉 제작도 매우 중요하다. 최적의 제품컨셉은 다양한 속성이나 기능을 함축적으로 또 상징적으로 간단하고 분명하게 표현하는 것이 필수적이다. 이러한 제품컨셉에 포함될 사항은 문제해결 편익, 욕구를 충족하는 이유, 제품형태, 디자인, 외적·기능적 요소, 브랜드명, 크기, 가격 및 기타 등이다. 최적 제품컨셉이 되기 위한 조건은 다음과 같다.

- **고객가치:** 돈을 지불할 만한 가치 제공
- **제품편익:** 의미 있는 편익 제공
- **차별화:** 경쟁제품보다 탁월한 가치 제공
- **대중성:** 사업성 및 시장규모의 확대가능성
- **창의성:** 경쟁제품과 다르게 느낄 수 있을 정도의 독특성

최적 제품컨셉은 소비자들이 돈을 지불할 만한 가치가 있는 것이어야 한다. 즉, 소비자들에게 의미 있는 편익이어야 한다. 제품컨셉의 대중성은 성장하고 있는 현재 시장의 추세를 반영하고 시장규모를 창출하거나 확대할 수 있어 수익을 얻을 수 있는 정도이다. 창의성은 뛰어난 기능이나 성능을 제공하여 경쟁자의 제품과 다르게 느낄 수 있는 정도를 말한다.

(3) 제품컨셉 서술문

① 제품컨셉 서술문의 추출

제품을 어떻게 지각하는가와 정보단서가 실제 제품편익과 어떻게 관련되어 있는지를 소비자들이 이해할 수 있도록 하는 것은 중요하다. 우수한 제품컨셉의 선별방법은 제품 아이디어로부터 많은 제품컨셉을 만들고 이 중에서 소수를 선별하는 과정을 거친다. 따라서 최종의 최적 제품컨셉을 선정하기 위해 다수의 제품컨셉을 만들어 정교화과정을 거치지 않은 제품컨셉을 가설 제품컨셉이라고 한다. 다수의 가설 제품컨셉을 비교평가하기 위해 제품컨셉 서술문을 구성한다. 제품컨셉 서술문(product concept statement)은 고객에게 시용구매를 얻기 위해 특정한 문제에 대한 제품이나 서비스의 해결책을 언어나 시각으로 표현한 것이다. 기존의 다른 제품이나 문제해결과 관련하여 선택된 편익을 제공하는 기대된 제품특징, 형태나 기술에 관한 진술이다. 제품 아이디어로부터 제품속성, 제품편익과 구매이유를 소비자의 언어로 변환하여 서술한다. 예를 들면 농축세제는 적게 써도 기존의 다른 세제보다 세척력이 탁월하다. 세제를 적게 사용하면서 세척이 뛰어난 제품을 제품 아이디어라 한다면 이를 제품컨셉 서술문으로 구성하면 "적게 써도 세척력이 탁월하고, 기존 제품을 농축하여 보관과 사용이 간편한 세탁세제"라고 할 수 있다. 이 농축세제의 성분이나 기능이 전문용어가 아닌 소비자가 이해할 수 있는 일상언어로 표현하는 방법이 바로 소비자의 언어라고 말한다.

[표 6-4] 제품컨셉 서술문 추출

제품 아이디어		
제품속성	제품특징	
	적용기술	
제품편익	핵심적 편익	
	차별적 편익	
	지각적 편익	
구매이유	제품범주 욕구	
	독특성	
	지각성	
제품컨셉 서술문		

예를 들면 햇반을 즉석밥, 영양식과 다이어트식으로 구분하여 다수의 대안 컨셉을 설정할 수 있다. 햇반은 원래 쌀을 쪄서 건조하여 물에 불려서 먹는 전투식량이었으나, 이를 새로운 아이디어로 변환하여 출시한 제품이다. 조리 시간 단축에서 나온 간편식인 햇반은 시간절약, 영양과 다이어트에서 "맛있는 밥"으로 제품컨셉을 변경하여 시장에서 성공한 제품이다. 햇반의 성공은 새로운 "간편식"이라는 새로운 제품범주를 창출하였으나, 초기 판매부진을 만회하기 위해 "맛있는 밥"으로 리포지셔닝하여 경쟁제품들이 속속 출시되어 큰 시장을 형성하였다.

[표 6-5] 제품컨셉 서술문의 예

구분	설명
신제품 아이디어	조리 시간을 단축할 수 있는 밥
제품컨셉	■ 제품컨셉 1: 조리시간을 단축할 수 있는 간편한 밥
	■ 제품컨셉 2: 영양가가 풍부한 잡곡밥
	■ 제품컨셉 3: 다이어트를 원하는 사람에게 좋은 현미밥
	■ 제품컨셉 4: 맛있는 밥

최적의 컨셉을 선정하기 위해서는 컨셉 서술문을 소비자 관점에서 평가하여 수정과정을 거친다. 제품컨셉 서술문을 제시하여 3점 척도로 평가한다. 긍정이면 3점, 중간은 2점, 부정이면 1점으로 하여 집계한 다음 최대점수를 득점한 안을 선정한다. 각 서술문의 요소 중에서 우수한 요소를 선택하여 재구성할 수 있다.

- 긍정이면 3점
- 중간은 2점
- 부정이면 1점

사람에 따라서 최소한의 속성을 제시하는 간략한 서술문이나 도형을 선호하기도 하고, 시제품이 제공하는 충분한 설명을 선호하기도 하기 때문에 선호하는 형태가 다를 수 있다. 그림이 있는 제품컨셉 서술문은 실제적인 차이를 적게 보여주어 잠재고객들로부터 많은 반응을 얻어낼 수 있는 장점이 있다. 상업적인 형태는 많은 현실성과 생생함을 제공하지만, 실제적인 차이가 발생할 수 있는 서술문의 편향 위험이 있다는 것을 알아야 한다. 여러 개의 제품컨셉 서술문을 작성하고, 선별된 제품컨셉 서술문을 통하여 제품컨셉 보드를 작성하고, 잠재고객들에게 구매의도나 선호도를 측정하여 최적의 제품컨셉을 선정하게 된다. [표 6-5]는 제품컨셉 서술문의 예이고, 이러한 컨셉서술문의 평가는 [표 6-6] 제품컨셉 서술문 평가지를 활용하면 매우 효과적이다.

[표 6-6] 제품컨셉 서술문 평가지

구분	제품속성		제품편익			구매이유				합계	
	제품 특징	적용 기술	핵심	차별	지각	범주 욕구	독특성	지각성	구매 의도	총점	순위
컨셉1안											
컨셉2안											

03 제품컨셉의 선정

제품컨셉의 사용목적은 제거해야 할 매우 좋지 못한(poor) 컨셉을 확인하고, 제품판매, 시용구매율, 구매의도나 시장점유율의 초기예상 등을 추정하기 위한 것이다. 또한 속성의 결합을 통해 제품의 매력을 극대화하기 위한 결정과정이다. 아이디어로부터 창출된 가설 제품컨셉은 속성의 결합이나 수정을 통해 평가하는 과정을 거친다. 제품컨셉은 고객에게 핵심적인 차별적 편익을 경쟁자와 다르게 제공할 수 있어야 한다. 또한 다양한 선정기준과 평가기법으로 최종안을 선정한 다음 제품사양을 설정하게 된다.

제품컨셉 선정과정은 잠재고객에게 제품 컨셉보드를 제시하여 핵심편익, 독특성, 호감도, 신뢰성과 가격 등을 평가하여 우수한 안을 선정하는 것이다. 제품컨셉을 선정하기 위해서는 가설컨셉을 평가하고, 여러 가지 창출된 컨셉안에서 우수하게 평가받은 속성을 추출하고, 이를 결합하여 가설 제품컨셉을 수정하여 평가한다. 제품컨셉의 선정과정은 가설 제품컨셉의 제작, 제품컨셉 서술문 작성, 제품컨셉 보드 작성 등의 과정이 있다.

1. 제품컨셉 보드의 구성

제품컨셉 서술문을 통해 제품컨셉 보드(product concept board)를 작성한다. 제품컨셉 보드는 주로 면접조사나 표적집단면접을 통해서 개발된 제품컨셉이 얼마나 소비자 욕구에 부응하는지, 제품컨셉 자체의 문제점과 개선점, 그리고 구매의도를 발견하기 위해 제품개발 전에 사용된다. 또한 제품컨셉에서 제시하는 제품속성, 핵심편익과 구매이유를 평가하여 최적의 제품컨셉을 도출하는데 매우 효과적이다. 따라서 시장에 출시될 제품과 매우 유사하고 과장 없이 사실적으로 구성한다. 제품컨셉 보드에 들어갈 구성요소는 다음과 같다.

① 제품컨셉 헤드라인

소비자들이 제품편익과 특성을 쉽게 알 수 있는 핵심문장을 한 마디로 표현한다. 제품컨셉 헤드라인은 제품컨셉의 요약으로 제품컨셉에서 가장 중요한 아이디어를 표현하는 문장을 작성할 때 주의할 점이 있다.

- 헤드라인 안에는 하나의 핵심컨셉만을 포함한다.
- 소비자들은 헤드라인만을 기억한다.
- 다른 요소를 작성한 이후 헤드라인을 최종적으로 작성한다.

② 제품범주명

고객들이 제품범주명을 보고 무엇에 사용하는 제품인지를 명확히 인식할 수 있어야 한다. 범주욕구를 자극할 수 있는 문장으로 표현한다.

③ 핵심표적

개발할 제품의 구매나 사용자를 명확히 설정한다. 또한 표적고객이 호감을 느낄 수 있도록 디자인이나 제품편익을 표현한다.

④ 브랜드 체계

제품컨셉을 반영하고 제품편익을 나타내는 브랜드 체계를 구축한다.

⑤ ABV 체인

제품컨셉에는 속성–편익–가치(attribute-benefit-value)가 수단과 목적처럼 서로 연결되어야 상위개념으로 추상화하여 소비자들이 인식을 쉽게 해준다. 예를 들면 자동차의 배기가스가 자연환경을 오염시키기 때문에 이를 해결할 자동차 매연배출 감소장치를 개발하려고 한다. 이 제품은 환경을 보호하여 세계평화를 유지할 수 있다고 가정한다.

- **속성:** 매연배출 감소장치
- **기능:** 매연배출 30% 이상 감소
- **편익:** 환경보호
- **가치:** 세계평화

⑥ 부가적 편익

제시된 제품컨셉 표제어로 표현이 부족할 때 추가적인 제품편익 등 구매이유를 제시할 수 있다. 그러나 압축적이면서 이해하기 쉽도록 하고, 가능한 많은 것을 다루지 않아야 한다. 간결함은 최고의 정교함이다.

⑦ 예상 TPO(Time, Place, Occasion)

신제품의 사용 시기, 사용 장소, 사용 상황 등에 대해 설명한다.

⑧ SKU(Stock Keeping Units)

출시할 모든 제품의 종류를 제시한다. 라면을 출시할 경우 맛을 선호하는 사람들이 다를 수 있기 때문에 매운 맛과 순한 맛의 두 종류로 품목을 결정할 수 있다. 또 용량이나 가격에 따라 품목이 다수일 수도 있다.

⑨ 가격

소비자들은 지불하는 가격과 제품이 제공하는 제품편익을 비교하여 구매하게 된다. 또한 제품의 품목이 다른 경우 가격도 다를 것이다.

그림 6-11 제품컨셉 보드의 예

신선한 인삼 한 뿌리의 효능이 그대로 살아있는 **한뿌리**

- 인삼 엑기스 희석해서 만든 인삼음료와 달리 인삼 한뿌리 전체(1)를 사용하였습니다.
- CJ는 기술(2)로 인삼 한 뿌리의 맛과 영양(3)을 생생하게 살렸습니다.
- 꿀과 우유의 맛과 부드러움(4)이 스며 있다.
- 피곤할 때나 공복(5) 시에 마시면 든든한 인삼의 영양을 섭취할 수 있다.

가격: 2,500원/100ml

CJ

2. 제품컨셉 보드의 평가

제품컨셉 보드를 제시하고 제품 아이디어가 표적 소비자에게 어떻게 전달되는지와 소비자들이 느끼는 반응을 평가하는 것이 제품컨셉의 평가이다. 제품컨셉 평가는 제품 아이디어의 서술과 실제 제품개발의 간격을 점검하는 일종의 품질검사이다. 각각의 제품컨셉은 소비자 욕구나 편익에 집중하여 제시되는 하나 이상의 제품컨셉 서술문을 잠재소비자 집단이 평가하는 것이다. 제품컨셉 평가의 목적은 아래와 같다[8].

- 초기 아이디어 발전
- 좋지 못한 제품컨셉 제거
- 제품컨셉의 가치 확인
- 최고의 잠재고객 세분화 확인
- 제품컨셉의 시장잠재력 추정
- 시용구매율이나 판매추정

[표 6-7] 제품컨셉 보드의 평가기준

속성	세부 내용
핵심편익	핵심편익은 명확하게 설명되어 있는가?
	핵심편익의 설명을 명확하게 이해할 수 있는가?
	단어나 그림들이 단순하고도 직접적인 소비자의 언어인가?
구매이유	소비자들이 구매할 만한 이유가 있는가?
	그 이유를 믿을 수 있는가?
차별성	제품의 우수성과 품질을 설명하는가?
	제품의 혁신성과 독특성을 설명하는가?
	의미있는 차별화인가?
가독성	컨셉을 30초 이내에 읽을 수 있는가?
	보기와 읽기가 편한가?
	읽기가 지루하지 않은가?
	아이라도 이해할 수 있을 만큼 쉽게 썼는가?
지각성	컨셉에 있는 사진이 구매욕구를 불러일으키는가?
	제품형태가 컨셉 내에서 볼 수 있는가?
	모든 품목을 제시하는가?
	브랜드명이 포함되어 있는가?

8) Peng and Finn(2008).

디자인의 최종결과가 어떻게 보이든지 제품컨셉 서술문은 명확하고 현실적이어야 하며 제품컨셉을 과장해서는 결코 안 된다. 서술문이 상업적이든 비상업적인 형태이든 간에 시장에서 제품컨셉과 기존 대안 간의 차이 없이 신뢰할 수 있어야 한다. 또한 제작된 제품컨셉 보드를 잠재고객들에게 제시하기 전에 검토하여 수정과 보완 작업을 거치는 것이 좋다. 제품컨셉 보드의 평가기준은 제품이 제공해줄 수 있는 핵심편익, 구매이유, 차별성, 가독성과 지각성 등을 검토한다.

3. 제품컨셉의 평가

제품컨셉 평가는 신제품의 소구점(appeal)을 측정하고 최적의 제품컨셉을 선정하는 과정이다. 평가목적은 제품을 구매할 때 관심의 정도, 제품에 대한 긍정적·부정적 인식, 사용할 제품특징, 가격인식과 유통채널, 사용빈도에 대한 행동패턴 등에 관한 정보를 파악하고, 많은 제품컨셉 중에서 최적안을 선정하기 위해 제거해야 할 좋지 못한 컨셉을 확인하는 것이다. 만일 제품컨셉이 첫 번째 장애물을 통과한다면 다음은 제품이 시장점유율이나 수입을 높일 수 있는 판매나 시용구매율을 추정한다. 구매의도와 구매 간에는 긍정적 상관관계가 있기 때문에 의미 있는 추정이다. 따라서 우수한 제품이 되기 위한 최고의 잠재력을 갖고 있는지를 결정하는 것은 자원을 확대하는 것이다. 그렇지만 제품컨셉을 평가하고 선택하는 것은 쉬운 일이 아니다. 제품컨셉 평가는 비교와 의사결정을 포함한다. 의사결정에 필요한 정보를 제공하기 위해 대안 제품컨셉과 소비자들의 요구사항을 비교하는 것이다. 평가기준과 대안을 항목별로 나누는 것이다. 즉, 대안을 각각 기준에 비교하는 것이다. 대안과 기준은 동일한 언어로 이루어져야 하고, 명확한 언어를 사용하여야 한다.

1) 제품컨셉의 평가항목

제품컨셉으로부터 얻는 정보는 대체로 4가지이다. 구매의도, 제품진단, 속성진단과 응답자 인구통계 수집자료 등이다. 구매의도는 5점 척도로 구입의향을 묻는 설문으로 구매의도이다. 기타 구매척도는 구매량과 구매빈도이다. 다음은 제품컨셉 보드를 제시하고 구매의도를 묻는 문항이다.

[설문 1] 이 제품이 출시된다면 구매할 의향이 있습니까?

① 절대로 구입하지 않는다.
② 아마 구입하지 않을 것이다.
③ 구입하거나 하지 않을 수 있다.
④ 아마 구입할 것이다.
⑤ 확실히 구입할 것이다.

제품진단(product diagnostics)은 제품컨셉의 독특성(uniqueness), 제품의 신뢰성(credibility), 사용자의 문제해결 능력과 돈에 합당한 가치(value for money) 등을 얻는 것이다. 속성진단(attribute diagnostics)은 어떤 특성이나 속성이 쓸모없는 정도나 개선되어야 하는 정도를 알려준다. 응답자 인구통계 수집자료는 표적시장의 인구통계와 사회경제적 특징을 확인하는데 도움이 된다. 따라서 이러한 속성과 현재 구매습관 자료는 미래행동을 예측하는데 도움이 된다. 다음은 제품컨셉 보드를 제시하고 독특성을 묻는 문항이다.

[설문 2] 이 제품이 유사한 제품에 비해 어느 정도 독특하다고 생각하나요?(독특성)

① 전혀 독특하지 않다.
② 별로 독특하지 않다.
③ 어느 쪽도 아니다.
④ 약간 독특하다.
⑤ 확실히 독특하다.

속성진단은 어떤 특성이나 속성이 개선되었거나, 제품컨셉 보드에 제시된 이미지나 사진이 구매욕구를 불러일으키는 정도이다. 다음은 제품컨셉 보드를 제시하고 속성개선을 묻는 문항이다.

[설문 3] 이 제품은 기존제품을 많이 개선하였다고 생각하나요?(속성진단)

① 전혀 개선하지 못했다.
② 별로 개선하지 못했다.
③ 어느 쪽도 아니다.
④ 어느 정도 개선했다.
⑤ 아주 잘 개선했다.

그림 6-12 제품컨셉의 평가항목

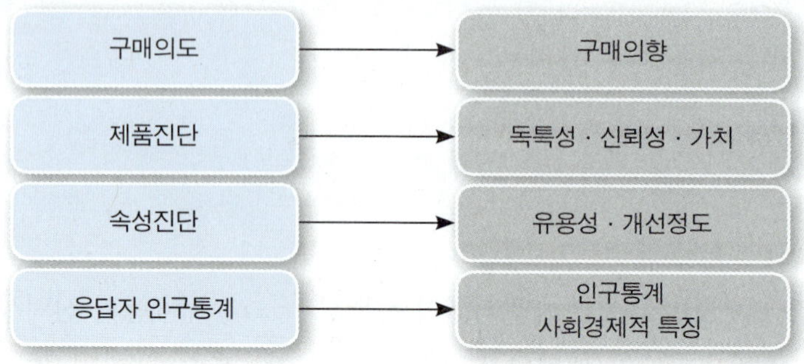

2) 제품컨셉안 선정절차

- 제품컨셉 보드와 제품컨셉안 선정을 위한 설문지를 제시한다.
- 평가 취지를 설명하고 설문지의 응답을 부탁한다.
- 응답 설문지를 회수하여 제품컨셉별로 점수를 집계한다.
- 제품컨셉별로 우선순위를 평가하여 최적의 컨셉안을 선정한다.
- 핵심속성, 구매유발, 거부동기나 속성진단을 토대로 제품컨셉안을 수정한다.
- 이러한 일련의 과정을 반복하여 최적의 제품컨셉을 도출한다.

4. 제품컨셉안의 순위평가

제품컨셉안의 선정과정은 많은 대안을 평가하여 순위가 낮은 대안을 제거하는 과정이다. 각각의 대안별로 제품컨셉 평가 설문지를 통하여 응답자들의 응답을 집계하여 비교·평가하여 최적의 제품컨셉안을 선정한다. 각각의 설문항목에 가중치를 두어 평가할 수도 있다. 이 때 가중치는 속성의 중요도에 따라 다르게 설정할 수 있다. 설문지의 응답 점수를 [표 6-8] 제품컨셉 평가 집계표에 기재하여 총점을 산출한다. 대안컨셉별로 평가하여 집계하고, 총점을 산출하여 순위를 산정한다. 또한 각 대안컨셉에서 우수한 속성을 추출하여 결합하는 재구성 방법으로 최적 제품컨셉을 선정하는 과정도 필요하다.

예를 들면 [표 6-8]에서 제품컨셉안은 컨셉 1안이 평가도와 구매의도에서 최고 점수를 얻어 최적의 제품컨셉안으로 선정될 수 있다. 설문문항은 5점 척도이다. 각각의 속성과 문항의 배점을 차례대로 곱하여 합산하면 총점이 된다. 제품컨셉 1은 제품속성과 구매의도에서 1위이다. 가중치와 컨셉 1안의 총점계산은 다음과 같다.

$$(0.2\times5)+(0.1\times4)+(0.1\times4)+(0.1\times3)+(0.1\times4)+(0.1\times3)+(0.1\times4)+(0.1\times4)=3.9$$

[표 6-8] 제품컨셉 평가 집계표(1)

설문항목	가중치	제품컨셉 1	제품컨셉 2	제품컨셉 3
핵심편익	0.2	5	3	2
제품 호감도	0.1	4	3	3
제품가치	0.1	4	4	3
독특성	0.1	3	3	4
신뢰성	0.1	4	3	3
가격	0.1	3	3	5
디자인	0.1	3	5	4
브랜드 이미지	0.1	4	3	4
A/S	0.1	4	4	3
총 점	1	3.9	3.4	3.3
구매의도		4.6	4.5	3.8
순 위		1	2	3

5. 제품속성의 결합과 수정

대안컨셉에서 대안별로 우수한 속성을 결합하여 다시 제품컨셉안을 작성할 수 있다. 예를 들면 [표 6-8]에서 우수한 속성만을 선정하면 [표 6-9]의 C11, C12, C13, C14, C15, C36, C27, C18, C19이다. 다른 컨셉안에서 C16, C17을 C36, C27로 교체하여 제품컨셉 4를 작성할 수 있다. 다른 제품컨셉 안에서 우수한 속성만을 추출하는 것이 쉽지는 않다. 이처럼 잠재고객들이 선호도가 높은 속성을 추출하여 결합하는 방식이다.

제품컨셉 평가 결과로 나타난 개선방향을 찾아 제품컨셉을 수정하고, 실제제품을 제작하기 위해 설계컨셉을 계획하는 단계로 이동한다. 설계컨셉은 개발자를 위한 제품설계 지침이 된다. 이때는 가급적 전문가가 이해할 수 있는 전문용어로 설계컨셉을 수립하는 것이 좋다.

[표 6-9] 제품컨셉 평가 집계표 예제용

설문항목	가중치	제품컨셉 1	제품컨셉 2	제품컨셉 3	제품컨셉 4
핵심편익	0.2	**C11**	C21	C31	C11
제품 호감도	0.1	**C12**	C22	C32	C12
제품가치	0.1	**C13**	C23	C33	C13
독특성	0.1	**C14**	C24	C34	C14
신뢰성	0.1	**C15**	C25	C35	C15
가격	0.1	C16	C26	**C36**	C36
디자인	0.1	C17	**C27**	C37	C27
브랜드 이미지	0.1	**C18**	C28	C38	C18
A/S	0.1	**C19**	C29	C39	C19
총 점					수정안

6. 최적안 선정

상대비교 기법인 Pugh Method으로 최적안을 선정하거나 속성의 재결합으로 수정안을 도출할 수 있다. Strathclyde 대학의 Stuart Pugh 교수가 개발한 Pugh Matrix는 Pugh 분석, 의사결정 매트릭스(decision matrix method), 선택 매트릭스(selection matrix), 기회분석(opportunity analysis) 등으로 불리기도 한다. 의사결정 모델로 대안 중에서 최적안을 선택할 때 사용되는 기법이다. 의사결정에 가장 중요한 기준을 선택하고 대안을 이 기준과 비교한다. 개인보다는 팀이 사용하는 기법으로 Pugh Matrix는 기준안(baseline)에 대한 다양한 대안을 평가하는 방법이다. 미리 설정된 기준에 대한 몇 가지 대안을 비교하는데 유용한 도구로써 약한 해결책에서 강력한 해결책을 마련하기도 하지만, 다른 대안의 혼합된 형태나 변형된 형태의 최적 대안을 도출할 수 있다.

기존제품이나 경쟁제품을 비교기준으로 선택하고, 평가 항목별로 기준안과 상대 평가한다. 기준안은 각 속성을 0으로 놓는다. 기준안과 각 대안을 비교하는 것으로 기준안보다 좋으면 1, 못하면 −1, 그리고 같으면 0점을 표시한 다음 합산하면 단순합계가 된다. 가중합계는 각 안의 값과 가중치를 곱하여 합산한 것이다. 기준안과 각 대안을 비교하여

- 기준안보다 좋으면 1
- 기준안보다 못하면 −1
- 기준안과 같으면 0점을 준다.

예제에서 단순합계에서는 1안과 2안이 공동으로 우수하나, 가중합계에서는 2안이 0.4로 최적안이다. 따라서 2안을 선택할 수 있다. 수정안은 각 안에서 최고점을 받은 항목만을 결합하여 재조정한 안이다. 이때 단순 합계는 4점, 가중합계는 0.9점으로 가장 우수한 최적안이 된다([표 6-10] 참조).

[표 6-10] 제품컨셉 평가 집계표

Criteria	1안	2안	3안	기준안	가중치	수정안
핵심편익	−1	1	1	0	0.2	1
독특성	0	1	−1	0	0.3	1
호감성	1	0	−1	0	0.3	1
신뢰성	0	0	0	0	0.1	0
가격	1	−1	1	0	0.1	1
sum of positive	2	2	2	최종 점수가 가장 높은 2안에 1, 3안의 장점을 결합하여 개선안 도출 (0.9)		4
sum of negative	1	1	2			0
sum of same	2	2	1			0
단순 합계	1	1	0			4
가중 합계	0.2	0.4	−0.3			**0.9**

04 제품개발

제품개발은 제품 아이디어를 형성화하는 과정이다. 제품설계는 제품의 모양과 기능을 적용기술을 통해 유형적으로 구현하는 활동이다. 설계자들은 최종사용자에서 최고경영층 간의 연결자로서 확대된 역할을 수행할 뿐만 아니라 제품개발팀에게 최종사용자로부터 입수한 설계변경이 바람직한 최적의 정보를 전달하는 역할을 한다. 제품설계를 완료하고, 설계대로 제품을 제작하는 것을 제품 프로토타입이라고 한다. 제품 프로토타입이 완성되면 제품개발팀은 제품의 기능테스트를 실시한다. 기능테스트는 제품설계대로 정확하게 제작되었는지와 제작한 프로토타입이 제대로 작동되는지를 평가하는 것이다. 이러한 테스트는 주로 제품사양, 성능, 품질 등에 집중된다. 이 과정을 통과한 제품은 사용자 테스트를 실시한 후, 출시를 위한 테스트 마케팅을 실시하는 과정을 거친다. 제품 사용자 테스트(user testing)는 제품을 실제로 사용할 고객들이 제품을 평가하도록 하는 것을 말한다. 즉, 사용자 테스트는 일상적인 제품사용 상태 하에서 제품을 테스트하는 것을 말한다. 제품이 아직까지는 완벽하지 않기 때문에 신제품이 고객의 요구사항을 충족하거나 문제를 해결할 때까지 개발팀은 테스트를 계속 진행한다. 제품 사용자 테스트는 소비자들의 제품사용 전 지각반응이며 초기 사용경험이 된다. 설계기준과 제품과의 일치성, 사용의 용이성을 제공하는지, 제품의 불만, 불편이나 오류가 없는지 등에 관한 사용자 테스트는 시장진입의 성공가능성을 한층 더 높여준다.

1. 고객의 소리

고객의 소리(Voice of the Customer: VOC)는 고객이 표현하거나 하지 않은 욕구나 요구사항을 기술하는데 사용하는 용어이다. 고객의 소리는 고객의 기대, 선호, 불만과 고객의 요구사항을 포착하는 심층과정이다. 고객의 소리는 욕구의 계층적 구조 속에서 조직화되고, 상대적 중요도와 만족을 서열화하는 제품개발기법이다. VOC 과정은 제품개발자에게 중요한 결과와 혜택을 준다. VOC는 다음과 같이 유용한 정보를 제공한다.

- 고객의 욕구와 필요
- 제품과 관련된 특징과 편익의 상대적 중요도
- 제품이나 서비스가 충족되거나 충족되지 않는 기대와 약속
- 증가된 만족에 대한 고객의 욕구
- 고객의 요구사항에 대한 자세한 이해
- 개발팀이 향후에 진행하는 공통의 언어

- 신제품에 대한 적절한 설계사양을 설정하기 위한 중요한 입력자료
- 제품혁신을 위한 매우 유용한 출발점(springboard)

기업이 고객의 말에 귀를 기울이지 않는다면 어느 기업도 산업의 선두가 될 수 없다. 고객의 지각된 품질(customer-perceived quality)은 사업성공의 주요 추진 요인이다. 효과적인 VOC 프로그램은 핵심적인 투입요소에 고객을 연결하고 함께하는 것을 가능하게 한다. 고객의 변화하는 요구사항을 포착하기 위해서는 기업은 선제적이고 혁신적이어야 한다. 고객의 소리를 수집하는 방법은 직접토의, 면접, 설문조사, 표적집단면접, 고객의 선택사양, 관찰, 보증 데이터, 현장 보고서, 불만 로그 등이 있다. 이러한 자료는 개발팀이 공정이나 제품 안에 통합하기 위해 공급된 구성부품이나 재료에 필요한 품질속성을 선택하는데 사용된다.

1) 고객욕구

고객욕구(customer needs)는 고객 자신의 언어(customer's own words)로 제품이나 서비스에 의해 충족되는 편익을 기술한 것이다. 예를 들면 컴퓨터 모니터에 있는 대각선을 기술할 때 고객은 계단현상(stair-step effect)이 없이 똑바른 선처럼 보이는 것으로 말한다. 고객욕구는 모니터의 특정한 유형처럼 하나의 해결책이나 선 안에 있는 뚜렷한 틈의 수와 같은 물리적 측정도 아니지만, 고객이 모니터에서 나타나는 이미지를 원하는 방법의 상세한 기술이다. 이러한 물리적 측정과 고객욕구 간의 차이는 고객이 자신의 지각 렌즈로 세상을 본다는 렌즈 모델(lens model)처럼 마케팅 전술의 성공요소의 하나이다.

고객욕구를 아는 것은 제품개발과 마케팅에 중요하다. 예를 들면 제품개발팀이 고객의 소리를 듣지 않고 너무 일찍 집중한다면, 창조적 기회를 잃게 될 것이다. 컴퓨터 모니터 팀이 모니터의 크기에 집중하기 쉽다. 렌즈 모델은 고객들이 다른 것보다 그 제품을 더 선호하는지와 시장에서 구입할 수 있는지를 선택한다고 말한다. 그러나 선호는 고객이 세상을 어떻게 보는지에 근거한다. 이러한 지각(perception)은 전체적으로 정확할 수도 있고 그렇지 않을 수도 있다. 그것은 제품특징에 근거하지만, 광고, 포장, 가격, 구전이나 사회적 맥락에 의해 생성되는 이미지에 또한 근거한다. 마케팅은 물리적 특징인 제품을 설계하고 소비자 지각에 영향을 주려는 통합된 활동이다. 렌즈 모델의 맥락 안에서 고객의 소리는 고객가치와 고객이 이러한 욕구에 관한 선호를 어떻게 형성하는지를

확인한다. 고객의 소리는 광고가 지각, 이용성과 지각된 가치에 어떻게 영향을 주는지를 확인할 수 있다. 물리적 제품의 특징은 기업의 마케팅 믹스나 고객의 구전활동으로 제품 이미지를 형성하는데 많은 영향을 미친다. 이러한 물리적 특징과 제품 이미지를 근거로 하여 고객은 제품에 대한 특정한 지각을 형성하여, 다른 제품보다 더 좋아하는 선호를 형성한다. 선호는 구매태도에 영향을 미치는 일련의 단계적인 과정이며, 관여도가 높고 자신에게 제품의 구매가 중요할 때 고객은 주로 이러한 일련의 이성적 판단을 하게 된다.

그림 6-13 소비자의 구매결정 과정

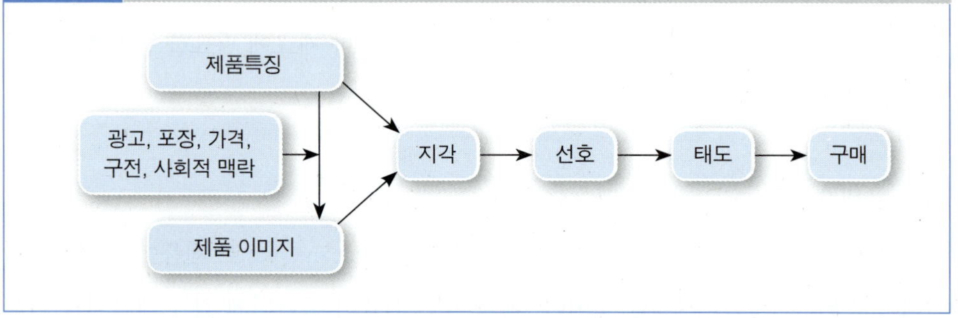

2. 제품사양

제품사양(product specification)은 제품이 수행할 것을 정확하게 측정할 수 있도록 상세하게 설명한 것으로 사용재료의 규격, 종류, 등급, 공법 등 도면에 나타내기 어려운 것을 자세히 쓴 설명서로 기술규격의 한 유형이다. 따라서 재료, 설계, 제품이나 서비스 등에 의해 만족되는 문서로 된 요구사항(requirement)인 것이다. 즉, 제품이 무엇을 할 수 있는가를 명확하고 측정 가능한 형식으로 표현한 것이다. 이것은 제품에 의해서 충족해야 할 자세한 요구조건을 공식적으로 문서화한 것으로 제품의 규격과 제품의 내용을 포함한다. 제품 요구사항이나 기술사양과 동의어로 사용한다. 제품사양은 전체 사양이 많은 개별기술로 이루어지고 각 개별사양은 측정기준(metric)과 측정값(value)으로 구성된다. 제품사양은 고객욕구를 만족시키기 위해 개발팀이 달성하고자 하는 것과 분명하게 일치해야 한다. 예를 들면 자동차는 1리터당 16km를 주행한다. 이 자동차의 제품사양은 자동차 연비측정의 기준인 1리터가 측정기준(metric)과 주행거리인 16km가 측정값(value)으로 구성된다. 이와 같이 제품사양은 고객욕구를 특정한 설계, 제품이나 공정이 수행해야 하는 문서로 된 물리적이고 기능적인 요구이다.

제품설계는 제품사양으로부터 시작한다. 제품설계를 시작할 때 엔지니어는 적절한 제품사양을 고안할 필요가 있다. 제품사양을 고안하는 목적은 최종 제품의 필요사항을 명확하게 정의하기 위해서이다. 이것은 높은 품질의 제품을 창조하는 사양의 목록이다. 엔지니어와 고객들은 모두 제품 기대에 관한 합의에 도달하기 위해 제품사양을 사용한다. 따라서 제품사양서는 설계작업의 기초자료이므로 오차나 오류 없이 정확하고 구체적으로 작성하는 것이 중요하다. 이러한 제품사양을 창안하는 목적은 여러 가지가 있다. 첫째 제품사양은 프로토타입 검사계획에 대한 근거를 제공하고, 이를 통해서 부적절한 제품을 설계하는 것을 찾아내기 때문에 고객의 욕구를 보다 더 잘 충족할 수 있다. 둘째 제품사양은 설계나 제조시간을 절약한다. 목표기술서를 제작하는 것은 제품에 집중할 수 있도록 해준다. 마지막으로 제품사양을 통해 의사소통을 함으로써 경영층과 고객은 욕구의 충족을 조기에 조정할 수 있고, 특히 고객은 제품에 기대하는 것을 확인할 수 있다.

3. 제품설계

제품설계(product design)는 소비자들의 욕구를 충족하는 제품과 서비스를 착안하고 물리적 실체를 구현하기 위해 골격을 구성하는 과정이다. 즉, 고객의 소리를 제품사양으로 전개하여 설계의 특성에 따라 변환하여 가치를 창출하는 과정이다. 제품에 따라서 다르게 설정해야 할 제품설계의 핵심적 특성이 있다. 즉, 질(quality), 양(quantity), 동일성(identity)과 방법(method)이다. 질은 가치, 양은 대량생산, 동일성은 제품속성, 그리고 방법은 설계를 산출한다. 예를 들면 경주용 자전거, 산악자전거나 일반자전거는 설계에서 핵심적 특성을 설정하는 방법이 다를 수밖에 없다.

설계용어는 많은 혼란이 있지만 제품설계는 일반적으로 공학설계(engineering design)와 산업설계(industrial design)를 포함한다[9]. 공학설계와 산업설계는 실제 설계활동에서 노력을 기울이는 제품설계의 주요 요소이다. 제품설계는 제품의 제조에 필요한 계획을 안출하

9) Haik(2003).

고 결정하는 과정이다. 제품설계는 다른 설계와 중첩되지만, 산업설계와 공학설계 사이에 위치해 있다. 공학설계와 산업설계는 비록 양자가 자신의 특징과 영역을 갖고 있지만, 어느 정도 제품설계과정 안에 포함되어 있다. 설계는 창의적인 과정이다. 창의적 예술은 순수예술의 영역이지만, 설계는 응용과학으로 설계의 유형별로 순수예술 영역을 포함하는 정도가 [그림 6-14]처럼 다르다. 제품설계의 많은 문제는 미적 감각, 의미, 원가, 지속가능성과 사용성을 포함하여 명확하게 이루어지지 않는 점이다.

그림 6-14 설계의 위치

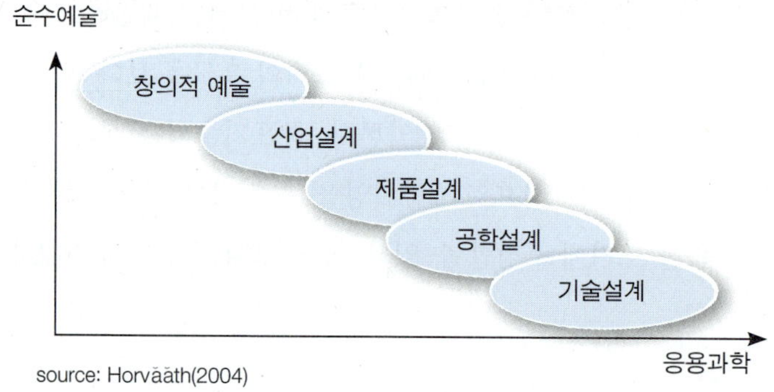

source: Horväath(2004)

1) 제품설계의 유형

설계를 일반적으로 산업설계, 공학설계, 공정설계, 시각설계와 제품설계로 분류한다. 산업설계(industrial design)는 형태, 심미감, 상징적 의미와 사용자 경험과 주로 관련되어 있다. 공학설계(engineering design)는 시스템, 기구의 기본적 기능과 특징을 개발하고 분석하는 데에 다양한 기법과 과학적 원리를 적용하는 설계이다. 산업설계(industrial design)는 제품설계, 스타일과 공학과 같은 영역에서 결합된 능력으로 개인에 의한 독립적인 설계노력을 의미한다. 공학설계가 기술적 시스템이 어떻게 작동하는가를 구체화하는 것이라면, 산업설계는 심미감, 인체공학과 사용자 공유영역을 구체화하는 것이다. 공정설계(process design)는 대량생산시스템을 위한 구성부품, 도구, 장비의 설계에 제한된 설계이다. 시각설계(visual design)는 품목의 외관특징에 관한 설계로 스타일링 설계(styling design)라고도 한다. 제품설계(product design)는 소비자들에게 팔리는 특정 품목에 관한 설계이다. 제품설계는 화학과 물리적 공정을 포함하는 공학설계보다 협소하지만, 제품의 사용과 외적 외관에 일반적으로 집중하는 산업설계보다는 더 넓은 개념이다. 산업설계자는 스타일 설계자들과 제품설계자들과 함께 더 많은 작업을 하는 동안 공정설계자와 함께 작업한다. 산업설계자가 설계와 스타일에 참가하는 동안 테스트와 설계에도 참여한다. 그러나 산업설계자들은 다른 분야와 중첩하고 제품이 어떻게 구성되는지를 알아야 하고 공학문제를 이해하고 공학검사결과를 판독할 수 있어야 한다.

그림 6-15 제품설계의 유형

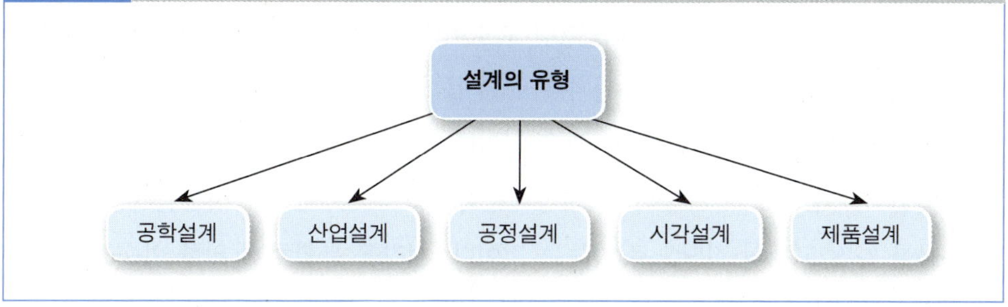

2) 제품설계의 구성요소

제품설계에 관한 공학설계와 산업설계를 비교하면 공학설계는 제품작동기능을 구현하는데 중요한 역할을 하지만, 산업설계는 제품의 인간 사용기능을 책임진다. 공학설계자들은 기능구현, 성능과 제품구조를 해결하나, 산업설계자는 외부설계에 관여하는 사람으로 사용자 경험, 심미감, 인체공학과 사용자 공유영역과 같은 설계부문을 해결한다.

그림 6-16 제품설계의 구성요소

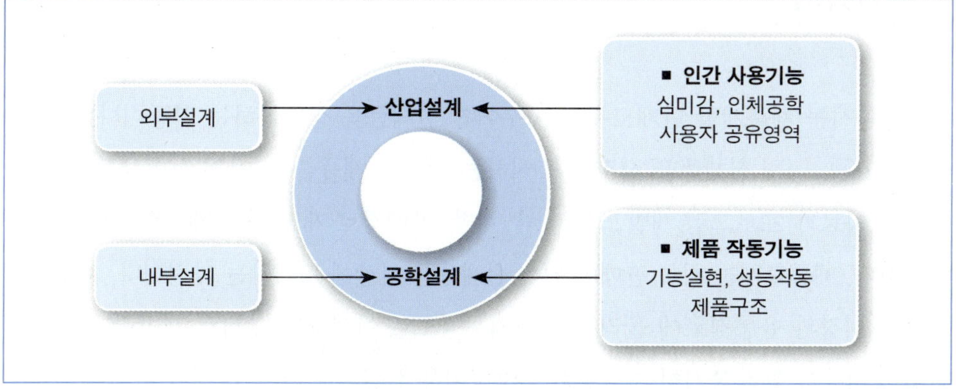

05 마케팅 전략

1. 마케팅 전략

제품개발 과정 중에 진행이나 중지결정이 신제품의 수요예측을 필요로 하기 때문에 신제품의 예측은 신제품개발에서 중요한 요소이다. 신제품이 성공하기 위해서는 시장수용, 기술적 타당성과 회사의 자원과 관련된 불확실성을 해결하는 것이다. 신제품 예측은 매우 어려워 때로는 경시하는 경우가 있다. 그러나 성공적인 신제품 예측은 적절한 기법을 사용함으로써 가능하다. 시장세분화(segmentation)는 전체시장을 비교적 동일한 욕구를 가진 고객의 집단으로 나누는 것이다. 시장을 분할하기 위한 변수를 선택하고, 세분시장의 특성을 구축하여 새로운 세분시장을 확인하는 과정이다. 표적화(targeting)는 시장 세분화를 통해 목표로 하는 시장의 고객집단을 선정하는 과정이다. 포지셔닝(positioning)은 소비자의 지각을 이해하고, 제품을 소비자의 마음속에 경쟁제품보다 유리하게 자리 잡게 하는 과정이다. 시장을 세분화하고, 목표로 하는 소비자를 표적으로 선정하고, 경쟁제품보다 더 유리하게 소비자들의 마음속에 제품을 위치하게 하는 전략을 STP 전략이라고 한다.

2. 출시전략

제품출시는 제품개발 단계로부터 이루어진 신제품을 상업화하는 활동이다. 상업화(commercialization)는 신제품을 시장에 출시하는 것으로 제품출시, 안정적인 생산량 증가, 마케팅 자료와 프로그램 개발, 공급사슬 개발, 판매경로 개발, 훈련개발과 지원개발을 포함한다. 제품출시는 최초 판매를 위해 신제품을 시장에 도입하는 과정이다. 제품출시 활동은 시장과 유통경로에 물리적인 포지셔닝으로 이전하는 단계로 개발단계에서 지출한 총비용을 훨씬 능가하는 상당한 신제품비용을 필요로 한다. 출시활동 계획에서 오는 실수, 오산과 간과는 신제품 성공에 치명적인 장애가 된다. 신제품 출시는 비용과 시간이 많이 들고, 위험하기 때문에 출시품목, 출시장소, 출시시기와 출시방법 등을 전략적으로 계획해야 한다. 신제품출시 전략은 출시전략과 출시전술로 구분된다. 출시전략은 제품전략, 시장전략, 경쟁전략과 사업전략을 포함한다. 출시전술은 제품믹스, 가격믹스, 유통믹스와 촉진믹스를 포함한다. 출시전략은 신제품의 물리적 개발이 완성된 후에 일어난다. 제품출시의 전체 방향을 설정하고 출시전술을 구사하기 위해 계획된다. 제품전략은 제품범주, 제품수명주기, 출시시기, 출시지역, 출시방법 등에 관한 의사결정이다. 시장전략은 시장성장률과 잠재력 등을 예측하여 충분한 규모의 시장에서 충분한 수익을 얻을 수 있는가를 판단하는 것이다. 경쟁전략은 경쟁대상, 경쟁위치, 경쟁자 위협, STP에 관한 의사결정이다. 사업전략은 원가, 차별화, 핵심역량, 투입자원을 결정하는 것이다. 따라서 이러한 과정은 성공적인 제품출시에 관한 의사결정이다. 출시 후(post-launch) 제품관리는 제품수명주기의 가장 긴 단계이다. 출시 후 단계의 주요 행동은 사업의 실제적인 진행이다.

제 7 장

지식재산권

제1절
지식재산권의 개요

제2절
지식재산권의 종류

Focus Lens 구글

래리 페이지(Larry Page)는 1973년 미국 미시건주 이스트랜싱에서 태어났다. 6세부터 컴퓨터에 관심을 갖기 시작했고, 초등학교 숙제를 워드 프로세서로 작성해 제출하기도 했다. 12세 때 페이지는 '니콜라 테슬라'에 대한 전기를 읽고, 그처럼 세상을 바꿀 혁신적인 발명가가 되길 꿈꾸게 된다. 페이지는 고등학교 졸업 후 미시건 대학교에 진학해 컴퓨터 엔지니어링을 공부한 후 스탠퍼드 대학원에 진학해 컴퓨터 사이언스에 대한 연구를 시작했다. 스탠퍼드 대학원에 진학한 페이지는 평생을 함께할 친구 세르게이 브린을 만나게 된다. 동갑내기인 브린과 페이지는 처음엔 사이가 좋지 않았지만 웹 페이지에 관한 연구를 함께 진행하며 친분을 쌓게 된다. 세르게이 브린(Sergey Brin)은 러시아 출신의 미국 시민권자 기업인으로서 래리 페이지와 함께 구글을 창립했다. 6세 때 미국에 온 그는 수학과 컴퓨터 과학을 전공하였다. 이후 그는 스탠퍼드 대학원에 입학하여 컴퓨터 과학을 전공하였다. 학위를 취득한 그는 컴퓨터 과학 박사과정을 밟았으나, 도중에 래리 페이지를 만나 박사과정을 그만두고 1998년 친구의 차고에서 구글을 창립하였다.

경험에서 아이디어를 찾아

브린의 지도교수인 Motwani 교수는 박사학위 논문 주제로 다량의 자료 중에서 의미 있는 정보를 찾아내는 새로운 방법을 제안하였다. 1990년대 중반 당시 인터넷에서 필요한 정보를 검색하는 것은 쉽지 않았다. 대표적인 검색엔진 WebCrawler, Lycos, Magellan, Infoseek, Excite 등이 있었다. 페이지는 AltaVista 검색엔진으로 검색하면서 검색결과에 나타나는 정보의 하나인 링크에 주목하는데, 이것들로부터 정보를 얼마나 얻을 수 있는지가 궁금하였다. 1996년 스탠퍼드대학교 박사과정에 재학 중이던 두 사람은 페이지랭크(PageRank)란 기술을 개발했다. 페이지는 학술논문에서 항상 다른 논문을 인용을 하는 것처럼 모든 링크가 다른 가치가 있다고 생각하였다. 가장 많은 링크를 갖는 웹사이트가 더 중요하다는 생각으로 링크 랭킹 시스템을 구축하여 PageRank라고 하였다. 1997년 초에 브린과 페이지는 이 PageRank 아이디어를 적용하여 박사학위 논문을 공저하고, 초보적인 검색엔진 BackRub을 제작하여 링크를 분석하는데 활용하였다. 웹사이트의 중요도를 그 사이트로 연결되는 링크(link)를 따져 결정되도록 한 이 기술이 구글의 시초다. 페이지와 브린은 웹이 커질수록 검색엔진 또한 중요하다는 점을 깨달았다. 페이지랭크(PageRank: 래리 페이지가 발명한 것으로 웹사이트의 인기도를 다른 사이트가 링크한 개수에 의거해 계산해내는 방식)는 링크를 분석하는 형태로 작동하기 때문에 웹이 더 커질수록 이것은 더 좋은 결과를 보여주게 된다. 이 사실이 계기가 되어 그들은 새로운 검색엔진을 구골(googol, 1에 0을 100개 붙인 수학적 용어)이란 말을 패러디해서 구글이라고 불렀다. 1996년 8월 구글의 첫 번째 버전을 스탠퍼드 웹사이트에 올렸다. 인기가 대단하여 스탠퍼드대학의 인터넷 연결이 마비된 적이 한 두 번이 아니었다.

구글의 창업

페이지와 브린이 처음부터 회사를 차리려던 것은 아니었다. 검색엔진을 기존 포털업체에 팔려고 하였다. 희망 가격은 16억 원이었다. 그러나 야후, 인포시크, 익사이트 등 어떤 포털업체도 이 돈을 주고 구글을 사려하지 않았다. 체리턴 지도교수는 브린과 페이지에게 신생기업에 적극적으로 투자하고 있던 선 마이크로시스템즈의 창립자인 앤디 벡톨샤임을 만나볼 것을 권했다. 앤디 벡톨샤임은 수표에 회사명을 뭐라고 적어야 하는지를 물었다. 구글의 창립자들은 그때까지 회사 이름을 정하지 않은 상태였다. 그러자 앤디 벡톨샤임은 서비스의 이름을 따서 구글사로 하자고 제안했고, 그들은 그의 제안에 동의했다. 그리고 몇 분 뒤 그들의 손에는 10만 달러짜리 수표가 쥐어져 있었다. 바로 이런 것이 회사를 창업하는 맛이었다. 1998년 9월 7일 구글이 공식적으로 첫발을 내딛었고, 래리 페이지는 CEO를, 세르게이 브린은 사장을 맡았다. 구글의 첫 사무실은 페이지의 여자친구 집 차고에서 시작하였다. 구글은 창업 2년 만에 하루 1,800만건의 검색을 하는 미국 최대 검색 사이트로 급성장하게 되었다. 구글은 다른 포털과 웹사이트에 검색엔진을 임대해주는 사업도 벌였다. 1999년 구글은 팔로알토의 중심부에 있는 유니버시티 애버뉴에 임대사무실을 쓰면서 직원 수가 10명 가까이 늘어난 이 신생업체는 현금을 만들어낼 수익모델이 필요했고, 결국 영업사원을 충원해야만 했다. 2000년 5월부터는 야후에 검색엔진을 납품했으나, 구글이 급성장하면서 위협을 느낀 야후는 검색엔진을 자체 개발하는 쪽으로 방향을 전환하였다.

구글의 수익구조

구글의 사업 구조는 검색 사업, 클라우드 사업과 기타 사업이 있다. 주요 수익원인 검색 사업은 검색과 광고가 있다. 검색사업의 목적은 무료 검색 서비스를 통해 사용자 수를 증대하는 것이다. 이를 통해 광고 등을 판매해 광고 수수료를 얻는다. 클라우드 사업은 애플리케이션, 엔터프라이즈, 플랫폼이 있다. 애플리케이션 부문은 구글 문서, 피카사 등의 소프트웨어 서비스, 구글 토크나 구글 보이스 등 통신 서비스로 구성되어 있다. 클라우드 환경 정비에 필요한 각종 플랫폼이나 툴을 제공한다. 브라우저의 부가가치 기능을 담당하는 구글 기어스(gears)나 소프트웨어 개발 환경을 제공하는 구글 앱 엔진, 독자적 프로그램 언어를 목표로 하는 구글 고(Go) 등 여러 방면에 걸쳐 있다. 독자적 브라우저인 크롬도 여기에 속한다. 구글은 2005년 6월 구글 어스(Google Earth) 서비스를 통해 전 세계 위성사진을 개인 컴퓨터에서 무료로 볼 수 있도록 해놓았다. 구글 어스는 전 세계의 지형 사진뿐만 아니라 대도시의 건물에 대한 정보까지 입체적으로 파악하게 해준 것이다. 2006년 온라인 비디오 사이트인 유튜브를 인수했다. 안드로이드 OS는 플랫폼 부문에서 가장 활발한 사업이다. 그 밖에 전자 서적이나 건강 의료 IT, 스마트 그리드, 재생 에너지 사업이나 해저 케이블 건설 등의 기반 정비나 주변 사업을 개척하고 있다.

구글의 성공비결: 구글의 경쟁자는 오직 구글 뿐이다.

① 정확한 사용자의 욕구파악: 소비자와 브랜드가 지속적으로 연애관계에 있을 때 고객에게 잊지 못할 경험을 제공할 수 있다. 구글은 빠르고 정확한 검색을 원하는 고

객을 사로잡아서 러브마크 브랜드가 되었다. 구글이 인터넷 광고시장을 장악할 수 있었던 것은 독특한 검색과 광고 방식 때문이었다. 브린과 페이지는 검색 사용자들이 무엇을 원하는지 명확하게 알았다. 포털을 만들어 온갖 콘텐츠로 꾸며진 인공정원을 만듦으로써 사용자를 그 안에 가둬둬야 한다는 생각을 거부했다. 사용자가 되도록 빠르게 구글에서 벗어나 검색 목적지로 가도록 해주는 것이 올바른 방식이라고 믿었다. 배너를 달면 검색 결과가 느려지고, 배너는 검색의 본질적인 요소도 아니면서 주의만 분산시키기 때문이었다. 발상의 전환을 통해 구글은 오히려 인터넷 광고 시장을 키우며 엄청난 수입을 올릴 수 있었는데 그 돈은 기존 미디어 기업의 손실분에서 빠져나간 것이었다. 구글은 검색어 몇 개만으로 광고를 판매할 수 있었고, 광고주는 광고 중개업자들에게 지불하는 2~5% 비용조차 추가로 들이지 않아도 되었다.

② 기술력: 기술력이 곧 경쟁력이다. 검색의 정확도와 속도가 경쟁사에 비하여 탁월하다. 사용자가 신속한 검색결과를 얻어서 사이트를 빨리 떠날 수 있는 서비스 개발에 몰두했다.

③ 독특한 리더십: "사악해지지 말자"는 공통분모를 직원들과 공유하는 독특한 리더십으로 변함없이 기업을 이끌고 있다. 부정한 방법이 아니라도 돈을 벌 수 있다.

④ 즐거운 직장: 창의력은 즐거운 가운데에서 온다. 수영장, 안마시술소, 이발소까지 회사에 있으며, 즐거움 경영을 실천한다. 혁신적인 아이디어가 안출되도록 재미있는 근무환경을 조성하고 놀라운 복지와 열린 문화를 지향한다.

⑤ 자기중심 경영: 구글은 자신이 만들어 놓은 시장에 다른 기업도 산업의 잠재력이 충분하니 진입하라 하는 식으로 규모를 키우고, 경쟁의 규칙을 만들었다. 기존의 규칙과 경쟁법칙을 깨고, 자기중심의 경쟁원칙 만든다.

Google의 10대 지도원리

성공한 기업은 독특한 성공 요소가 있다. 구글의 성공요소는 10대 지도원리에 입각한 경영과 업무자세이다. 사용자 중심은 숨겨진(hidden), 표현하지 않은(unarticulated) 고객욕구를 이해하기 위해 사람을 관찰하는 것에서 시작된다. 개발자가 고객이 되어 고객의 생활로 고객의 삶을 체험하는 것이다. 다음은 구글의 지도원리이다.

구글의 10대 지도원리

· 사용자에게 집중하면 모든 사람이 따를 것이다.
· 한 가지 일을 실제로 잘하는 것이 중요하다.
· 느린 것보다는 빠른 것이 더 좋다.
· 웹 자체가 민주주의이다.
· 대답을 자신의 책상에서 꼭 할 필요가 없다.
· 악한 일을 하지 않고도 돈을 벌 수 있다.
· 항상 외부에 더 많은 정보가 있다.
· 정보에 대한 욕구는 모든 국경을 초월한다.
· 정장을 입지 않아도 업무를 훌륭히 수행할 수 있다.
· 큰 것이 매우 좋은 것은 아니다.

01 지식재산권의 개요

1. 지식재산권의 개요

재산(property)은 인간의 사회적·경제적인 욕구를 채우는 유형·무형의 수단이다. 재산권(property right)은 경제적 가치를 지니는 권리이다. 즉, 재산적 가치가 있는 물건을 사용, 수익, 처분할 수 있는 권리이다. [그림 7-1]처럼 재산은 그 형태에 따라 토지·건물·보석·금전 등의 유체재산과 인간의 지적활동의 결과로 얻어진 정신적 산물로써 재산적 가치가 있는 발명, 고안, 저작, 특허 등의 무체재산으로 구분한다. 무체재산을 지식재산(intellectual property)이라고 한다.

그림 7-1 재산권의 종류

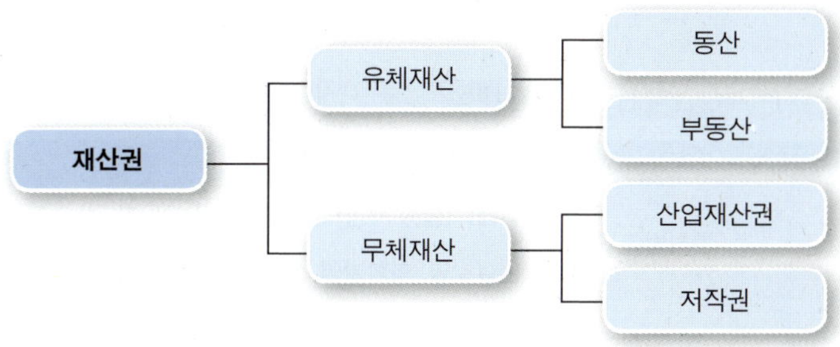

지식재산은 인간의 창조적 활동 또는 경험 등에 의하여 창출되거나 발견된 지식·정보·기술, 사상이나 감정의 표현, 영업이나 물건의 표시, 생물의 품종이나 유전자원, 그 밖에 무형적인 것으로써 재산적 가치가 실현될 수 있는 것을 말한다(「지식재산기본법」 제3조 제1호). 산업재산권(industrial property)은 물질문화의 발전에 기여하는 권리이고, 저작권(copyright)은 정신문화의 발전에 기여하는 권리이다. 발명은 특허법, 고안은 실용신안법, 물품의 디자인은 디자인보호법, 상표나 서비스표는 상표법, 그리고 저작물은 저작권법에 의하여 권리를 부여하고 보호하고 있다. 따라서 지식재산권에는 산업재산권, 지식재산권과 신지식재산권이 있다. 기타 부정경쟁방지 및 영업비밀보호에 관한 법률, 산업기술의 유출방지 및 보호에 관한 법률, 종자산업법, 식물신품종보호법, 반도체집적회로의 배치설계에 관한 법률과 콘텐츠산업진흥법 등 신지식재산권이 있다.

그림 7-2 지식재산권의 종류

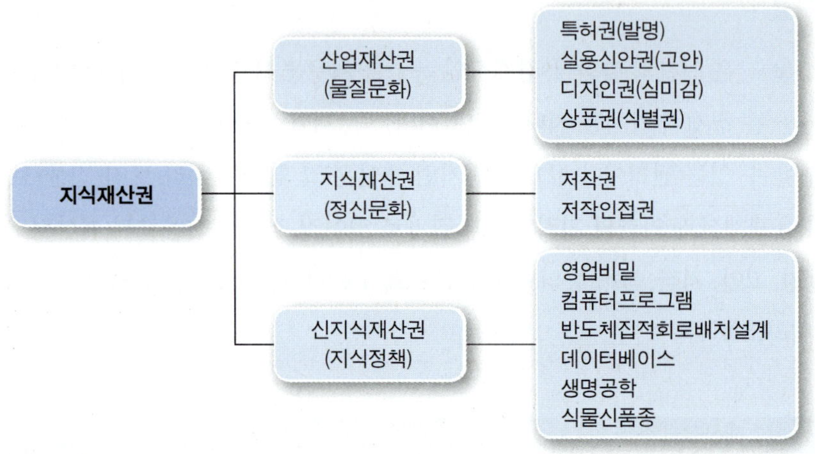

[표 7-1] 지식재산권의 관련 법률과 내용

권리의 종류	관련 법률	내용
특허권	특허법	발명(기술적 사상의 창작으로써 고도한 것)
		물질발명, 화학발명, 의약발명, BM발명
실용신안권	실용신안법	실용적인 고안(기술적 사상의 창작)
		물품의 형상, 구조, 조합
디자인권	디자인법	디자인(시각적으로 미감을 주는 물품의 형태)
		제품디자인, 패션디자인, 인테리어 소품
상표권	상표법	상표(상품을 식별하기 위하여 사용하는 표장)
		문자상표, 서비스표, 업무표장, 단체표장
저작권	저작권법	저작물(인간의 사상, 감정의 표현창작물)
		생명공학, 도메인 이름, 인공지능

2. 지식재산권의 필요성

① 시장에서 독점적 지위 확보

특허 등 지식재산권은 독점적, 배타적인 무체재산권으로 신용을 창출하고, 소비자의 신뢰도를 향상하며, 기술판매를 통한 로열티 수입을 얻을 수 있다.

② 특허분쟁의 예방 및 권리보호

특허는 자신의 발명 및 개발기술을 적시에 출원하여 권리화함으로써 타인과의 분쟁을 사전에 예방하고, 타인이 자신의 권리를 무단 사용할 경우 적극적으로 대응하여 법적인 보호를 받을 수 있다.

③ R&D 투자비 회수 및 향후 추가 기술개발의 원천

특허는 막대한 기술개발 투자비를 회수할 수 있는 확실한 수단이며 확보된 권리를 바탕으로 타인과 분쟁 없이 추가 응용기술을 개발할 수 있다.

④ 정부의 각종 정책자금 및 세제지원 혜택

지식재산권을 보유하고 있는 경우 특허기술사업화 자금지원, 우수발명품 시작품 제작지원을 비롯하여 각종 정부자금 활용과 세제지원 혜택을 받을 수 있다.

3. 특허와 영업비밀

특허법은 발명을 보호 장려하고 그 이용을 도모함으로써 기술의 발전을 촉진하여 산업발전에 이바지함을 목적으로 한다. 발명의욕을 고취하기 위해 특허권자에게 일정 기간 동안 기술이용의 독점권을 부여하는 대가로 발명기술을 활용할 수 있도록 기술을 공개하는 것이다. 코카콜라는 제조기법을 영업비밀로 공개하지 않고 노하우로 사용하고 있지만, 대부분의 기업은 특허로 기술을 공개하고 배타적 독점권으로 활용하고 있다. 따라서 기업은 특허등록과 영업비밀 중에서 전략적 선택을 해야 한다. 고려해야 할 변수가 많이 있고, 때로는 양자의 선택이 중립적인 경우도 발생한다. 일반적으로 자사가 연구개발한 것이 특허등록이 가능한 경우, 장차 경쟁사가 특허를 침해하거나, 경쟁사가 개발할 것으로 예상되는 경우, 그리고 기술공개 시 경쟁사가 모방할 가능성이 있는 경우는 특허등록이 더 바람직하다. 비밀유지가 가능할 경우는 특허등록이나 영업비밀 중에서 회사가 전략적으로 선택해야 할 것이다. [그림 7-3]은 절대적인 기준은 아니지만 특허 출원 전에 고려해야 할 변수와 선택대안들이다.

그림 7-3 특허출원과 영업비밀 옵션

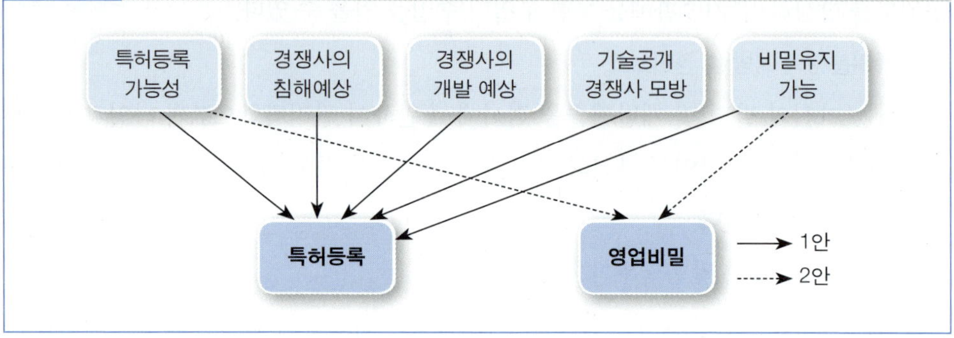

02 지식재산권의 종류

지식재산권은 권리자가 타인의 실시를 배제할 수 있는 배타적 독점권으로 특허권, 실용실안권, 디자인권, 상표권과 저작권 등이 있다. [표 7-2]는 지식재산권의 보호대상과 보호기간을 요약한 것이다.

[표 7-2] 지식재산권의 보호대상 및 보호기간

구분	보호대상	보호기간
특허권	기술적 사상의 창작으로써 고도한 것(발명)	20년
실용신안권	제품수명이 짧고 실용적인 개량기술(고안)	10년
디자인권	물품의 형상, 모양(디자인)	15년
상표권	상품의 기호, 문자, 도형(표장)	10년
저작권	인간의 사상이나 감정 표현	생존기간과 사망 후 70년

1. 특허권

1) 실체적 요건

특허(patent)는 자연법칙을 이용한 기술적 사상(idea)의 창작으로써 고도한 것이어야 한다. 아직까지 없었던 물건 또는 방법을 최초로 발명하였을 경우 그 발명자에게 주어지는 권리이다. 특허를 받을 수 있는 발명은 독창적 사상이고 자연법칙을 이용한 것으로 기술적 효과를 낼 수 있고 산업 상 이용할 수 있는 것이어야 한다. 권리 존속기간은 출원일로부터 20년이다. 특허권을 취득하기 위한 요건은 자연법칙을 이용한 발명, 신규성, 진보성과 산업 상 이용가능성을 충족해야 한다.

(1) 발명의 성립성: 자연법칙 이용

발명의 성립성(subject matter)이란 발명이 자연법칙을 이용한 기술적 사상의 창작으로써 고도한 것을 의미한다. 발명은 단순한 아이디어가 아니라 목표를 달성하기 위한 기술적 수단으로 구체화된 아이디어이다. 자연현상 또는 자연법칙 자체는 특허의 대상이 될 수 없고, 반대로 자연법칙을 이용하지 않은 경우에도 특허의 대상이 될 수 없다. 자연법칙은 자연계에 존재하는 물리적, 화학적, 생물학적 원리원칙을 말한다. 자연계에서 경험으로 찾아낸 법칙으로 자연과학의 학문적 법칙, 경험법칙과 생리학 법칙은 포함되지만, 정신활동으로 창안된 법칙, 경제학 법칙, 심리법칙이나 인간의 판단 등은 해당되지 않는다[1].

발명은 물건의 발명과 방법의 발명이 있다. 물건의 발명은 기계, 기구, 장치, 시설, 전자회로, 화학물질, 식물, 미생물과 같은 유형물을 구현하는 발명이지만, 방법의 발명은 물건을 생산하는 방법, 분석이나 측정방법으로써 구체화되는 발명이다. 예를 들면 기계장치의 취급방법, 물건의 생산방법, 물질의 생산방법과 동식물의 사육방법 등이 있다. 용도발명은 물건의 특정 성질을 발견하고, 이 성질을 유용하게 이용하는 발명으로 특허법에서는 이를 물건의 발명으로 규정한다. 이러한 방법의 발명도 자연법칙을 이용한 발명이어야 한다. 또 발명은 기본발명과 개량발명으로 구분한다. 기본발명은 발명이 속하는 기술분야에서 기술문제를 최초로 해결한 발명이다. 이것은 발명적 기여가 크고 포괄

---

1) 윤선희 (2015), 특허의 이해(제2판), 법문사.

하는 기술적 범위가 넓다. 예를 들면 전기, 컴퓨터, 전화기 등이 있다. 개량발명은 선행 발명을 기초로 하여 기술적으로 보완하여 개선한 발명을 말한다. 개량발명이 특허발명의 대부분을 차지한다.

그림 7-4 발명의 종류

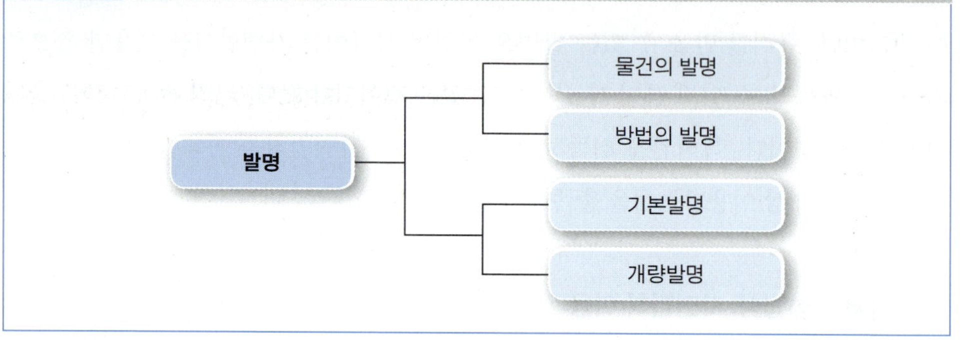

(2) 신규성

특허발명은 특허출원 전에 국내 또는 국외에서 공지·공용·간행물 게재·전기통신회선으로부터 공중이 이용 가능하게 된 발명에 해당되지 않는 독창적인 기술적 사상이어야 한다(「특허법」 제29조 제1항). 신규성(novelty)은 독창적인 기술적 사상으로 발명이 새로움을 갖추어야 한다는 것을 말한다. 공지, 공용기술이 아닌 것으로 발명의 내용인 기술적 사상이 종래의 기술적 지식, 선행기술에 비추어 알려져 있지 않은 새로운 것을 의미한다. 따라서 신규성은 특허출원 전에 세상에 새로운 것으로 어떠한 방법으로든 공개되지 않은 것이다. 특허출원 전에 세상에 없는 새로운 것을 의미한다. 특허권은 새로운 기술을 발명한 자에게 사회 일반에게 공개하는 대신 그 보상으로 일정 기간 동안 독점권을 부여하는 것이다.

(3) 진보성

진보성(inventive step)은 발명의 창작수준의 난이도로 당업자가 출원 시에 선행기술에 의하여 용이하게 발명할 수 없는 정도를 의미한다. 즉, 당업자가 쉽게 생각해낼 수 없는 것이어야 한다. 종래 발명에 비해 진보된 발명에 대해서만 특허를 부여한다는 요건을 말한다. 당업자란 발명이 속한 기술분야에서 보통의 수준을 갖고 있는 기술자를 의미한다. 진보성은 목적의 특이성, 구성의 곤란성 및 효과의 현저성 여부를 판단한다.

(4) 산업 상 이용가능성

특허법은 산업의 발달이 목적이므로 특허를 받기 위해서는 산업 상 이용가능성(industrially applicable)이 있어야 한다. 산업 상 이용가능성이란 당해 발명이 산업과정에서 반복·계속적으로 이용될 수 있는 가능성을 말한다. 따라서 산업 상 이용가능성이 없는 발명이나 산업 이외의 분야에서만 이용할 수 있는 발명은 비록 신규성과 진보성을 갖추고 있더라도 특허를 받을 수 없다. 또한 반복생산이 불가능한 발명이거나 특허명세서에 기재된 내용으로부터 실시가 불가능한 발명의 경우에는 출원은 거절되며, 특허된 경우라 하더라도 무효사유가 된다. 다음은 발명에 해당되지 않는 사항이다.

- 의료행위
- 업으로 이용할 수 없는 발명
- 현실적으로 명백하게 실시할 수 없는 발명

특허청구범위(claim)는 출원인에게 있어 특허권으로서 보호를 요구하는 범위를 말한다. 타인이 이를 침해하는 경우에는 특허권을 침해로부터 보호하는 권리범위로 발명의 상세한 설명에만 기재되고 청구범위에 기재하지 않은 사항은 특허권으로서 보호받을 수 없다.

2) 특허출원 및 등록 절차

특허출원은 특허를 받기 위해 국가에 대하여 발명공개를 조건으로 특허권의 부여를 요구하는 행위이다. 발명이 특허요건을 구비하고 있는지의 여부에 대하여 일정자격을 갖춘 심사관이 판단하여 발명의 요건을 충족하면 특허권이 부여된다. 절차는 [그림 7-5]와 같다.

3) 특허권의 효력

특허권은 설정등록에 의하여 발생하며(「특허법」 제87조 제1항), 설정등록일로부터 특허출원일 후 20년이 되는 날까지 존속한다. 특허권자는 특허발명을 업으로써 실시할 권리, 즉, 물건의 발명인 경우에는 그 물건을 생산·사용·양도·대여 또는 수입하거나 그 물건의 양도 또는 대여의 청약을 하는 행위, 방법의 발명의 경우에는 그 방법을 사용하는 행

그림 7-5 특허출원 및 등록 절차

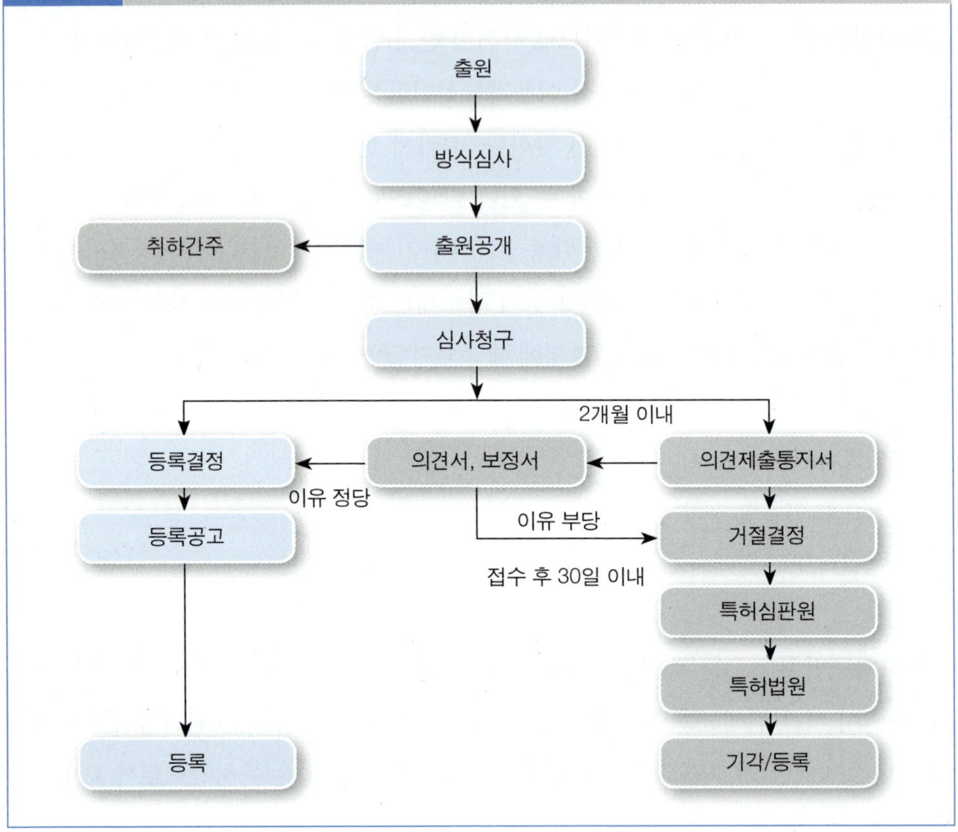

위 및 물건을 생산하는 방법의 발명인 경우에는 위 행위 외에 그 방법에 의하여 생산한 물건을 사용·양도·대여 또는 수입하거나 그 물건의 양도 또는 대여의 청약을 하는 행위를 독점한다.

4) 특허제도의 원리

① 선출원주의

동일한 발명에 대하여 2이상의 특허출원이 경합하는 경우 가장 먼저 출원한 자에게 특허권이 부여된다.

② 1특허출원 범위

1특허출원 범위의 요건에 위반된 출원은 거절이유는 되지만, 특허무효사유에는 해당되지는 않는다(1발명 1출원의 원칙).

③ **권리주의**

특허권이 법에 의하여 부여된다.

④ **심사주의**

신규성, 진보성 등의 실질적 특허요건의 판단에 대하여 심사가 행해진 후 특허허여 여부가 결정된다.

⑤ **출원공개주의**

출원에 대한 심사여부와 관계없이 발명내용을 출원일로부터 1년 6개월이 경과한 때 또는 출원인의 신청이 있을 때에 특허공보에 게재하는 방식으로 행해진다. 출원공개는 제3자에게 기술정보를 제공하여 중복투자를 방지하기 위한 것이다.

⑥ **등록주의**

특허권은 설정등록에 의해 발생한다. 등록원부에 등재한다.

⑦ **속지주의**

특허권은 국내에만 효력이 있다

5) 특허권 침해와 구제

지식재산권의 침해는 특허권, 실용신안권, 디자인권, 상표권, 저작권, 컴퓨터프로그램 저작권, 반도체집적회로배치설계권 등에 대한 각 권리침해와 그 밖에 영업비밀의 침해 및 부정경쟁행위에 의한 권리침해 등이 있다. 침해행위의 성질 및 그에 대한 구제방법은 민사방법과 형사방법이 있다. 민사침해에 대한 구제방법은 침해금지청구, 손해배상청구, 신용회복청구, 부당이득반환청구, 가처분신청 등 여러 유형이 포함되어 있다. 특허권의 침해란 특허권 실시에 정당한 권한이 없는 자가 타인의 특허권의 보호대상인 특허발명을 업으로써 실시하는 것을 말한다. 특허권의 침해가 성립하려면 유효한 특허권 내지 전용실시권의 존재, 침해의 혐의를 받는 물건 또는 방법이 특허발명의 보호범위에 해당하는 것이어야 하며, 침해의 혐의를 받는 자에게 특허발명의 실시에 관한 정당한 권한이 없을 것을 요하며, 업으로써 실시하는 행위이어야 한다(「특허법」 제94조). 특허권자와 전용실시권자는 권한 없이 특허발명을 업으로 실시하는 자에게 침해금지 및 예방청구권(「특허법」 제126조 제1항), 침해조성물 폐기·제거청구권(「특허법」 제126조 제2항), 신용회복청구권(「특허법」 제131조), 손해배상청구권 및 부당이득반환청구권을 행사할 수 있다. 특허권자는 자신의 특허발명을 실시하고 있는 타인에게 다음과 같은 조치를 취할 수 있다.

(1) 가처분신청

가처분신청은 긴급을 요하는 사건에 대해 빠른 시간 안에 법원의 결정을 구하는 제도이다. 정식 재판과 달리 심문 없이 서류만으로도 결정을 내릴 수 있다. 대개 신청을 하는 날부터 2주 후에 첫 심문이 열리고 심문이 끝나는 날부터 2주 후에 결정이 내려진다. 따라서 복잡한 사안이 아닐 경우 한 달이면 법원의 판단이 내려진다. 가처분신청은 법원의 결정을 기다리는 동안 심각한 손해를 입거나 급박한 침해를 방지할 수 없는 등 긴급을 요하는 사유가 있는 경우에 특허침해금지청구에 의한 소송으로 판결을 받기 전에 동일한 효과를 얻을 수 있는 잠정적인 조치가 가처분이다. 가처분은 사건의 긴급성이 신청의 요건이므로 긴급성이 부인된 가처분신청은 각하대상이다. 가처분신청은 본안소송 제기 전에 이나 이와 동시에 제기하는 것이며 입증방법은 소명 정도이다.

(2) 특허침해금지청구

민법상 물권에 대한 방해제거 및 예방청구와 같이 지적재산권에 대한 침해를 이유로 침해행위의 금지 또는 예방을 구할 수 있는 권리를 침해금지청구권(injunction)이라고 한다. 각종 지적재산권에 관한 개별 법률에서는 예외 없이 침해금지청구권에 관하여 규정하고 있으며, 현재의 침해행위는 물론 장래의 침해행위에 대하여도 미리 행사할 수 있으므로 지적재산권에 대한 침해방지대책으로서 가장 유효하고도 직접적이며, 1차적인 구제수단이다. 현재 침해가 진행 중인 경우 특허권자는 법원에 특허침해금지 청구를 할 수 있고, 침해가능성이 큰 상태에서는 침해할 우려가 있음을 이유로 침해예방청구권을 행사할 수 있다. 침해금지·예방 청구를 할 때 침해행위를 조성한 물건의 폐기나 침해행위에 제공된 설비의 제거 등 침해의 예방에 필요한 행위를 청구할 수 있다. 한편 침해금지청구권이 행사되고 있는 중에 불침해의 약속을 신뢰할 수 없을 때에는 상대방이 침해행위를 하지 않을 것을 보증하는 담보제공이나 일정금액의 공탁을 신청할 수 있다.

(3) 손해배상청구

고의 또는 과실로 인한 위법행위로 타인에게 손해를 가한 자는 그 손해를 배상할 책임이 있다. 따라서 손해배상청구권은 불법행위로 인하여 발생한 손해에 대해서 금전으로 배상을 청구할 수 있는 권리이다. 특허권자는 고의 또는 과실에 의하여 특허권을 침해한 자에 대하여 그 침해로 인한 손해배상을 청구할 수 있다. 일반 민사사건에서 손해배상청구를 하는 경우에는 상대방 행위의 위법성, 그 행위의 고의나 과실, 그 행위와 손해와의 인과관계 및 손해액을 모두 청구인이 입증해야 한다. 그러나 특허법에서는 무체재산권인 특허권의 실질적 보호를 위해 과실에 대한 입증책임을 침해자에게 있으며, 법 제128조에서 손해액의 구체적 산정방법과 손해액을 추정하는 근거가 있다.

(4) 부당이득반환청구

부당이득반환청구는 법률상 원인이 없이 타인의 재화나 노무로부터 이익을 얻은 자에게 권리자가 반환을 청구하는 소송을 말한다. 특허권이 침해된 경우 손해배상청구권이 발생되기 위해서는 침해자의 고의나 과실이 있어야 한다. 손해배상청구제도는 피해자에게 생긴 손해를 배상하도록 하는 것이고, 부당이득반환제도는 부당한 이득자의 이득을 반환하도록 하는 제도로 민법상의 부당이득반환에 대한 규정을 인용한다. 특허권 침해에 대한 손해배상청구권의 소멸시효는 3년이지만, 부당이득반환청구권은 일반채권과 같이 소멸시효가 10년이므로 손해배상청구가 불가능한 경우에 부당이득반환을 청구할 수 있다.

(5) 신용회복청구

특허권자는 고의 또는 과실에 의하여 특허권을 침해함으로써 자신의 업무상 신용을 실추하게 한 자에 대하여, 자신의 업무상의 신용회복을 위하여 필요한 조치를 법원에 신청할 수 있다. 신용회복청구의 이유가 된 사실이 인정되는 경우 법원은 침해자의 비용으로 패소한 민사손해배상판결, 형사명예훼손죄의 유죄판결 등을 신문·잡지 등에 게재하도록 할 수 있다.

(6) 형사적 구제

특허권이 고의로 침해된 경우 특허권자는 고소하여 침해죄를 추궁할 수 있다. 특허권 침해죄의 성립에 대하여는 형법총칙의 규정이 적용된다. 고의를 쉽게 입증하기 위해 사전에 내용증명우편으로 경고장을 발송해두는 조치가 필요하다. 특허권의 침해죄가 성립되기 위해서는 고소권자의 고소가 있어야 한다. 특허법은 형법의 특별법적 지위에서 특허권의 침해에 대해 7년 이하의 징역 또는 1억원 이하의 벌금에 처함을 규정하고 있고, 그 이외의 사항에 대하여는 형법의 규정이 적용된다.

2. 실용신안권

실용신안권(utility model right)은 실용신안법에 의하여 실용신안을 등록한 자가 독점적, 배타적으로 가지는 지배권이다. 실용신안은 자연법칙을 이용한 기술적 사상의 창작물 중에서 산업 상 이용할 수 있는 물품의 형상, 구조 또는 조합에 관한 고안이다. 일정한 형체가 없는 의약, 화학물질, 유리, 합금, 시멘트 등의 조성물은 등록될 수 없다. 특허출원을 하였으나 진보성과 고도성이 부족할 때 실용신안으로 변경출원하면 등록가능성이 크다. 다음은 실용신안권의 특징이다.

특허괴물(patent troll): 특허관리 전문회사(NPEs)

특허괴물(patent troll)은 특허의 실제 가치 이상으로 피고발 침해자에 대해 특허권을 행사하려는 사람이나 회사를 기술하는 경멸적인 용어이다. 특허괴물은 문제가 되는 특허에 근거하여 종종 제품을 제조하거나 서비스를 공급하지 않는다. 특허괴물은 특허관리 전문회사를 의미하며, 특허관리 전문회사는 특허 지주회사(Patent Holding Company: PHC), 특허권행사 전문기업(Patent Assertion Entity: PAE)과 비활동 기업(Non-Practicing Entity: NPE)을 포함한다. 특허괴물은 개인 또는 기업으로부터 특허기술을 사들여 로열티 수입을 챙기는 회사를 일컫는 말이다. 특허권을 침해한 기업에게 소송을 제기하여 막대한 이익을 창출하기도 한다. 제품을 제조하거나 판매하지 않고 특허권 또는 지식재산권만을 집중적으로 보유함으로써 특허권 사용료 수입으로 이익을 창출하는 특허관리 전문회사를 의미한다. 이들은 대량의 특허권을 개인 또는 기업으로부터 매입하거나 원천기술을 보유한 소규모 기업을 인수·합병하는 식으로 특허권을 확보한 후 특정기업이 특허기술을 무단으로 사용한 제품이나 서비스를 선보일 경우 그 기업을 상대로 사용료를 요구하는 협상을 하고, 협상이 이루어지지 않을 경우 수입금지·판매금지 소송 등을 통해 기업을 압박하여 막대한 보상금을 챙긴다.

① 특허괴물의 유래

미국의 테크서치는 인터내셔널 메타 시스템스(IMS)라는 마이크로프로세서 생산업체의 특허권을 매입하였다. 그런 후 1998년 미국의 반도체 회사 인텔(Intel Corporation)에 특허침해 소송을 걸어 특허권 매입가의 1만 배에 해당하는 배상액을 요구하였다. 당시 인텔 측 사내변호사인 피터 뎃킨(Peter Detkin)이 테크서치를 가리켜 특허괴물(Patent Troll)이라고 비난한 데에서 이 말이 유래되었다. 특허파파라치, 특허해적, 특허사냥꾼이라고도 불린다.

② 경계해야 할 잠수함 특허

잠수함 특허(Submarine Patent)는 출원인이 특허출원 후 심사를 고의로 지연시키고 있다가 어느 날 갑자기 특허등록을 진행시켜 무차별적으로 특허권을 행사하는 것으로써, 물속에서 잠망경만을 내놓고 있다가 물 위의 시장이 활성화되기를 기다린 뒤 특허된 발명을 어뢰처럼 발사시켜 특허권을 행사하는 잠수함형이다.

- 이미 발명된 것을 보다 편리하고 유용하게 쓸 수 있도록 개량
- 권리 존속기간: 설정등록일 후 출원일로부터 10년
- 목적: 소발명 보호
- 특허와의 차이점
  - 보호대상: 물품(특허는 방법도 포함)
  - 등록요건: 진보성에서 고도성이 제외

3. 디자인권

1) 디자인의 성립요건

디자인(design right)은 디자인을 등록한 자가 그 등록디자인에 대하여 향유하는 독점적·배타적 권리이다. 디자인은 물품(물품의 부분 및 글자체 포함)의 형상, 모양, 색채 또는 이들을 결합한 것으로서 시각을 통하여 미감을 일으키게 하는 것을 의미한다. 즉, 물품이나 글자체의 외관 디자인을 보호하는 권리이다. 디자인의 성립요건은 물품성, 형태성, 시각성 및 심미성 등을 갖추어야 한다.

① 물품성

독립성이 있는 구체적인 물품이다. 물품은 독립성이 있는 구체적인 유체동산으로써 통상의 상태에서 독립된 거래의 대상이고, 그것이 부품인 경우에는 다시 호환성이 있어야 한다.

② 형태성

물품의 형상, 모양, 색채 또는 이들이 결합된 것이다.

③ 시각성

육안으로 식별할 수 있는 것이다.

④ 심미성

미감을 일으키도록 미적 처리가 되어 있는 것이다.

2) 디자인의 등록요건

디자인으로 등록되기 위해서는 공업 상 이용가능성, 신규성, 창작 비(非)용이성이 구비되어야 한다.

① 공업 상 이용가능성

공업적 생산과정을 거쳐 동일한 형태와 모양의 물품을 반복해서 생산할 수 있는 정도이다.

② 신규성

출원 전에 이미 공지되었거나 공연히 실시된 디자인, 간행물에 게재되거나 전기통신회선을 통해 공중이 이용 가능하게 된 디자인과 동일·유사한 디자인은 등록을 받을 수 없다.

③ 창작 비(非)용이성

출원된 디자인이 속하는 분야에서 통상의 지식을 가진 자가 선행 디자인을 결합하거나 국내에서 널리 알려진 형상·모양·색채 또는 이들을 결합하여 용이하게 창작할 수 있는 디자인은 디자인으로 등록될 수 없다.

3) 디자인 보호제도

① 무심사 등록제도

유행 주기가 짧아 신속하게 등록될 필요가 있는 디자인을 조기에 등록할 수 있게 하기 위한 제도로써 출원된 디자인이 디자인 등록요건을 충족하면 다른 요건을 심사하지 않고 등록할 수 있게 하는 제도를 말한다. 각각의 디자인에 대해 별개의 등록출원을 할 필요가 없으며, 20개 이내의 디자인을 하나의 디자인등록으로 출원할 수 있다.

② 부분 디자인제도

물품의 부분에 관한 디자인을 보호하는 제도를 말한다. 이는 하나의 디자인에 독창적이고 특징적인 디자인이 여러 개 포함되어 있는 경우에도 전체로써 하나의 디자인으로만 보호될 수 있는 불합리함을 해소하기 위해 도입된 제도이다.

③ 유사 디자인제도

자신의 등록디자인이나 디자인 등록출원한 디자인에만 유사한 디자인에 대해 유사한 디자인으로 등록할 수 있게 하는 제도이다.

④ 한 벌 물품디자인제도

2이상의 물품이 한 벌 물품으로 동시에 사용되는 경우 그 한 벌의 물품의 디자인이 한 벌 전체로써 통일성이 있다면, 그 한 벌에 대한 디자인을 하나의 디자인으로 등록할 수 있게 하는 제도이다.

⑤ 비밀디자인제도

출원인의 청구에 따라 설정등록일로부터 3년 이내의 기간을 정하여 그 등록디자인의 내용을 공개하지 않고 비밀로 두는 제도이다. 이는 출원인이 특정한 디자인을 실시하기 위한 준비를 하는 기간 동안 그 디자인이 제3자에게 공개되는 것을 방지하기 위한 제도이다.

4) 디자인권의 효력

디자인권은 설정등록에 의하여 발생하고(「디자인보호법」 제39조 제1항), 설정등록이 있는 날부터 15년간 존속한다.

4. 상표권

1) 상표권의 법적 개념

상표(trade mark)는 다른 사람의 상품 또는 영업과 구별하기 위하여 사용하는 문자, 도형, 기호, 입체적 형상, 색채, 홀로그램, 동작, 소리, 냄새 등의 시각적으로 인식할 수 있는 것이다. 상표권(trade mark right)은 등록상표를 지정상품에 독점적으로 사용할 수 있는 권리이다. 상표의 기능은 식별기능, 출처표시기능, 품질보증기능, 광고 선전기능, 재산적 기능 등이 있다. 상표권의 독점기간은 10년이지만 갱신이 가능하다. 다음은 상표의 종류이다.

- **업체상표:** 타인의 상품과 구별하기 위해 사용하는 표장
- **서비스표:** 타인의 서비스업과 식별되도록 하기 위하여 사용하는 표장
- **단체표장:** 동종업자가 설립한 법인의 상품이나 서비스업에 사용하는 것(예, 새마을금고)

- **업무표장:** 비영리업무를 하는 자가 그 업무를 표시(예, YWCA)
- **증명상표:** 증명을 업으로 하는 자가 상품이나 서비스업이 정하여진 품질을 충족하는지 증명
- **색채상표:** 기호, 문자, 도형, 색채, 홀로그램, 동작 또는 이들에 색채를 결합 또는 조합한 상표

보통명칭상표, 관용상표, 성질표시 표장, 현저한 지리적 명칭, 흔한 성이나 명칭, 간단하고 흔한 상표 등은 등록을 받을 수 없는 상표이다. 다음은 등록이 불가능한 상표이다.

- **보통명칭상표:** 상품의 보통명칭은 등록이 불가능하지만, 식별력 있는 요소가 결합되면 가능하다. 예: 가방, 모자, 라면 등은 불가능하지만 농심라면이나 영안모자는 가능하다.
- **관용상표:** 정종, 메일, 호마이카, 나폴레옹, ~tex, ~lon, 깡
- **성질표시표장:** 콘디션, 파워크린, 엑셀, 청정, 무공해, 바이오, hitek
- **현저한 지리적 명칭:** 춘천, 소양호, 충주호, 런던, 뉴욕, 마이애미 등은 불가능하지만, 뉴욕학원, 장충동 레스토랑은 가능하다.
- **흔한 성이나 명칭, 간단하고 흔한 상표:** President, V8, 한글 한자, 영문 두자 이하의 문자
- **기타**
  - 국기, 국장 등과 동일 또는 유사한 상표
  - 공공단체의 표장과 동일 또는 유사한 상표
  - 공서양속에 반하는 상표
  - 박람회의 상패, 상장과 동일 유사한 상표
  - 상품 또는 그 포장의 기능을 나타내는 입체적 형상만으로 구성된 상표
  - 저명한 타인의 성명 또는 명칭을 포함하는 상표
- **상표의 동일·유사**
  - 유사판단의 3요소: 외관, 발음(칭호), 의미(관념)
  - 등록상표와 동일 유사한 상표를 지정상품과 동일 유사한 상품 사용금지
  - 예: 신세기와 신세계

2) 브랜드의 중요성

(1) 브랜드의 개념

브랜드(brand)는 제품을 다른 회사의 제품과 구별하기 위해 붙인 이름, 표시, 상징, 도형 등을 총칭하는 용어이다. 삼성, 현대, LG, SK, KCC, 농심과 쿠쿠와 같이 기업의 이름을 그대로 사용하는 브랜드를 기업 브랜드(corporate brand)라고 한다. 여러 가지 상품에 공

동적으로 사용하는 브랜드를 공동브랜드(family or umbrella brand)라고 한다. 갤럭시, 쏘나타, 신라면 등은 특정제품에만 사용하는 브랜드를 개별브랜드(individual brand)라고 한다. K5, SM5, 갤럭시 5처럼 구형 모델과 구별하기 위해 붙이는 숫자, 문자 등 수식어를 브랜드 수식어(brand modifier)라고 한다. 상표를 부착할 것인가의 여부와 상표의 소유자를 누구로 할 것인가 등의 상표의 기본방향을 결정하는 것을 상표전략이라 한다. 제조업자 상표(national brand)는 제조업자 자신이 상표명을 소유하며, 생산된 제품의 마케팅 전략을 제조업자가 직접 통제한다. 유통업체 상표(private brand)는 도소매업자가 하청을 주어 생산된 제품에 도소매업자의 상표명을 부착한다. 무상표(generic brand)는 제품에 상표를 붙이지 않고, 철물, 맥주, 콜라, 설탕 등 제품의 내용만 표시한다.

회사는 제품에 관한 지각을 창조하고, 경쟁제품과 구별하고, 표적고객과의 관계를 창조함으로써 제품에 가치를 추가하기 위해서 브랜드를 사용한다. 회사는 고객과의 연대감을 창조하는 편익을 얻고 고객은 특정한 브랜드에 충성을 하게 된다. 회사가 브랜드를 통해서 얻는 힘은 더 싼 가격을 제공하는 대체품이 있더라도 고객이 자사의 브랜드를 즉각적으로 구매하는 것이다. 잘 구축된 브랜드는 높은 상표충성도, 시장점유율과 수익을 가져다주기 때문에 기업은 브랜드 자산을 구축하기 위해 많은 투자와 노력을 기울인다. 강력하고, 호의적이고, 독특한 브랜드는 언제나 높은 품질이나 적어도 일관된 품질을 보증한다. 그래서 반복구매를 촉진한다.

(2) 브랜드 이름의 결정

브랜드는 브랜드가 표현하는 것을 신뢰하는 충성고객을 갖는다. 이것이 신규 진입자들이 브랜드와 경쟁하는 것을 어렵게 하는 이유가 된다. 예를 들면 밥보다 더 맛있는 밥으로 포지셔닝한 햇반은 제품범주와 연관성이 크고, 기억하기도 쉬워 간편식에 매우 잘 어울리는 브랜드 명이다. 논어 자로 제13편에 "명부정이면 즉언불순(名不正 則言不順)하고 언불순이면 즉사불성(言不順 則事不成)"이라고 기록되어 있다. 이름이 바르지 아니하면 말이 순응하지 않고, 말이 순응하지 않으면 일을 이루지 못한다는 의미로 이름의 중요성을 강조한 것이다. 바람직한 브랜드 명은 제품의 편익이나 품질과 연관성이 있다. 경쟁사와 명백히 구별되고 세상에서 흔하지 않고 독특한 느낌을 준다. 기억이나 발음하기 쉽다. 브랜드 명의 의미가 부정적이거나 혐오의 대상이서는 안 된다. 우수한 브랜드 네임이 갖추어야 할 요건은 브랜드와의 연관성, 독특성과 기억용이성이 있다.

그림 7-6 바람직한 브랜드 네임의 요건

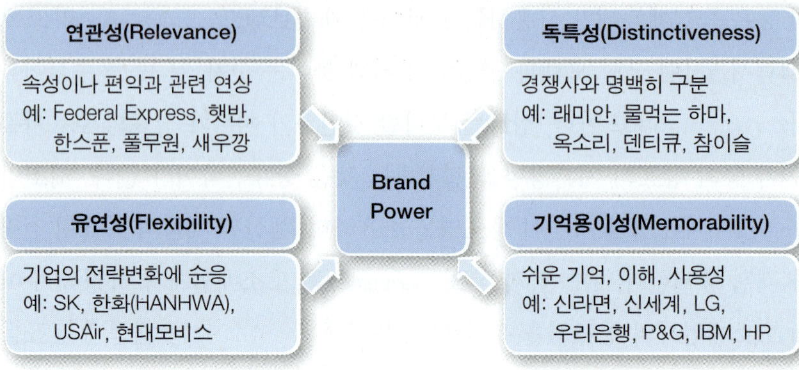

(3) 브랜드 연상

브랜드 연상(brand association)은 브랜드와 관련하여 기억으로부터 떠오르는 모든 것을 의미한다. 브랜드 이미지(brand image)는 소비자가 그 브랜드에 대해 갖는 전체적인 인상으로 브랜드와 관련된 여러 연상들이 결합되어 형성된다.

고객이 특정 브랜드를 알고 있고, 그 브랜드와 관련하여 긍정적이고, 강력하면서, 독특한 연상들을 기억 속에 갖고 있을 때 브랜드 자산은 형성된다. 바람직한 브랜드 연상이 갖추어야 할 특성은 호의적이며, 강력하며, 독특해야 한다.

- **호의적인 연상(favorable association):** 다른 브랜드보다 더 좋아한다.
- **강력한 브랜드 연상(strong association):** 브랜드를 접했을 때 그 브랜드와 관련된 연상들이 즉각적으로 떠오른다.
- **독특한 브랜드 연상(unique association):** 경쟁브랜드에 비하여 특별하게 다른 연상이다.

(4) 브랜드 연상의 유형

① 제품범주에 대한 연상

제품범주에 대한 강한 연상은 경쟁제품에 대한 기억을 방해한다. 천연 조미료하면 다시다, 라면하면 신라면, 정수기하면 웅진 코웨이 등이 있다.

② 품질 · 가격과 관련된 연상

지각된 품질은 고객들이 자사 브랜드의 전반적인 성능에 대해 갖고 있는 주관적 생각이다. 품질에 대한 연상은 고객들의 브랜드 충성도를 유지하는 데 결정적인 역할을 한다. 높은 품질은 고객이 계속 그 제품을 구입하는 데 기여하기 때문에 높은 품질의 제품으로 지각된 브랜드는 높은 제품가격을 책정할 수 있어 높은 수익성을 제공한다. 제품속성과 관련된 연상은 경쟁브랜드들에 의해 쉽게 모방될 수 있고, 시장상황이 변했을 때 전략적으로 대응하기가 어렵다

③ **브랜드 개성에 대한 연상**

브랜드 개성(brand personality)은 브랜드를 인간으로 표현하였을 때 그 브랜드와 관련된 인간적인 특성이다. 예를 들면 코카콜라는 전통적이고 활동적으로, 펩시는 젊고 새로움을 특징으로 한다. 브랜드는 소비자 자신의 개성이나 자아를 표현할 수 있는 수단이다. 소비자는 자신의 자아개념과 일치하는 정보를 더 잘 기억하고, 다른 브랜드들보다 더 선호한다.

④ **사용자에 관한 연상**

브랜드를 제품 사용자와 연계하여 형성되는 연상이다. Benz는 성공한 젊은 기업가, Sonata는 실용적인 소비자 등이 있다.

⑤ **제품용도에 관련된 연상**

브랜드를 제품용도와 연결하여 형성되는 연상이다. 예를 들면 음주전후에 마시는 컨디션이나 무공해 자연식품을 판매하는 풀무원 등이 있다.

⑥ **원산지와 관련된 연상**

제품 브랜드가 생산된 지역이나 국가는 품질을 연상한다. 예를 들면 가전제품을 동남아에서 생산한 것보다 국내에서 생산한 것을 소비자들이 더욱 선호한다.

⑦ **기업과 관련된 브랜드 연상**

유한양행은 창립자인 유일한 박사의 경영이념인 국민보건 향상, 국가경제 기여, 사회적 책임완수를 실현하는 기업이다. 유한양행하면 떠오르는 신용과 투명경영이듯이 기업과 관련한 연상을 형성하는 것이다.

(5) 브랜드의 의미성(Meanings)

① **기술적 이름**

제품속성을 구체적으로 설명한다. 예를 들면 새우깡, 물 먹는 하마, 팡이제로, 한스푼,

햇반, 풀무원 등이 있다.

② 암시적 이름

제품의 특징이나 기능을 은유적이나 우회적으로 암시한다. 예를 들면 참이슬, 처음처럼, 티코 등이 있다.

③ 자의적 이름

별 다른 의미를 지니지 않는 대신, 기억이 쉽거나 음률로 좋은 느낌을 표현한다. 예를 들면 SK, 코웨이, IBM, LG 등이 있다.

5. 저작권

저작권(copyright)은 인간의 사상 또는 감정을 표현한 창작물에 대하여 주어진 독점적 권리이다(「저작권법」 제2조 제1호). 표현의 수단 또는 형식여하를 불문하고 사람의 정신적 노력에 의하여 얻어진 사상 또는 감정에 관한 창작적 표현물은 모두 저작물이 된다. 저작권은 저작물이 창작된 때부터 발생하며, 어떠한 절차나 형식적 요건을 필요로 하지 않는다. 저작권의 보호기간은 저작자의 생존 동안 및 사후 70년간이다. 특허는 아이디어(idea)를 보호하나, 저작권은 표현(expression) 자체를 보호한다. 다음은 저작권의 보호대상이다.

- 인간의 사상 또는 감정을 표현한 창작물(제2조 제1호)
- 저작물 예시(제4조)
  - 소설·시·논문·강연·연설·각본, 그 밖의 어문저작물
  - 음악저작물
  - 연극 및 무용·무언극, 그 밖의 연극저작물
  - 회화·서예·조각·판화·공예·응용미술저작물, 그 밖의 미술저작물
  - 건축물·건축을 위한 모형 및 설계도서, 그 밖의 건축저작물
  - 사진저작물(이와 유사한 방법으로 제작된 것을 포함한다)
  - 영상저작물
  - 지도·도표·설계도·약도·모형, 그 밖의 도형저작물
  - 컴퓨터프로그램저작물

- 보호받지 못하는 저작물: 아이디어, 관공문서, 시사보도

6. 신지식재산권

저작권과 산업재산권을 제외하고, 경제적 가치를 지니는 인간의 지적 창작물인 컴퓨터 프로그램, 유전자조작동식물, 반도체설계, 인터넷, 캐릭터산업 등과 관련된 지식재산권을 신지식재산권(intellectual property rights)이라 한다. 신지식재산권은 컴퓨터 프로그램, 인공지능, 데이터베이스와 같은 산업저작권, 반도체집적회로 배치설계, 생명공학과 같은 첨단산업재산권 및 영업비밀, 멀티미디어와 같은 정보재산권으로 분류되며, 이 외에도 만화영화 등의 주인공을 각종 상품에 이용하여 판매할 수 있는 캐릭터, 독특한 색채와 형태를 가진 독특한 물품의 이미지, 프랜차이징 등도 신지식재산권의 일종으로 포함되기도 한다.

1) 컴퓨터 프로그램

컴퓨터 프로그램 저작권은 저작권법에 의해 보호된다. 프로그램 등록을 하려면 특징, 주요 기능, 사용방법 설명과 프로그램 복제물을 제출하여야 한다. 컴퓨터 프로그램은 컴퓨터 프로그램 저작권보다는 특허권으로 보호받은 것이 유리하다. 특허법에서는 프로그램의 소스뿐만 아니라 알리고리즘에서 독점권을 보장받을 수 있다. 또한 소프트웨어 패키지에 사용되는 캐릭터나 상표도 디자인법이나 상표법에 따라 등록하면 제3자의 모방행위를 사전에 방지할 수 있다. 프로그램 저작권의 내용은 복제권, 배포권, 개작권, 대여권, 전송권, 저작권 관리정보의 변경금지권, 기술적 보호조치 무력화 금지권 등이 있다.

컴퓨터 프로그램 보호에서 제외되는 것은 프로그램 언어, 프로토콜, 해법 등이 있다. 프로그램 언어(language)는 모든 컴퓨터 프로그램의 작성의 원천적이고 범용성 있는 도구이기 때문이다. 프로토콜(ptotocol)은 특정 프로그램의 용법에 관한 특별한 약속이므로 스포츠 경기의 규칙과 같은 것이다. 해법(solution)은 프로그램으로 작성되지 않은 알고리즘 상태의 아이디어를 의미한다.

2) 반도체 집적회로 배치설계권

(1) 반도체 집적회로 배치설계권

반도체집적회로의 제조과정은 일반적으로 "특정기능을 위한 시스템 설계 → 기능 실현의 논리회로 설계 → 논리실현의 전자회로 설계 → 회로의 공간적 배치설계 → 제조공정 → 시험검사"의 순서로 진행된다. 반도체 집적회로(semiconductor integrated circuit)는 실리콘 등의 반도체 기판 내에 트랜지스터, 다이오드, 저항 등의 회로소자를 만들어 붙여 서로 접속시킨 회로이다. 반도체집적회로의 배치설계에 관한 법률에서 배치설계(layout design, mask work)는 반도체집적회로를 제조하기 위하여 각종 회로소자 및 그들을 연결하는 도선을 평면적 또는 입체적으로 배치한 설계이다. 배치설계권은 배치설계를 무단복제 등의 침해로부터 보호하고, 배치설계에 관한 창작자의 권리를 보호하기 위한 신지식재산권이다. 집적회로는 자동차, 선박, 항공기나 각종 가전제품, 컴퓨터제품, 전자제어장치 등 일상생활의 편의와 산업 각 분야의 효율성을 제고하고 있다. 집적회로 배치설계 제작은 막대한 인력과 자본이 투입되지만 복제가 쉽고 비용이 적다.

(2) 배치설계권의 발생

배치설계권은 창작성이 있는 배치설계를 특허청에 설정등록함으로써 발생한다. 특히 배치설계를 영리목적으로 최초 이용한 날로부터 2년 내에 신청해야 한다.

- **창작성:** 배치설계 제작자의 지적노력의 결과로써 통상적이 아닌 특성이 나타나있어서 기존의 제작물과 구별될 수 있는 배치설계이어야 한다.
- **설정등록:** 권리의 대상 설정등록

(3) 배치설계권의 효력

배치설계권을 설정등록한 자(배치설계권자) 또는 그로부터 권리를 승계한 자는 설정등록된 배치설계에 대하여 영리목적의 이용권리를 독점한다. 권리는 독점권과 타인에게 실시권을 설정하고 타인에게 배치설계권을 주는 실시허락권이 있다. 다른 지식재산권과 동일한 권리를 부여하고 있다.

(4) 저작권과의 비교

저작권은 배치설계 도면만을 보호하나 배치설계권은 실효성 있는 보호를 위해 배치설계뿐만 아니라 배치설계에 의해 제조된 반도체집적회로, 반도체집적회로를 사용하여 제도된 물품(컴퓨터, 통신기기 등 최종 제품)도 보호받을 수 있다.

7. 영업비밀

(1) 영업비밀의 요건

영업비밀은 공연히 알려져 있지 아니하고 독립된 경제적 가치를 가지는 것으로써 상당한 노력에 의하여 비밀로 유지된 생산방법·판매방법 기타 영업활동에 유용한 기술상 또는 경영상의 정보를 말한다. 공연히 알려져 있지 않은 상태(비공지성(非公知性))이어야 한다. 보유자 이외의 타인이 당해 정보를 알고 있다 하더라도 보유자와의 사이에 비밀준수의 의무가 형성된 경우라면 비공지상태라고 할 수 있다. 보유자와 무관한 제3자가 독자개발 등에 의해 동일한 정보를 보유하고 있어도 그 제3자가 당해 정보를 비밀로써 유지하고 있는 경우 역시 비공지 상태의 정보라고 할 수 있다. 영업비밀 보유자가 시장에서 특정한 정보의 사용을 통해 경업자에 대한 경제상의 이익을 얻을 수 있거나 정보의 취득 또는 개발을 위해 상당한 비용이나 노력이 필요한 경우 등을 의미한다. 일반공개를 통하여서는 가치를 잃게 되는 지적노력이기 때문에 보호대상이 된다. 다음은 영업비밀의 요건이다.

- **비밀성:** 공연히 알려져 있지 아니하고
- **독립적 경제성:** 독립된 경제적 가치를 가지는 것으로써
- **비밀 관리성:** 상당한 노력에 의하여 비밀로 유지된
- **정보:** 생산방법, 판매방법, 기타 영업활동에 유용한 기술이나 경영정보

(2) 영업비밀의 보호대상

영업비밀의 보호대상은 노하우, 영업상 아이디어, 영업전략, 제품사양, 고객명단, 특정 원재료, 자재의 소재지, 구입처 정보, 특정 인사관리 기법, 판매기법, 특허출원 중인

기술내용 등이 있다. 아래는 영업비밀의 대표적 예이다.

- **기술정보:** 설계방법, 설계도면, 공정도, 실험데이터 등
- **상업정보:** 고객명부, 거래선 목록, 신제품의 생산계획, 판매 매뉴얼 등
- **기타 경영정보:** 인사·조직·사무관리법, 재산관리방법 등

(3) 영업비밀의 침해행위

첫째, 영업비밀을 부정 공개·사용하는 행위가 있다. 계약관계 등에 의하여 영업비밀을 유지해야 할 의무가 있는 자가 부정한 이익을 얻거나, 그 영업비밀의 보유자에게 손해를 가할 목적으로 그 영업비밀을 사용하거나 공개하는 행위를 말한다. 비밀유지의무란 법률에서 그 의무를 명시한 경우, 개별적인 계약관계가 있는 경우, 계약관계가 없더라도 이에 준하는 신뢰관계가 있는 경우 등을 포함하며, 재직 중 또는 퇴직 후, 계약 중 또는 계약만료 후 등의 상태를 묻지 않는다. 둘째, 부정 공개된 영업비밀을 악의·중과실로 취득·사용·공개하는 행위가 있다. 영업비밀이 공개된 사실 또는 그러한 공개행위가 개입된 사실을 알거나 중대한 과실로 알지 못하고 그 영업비밀을 취득하는 행위 또는 그 취득한 영업비밀을 사용하거나 공개하는 행위를 말한다. 악의 또는 중과실로 인하여 당해 영업비밀을 취득하거나, 취득한 영업비밀을 사용 또는 공개하는 행위를 금지시키는 규정이다. 셋째, 선의취득 후 악의·중과실에 의한 사용·공개 행위가 있다. 영업비밀을 취득한 후에 그 영업비밀이 공개된 사실 또는 그러한 공개행위가 개입된 사실을 알거나 중대한 과실로 알지 못하고 그 영업비밀을 사용하거나 공개하는 행위를 말한다.

(4) 영업비밀 침해의 구제권

① 침해정지 청구권

현재 영업비밀의 침해행위뿐만 아니라 장래 침해할 가능성까지도 법원에 침해예방을 청구할 수 있다.

② 침해물 폐기 제거 청구권

영업비밀을 침해하여 사용된 물건의 폐기와 제거를 법원에 청구할 수 있다.

③ 손해배상청구권

영업비밀의 침해행위로 인하여 손해가 발생하였을 때에는 법원에 손해배상을 청구

할 수 있다.

④ 신용회복조치 청구권

영업비밀 침해로 영업비밀 보유자의 영업 상 신용이 훼손된 때에는 필요한 회복조치를 법원에 청구할 수 있다.

⑤ 형사고소

제3자에게 영업비밀을 누설한 기업의 임직원은 5년 이하의 징역이나 재산상의 이득액의 2배 내지 10배의 벌금에 처할 수 있다.

8. PCT출원

PCT(Patent Cooperation Treaty) 규정에 의한 출원으로써 국제출원일이 인정되면 지정국에서 실제 출원한 것과 같은 효과가 발생한다. 특허협력조약에 가입한 국가 간에 출원인이 출원하고자 하는 국가를 지정하여 자국 특허청에 PCT 국제출원서를 제출한 날을 각 지정국에서 출원일로 인정받을 수 있다. 한번의 PCT 국제출원으로 다수의 가입국에 직접 출원한 효과를 얻을 수 있으며, 국제조사 및 국제예비심사보고서의 활용으로 발명의 평가 및 보완기회를 가질 수 있어 특허획득에 유리하고, 불필요한 비용의 지출을 방지할 수 있다. 아래는 PCT 출원의 장점과 단점이다.

① 장점

- 1회의 출원으로 다수 국에 직접 출원한 효과
- 국제조사, 국제예비심사보고서 활용으로 발명의 평가, 보완기회 부여
- 발명의 평가 결과가 부정적일 경우 절차를 정지하여 경비 절약

② 단점

- 특허권 취득의 장기화, 절차가 복잡
- 국제출원 언어: 국어, 영어, 일어
- 국제예비조사 청구 시 우선일부터 30개월 이내

제8장

사업타당성의 분석

제1절 사업타당성 분석

제2절 사업타당성 분석 실제

Focus Lens 스티브 잡스

스티브 잡스의 성장기

스티브 잡스(Steve Jobs, 1955 ~ 2011)는 태어나자마자 양부모 폴과 클라라에게 입양되었다. 양부모는 기독교 신앙을 가진 미국 서부의 농부였다. 스티브 잡스가 세 살 때 아버지의 직장을 따라 사우스 샌프란시스코의 전자회사가 많은 산업단지로 이사하였다. 이때 전자 분야에 관심이 많았던 스티브 워즈니악(Steve Wozniak)을 만나게 되었다.

워즈니악과의 만남과 애플의 창업

홈스테드고등학교를 마친 뒤 오리건 주 포틀랜드에 있는 리드대학교에 입학하였으나 1년 만에 학교를 포기하고 캘리포니아에 있는 아타리(Atari) 전자게임 회사에 취업하였다가, 잠시 후 퇴직하고, 인도를 여행하고, 또 다시 복직하였다. 그는 컴퓨터 게임을 만들었으며 이때 전자분야의 지식이 해박했던 워즈니악과 친분을 쌓았다. 사업적인 수완과 마케팅 감각이 뛰어난 스티브 잡스는 워즈니악과 함께 1976년 회로기판을 제조하는 회사를 공동창업을 하였다. 회로기판만 있는 퍼스널컴퓨터 '애플 I '을 만들었고, 또 애플 II를 만들어 냈다. 사업여건이 초기에는 좋지 않았지만, 퍼스널 컴퓨터는 시장에서 큰 반응을 보이며 판매에 성공했고, 1980년에는 주식공개로 억만장자가 되었으며 미국에서 최고 부자 대열에 합류했다. 1984년에는 IBM에 대항하여 매킨토시 컴퓨터를 출시하여 대대적인 성공을 거두었다. 그러나 소프트웨어가 부족하여 판매는 급속하게 감소하였고, 회사 내부 사정으로 애플을 떠났다.

넥스트의 창업과 애플의 복귀

애플을 떠난 뒤 넥스트(NeXT)를 세워 세계최초의 객체지향 운영체제인 넥스트스텝(NeXTStep)을 개발하였고, 1986년에는 조지 루카스 감독으로부터 픽사(Pixar)를 1,000만 달러에 인수하였다. 두 회사 모두 수익을 내지 못하고 스티브 잡스를 위기로 몰았다. 엔지니어와 그래픽 아티스트들은 하드웨어 사업을 포기하고 장편 애니메이션 영화를 만들 것을 잡스에게 제안했다. 잡스의 기대와 생각과 달리 픽사는 애니메이션 영화로 회생의 기미를 보이기도 하였다. 픽사의 존 레스터가 감독한 '토이스토리(Toy story)'의 원형이 되는 '틴토이(Tin Toy)'를 만들어 아카데미상 단편 애니메이션상을 수상하였다. 1996년 적자로 고생하여 새로운 운영체계를 필요로 했던 애플이 넥스트를 인수하였다. 이 일로 13년 만에 다시 애플로 복귀하여 경영 컨설턴트로 역할하며 4억달러 흑자를 내는 데 공을 세웠다. 또한 쓸모없는 회사로 생각했던 픽사는 존 래스터가 제작한 애니메이션 토이스토리의 대대적인 성공에 맞추어 주식시장에 상장하여 억만장자가 되었다. 스티브 잡스가 애플의 CEO로 복귀한 2년 동안 애플은 자본이 20억 달러에서 160억 달러로 증가했다. 스티브 잡스는 새로운 미디어인 인터넷과 접목한 신제품 개발에 눈을 돌렸으며 대상은 음악이었다. 제품에서 모양과 색깔 등의 디자인 결정을 매우 중요시 여겼다. 아이튠즈 개발에 이어 아이팟이라는 MP3플레이어를 개발하여 세계적인 히트상품 반열에 올려놓았다. 그는 사업가에서 세상을 바꾸는 인물로 인지되고 있었다.

스티브잡스의 명언

· 사람들은 자신이 필요한 것을 말할 수 없다.
· 사람들은 원하는 것을 보여주기 전까지는 무엇을 원하는 지도 모른다.
· 우리가 이룬 것만큼 이루지 못한 것도 자랑스럽다.
· 혁신은 리더와 추종자를 구분하는 잣대이다.
· 가끔은 혁신을 추구하다 실수할 때도 있다. 하지만 빨리 인정하고 다른 혁신을 개선해 나가는 것이 최선이다.
· 디자인이 중요하다.
· 가치는 가격과 동일하지 않다.
· 디자인은 제품이나 서비스의 연속적인 외층에 표현되는 인간 창조물의 영혼이다.
· 작은 것에도 완벽하라.
· 전문가를 활용하라.
· 연구를 멈추지 말라.
· 단순화시켜라.
· 비밀을 지켜라.
· 팀을 작게 하라.
· 채찍보다는 당근을 많이 줘라.
· 견본품도 정성껏 만들어라.
· 계속 갈망하고 언제나 우직하게 전진하라(Stay hungry, stay foolish.)

01 사업타당성 분석

1. 타당성 분석

타당성 분석(feasibility analysis)은 아이디어로부터 시작한다. 아이디어는 제품이나 서비스를 제공할 수 있다. 산업, 경쟁적인 경제환경과 표적시장을 철저하게 탐구하는 시장분석은 아이디어가 수익성이 있는 사업인지를 결정하는데 도움이 된다. 타당성 분석은 사업 아이디어가 실행 가능한지를 결정하는 과정이다. 사업 아이디어의 사전 평가로써 타당성 분석은 자원을 투입하기 전에 아이디어가 추구할 가치가 있는지를 결정하고 아이디어를 심사하는 과정이다. 이러한 시장분석은 경험, 시간, 법률과 자금조달 사안과 같이 특정한 사업을 시작하기 위해 필요사항을 확인함으로써 정교한 의사결정에 도움이 된다.

2. 타당성 분석 과정

타당성 분석은 주간이나 월간 단위로 할 수 있으며, 분석결과는 성공에 대한 가능성을 증진한다. 그림과 같이 아이디어가 목적에 적합할 때 시장분석으로 진행하여, 아이디

그림 8-1 타당성 분석 진행과정

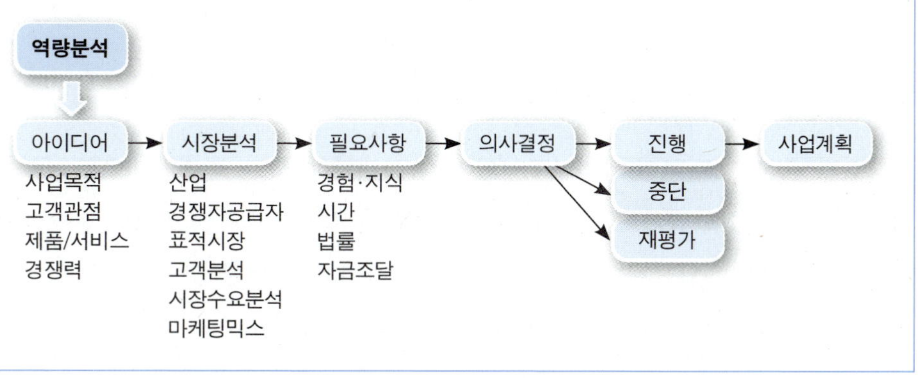

어를 실행하기 위한 필요사항을 점검하여 의사결정을 하여 사업계획을 수립하는 과정이다. 사업타당성 분석 진행절차는 아이디어에 대한 정의, 시장분석, 필요사항, 진행·중단·재평가에 대한 의사결정과 사업계획으로 이루어진다.

1) 개인적 역량분석

(1) 개인적 역량분석

창업기업에 필요한 많은 자원은 적성, 인성, 사고나 행동방식, 특별한 기술이나 경영경험, 법적 필요사항과 창업비용이다. 창업자의 개인적 역량은 창업의 성공에 중요한 요소이다. 워크넷에서는 창업적성검사를 제공하고 있다. 창업을 희망하는 사람은 참고할 만하다. 기술능력(technical skills)은 사업의 유형에 따라 독특하다. 사업은 종종 기업가의 기술적 장점으로 설립된다. 사업을 운영하는데 필요한 중요한 기능이나 지식을 기술한다. 신규사업자는 얼마나 많은 경험을 갖고 있는가? 최적의 운영에 필요한 경험과 능력을 갖고 있는가? 이 문제에 대한 자기회고는 어렵지만 중요하다. 모든 성공적인 사업은 많은 사업영역에서 마케팅, 재무분석, 운영, 구매와 인사관리를 포함하여 경영기술의 복합적인 결합을 필요로 한다. 어느 누구도 완벽한 경영자가 될 수는 없지만, 자신에게 솔직한 것이 중요하다. 서툰 경영 때문에 대부분의 신설 사업은 실패한다. 자신의 경영 장점과 단점을 고려하고, 장점이 균형을 이루는 사람을 고용하거나, 추가적인 경험이나 지식을 얻을 필요가 있다. 사람에 따라 회사성공에 차이가 많이 있다. 좋은 종업원은 한계사업을 양호하게 하지만, 열등한 종업원은 우수한 기업을 파괴할 수 있다. 다음 자료는 워크넷(http://www.work.go.kr)을 인용한 것이다.

[창업적성검사 결과표(예)]

창업적성검사는 귀하의 창업가로서의 역량을 진단하고, 그 역량을 기초로 귀하에게 가장 적합한 업종을 알아보는 검사이다. 본 검사의 결과로 귀하는 귀하의 전반적인 역량이 창업가로서 적합한지를 알 수 있을 뿐 아니라, 12가지 역량 중에서 어떤 것이 충분하고 부족한지를 알 수 있다. 또한 귀하가 창업할 경우 어떤 업종이 적합한지도 알 수 있다. 본 검사 결과는 귀하의 역량만을 기초로 한 것이므로 실제 창업 시에는 귀하의 경력, 자금여력, 시장상황, 창업 장소 등 다양한 조건을 고려하기 바란다.

가) 창업적합성 검사결과

■ 그림은 귀하의 전반적인 창업적합성 검사 결과이다.

0	44	55	69	100
노력 필요	약간 노력필요	적합	매우 적합	

▲ (나의 점수)

[결과해석]

귀하는 기업가로서 갖추어야 할 역량을 매우 높게 갖추고 있다. 따라서 귀하는 창업에 성공할 가능성이 매우 높은 편이다. 그러나 이 결과가 창업을 하면 반드시 성공한다는 것을 의미하지는 않는다. 창업의 성공은 자금이나 창업 아이템, 경기 등에 영향을 받으므로 여러 가지 변수를 신중하게 고려해야한다.

나) 적합 창업업종 추천

■ 다음은 귀하에게 가장 적합한 업종이다.

[제1순위 창업 적합 업종]

■ 음 · 식료품제조업(15)

도축업, 기타육지동물고기가공및저장처리업, 어육및유사제품제조업, 수산동물훈제조리및유사조제식품제조업, 수산동물냉동품제조업, 수산동물건조및염장품제조업, 식용해조류가공및저장처리업, 기타수산동물가공및저장처리업, 과실및채소주스제조업, 과실가공및저장처리업, 김치및유사채소절임식품제조업, 기타채소가공및저장처리업, 동물성유지제조업, 식물성유지제조업, 식용정제유및가공유제조업, 액상시유및기타낙농제품제조업, 아이스크림및기타식용빙과류제조업, 곡물도정업, 곡물제분업, 제과용혼합분말및반죽제조업, 기타곡물가공품제조업, 전분및전분제품제조업, 당류제조업, 사료제조업, 빵류제조업, 떡류제조업, 곡분과자제조업, 국수, 라면및유사식품제조업, 천연및혼합조제조미료제조업, 장류제조업, 식초및합성조미료제조업, 식품첨가물제조업, 커피가공업, 차류가공업, 수프및균질화식품제조업, 두부및유사식품제조업, 인삼식품제조업, 도시락및식사용조리식품제조업, 건강보조용액화식품제조업, 그외기타식료품제조업, 주정제조업, 기타증류주및합성주제조업, 맥아제조업, 얼음제조업

■ 제1순위 창업적합업종으로 추천된 업종에서 요구하는 역량수준과 귀하의 점수를 비교한 그래프이다. 부족한 역량차원이 무엇인지 확인해 보기 바란다.

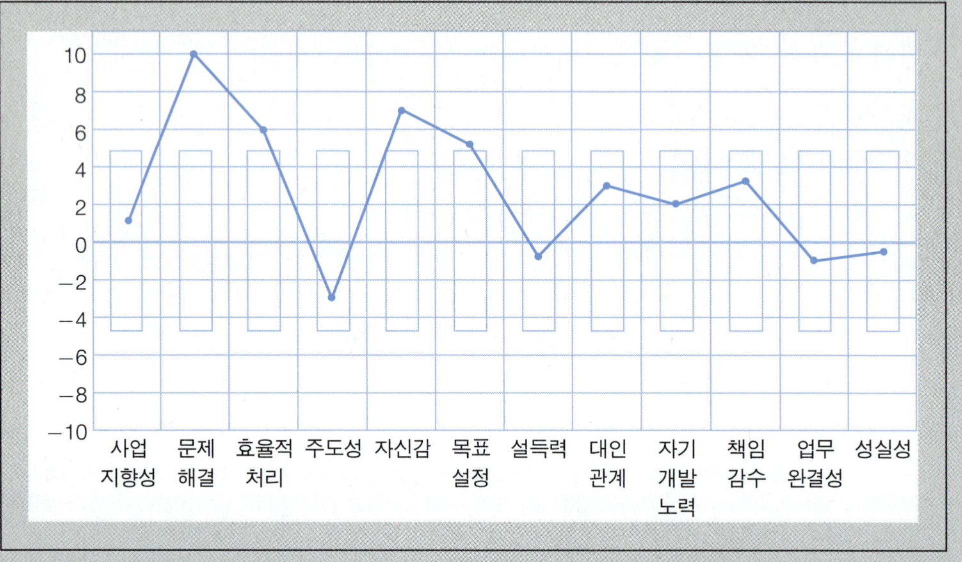

[창업업종 진단결과]

귀하에게 가장 적합한 업종은 정보처리 및 기타 컴퓨터 운영 관련업(72)이다. 다음은 제1순위 창업적합업종으로 추천된 업종에서 요구하는 역량수준과 귀하의 점수를 비교한 그래프이다. 부족한 역량차원이 무엇인지 확인해 보기 바란다.

- 1순위 창업 적합 업종: 정보처리 및 기타 컴퓨터 운영 관련업(72)
  컴퓨터시스템 설계 및 자문업, 게임 소프트웨어 제작업, 기타 소프트웨어 자문, 개발 및 공급업, 자료 처리업, 컴퓨터시설 관리업, 데이터베이스 및 온라인 정보제공업, 기타 컴퓨터 운영 관련업
- 2순위 창업 적합 업종: 출판, 인쇄 및 기록매체 복제업(22)
  서적 출판업, 신문 발행업, 정기 광고간행물 발행업, 음반 및 기타 음악 기록매체 출판업, 기타 오디오 기록매체 출판업, 기타 출판업, 경 인쇄업, 스크린 인쇄업, 기타 인쇄업, 제판 및 조판업, 제책업, 기타 인쇄관련 산업, 기록매체 복제업
- 3순위 창업 적합 업종: 자동차 판매 및 차량연료 소매업(50)
  중고 자동차 판매업, 자동차 타이어 및 튜브 판매업, 자동차 부품 및 내장품 판매업, 자동차 중고부품 및 중고 내장품 판매업, 이륜자동차 및 부품 도매업, 이륜자동차 및 부품 소매업, 주유소 운영업, 차량용 가스 충전업

다) 역량차원 해석

창업적성검사의 12개 역량차원에 대한 해석이다. 결과표와 비교하여 참조하기 바란다.

항목	설명	특성구분	특성설명
사업지향성	자신이 참여할 사업관련분야에 호기심과 관심을 가지고 다양한 경험과 전문지식을 습득하고자 노력하는 정도에 관한 것이다.	높은 점수	
		낮은 점수	
문제해결	직면한 문제에 대해 분석적 혹은 창의적 대안을 제안하는 것이다.	높은 점수	
		낮은 점수	
효율적 처리	최소의 시간, 비용, 노력을 통해 최대의 수행 효과를 내는 것에 관한 것이다.	높은 점수	
		낮은 점수	
주도성	독립성이 강하며 일을 스스로 적극적, 능동적으로 수행하여 완료시키려는 경향에 관한 것이다.	높은 점수	
		낮은 점수	
자신감	자신의 주관대로 일을 처리하며 성공에 대해 강한 의지를 갖고 있으며 확신하고 있는 정도에 관한 것이다.	높은 점수	
		낮은 점수	
목표설정	과거 경험과 현재 상황을 바탕으로 미래를 위해 가장 중요한 일이 무엇인지를 선택하고 체계화하여 목표를 세우고 실천에 옮기는 것에 관한 것이다.	높은 점수	
		낮은 점수	
설득력	제품, 서비스, 회사의 장점 및 회사의 목표에 대해 주장하여, 다른 사람을 설득하는 것에 관한 것이다.	높은 점수	
		낮은 점수	
대인관계	타인과의 관계를 중시하며, 다양한 인간관계를 유지할 수 있는 능력에 관한 것이다.	높은 점수	
		낮은 점수	
자기개발 노력	자신의 한계를 인식하고, 현재의 성공에 만족하지 않고 자신의 능력을 향상시키는 노력에 관한 것이다.	높은 점수	
		낮은 점수	
책임감수	자신과 관련한 일들의 실패와 성공 모두가 자신의 통제와 영향력 하에 있다고 믿는 것에 관한 것이다.	높은 점수	
		낮은 점수	
업무완결성	어려움이 있어도 포기하지 않고 업무를 완수하기 위해 밀고 나가는 것에 관한 것이다.	높은 점수	
		낮은 점수	
성실성	부지런히 생활을 유지하고, 자신의 일을 꾸준히 하는 것에 관한 것이다.	높은 점수	
		낮은 점수	

라) 결과해석과상담 시참고사항

■ 검사결과 요약

- 귀하는 창업적합성 진단결과 "적합"한 수준으로 평가된다. 또한 출판, 인쇄 및 기록 매체 복제업 창업 시 다른 업종에 비하여 성공가능성이 가장 높을 것으로

판정된다.

- 창업역량 중 문제해결, 주도성, 책임감수 역량은 성공자에 비해 높은 것으로 평가되고 있으나 설득력, 업무완결성 역량은 성공자에 비해 다소 낮은 것으로 평가된다.

■ 상담을 위한 인적사항

학력	대학교 재학 또는 졸업	전공	인문과학
현(전)직업	무응답	현(전)직 사업장규모	무응답
창업경험	아니오	창업교육 참여경험	아니오
자격증	무응답		

마) 창업정보 탐색

창업에 대한 다양한 정보를 찾고 싶다면 다음 자료를 활용할 수 있다.

창업넷	· 중소기업청에서 운영하는 사이트로 예비창업자들을 위한 교육, 자금 등에 관한 정보 및 지원사항에 대한 안내를 해줌 · 홈페이지 : http://www.changupnet.go.kr
소상공인진흥원	· 소상공인 진흥원은 소기업 및 소상공인을 지원하기 위해 설립된 기관으로 전국 58개 센터를 운영 중에 있으며, 창업교육 및 자금 등을 지원 · 홈페이지 : http://www.seda.or.kr/
서울시 창업스쿨	· 만 20세 이상 대상으로 다양한 창업관련 교육과정을 운영 · 홈페이지 : http://www.school.seoul.kr/index.asp

(2) 시간몰입과 자원집중

사업 소유는 우두머리가 되고, 자신의 재무적 미래를 책임지고, 보수를 주는 사람 없이 일주일에 거의 7일을 일하는 놀랄 만한 기회일 수 있다. 자신의 사업을 경영하기 위해 개인적 수요와 희생을 준비하는가? 따라서 사업 소유자가 되는 좋은 시간인지를 결정하기 위해 다음 질문을 사용한다.

- 오랫동안 일하고 레저시간을 희생할 각오가 되어있는가?
- 사업이 얼마나 많은 시간을 요구하는가?

- 사업에 얼마나 많은 시간을 투입할 수 있는가?
- 이익을 내기 전에 얼마나 오랫동안 기다릴 수 있는가?
- 급여를 벌기 전에 얼마나 오랫동안 기다릴 수 있는가?
- 사업에 집중하는 것을 방해하는 환경을 갖고 있는가?

2) 아이디어

첫 단계는 사업 아이디어와 생각한 기회를 정의하는 것이다. 제공할 제품이나 서비스의 기술과 사업을 시작하는 이유와 계획하고 있는 사업유형을 포함한다. 고객관점, 제품과 서비스, 경쟁력, 개인과 사업목적 측면에서 분석한다.

(1) 사업목적

장단기 사업과 개인 목적을 정의하고 아이디어의 타당성을 판단할 기준을 제정한다. 사업시작 의사결정은 사업과 개인적 목적을 달성할 수 있는지에 근거한다. 개인적 목적은 개인적 욕구를 충족하는 목표를 리스트한다.

- 왜 이 사업을 시작하는가?
- 동기가 무엇인가?
- 무엇을 달성하기를 원하는가?
- 금전적 보상보다 생활방식의 변화에 더 관심이 있는가?
- 몇 년 안에 사업이 어느 위치에 있기를 원하는가?
- 재무목적은 무엇인가?

연간 판매액, 시장점유율, 성장률, 수입 등으로 목표를 기술한다. 사업이 개인과 사업목표를 어떻게 만족하는지를 간략하게 기술한다. 이것은 사명기술서가 된다. 개인과 사업목표가 조화를 이루는가? 사업 아이디어와 일치하는가? 일치한다면 시장분석을 시작할 준비가 되어있는가? 일치하지 않는다면 사업을 재평가해야 한다.

(2) 고객관점

고객욕구를 충족하지 못한다면 사업은 실패할 것이기 때문에 고객의 관점을 중요하게 고려해야 한다. 판매할 제품과 제품을 고객이 어떻게 사용하는지를 간략하게 기술한다. 그리고 고객들이 제품을 어떻게 정의하는지를 묻는다. 고객들의 관점은 제품이나 서비스가 실제로 어떻게 사용되는지에 관한 중요한 통찰력을 제공할 수 있다. 어떤 사람이 제품이나 서비스를 새로운 방식으로 사용한다면 마케팅 전략에 추가할 수 있는 이점이 된다. 연령, 성, 수입, 교육, 직업, 결혼상태와 생활양식과 같은 용어로 대표적인 고객을 기술한다. 제품이나 서비스가 어떤 욕구를 만족하는가? 고객은 제품이나 서비스를 사용하여 어떤 편익을 얻는가? 고객은 제품이나 서비스를 구입하는데 어떤 결과를 얻을 것인가? 고객은 제품사양(product specifications)이 아니라 편익과 결과(benefits and results)에 근거하여 구매한다.

(3) 제품과 서비스

제공하는 제품이나 서비스의 계열을 구체화하고, 이차 기회를 찾는다. 예를 들면 제품과 공동으로 제공할 서비스가 있는지, 또는 제공하는 서비스로부터 파생되는 제품이 있는지를 찾는 것이다.

(4) 경쟁력

기업이 제공하는 제품이나 서비스의 독특한 품질(unique qualities)을 정의한다. 제품이나 서비스를 구매하도록 무엇이 고객을 유인하는가? 고객이 선호하는 제품이나 서비스가 되는 것은 품질, 가격, 편의성이나 전문성인가? 따라서 제품의 경쟁력(competitive edge)을 어디에 집중하는가를 정의한다.

3) 시장분석

시장분석은 매우 중요한 요소이지만, 복잡한 요인들이 많이 얽혀있기 때문에 쉬운 일이 아니다. 거시적 환경요인과 미시적 요인을 모두 분석하여야 한다. 시장분석에는 산업분석, 경쟁자와 공급자 분석, 표적시장 분석, 고객분석, 시장수요 분석과 마케팅 믹스 분석 등이 있다.

(1) 산업분석

시장분석의 첫 단계는 산업분석이다. 아이디어가 시장기회인가? 산업추세를 조사하

그림 8-2 시장분석의 대상

고 시장분할과 표적시장의 규모에 관한 정보를 수집함으로써 시장분석을 시작한다. 시장분석은 주요 고객과 주요 경쟁자를 확인하고 탐지하는데 도움이 된다. 수집정보의 분석은 제품이나 서비스를 성공적으로 판매하는 마케팅 전략을 나타낸다. 사업은 사회와 문화가치, 경제조건, 정치와 법적 규제, 경쟁자 전략과 기술발전에 의해서 끊임없이 재형성되는 세계에 존재한다.

사업에 중요한 영향을 주는 변화를 확인하고 평가한다. 사회나 생활방식의 변화, 경제적 변화, 정치와 법적 변화, 기술적 변화, 인구변화나 기타 사업에 영향을 주는 변화 등이다. 이차자료나 일차자료로부터 정보를 수집한다. 이차자료 원천에 접근하기 위해 인터넷이나 도서관을 검색한다. 많은 공공조직이나 사조직은 산업자료를 수집하고 간행한다. 이차자료 원천은 필요한 정보를 모두 제공하지 않기 때문에 새로운 자료를 수집해야 한다. 일차자료 원천은 네트워킹부터 공식적인 조사까지 포함한다. 이것은 고객과 공급자 조사, 네트워킹, 표적집단면접과 개인면접, 경쟁자와 공급자를 포함한다. 경쟁자, 공급자와 고객과 대화하는 것은 일차조사이다. 일차조사는 표적시장을 발견하고 고객특성을 개발할 때 필요하다. 일차조사는 고객, 제품이나 서비스의 구매습관과 의견을 탐지하는데 유용하다.

(2) 경쟁자와 공급자 분석

경쟁자와 경쟁자 전략을 분석하는 것은 직접적인 경쟁을 확인하는 것이다. 자사와 경쟁자 전략 간의 차이점(difference)과 유사점(similarity)을 기술한다. 경쟁자의 표적시장은 무엇인가? 경쟁자들은 시장에 어떻게 도달하는가? 중요한 경쟁범주(competitive category)에서 경쟁자들의 성과를 평가하고 강약점을 기술한다. 경쟁자에 관하여 가능한 모든 것을 탐지한다. 수집한 정보를 사용하여 경쟁자 윤곽을 편집한다. 또한 제품이나 서비스에 대한 중요한 대체품(substitutes)을 탐구해야 한다. 고객들은 제품의 다른 유형으로 다른 방식으로 그들의 욕구를 충족하는 것을 선호할 수 있다. 경쟁을 파악한 후 자사의 운영방식이 경쟁자와 어떻게 다른지를 비교한다. 다음 질문에 답함으로써 기존시장의 시장점유율을 획득하기 위한 전략을 개발할 수 있다.

공급자와 제품을 전달하는 방식을 아는 것은 경쟁전략에 중요하다. 한두 공급자가 시장을 지배한다면, 유리한 조건으로 협상하는 능력에 영향을 미칠 것이다. 신뢰할 수 없는 공급자나 재무적으로 위험한 상황에 직면한 공급자를 아는 것은 중요하다. 공급자에게 상당한 주의(due diligence)를 기울여야 안정적인 거래관계를 유지할 수 있다.

(3) 표적시장 분석

사업이 성공하려면 기업은 모든 소비자를 다 상대할 수 없다. 제품이나 서비스를 가장 가치 있게 평가하는 시장을 확인해야 한다. 시장은 인구, 지역, 구매역사, 개인적 특성이나 집단을 연결하는 어떤 것에 근거하여 분할할 수 있다. 첫 단계는 제품이 제공할 거래 영역과 지역을 정의한다. 그런 다음은 제품이나 서비스를 위한 가장 큰 기회를 제공할 시장분할인 표적시장을 정의하는 것이다. 일반적인 사업은 고객의 20%가 매출의 80%를 만든다. 중요한 20%를 확인함으로써 수익을 얻을 수 있는 고객집단에 노력과 경비를 집중할 수 있다. 주요 고객의 욕구와 그들을 만족하는 방법을 탐지할 필요가 있다. 소수의 고객이 대부분의 매출을 차지하는 경우이다. 파레토 법칙(pareto theory)은 이탈리아 경제학자 파레토(Vilfredo Pareto)가 주장한 것으로 부의 80%는 인구의 20%가 소유하고 있다는 이론이다. 이 이론은 기업매출의 80%는 20%의 제품에서 나온다는 80:20의 법칙으로 발전하였다. 20%의 상품이 총 매출의 80%를 창출하고, 20%의 충성고객들이 총 매출의 80%를 차지한다. 이에 따라 기업들은 여러 고객의 다양한 욕구를 충족시키기 위해 다양한 제품을 출시하는 전략을 탈피하고, 소수의 VIP에 집중하는 마케팅 전략으로 활용하기도 한다. 예를 들면 항공사, 백화점, 카드회사들은 상위 VIP 고객을 대상으로 특별한 최고의 서비스를 제공하기도 한다. 따라서 파레토 법칙은 20%의 고객이 전체 매출의 80%을 이룬다거나, 20%의 특정 제품이 전체 매출의 80%을 구성하는 경우이다. 명품이나 고가의 제품 마케팅에 흔히 활용되는 방법이기도 하다. 소수가 전체를 거의 다 구성하는 것이다.

그림 8-3 파레토 법칙

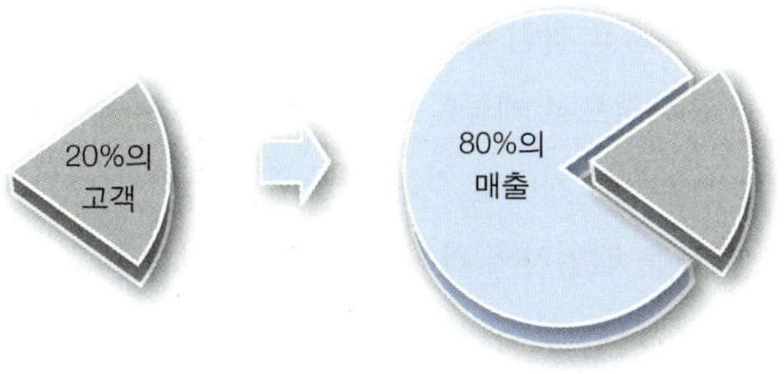

파레토 법칙과 다른 경우가 있다. 롱테일 법칙(long tail theory)은 80%의 다수가 20%의 핵심 소수보다 뛰어난 가치를 창출한다는 것으로 역 파레토법칙이다. 예를 들면 온라인 서점 아마존닷컴의 전체 수익 중에서 절반 이상은 오프라인 서점에서는 진열되지 않는 비인기 도서나 특정 주제의 도서인 비주류 단행본이나 희귀본 등으로 소위 팔리지 않는 책들이다. 또한 인터넷 포털 구글의 주요 수익원은 『포춘』에서 500대 기업으로 선정한 거대기업들이 아니라 꽃배달 업체나 제과점 등 작은 업체의 광고이다. 따라서 이러한 80%의 비인기 상품에서 발생하는 총수익을 절대 무시해서는 안 된다. 롱테일 법칙은 그래프상의 하위 매출품목이 20%를 차지하는 부분이 긴 꼬리처럼 그려진다고 해서 붙여진 이름인데 하위 매출 20%를 차지하는 품목들이 기업이익에 큰 부분을 차지한다. 다수가 전체를 다 구성하는 대중전략이다.

그림 8-4 Long Tail Theory

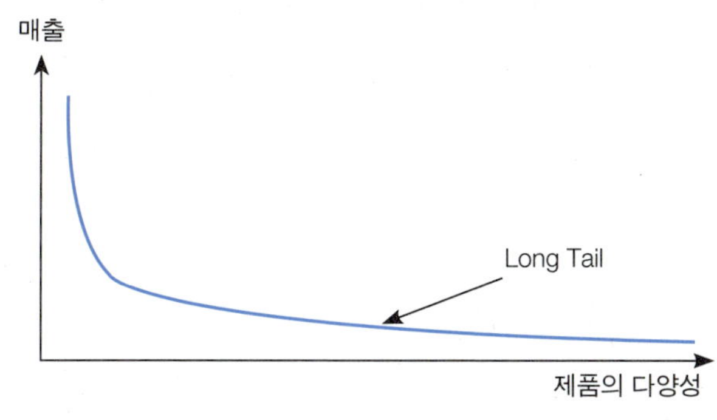

대부분의 고객들은 가치, 편의성, 서비스, 품질, 가격이나 전문성을 평가하여 구매결정을 한다. 대부분의 중소기업은 소유자가 개인적 서비스를 제공하기 때문에 고객들에게 두드러진 서비스를 제공하는 경우가 많다. 고객은 특별한 품목이나 시의적절한 서비스를 제공하려는 예의가 바르고 개인적인 노력을 하는 사람을 높게 평가한다. 중소기업은 큰 기업보다 이것을 효과적으로 제공할 수 있기 때문에 이점이 된다. 크고 확립된 경쟁자들이 규모의 경제와 풍부한 자금을 갖기 때문에 중소기업이 가격으로 경쟁하는 것은 어렵다. 큰 기업은 새로운 진입자의 가격전쟁을 일반적으로 오래 버틸 수 있다. 제공물의 상태나 가치를 알맞게 하는 확립된 평판을 필요로 하기 때문에 신규사업자가 제품이나 서비스를 최고수준의 가격으로 성공적으로 제공하는 것은 어렵다. 대부분 중소기업 소유자는 중간 가격 수준으로 경쟁하는 것이 더 쉽다고 안다. 상황을 신중히 관찰하고 잠재고객이 가장 중요한 것으로 여기는 선호를 선택해야 한다.

(4) 고객분석

물리적 특성, 욕구와 생활양식에 의해 선정된 표적시장을 기술한다. 고객은 어떤 특정한 편익을 찾는가? 제품이 어떤 욕구와 필요를 충족하는가? 구매를 결정하는 개인에 관하여 알 필요가 있다. 제품을 구매하고 사용하는 방식이나 형태는 사람마다 다르다. 예를 들면 어른은 음식을 사지만 어린이는 그것을 먹고 구매결정을 통제한다. 소비자에게 제품이나 서비스를 판매하기 위해 고객을 분석할 때 일반적인 질문에 답을 할 수 있어야 한다.

- 고객은 왜 구매하는가?
- 어떻게 구매하는가? 카드, 현금, 외상?
- 언제 구매하는가? 매일, 주간, 월간?
- 가장 가치 있게 생각하는 것은 무엇인가?
- 얼마나 구매하는가?
- 자사제품을 왜 구매하는가?
- 고객의 수입은 어느 정도인가?
- 그들의 연령은?
- 그들의 직업은 무엇인가?

(5) 시장수요 분석

시장수요(market demand)가 부족하다면 사업 아이디어를 재평가할 필요가 있기 때문에 시장수요를 아는 것은 중요하다. 제품이나 서비스에 대한 총수요를 추정하기 위해 제품이나 서비스에 대한 현재 판매량과 성장잠재력을 고려한다.

(6) 마케팅 믹스

사업이 성공적이기 위해서는 마케팅 요소들이 적절해야 한다. 적절한 장소와 적절한 시간에, 적절한 촉진노력을 사용하여, 적절한 가격으로 적절한 제품이나 서비스를 제공해야 한다. 마케팅 믹스(marketing mix)는 4P's라고 하며, 이는 마케팅 네 가지 변수의 결합이다. 즉, 제품(product), 가격(price), 촉진(promotion)과 유통(place) 등 네 변수를 배합하여 마케팅 전략을 수립하는 것이다.

4) 재무분석

수익이 발생할 때까지 사업을 창업하고 운영하는데 필요한 자금규모를 결정한다. 구체적인 장비와 구매나 임차비용 목록을 작성한다.

① 판매와 수익예측

첫 해 동안 매월 판매와 수익을 예측한다. 시장조사로부터 판매, 비용과 수익을 예측한다.

② 손익분기점분석

사업의 총고정비와 변동비를 충당하는데 필요한 판매와 수익을 계산하는 공식을 사용한다. 손익분기점(break-even point)은 이익과 손실이 없는 곳이다. 기업은 손익분기점 이상으로 제품가격을 책정하여 수익을 확보하려고 할 때 유용하게 매출액을 추정하고 전략을 수립한다. 특정한 가격을 책정하였을 때 총수익과 총비용이 같아지는 매출액을 산출한다. 이때 손익분기점 이상으로 매출을 실현하면 수익이 발생하고, 이하로 매출하면 손실이 발생한다. 고정비(fixed costs)는 판매수준과 관계없이 충당해야 할 비용으로 고정자산의 감가상각비, 임금과 급여, 보험료, 임차료, 이자, 제세공과 등이다. 변동비(variable costs)는 판매에 따라서 발생하는 비용으로 판매수수료, 광고와 마케팅 비용과 재료비 등이다. 손익분기점을 구하는 공식은 다음과 같다.

- 총수익=판매량×판매단가
- 총비용=변동비+고정비
- 총수익=총비용
- 판매량×판매단가=변동비+고정비

예를 들면 판매단가가 12,000원, 고정비가 50,000,000원, 단위당 변동비가 2,000원일 때 손익분기점 매출수량과 매출액을 구하면 다음과 같다.

- 총수익=총비용=변동비+고정비
- 판매량 Q, 단가 P이면 총수익은 판매량(Q)×단가(P)이다.
- 총수익: 수량×단가=Q×12,000
- 총비용: 고정비+변동비=50,000,000+Q×2,000
- 따라서 총수익 = 총비용이므로 Q×12,000=50,000,000+Q×2,000
- Q = 5,000개
- 판매액=판매수량×판매단가: 5,000(개)×12,000(원)=60,000,000원
- 손익분기점 매출수량과 매출액: 수량 5,000개, 매출액 60,000,000원

그림 8-5 손익분기점과 매출액

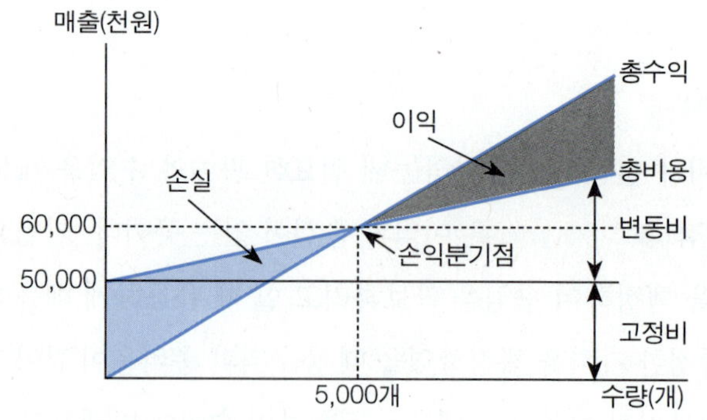

③ 현금흐름분석

현금흐름(cash flow) 분석은 지불하는 돈과 수입으로 들어오는 돈을 월별로 추정하는 것이다. 대부분의 사업은 판매의 부족보다 현금흐름의 부족으로 실패한다. 과거 현금의

조달과 사용에 관련하여 포괄적인 현금흐름의 내용과 변동원인, 현금창출능력에 대한 분석으로 현금의 유입 및 유출에 관한 정보를 제공한다.

④ 자금조달

자금조달은 모든 새로운 사업소유자에게 도전이지만, 고려해야 할 요소가 있다. 신규사업자들은 개인저축액, 가족과 친구로부터 현금의 90% 이상을 조달한다. 대부분의 은행은 창업기업을 위험이 있는 것으로 인식하고 신중하다. 벤처캐피탈 회사는 작은 창업상태에 관심이 있지는 않지만 시장잠재력을 갖고 있는 회사는 벤처자금을 조달할 수 있다.

5) 의사결정

사업을 진행하기 위해 사업이 수익성이 있는지를 발견하는 타당성 분석을 한다. 시장분석, 경쟁자 분석, 개인기능 분석과 자금조달이 필요하다. 이러한 분석 결과는 진행과 중단을 결정한다. 모든 분석이 긍정적이면 진행을 시작하는 것이고, 부정적이라면 중단이나 재평가를 하는 것이다. 진행을 결정하면 사업계획서를 작성한다.

02 사업타당성 분석 실제

타당성 분석은 기회를 인식하고 사업계획을 개발하는 단계에서 실시한다. 사업 아이디어가 실행 불가능한 것으로 판단될 때 중단하거나 다시 생각해야 한다. 만일 다시 생각하고 원안과 좀 다른 아이디어가 나타난다면 새로운 아이디어는 동일한 수준의 타당성 분석을 해야 한다. [그림 8-6]에서 연속적인 그림이 의미가 있지만, 사업을 시작하기 전에 대다수의 기업이 이러한 형태를 따르는 것은 아니다. 사업 아이디어가 타당한 것으로 결정되면, 사업계획을 준비하고 사업을 시작할 때 아이디어를 더 구체화할 작업들이 아직도 있다. 긍정적인 타당성 분석은 사업 아이디어를 더욱 추진하기 위해 사업가들에게 청신호를 제공한다. 타당성 분석의 각 영역은 새로운 사업을 시작하는 기대를 완전히 탐구해야 한다. 회사는 아직도 핵심역량을 갖고 있다고 생각하고 브레인스토밍은 완전히 다른 방향으로 가도록 결정한다. 핵심역량(core competency)은 경쟁사에 대하여 갖고 있는 경쟁우위 자원으로 도움이 되는 자원이나 능력이다.

그림 8-6 사업 아이디어의 타당성 분석

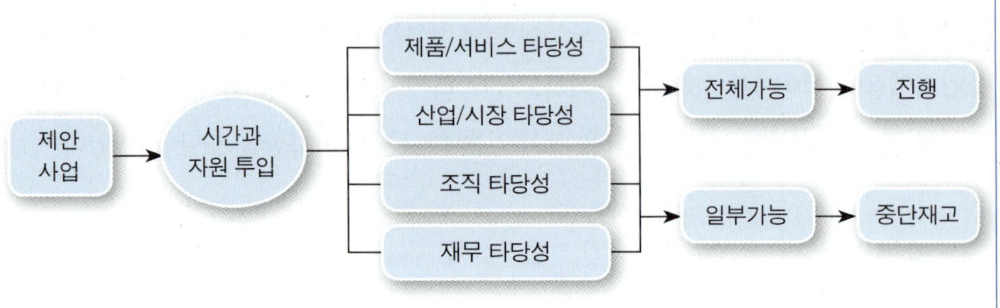

1. 제품과 서비스의 타당성 분석

제품이나 서비스의 타당성 분석은 제안된 제품이나 서비스의 전체 제안(appeal)을 평가하는 것이다. 제품이나 서비스를 개발하기 전에 회사는 소비자가 원하는 것과 제품이나 서비스가 적절한 시장을 갖는다는 것을 확신해야 한다. 신규사업을 추진할 때 사업가가 자금조달, 인력채용, 장비구입, 리스계약, 보도자료 작성 등과 같은 활동에 사로잡히기가 쉽다. 이것이 참으로 중요한 활동인 점에서는 이해할 수 있다. 그러나 성공요인은 탁월한(superior) 제품이나 서비스를 전달하는 것이다. 신제품이나 서비스 아이디어의 실행가능성을 인식하는 것이 중요하고, 실제 제품개발을 진행하는 중요한 단계와 과업에서 신제품 성공이나 실패는 진행의 첫 몇 단계에서 결정된다. 경영진의 과업은 제품을 정의하고 개발을 위한 사업상황을 구축하는 것이다. 컨셉테스트와 사용성 테스트는 제품이나 서비스의 타당성 분석이다.

1) 컨셉테스트

컨셉테스트(concept testing)는 고객의 관심, 바람과 구매의도를 측정하기 위해 잠재고객에게 제품이나 서비스의 사전 기술을 보여주는 것이다. 컨셉테스트의 주요 목적은 세 가지가 있다. 첫째, 제품 아이디어의 기본가정을 검증한다. 잠재고객에게 제품컨셉를 보여주고 간단한 설문을 완성하도록 요청하고 아이디어를 어떻게 강화할 수 있는 지에 관한 논평과 제안을 요청하는 것이다. 설문지는 제품특징, 가격, 제조사와 컨셉 개선제안에 관한 질문을 포함한다. 둘째, 아이디어 개발을 촉진하는 것이다. 예를 들면 회사가 잠재고객에게 제품 아이디어를 보여주고, 피드백을 구하고, 아이디어를 수정하고, 그런 다음 추가적인 피드백을 위해 다른 집단의 고객에게 보여주는 것이다. 아이디어를 개발하고 강화하기 위해 이런 과정을 몇 차례 반복할 수 있다. 셋째, 제품이나 서비스가 지배할 시장점유율을 추정하기 위한 것이다. 확실히 구매하고 아마 구매할 사람들의 수는 고객관심의 측정으로써 사용될 수 있다. 이러한 활동으로부터 나온 숫자는 언제나 낙관적이기 때문에 제품을 구매할 의도가 있다고 반드시 확신할 수 있는 것은 아니다. 그럼에도 불구하고 숫자는 기업의 제품이나 서비스에 대한 고객의 관심 정도를 나타내는 지표이다. 기업의 잠재고객이 지리적으로 분산되어있다면, 컨셉테스트는 메일이나 온라인으로 완성할 수 있다. 공식적인 컨셉서술문을 개발하는 것보다 오히려 때때로 사업가들은 아이디어를 갖고 사람들과 대화를 하고 비공식적인 피드백을 얻음으로써 제품이나 서비스의 타당성 분석을 수행한다. 보통 컨셉 서술문이라고 부르는 잘 계획된 컨셉테스트는 다음과 같다.

① 제공되는 제품이나 서비스의 서술

제품이나 서비스의 특징을 상세히 하고 그것의 개요를 포함한다. 컴퓨터로 제품의 기능성을 모사한 것은 도움이 된다.

② 계획된 표적시장

제품이나 서비스 구매가 기대되는 사람의 목록이다.

③ 제품이나 서비스의 편익

제품이나 서비스의 편익을 기술하고 제품이나 서비스가 가치를 증가하고 문제를 해결하는 이유를 포함한다.

④ 시장에서 유사한 제품과 관련된 제품의 포지셔닝 기술

회사의 포지션은 제품이나 서비스가 경쟁자와 비교되어 어떻게 위치하는가를 기술한다.

⑤ 제품이나 서비스가 어떻게 팔리고 유통되는가에 관한 기술

유통업자나 프랜차이지를 통해 제품을 판매하거나 제조자가 직접적으로 판매하는지를 구체화한다.

2) 사용성 테스트

컨셉은 시제품의 개발이나 제품의 모형으로 전개된다. 시제품(prototype)은 대략적이거나 임시적인 모델인 상태로 있는 신제품의 첫 번째 물리적 묘사(depiction)이다. 시제품은 컨셉 서술문으로부터 수집되는 것보다 실질적인 피드백을 더 많이 얻는다. 피드백을 제품의 잠재적 사용자나 산업박람회의 참여자로부터 얻는다면 시제품이 필요하다. 전문화된 장비나 전문가를 필요로 한다면 시제품을 만들게 하는 방법은 많이 있다. 물리적 시제품보다 더 싼 가상 시제품은 아이디어를 컴퓨터 3D 이미지로 만든 것이다. 그것은 모든 측면과 회전 360도로 보여지는 3D 모델로써 발명품을 보여준다.

시제품 제작비용이 발생할 때 판단은 기업가의 한 부분이다. 이용할 수 있는 시제품의 주요 장점은 사용성을 테스트할 수 있는 점이다. 사용성 테스트는 제품이나 서비스 타당성의 한 형태이며, 제품의 사용 용이성과 사용자의 경험 지각을 측정하는 것이다. 사용성 테스트(usability testing)는 관련된 환경에 의존하기 때문에 사용자 테스트, 베타 테스트나 현장실험 등으로 불린다. 제한된 예산으로 운영하는 사업가들은 기본적인 시제품을 개발하고, 친구나 동료들에게 제품사용을 요청하여, 평가를 작성하거나 언어 피드백을 받는다. 특히, 사용성 테스트는 소프트웨어와 웹 사이트 디자인에서는 중요하다.

그림 8-7 타당성분석의 역할

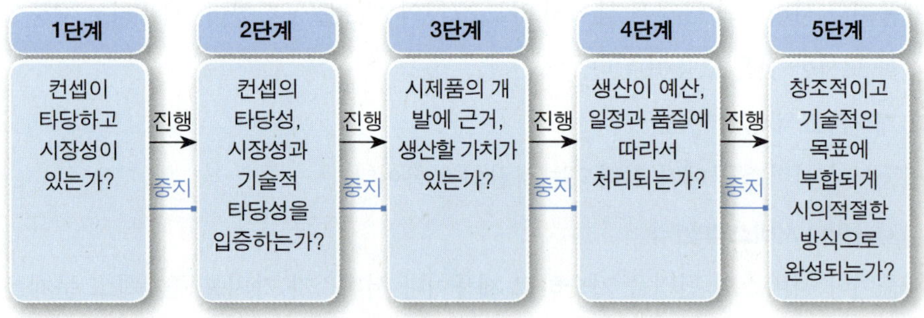

3) 구매의도

약 30명 정도의 가망고객에게 구매의도 조사가 있는 컨셉 서술문을 제시한다. 각 참여자에게 컨셉 서술문을 읽도록 요청하고 구매의도 조사(buying intentions survey)를 완성하게 한다. 조사에 참여한 사람의 수와 조사결과를 기록한다. 제품이나 서비스의 요망, 수요나 제안과 같은 추가적인 질문을 구매의도조사에 덧붙일 수 있다.

> [질문 문항] 아래 제품이 신제품으로 출시된다면 제품이나 서비스를 구매할 의향이 어느 정도 되는가?
> ① 전혀 구매하지 않을 것이다. ② 구매하지 않을 것이다. ③ 잘 모르겠다. ④ 아마 구매할 것이다. ⑤ 확실히 구매할 것이다.

확실히 구매하고 아마 구매할 것이라고 하는 사람들의 수는 고객관심의 척도로써 결합하여 사용된다. 이러한 조사로부터 얻는 숫자는 대부분 언제나 낙관적이다. 제품을 구매할 의도를 갖고 있다고 말하는 사람들은 실제적일 수 있지만, 기업의 제품이나 서비스에 대한 소비자 관심 정도의 지표이다. 화사의 잠재고객이 지리적으로 분산되어 있다면 컨셉 테스트는 온라인이나 우편으로 완성할 수 있다.

2. 산업과 시장 타당성 분석

산업과 시장 타당성(industry·market feasibility)분석은 제공되는 제품이나 서비스에 대한 시장의 전체 제안(appeal)을 평가하는 것이다. 타당성 분석에 관해서 사업이 고려해야 하는 주요 사안이 산업매력도, 시장 적시성과 틈새시장의 확인 등이 있다.

1) 산업 매력도

성장하는 산업은 신규 진입자와 신제품 도입을 잘 받아들이기 때문에 더 매력적이다. 신규 사업의 타당성을 결정하는 주요 요인은 선택하는 산업 매력도(industry attractiveness)이다. 새로운 모험사업에 자금투자를 고려할 때 이것은 많은 모험자본가들(venture capitalists)이 창업기업의 매력성을 첫째로 평가하는 이유이다. 많은 경쟁자가 있는 많은 시장은 대표적으로 치열한 가격경쟁과 낮은 영업이익이 특징이다. 산업성장의 가능성은 많은 경쟁자를 심각하게 받아들여야 한다. 이러한 시장은 사업을 지원할 정도로 충분히 크지 않다. 대체로 사업가들은 진입하고자 하는 산업의 전체규모와 매력성에 지나치게 중요성을 둔다.

[표 8-1] 산업의 매력도 평가

항목	저 잠재력	중 잠재력	고 잠재력
경쟁자의 수	많다	적다	없다
산업의 역사	오래됨	중간	짧다
산업성장률	거의 없다	중간	고성장
산업계 기업의 평균 순이익	낮다	중간	높다
산업집중의 정도	집중	집중이나 분산	분산
산업수명주기의 단계	성숙기나 쇠퇴기	성장기	출현기
고객에 대한 제품의 중요성	불안정	갖고 싶다	가져야만 한다
환경이 산업계에 유리한 정도	낮다	중간	높다
감동적인 제품의 수	낮다	중간	높다
장기전망	약	중간	강

2) 일차조사와 이차조사 간의 차이 설명

자료의 인용에서 얻은 산업의 매력도라면 기업가적 성공에 이르는 많은 요인 중의 단지 하나라는 것이다. 산업의 역학을 충분히 이해하면 기업은 진입을 계획하고 기업가는 일차와 이차조사를 수행해야만 한다. 일차조사는 기업가에 의해서 수집된다. 시장의 매력도를 평가할 때 일반적으로 잠재고객들과 산업참여자들에게 묻는 것이다. 이차조사는 이미 수집된 자료를 탐구하는 것으로 산업관련 출판물, 정부통계, 경쟁자 웹 사이트와 산업보고서 등이 있다. 산업관련으로 이용할 수 있는 온라인이나 출판물 등 권위 있는 원천이 많이 있다.

일차와 이차 조사가 완성된 증거로써 기업가들은 진입하고자 하는 산업의 예상성장률과 시장규모와 관련한 구체적인 숫자를 찾아야만 한다. 자금을 찾을 때 기업이 크고 성장하는 시장에 참여하고 있다는 것을 조사가 지원한다고 말하는 것은 충분하지 않다. 대신에 기업가는 요청을 지원하기 위한 하드 데이터(hard data)[1]를 가져야 한다. 기업가들은 비약적인 제품이나 서비스를 시장에 출시하려는 도전에 직면한다. 비약적인 제품과 서비스는 새로운 시장이나 새로운 시장분할을 설정한다. 따라서 제품이나 서비스에 충분한 시장이 있는지를 결정하기 위해 기업은 일차조사를 수행하는 것이 특히 중요하다.

1) hard data는 논쟁의 여지가 없는 명백한 사실, 합리적으로 제시되는 수치 등으로 금전적 가치로 전환이 쉬운 데이터이지만, soft data는 그 효과를 측정하거나 수량화하기 어려운 자료이다

3) 시장 적시성

사업 아이디어나 시장 타당성에 관한 고려사항은 특정 제품이나 서비스를 도입하는 적시성(market timeliness)이다. 잠재적 사업이 비약적인 신제품이나 서비스를 도입하려고 계획하는지에 달려 있기 때문에 고려해야 할 요인은 변화가 심하다. 제품이나 서비스가 시장에서 이미 이용할 수 있는 것을 개선한 것이라면, 첫째 제품이나 서비스에 대한 기회의 창이 개방되거나 폐쇄되었는지를 알아내는 것이다. 인터넷 검색엔진과 같은 시장은 새로운 진입자에게 본질적으로 닫혀있는 충분한 시장지배력을 갖고 있는 경쟁자에 의해서 지배되거나 경쟁자로 포화상태이다. 특별요리 같은 시장은 새로운 진입자에게 열려있고 받아들이는 기회의 창으로 특징을 이룬다. 둘째, 시장의 현재 역동성과 새로운 사업에 대한 적시성이 좋은지를 밝혀내기 위해서 시장의 간단한 경제를 공부해야 한다. 장차 비약적인 제품이나 서비스를 개발하는 새로운 기업을 위해서 선점자 이점을 포착하는 것이 중요하다. 선점자 이점(first-mover advantage)은 새로운 시장으로 들어가기 위해 첫 번째로 중요한 회사가 얻는 다른 기업이 극복할 수 없는 이점이다. 시장에 처음으로 진입하는 것이 실제로 이점인지 여부는 토론할 여지가 있다. 선점자 이점의 지지자들은 선점자들이 산업표준을 설정하고 일반적으로 브랜드 인지도(brand recognition)와 시장지배력(market power)에 의해 이점을 갖는다고 주장한다. 높은 조사개발비용, 제품이나 서비스가 유행할지를 찾는 위험과 경쟁자가 선점자의 제품이나 서비스를 연구하여 본질적으로 동일한 제품의 경미한 개선으로 빨리 생산할 위험과 같이 시장에 최초로 진입하는 것이 불이익이라는 주장도 많다. 두 번째 진입자는 첫 번째 진입자에 의해서 이루어지는 모든 실수를 연구하는 이점이 있다. 어떤 학자들이 믿는 것은 두 번째 진입자가 더 좋은 제품이나 서비스를 구축하는데 도움이 된다고 주장한다.

- 제안사업에 대한 기회의 창이 다음과 같은 기준에 근거하여 열려있거나 닫혀있는 정도를 포착한다.
- 구체적인 표적시장의 적시성을 다음 기준으로 포착한다.

[표 8-2] 시장의 적시성 평가

항목	저 잠재력	중 잠재력	고 잠재력
고객의 구매방식	특별한 방식 없다	중간 방식	공격적 구매방식
시장의 추진력	추진력 상실	점진적 추진력	급속한 추진력
시장에서 신생기업에 대한 욕구	저	중간	고
환경추세가 표적시장에 대한 호의 정도	저	중간	고
거대기업의 최근 시장진출·계획	거대기업 진출	거대기업 진출 루머	없다

4) 틈새시장 확인

산업과 시장의 타당성 분석의 마지막 단계는 기업이 참여할 수 있는 틈새시장을 확인하는 것이다. 틈새시장(niche market)은 동일한 관심이 있는 고객의 좁은 집단을 나타내는 시장분할이다. 가장 성공적인 기업은 넓은 시장에 판매를 함으로써 시작하지 않는다. 대신 넓은 시장 안에 있는 신흥이나 과소제공된 틈새를 발견함으로써 시작한다. 틈새시장과 비슷한 수직시장(vertical market)은 구체적이고 전문화된 욕구를 갖는 유사한 사업에 집중한다. 수직시장은 유사한 방법을 사용하여 유사한 제품이나 서비스들을 개발하는 특정 산업이나 기업들의 집단을 말한다. 보험, 부동산, 금융, 제조업, 소매, 수송, 병원, 그리고 정부 등이 수직시장의 예이다. 예를 들면 창업기업은 작은 커피점이나 레스토랑과 같은 전문음식점용 회계프로그램을 공급하는데 집중할 수 있다. 수평시장(horizontal market)은 전문시장보다는 오히려 광범위한 산업의 구체적인 욕구를 충족하는 시장이다. 즉, 대중마케팅이 가능하거나 혹은 매우 넓은 범위의 표적마케팅이 가능한 보다 보편적인 시장이다. 모든 중소기업에 회계프로그램을 출시하려는 창업기업은 수평기업 안에서 판매하려고 노력할 것이다.

- **수직시장(vertical market):** 유사한 방법을 사용하여 유사한 제품이나 서비스들을 개발하는 전문화된 기업들의 집단
- **수평시장(horizontal market):** 전문시장보다는 오히려 광범위한 산업의 구체적인 욕구를 충족하는 시장

신설기업에 대해 틈새나 수직시장에 판매하는 이유가 있다. 첫째, 주요 참여자들에 대항하여 정면으로 경쟁하지 않고 산업 내에서 자신을 수립하는 것이다. 둘째, 신입자에

게 거의 불가능한 넓은 시장에 있는 모든 사람에게 모든 것을 하려는 대신 전문화된 틈새시장, 즉, 수직시장에 집중하는 것이다. 매력적인 틈새나 수직시장을 확인하는 어려움은 산업선도자들과 함께 초기 직접적인 경쟁을 회피하려고 아주 작은 사업에 집중하기 때문이다. 만일 명확하게 정의된 틈새시장을 확인할 수 없다면 새로운 사업모험의 산업과 시장 타당성을 생각하는 것은 어렵다. 목표로 하는 산업 내에 있는 특정 표적시장을 확인한다. 그런 후 다음 표에 의해 표적시장의 매력성을 평가한다.

[표 8-3] 표적시장의 매력도 평가

항목	저 잠재력	중 잠재력	고 잠재력
표적시장에서 경쟁자의 수	많다	적다	없다
표적시장에 있는 기업의 성장율	거의 없다	조금 성장	급속한 성장
표적시장에 있는 기업의 평균 순이익	저	중	고
산업에서 수익창출 방법	불명확	조금 명확	명확
잠재적 경쟁자에 대한 진입장벽 창출능력	창출불가	조금 가능	창출가능
표적시장에서 제공하는 기존제품에 대한 고객만족 정도	만족	불만족	매우 불만족
판촉비용 수준	저	중간	고
표적시장에서 신제품의 감동정도	저	중간	고

3. 조직타당성 분석

조직타당성(organizational feasibility) 분석은 사업이 제품을 성공적으로 출시하기 위해 충분한 경영전문가, 조직역량과 자원을 갖고 있는지를 알아내기 위해 수행된다. 이것은 경영노하우와 자원충족도가 주요한 사안이다.

1) 경영노하우

회사는 경영 노하우(management prowess)나 능력을 솔직하게 평가해야 한다. 자기평가는 상세한 자기성찰을 필요로 한다. 가장 중요한 요인은 단일 기업가나 경영팀이 사업 아이디어에 대하여 갖는 열정과 기업이 참여하는 시장을 이해하는 정도이다. 이러한 영역에서 강점을 실무적으로 대체할 수 없다. 예를 들면 자금조달이 중요하더라도 고객의 지식과 사업에 대한 열정만큼 중요한 것은 없다. 자금조달은 실제로 가장 중요한 사안은 아니다. 큰 사업을 한다면 고객을 알아야 하고 경쟁자를 이기기 위해서 취하는 것, 즉, 시장에 일어나는 것보다 더 탁월해야 한다. 또한 경영노하우에 관한 다른 요인을 고려해야 한다. 광범위한 전문성과 사회적 네트워크를 갖고 있는 경영자들은 경험이나 지식 격차를 보완하려고 동료와 친구들에게 접근하는 경우 이점이 있다. 이 외에도 잠재적 새로운 사업은 그것을 만들 수 있는 새로운 모험팀을 생각해야 한다. 새로운 모험팀은 창업기업에서 새로운 사업을 관리하는데 도움이 되는 창립자, 핵심직원과 조언자의 집단이다. 창립자나 새로운 모험의 창설자가 믿는 개인들을 확인한다면, 시작한 후 기업에 합류할 것이고, 이러한 개인들은 매우 능력이 있다. 지식은 잠재적인 모험의 조직타당성에 신뢰성을 준다. 새로운 모험사업이 이사회나 자문단에 기꺼이 합류할 것이라고 믿는 매우 능력이 있는 신사업이 적용된다.

[표 8-4] 경영노하우의 평가

항목	저 잠재력	중 잠재력	고 잠재력
사업 아이디어에 대한 열정	저	중간	고
관련 산업 경험	없다	중간	넓다
이전 사업경험	없다	중간	넓다
전문성과 사회적 연결망의 깊이	약	중간	강
경영팀 구성원의 창의성	저	중간	고
현금흐름 관리의 경험과 전문성	없다	중간	고
대학 동료	없다	조금	많다

2) 자원충족도

조직타당성 분석의 두 번째 영역은 잠재적인 새로운 모험이 제품이나 서비스 아이디어를 성공적으로 개발하기 위해 전진할 충분한 자원을 갖고 있는지를 알아내는 것이다. 재무타당성을 분리하여 고려하는 경우에 조직타당성 분석의 초점은 비재무자원이다. 사업이 위치한 지역에서 노동력의 질, 사무실 공간의 이용도와 새로운 사업의 지식재산보호를 확보하기 위한 가능성을 포함하여 검토해야 한다. 어떤 창업기업은 최초 시설비용을 극소화할 수 있고, 산학인큐베이터에 위치함으로써 그들이 접근하지 않는 자원에 대한 접근을 얻을 수 있다. 새로운 기업이 고려해야 할 자원충족도(resource sufficiency)는 유사한 기업과의 접근성이다. 참여하는 기업의 생산성을 증가하기 때문에 단지가 생긴다. 기업이 다른 기업과 가까이 위치하기 때문에 종업원들이 서로 네트워킹이 쉽고 기업이 전문화된 공급자, 과학적 지식, 기술전문가와 접근하기가 쉽다. 유사기업의 단지에 물리적으로 밀집함으로써 조사자들은 작은 제조기업이 큰 기업보다 더 많은 이득이 있다고 한다. 자원충족도를 검사하기 위해서 기업 아이디어를 추진하고 사업을 위한 자원을 확보하기 위한 타당성을 평가하는데 필요한 가장 중요한 비재무자원 목록을 작성하는 것이 필요하다. 아래는 자원충족도를 평가할 때 활용할 수 있는 문항으로 5점 척도이다.

① 해당 사항 없다. ② 이용할 수 없다. ③ 이용할 수 있을 것 같지 않다. ④ 이용할 수 있을 것 같다. ⑤ 이용할 수 있다.

[표 8-5] 자원 충족도의 평가

평점	자원충족도
①②③④⑤	사무실 공간
①②③④⑤	사업을 시작할 공간, 연구실, 제조 공간
①②③④⑤	제조업자나 외주업자 접촉
①②③④⑤	핵심 관리직원(현재와 미래)
①②③④⑤	핵심 지원직원(현재와 미래)
①②③④⑤	사업운영에 필요한 핵심장비
①②③④⑤	사업핵심 측면에 대한 지식재산권 보호능력
①②③④⑤	사업시작에 해당되는 경우 정부나 단체의 지원
①②③④⑤	호의적인 사업협력자 형성 능력
평점: 약, 중, 강	
	유사기업과 접근성
	공급자와 접근성
	고객과 접근성
	주요 연구기관과의 접근성

4. 재무타당성 분석

재무타당성(financial feasibility) 분석은 종합적인 타당성 분석이다. 사업의 특성이 불가피하게 진화하기 때문에 이 시점에서 더 많은 엄격성은 상세한 재무예측을 준비할 때 초기에 많은 시간을 보내는 것이 비현실적이 된다. 이 단계에서 고려할 가장 중요한 사안은 필요한 총 창업현금, 유사한 기업의 재무성과와 사업의 전체 재무적 매력성이다. 새로운 사업은 1~3년 간 유지에 필요한 기업의 자금능력을 증명할 추정 재무상태를 완성할 필요가 있다.

1) 총 창업 필요 현금

첫 단계는 첫 판매를 위해 사업을 준비하는데 필요한 총 현금에 관한 것이다. 실제 예산은 모든 기대한 자본이 수입을 창출하기 위해 필요한 구매와 운영비용이다. 재무타

[표 8-6] 창업기업 총 필요 현금

자본투자	금액
자산	
가구와 비품	
컴퓨터 장비	
기타 장비	
자동차	
운영비	
법률, 회계와 전문 서비스	
광고와 판촉	
시설 담보금	
특허	
선급보험	
리스료	
급여와 임금	
공과금	
여비	
표지, 간판, 인장	
도구 및 소모품	
초기 재고	
운영자금	
기타 비용1	
기타 비용2	
총 창업 필요 현금	

당성 분석은 돈이 창업비용을 조달하기 위해 어디에서 오는지를 기술하여야 한다. 돈이 친구, 가족이나 다른 수단으로 온다면, 합리적인 계획은 돈을 다시 지불하는 것을 생각해야 한다. 은행차입이나 지분투자가가 관여되는 경우에 창업비용을 충분히 대고 현금흐름이 긍정인 관점으로 기업을 만들어야 한다. 창업비용을 충분히 대는 방법을 보여주는 것은 중요한 사안이다. 벤처는 계속기업으로써 유망하게 보이지만, 발전과 유지를 위한 돈을 조달하는 방법이 없거나 비용을 회수할 수 없는 경우가 있다. 창업비용을 계획할 때 비용을 과소추정하는 것보다 과대추정이 더 낫다. 일이 잘못되는 창업계에 머피법칙은 널리 퍼져있다. 머피의 법칙(Murphy`Law)은 일이 좀처럼 풀리지 않고 갈수록 꼬이기만 하는 경우로 자신이 바라는 것은 이루어지지 않고, 우연히도 나쁜 방향으로만 일이 전개될 때 쓰는 말이다. 일종의 경험법칙으로 미국 에드워드 공군기지에 근무하던 머피(Edward A. Murphy) 대위가 1949년 처음으로 사용하였다.

발전과 유지에 어떤 장애가 없다는 것은 창업기업에게는 드문 일이다. 따라서 예상치 못한 비용을 포함하거나 시장에 진출하는 것을 지연하는 경우를 예상하여야 한다. 기업가들은 창업비용을 충분히 대는 현명하고 창조적인 방법을 익혀야 한다. 사업계획에 참여하고 보조금을 신청하는 동안 자금부족 때문에 사업을 중지해야만 하는 생각은 성공적인 창업의 장애물이다.

2) 유사기업의 자금성과

재무타당성 분석의 두 번째 요소는 유사기업과 비교함으로써 사업의 잠재적 재무성과를 추정하는 것이다. 이러한 노력은 정확한 숫자보다 개략적인 결과가 될 것이다. 이것은 몇 가지 방법이 있다. 첫째, 이용할 수 있는 많은 보고서가 있다, 상세한 산업동향 분석과 개별 회사에서 제공하는 보고서이다. 가장 유망한 원천을 찾아서 살펴본다. 또 사업가들이 간단한 관찰과 공공기록 열람으로 판매자료를 추적하는 방법이 있다. 기본적인 방법은 점포를 자주 방문하고 하루의 다양한 시간 동안 점포에 오고 나가는 고객의 수를 세는 것이다.

3) 사업의 전체 재무적 매력성

다른 많은 요인들은 사업의 재무매력성 평가와 관련이 있다. 일반적으로 이러한 평가는 주로 새로운 벤처의 추정재무 투자수익율에 근거한다. 타당성 분석 단계에서 추정수익은 심판의 판정이고 주로 제안기업과 유사기업을 비교하는 것에 근거한다. 보다 더 정확한 추정은 추정현금 흐름, 손익계산서와 재무상태표의 1~3년 추정을 포함하여 추정재무상태를 준비함으로써 계산될 수 있다. 이러한 작업은 시간과 환경이 허용된다면 이루어질 수 있으나 일반적으로 신사업개발의 타당성 분석 단계보다는 사업계획단계에서 이루어진다. 미시수준에서 다음 요인은 예상수익이 사업시작을 정당화하는데 적절한지를 알기 위해 고려되어야 한다.

- 필요한 투자자금
- 수익을 내는데 필요한 시간
- 사업에 가정된 위험
- 투자되는 돈에 합당한 기존 대안
- 기업가의 시간과 노력에 대한 기존 대안

[표 8-7] 사업의 전반적인 재무 매력도

항목	저 잠재력	중 잠재력	고 잠재력
1~3년 동안 견실하고 빠른 매출성장	가능성 희박	중간	높음
고객확보와 반복구매율	낮음	중간	높음
합리적인 수입과 비용 예측능력	약함	중간	강함
2년 동안 성장에 필요한 자금	가능성 희박	중간	높음
투자자의 자금회수에 대한 대안 자금	낮음	중간	높음

이러한 요소를 평가하여 얻는 결론은 매우 중요하다. 높은 수익을 제공하지 않는다면 상당한 자본을 필요로 하고, 성숙하는데 많은 시간이 걸리고, 관련된 위험이 많은 기회는 거의 타당하지 않다. 다른 재무요소는 재무적으로 유망한 사업기회와 관련이 있다. 타당성 분석 단계에서 제안사업이 각 요소에 긍정적으로 보이는 정도가 실제 성과보다 더 추정이나 예측에 근거한다. 많은 사업가는 시장에서 아이디어를 구하는데 성급하고, 전체 타당성을 분석하는 데는 소홀히 한다. 이러한 점이 언제나 실수나 실패로 이를 수 있다. 다음은 사업기회의 전체 재무타당성과 관련된 중요한 요소이다.

- 명확하게 정의된 시장틈새에서 첫 5~7년 동안 판매에서 꾸준하고 급속한 성장

- 회사가 고객을 획득하면 고객은 반복적인 수입의 원천이라는 높은 기대
- 확실성의 합리적인 정도로 수입과 비용을 예측하는 능력
- 내부적으로 자금을 조달하고 성장을 지속한다.
- 투자자들이 지분을 정리하기 위한 출구 가능성

5. 결합 타당성 분석

사업타당성 분석을 요인별로 완료한 후 [표 8-8]에 요약하여 결합한다. 그런 후 각 요소별로 타당성 개선을 위한 제안을 도출하여 타당성이 부족한 부분을 재평가하거나 개선하여 보다 더 성공적인 사업 아이디어를 재구성하는데 활용한다. 특정한 구성요소의 평가도 중요하지만 전반적인 입장에서 총체적으로 평가하는 것은 더욱 중요하다.

[표 8-8] 결합 타당성 분석

구분	사업타당성	타당성 개선을 위한 제안
제품/시장 타당성	타당하지 않다.	
	불확실하다.	
	타당하다.	
산업/시장 타당성	타당하지 않다.	
	불확실하다.	
	타당하다.	
조직 타당성	타당하지 않다.	
	불확실하다.	
	타당하다.	
재무 타당성	타당하지 않다.	
	불확실하다.	
	타당하다.	
종합평가	타당하지 않다.	
	불확실하다.	
	타당하다.	

제9장

사업계획서

제1절
사업계획서의 의의

제2절
사업계획서의 구성과 내용

Focus Lens 하워드 슐츠

하워드 슐츠(Howard Schultz)는 1953년 뉴욕 브루클린의 트럭 운전사의 아들로 궁핍한 가정에서 태어났다. 대학졸업 후 제록스사에 영원 사원으로 출발하였다. 그 후 스타벅스(Star Bucks)에 마케팅 이사와 컨설턴트로 취업하여 근무하다가 회사를 인수하여, 전세계 70여국 20,000여 점포를 운영하는 글로벌 기업으로 성장시켰다. 스타벅스는 맛과 향이 좋은 커피가 아니라 편안하고, 안정적인 공간, 열정과 낭만, 편안한 음악, 진심이 담긴 친절한 서비스를 판매하는 문화기업이다. 또한 파트 타임 근무자를 포함한 직원들에게 Beans Stock이라는 스톡옵션을 비롯한 양질의 복지제도를 실시하고 있는 기업이다.

원래의 스타벅스

열렬한 커피 애호가인 Jerry Baldwin, Zev Seigal과 Gordan Bowker가 최초의 스타벅스를 1971년에 커피점을 개점하였다. 스타벅스는 고급커피원두를 판매하는 소매점으로 점내에서 커피는 판매하지 않았다. 세 동업자들은 커피제조에 열정적이었고, 고품질의 커피콩과 장비를 판매하였다. 이 점포는 소매점이었고 다른 커피 음료는 판매하지 않았다. 이 세 사람은 그들의 분야에서 전문가였다. 커피는 수 세기 전에 미국에 도입되었지만, 패스트푸드점에 제공되는 커피로 인식되었다. 스타벅스는 미국에서 드문 생커피콩을 독점적으로 판매했다. 대부분의 슈퍼마켓은 미국에 있지 않은 다른 공장에서 구운 커피콩을 판매했다. 동업자들은 커피콩을 구우면 산화되어 대부분의 향기를 잃는다고 믿었다. 구운 커피콩이 약화되지 않기 위해 그들은 굽는 과정을 집에서 해야만 한다고 믿는다. 커피콩을 구우면 스타벅스는 구운 커피콩을 분쇄하는 것뿐만 아니라 분쇄기도 판매했다. 커피를 만들기 위해 분쇄기를 가열할 필요가 있었다. 일단 구운 커피콩이 분쇄되면 매우 빠르게 산화되고 향기가 콩에서 떠나기 때문에 분쇄 과정은 항상 끓이기 전에 한다. 스타벅스 점포는 신선한 커피를 확보하기 위해 굽는 기구, 분쇄기와 끓이는 기구를 판매했다. 만족을 확실히 하기 위해 그들은 커피콩을 굽는 시간과 구운 커피콩과 관련된 산화요인을 고객들에게 설명하는데 많은 시간을 들인다.

스타벅스 취업, 유럽여행과 인수

하워드 슐츠는 1981년 시애틀을 방문하여 많은 커피장비를 구매하는 스타벅스를 발견하였다. 그는 스타벅스에 가서 커피를 시음하고 나서 스타벅스의 커피에 빠졌다. 점원이 끓인 우수한 품질의 커피에 감탄하였다. 커피에 대하여는 초심자였지만, 마케팅 이사와 컨설턴트로서 스타벅스 팀에 합류하기로 결정하였다. 1982년 하워드 슐츠는 그의 일생을 영원히 바꾸는 유럽여행을 하였다. 그는 유럽에 가서 에스프레소 음료와 커피에 매료되었다. 스타벅스에서 잡담하는 동안 커피 한잔을 즐기기를 원하는 소비자들에게 판매하는 커피점을 상상한다. 이탈리아의 카페에서 큰 감명을 받고 커피를 마시며 사람들과 친교하고 휴식을 취할 수 있는 공간을 만드는 아이디어가 떠올랐다. 그는 시애틀에 돌아와 Baldwin, Seigal과 Bowker에게 그의 아이디어를 제안하였지만 즉시에 거절당하였다.

커피를 계속해서 만든다면 굽고, 분쇄하고, 끓이는 커피 제조공정을 완성하려면 많은 시간이 들기 때문에 소비자들에게 양질의 커피를 판매하는 것이 불가능하다고 믿었다. 그들은 의자에 앉아 있는 동안에 집에서 커피를 즐기는 음료이어야 한다고 믿었다. 그러나 하워드 슐츠는 위험을 추구하는 것을 두려워하지 않고 몇 년 후에 시애틀에 커피 연쇄점을 열어 대단히 성공하였다. 제한된 확대에도 불구하고 스타벅스는 시애틀 사회에서 절대적인 존재였다. 하워드 슐츠는 1987년 이 회사를 인수하였고, 그런 후 회사는 기하급수적으로 성장하고, 전설을 창조하였다.

하워드 슐츠의 아이디어

진귀한 정보는 가치가 있고, 가치 있는 정보는 큰 경제적인 부로 전환된다. 기꺼이 위험을 감수할 뿐만 아니라 기회를 확인할 수 있는 능력이 있기 때문에 진행할 수 있고 부로 전환할 수 있는 사람은 일반적으로 기업가이며, 초심자들이다. 스타벅스의 원래 소유주들이 커피제조에 관하여 가치 있는 정보에 접근하였지만, 그들은 대중에게 양질의 커피를 판매하는 잠재력을 충분히 깨닫지 못하였다. 대중에게 장비와 원두 생커피콩을 판매함으로써 경제적 가치를 부분적으로 알았지만, 하워드 슐츠는 커피와 문화를 판매하는 것이 더 효과적이라는 것을 믿고, 커피사업에 있는 기회를 알았다. 당시에는 카페형태의 커피점이 존재하지 않았고 그러한 장소의 표준은 스타벅스가 만들었다. 사업 아이디어는 단순해 보이는 것 안에서도 새로운 것을 찾아내는 것이다.

스타벅스가 도입되기 전에도 점포에서 신선하게 굽고, 끓이는 유럽풍의 많은 커피 연쇄점이 있다. 문제는 확장이었다. 굽는 기계를 설치하는데 아주 비싸기 때문에 점포의 확장은 느리고 지루하였다. 커피를 굽는 종업원을 숙련되게 훈련하는데 추가적인 비용이 필요하기 때문에 굽는 공정은 커피제조에서 가장 중요한 단계이다. 이러한 점이 커피체인점의 제한 사항이다. 굽는 기계와 훈련 때문에 확장이 어렵다는 것을 알았고, 이러한 문제에 대한 답을 찾기 위해 노력하였다. 마침내 구운 커피콩을 압축가방에 즉시 저장한다면 구운 커피콩이 산화되지 않고, 향기가 유지된다는 것을 알게 되었다. 비용절감을 위해 규모의 경제를 활용하여 커피콩을 대량으로 굽기로 결정하였다. 그의 계획은 한 지역에서 대량으로 생산하여 구운 콩을 압축하여 상자에 넣는 것이었다. 이렇게 하여 굽는 기계와 종업원의 훈련비용을 동시에 절감한다.

스타벅스의 성공요인과 어록

성공요인은 내부적 혁신으로는 고급커피에 대한 열정과 혁신, 투자와 해외진출에 대한 도전정신이다. 고품질의 원두커피만을 사용하고, 엄격한 품질관리로 최고품질을 위한 노력이다. 최고품질을 위해 최고급 원두 아라비카종만을 사용하며, 인공향을 넣지 않고, 정수기를 사용한다. 고객에 대한 서비스 혁신으로는 커피를 판매하는 장소보다는 편안한 장소, 음악과 향기가 있는 분위기와 즐거운 대화를 할 수 있는 곳이다. 커피라는 속성을 토대로 편안한 장소, 음악과 향기가 있는 분위기와 즐거운 대화라는 결과를 얻게 되어 최종적으로 정서적 안락과 행복이라는 가치를 주는 문화산업으로 격상시킨 점이다.

슐츠의 어록

- 위대한 브랜드는 광고나 프로모션으로 형성되지는 않는다.
- 사람들은 운이 많은 것을 좌우한다고 생각하지만, 성공은 다른 사람들이 보지 못하는 것을 파악하고, 비전을 추구한 결과이다.
- 겸손한 태도를 잃지 말아라.
- 회사가 특정 가치를 제공하고 있다는 점을 고객들이 알게 하라.
- 다른 사람들이 실용적이라고 판단하는 것 이상 꿈을 꾸어라.

01 사업계획서의 의의

1. 사업계획서의 의의

사업계획서(business plan)는 회사발전을 위한 지침(road map)으로 사업계획의 기술인 동시에 사업에 관한 종합적인 기술이다. 회사의 제품이나 서비스, 판매예측, 생산기술과 설비, 시장과 고객, 마케팅 전략, 인적자원, 조직, 공급자, 자금의 조달과 운용에 관한 상세한 보고서이다. 사업계획서는 사업의 과거와 현재 상태를 기술하지만, 주요 목적은 사업의 미래를 표현하는 것이다. 보통 연간으로 갱신하고, 사업의 유형과 기업에 따라 보통 3년에서 5년 단위로 전망한다. 사업계획서는 자금을 조달할 때 중요한 요소로 완전하고, 진실하고, 사실적이고, 잘 구조화되고, 읽기 편하여야 한다.

사업계획서는 창업자에게 많은 이점을 제공한다. 첫째, 사업계획서는 사업을 체계적으로 준비하고 기업운영을 원활하게 할 수 있다. 창업은 창업자에게는 새로운 경험이므로 창업 이후에 발생이 가능한 잠재적인 문제를 파악하기 어렵고, 창업절차는 매우 복잡하다. 이러한 문제를 사전에 파악하고 대비책을 마련할 필요가 있다. 둘째, 사업계획서는 사업성공 가능성을 높여준다. 창업을 계획적으로 수행함으로써 창업기간을 단축하고, 시장기회와 표적고객을 확인하고, 시장의 위험을 관리하고, 투자자나 관련된 제3자에게 자료를 활용할 수 있다. 셋째, 사업계획서는 자본조달과 정부지원에 대한 도구이다. 자본조달이나 정부지원을 받기 위해서는 사업계획서를 제출해야 한다. 사업계획서를 계획할 때 사업을 운영하고 더 발전하기 위해 필요한 자금 이외에 투자자와 은행으로부터 자금지원을 받을 필요성이 크다. 투자 받은 경험이 있는 사람을 투자유치 위원으로 임명하면 효과적으로 사업계획을 수립할 수 있다. 그들로부터 시장, 새로운 아이디어와 유용한 조언을 받을 수 있다. 투자자가 관련 사업 분야의 회사를 운영한다면 협력과 동반상승효과에 대한 상당한 잠재력이 있을 수 있다. 다음은 사업계획서를 작성하는 중요한 이유이다.

① 사업의 통합적 관점

사업계획서를 준비할 때 사업에 관한 모든 사안을 통합적으로 검토한다. 예를 들면 성공하기 위해서 표적고객을 확인하고, 세분시장을 파악하고, 가격전략을 수립하고, 경쟁조건을 정의하는데 도움이 된다. 사업계획서 작성은 모든 고려요소가 일관적이고 적절하게 조화를 이루어야 한다. 사업계획서 작성 과정은 단점뿐만 아니라 경쟁우위나 새로운 사업기회를 발견하게 한다. 상황이 중요하게 되기 전에 노력을 계획의 변경에 집중할 수 있다. 문제가 발생하기 전에문제를 예견하고 회피할 시간을 가질 수 있다.

② 경영 팀 간의 상호이해

회사의 경영진 간의 상호이해는 실제로 많은 경영자가 사업계획서의 준비에 관여하는 경우에 중요하다.

③ 자금수요 파악과 자금조달

사업계획서는 자금수요의 규모, 형태, 원천과 시기를 파악하는데 도움이 된다. 자금조성을 신청하는 과정에서 사업계획서를 사용한다.

④ 이사회나 주주의 승인

사업계획서는 이사회와 주주로부터 승인을 얻는 근거이다.

⑤ 모집과 채용

경영자나 직원을 모집하고 채용할 때 사용한다.

⑥ 직원들에 대한 목표 유도

조직의 사업단위와 개인에 대한 목표를 사업계획서 대책으로부터 유도한다.

⑦ 종업원에게 정보제공

회사의 목표에 관하여 종업원들에게 정보를 제공하고 동기를 부여하는 수단으로 사용한다.

⑧ 채권자에게 정보제공

과거에 기업에 투자한 투자자나 대출한 은행에 정보를 제공하고 관리목적으로 주기적인 정보를 필요로 한다.

⑨ 협력자에게 정보제공

사업 협력자와 다른 관련 조직에 정보를 제공할 때 사업계획서가 사용된다. 사업계획서를 준비하는 주요 목적은 사업에 필요한 자금을 파악하고 외부 조달을 신청하기 위한 것이다.

2. 사업계획서의 독자

핵심적인 종업원들, 임원과 주주, 특정의 사업협력자, 현재나 장래 채권자와 투자자들은 사업계획서의 독자들이다. 기밀과 관계된 사람의 책임을 신뢰하는 사람들에게 사업계획서의 어느 부분을 배포한다. 사업계획서 안에 비밀 전략적 의사결정이나 기밀을 포함하고 있다면 사본을 배포할 때 제한적이어야 한다. 신뢰하는 사람에게만 배부한다면 동의 없이 정보를 전달하지 않을 것이다. 가장 중요한 표적 독자들 중에는 잠재적인 채권자나 투자자일 수 있다. 사업을 확대하기 위해 외부자금조달을 찾는다면 사업계획서로 접근할 수 있는 많은 가능한 원천이 있다. 가장 중요한 원천은 다음과 같다.

1) 상업은행

상업은행들은 표준적인 시장조건으로 성공할 수 있는 사업에 자금을 공급한다. 그들은 보통 매우 위험 의식적이고 부수적인 조건으로 적절한 담보를 필요로 한다. 이것은 당좌계정, 귀금속, 받을 어음, 토지, 건물, 기계, 외상매출금과 재고로 구성된다. 이러한 자산 중에서 부수적인 조건으로 받아준다면 은행에서 더 많은 대출을 얻을 수 있다. 이자율은 경제 조건에 달려있으나, 은행은 프로젝트의 위험에 근거한다.

2) 사모투자 펀드

사업적 기준에 따라 운용하는 사모벤처 자금의 수가 급속도로 증가하고 있다. 이러한 펀드의 목적은 이익창출이고 그들은 계산할 수 있는 위험으로 지분에 실질적인 수입을 얻을 수 있다고 확신할 때까지 사업계획서를 면밀하게 검토할 것이다. 은행대출과 비교하여 그러한 펀드의 이점은 부수 조건 없이 지분을 가짐으로써 사업에 자금을 줄 수 있다. 한편 그들은 양호한 수익률을 기대하고 사업에서 관리기능을 요구할 것이다. 예를 들면 이사회에 그들의 직원 임명을 요구할 수 있다.

3) 개발기금

벤처투자 펀드는 사회와 거시경제 개발의 목적을 갖고 있다. 개발기금은 상업이나 사모 벤처자금 펀드보다 더 위험을 감수하는 경향이 있으며, 제한된 기간 동안만 참여하고, 사업이 재정적으로 자립될 때 회수된다. 또한 특정한 사회와 환경적인 효용이 있는 사업을 선호한다. 이러한 펀드를 조달할 목적으로 사업계획을 설명한다면 사업계획서에서 이러한 사안을 잘 다루어야 한다.

4) 개인 투자자

개인 투자자들은 보통 독립적이며 유망한 사업에 돈을 투자할 기회를 찾는 부유한 개인들이다. 유인책은 시장성이 있는 유가증권보다 더 높은 투자수익율을 제공하는 것이다. 그들은 창업이나 성장 프로젝트에 자금을 할당한다. 다양한 사업에 자금을 투자하는 것은 투자 포트폴리오에서 전체 위험을 감소한다.

5) 기술지원과 기부

사업의 유형과 위치에 따라서 대출이나 투자하는 정부 펀드에 접근하는 기회가 있다. 이러한 자금은 직원훈련, 타당성 조사 준비, 투자 전에 사전 프로젝트 실시와 환경보호 목적이다. 기부자는 의사결정하기 전에 사업계획을 대부분 평가하고, 잘 계획되고 성공할 수 있는 벤처에만 지원한다. 그들은 이러한 지원이 실질적으로 사회, 미시경제와 거시경제에 영향을 줄 수 있다고 믿는다.

3. 사업계획서 작성 절차

1) 사업계획서 준비자

사업계획서를 준비하는 사람에 관한 질문의 답은 사업의 유형과 기업의 구조와 규모에 따라 매우 다르다. 중소기업에서는 계획수립과 초안 작성은 경영자와 소유자에 의해서 이루어져야 한다. 대기업에서는 많은 사람들이 관여한다. 사업계획의 준비에 관여하는 경영자와 직원의 수가 많을수록 실행할 수 없는 계획에 이르게 되는 기회는 더욱 적다. 결국 종업원들은 계획을 수립할 때 책임감을 갖게 된다. 그러므로 이것은 과정의 초기 단계에 직원들을 포함하기 위해 기술, 심리와 팀 빌딩(team building)[1]의 관점이다. 첫째,

1) 팀원들의 작업수행, 의사소통과 문제해결 능력을 향상시켜 조직의 효율을 높이려는 조직구축 기법이다. 과정은 심리학자 레빈(Kurt Lewin)의 태도변화 과정인 해빙→변화→재동결의 순서를 따른다. 구성원들이 명확한 목표의식을 공유하게 하고, 목표를 달성하려는 의욕을 높이는 것이다. 팀의 성공이 개인의 성공보다 우선하고, 팀원들이 적극적으로 협력하며 작업하도록 한다.

종업원들은 회사운영의 다양한 측면에서 최고 지식을 갖고 있다. 둘째, 핵심 종업원들이 목표와 방법을 확인하지 않는다면 어떠한 계획도 실시될 수 없다.

사업계획에 관여하는 사람들은 일반적으로 CEO, 마케팅과 판매 임원, 개발과 생산 임원과 재무 임원 등이다. CEO에게는 사업계획 과정을 감독하는 주된 책임이 있다. 마케팅과 판매 임원은 시장수요, 성장잠재력, 고객의 특정한 요구, 고객들이 수용할 수 있는 가격과 경쟁자의 이동에 관하여 가장 잘 이해하는 사람이다. 개발과 생산 임원은 신제품개발에 대한 리드 타임(lead time)[2], 새로운 생산기계와 장비에 대한 필요사항, 직원의 욕구와 원재료처럼 사업계획에 중요한 투입자원을 제공하는 사람이다. 재무 임원은 사업계획을 위한 재무정보를 제공하고, 회사의 필요자금을 조달하고, 투자자와 대출기관의 필요사항을 해결하는 사람이다. 사내에서 이용할 수 있는 최고의 기술은 팀원에 의해서 제공되는 자료를 통합하고 조직하고, 실제보고서를 작성하는데 사용되어야 한다. 많은 대기업은 주요 과업이 사업계획 과정을 조정하는 매우 유능한 사업개발 임원을 갖고 있고, 관련된 서류를 편집한다. 그러나 어떤 기업들은 적절한 내부자원을 갖고 있지 않고 사업계획 과정을 지도하고 촉진하기 위하여 외부 컨설턴트를 고용한다.

2) 사업계획서 작성 절차

사업계획서는 한 번 준비하여, 서류함에 넣고 잊는 것이 아니다. 역동적인 계획은 사업을 관리하는 중요한 부분이다. 대부분의 성공한 벤처는 매년 3년에서 5년 간의 사업계획서를 준비한다. 이것은 계획된 수치와 목표를 달성된 결과와 비교함으로써 마지막 해의 사업계획서를 갱신하고, 변화, 새로운 정보, 경험과 새로운 아이디어를 고려하는 것을 포함한다. 따라서 사업계획서의 작성 절차는 [그림 9-1]과 같다.

(1) 상황평가

상황평가는 고객, 협력자, 경쟁자와 공급자들이 회사의 사업을 어떻게 생각하는지를 평가하는 것이다. 우리 회사는 지금 어디에 있는가에 대한 질문에 답해야 한다. 어떤 사업가가 일반적으로 묻고 있는 중요한 질문에 대답할 때 정직하고 자기 비평적이어야 한다.

2) 제품을 제조하는데 소요되는 기간을 뜻한다. 주문을 받아 생산을 계획하여, 생산에 착수하는 시점(생산에 원자재가 투입되는 시점)부터 제품이 완성되어 완제품 창고에 입고되거나 완성된 제품이 출고되는 시점까지의 기간을 의미한다.

그림 9-1 사업계획서 작성 절차

- 회사의 중요한 장점과 주요 약점은 무엇인가?
- 회사는 무엇을 잘 할 수 있고 무엇을 전혀 할 수 없는가?
- 과거에 한 주요 실수는 무엇이고 그것들로부터 무엇을 배울 수 있는가?
- 합리적으로 약간의 실수를 하는가?

(2) 사명개발

사업계획을 더 진행하기 전에 기업을 위한 명확한 사명 선언문(mission statement)을 구축해야 한다. 사업의 방향을 변경하거나 재확인할 수 있기 때문에 사명개발은 종종 역동적인 계획과정의 가장 가치 있는 부분이다. 사명은 목적의식을 제공하기 위한 것이며, 사업이 지향하는 것을 소통하는 도구로써 작용한다. 주주, 종업원과 사업 협력자들이 사명이 무엇인지를 안다면 그들은 더 잘 동기를 받을 수 있고 사명을 지원할 수 있다. 비전(vision)은 회사의 바람직한 미래상으로 회사가 되기를 원하는 것을 표현한다. 사업에 관계된 모든 사람들이 공유한 비전은 성공적인 발전에 중요한 요소이다. 사명(mission)은 달성하기를 원하는 것으로 사업이 고객, 종업원, 주주와 지역사회에 주는 혜택을 진술한다. 철학(philosophy)은 조직의 문화에 대한 가치와 신념을 표현한다. 전략(strategy)은 도달하는 방법을 나타낸다. 사업은 개인의 비전에서 종종 발견된다. 기업이 성장함에 따라 조직은 원래의 존재이유를 상실하고 사명은 변할 수 있다. 사명은 규칙적으로 정밀하게 살펴야 하고 달성하기를 원하는 최신의 모습을 제공할 수 있어야 한다.

(3) 사업계획서의 작성 준비

사명과 철학의 근거를 정의한 후 사업계획서를 준비하는 실제적인 작업을 시작할 필요가 있다. 사업계획서를 준비할 때 다루어야 할 필요가 있는 중요한 문제가 있다.

- **조정자 임명:** 사업계획을 조정하는데 책임이 있고 제때에 최종 사업계획서를 전달하는 직원을 임명한다.
- **조력자 선정:** 경험이 있는 조력자의 가치를 고려한다. 이용할 수 있고, 복잡한 사업계획 과정을 지도할 관련된 경험과 재능을 갖고 있는 직원이 없다면 고용한다. 독립적으로 일할 수 있는 외부 조력자는 복잡한 의견일치를 조절할 때 가치 있다. 이러한 사람은 사업계획의 수요자의 요구사항에 관하여 아는 것이 많다.
- **과업 정의:** 다른 과업, 과정에 포함된 단계, 작업의 전체 일정과 타이밍을 정의한다.
- **구성원 확인:** 과정에 관여되는 사람을 확인하고 그들의 역할, 역량, 책임, 기대된 기여와 실행 가능한 것을 정의한다.
- **정보수집:** 내부와 외부원천에서 필요로 하는 모든 기본적인 정보를 수집하고 조직한다. 기본적인 정보는 시장조사, 경쟁자에 관한 보고, 신기술 개발 등이 있다. 사내에서 이용할 수 있는 정보 이외에 산업협회, 데이터베이스와 전문적인 컨설턴트와 같은 가치 있는 원천과 도구가 있다.

(4) 목표설정

사업의 미래성장을 위한 목표설정은 사업계획의 준비에 전제조건이다. 이러한 목표가 반복적인 계획과정에서 조정되더라도 추가적인 작업을 위해 조정과 북돋울 때 매우 가치가 클 수 있다. 목표는 시간 제한적이고, 현실적이고, 측정 가능해야 한다. 이러한 목표의 예는 다음과 같다.

- 인접국가에 판매를 강화함으로써 향후 3년이 지나서 매출액이 매년 평균 20%씩 증가한다.
- 내년에 제품라인의 대폭적인 자동화로 10% 생산비용을 절감한다.
- 계획 2차 년도 말까지 지역시장에 3개의 신제품을 출시한다.

(5) 사업계획서의 산출

사업계획서를 산출하는 것은 전체목표를 충족할 수 있는 방법으로 기본적으로 마케팅, 판매, 개발, 제조, 운영과 자금조달 목표를 종합하고 조정하는 것이다. 작업연결은 사업의 모든 요소가 전부 일치할 때까지 일반적으로 반복적인 과정에서 수행된다.

(6) 종업원의 목표설정

사업계획서가 완성된 후 가장 중요한 행동의 하나는 회사에 있는 사업단위와 개인의 목표를 설정하기 위한 근거로써 사업계획서를 사용하는 것이다. 판매 임원의 목표는 계획 안에 있는 판매량을 달성하는 것이다. 생산 임원은 양질기준과 기대한 생산율을 충족해야만 한다. 개발 직원은 신제품을 생산하기 위해 계획된 일정을 충족해야 한다. 이러한 개별적인 목표는 문서 작성할 때 고정되어야 하고, 과업의 결과는 주기적으로 추적관리되고 평가되어야 한다. 이것은 종업원의 금전적 보상을 위한 기준을 형성한다.

그림 9-2 사업계획 과정에서 종업원의 역할

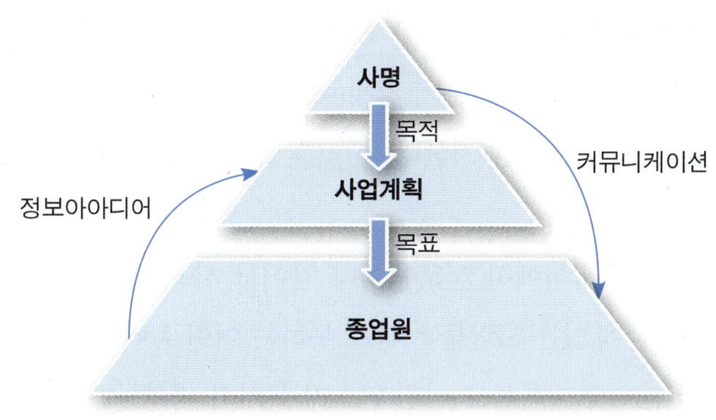

(7) 과정의 추적관리

사업계획 추진을 체계적으로 추적관리하는 것은 사업성공에 매우 중요한 요소이다. 행동계획, 추적 시스템과 지속적인 피드백은 계획의 성공적인 추진과 목표의 달성을 확실히 하기 위해 통합되어야 한다. 이러한 과정에 참여하는 것은 팀 구성원들이 기업에서 그들의 역할을 검토하는 방법에 매우 큰 영향을 줄 수 있으며 그들의 성과에 직접적인 영향을 줄 수 있다. 사업계획이 완성되고 벽장 안에 넣고 일 년 동안 잊고 있다면 종업원들은 다시는 진지하게 사업계획을 하지 않을 것이다. 중요한 가정이 변한다면 계획은 조정되어야만 한다. 그래서 중간 수정을 추천한다. 역동적인 계획의 장점을 극대화하는 비결은 시행, 행동과 계획을 갱신하는데 있다.

4. 사업계획서의 형식과 조직

사업계획서의 내용을 토의하기 전에 형식과 표현에 관한 기본적인 사안을 고려하는 것이 중요하다. 계획이 전문적으로 보이고 유용한 도구가 되려면 다음과 같이 특별한 관심을 이끌어내는 관점을 갖는 것이 필요하다.

1) 사업계획서 편집의 관점

- 연락을 받을 수 있는 사람: 기업에 관한 정보를 확인하고 사업계획과 관련하여 연락을 받을 수 있는 사람의 이름을 기록한다.
- 종이: 양질의 종이에 사업계획서를 프린트한다. 또한 종이의 한 면에만 프린트한다.
- 활자체: 읽기 쉬운 서체와 눈의 긴장을 예방하기에 충분한 큰 글꼴 크기를 사용한다. 이것은 가독성(legibility)을 유지하기 위해 여러 페이지에 걸쳐 사용한다.
- 여백: 적절하게 넓은 여백을 유지한다. 이것은 독자가 질문과 지적을 기록하는데 유용하다.
- 용어 및 약어: 사업계획서에서 전문용어나 약어를 사용한다면 드물게 사용하고, 전문지식의 영역 밖에 있는 사람들은 알지 못하는 어떤 용어를 정의해야 한다.
- 페이지 번호: 면 번호를 기록하고 이런 번호가 목차와 정확하게 일치하도록 한다.
- 문서의 크기: 사업계획서는 짧고 간결하게 작성한다. 관련이 없는 자료를 포함하지 않는다. 꼭 필요하다면 부록에 게재한다.
- 실례: 광고, 마케팅 자료의 실례와 사업계획서의 표현에 도움이 되는 다른 정보는 부록에 싣는다.
- 편집: 문서를 신중하게 편집한다. 철자 실수와 문법 오류는 좋은 인상을 받지 못한다. 한 사람 이상이 읽고 검토하는 것은 가치가 있다.
- 제본: 문서가 열려져 있을 때 평평하게 되도록 문서를 제본한다.
- 표현의 전체 품질: 고가의 바인더를 사용하지 않는다. 사업계획서의 형태에 따라

서 품질이 본질보다 더 중요하면 사업계획서를 읽는 사람들 중에 의심이 일어날 수 있다. 그렇다고 너무 값이 싸거나 엉성하게 해서는 안 된다.

2) 사업계획서의 기본 구조

① 표지(Cover)

표지의 목적은 읽어야 하는 것과 회사에 관심을 가져야 하는 이유를 제3자에게 말하는 것이다. 문서의 표지는 종종 어떤 이해관계자나 투자자에게 접근하는 사업의 첫 인상(First Impression)이다. 표지는 사업계획서가 알려지게 하는 길이다. 금융업자는 매주 많은 사업계획서를 받지만, 양질의 종이로 만든 표지만큼 관심을 끄는 것은 없다. 양질의 표지는 종종 사업계획보다 더 우선하는 경우가 많다. 또한 회사를 상징하는 로고는 사람들이 회사를 인지하고 기억하는데 필수적이다. 표지는 사업계획이라는 단어를 나타내어야 하고 다음과 같은 것이 포함하여야 한다.

- 기업명
- 기업체의 로고
- 문서 작성일자
- 주소
- 전화번호
- 팩스번호
- 이메일과 웹사이트 주소
- 기타 연락정보
- 선택사항
  - 독자에게 사업계획서가 비밀이라는 주의 사항을 알린다.
  - 사업계획서의 사본을 많이 준비했다면 배부의 관리를 확실히 하기 위해 표지 위에 사본 번호를 기재한다.
  - 표지는 매력적이고 전문적으로 보여야 한다. 사용된 활자는 쉽게 읽을 수 있고, 색상 대비는 눈에 즐거워야 한다.
  - 훌륭한 그래픽이나 사진은 더욱 매력적으로 보이게 한다.

② 목차(Table of Contents)

목차는 독자에게 사업계획서에 있는 개별항목을 찾는데 신속하고 쉬운 방법을 제공한다. 주요 항목에 대해서는 제목을 확실하게 나열한다. 목차가 한 페이지 이상이라면 사업계획서의 분량과 매력이 있다고 생각되는 문서의 수를 재고해야 한다.

③ 사업개요(Executive Summary)

사업개요는 문서의 가장 중요한 단일 요소이다. 사업개요는 사업계획서의 목적, 주요 강조점과 필요한 재무자원에 대한 높은 수준의 개요를 제공한다.

④ 회사개요(Company Profile)

회사개요는 기업조직, 위치와 건물, 주요 제품과 고객, 핵심자료, 정관, 소유자와 경영진, 연혁, 사업전략과 비전을 기술함으로써 요약된 기업정보를 제공한다. 이것은 구체적인 정보가 제공되기 전에 기업의 최초 개요를 독자에게 제시하는 부분이다. 사업계획서의 목적을 고려하고 필요한 회사개요를 한 후 기록문서를 포함하는 실제 요소를 고려할 때이다. 다음과 같은 정보의 5가지 유형을 포함한다.

- 회사가 회사의 사명과 달성하고자 하는 사업의 목적
- 표적시장과 고객, 제품과 서비스와 경쟁자의 위치
- 성취하고자 기대하는 정성과 정량 결과
- 사업목표를 달성하기 위하여 필요한 인적자원, 기반시설, 장비, 원자재와 재무자원
- 적용할 기술, 조직과 관리과정

⑤ 제품과 서비스

제품명세와 역사, 제품속성, 연구와 개발, 원가와 가격, 제조공정, 품질보증과 관리, 구매와 지식재산

⑥ 시장과 고객

시장특성, 고객, 경쟁, 포지셔닝, 마케팅 전략과 예상매출

⑦ 기업운영과 조직

위치, 건물, 마케팅과 판매방법, 제조, 유통, 주문처리, 재고관리, 회사 구조와 조직, 프로젝트 관리, 경영정보 시스템과 보고

⑧ 인적자원

경영진, 주주, 이사회, 중간 관리층, 외부지원 서비스와 인력

⑨ 법적 규제, 환경 및 사회적 요인

허가와 특허사항, 환경위험, 사회적 준수, 개발 및 사회적 혜택

⑩ 자금계획

재무상태, 추정손익계산서, 현금흐름, 재무상태표(balance sheet)와 중요한 재무비율, 필요한 자금규모와 기타 지원정보

⑪ 부록

- 제품정보
- 자산평가
- 재무제표와 감사보고서
- 법인등기부 등본
- 주요 경영자의 이력서
- 시장 조사
- 기타 중요정보

사업계획서를 망치는 길

사업계획서 준비와 발표할 때 오류는 계획서의 신뢰성을 해치고 자금조달의 기회를 해친다.

· 초고 수준의 사본 제출은 독자에게 경영진이 사업계획 과정을 진지하게 생각하지 않는다는 것을 말하는 것이다.
· 과거 재무자료나 비현실적인 산업비교는 기업가의 계획능력에 관한 의심을 준다.
· 근거 없는 가정은 사업계획을 해칠 수 있다. 사업계획은 계획안에 있는 오해를 설명할 수 있어야 한다.
· 과도한 추측은 독자에게 이상이 현실적이지 않다는 결론에 이르게 한다.
· 사업계획서 작성을 위임한 경우 회사는 정보의 이해부족이 될 수 있다. 즉, 다른 사람들이 예측을 준비하더라도 회사는 정보를 설명할 수 있어야 한다.
· 중요한 정보 없이 단지 일반적인 전략의 설명을 포함한 계획은 실수를 일축할 수 있다. 따라서 사업계획서에는 구체적이고 상세한 전략이 부족하다.
· 대출자는 기업가가 사업에 투자한 약간의 자본을 갖고 있다고 기대한다. 그런데 소유자가 위태로운 어떤 것도 갖고 있다는 표시가 없다.
· 개인적으로 어떤 차입도 보증하려는 의지가 없다. 기업 소유자가 자신의 회사를 후원하려고 하지 않는다면 왜 은행이 지원해야 하는가?
· 비현실적인 차입금이나 조건으로 사업계획을 시작한다. 현실적인 구조를 제시한다.
· 과도한 담보 집중
현금 확보 대출이라도 은행은 대출의 상환을 위해 계획된 수입을 기대한다. 현금흐름은 상환의 원천으로 강조해야 한다.

02 사업계획서의 구성과 내용

사업계획은 사업, 목적, 전략, 시장과 재무예측을 기술한 기록문서이다. 그것은 사업목표를 진술하고, 달성할 수 있다고 믿는 이유를 주장하고, 사업목표에 이르는 계획을 보여준다. 사업성과가 제대로 진행되고 있는지를 추적관찰하는 유용한 도구이다. 주요 조언은 다음과 같다.

- 실현가능하고, 현실적이라는 것을 확실히 한다.
- 유연하게 하고, 의사결정의 도구라는 것을 기억한다.
- 사업에 대해 목표를 갖고 정직하게 관찰하고, 자신의 판단을 피한다.
- 모든 주주가 확실하게 이해할 수 있게 하고, 복잡한 추리로 길을 잃지 않도록 한다.

1. 사업개요

사업개요(executive summary)는 독자가 보는 사업과 마케팅 계획의 첫 페이지이지만, 사업계획서를 다 작성하고 난 후 마지막에 작성하는 것이 바람직하다. 사업개요는 전체 계획의 요약이고 문서의 각 부분에서 강조점을 포함해야 한다. 독자에게 정보를 제공하고 흥미를 주는 방법으로 사업의 근본을 설명하는 것이다. 요약은 한 페이지가 이상적이다. 간결하지만, 더욱 예리한 눈으로 계획서의 나머지 부분을 읽기에 충분한 독자의 관심을 불러일으켜야 한다. 개요가 끝나면 독자는 계속하여 읽고 사업아이디어의 전체 이야기를 구할 것이다. 다음은 개요에서 다루어야 할 영역이다.

- 기업소개: 업종, 사업방식, 경영진, 위치, 표적시장과 경쟁자
- 사명선언문과 비전선언문: 5년 안에 달성하고자 하는 회사의 목적과 위상
- 잠재적인 투자자: 사업형태가 개인사업자, 합자회사, 주식회사인지를 설명
- 사업기회, 예상성장률과 예상투자수익률

- 사업의 재무적 필요사항, 자금조달 원천을 명시하고 상환일정을 제시한다.
- 운영과 마케팅 계획의 개요를 제시한다.

사업개요를 작성할 때 주요 조언은 다음과 같다.

- 간결하게 한다. 한 페이지 이내로 한다.
- 사업과 관련된 핵심질문에 대한 간단한 답변을 제공해야 한다. 무엇을, 어디에, 누구에게, 왜?
- 목차를 하나 이상으로 확대하지 않는다.
- 어떤 정보도 과장하지 않는다.
- 정확하게 한다.

2. 회사개요

① 회사개요

- 사명 선언문, 기업가 문화와 기업이미지 등 회사의 특성
- 창업개요
- 사업유형
- 회사연혁
- 사업전망

② 경영개요

- 회사의 법적구조
- 회사의 조직도
- 인적자원과 프로젝트 관련 부서
- 프로젝트 관리 방법
- 인력계획: 고용계획과 관련비용

3. 시장분석 개요

현재 상황을 분석한다. 회사는 어디에 있는가? 수요와 공급을 분석한다. 과거, 현재와 미래의 산업과 시장에 대한 분석을 기재하는 곳이다. 외부요인과 내부요인, 즉, 장점, 약점, 기회와 위협 요인을 분석한다.

1) 산업기술

산업기술(industry description)은 산업에 대한 심층조사와 이해를 소개하는 곳이다. 산업과 미시경제의 개요, 미래추세와 더불어 과거와 현재 상황을 고려하고, 고려할 가장 관련이 있는 변수가 무엇인지를 개략적으로 기술한다. 시장진입의 가능한 장벽을 잊지 않는다. 다음과 같이 산업이 현재 보이는 상세한 기술을 보여준다.

- 산업의 규모와 관련 요인
- 산업시장, 인구와 틈새영역에 관한 중요 정보
- 산업의 시장지배자와 경쟁자
- 이용할 수 있는 공급자와 유통경로
- 산업에 영향을 주는 핵심 산업과 경제추세
- 사회, 문화, 환경이나 지리적 요인
- 인증, 보험과 산업규제
- 산업의 전체 잠재성장률

2) 시장분석

시장위험을 분석하고 사업이 산업과 적합한 곳을 아는 것을 입증할 수 있는 곳이다. 회사가 경쟁할 표적시장과 경쟁에 관한 요소를 분석한다. 다음과 같은 질문에 대한 답변을 제공한다.

① 시장

- 잠재시장과 표적시장을 기술한다.
- 표적시장과 가능한 잠재시장의 성장 추정

- 시장점유율 추정
- 직접적이고 간접적인 경쟁자와 그들의 신규 진입자에 대한 반응
- 다른 잠재적 장애나 위험에 대한 상세한 분석
- 회사의 경쟁자는 어떤 위치인가?
- 회사가 진입이나 확장하고자 하는 영역
- 유통경로를 어떻게 운영하는가?
- 고객은 회사의 제품을 어떻게 받는가?

② 경쟁

- 주요 경쟁자 확인: 대상자, 대상자의 시장위치와 시장점유율
- 간접경쟁자 확인
- 회사의 제품과 주요 경쟁자의 제품 비교: 품질, 가격, 이미지, 브랜드 이름
- 회사와 주요 경쟁자 비교: 평판, 규모, 유통경로, 위치
- 경쟁자가 회사의 표적시장에 진입하는 어려움의 정도 평가
- 경쟁자의 관찰로 학습되는 점
- 경쟁자의 판매추세가 증가, 정체, 감소하는 지와 이유 포착

주요 경쟁자와 비교분석한다. 고객들이 비교할 것으로 생각하는 항목을 생각하여 기술한다. 고객의 중요도는 5점 척도로 평가한다. 즉, 매우 중요하지 않다=1, 중요하지 않다=2, 잘 모른다=3, 중요하다=4, 매우 중요하다=5

[표 9-1] 경쟁분석

요인	강점		약점		고객의 중요도
	회사	경쟁사 A	회사	경쟁사 A	
제품					
가격					
품질					
서비스					
신뢰성					
안전성					
전문성					

회사평판					
접근성					
외양					
판매방법					
신용정책					
광고					
제품이미지					

③ 기술

- 기술이 회사제품과 서비스에 미치는 영향
- 신기술이 제품과 서비스에 미치는 정도와 신기술 투자가 필요한 시기
- 회사가 변화를 얼마나 신속하게 적응할 수 있는지를 기술

④ 사회정치적 환경

- 변하는 태도와 추세
- 회사가 얼마나 유연하고 반응적인지 기술
- 사업에 영향을 주는 법률과 규제, 재무적 영향 고려

⑤ 기타

- 규제변화, 벤처캐피탈 접근성, 무역장벽, 세계경제 문제와 같은 마케팅 계획에 영향을 주는 상황적 요인
- 문제와 기회정의: 사업 아이디어에 영향을 주는 문제, 잠재적 문제와 기회 확인
- 목표정의: 사업목표를 정확하고, 측정할 수 있는 용어로 개괄과 목표의 수치화
- 전략정의: 목표에 접근하는 방법 개괄

⑥ 법적 구성

사업에 영향을 주는 규제와 입법을 고려한다.

3) 수요와 공급 관점: 수요와 공급의 정성과 정량 측면을 알아낸다.

① 수요 관점

- 세분시장의 정의

- 고객의사결정의 기준
- 상황분석과 세분시장의 진화
- 기존세분시장의 유형, 개요와 구매행동: 충족이나 미충족 욕구, 가치, 동기, 선택기준
- 수요의 변화
- 경쟁자의 성과분석: 세분시장 경쟁과 시장점유율

② 공급 관점

- 관련시장의 상황: 공급규모, 제조자, 제품의 형태, 브랜드 명, 시장점유율, 선택시장, 표적고객이 회사의 제공물에 왜, 어떻게 관심을 가질 것인가?
- 공급/현재 경쟁자의 수, 개요, 상대적 중요도
- 공급/잠재적 경쟁자: 대체품, 영역의 진화
- 유통과 마케팅 경로: 기존 경로, 상대적 중요도, 과거와 미래의 진화

4) SWOT분석

상황분석에 근거하여 조직은 그들의 장점, 약점, 기회와 위협을 분석한다. SWOT 분석은 강점(strength), 약점(weaknesses), 기회(opportunities)와 위협(threats)을 종합적으로 고려하여 기업내부의 강점과 약점, 그리고 외부환경의 기회와 위협요인을 분석·평가하고 전략을 개발하는 도구이다. 자세한 내용은 제3장 3. 환경분석 기법을 참고한다.

그림 9-3 SWOT 분석

	유리	불리
내부 요인	강점	약점
외부 요인	기회	위협

4. 마케팅 전략의 기술

시장에서 어떻게 행동하려고 하는지를 기술한다. 회사는 어디로 가기를 원하는가? 보통 목표의 결과는 시장 점유율, 수익성, 판매량, 시장에서의 상대적 위치뿐만 아니라 제품의 이미지를 향상하는 것과 관련이 있다. 다음은 4P's[3]를 설명하는 것이다.

- **제품과 서비스:** 품질, 브랜드, 포장, 수정, 부가 서비스와 서비스의 장소
- **가격:** 경쟁력이 있고 수익성 있는 제품이나 가격결정 방법
- **촉진계획:** 제공물에 대한 광고와 촉진의 방법, 장소와 시기
- **유통방법:** 고객이 제품을 구매하거나 서비스에 접근하는 장소, 판매방법과 판매원의 수와 훈련, 향후 5년 간의 판매예측(낙관, 비관, 현실적 예측)

1) 제품과 서비스

모든 제품과 서비스를 열거한다. 제품이 어떻게 다른가? 가장 중요한 제품이나 서비스의 특징을 기술한다. 제품이 고객에게 무엇을 제공하는가? 제품의 편익을 기술한다. 판매 후 서비스, 배송, 보장, 지원이나 환불정책을 기록한다. 독특하거나 혁신적인 특징을 강조함으로써 제품과 서비스를 상세히 기술한다. 그런 다음 표적시장에서 제공물을 판매하기 위한 전략계획을 개괄한다. 주요 제품과 서비스 전략은 다음과 같다.

- 제품 포트폴리오[4]
- 제품차별화
- 브랜드, 견본, 포장
- 관련 서비스의 개발
- 기존제품의 수정과 제거
- 새로운 제품의 계획

기회는 회사가 사업을 촉진하는 사업, 마케팅 계획, 미래 비전과 기업이 성공하는 이유의 한 부분이다. 분명하고, 간결하고, 긍정적인 방식으로 사실에 관한 기술을 근거하

---

3) product, price, promotion and place(제품, 가격, 촉진과 유통)

4) Product portfolio: 회사가 갖고 있는 모든 제품이다. 제품 포트폴리오는 다른 제품범주, 다른 제품라인과 개별제품으로 구성된다.

고 잠재적 투자자에게 관심의 영역으로 다음처럼 설명한다.

- 시장이 얼마나 크고, 회사는 얼마나 시장을 점유할 것인가?
- 회사의 제품과 서비스에 대한 미래전망은 어떠한가?
- 표적시장은 회사의 제품과 서비스를 왜 필요로 하는가?
- 고객은 경쟁제품 대신 회사의 제품과 서비스를 왜 구매할 것인가?
- 독특한 판매 제안이나 경쟁우위는 무엇인가?
- 제품과 서비스는 어떤 편익을 제공하는가?
- 회사의 제품과 서비스의 혁신적인 특징과 매력적인 가치는 무엇인가?
- 회사의 제공물은 경쟁자보다 더 좋은가?
- 회사의 제품과 서비스는 시장에서 얼마나 장수할 것인가?
- 장차 수정하거나 갱신하기 위한 계획은 무엇인가?
- 회사의 제품과 서비스는 특허, 저작권이나 다른 법적 수단에 의해서 보호받는가?
- 가능한 특허, 등록상표나 디자인권 등록

2) 생산계획

생산계획은 비용 효율적인 방식으로 생산운영을 관리하는 방법의 완전한 파악을 입증하는 것이 중요하다. 회사는 표적고객에게 제품이나 서비스를 제공하고 품질을 적시와 예산 내에 전달하는 것을 신중하게 계획한다. 사용기술, 원자재의 구매조달과 생산능력 등이 주요 요소이다. 생산계획은 다음과 같은 정보를 포함해야 한다.

① 시설 및 자산

- 평면도를 포함하여 시설의 위치와 규모
- 자재와 설비의 시설능력
- 시설과 장비의 임차나 소유 여부
- 공급업자와의 접근성
- 기계와 설비의 품질
- 교통접근성
- 확장이나 이전을 위한 미래 고려사항

- 자재와 공급
- 적절한 재고시설
- 자재와 공급자와 관련된 위험

② 직원

- 과거, 현재와 미래 계획을 포함한 종업원의 수
- 조직도
- 훈련비용을 포함한 종업원의 필요 기술, 훈련과 경험
- 급여, 초과수당과 복리후생을 포함한 각 지위에 제공하는 보상과 혜택

③ 운영

- 생산에 필요한 산업규격: ISO 요건, 환경, 건강과 안전규격
- 관련된 정부규제: 환경안전, 위험물취급, 보험
- 자원확보시기: 시설, 장비와 직원의 확보시기

3) 가격정책

- 원가, 이익, 할인
- 단일 제품에만 설정하는 가격
- 전체 제품라인에 설정하는 가격

4) 유통정책

- 유통경로: 고객을 어떻게 접근하는가? 유통경로 상에 어떤 협력자가 필요한가?

5) 촉진과 확장정책

① 판매관리

어떻게 판매할 것인가? 판매계획을 갖고 있는가? 전화, 인터넷, 대면이나 소매점 등 시장에 가장 효과적이고 적절한 판매방법을 고려하는가? 판매방법은 마케팅 계획과 일치하는가? 목표판매를 확보하기 위한 적절한 기술을 갖고 있는가?

② 판매촉진

제품이나 서비스를 어떻게 촉진하고 새로운 고객을 어떻게 유인할 것인가? 직접마케

팅, 광고, PR, 온라인, 소셜 마케팅 등 판매과정 방법을 확인한다.

③ **브랜드 자산구축**

브랜드 이미지, 기업 이미지

6) 시장세분화와 포지셔닝 전략

회사가 다루는 전략적 세분시장을 알아내고, 비용과 부가가치 분석을 제공한다. 또한 브랜드의 위치가 악덕브랜드, 경제브랜드, 염가브랜드, 프리미엄 브랜드 중 어디에 속하는지를 기술한다.

그림 9-4 제품포지셔닝 맵

	저 품질	고 품질
저가격	경제 브랜드	염가 브랜드
고가격	악덕 브랜드	프리미엄 브랜드

5. 재무계획 개요

필요한 재무자원을 어떻게 제공하는가? 표준자금입출금 내역서와 도표에 의해 사업의 금액명세를 나타내는 곳이다. 입출금 내역서, 도표와 표 형식에서 자금정보를 포함한다. 사업의 재무영역과 마케팅 계획은 모두 숫자에 관한 것이다. 투자자는 정확하고 이해할 수 있는 정보를 찾는다. 회사는 매력적인 투자기회로써 사업 아이디어를 표현하기를 원한다. 이러한 영역에서 열거해야 하는 항목에 대한 가정이다.

- 사업에 필요한 자금의 총액
- 장비, 수선, 재고, 운전자본과 같은 자금의 사용
- 투자, 보증과 설비자금과 같은 자금의 원천

- 상환도래 기일
- 환경과 기타 위험을 처리하는데 필요한 보험 부담과 채무 한계
- 투자수익률의 추정
- 추정과 예측에 영향을 주는 경제적 가정: 인플레이션, 경제적 추세와 이자율 등
- 투자수익률에 대한 대략적인 시간

1) 시장점유율

시장점유율(market share)이 총 연간 시장판매규모와 기업의 판매를 구분한다. 각 기업의 판매량을 알아내기 위해 공급자, 소매상, 무역협회나 다른 정보원천과 접촉한다. [그림 9-5]와 같이 파이 도표로 시장점유율을 표시하는 것은 이해를 쉽게 한다. 다른 정보의 원천은 다음과 같다.

- 각 기업의 연차보고서
- 산업, 시장추세 등에 관한 정부보고서
- 무역 출판물 또는 저널
- 통계청 자료

그림 9-5 시장점유율의 예

회사명	시장점유율
ABC	45%
DEF	30%
GHI	20%
JKL	5%

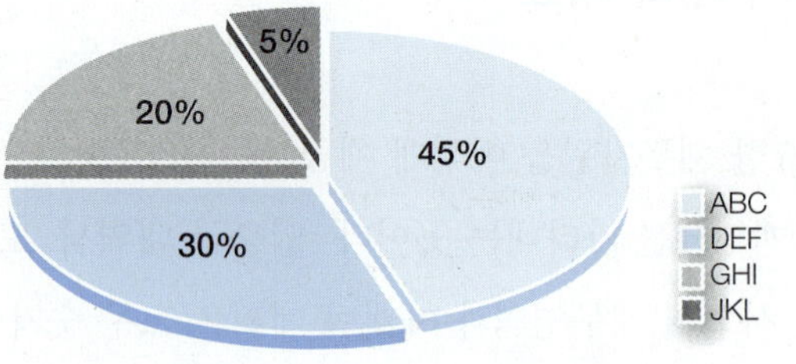

2) 판매예측과 손익분기점 분석

계수 뒤에 사고를 명확하게 하기 위해 비용과 수입에 의해 계수계획의 기초가 되는 실행할 수 있는 전제를 포함한다. 판매예측은 판매로 일어날 것으로 기대하는 돈의 양을 추정하는 과정이다. 손익분기점(break-even point)은 비용이 수익과 같은 때이다. 손익분기

분석은 각기 다른 가격 수준에서 판매, 비용과 수익 간의 관계에 대한 역동적인 시각을 제공해주는 유용한 도구이다. 손익분기점 분석은 회사가 돈을 벌어들이기 시작하는 매출액을 알아내는 것이다. 손익분기점은 가격과 판매의 변화가 수익성에 어떤 영향을 주는지를 밝히기 위해 사용한다.

그림 9-6 손익분기점과 매출액

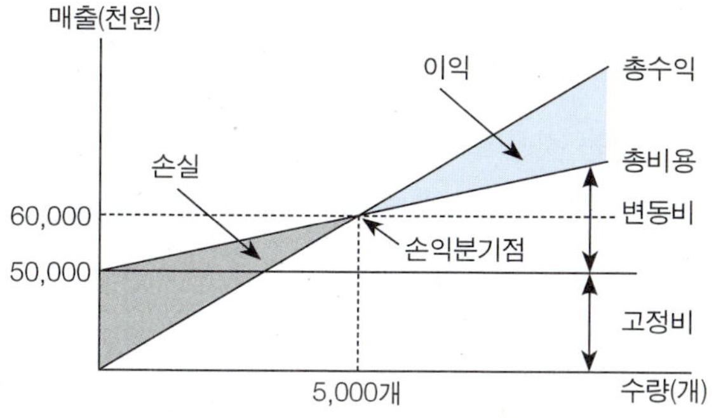

3) 투자수익률

투자수익률(Return On Investment: ROI)은 자본구조가 다른 기업의 비교를 하기 위해 기업의 자산의 효율적 사용을 나타낸다. 투자수익률은 가장 널리 사용되는 경영성과 측정기준 중의 하나로, 기업의 순이익을 투자액으로 나누어 구한다. ROI의 계산 공식은 다음과 같다.

ROI＝순이익/투자액

4) 계절성과 시나리오

사업이 계절에 영향을 받는 경우라면 순환의 각 국면에 대한 상황을 설명하고 계절도표(seasonality chart)를 제공한다. 예측은 적어도 최악과 최선의 시나리오를 포함하여야 한다.

5) 위험분석

사업이 직면할 수 있고, 위험을 방어할 수 있는 우발성을 고려해야 한다. 위험은 다음을 포함할 수 있다.

• 경쟁분석: 경쟁자 행동
• 사업문제: 판매, 가격, 전달
• 운영: IT, 기술, 생산실패
• 직원: 기술, 활용성, 비용
• 기타: 불가항력

6) 현금흐름

현금흐름(cash flow) 추정은 적어도 12개월에서 18개월이다. 목적은 사업이 생존하기에 충분한 운영자본을 유지하는 것을 보여주는 것이며, 판매와 급여의 시점처럼 핵심 요인을 확실히 고려하기 위해서이다. 간접비, 급여, 장비, 법적, 직접비용, 대출 등과 같은 개별비용을 설명한다. 현금흐름은 회사가 월간 기준으로 필요한 자금을 충분히 갖고 있는지를 나타낸다. 기존사업을 확장한다면 현금흐름표는 구체적인 과거 기간에 대한 실제적인 현금흐름을 상세히 알릴 것이다. 그래서 매월 현금수령뿐만 아니라 사업에 적절한 수입이나 지출을 포함한다. 현금흐름 예측은 미래에 상세한 현금의 월간 유출입을 알려준다. 신생기업은 현금흐름예측을 제공할 수 있어야 한다. 신생기업은 성장단계별로 특

[표 9-2] 신생기업 성장단계별 특징

성장단계	특징	실현여부		주요 자금 공급원
		매출	이익	
발아기 (Seed stage)	신기술이나 신개념의 사업 아이디어 개발, 기술적 타당성, 시장성, 경제성 검토	×	×	창업자 자금, 가족·친구·동료, 정부 출연금
신생기업 (Start-up)	신기술이나 신개념을 바탕으로 시제품을 개발하고, 초기 시장조사 및 마케팅을 시행하고 사업을 시작	×	×	창업자 자금, 가족·친구·동료, 정부 출연금, 엔젤투자자, 벤처캐피탈
성장초기 (Early-growth)	시제품의 소규모 상용화 단계 및 대규모 생산 준비	○	×	엔젤투자자, 벤처캐피탈
확장기 (Expansion)	대규모 생산으로 시장 영향력을 확대	○	○	벤처캐피탈, 사모펀드[5], 메자닌펀드[6], 연기금

자료: OECD(2006), The SME Financing Gap.

5) 사모펀드(private equity): 소수의 투자자로부터 모은 자금을 주식·채권 등에 운용하는 펀드로 고수익기업투자펀드라고도 한다. 투자신탁업법에서는 100인 이하의 투자자, 증권투자회사법(뮤추얼펀드)에서는 50인 이하의 투자자를 대상으로 모집하는 펀드를 말한다.

6) 메자닌(mezzanine)은 이탈리아어로 1층과 2층 사이 공간을 의미한다. 메자닌 펀드는 채권과 주식 사이에 위치한 CB(전환사채), BW(신주인수권부사채), EB(교환사채) 등에 투자하는 사모펀드이다.

징적인 현상이 발생한다. 각 성장단계에 맞는 계획이 반영되도록 한다.

기업회계기준에 의하여 작성되는 재무제표는 발생주의에 의하여 작성되므로 손익계산서상 당기순이익이 실제로 기업의 이익과 일치하지 않을 수 있다. 또 손익계산서상 당기순이익이 많다고 하여 반드시 현금이 많은 것은 아니다. 따라서 현금주의에 의한 손익계산서를 작성하여 현금흐름을 파악하도록 하는 것이 현금흐름표이다. 현금흐름표의 활동의 구분은 아래와 같다.

- **영업활동으로 인한 현금흐름 영업활동:** 일반적인 제품의 생산, 구매와 판매활동으로 투자 및 재무활동 이외의 모든 것
- **투자활동으로 인한 현금흐름:** 투자활동은 현금의 대여와 회수활동 및 투자유가증권 . 투자자산 등의 취득과 처분활동
- **재무활동으로 인한 현금흐름:** 재무활동은 현금의 차입 및 상환활동으로 부채와 자본계정에 영향을 미치는 활동

[표 9-3] 현금흐름 월별 예측표

(단위: 원)

구분			1월	2월	3월
Ⅰ. 영업활동으로 인한 현금흐름			22,000,000		
1. 당기순이익		35,000,000			
2. 현금유출이 없는 비용 등의 가산					
감가상각비 등	2,500,000	2,500,000			
3. 현금유입이 없는 수익 등의 차감					
투자유가증권 처분이익	−500,000	−500,000			
4. 영업활동으로 인한 자산 · 부채의 변동					
매출채권의 증가 등	−15,000,000	−15,000,000			
Ⅱ. 투자활동으로 인한 현금흐름			−20,000,000		
1. 투자활동으로 인한 현금유입액		5,000,000			
투자유가증권 처분	5,000,000				
2. 투자활동으로 인한 현금유출액		−25,000,000			
토지의 취득	−25,000,000				
Ⅲ. 재무활동으로 인한 현금흐름			0		
1. 재무활동으로 인한 현금유입액		200,000,000			
보통주의 발행	200,000,000				
2. 재무활동으로 인한 현금유출액		−200,000,000			
사채의 상환	−200,000,000				
Ⅳ. 현금의 증가(감소)			2,000,000		
Ⅴ. 기초의 현금			10,000,000		
Ⅵ. 기말의 현금			12,000,000		

당기에 현금이 2,000,000원이 증가된 내용

- 영업활동으로 현금 22,000,000원 증가
- 투자활동으로 현금 −20,000,000원 증가
- 재무활동으로 현금 0원 감소

7) 출구전략

사업실패의 경우 출구전략을 제시한다.

6. 추적관찰

초기예측으로부터 가능한 편차를 측정하기 위해 결과를 평가할 필요가 있다. 편차의 원인을 분석하고, 적절한 교정행동을 취한다. 시간에 따른 시장변화를 안다면 사업계획의 실현을 통제하고 재평가하는 것이 필요하다. 필요하다면 최초의 목표를 변경하는 것이 바람직하다.

[별지 1] 청년창업용 사업계획서

기업체명	
대 표 자	

■ 윤리경영 실천을 위한 협조 확약

본인은 신용보증 신청과 관련하여 신용보증기금(이하 '신보')의 윤리경영 실천에 적극 협조하기 위하여 아래와 같이 서약합니다.

- 보증거래 등과 관련하여 신보의 임직원은 물론 어떤 자에 대하여도 일체의 금품, 향응, 편의 등을 제공하지 않으며, 제3자에게도 보증청탁을 하지 않는다.
- 신보의 임직원과 일체의 금전거래를 하지 않는다. 이에 불구하고 금전거래에 따른 피해가 발생할 경우 그 책임은 본인에게 귀속된다.
- 신보의 임직원 등이 금전거래, 금품, 선물, 향응, 편의 제공 등을 요구한 경우에는 즉시 신보의 윤리경영팀 또는 홈페이지 감사제보센터에 신고한다.
- 신보의 임직원 등에게 금품, 선물, 향응, 편의 등을 제공한 사실이 있거나, 제공 요구를 받고도 그 사실을 신고하지 않은 경우 또는 신보의 임직원과 금전거래를 하거나, 금전거래를 요구받고도 그 사실을 신고하지 않는 경우에는 신규보증 중단, 기보증의 해지, 최고보증료율 적용 등의 불이익을 받게 되어도 이의를 제기하지 않는다.

「신보 윤리경영팀」 전화번호: 1588-6565 (관련법률과 신보의 내규에 따라 신고자의 신분은 철저하게 보호됩니다)

■ 허위자료 제출 시 제재사항

이 「사업계획서」는 귀사가 신용조사 및 신용보증을 받는데 중요한 자료로 활용되므로, 사실과 다르거나 허위의 자료를 제출한 경우에는 저희 신보 내규에서 정하는 바에 따라 앞으로 신용보증을 받을 수 없음은 물론, 고소·고발 조치될 수 있습니다.

■ 자금사용내역서 제출

'청년창업 특례보증'으로 지원받은 자금에 대하여 신보에서 사후관리를 실시할 경우 '자금사용 내역서'를 통장사본 등 근거자료와 함께 제출할 것을 확약합니다.

■ 신용정보 제공·활용 동의

이 자료는 기업을 널리 홍보하고 신용정보를 보급하기 위하여 저희 신보가 필요한 경우 활용할 수 있으며 이에 동의합니다.

작 성 일: 20 년 월 일 작 성 자:	기업체명: 대 표 자: (인)

1. 기업체 현황

<table>
<tr><td rowspan="2">업체명</td><td>국 문</td><td colspan="3"></td><td rowspan="2">대 표 자 명</td><td rowspan="2"></td></tr>
<tr><td>영 문</td><td colspan="3"></td></tr>
<tr><td colspan="2">설립(개업)일자</td><td colspan="3"></td><td>업종(산업분류)</td><td></td></tr>
<tr><td colspan="2">소재지</td><td colspan="3">주 소</td><td>전화번호</td><td>팩 스</td></tr>
<tr><td colspan="2">본 사</td><td colspan="3"></td><td></td><td></td></tr>
<tr><td colspan="2">사업장</td><td colspan="3"></td><td></td><td></td></tr>
<tr><td colspan="2">E - mail</td><td></td><td>Homepage</td><td></td><td>상시근로자</td><td></td></tr>
<tr><td colspan="5">주 요 연 혁</td><td colspan="2" rowspan="2">관 계 회 사</td></tr>
<tr><td colspan="2">년 월</td><td colspan="3">내 용</td></tr>
<tr><td colspan="2"></td><td colspan="3"></td><td>기업체명</td><td></td></tr>
<tr><td colspan="2"></td><td colspan="3"></td><td>대표자명</td><td></td></tr>
<tr><td colspan="2"></td><td colspan="3"></td><td>법인(주민)번호</td><td></td></tr>
<tr><td colspan="2"></td><td colspan="3"></td><td>업 종</td><td></td></tr>
<tr><td colspan="2"></td><td colspan="3"></td><td>관계내용</td><td></td></tr>
<tr><td colspan="2">기술자격
보유여부</td><td colspan="5">〈자격증, 산업재산권, 규격표시허가, 기술제휴, 대외수상실적 등〉</td></tr>
</table>

2. 대표자(실제경영자) 및 경영진 현황

<table>
<tr><td colspan="2">성명</td><td colspan="3"></td><td colspan="2">주민번호</td><td></td></tr>
<tr><td colspan="2" rowspan="2">현주소</td><td colspan="3" rowspan="2"></td><td rowspan="2">전화</td><td>유선</td><td></td></tr>
<tr><td>무선</td><td></td></tr>
<tr><td colspan="2">최종학력</td><td colspan="6">년 월 학교 과 (졸업, 수료, 중퇴)</td></tr>
<tr><td colspan="2" rowspan="3">경력</td><td colspan="2">근무기간</td><td>근무처</td><td colspan="2">업종</td><td>최종직위(담당업무)</td></tr>
<tr><td colspan="2">. .~ . .</td><td></td><td colspan="2"></td><td></td></tr>
<tr><td colspan="2">. .~ . .</td><td></td><td colspan="2"></td><td></td></tr>
<tr><td colspan="5">경영진</td><td colspan="3">주주상황</td></tr>
<tr><td>직위</td><td>성명</td><td>주민번호</td><td>실제경영자
와의 관계</td><td>담당업무
및 주요경력</td><td>주주명</td><td>실제경영자
와의관계</td><td>지분율</td></tr>
<tr><td></td><td></td><td></td><td></td><td></td><td></td><td></td><td>%</td></tr>
<tr><td></td><td></td><td></td><td></td><td></td><td></td><td></td><td>%</td></tr>
<tr><td></td><td></td><td></td><td></td><td></td><td></td><td></td><td>%</td></tr>
<tr><td></td><td></td><td></td><td></td><td></td><td></td><td></td><td>%</td></tr>
</table>

3. 사업장 및 주요시설

(단위: 백만원)

<table>
<tr><td colspan="8">사 업 장</td></tr>
<tr><td rowspan="3">기보유</td><td rowspan="2">소재지</td><td colspan="2" rowspan="2"></td><td>소유자(관계)</td><td colspan="3">( )</td></tr>
<tr><td>면적</td><td>대지</td><td>건물</td><td>m²</td></tr>
<tr><td>임차관계</td><td colspan="2">전세 백만원, 월세 천원</td><td>가동상황</td><td colspan="3">월평균 1일, 1일 평균 시간</td></tr>
<tr><td></td><td>생산방식</td><td colspan="2">자사제조 %, 외주가공 %</td><td colspan="4">주문생산 %, 시장생산 %</td></tr>
<tr><td rowspan="3">추가
도입
예정</td><td rowspan="2">소재지</td><td colspan="2" rowspan="2"></td><td>소유자(관계)</td><td colspan="3">( )</td></tr>
<tr><td>면적</td><td>대지 m²</td><td>건물</td><td>m²</td></tr>
<tr><td>임차관계</td><td colspan="2">전세 백만원, 월세 천원</td><td>도입예정일</td><td colspan="3">20 년 월 일</td></tr>
</table>

<table>
<tr><td colspan="8">주요시설</td></tr>
<tr><td>구분</td><td>시설명</td><td>구입년도</td><td>수량</td><td>단위</td><td>용도</td><td>소요자금</td><td>제작사</td></tr>
<tr><td rowspan="2">기보유</td><td></td><td>. .</td><td></td><td></td><td></td><td></td><td></td></tr>
<tr><td></td><td>. .</td><td></td><td></td><td></td><td></td><td></td></tr>
<tr><td rowspan="2">도입
예정</td><td></td><td>. .</td><td></td><td></td><td></td><td></td><td></td></tr>
<tr><td></td><td>. .</td><td></td><td></td><td></td><td></td><td></td></tr>
</table>

4. 영업현황 및 매출액 추정

(단위: 백만원)

<table>
<tr><td colspan="14">사 업 장</td></tr>
<tr><td colspan="7">구 매 처</td><td colspan="7">판 매 처</td></tr>
<tr><td rowspan="2">상 호</td><td rowspan="2">사업자
등록번호</td><td rowspan="2">전화번호</td><td rowspan="2">월평균
매입액</td><td colspan="3">거래조건</td><td rowspan="2">상호</td><td rowspan="2">사업자
등록번호</td><td rowspan="2">전화번호</td><td rowspan="2">월평균
매입액</td><td colspan="3">거래조건</td></tr>
<tr><td>거래
비율</td><td>거래
기간</td><td>결재
기간</td><td>거래
비율</td><td>거래
기간</td><td>결재
기간</td></tr>
<tr><td></td><td></td><td></td><td></td><td></td><td></td><td></td><td></td><td></td><td></td><td></td><td></td><td></td><td></td></tr>
<tr><td></td><td></td><td></td><td></td><td></td><td></td><td></td><td></td><td></td><td></td><td></td><td></td><td></td><td></td></tr>
<tr><td></td><td></td><td></td><td></td><td></td><td></td><td></td><td></td><td></td><td></td><td></td><td></td><td></td><td></td></tr>
<tr><td colspan="7">최근판매실적(. . ~ . .): ( )</td><td colspan="7">수주상황(. . 현재) 국내계약액 ( )</td></tr>
<tr><td colspan="14">매 출 액 추 정</td></tr>
<tr><td colspan="2" rowspan="2">구분</td><td colspan="5">보증신청년도</td><td colspan="7">보증신청 다음년도</td></tr>
<tr><td colspan="5">(20 . . . ~ 20 . . .)</td><td colspan="7">(20 . . . ~ 20 . . .)</td></tr>
<tr><td colspan="2">예상매출액</td><td colspan="5"></td><td colspan="7"></td></tr>
<tr><td colspan="2">추정근거</td><td colspan="5"></td><td colspan="7"></td></tr>
</table>

(주1) 결제조건은 "비율"란에 현금·외상비율 기재, "기간"란에 외상거래의 결제기간 기재(예: 90일 어음 등)

(주2) ( )내에는 수출실적(단위:천불) 및 L/C보유액을 기재

5. 금융기관 거래상황

(단위: 백만원)

차 입 금(년 월 일 현재)							
기관명	운 전				시 설		계
	일반운전	무역금융	할인어음	지보 등	시 설	시설대여	

담 보 물 명 세(년 월 일 현재)					
소 재 지	종 류	수 량	소 유 자 (관계)	설정액	설정권자

6. 자금소요 및 조달계획

(단위: 백만원)

총소요자금		
구 분		금 액
운 전		
	소 계(①)	
시 설		
	소 계(②)	
합 계(①+②)		

자금조달계획	
구 분	금 액
자기자금	
금융차입	
(보증신청)	
기 타	
합 계	

(주1) 자금소요 및 조달계획 작성은 사업개시일로부터 최초 매출발생시점까지이며, 매출발생 시점이 보증신청 접수일보다 빠른 경우에는 보증신청 접수일까지를 대상으로 기재 (자금조달 계획 작성 시에는 이번 보증신청으로 차입할 금액을 포함하여 기재)

(주2) 사업개시일은 법인기업은 법인등기사항전부증명서상의 설립일, 개인기업은 사업자등록증상의 개업일 기재

(주3) 자금소요 및 조달계획 작성 시 사업개시일 전에 창업준비 단계에서 이미 지출된 금액도 포함하여 총소요자금 및 자금조달계획 작성

(주4) 운전, 시설자금 '구분'란에는 구체적인 항목 기재(예: 선반기계, 원자재 구입, 인건비 지급 등)

7. 사업계획

(주) 자유롭게 기재하되, 반드시 대표자(실제경영자, 동업자 포함)가 직접 작성

기 업 개 요 표

※ 총보증금액 3억 원 이하 신청기업 작성

1. 기업체 개요

<table>
<tr><td colspan="2">기 업 체 명</td><td colspan="3"></td><td>대 표 자 명</td><td></td></tr>
<tr><td colspan="2">소 재 지</td><td colspan="3">주 소</td><td>전 화 번 호</td><td>FAX 번호</td></tr>
<tr><td rowspan="2"></td><td>본 사</td><td colspan="3"></td><td></td><td></td></tr>
<tr><td>사 업 장</td><td colspan="3"></td><td></td><td></td></tr>
<tr><td colspan="2">홈페이지 주소</td><td></td><td colspan="2">e-mail 주소</td><td colspan="2"></td></tr>
<tr><td rowspan="6">연 혁</td><td>연 월</td><td>내 용</td><td rowspan="6">관계
기업</td><td>기 업 체 명</td><td></td><td></td></tr>
<tr><td></td><td></td><td>대 표 자 명</td><td></td><td></td></tr>
<tr><td></td><td></td><td>법인(주민)등록번호</td><td></td><td></td></tr>
<tr><td></td><td></td><td>설 립 일 자</td><td></td><td></td></tr>
<tr><td></td><td></td><td>업종(주요제품)</td><td></td><td></td></tr>
<tr><td></td><td></td><td>관계내용</td><td></td><td></td></tr>
</table>

2. 대표자 및 경영진 현황

(단위: 백만원)

<table>
<tr><td rowspan="10">대
표
자</td><td>성 명</td><td colspan="2"></td><td>주민등록번호</td><td colspan="2">–</td></tr>
<tr><td>자택전화번호</td><td colspan="2"></td><td>휴대폰 번호</td><td colspan="2"></td></tr>
<tr><td>취임일자</td><td colspan="2"></td><td>사업관련 자격증</td><td colspan="2"></td></tr>
<tr><td>경영형태</td><td colspan="5">창업자( ), 승계( ), 인수( ), 동업( ), 전문경영인( ), 기타( )</td></tr>
<tr><td rowspan="3">주요경력</td><td>기간(년/월)</td><td>근 무 처</td><td colspan="2">근무처 업종</td><td>최종직위(담당업무)</td></tr>
<tr><td></td><td></td><td colspan="2"></td><td></td></tr>
<tr><td></td><td></td><td colspan="2"></td><td></td></tr>
<tr><td>현 거주주택</td><td colspan="2"></td><td>소유관계</td><td colspan="2">자가(소유자: 관계:)
전세( )백만원, 월세 ( )천원</td></tr>
<tr><td>기타소유자산
(배우자포함)</td><td colspan="5"></td></tr>
</table>

<table>
<tr><td colspan="5">경영진(년 월 일 현재)</td><td colspan="3">주주(년 월 일 현재)</td></tr>
<tr><td>직 위</td><td>성 명</td><td>주민등록
번호</td><td>실제경영자와
관계</td><td>주요경력</td><td>주주명</td><td>주민등록
번호</td><td>소유자식금액</td></tr>
<tr><td></td><td></td><td></td><td></td><td></td><td></td><td></td><td></td></tr>
<tr><td></td><td></td><td></td><td></td><td></td><td></td><td></td><td></td></tr>
<tr><td></td><td></td><td></td><td></td><td></td><td></td><td></td><td></td></tr>
<tr><td></td><td></td><td></td><td></td><td></td><td></td><td></td><td></td></tr>
<tr><td></td><td></td><td></td><td></td><td></td><td colspan="2">합계(주주수: 명)</td><td></td></tr>
</table>

※ 대표자가 2인 이상인 경우 별지를 이용하여 추가 작성하시기 바랍니다.

3. 사업장 및 기술력 현황

(단위: 백만원)

주사업장	소 재 지		소유관계	자가(소유자: 관계:) 전세( )백만원, 월세 ( )천원
	가동상황	월평균 일, 1일평균 시간		
	생산방식*	자사제조 %, 외주가공 %	주문생산 %, 시장생산 %	
	공사방식*	관급공사 %, 민간공사 %	원청공사 %, 하청공사 %	
	판매방식*	도매판매 %, 소매판매 %	고정판매 %, 비고정판매 %	

주요시설	종 별	수량	장부가격	도입연도	용 도

상시종업원 (명)	기술직	기능직	사무직	기 타	비상시종업원 (명)
	명	명	명	명	

산업재산권 각종인증등	규격표시/인증	산업재산권	경영혁신형기업 등
	KS( ),ISO( ),기타( )	특허( ),실용신안( ),기타( )	벤처( ), 이노비즈( ), 메인비즈( )

※ 생산방식(제조업), 공사방식(건설업), 판매방식(기타업종)은 업종별 해당항목만 작성

4. 주요거래처 및 결제조건 등

(단위: 백만원)

주요거래처	구매처 상호	사업자번호	거래기간	결제기간	판매처상호	사업자번호	거래기간	결제기간
			년 월	일			년 월	일
			년 월	일			년 월	일
			년 월	일			년 월	일
			년 월	일			년 월	일
			년 월	일			년 월	일

매 출 채 권 (받을어음)	( )	매 입 채 무 (지 급 어 음)	( )
판 매 조 건	현금 %, 외상 %(일)	구 매 조 건	현금 %, 외상 %(일)

공사수주 및 잔고	전년도 이월공사(A)	금년도 수주공사(B)	금년도 수입금액(C)*	현재 수주잔액 (A+B-C)

※ 금년도 수입금액은 작성일 현재 기준으로 금년도에 발주처로부터 받은 기성금, 선수금 등 공사대금 수입금액을 기재

5. 판매계획 및 자금사용계획

(단위: 백만원)

제품명	금년도 판매계획	내년도 판매계획	자금사용계획(자금용도)

6. 보증료 환급 시 입금계좌(법인기업: 법인명의 계좌, 개인기업 등: 대표자명의 사업용 계좌)

금융회사명		계좌번호		예금주		입금동의	동의함(서명)

- 보증기한 전에 대출금이 상환되어 보증이 해지된 경우에는 상환일 다음날 이후의 보증료 수납분을 환급해 드립니다.
- 보증료 환급은 제출하신 환급계좌로 송금받으실 수 있으며, 환급계좌 미제출, 변경 등으로 환급받지 못한 경우에는 신용보증기금 홈페이지에서 확인 및 환급 신청이 가능합니다.
  (신보 홈페이지www.kodit.co.kr-사이버영업점-보증료조회 및 납부-미환급보증료조회 및 신청)

7. 경영진단보고서 제공에 대한 요청

- 본인은 신보의 신용보증(보증금액 5천만원 초과)을 받는 경우 기업의 경영개선을 위한 참고자료인 경영진단보고서를 아래의 수령방법으로 제공해줄 것을 요청합니다. (아래의 수령방법 중 하나를 선택)

직접 방문(대표자/실제경영자)	e-mail(대표자/실제경영자)*	등기우편(주사업장 주소지)

* e-mail 수령 시 대표자 또는 실제경영자 email: (   )

8. 신용보증기금 업무 담당자

담당자	(직위)	(성명)	(전화)	(e-mail)

▣ 윤리경영 실천을 위한 협조 확약

본인은 신용보증 신청 등과 관련하여 신용보증기금(이하 '신보')의 윤리경영 실천에 적극 협조하기 위하여 아래와 같이 서약합니다.

- 보증거래 등과 관련하여 신보의 임직원은 물론 어떠한 자에 대하여도 금품, 선물, 향응 등을 제공하지 않으며, 제3자에게도 보증청탁을 하지 않는다.
- 신보의 임직원과 일체의 금전거래를 하지 않는다. 이에 불구하고 금전거래에 따른 피해가 발생할 경우 그 책임은 본인에게 귀속된다.
- 신보의 임직원 등이 금전거래, 금품, 선물, 향응 등을 요구한 경우에는 즉시 신보의 윤리경영팀 또는 홈페이지 감사제보센터에 신고한다.
- 신보의 임직원 등에게 금품, 선물, 향응 등을 제공하거나, 제공 요구를 받고도 그 사실을 신보에 신고하지 않은 경우 또는 신보의 임직원과 금전거래를 하거나, 금전거래를 요구받고도 그 사실을 신고하지 않은 경우에는 신규보증 중단, 기보증의 해지, 최고보증료율 적용 등의 불이익을 받게 되어도 이의를 제기하지 않는다.

「신보 윤리경영팀」전화번호: 1588-6565
· 관련법률과 신보의 내규에 따라 신고자의 신분은 철저하게 보호됩니다.

▣ 유의사항

- 허위자료 제출 시 제재사항
  이 「기업개요표」는 귀사가 신용조사 및 신용보증을 받는데 중요한 자료로 활용되므로, 사실과 다르거나 허위의 자료를 제출한 경우에는 저희 신보 내규에서 정하는 바에 따라 향후 신용보증을 받을 수 없음은 물론, 고소·고발 조치도 될 수 있습니다.
- 신용정보 제공·활용 동의 등
  제출자료는 반환하지 않으며, 신보에서 정보업무 등에 활용하는데 동의합니다.

작 성 일: 20　　년　　월　　일 작 성 자:	기업체명: 대 표 자:　　　　(인)

제10장

창업자금, 세무와 사회보험

Focus Lens 국민자본주의자 유일한박사

유한양행을 창립한 유일한(柳一韓)(1895~1971: 晋州柳氏) 박사는 아홉 살 때 홀로 미국으로 건너가 초등학교를 마쳤고, 그 후 독립운동가 박용만이 독립군을 양성하는 한인소년병학교를 다녔다. 독학으로 헤스팅스 고등학교와 미시간 대학 경영학과를 졸업하였다. 또한 스탠퍼드 로스쿨 Juris Doctor이다. 대학 졸업 후에는 GE의 회계사로 잠시 일했으나 라초이 식품회사를 설립해 숙주나물을 중국 요리점에 판매하였다. 중국 음식점과 미국 가정집에서 숙주나물을 많이 사용하지만 숙주나물의 신선도 유지가 관건이었다. 숙주를 유리병에 보관하는 방법, 열 처리법을 이용한 통조림 보관을 연구하여 기업을 성장시켰다. 1924년에는 서재필 등과 함께 한국, 중국, 러시아의 토산품을 수입하는 류일한주식회사(New-Il Han & Company)를 설립하였다. 1926년에 한국에 귀국하여 귀국 시에 갖고 온 약품 등을 밑천으로 유한양행을 창립하였다. 유한은 유일한을 줄여서 쓴 말이며 양행은 세계로 통하는 넓은 바다를 의미한다. 유한양행에서는 의약품을 위주로 수입했고, 1936년에 안티푸라민을 생산·판매하여 큰 이익을 실현하였다. 1942년에는 로스앤젤레스에서 한인국방경위대 창설에 관여했고, 1945년에는 한국인을 무장시켜 한국에 침투시키려는 계획인 NAPKO 작전에 참여해 공작원 훈련까지 받았다. 광복이 되면서 북한과 중국에 소재한 시설을 모두 잃었다. 1953년에 ICA 원조자금을 기초로 기업복구에 나서 한국 최대의 제약회사로 부상했다. 유일한은 무상교육을 위해 유한공고를 설립하고 자신의 재산은 대부분 학교재단에 증여했다. 세습경영에서 탈피해 전문경영인 체제를 확립했다.

유일한 박사의 기업가 정신

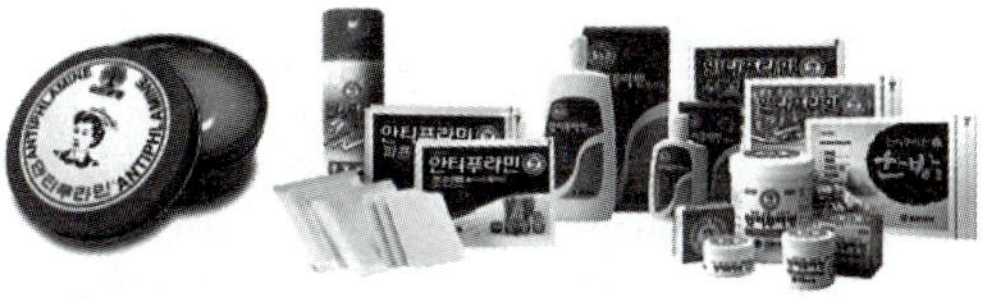

국민의 건강과 위생을 위한 헌신이었다. 당시 한국국민은 많은 질병에도 불구하고 부족한 의약품으로 치료를 받지 못했다. 좋은 약품을 만들어 국민에게 봉사한다는 기업비전이었다. 1936년 6월 20일 유한양행은 본사에서 총회를 개최하고 주식회사 유한양행을 발족시켰다. 기업은 종업원의 것임을 분명히 하기 위해 종업원들에게도 액면가 10퍼센트 정도의 가격으로 주식을 균등분배해 국내 기업으로서는 최초로 전사원지주제를 도입하였다. 1952년 12월 유한양행 소사공장 안에 고려공과기술학교를 세우고 사비로 지원하였다. 1964년 개교한 유한공업고등학교는 전원 장학금 혜택을 받을 수 있는 정규 고등학교로 개교하였다. 유일한 박사는 1969년 제44기 정기총회에서 제 11대 사장직을 사임하고 경영권을 전문경영인에게 이양하여 전문경영인 체제를 구축하였다. 한때 아들이 부사장을 지내고 조카도 회사에 있었지만, 가족이 회사에 있으면 회사 발전에 지장이 있다고 유일한 박사는 모두 해고하였다. 유일한 박사는 철저한 합리주의와 애국애족 정신을 보유한 선구자적 기업가였다. 정치인들의 요구에 응하지 않고서는 기업들이 생존하기 힘든 역사에도 불구하고 다른 기업가들과는 달리 정경유착을 거부했다. 정치자금 제공을 거부한 탓에 세무사찰을 비롯한 탄압까지 받았으나, 세무조사가 끝난 후에 완전히 깨끗한 기업으로 입증되어 오히려 동탑 산업 훈장을 받았다. 유일한 박사의 기업가 정신은 정성껏 좋은 상품을 만들어 국가와 동포에 봉사하고 정직, 성실하고 양심적인 인재를 양성·배출하며 기업 이익은 기업을 키워 일자리를 만들고, 정직하게 납세하며, 그리고 남은 것은 기업을 키워 준 사회에 환원한다는 이념이었다. 유일한 박사는 독립운동가, 민족주의자, 교육자, 노사공생의 산업평화주의자, 기업의 사회적 책임 실천자, 윤리경영 기업가, 그리고 국민자본주의 실천자였다.

유일한 박사의 유서

사후에 밝혀진 유일한 박사의 유서로 세상 사람들은 또 한 번 그의 훌륭한 삶과 재산의 사회환원에 존경을 표하게 되었다. 그리고 20년이 지난 1991년에는 유일한 박사의 딸인 유재라 역시 아버지의 뜻을 받들어서 200억이나 되는 전재산을 사회에 환원하였다. 다음은 유일한 박사의 유언 내용이다.

유일한 박사의 유언

· 손녀인 유일링에게는 대학 졸업할 때까지 학자금 1만 달러를 남긴다.
· 딸 유재라에게는 유한공고 안에 있는 묘소와 그 주변의 땅 5천 평을 준다. 그 땅을 유한동산으로 꾸미고 결코 울타리를 치지 말고 유한중학교, 유한공고 학생들이 마음대로 드나들 수 있게 하여서 그 어린 학생들의 티 없이 맑은 정신이 깃든 젊은 의지를 지하에서나마 더불어 느끼게 해 달라.
· 유일한의 소유주식 14만 941주는 모두 한국사회 및 교육원조 신탁기금에 기증한다.
· 아내 호미리는 딸 유재라가 그 노후를 돌봐주어라.
· 아들 유일선은 대학까지 졸업시켜줬으니 앞으로는 자립해서 살아가거라.

01 벤처기업의 주기

1. 창업자금의 중요성

기업가들이 자금의 소요액을 파악하고 자금조달의 원천을 아는데 정통하더라도 많은 기업의 실패는 사업이 양(+)의 현금흐름이 시작될 때까지 이용할 수 있는 자금을 갖지 못하기 때문이다. 일반적으로 상황이 감당할 수 없을 때까지 걱정하지 않는 것이다. 그러나 모든 중소기업 소유자는 사업을 효과적으로 운영하는데 필요한 자금액을 정의하는 방법을 이해해야 한다. 경영자가 재무측면을 아는 능력은 경제가 침체될 때 더욱 중요하다. 기업은 사업을 시작하기 전에 현금, 재고, 특허, 장비, 건물 등 자산을 보유해야 한다. 사업가에게 기본적인 초기 자금은 개업에 필요한 자산 취득비용, 개업비용, 고정비 등이 있다. 사업에 필요한 자산의 취득비용은 소유자 자신의 돈이거나 부채이다. 초기 필요자본의 결정과정은 사업을 시작하는데 필요한 고정비를 포함한 단기자산과 장기자산[1)]의 확인부터 시작한다.

모든 기업은 사업을 시작하기 전에 단기와 장기자산을 필요로 한다. 단기자산은 현금과 재고자산, 선급비용과 운전자본 준비금 등이다. 많은 기업은 거의 첫해에는 수익이 없기 때문에 현금준비금을 보유하는 것은 지급불능을 예방한다. 장기자산은 토지, 건물, 장비, 특허 등이다. 사업을 효과적으로 운영하기 위해서 준비해야 할 것을 정확하게 결정하기 위해서 상황을 신중하게 평가해야 한다. 이러한 과업을 효과적으로 수행하기 위해서는 필요한 자산의 목록을 준비한다. 필요한 자산을 결정하기 위해 희망 목록을 검토하고, 각 시나리오에서 자산의 비용을 추정한다. 모든 필요자산의 검토를 끝낸 후에 최소투자의 목록을 결정한다. 비용은 신중하게 평가해야 한다. 고정비는 사업이 수익이 없더라도 지급해야 하고 중소기업 소유자에게 심각한 문제를 야기할 수 있다. 사업에 사용된 소유자 자산의 시가는 소유자로부터 구매자산에 이르는 모든 현금을 가산한다.

1) 단기자산은 일 년 안에 현금으로 전환되는 자산이지만, 장기자산은 일 년 안에 현금으로 전환되지 않는 자산이다.

2. 벤처기업의 수명주기

성공적인 벤처기업은 [그림 10-1]과 같은 수명주기를 따른다.[2] 벤처기업의 수명주기는 개발기, 창업기, 생존기, 급성장기와 조기성숙기로 이어진다. 일반적으로 사업손실은 창업과 생존기 동안 주로 발생하지만, 이익은 급성장기에 시작하여 가파르게 증가한다.

그림 10-1 성공적인 기업의 수명주기 단계

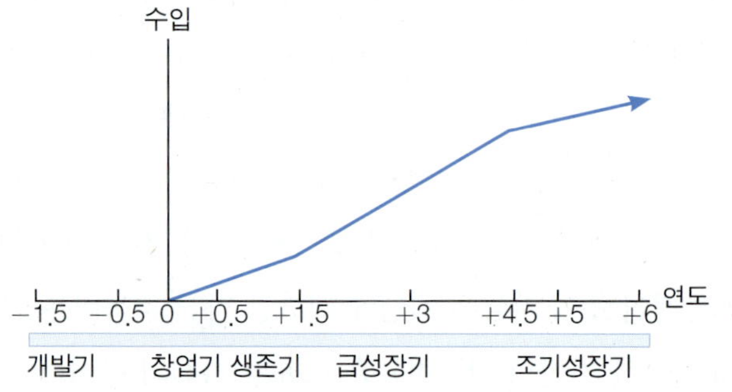

1) 개발기

창업자는 개발기(development stage)에 시장기회, 고객욕구, 경쟁제품과 개인적인 경험 등에서 유망한 사업기회를 찾아 사업아이디어를 창출하고, 제품화한다. 창업자는 이 시기에 시장성과 수익성이 있는 제품이나 서비스에 대한 아이디어를 탐색한다. 이러한 아이디어의 타당성은 친구나 가족들로부터의 평가나 반응을 통해 검증을 받는다. 또한 전문성을 가진 집단의 반응과 관심을 받기도 한다. 아이디어에 대해 좋은 반응을 얻게 되면, 시제품을 개발하고, 성능과 고객의 반응을 테스트하여, 창업에 대한 구상을 수립한다. 이러한 개발기는 산업이나 제품의 유형에 따라 다르지만 일 년 반 정도 소요된다.

2) 창업기

창업기(startup stage)는 벤처기업을 조직하고, 제품을 개발하고, 그리고 초기 수익 모델을 준비하는 시점이다. [그림 10-1]에서 창업기는 0.5년 사이에 있으나, 창업기의 기간은

2) Leach and Melicher(2012).

경우에 따라 달라질 수 있다. 제품이나 서비스 제공에 필요한 자원을 준비하는 기간이 1년보다 길거나 짧을 수도 있다. 예를 들면 물적·인적자본이 거의 필요 없고 생산시설이 간단하면 창업기가 1년 내에 진행될 수 있다. 벤처기업이 처음으로 제품이나 서비스를 제공해서 수익이 발생하는 시점은 그림에서는 "0"으로 표시되어 있다.

3) 생존기

[그림 10-1]에서 생존기(survival stage)는 0.5년부터 1.5년 사이이다. 생존기 동안 수입은 성장하기 시작하고 비용을 충당하는데 도움이 되지만, 비용 전체를 충당할 수 있는 것은 아니다. 수입과 비용의 차이는 차입금이나 투자로 충당된다. 차입금을 상환하고 추가적인 수익을 제공하기에 충분하게 영업으로부터 현금흐름을 기대한다면 외부 투자자들이나 대출자들은 금융을 제공할 것이다. 따라서 생존기의 벤처기업은 외부 투자자에게 확신을 줄 수 있는 자료가 필요하게 되며, 이러한 목적에서 재무제표 등 관련 자료를 준비한다.

4) 급성장기

급성장기(rapid-growth stage)는 수입과 현금유입 흐름이 매우 빠르게 성장하는 단계이다. 영업으로부터 현금유입은 현금유출보다 더 빠르게 성장하고 벤처기업의 가치도 크게 인식하게 된다. 급성장은 종종 1.5에서 4.5년에 일어난다. 생존기를 성공적으로 통과한 벤처기업은 시장점유율에서 실질적인 이득의 수혜자들이다. 계속되는 수입성장과 시장점유율의 증가는 수익성이 좋은 재무결과를 촉진한다. 성공적인 벤처기업의 수명주기에서 이 기간 동안 수입이 비용보다 더 빠르게 증가할 뿐만 아니라 가치도 빠르게 증가한다. 또한 성공적인 벤처기업은 생산과 유통에서 규모의 경제이익을 얻는다.

5) 조기성숙기

조기성숙기(early-maturity stage)는 수입의 성장과 현금흐름이 계속되는 시기이지만 급속한 성장기보다는 느리다. 기업가치가 지속적으로 증가하지만, 대부분의 벤처가치는 급성장기 동안 이미 창출되고 실현되었다. 조기성숙기는 4.5년과 5년 이후에 발생한다. 이 단계에서 기업가와 투자자들은 벤처기업을 매각하거나 계속 소유권을 유지하면서 벤처기업을 운영할지를 결정한다.

3. 기업가 과정과 가치창조

벤처기업의 중요한 시기는 개발기이다. 기술변화의 빠른 속도는 대부분의 제품수명을 단축한다. 아이디어에서 실행할 수 있는 제품의 개발기간은 종종 일 년 이내이다. 급속하게 전개한 벤처기업에게는 생존기의 가장 힘든 시기는 운영한 첫 몇 달간이다. 첫 해에 급성장이 일어나고 자금조달의 문제는 예상하기도 전에 발생한다. 그러한 급성장은 창업팀 구성원에게 심한 도전이 된다. 창업팀은 이때 다양한 자금기법을 전개하게 된다. [그림 10-2]는 벤처기업의 수명주기와 기업가 과정 활동 간의 연결을 보여준다. 개발기에는 기업가 과정에서 기회를 개발하는데 집중하고, 창업기에는 자원을 확보한다. 성공적인 벤처기업이 수명주기를 통해 계속적으로 운영되기 때문에 벤처기업은 종종 안전하게 생존기를 잘 빠져나간다. 이 시기에 벤처기업은 성장과 경영의 집중뿐만 아니라 자원을 계속적으로 확보하는 시기이다. 급성장과 조기성숙기는 기업가 과정에서 운영의 성장과 관련이 깊다.

그림 10-2 기업가 과정과 가치창조

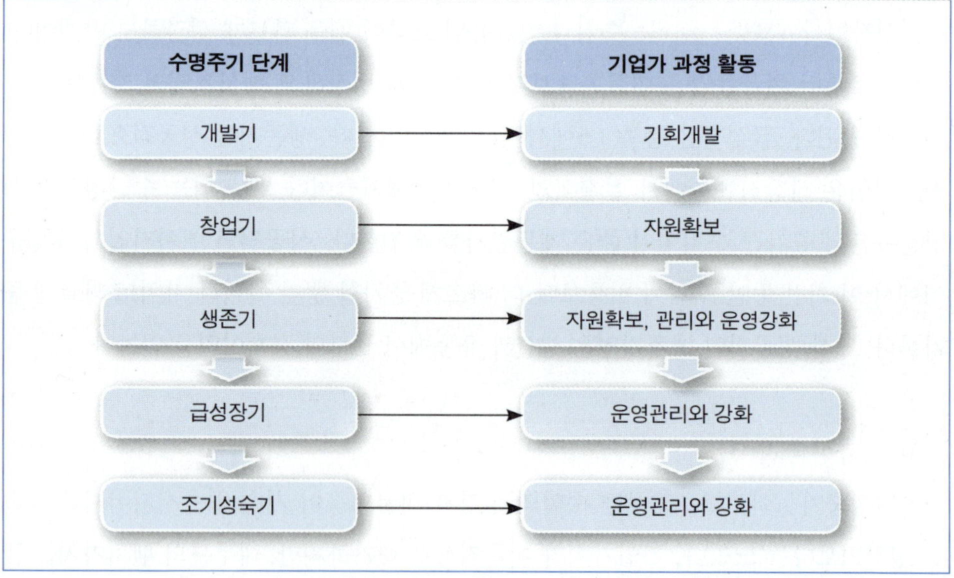

4. 벤처기업의 단계별 자금조달

창업기업은 시설자금과 운전자금이 필요하다. 시설자금은 사업장을 확보하는 비용과 필요한 집기비품의 구입비, 그리고 제조업일 경우 제품생산에 필요한 생산설비의 구입비이다. 운전자금은 사업을 개시한 후 제품을 팔아서 회사에 현금이 들어올 때까지 회사운영에 필요한 재료비, 인건비, 경비 등이다. 운전자금은 제품이나 서비스를 판매하여 얻는 수입으로 충당된다. 그러나 판매가 저조하면 운전자금을 충당할 재원을 마련해야 한다. 창업한 후 3년 이내 문을 닫는 업체가 많이 있다. 창업실패의 주요 원인은 창업자의 경영관리 능력 부족, 시장조사의 소홀, 제품개발의 실패와 마케팅 노력의 부족 등이 있지만, 결정적 원인은 현금흐름의 부족과 같은 자금관리와 조달능력의 부족에 있다. 일반적으로 창업 시에 창업자금의 구성은 자기자본과 타인자본의 비율이 70% 대 30% 구조가 매우 이상적이다. 자기자본보다 타인자본이 많으면 자금압박과 긴장으로 정상적인 경영을 하는데 지장이 많이 있다. 초기의 벤처기업은 종종 시작부터 자금이 부족하다. 기업가는 다양한 자금의 원천을 이해하는 것이 필수적이다. [그림 10-3]은 수명주기 단계에 따른 자금의 유형과 자금의 주요 원천을 나타낸 것이다.

그림 10-3 기업가 과정과 가치창조

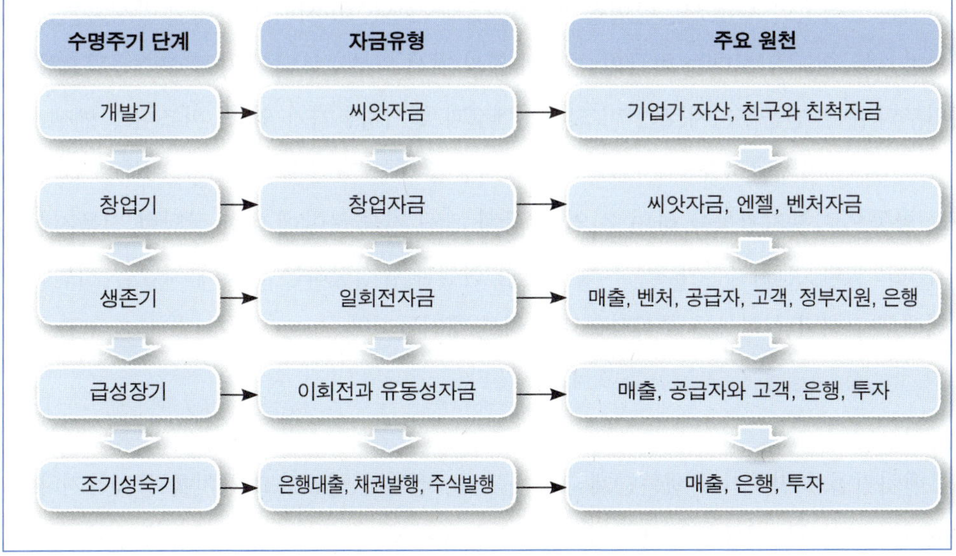

1) 씨앗자금

개발기 동안 자금의 주요 원천은 아이디어가 실행할 수 있는 사업기회로 전환될 수 있는지를 판단하기 위해 씨앗자금(seed financing)이 필요하다. 이 시기에 자금의 주요 원천은 기업가의 개인 자산이다. 대부분의 신생기업은 제한적인 자원을 보충하기 위해 다양한 방법을 사용한다. 은행이나 외부 투자자로부터의 자금조달이 이 단계에서는 어렵기 때문에 기업가는 다양한 방법을 사용하게 된다. 첫째, 창업자 자신의 은행예금 인출, 보유 주식이나 채권, 자동차나 주택의 매각이나 담보제공에 의한 차입금이다. 또한, 매우 위험하기는 하나 종종 사용되는 방법 가운데 하나가 신용카드를 통한 자금융통이 있다. 둘째, 가족이나 친구에 의한 자금조달이다. 이들은 창업자에게 융자나 투자를 해주기도 하는데, 제품이나 서비스보다는 창업자 자신에게 투자하는 것이다. 이러한 자금조달은 공식적인 금융기관을 통한 자금조달보다 비용측면에서 저렴할 수는 있다.

2) 창업자금

창업자금(startup financing)은 실행할 수 있는 사업기회에서 최초 생산과 판매시점에 필요한 자금이다. 창업자금은 경영팀을 구성하고, 사업모델과 계획을 개발하고, 수입을 창출하기 위한 활동에 필요한 자금이다. 씨앗자금 단계 동안 기업가 개인의 자금에 의존하고, 창업기 동안은 가족과 친구의 자금을 조달하기도 한다. 그러나 이 단계에서 창업기업은 공식적인 자금조달 방법을 생각하기 시작한다. 이 시기에 수익이 발생하기는 하지만, 현금의 유입보다는 현금의 지출이 훨씬 커서 외부로부터의 자금조달이 필요하다. 외부의 주요 전문투자자로는 비즈니스 엔젤과 벤처자본가가 있다. 비즈니스 엔젤(business angel)은 비공식적 또는 사적으로 투자활동을 하는 개인 투자가들로 이들은 단독 또는 공동으로 투자활동을 하며, 사업, 금융과 관련 기술 분야에 대한 상당한 전문지식을 가지고 있다. 벤처자본가(venture capitalist)는 신생과 급성장하는 벤처에 자금을 지원하기 위해 벤처캐피탈 회사를 공식적으로 조직한 개인들이다.

3) 생존기

벤처기업 수명주기의 생존단계(survival stage)는 벤처가 성공하고 가치를 창출하거나 폐쇄하고 청산하는지를 결정하는 중요한 시기이다. 첫 회 자금조달은 비용과 투자와 같은 지출경비가 수입을 초과할 때 현금부족을 보충하기 위해 정부지원, 은행과 벤처 투자자에 의해서 외부자금을 조달한다. 시장점유율을 위한 경쟁은 일반적으로 현금이 부족할 뿐만 아니라 마케팅 비용과 조직운영비를 메우기 위해서도 필요하다. 벤처기업이 급성장단계나 성숙단계에 들어가게 되면 은행을 통한 자금조달이 상대적으로 용이해진다.

4) 급성장기

급성장기(rapid-growth stage)에는 회사가 순조롭게 출발하고, 경영진이 정상적으로 활동하고 있다. 이 단계에서 판매가 증가하고, 생산성이 향상되거나 회사의 효율성이 증가된다. 급성장기의 주요 자금조달원은 판매수입, 납품업체 또는 구매업체의 신용, 은행이나 투자은행의 차입이나 투자 등이다. 대부분 벤처기업은 판매수입이 도움이 되나 목표 성장률에 도달하기 위해서는 충분한 자금조달이 필요하다. 급성장기에서 판매가 빠르게 성장하기 위해서는 재고와 외상매출금의 회전이 빠르게 증가해야 한다. 재고와 외상매출금의 증가를 유지하기 위해서는 상당한 규모의 외부자금이 필요하다. 재고관리에 소요되는 운영자본의 안정적 유지가 중요하다. 또한 생산시설 확장, 마케팅 비용의 증가, 운영비, 제품 및 서비스 개발비가 필요하다. 전환사채를 발행하여 자금을 충당하기도 한다. 전환사채는 특정한 조건으로 주식으로 전환할 수 있는 채권이다.

5) 조기성숙기

성공적인 벤처기업은 거래소나 코스닥에 기업공개를 함으로써 성장에 필요한 자금을 조달하고 동시에 창업초기 투자자들에게 투자자금 회수의 기회를 제공한다. 벤처투자자의 경우 대개 벤처기업이 성숙단계에 진입하기 이전에 투자자금을 회수하여 철수하게 된다. 다른 주요 자금조달 원천은 내부유보 자금, 은행융자, 채권이나 주식을 발행한다. 성숙기에서는 벤처기업의 성장률이 낮은 수준으로 떨어지기 때문에 생존기나 급성장기와는 달리 외부자금조달이 생존의 문제와 직결되지는 않는다. 기업은 절세, 투자수익의 조정, M&A 등의 목적에서 자금조달이 이루어진다.

5. 신용거래의 5Cs

기업가가 외부자금을 찾기로 결정할 때 자금의 잠재적 공급자에게 신용을 제공할 수 있어야 한다. 창업기업에 있어서 창업기업가의 신용은 자산으로 거래와 자금조달에서 필수적이다. 많은 대여자가 사용하는 지침은 신용거래의 5Cs이다. 신용은 중요한 자격 요소를 나타낸다.

그림 10-4 신용거래의 5Cs

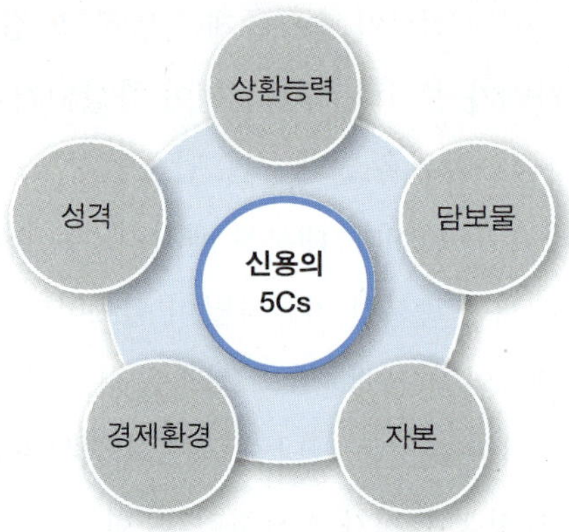

① 상환능력

상환능력(capacity)은 자금을 상환할 수 있는 신청자의 능력이다. 현금과 시장성이 있는 유가증권의 가액, 기업의 과거와 미래의 현금흐름을 조사하여 추정한다. 이미 갖고 있는 부채금액도 고려된다.

② 자본

자본(capital)은 신청자의 개인적 재력의 기능이다. 자산총액에서 부채총액을 차감한 사업의 순자산가치는 자본을 결정한다. 은행은 대안적인 상환원천이 되는 기업의 외부원천을 보유하고 있는 것을 알기를 원한다.

③ 담보

대출의 상환을 위한 안정장치로 제공되는 신청자의 자산은 담보(collateral)이다. 대출이 상환되지 않는다면 대출자는 담보물건을 압류할 수 있다. 담보물의 가치는 자산의 시장가치에 근거하는 것이 아니라 자산이 유동화 된다면 받을 수 있는 가치를 고려하여 할인된다. 따라서 시장가치보다 훨씬 적게 된다.

④ 성격

신청자의 성격(character)은 대출을 기꺼이 상환하려는 의지를 나타내기 때문에 중요하게 고려된다. 성격은 주로 신청자의 과거 상환패턴의 기준으로 판단되지만, 대출자는 결혼 여부, 주택소유와 군복무와 같은 다른 요인을 고려할 수 있다. 신청자 상환 패턴에 대한 대출자의 이전 경험은 새로운 신청자의 성격을 평가할 때 요소 선택에 영향을 미친다.

⑤ **경제환경**

대출시점의 경제적 환경(economic condition)은 신청자의 상환능력에 영향을 준다. 대출자는 경제침체 시기에는 대출을 확대하려고 하지 않는다.

6. 자금조달의 고려사항

기업가는 자금의 원천을 찾기 전에 부채와 자본을 이해할 필요가 있다. 부채(debt)는 채권자로부터 빌린 자금으로 상환해야 할 의무가 있는 채무(liabilities)이다. 기업이 부채를 사용하는 것은 지렛대 효과(leverage effect)[3]를 기대할 수 있다. 지렛대를 사용하는 목적은 적은 자본을 투입하여 많은 이익을 얻는 것이다. 지렛대는 사업에 자기자본을 투자하는 것처럼 기대한 잠재적 수익을 증가할 수 있다. 그러나 지렛대의 증가는 위험을 증가할 수 있다. 부채에 의한 자금조달은 사업에 의해 창출되는 미래 현금흐름을 소진할 수 있고 잠재적으로 손실을 확대할 수 있다. 부채에 대한 이자지급은 지급해야 할 고정비가 된다. 부채는 적시에 부채를 상환하지 못한다면 기술적 지급불능이 된다. 부채의 계속적인 미상환은 궁극적으로 기업의 파산으로 이르게 된다. 부채는 경제가 침체할 때 골칫거리가 되고 기업소유자에게 눈물을 흘리는 이유가 된다,

지분금융(equity financing)은 기업이 주식 등 소유지분을 매각하여 자금을 조달하는 방식으로 상환할 필요가 없는 자금이다. 즉, 기업의 현금흐름을 제한하는 지급이 없고, 자금에 대한 이자도 없다. 투자자들의 자금을 지분으로 조달하는 것이기 때문에 기업이 손실을 볼 경우 투자자들이 투자한 금액에 비례해 직접 손실을 입게 되는 것이다. 또한 담보를 설정하지 않아도 되어 기업가에게 개인적으로 상당히 안정적이다. 하지만 단점은 수익이 투자금액에 따라 분배하므로 기업가 개인에게 돌아오는 수입은 적어지게 된다. 지분 제공자는 기업의 일부를 소유하고 일반적으로 배당금, 기업가치의 증가와 기업경영의 발언권에 관심이 크다. 배당금(dividends)은 회사의 순이익에 근거하여 지급하고, 반

3) 레버리지 효과(leverage effect)라고 하며 타인으로부터 빌린 차입금을 지렛대로 삼아 이익률을 높이는 것을 말한다.

기나 연간 단위로 지급한다. 많은 중소기업은 미래성장을 위해 이익잉여금의 형태로 순이익을 유지하고 신규투자에 필요한 금액 이상으로 이익을 보일 때만 배당금을 지급하는 배당정책을 고려한다. 기업가치의 증가는 성공적인 기업의 자연스런 결과이다. 투자자들은 종종 기업의 장기적 성공만큼 배당에 관심이 없다. 기업이 성공한다면 지분 제공자들은 상당한 이익으로 투자의 전부나 일부를 매도할 기회를 갖게 될 것이다. 경영의 발언권은 지분의 제공자에게 추가적인 고려사항이다. 기업의 소유자에게는 기업이 실패한다면 손실을 보기 때문에 그들의 돈이 어떻게 사용되는지를 알 권리가 있다. 물론 모든 투자자들이 기업운영에 관심이 있는 것은 아니지만, 다수의 투자자들은 자금과 더불어 중요한 전문지식을 기여할 수 있다. 그들은 기업의 성공기회를 높일 수 있다.

부채금융(debt financing)은 기업에 자금을 공급하기 위해 빌린 자금을 사용하는 것이다. 부채금융의 중요한 기준은 차입금액, 이자율과 만기이다. 부채가 상환될 때까지 채권자는 기업의 현금흐름의 일부에 관한 법적 청구권을 갖는다. 채권자(creditor)는 지급을 요청할 수 있고, 극단적인 경우 연체를 이유로 기업을 파산시킬 수 있다. 차입금의 원금은 빌린 돈의 원래 액수이다. 차입규모를 최소화하는 것은 지렛대와 재무위험을 감소할 것이다. 추정대차대조표는 필요한 자금액을 추정한다. 차입금은 보유자산의 총액과 소유자의 지분총액 간의 차이이다. 차입금의 이자율은 빌린 자금의 가격이다. 이자지급은 지급해야만 하는 고정비용이다. 이자지급을 못한다면 채무불이행(default)으로 간주될 수 있고 전체 차입금의 상환을 요청받을 수 있다. 자금 대여자는 이자 지급시기를 연간, 반기, 분기, 월간, 주간이나 일간으로 구성할 수 있다. 대출금의 이자는 고정금리나 변동금리가 있다. 고정금리는 전체 대출기간 동안에 동일한 이자율을 유지하지만, 변동금리는 시간에 따라서 변하는 금리이다. 변동금리는 고정금리보다 더 많은 모험요소가 있다. 변동금리대출은 기준금리의 변동에 따라서 조정된다. 고정금리 대출은 대체로 변동금리 대출보다 더 높은 이자율을 갖는다. 창업기업은 영업의 첫해에 낮은 현금흐름을 상쇄하기 위해 변동금리를 고려한다. 대출금의 만기(maturity)는 차입자가 자금을 사용할 수 있는 시간의 길이이다. 즉, 차입금이 차입일로부터 상환되는 날까지의 기간을 말한다. 단기차입은 일 년 안에 차입금을 상환해야 하고, 중기차입은 일 년 이후에 상환해야 하는 조건이다. 차입목적에 따라 만기를 선택할 수 있다. 일 년 안에 판매를 기대하는 구매는 단기차입금을 사용한다. 고정자산이나 고정설비는 장기대출을 고려한다. 차입금의 만기는 차용자의 자금사용과 일치하는 것이 필요하다. 일반적으로 만기가 길수록 이자율이 더 높아진다. 단기자금은 이자율은 보통 싸지만 곧 상환해야 하고 현금흐름에 큰 영향을 준다.

대출보증(loan security)은 대출이 상환되도록 대출자에 대한 차입자의 보증이다. 차입에 대한 기업가의 서명이 채권자에 의해서 충분한 안전으로 고려되지 않는다면 채권자는 대출을 보증하기 위한 또 다른 사람의 서명을 요구할 것이다. 대출에 서명하는 개인들은 배서이다. 배서(endorsement)[4]는 서명한 어음에 대한 채무이다. 배서인(endorser)은 연대보증인과 보증인이다. 연대보증인(comaker)은 차입자와 함께 책임을 공유한다. 대출자는 차입자나 연대보증인에게 배서를 요청할 수 있다. 보증자는 보증서에 서명함으로써 어음의 상환을 확실히 할 수 있다. 대출자는 효과적인 경영의 계속성을 확보하기 위해 회사의 임원들로부터 보증을 요구할 수 있다.

02 자금지원 제도

1. 창업기업지원자금

1) 지원내용

업력 7년 미만 중소기업 및 예비창업자가 우수한 기술력과 사업성은 있으나 자금력이 부족한 중소·벤처기업의 창업을 활성화하고 고용창출을 위한 창업기업지원이다.

2) 융자범위

① 시설자금

- 생산설비 및 시험검사장비 도입 등에 소요되는 소요자금
- 정보화 촉진 및 서비스 제공 등에 소요되는 자금

4) 배서(endorsement): 어음의 수령인 및 그 후의 어음의 소지인이 일정사항을 증권배면에 기재하여 타인에게 교부하는 행위이다. 양도인을 배서인, 양수인을 피배서인이라 한다.

- 공정설치 및 안정성평가 등에 소요되는 자금
- 유통 및 물류시설 등에 소요되는 자금
- 사업장 건축자금(토지구입비 제외), 임차보증금
- 사업장 확보자금(매입, 경·공매): 기업 당 1회에 한정
- 부지매입비 및 조성공사비(협동화 및 협업사업 승인기업에 한함)

② 운전자금

- 창업소요비용, 제품생산 비용 및 기업경영에 소요되는 자금
  단, 구매기업의 계약이행능력, 계약내용 등을 확인하여 융자를 제한할 수 있음

3) 융자조건

① 대출금리

정책자금 기준금리에서 0.08%p 차감(기준금리)이나, 청년전용창업자금은 연 2.7% 이내 고정금리이다. 시설자금 지원 시 고정금리는 선택이 가능하며, 기술사업성 평가 결과 일정등급 이상 기업의 경우 연대보증인은 생략할 수 있다.

② 대출기간

시설자금은 8년 이내(거치기간 3년 이내 포함), 운전자금은 5년 이내(거치기간 2년 이내 포함), 청년전용창업자금은 시설·운전 구분 없이 5년 이내(거치기간 2년 이내 포함)이다.

③ 대출한도

기업당 45억원(운전자금은 5억원), 매출액 150% 이내이다. 청년전용창업자금은 기업당 1억원 이내이다.

4) 융자방식

① 창업기업지원

중진공이 자금 신청·접수와 함께 기업평가를 통하여 융자 대상 결정 후 중진공(직접대출) 또는 금융회사(대리대출)에서 신용, 담보부(보증서 포함) 대출

② 청년전용창업

중진공이 자금 신청·접수와 함께 교육·컨설팅 실시 및 사업계획서 등에 대한 평가를

통하여 융자대상 결정 후 직접대출

③ **신청·접수**

중소기업진흥공단 홈페이지(www.sbc.or.kr)를 통한 온라인 신청(사전상담 필수)

2. 신성장기반자금

1) 지원내용

업력 7년 이상 중소기업의 시설투자 촉진을 목적으로 지원하는 자금이다. 사업성과 기술성이 우수한 성장유망 중소기업의 생산성향상, 고부가가치화 등 경쟁력 강화에 필요한 자금을 지원하여 성장 동력 창출을 지원한다.

2) 지원대상

① **신성장기반**

업력 7년 이상 중소기업

② **기술사업성 우수기업 전용**

업력 7년 이상 중소기업 중 기업평가등급 우수기업

③ **협동화·협업사업 승인기업 지원**

3개 이상의 중소기업이 규합하여 협동화실천계획의 승인을 얻은 자 또는 2개 이상의 중소기업이 규합하여 협업사업계획의 승인을 얻은 자

④ **가젤형기업[5] 전용자금**

업력 4년 이상 중소기업

⑤ **기초제조기업 성장자금**

업력 3년 이상, 매출액 10억원 미만의 기초소재형 및 가공조립형 중소기업

5) 가젤형 기업(gazelles company): 상시 근로자 10인 이상이면서 매출이나 순고용이 3년 연속 평균 20% 이상인 기업

- 기초소재형
  섬유제품(의류제외), 목재 및 나무제품(가구제외), 펄프·종이 및 종이제품, 코크스·연탄 및 석유정제품, 화학물질 및 화학제품(의약품 제외), 의료용 물질 및 의약품, 고무제품 및 플라스틱제품, 비금속광물제품, 1차금속
- 가공조립형
  금속가공제품(기계 및 가구 제외), 전자부품·컴퓨터·영상·음향 및 통신장비, 의료·정밀·광학기기 및 시계, 전기장비, 기타 기계 및 장비, 자동차 및 트레일러, 기타 운송장비
- 지원이 안 되는 기업
  최근 3년 이내 신성장기반자금을 2회 이상 지원받은 기업

3) 융자범위

① 시설자금

- 생산설비 및 시험검사장비 도입 등에 소요되는 자금
- 정보화 촉진 및 서비스 제공 등에 소요되는 자금
- 공정설치 및 안정성평가 등에 소요되는 자금
- 유통·물류시설 등에 소요되는 자금
- 무역·수출 안전시설 설치 등에 소요되는 자금
- 사업장 건축자금, 토지구입비, 임차보증금: 토지구입비는 건축허가가 확정된 사업용 부지 중 6개월 이내 건축착공이 가능한 경우에 한함
- 사업장확보자금: 사업장확보자금은 사업영위 필요에 따라 기업당 3년 이내 1회로 한정 지원
- 생산성 향상, 생산환경 개선 및 후생복지시설 등에 소요되는 자금
- 조성공사비(협동화 및 협업사업 승인기업에 한함)

② 운전자금

- 시설자금을 융자받은 기업 중 시설도입 후 소요되는 초기 가동비(시설자금의 30% 이내)
- 혁신형기업, 협동화 및 협업사업 승인기업은 시설자금의 50% 이내에서 초기가동비 지원
- 지식서비스산업, 문화콘텐츠산업 영위기업, 협동화 및 협업사업 승인기업은 제품생산 비용, 제품개발비용 및 시장개척비용에 소요되는 자금을 시설자금과 별도로 융자 가능(단, 기술사업성 우수기업 전용자금은 시설자금과 별도 융자 불가)

③ **융자조건**

- 대출금리: 정책자금 기준금리에서 0.5%p 가산(기준금리)
- 시설자금 지원 시 고정금리 선택가능(단, 협동화 및 협업사업 승인기업은 제외)
- 기초제조기업 성장자금 대출금리: 정책자금 기준금리에서 0.08%p 차감(기준금리) 또는 고정금리 선택가능

④ **대출기간**

- 시설자금: 8년 이내(거치기간 3년 이내 포함)
- 기술사업성 우수기업 전용자금: 15년 이내(거치기간 5년 이내 포함)
- 협동화 및 협업사업 승인기업: 10년 이내(거치기간 5년 이내 포함)
- 운전자금: 5년 이내(거치기간 2년 이내 포함)

⑤ **대출한도**

- 기업당 45억원(지방소재 50억원), 운전자금 연간 5억원, 매출액 150% 이내
  단, 10억원 이상 시설투자기업의 운전자금은 10억원
- 기초제조기업 성장자금: 연간 10억원 이내(운전자금 2억원)
- 가젤형기업 전용자금: 기업당 70억원(운전자금 10억원)

3. 긴급경영안정자금

1) 지원내용

경영애로 해소, 수출품 생산비용 등 긴급한 자금소요를 지원하여 중소기업의 안정적인 경영기반 조성을 위한 자금이다.

2) 지원대상

① **긴급경영안정사업**

재해 피해를 입거나 일시적 경영애로 상태에 있는 중소기업

② **수출금융지원사업**

- 융자제외 대상 업종에 해당되지 아니하는 중소기업의 생산품(용역, 서비스 포함)을 수

출하고자 하는 중소기업

- 수출금융지원사업 이용기간(약정기간)이 5년을 초과한 기업은 융자 지원 제외(단, 해외 조달 시장 참여 중소기업은 신청 가능)

3) 융자범위

[표 10-1] 긴급경영안정자금 내용

구 분	내 용
긴급경영안정사업	• 자연재해 및 인적재난(재해지역으로 지정된 지역에 한함)으로 피해를 입은 중소기업(재해중소기업)의 직접피해복구비용 • 일시적 경영애로 기업 중 회생가능성이 큰 기업의 경영애로 해소 및 경영정상화에 소요되는 경비 • 수출비중이 20% 이상인 기업 중 환율 변동에 따른 피해로 직전년도(또는 전년동기) 대비 매출액이 10% 이상 감소한 기업 – 노동부 고용유지지원금 지원 기업 – 대형사고(화재 등)로 피해규모가 1억원 이상인 기업 – 대기업 구조조정에 따른 협력 중소기업 – 전년동기(동월) 대비 매출액이 20% 이상 감소한 경우로서, 전년도말 또는 직전 분기말 당시의 고용을 유지하고 있는 기업 – 주요거래처의 도산 또는 결제조건 악화에 따른 매출채권 회수 지연기업 – 기술유출 피해기업 – 부당하도급 피해로 공정위의 심결을 받았거나, 법원의 판결을 받은 기업 – 중소기업청장이 지원이 필요하다고 인정하는 사유에 해당하는 기업 • 일시적 경영애로 기업의 경우 융자제한기업(세금체납, 은행연합회의 신용정보관리규약에 따라 정보가 등록된 기업, 업종별 융자제한 부채비율 초과기업) 적용에서 제외(단, 은행연합회의 신용정보관리규약에 따라 정보가 등록된 기업 중 금융질서문란, 청산절차 등록기업은 융자제한)
수출금융지원사업	• 수출계약(L/C, D/A, D/P, Local L/C, T/T, M/T, 구매확인서, O/A, 해외조달 계약에 따른 P/O) 또는 수출실적에 근거한 수출품 생산비용 등 수출 소요자금

4) 융자조건

(1) 긴급경영안정사업

- 대출금리(변동금리): 정책자금 기준금리에서 1.05%p 가산(기준금리)

  (＊재해중소기업은 연 2.5% 고정금리 적용)

- 대출기간: 5년 이내(거치기간 2년 이내 포함)
- 대출한도: 기업당 연간 10억원 이내

(2) 수출금융지원사업

- 대출금리(변동금리): 정책자금 기준금리에서 1.05%p 가산(기준금리)
- 대출기간: 180일 이내
  - 수출계약기준: 수출품 선적(또는 용역 납품) 후 수출환어음 매입 시 정산. 단, 수출계약이 180일을 초과하는 경우에는 최장 1년까지 이를 인정
  - 수출실적기준: 대출일로부터 180일 이내에 일시 상환. 단, 수출실적 등을 감안하여 최장 1년 이내까지 인정
- 대출한도: 기업당 10억원 이내
  - 해외조달시장 참여중소기업 및 글로벌강소기업, 무역보험공사의 환변동보험 및 중소 Plus+단체보험 가입기업, 글로벌성장사다리 선정기업, 해외수요처 연계 R&D 성공제품은 기업당 30억원 이내
  - 해외조달시장 참여중소기업: UN 및 UN산하기구, WTO정부조달협정양허기관, FTA 정부조달 협정 양허기관의 조달계약에 입찰하여 낙찰 받는 기업
  - 글로벌강소기업[6]: 수출성장 잠재역량이 높은 수출중소기업을 집중 지원하여 수출 5천만불 이상의 글로벌강소기업으로 육성하기 위하여 중소기업청장이 선정
  - 글로벌성장사다리 선정기업[7]: 중소·중견기업을 글로벌 수출 강소기업으로 육성하기 위하여 한국무역보험공사 선정
  - 수출계약기준: 수출실적 및 계획을 근거로 산정한 회전한도(일반기업은 최대 10억원, 해외조달시장 참여중소기업은 및 글로벌강소기업은 최대 30억원) 내에서 수출 계약액의 90% 이내
  - 수출실적기준: 최근 1년간 수출실적의 1/2 이내
  - 수출실적기준 이용업체는 10억원(해외조달시장 참여중소기업 및 글로벌강소기업은 30억원) 한도 내에서 수출계약기준과 병행대출 가능

---

6) 글로벌 강소기업의 신청자격 및 요건
① 기업분류: 중소기업(중소기업기본법 제2조 제1항)
② 매출액: 100억 이상 ~1,000억원 미만(2014년 기준)
③ 직접수출: 2014년도 매출액 대비 수출 비중 10%이상이며, 2012~2014년 기간 중 1번 이상 연간 수출 5백만불 이상 달성하고 최대 5천만불을 초과하지 않은 기업
④ 기술혁신 역량: 3년 평균 매출액 대비 R&D 비중 1% 이상

7) 산업통상자원부와 한국무역보험공사가 추진하는 프로그램으로 수출 초보기업과 유망기업을 연간 수출 5천만 달러 이상의 글로벌 전문기업으로 키우기 위해 마련된 제도

4. 개발기술사업화자금

1) 지원내용

우수 기술의 제품화·사업화 지원제도로 중소기업이 보유한 우수 기술의 사장을 방지하고 개발기술의 제품화·사업화를 촉진하여 기술기반 중소기업을 육성하는 지원 자금이다.

2) 지원대상

「중소기업기본법」의 중소기업으로서 ① 다음 중 하나에 해당되는 기술을 사업화하고자 하는 기업, ② 자체 기술을 사업화하고자 하는 Inno-Biz[8] 또는 지식재산경영인증기업(특허청 인증)

- 산업통상자원부, 중소기업청 등 정부출연 연구개발사업에 참여하여 기술개발에 성공(완료)한 기술
- 특허, 실용신안 또는 저작권 등록 기술
- 정부·정부 공인기관이 인증한 기술(NET[9], 전력신기술, 건설신기술, 보건신기술)
- 국내외의 대학, 연구기관, 기업, 기술거래기관 등으로부터 이전받은 기술
- 「기술의 이전 및 사업화 촉진에 관한 법률」의 기술평가기관으로부터 기술 평가인증을 받은 기술
- 기업부설 연구소(한국산업기술진흥협회 인정) 보유 기업이 개발한 기술
- 지원이 안 되는 기업: 최근 3년 이내 개발기술사업화자금을 2회 이상 지원받은 기업

3) 융자조건

- 대출금리: 정책자금 기준금리에서 0.08%p 차감(기준금리)
- 대출기간

8) 기술혁신형 이노비즈(INNO-BIZ)란 Innovation(혁신)과 Business(기업)의 합성어로 기술 우위를 바탕으로 경쟁력을 확보한 중소기업이다. 연구개발을 통한 기술 경쟁력 및 내실을 기준으로 선정하기에 과거의 실적보다는 미래의 성장성을 중요시 한다.

9) 국산신기술인정제도(net excellent technology): 국내 기업 및 연구기관 등에서 개발한 신기술의 조기 발굴을 통해 그 우수성을 인증해줌으로써 신기술의 상용화와 기술거래를 촉진하고 신뢰성을 제고시켜 초기 시장 진출의 기반을 조성하기 위해 제정한 인증 제도이다.

– 시설자금: 8년 이내(거치기간 3년 이내 포함)

– 운전자금: 5년 이내(거치기간 2년 이내 포함)

- 대출한도: 기업당 연간 20억원(운전자금은 5억원)

(＊단, 10억원 이상 시설투자기업의 운전자금은 연간 10억원)

5. 소상공인지원 창업자금 지원

1) 지원내용

소상공인 창업 및 경영개선 자금(융자)은 소상공인의 창업 및 경영개선을 위한 필요자금을 최대 5,000만원(장애인 창업 및 기업은 최대 1억원)까지 저리로 대출해주는 제도이다. 사업자 등록증을 소지한 소상공인이면 가능하다.

2) 자금규모

- 최대 5,000만원(장애인 창업 및 기업은 1억원)까지 대출 가능
- 1년 거치 후 대출금액의 70%는 4년간 3개월(또는 매월)마다 균등 분할 상환, 대출금액의 30%는 상환기간 만료 시 일시상환
- 장애인 창업 및 기업은 2년 거치 후 대출금액의 70%는 5년간 3개월(또는 매월) 균등 분할 상환 후 대출금액의 30%는 상환기간 만료 시 일시 상환
- 문의처: 소상공인지원센터(전국 대표전화 1588-5302)

3) 융자조건

- 금리: 분기별 변동금리(현재 3.75%)
- 장애인 창업 및 기업과 재해 소상공인은 연 3% 고정금리

4) 지원요건

- 사업자등록을 한 후 영업 중이거나 영업이 확실시 될 것(실사를 통해 확인)
- 금융기관 대출금을 빈번하게 연체하고 있지 않을 것
- 소상공인 지원자금 융자 제외 대상 업종에 해당하지 않을 것

5) 대출취급 은행

국민, 기업, 신한, 우리, 하나, 외환, 한국씨티, 부산, 대구, 광주, 전북, 경남, SC제일, 제주은행, 농협중앙회, 저축은행중앙회, 수협중앙회, 새마을금고

6) 융자절차

[표 10-2] 소상공인지원센터를 통한 창업자금의 조달 절차

단 계	설 명
상담	창업, 경영개선 상담 및 사업성컨설팅 신청: 소상공인지원센터로 신청
신청, 접수처	순수신용 및 담보부대출: 대출취급은행으로 신청 보증서부대출: 지역신용보증재단으로 신청
신용보증발급	지역신용보증재단: 신청인의 신용, 재정상태, 경영능력, 사업성 등을 종합적으로 판단하여 신용보증서 발급
대출실행	금융기관: 대출취급 금융기관에서 담보감정, 신용보증기관의 보증서 발급 등 채권보전 절차를 거쳐 대출

6. 벤처캐피탈의 창업자금 지원

벤처캐피탈(venture capital: 모험자본)이란 고도의 기술력과 장래성은 있으나, 자본과 경영능력이 취약한 벤처기업에 창업 초기단계부터 자본과 경영을 지원하여 기업을 육성한 후 투자자본을 회수하는 첨단금융기관을 말한다. 기존 금융기관이 일정한 담보를 조건으로 융자형태의 자금을 지원하고, 투자기업의 경영성과에 관계없이 일정한 금리를 얻는 대신 벤처캐피탈은 담보 없이 무담보 주식투자를 통해 투자기업의 경영성과에 따라 많게는 투자금의 수십 배의 이익을 얻을 수 있는 반면 실패하는 경우 투자금을 전혀 회수할 수 없는 투자위험을 가지게 된다.

[표 10-3] 벤처캐피탈과 은행의 자금조달 차이

구분	지원형태	회수방법	성과보수	위험
벤처캐피탈	투자	상장 후 지분매각	투자기업의 가치	많음
은행	융자	만기 후 원금회수	금리	없음

1) 지원대상

① 지원대상

- 창업한지 7년 이내의 중소기업
- 「벤처기업육성에관한특별조치법」에 의한 벤처기업

② 지원대상 제외

- 상호출자제한기업집단에 속하는 회사
- 창업투자회사와 동일한 기업집단의 소속계열회사
- 숙박 및 음식점업, 금융 및 보험업, 부동산업, 무도장운영업, 골프장 및 스키장 운영업, 기타 서비스업(산업용 세탁업 제외)

2) 투자대상 및 방법

① 투자대상

- 「증권거래법」에 의한 유가증권시장이나 협회중개시장에 등록되지 않은 창업자 또는 벤처기업

② 투자방법

- 신규로 발행하는 주식의 인수, 지분의 취득
- 신규로 발행하는 무담보전환사채 또는 무담보신주인수권부사채의 인수
- 창업자 또는 벤처기업과의 계약에 따라 신제품 또는 신기술의 개발과 같이 특정사업의 수행을 위해 자금을 지원하고 수익을 분배하는 방식의 투자

3) 투자회사의 투자심사 일반절차

그림 10-5 투자회사의 투자심사 일반절차

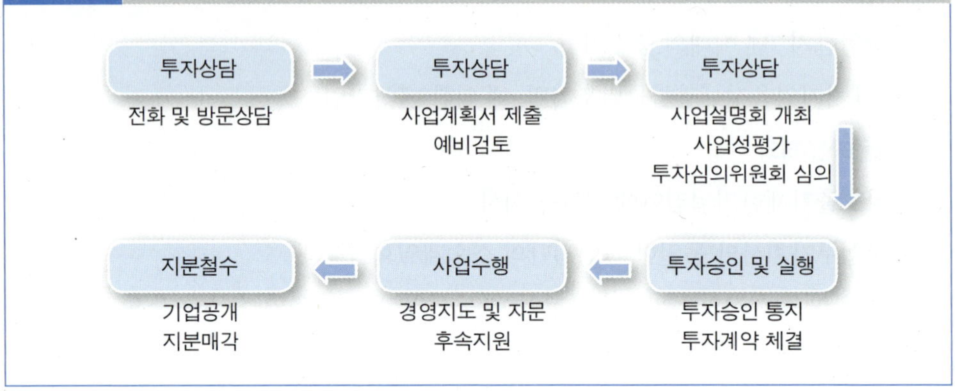

7. 엔젤의 창업자금 지원

1) 엔젤의 개념

엔젤(angel)[10]은 기술과 아이디어를 갖고 천사처럼 창업기업에 등장하여 자본과 노하우를 지원하는 개인 투자자들이다. 이들은 창업초기에 기업에 필요한 자금을 지원하고 경영자문을 수행하기도 한다. 미국에서 엔젤자본가는 개인적으로 큰 투자수익을 올리고 국가적으로 첨단산업 발전에 기여하고 있다. 엔젤 투자는 기술은 있으나 자금이 부족한 신생 벤처기업에 투자하여 첨단산업을 육성하는 개인투자자들의 투자로 이들을 엔젤이라 하고, 그 자본을 엔젤 캐피털이라고 한다. 엔젤투자조합이란 벤처기업에 투자할 목적으로 출자금 총액이 5억 원 이상이고 조합원수 49인 이하의 개인들로 구성된 조합을 말한다. 벤처캐피털이 주로 창업 후 완제품의 시장진입 단계에서 투자하는 반면에 엔젤캐피털은 아이디어만 있고 제품이 없는 창업 초기단계에 자금을 공급하는 것을 기본으로 한다. 엔젤은 초기성장단계의 투자에 중점적인데 대해 벤처캐피탈은 후기 성장단계에 집중적으로 투자된다. 우리나라에서는 「벤처기업 육성에 관한 특별조치법」에서 창

10) 미국 브로드웨이에서 1920년대 초 자금이 없어 무산될 오페라 공연에 후원자들이 나타나 자금을 공급해 줌으로써 공연을 성공리에 마치게 되자 이들을 천사(angel)라 했다. 그 후에 벤처기업에 투자하는 개인들을 지칭하는 용어가 됨.

업 7년 이내의 벤처기업 또는 전환한지 7년 이내의 벤처기업에 투자하는 개인 또는 개인들로 구성된 조합을 말한다. 창업 3년 이내의 벤처기업 또는 전환한지 3년 이내의 벤처기업 투자는 조세감면 혜택을 받을 수 있다.

크라우드 펀딩(crowd funding)은 후원, 기부, 대출, 투자 등을 목적으로 웹이나 모바일 네트워크 등을 통해 다수의 개인으로부터 자금을 모으는 행위를 말한다. 군중(crowd)으로부터 자금조달(funding)을 받는다는 의미로 자금이 필요한 개인, 단체, 기업이 웹이나 모바일 네트워크 등을 이용해 불특정다수로부터 자금을 모으는 것을 말한다. SNS를 통해 참여하는 경우가 많아 소셜 펀딩이라고도 한다. 크라우드 펀딩은 크게 대출형, 투자형, 후원형, 기부형으로 나눌 수 있다. IPO(Initial Public Offering)는 주식공개상장으로 기업이 최초로 외부투자자에게 주식을 공개 매도하는 것으로 보통 코스닥이나 나스닥 등 주식시장에 처음 상장하는 것을 의미한다. KONEX(Korea New Exchange)는 코스닥시장 상장 요건을 충족시키지 못하는 벤처기업과 중소기업이 상장할 수 있도록 2013년 7월 1일부터 개장한 중소기업 전용 주식시장이다.

그림 10-6 엔젤투자가가 벤처투자에서 차지하는 위치

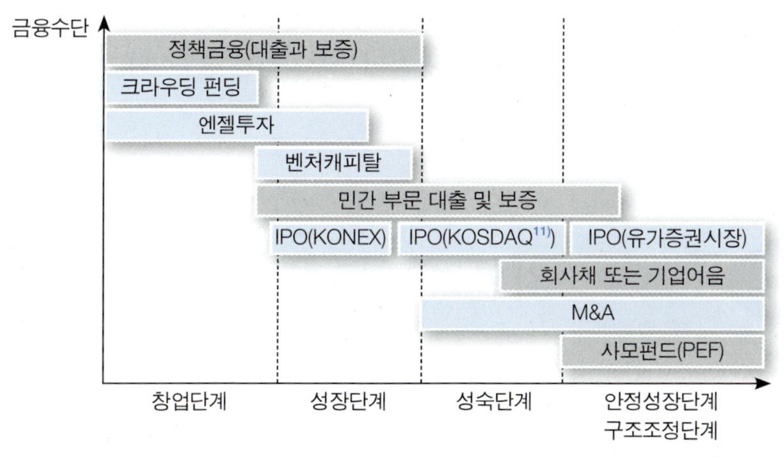

자료원: 자본시장연구원(2013), 창조금융 활성화를 위한 자본시장의 역할.

11) KOSDAQ(Korea Securities Dealers Automated Quotations)은 첨단벤처기업 중심 시장인 미국의 나스닥(Nasdaq) 시장을 본떠 만든 것으로 증권거래소 시장과는 다른 별도의 시장이다.

2) 엔젤의 종류

창업 초기성장 단계에 집중되고 높은 수익을 추구하는 엔젤은 역할에 따라 분류하면 리드 엔젤과 서포트 엔젤이 있다. 리드 엔젤(lead angel)은 벤처기업 자금지원에 주도적인 역할을 하는 엔젤로 대부분 창업경험이 있는 성공한 은퇴 경영자들이고, 풍부한 자금, 기업경영이나 기술평가 능력 등을 갖고 있으며, 회사에 비상근 이사 등으로 경영에 참여하기도 한다. 서포트 엔젤(support angel)은 변호사, 회계사, 컨설턴트 등 전문지식으로 창업자를 자문하거나 투자한다. 또한 투자주체에 따라 분류하면 비즈니스 엔젤, 엔젤클럽, 엔젤투자조합, 창업투자조합으로 구분할 수 있다. 비즈니스 엔젤(business angel)은 개인의 전문지식 및 경험을 토대로 독자적인 벤처기업의 발굴 및 투자를 결정하는 개인투자자이다. 엔젤클럽(angel club)은 회원 다수의 전문지식 및 경험을 모아 공동 기업 발굴 및 투자정보 교류를 목적으로 엔젤투자에 관심이 있는 개인투자자들의 자발적 모임이다. 이것은 구성원의 제한 및 출자의무 등 법적 제한이 없는 임의적인 동호회이다. 엔젤투자조합은 「벤처기업육성에 관한 특별조치법」과 동시행령 및 중소기업청 고시에 의한 "개인투자조합등록 및 투자확인서발급규정"에 근거하여 "출자액 총액이 2억 원 이상이며 조합원 수가 49인 이하인 개인들로 구성된 조합"을 말한다. 창업투자조합은 투자전문회사인 창업투자회사(벤처캐피탈회사)가 기관 및 개인들로부터 투자자금을 모집하고 직접 업무집행조합원이 되어 자금을 위탁 운용하면서 투자하는 경우이다.

03 보증지원 제도

1. 신용보증기금지원

1) 지원내용

기업의 미래성장성과 기업가치를 평가하여 기업 경영에 필요한 각종 채무에 대한 보증을 지원함으로써 중소기업이 자금융통을 원활히 할 수 있도록 지원하는 제도이다. 보증기관이 중소기업의 채무에 대하여 보증을 하고, 금융기관에서 대출받는 제도이다.

2) 지원대상

- 영리를 목적으로 사업을 영위하는 개인 및 법인과 이들의 단체
- 지원이 안 되는 기업
  - 도박·사행성 게임, 사치, 향락, 부동산, 주류·담배 등 일부업종은 보증지원 제한
  - 보증기관이 보증 채무를 이행한 후 채권을 회수하지 못한 기업 및 채무관계자
  - 신용상태가 악화되어 기업의 계속적 유지가 어려울 것으로 판단되는 기업
  - 휴업중인 기업, 대출금을 빈번히 연체하는 기업, 신용관리정보 보유기업 등

3) 보증내용

- 기업이 금융기관 등에 대하여 부담하는 각종 채무에 대한 보증
- 보증한도
  - 30억원
  - 신용이 취약하거나 규정에서 따로 정하는 기업은 15억원 이내로 제한
  - 금융위원회가 국민경제상 필요하다고 인정하는 자금 또는 기업의 경우 70~100억원까지 최고보증한도로 보증지원 가능

4) 중점 보증내용

[표 10-4] 신용보증기금 중점지원 주요 보증제도

구 분	내 용
수출중소기업 특례보증	• 수출기업 및 수출계약 체결기업에 대한 보증
유망창업기업 보증지원 프로그램	• 창업기업에 대해 유형별로 최대 10억원까지 지원하는 특별보증
고부가서비스 기업 보증	• 고부가가치를 창출하는 유망서비스업 영위기업에 대해 최고 10억원까지 지원하는 특별보증
시설자금 특례보증	• 자가사업장 신축 또는 매입, 공정자동화 및 설비 도입 등 시설자금에 대한 보증
지식재산 보증	• 지식재산 창출을 위한 연구개발(R&D), 기술거래, 사업화 및 활용 촉진을 위한 소요자금에 대한 보증
SMART 융합보증	• ICT, 과학기술 기반의 H/W, S/W 도입, 산업융합 신제품, 첨단융합품목 생산 등의 소요자금에 대한 보증
M&A 보증	• 합병, 영업양수 등 M&A를 위한 소요자금에 대한 보증
고용창출 특례보증	• 상시종업원(정규직)의 신규 고용에 따른 인건비, 교육훈련비 등의 소요자금에 대한 보증

2. 기술신용보증기금지원

1) 지원내용

담보력이 부족하나 기술력을 보유하고 있는 중소기업의 기술성, 사업성 등 미래가치를 평가하여 보증서를 발급해줌으로써 금융기관 등으로부터 원활하게 자금을 지원을 받을 수 있는 제도이다.

2) 지원대상

- 신기술사업을 영위하고 있는 중소기업
- 지원이 안 되는 기업
  - 도박 · 사행성게임, 사치, 향락, 부동산, 주류·담배 등 일부업종은 보증지원 제한
  - 보증기관이 보증 채무를 이행한 후 채권을 회수하지 못한 기업
  - 휴업중인 기업, 대출금을 빈번히 연체하는 기업 및 금융거래확인서 기준일 현재 연체 중인 기업 등

3) 보증내용

- 대출보증: 금융기관으로부터 각종 자금을 대출받을 경우 담보로 이용
- 어음보증: 기업의 영업활동과 관련된 담보어음에 대해 지급을 보증
- 이행보증: 기업이 공사, 물품의 공급, 용역제공 등을 위한 입찰 또는 계약 시 납부하여야 할 각종 보증금에 대한 담보로 이용
- 무역금융보증: 수출기업의 원재료 구입을 위한 무역금융에 대한 보증
- 전자상거래보증: 기업 간 전자상거래 대금결제를 위한 대출금 또는 외상구매 자금에 대한 보증
- 구매자금융보증: 납품기업 중심의 공급자금융방식에서 구매기업에 직접금융을 제공하여 납품대금을 결제토록 하는 제도로 기업구매자금 대출과 기업구매전용카드대출에 대한 보증
- 보증료: 기업의 기술사업평가 등급에 따라 0.5~3.0%까지 차등 적용

4) 중점 보증내용

[표 10-5] 기술신용보증기금 중점지원 주요 보증제도

구분	내용
수출중소기업 특례보증	• 수출기업 및 수출계약 체결기업에 대한 보증
유망창업기업 보증지원	• 창업기업에 대해 유형별로 최대 10억원까지 지원하는 특별보증
고부가서비스 기업보증	• 고부가가치를 창출하는 유망서비스업 영위기업에 대해 최고 10억원까지 지원하는 특별보증
시설자금 특례보증	• 자가사업장 신축 또는 매입, 공정자동화 및 설비 도입 등 시설 자금에 대한 보증
지식재산 보증	• 지식재산 창출을 위한 연구개발(R&D), 기술거래, 사업화 및 활용 촉진을 위한 소요자금에 대한 보증
SMART 융합보증	• ICT, 과학기술 기반의 H/W, S/W 도입, 산업융합 신제품, 첨단융합 품목 생산 등의 소요자금에 대한 보증
M&A 보증	• 합병, 영업양수 등 M&A를 위한 소요자금에 대한 보증
고용창출 특례보증	• 상시종업원(정규직)의 신규 고용에 따른 인건비, 교육훈련비 등의 소요자금에 대한 보증

3. 지역신용보증재단지원

1) 지원내용

물적 담보력이 부족한 소기업·소상공인 등에게 보증서를 제공함으로써, 소기업·소상공인 등이 은행에서 자금을 원활히 조달 할 수 있도록 지원해 주는 제도이다.

2) 지원대상

중소기업 기본법상 중소기업으로서 영리를 목적으로 사업을 영위하는 개인사업자, 법인

- 지원이 안 되는 기업
  - 도박·사행성게임, 사치, 향락, 부동산, 주류·담배 등 일부업종은 보증지원 제한
  - 보증기관이 보증 채무를 이행한 후 채권을 회수하지 못한 기업 및 채무관계자 등 보증금지 기업

– 휴업중인 기업, 대출금을 빈번히 연체하는 기업, 금융거래확인서 기준일 현재 연체 중인 기업 등

3) 우선선정

- 소기업, 소상공인
- 재해복구자금을 추천받은 기업
- 중소기업청장 또는 시·도지사가 지역경제의 활성화 또는 지역특화산업의 육성을 위하여 필요하다고 인정하는 자금을 추천받은 기업

4) 보증내용

- 소기업·소상공인 등이 금융기관 등에 대하여 부담하는 각종 채무에 대한 보증
- 대출보증, 어음보증, 이행보증, 지급보증의 보증, 시설대여 보증, 특례보증 등
- 보증한도

– 동일기업당 최고 8억원(신용보증기금 및 기술보증기금의 기 보증금액 포함)

04 자금지원 정보

1. 공공지원 자금지원

1) SW특화펀드(http://www.ksfc.or.kr)

① 사업안내

SW 초기기업에 집중 투자하는 펀드로 소프트웨어공제조합에서 단독으로 출자하여 200억원 규모로 조성

② 신청대상

초기 SW 기업

③ **지원내용**

창업단계(2억원), 성장단계(5억원~10억원), 글로벌화단계(10억원~30억원) 등 성장단계별로 투자대상 구분

2) 미래창조펀드(http://www.k-vic.co.kr)

① **사업안내**

정부 2,000억원과 대기업, 벤처1세대, 선도벤처기업, 연기금 등 민간의 출자를 받아 조성된 6,000억원 규모의 펀드

② **신청대상**

벤처기업, 중소기업 등

③ **지원내용**

창업 초기분야 2,000억원, 성장·후기단계에 4,000억원 투자

3) 디지털콘텐츠펀드(http://www.nipa.kr)

① **사업안내**

창의성을 가진 디지털콘텐츠 업체에 투자하는 펀드

② **신청대상**

디지털 콘텐츠 기업

③ **지원내용**

컴퓨터그래픽, 3D, 가상현실, 홀로그램, 스마트콘텐츠 등 디지털 콘텐츠 분야에 1,000억원 투자

4) 상상콘텐츠 기금(http://www.kocca.kr)

① **사업안내**

신화나 소설을 활용한 재창작 활동 등 상상력을 문화 자원으로 활용하기 위한 기금

② **신청대상**

예비 창업자, 창업자

③ **지원내용**

개인의 상상력을 문화자원으로 활용하기 위해 7,000억원 기금 지원

5) 창업투자 · 보조금 지원(http://www.bizinfo.go.kr)

① **사업안내**

벤처캐피탈 투자, 중소기업 모태조합 투자 등의 지원정보를 제공하며, 자금조달에 애로를 겪는 창업기업들에 대해 자금을 융자해 주는 제도

② **신청대상**

예비 창업자, 중소기업, 소상공인 등 경영애로를 겪고 있는 자

③ **지원내용**

창업투자금액의 15%(15억원 한도) 지원

6) 청년 전용 창업 특례보증(http://www.smba.go.kr)

① **사업안내**

고용창출효과가 큰 지식서비스산업 등에서의 젊은 인재의 적극적인 창업유도를 통해 일자리 창출 및 미래 성장잠재력 확충 도모

② **신청대상**

미취업자

③ **지원내용**

- 보증한도: 1억원(보증비율: 100%)
- 1,600억원 규모, 기업당 7천만원 이내(제조업은 1억원 이내)

7) 청년창업 전용자금

① 사업안내

우수 아이디어를 보유한 청년층의 창업촉진을 목적으로 창업자금과 교육, 컨설팅을 패키지로 지원

② 신청대상

만 39세 이하인 자로서 지식서비스업, 문화콘텐츠업, 제조업을 영위하고자 하는 예비창업자 및 창업3년 미만인 자

③ 지원내용

기업당 1억원: 연 2.7% 고정금리 적용, 시설·운전 구분 없이 3년 이내 (거치기간 1년 이내 포함) 지원

2. 민간부문 자금지원

1) 굿펀딩(http://www.goodfunding.net)

창의적인 생각과 열정을 가진 모든 이들의 꿈이 실현될 수 있도록 도움을 주는 크라우드 펀딩 플랫폼

2) DSC인베스트먼트(http://dscinvestment.com)

초기 기업과 성장 단계에 있는 분야의 기업을 집중 발굴하고, IT, 소프트웨어, 바이오, 기계, 환경 분야 향후 고속성장이 예상되며 자원이 집중될 수 있는 분야에 투자

3) 청년기업가 정신재단(http://www.koef.or.kr)

민간 주도하에 기업가 정신 확산 및 기존기관을 활용하는 Platform 기능을 수행하고 엔젤투자자가 창업기업을 발굴하여 선투자하면, 매칭으로 투자하는 엔젤투자 매칭 펀드 조성

05 창업세무

창업은 경제적 활동이므로 창업기업은 세무 문제에 직면하게 된다. 회계의 기장과 재무제표의 작성, 세금의 계산, 신고와 납부를 성실하게 이행하여야 한다. 창업기업에서 주로 발생하는 세금사항은 원천징수, 부가가치세와 소득세나 법인세 등이 있다. [표 10-6]은 주요 세금의 신고와 납부기한이다.

[표 10-6] 주요 세금 신고납부 기한

구 분	대상	신고 납부 기한		비고
원천징수	원천징수사업자	다음달 10일까지		반기 납부 제외
부가가치세	신고납부:	1기 예정	4. 25	1월~3월
	법인 연 4회	1기 확정	7. 25	3월~6월
	개인 연 2회	2기 예정	10. 25	7월~9월
	(고지납부 2회)	2기 확정	다음해 1. 25	9월~12월
	간이과세자	1기 확정	7. 25	1월~6월
		2기 확정	1. 25	7월~12월
소득세(법인세)	모든 사업자	확정신고	5. 1~5. 31 (법인: 3. 31)	다른 소득과 합산
		중간예납	11. 30 고지납부 (법인: 8. 31)	전년 부담액의 1/2

1. 원천징수

원천징수란 납세의무자의 소득 또는 수입이 되는 금액을 지급할 때 이를 지급하는 자가 그 지급금액의 일부를 세금으로 미리 징수하여 국가에 납부하는 제도를 말한다. 원천징수는 소득세(국세)와 지방소득세 특별징수분(지방세)을 합한 것이다. 근로자 등 소득자가 자신의 소득에 대한 세금을 직접 신고 납부하지 않고 소득을 지급하는 회사가 소득을 지급하면서 관련 세금을 미리 징수하여 납부하는 제도로 근로자 등 소득자는 번거로운 세금 신고 납부 부담을 덜 수 있으며, 소득을 지급하는 원천징수의무자는 관련 지출 증빙을 갖출 수 있는 장점이 있다. 원천징수하여야 할 소득세, 법인세 및 농어촌특별세가 1,000원 미만인 때에는 당해 소득세, 법인세, 농어촌특별세를 징수하지 아니한다. 다만, 이자소득의 경우에는 소액부징수 대상 소득에서 제외된다.

그림 10-7 원천징수 절차

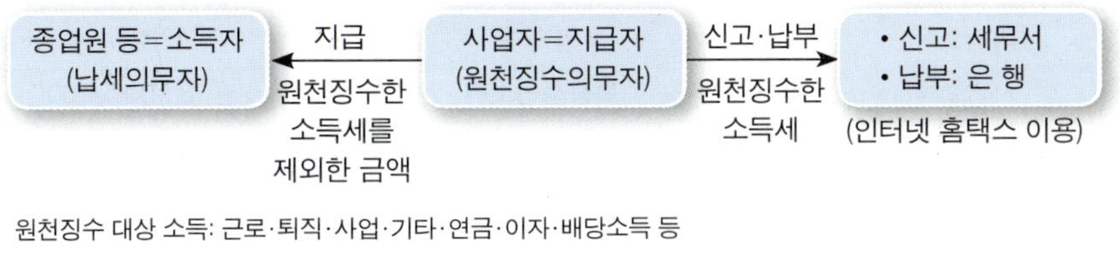

1) 원천징수대상소득 및 원천징수의무자

(1) 원천징수대상소득

- 근로소득 급여, 상여금
- 일용근로소득
- 연금소득
- 이자(배당)소득
- 퇴직소득 퇴직금
- 기타소득 원고료
- 사업소득 학원 강사의 강사료

(2) 원천징수의무자

원천징수대상이 되는 소득이나 수입금액을 지급하는 개인이나 법인

(3) 원천징수대상소득금액

- 기타소득금액=기타소득 총수입금액－필요경비(80%)
- 기타소득금액이 5만원 이하이면 과세최저한으로 소득세를 과세하지 않는다.
  즉, 신고·납부대상이 되지 않는다.

2) 원천징수세율

각 소득에 대한 원천징수 세율은 [표 10-7]과 같다.

[표 10-7] 원천징수세율

소득 구분		원천징수세율
근로소득	거주자, 비거주자 근로소득	간이세액표
	일용근로자	6/100
퇴직소득	퇴직자	기본세율
사업소득	특정사업소득	3/100(5/100)
기타소득	일반적 기타소득	20/100
이자소득	일반적 이자소득금액	14/100
배당소득금액	일반적 배당소득금액	14/100

3) 원천징수세액 신고 · 납부 방법

(1) 원천징수세액 신고 · 납부 방법

- 소득을 지급한 날이 속하는 달의 다음달 10일까지 관할세무서에 신고·납부(원칙)
- 세무서나 인터넷 신고 및 납부 중 택일
- 인터넷 신고 및 은행 납부 절차

(2) 근로소득 원천징수 신고 및 납부절차

- 근로자에게 매월 급여(상여금 포함)을 지급하는 경우 지급 시 근로소득 간이세액표를 참조하여 소득세를 원천징수하여 납부
- 근로자가 퇴직하는 경우 퇴직하는 달의 급여를 지급하는 때에 연말정산
- 계속 근로자의 경우에는 다음해 2월에 연말정산
- 근로소득 간이세액표
  - 원천징수의무가 근로자에게 매월 급여를 지급하는 때에 원천징수해야 하는 세액을 급여수준 및 가족수별로 정한 표: 국세청 홈페이지(www.nts.go.kr) 〉 조회 · 계산〉 간이세액표에서 내려받기 및 조회 가능
- 신고 납부 시기: 급여 등을 지급한 다음달 10일까지 소득지급액과 원천징수세액을 기재한 원천징수이행상황신고서를 원천징수 관할 세무서장에게 제출하고, 세금

은 납부서에 기재하여 금융기관을 통해 납부한다.

- 절차
  - 소득세 ⇒ 국세 ⇒ 국세청 홈택스(http://www.hometax.go.kr)
  - 지방소득세 특별징수분 ⇒ 지방세 ⇒ e-택스(http://etax.seoul.go.kr)

4) 자료의 제출

(1) 원천징수영수증 교부

원천징수의무자는 원천징수대상소득별로 원천징수영수증을 교부한다(근로소득원천징수영수증, 퇴직소득원천징수영수증 등). 원천징수영수증은 다음의 시기에 교부한다.

[표 10-8] 원천징수영수증교부시점

구분	원천징수영수증 교부 시점
근로소득	① 원칙: 해당과세기간의 다음연도 2월 말일 ② 중도퇴사자: 퇴직한 날이 속하는 달의 근로소득의 지급일이 속하는 달의 다음 달 말일 ③ 일용근로자: 근로소득의 지급일이 속하는 분기의 마지막 달의 다음 달 말일(4분기에 지급한 근로소득의 경우에는 다음 연도 2월 말일)
퇴직소득	퇴직금 지급일이 속하는 달의 다음 달 말일
사업소득	① 원칙: 소득을 지급하는 때 ② 연말정산 대상 사업소득: 연말정산일이 속하는 달의 다음 달 말일
기타소득	① 원칙: 소득을 지급하는 때 ② 원고료, 일시적인 인적용역(강연료, TV해설료): 기타소득이 100만원 이하인 경우는 발급을 요구하는 때
이자, 배당소득 금액	소득지급시점. 다만, 지급한 날이 속하는 과세기간의 다음 연도 3월 말까지 이자소득 또는 배당소득을 받는 자에게 그 이자소득 또는 배당소득의 금액과 그 밖에 필요한 사항을 통지하는 경우에는 해당 원천징수영수증을 발급한 것으로 본다.

(2) 원천징수이행상황 신고서 제출

원천징수의무자는 원천징수한 소득세 또는 법인세를 그 징수일이 속하는 달의 다음 달 10일까지 「국세징수법」에 의한 납부서와 함께 원천징수 관할세무서·한국은행 또는 체신관서에 납부하여야 하며, 기획재정부령이 정하는 원천징수이행상황신고서를 원천징수 관할세무서장에게 제출(국세정보통신망에 의한 제출을 포함한다)하여야 한다. 원천징수이행상황신고서에는 원천징수하여 납부할 세액이 없는 자에 대한 것도 포함하여야 한다.

(3) 지급명세서 제출

지급명세서는 일정한 소득금액 또는 수입금액을 지급받는 자의 인적사항, 소득금액 또는 수입금액의 종류와 금액, 소득금액 또는 수입금액의 지급시기와 귀속연도 등을 기재한 과세자료이다. 소득을 지급하는 자는 이에 관한 지급명세서를 제출해야 한다.

2. 부가가치세

1) 부가가치세의 의의

상품을 판매하거나 서비스를 제공할 때 거래금액에 일정금액의 부가가치세를 징수하여 납부해야 한다. 물건 값에 부가가치세가 포함되기 때문에 이 세금은 최종소비자가 부담하게 된다. 부가가치세(value added tax)란 생산 및 유통과정의 각 단계에서 창출되는 부가가치에 대하여 부과되는 조세로 사업자가 소비자로부터 부가가치세 10%를 미리 징수해서 납부하는 제도이다. 1년간의 매출액과 동일 기간 내에 주고받은 계산서와 매입세금계산서합계표를 다음해 1. 1부터 1. 31까지 사업장 관할세무서에 신고하여야 한다. 부가가치세 면세사업자는 부가가치세는 신고할 의무가 없으나 사업장 현황신고를 하여야 한다. 다음과 같이 일부 생활필수품을 판매하거나 의료·교육관련 용역의 공급에는 부가가치세가 면제된다.

- 곡물, 과실, 채소, 육류, 생선 등 가공되지 아니한 식료품의 판매
- 연탄, 무연탄, 복권의 판매
- 허가 또는 인가 등을 받은 학원, 강습소, 교습소 등 교육용역업
- 병·의원 등 의료보건 용역업
- 도서, 신문, 잡지(광고 제외)

2) 부가가치세액의 계산

부가가치세는 부가가치에 대하여 부과하는 세금이다. 부가가치는 가치의 증가분이므로 매출액에서 매입액을 차감하는 구조이다. 일반과세자와 간이과세자는 부가가치세에서 차이가 있다. 간이과세자로서 당해 과세기간, 공급대가(매출액)가 1,200만원 미만인

경우 부가가치세 신고는 하되 세금납부는 면제된다. 따라서 일반과세자의 부가가치세는 매출세액에서 매입세액을 차감하여 계산한다.

납부세액＝매출세액(매출액×10%)－매입세액(매입액×10%)
＝매출세액－매입세액

[표 10-9] 일반과세자와 간이과세자의 구분 및 차이점

구분	일반과세자	간이과세자
유형	1년간 매출액 4,800만원 이상이거나 간이과세 배제되는 업종·지역인 경우	1년간 매출액 4,800만원 미만이고 간이과세 배제되는 업종·지역에 해당되지 않는 경우
매출세액	공급가액×10%	공급대가×업종별 부가가치율×10%
세금계산서 발행	의무적으로 발행	발행할 수 없음
매입세액 공제	전액공제	매입세액×업종별 부가가치율
의제매입세액 공제	모든 업종에 적용	음식업 사업자만 공제

광업·제조업·도매업·전문직 사업자, 다른 일반과세 사업장을 이미 보유한 사업자, 간이과세배제기준(종목·부동산임대업·과세유흥장소·지역)에 해당되는 사업자 등은 간이과세 적용이 배제된다. 간이과세자의 부가가치세는 업종별 부가가치율을 적용한 매출세액에서 업종별 부가가치율을 적용한 매입세액을 차감하여 계산한다.

납부세액＝매출액×부가가치율×10%－공제세액(매입세액×부가가치율)

[표 10-10] 간이과세자에 적용되는 업종별 부가가치율

업 종	부가가치율
소매업	15%
제조업, 전기·가스 및 수도사업, 재생재료 수집·판매업	20%
건설, 부동산임대, 농·수·임·어업, 기타 서비스업, 음식·숙박업	30%
운수·창고 및 통신업	40%

3) 부가가치세의 과세기간

과세기간은 세법에 의하여 국세의 과세표준계산에 기초가 되는 기간으로 부가가치세는 6개월을 과세기간으로 하여 확정 신고·납부한다. 일반과세자의 경우 4월과 10월에는 세무서장이 고지하는 예정고지세액을 납부하고 납부한 예정고지세액은 다음 확정신고 납부 시에 공제된다. 매입 시에 세금계산서를 받지 않으면 그 세액을 공제받지 못하므로 세 부담이 그만큼 늘어난다.

[표 10-11] 부가가치세의 예정신고 · 확정신고와 납부

사업자	과세기간 확정	신고대상 확정	신고납부기간
일반과세자	제1기 1. 1~6. 30	1. 1~6. 31간의 사업실적	7. 1~7. 25
간이과세자	제2기 7. 1~12. 31	7. 1~12. 31 기간의 사업실적	다음해 1. 1~1. 25

4) 세금관련 주의사항

(1) 현금영수증·신용카드 발급 및 수취에 대한 혜택

개인사업자는 현금영수증과 신용카드 등 발행금액의 1.3%(음식·숙박업의 간이과세자 2.6%)를 부가가치세 납부할 세액에서 공제(연간 700만원 한도) 받을 수 있다. 일반과세자로부터 사업에 필요한 물품 등을 매입하고 '지출증빙용 현금영수증' 또는 부가가치세액이 별도로 기재된 '신용카드매출전표'를 받으면 부가가치세 매입세액공제 및 소득세(법인세) 계산 시 필요경비로 인정되고 증빙 미수취가산세 대상에서 제외된다.

(2) 세금계산서의 중요성

재화나 용역의 매입 시 매입세금계산서를 받아야 부가가치세 매입세액을 공제받을 수 있다. 다음의 경우 부가가치세 매입세액을 공제받을 수 없다.

- 세금계산서를 교부받지 않거나, 필요적 기재사항이 누락 또는 사실과 다르게 기재
- 매입처별세금계산서합계표를 제출하지 않거나 부실기재한 경우
- 사업과 직접 관련이 없는 매입세액
- 비영업용 소형승용차의 구입과 임차 및 유지에 관련된 매입세액

- 접대비지출 관련 매입세액
- 면세관련 매입세액 및 토지관련 매입세액
- 사업자등록 전 매입세액(등록신청일로부터 역산하여 20일 이내의 것은 공제가능)

(3) 세금계산서를 주고받을 때 유의사항

세금계산서를 수취할 때에는 거래상대방의 사업자등록 상태(휴·폐업자인지 여부), 과세 유형(간이과세자인지 여부)과 아래의 필요적 기재사항이 정확히 기재되었는지 확인하여야 한다.

- 공급자의 사업자등록번호, 성명 또는 명칭
- 공급받는 자의 사업자등록번호
- 공급가액과 부가가치세액
- 작성연월일은 재화 또는 용역의 공급일자와 동일한지

3. 소득세

1) 소득세의 개요

소득세(income tax)는 개인의 소득을 과세대상으로 하여 부과하는 조세이다. 사업자는 1년 동안 얻은 소득에 대하여 소득세를 신고 납부하여야 한다. 이 때 개인사업자가 납부하는 세금을 종합소득세이고, 법인사업자가 법인소득에 대하여 납부하는 세금을 법인세이다. 종합소득세는 개인이 지난해 1년 간의 경제활동으로 얻은 소득에 대하여 납부하는 세금으로서 모든 과세대상 소득을 합산하여 계산하고, 다음해 5월 1일부터 5월 31일까지 주소지 관할 세무서에 신고·납부하여야 한다. 소득세는 사업자가 스스로 소득을 계산하여 신고·납부하는 세금이므로 모든 사업자는 장부를 기장하고 비치하여야 한다. 연도 중에 폐업을 하였거나 사업에서 손실이 발생하여 납부할 세액이 없는 경우에도 종합소득세 신고는 해야 한다. 신고를 하지 않는 경우의 불이익은 다음과 같다.

- 특별공제와 각종 세액공제 및 감면을 받을 수 없다.

- 무신고가산세와 납부불성실가산세를 추가로 부담하게 된다.

2) 소득세의 과세방법

(1) 소득세의 과세방법

소득세의 과세대상은 종합소득, 퇴직소득과 양도소득 등이 있다. 종합소득은 이자소득, 배당소득, 부동산임대소득, 사업소득, 근로소득, 연금소득과 기타소득이 있다. 이러한 소득에 대한 과세방법은 종합과세, 분리과세와 분류과세가 있다. 종합과세는 소득의 발생원천을 불문하고 모든 종류의 소득을 종합하여 과세하는 제도이다. 종합과세는 누진세율구조로 소득분배를 도모한다.

[표 10-12] 소득세의 과세방법

구분	설명
종합과세	이자소득, 배당소득, 부동산임대소득, 사업소득, 근로소득, 연금소득과 기타소득을 합산과세
분리과세	이자소득, 배당소득, 근로소득, 연금소득 등 일부소득은 완납적 원천징수에 의해 분리과세
분류과세	퇴직, 양도소득 등 장기간에 걸쳐 발생하는 소득은 일시에 누진과세되어 종합소득과 별도로 분류과세

(2) 소득금액 계산

장부를 비치·기록하고 있는 사업자는 총수입금액에서 필요경비를 공제하여 계산한다. 장부를 비치·기장하지 않은 사업자의 소득금액은 다르게 계산한다.

① 장부를 비치·기장한 사업자의 소득금액

- 소득금액 = 총수입금액 − 필요경비

② 장부를 비치·기장하지 않은 사업자의 소득금액은 다음과 같이 계산한다.

- 기준경비율적용 대상자 소득금액 = 수입금액 − 주요경비 − (수입금액 × 기준경비율)
- 단순경비율적용 대상자 소득금액 = 수입금액 − (수입금액 × 단순경비율)

(3) 장부의 비치·기장

간편장부대상자는 해당 과세기간에 신규로 사업을 시작하였거나 직전 과세기간의 수입금액의 합계액이 일정금액 이하인 사업자를 말한다. 사업자는 사업과 관련된 모든 거래사실을 복식부기 또는 간편장부에 의하여 기록·비치하고 관련 증빙서류 등과 함께 5년간 보관하여야 한다. 복식부기의무자는 재산상태와 손익거래 내용의 변동을 빠짐없이 거래 시마다 차변과 대변으로 나누어 기록한 장부를 기록·보관하여야 하며, 이를 기초로 작성된 재무제표를 신고서와 함께 제출하여야한다. 장부를 기장하지 않는 경우의 불이익을 받지만, 장부를 기장하는 경우의 혜택은 다음과 같다.

- 스스로 기장한 실제소득으로 소득세를 계산하므로 적자(결손)가 발생한 경우 10년간 소득금액에서 공제 받을 수 있다.
- 간편장부대상자가 단순경비율·기준경비율에 의해 소득금액을 계산하는 경우보다 최고 40%까지 소득세 부담을 줄일 수 있다. 100만원 한도로 기장세액공제(5%, 복

[표 10-13] 복식부기의무자와 간편장부대상자의 구분

구분	내용
복식부기의무자	직전년도 수입금액이 일정금액 이상인 사업자와 전문직사업자
간편장부대상자	당해연도에 신규로 사업을 개시하였거나 직전년도 수입금액이 일정금액 미만인 사업자(전문직 사업자는 제외)

[표 10-14] 복식부기의무자와 간편장부대상자 판정기준

구 분	직전년도 수입금액
가) 농업·임업, 어업, 광업, 도매업 및 소매업, 부동산 매매업, 아래 나) 및 다)에 해당되지 아니하는 업	3억 원
나) 제조업, 숙박 및 음식점업, 전기·가스 및 수도사업, 건설업, 운수업, 통신업, 금융 및 보험업	1억 5천만 원
다) 부동산임대업, 서비스업(사업·교육), 보건 및 사회복지사업, 오락·문화 및 운동관련 서비스업, 기타 공공·수리 및 개인서비스업, 가사서비스업	7천 5백만 원

※ 전문직사업자는 수입금액에 관계없이 복식부기의무가 부여됨

[표 10-15] 종합소득세 세율

과세표준	세율	누진공제
12,000,000이하	6%	
12,000,000 초과 46,000,000이하	15%	1,080,000
46,000,000 초과 88,000,000이하	24%	5,220,000
88,000,000 초과 150,000,000이하	35%	14,900,000
150,000,000 초과	38%	19,400,000

식 부기 시 20%) 적용, 무기장가산세(20%) 적용배제

- 전문직사업자의 범위, 간편장부대상자에 대한 간편장부 작성요령 및 업종별 작성 사례, 서식 등이 국세청 홈페이지에 상세히 게시되어 있으니 참고하면 좋다.
- 국세청 홈페이지(www.nts.go.kr) 4 신고납부 4 종합소득세 4 간편장부 작성요령

4. 법인세

법인세(corporate tax)는 법인이 일정기간 수입한 소득에 대해서 부과하는 조세이다. 법인세 신고는 사업연도 종료일이 속하는 달의 말일부터 3월내 '법인세 과세표준 및 세액신고서'에 기업회계기준 및 국제회계기준에 의해 작성한 재무제표(재무상태표, 손익계산서, 이익잉여금처분계산서), 세무조정계산서 및 기타 부속서류(결산보고서 및 부속명세서)를 첨부해 본점의 납세지 관할세무서장에게 신고해야 한다. 조세특례제한법 8조에 따른 '창업벤처중소기업 법인세감면'에 따라서 인증된 벤처기업은 법인세를 감면받을 수 있다. 창업벤처기업 인증을 받으면, 그 확인받은 날로부터 최초로 소득이 발생한 사업연도와 그 다음사업연도의 개시일부터 3년 이내에 끝나는 사업연도까지 해당 사업에서 발생한 소득에 대한 법인세를 50% 감면해 준다.

법인의 각 사업연도의 소득은 그 사업연도에 속하는 익금의 총액에서 그 사업연도에 속하는 손금의 총액을 공제한 금액으로 계산한다. 내국법인의 각 사업연도 소득에 대한 법인세의 과세표준금액은 각 사업연도 소득의 범위 안에서 다음의 소득 또는 금액을 순차로 공제한 금액으로 한다.

법인세의 과세표준=소득금액－이월결손금－비과세소득－소득공제

[표 10-16] 법인세 세율

과세표준 금액	세율
2억원 이하	10%
200억원 이하	20%
200억원 초과	22%

[표 10-17] 중소기업에 한해 주어지는 조세지원

구 분	내 용
세액감면 및 공제	중소기업 기계장치 등 사업용 자산 투자에 대한 세액공제(3%) 창업중소·벤처기업에 대한 세액감면(50%) 중소기업에 대한 특별세액감면(10~30%) 수도권과밀억제권역 외 지역 본사 및 공장 이전 시 세액감면(50~100%)
손금산입	고용유지중소기업 등에 대한 과세특례 (전체 감소한 임금의 50% 손금산입)
기타 조세지원	최저한세 적용기준 우대(중소 7%, 일반 10~14%) 접대비 기본 한도액 우대(1,800만원) 중소기업 통합 시 양도소득세 이월과세 적용 결손금 소급공제에 의한 환급 원천징수세액 반기납부 중소기업취업 청년(15세 이상 29세 이하)에 대한 소득세 감면(100%)

06 사회보험

1. 사회보험

사회보험(social insurance)은 국가가 보험제도를 활용하여 법에 의하여 강제성을 띠고 시행하는 보험제도이다. 사회보험은 근로자나 그 가족을 상해·질병·노령·실업·사망 등의 위협으로부터 보호하기 위하여 실시하는 것이다. 사회보험은 개인보험처럼 자유의사에 의해서 가입하는 것은 아니며, 보험료도 개인·기업·국가가 서로 분담하는 것이 원칙이다. 보험료의 계산에 있어서도 위험의 정도보다는 소득에 비례하여 분담함을 원칙으로 함으로써 소득의 재분배 기능을 가진다. 근로자 1인 이상의 모든 사업장은 4대 보험에 가입하여야 한다. 이러한 사회보험은 노동능력의 상실에 대비한 산업재해보험·건강보험과 노동기회의 상실에 대비한 연금보험·실업보험으로 구분할 수 있다.

1) 국민연금

국민연금은 노령, 장애, 사망 등으로 소득활동을 할 수 없을 때 기본적인 생활이 가능

[표 10-18] 4대보험의 비교

구분		국민연금	건강보험	고용보험	산재보험
가입대상	연령	18세 이상 60세 미만	연령제한 없음	근로기준법에 의한 모든 근로자(근로를 제공하고 소득 받는 자)	
	제외	• 타공적연금 가입자·수급자 • 국민기초생활수급자 • 1개월 미만 일용근로자, 월 60 시간 미만 단시간 근로자	• 유공자 등 의료보호 대상자 • 의료급여수급자 • 1개월 미만 일용근로자, 월 60시간 미만 단시간 근로자	• 65세 이상(가입의무·보험료미부과·실업급여 제외) • 1개월 60시간 미만 타연금가입자·외국인·사용자	• 타연금 가입자 • 사용자 • 연령제한 없음
	사용자	가입대상(무보수 대표이사 제외)	가입대상 무보수 대표이사 제외	가입불가	
	외국인	보험 가입여부는 보험별로 다름으로 해당 기관에 직접 문의			
취득		• 취득일 1일은 당연납부 • 월중 입사자 보험료 납부 여부 선택(희망/미희망)	• 월중입사자는 다음 달부터 취득일 납부, 피부양자 취득신고	• 학력·직종·주당근무 시간 등 신고 • 입사(퇴사)한 달 일할 계산한 보험료 산정	
소득상한선		375만원	7,810만원(월)	없음	
보험료율		• 기준소득월액의 9% • 근로자와 사용자 50% 부담	• 건강보험: 보수월액의 6.07% • 장기요양보험: 건강보험료의 6.55% • 근로자와 사용자 50% 부담	• 고용보험: 근로자 0.65%, 사용자 0.9~1.5% • 산재보험: 사용자 전액부담, 업종에 따라 다름	
신고마감 납부마감		매월 15일 신고 마감 후 다음달 10일까지 납부			

하도록 연금을 지급하는 제도이다. 국민연금은 국가가 보험의 원리를 도입하여 만든 사회보험으로 가입자, 사용자 및 국가로부터 일정액의 보험료를 받아 이를 재원으로 노령으로 인한 근로소득 상실을 보전하기 위한 노령연금이다.

2) 건강보험

건강보험은 국민건강보험법에 따라 국민의 질병, 부상에 대한 예방, 진단, 치료, 재활과 출산, 사망 및 건강증진에 대하여 보험급여를 실시함으로써 국민건강 향상 및 사회보장증진에 기여하는 제동이다.

3) 고용보험

고용보험은 근로자에게 실업급여와 능력개발비용을, 사업주에게는 고용유지와 교육훈련 비용을 지원하는 제도이다. 근로자가 실직한 경우에 생활안정을 위하여 일정기간 동안 급여를 지급하는 실업급여사업과 함께 구직자에 대한 직업능력개발·향상 및 적극적인 취업알선을 통한 재취업의 촉진과 실업예방을 위하여 고용안정사업 및 직업능력개발사업 등의 실시를 목적으로 하는 사회보험의 하나이다.

4) 산재보험

산재보험은 공업화 진전과 더불어 발생하는 산업재해 근로자를 보호하기 위하여 1964년에 도입된 우리나라 최초의 사회보험제도이다. 산업재해로부터 근로자를 보호하기 위해서는 산업재해 자체를 예방하는 것이 가장 바람직하나, 이미 발생한 산업재해로 부상을 당하거나 사망한 경우는 피해근로자나 가족을 보호 내지 보상해 주는 산재보험이 중요한 의미를 지닌다고 할 수 있다. 산재보험은 산재근로자와 그 가족의 생활을 보장하기 위하여 국가가 책임지는 의무보험으로 원래 사용자의 근로기준법상 재해보상책임을 보장하기 위하여 국가가 사업주에게서 소정의 보험료를 징수하여 그 재원으로 사업주를 대신하여 산재근로자에게 보상을 해주는 제도이다. 근로자의 업무상 재해는 사용자의 고의 · 과실 유무를 불문하는 무과실 책임주의이다. 보험사업에 소요되는 재원인 보험료는 원칙적으로 사업주가 전액 부담한다. 산재보험급여는 재해발생에 따른 손해 전체를 보상하는 방식이 아니라 평균임금을 기초로 정률보상방식으로 지급된다. 한편 산재보험은 자진신고와 자진납부를 원칙으로 한다.

2. 4대 보험의 신고

4대 보험에서 산재보험은 법적으로 사업주가 전액 부담하며, 나머지 3대 보험료는 법적으로 사업주와 직원이 각각 반씩 부담한다. 4대 보험 가입, 상실 방법은 방문에 의한 직접 제출은 물론, 우편이나 팩스에 의한 신고도 가능하며, 4대 보험이 통합되었기 때문에 국민연금공단, 국민건강보험공단, 고용노동부 중 어느 한곳에만 신고하여도 된다. EDI 서비스를 이용하거나 4대 사회보험 정보포털서비스(http://www.4insure.or.kr)를 통하여 인터넷으로도 신고할 수 있다.

불황은 중소기업을 시험하지만 기회를 창조한다.

불황은 중소기업 소유자의 마음을 불안하게 한다. 고객들이 적게 구매하기 시작할 때 중소기업 소유자는 이용할 수 있는 자원이 적다. 그러나 침체기에 있다고 사업을 포기해야 한다는 것은 아니다. 경제침체를 극복하고 불안 요소를 예방할 방법이 있다.

① 언제나 훌륭한 의사결정 필요: 훌륭한 사업결정은 호시절에는 더 효과가 있지만 특히 경제불황 때 중요하다. 판매가 높을 때는 결정을 재고한다.
② 현금 집중: 현재 대금을 지불하기 위해 수중에 현금을 보유해야 한다. 현금을 갖고 있지 않다면 수입되는 돈이 지출하는 돈과 적어도 같아질 때까지 지출을 줄인다.
③ 현재 부채 관리: 감소된 현금흐름으로 이자와 세금납부를 충당하기 위해 비용을 다시 줄일 필요가 있다. 미결제는 채무불이행이 되기 때문에 결제금액을 지금 지불해야 하는 것을 의미한다.
④ 비용절약: 개업을 하면 지출이 늘어나기 마련이다. 적은 돈이라도 절약해야 한다. 필수적인 것이 아닌 경비를 재평가하고 절약한다. 경제침체는 증가된 비용을 줄일 절호의 기회이다.
⑤ 고객의 기반 관찰: 큰 주문을 내는 소수의 고객을 갖는 것은 시기가 좋다고 보이지만, 소수의 큰 고객만을 가지면 그런 고객 중의 하나가 재무적 곤경에 처하여 지불하지 못한다면 심각한 문제를 야기할 수 있다.
⑥ 침체에 생존가능한 산업 판단: 경제와 경쟁자를 관찰한다. 그런 다음 솔직하게 사업이 적합한 곳을 평가한다. 어떤 영역에서 살아남을 수 있는가? 이점에서 사업의 장기적인 자금의 생존능력을 재평가할 시기이다.
⑦ 6개월 보유자금 유지: 불황 대비 자금(rainy-day funds)의 보유는 침체시기에 필수이다. 6개월 안에 지급할 자금을 확실하게 충분히 현금으로 확보해야 한다. 판매가 감소할 때 이것은 빠져나갈 구멍과 시간을 제공할 것이다.
⑧ 가능하다면 최고의 종업원 유지: 침체기에는 자주 고임금 종업원이 회사를 떠난다. 경제가 상승을 시작하고 사업을 확대할 계획을 갖는다면 회사의 최고 자산인 최고의 종업원을 해고하는 것이 아니라 우선적으로 다른 비용을 절감한다.
⑨ 아직도 재미를 갖고 있는가?: 아니라면 이것은 재고할 기회이다. 자금압박의 증가는 건강, 가족과 친구들과의 관계와 전반적인 행복에 해롭다. 일보 후퇴하고 중소기업 소유자가 적합한지를 생각한다.

제 11 장

중소기업마케팅

Focus Lens 늦은 출발로 정상정복

NAVER 이해진은 1997년 삼성SDS의 사내 벤처 네이버 포트로 출발한 뒤 1999년 네이버컴(주)이라는 이름으로 독립, 검색 포털 네이버 서비스를 시작했다. 네이버는 '항해하다'라는 뜻의 'navigate'에 사람을 뜻하는 접미사 -er를 붙여 만든 단어로 인터넷을 항해하는 사람을 뜻한다. 이해진이 본격적으로 인터넷에 관심을 갖게 된 것은 삼성SDS에서 실시한 한계도전 프로그램에 참여한 것이 계기가 되었다. 이 프로그램은 사원들의 창의적인 아이디어 발굴, 신규 사업영역 개척과 스피드경영 실현을 목적으로 선발된 직원이 1년간 자신이 원하는 것에 도전할 수 있는 프로젝트이다.

한계도전팀에서 인터넷이라는 정보의 바다를 발견한 이해진은 PC통신 이후 인터넷 시대가 펼쳐질 것으로 확신했다. 1994년 국산형 검색엔진 개발에 본격적으로 뛰어들었고, 1996년에 회사에 인터넷사업을 하자고 제안하였으나, 검색엔진의 수입원인 배너 광고만으로는 시장성이 없다는 이유로 채택되지 않았다. 이 때 삼성SDS의 사내벤처 제도를 활용하여 사내벤처로 출발하게 되었다. 이해진 소사장은 인터넷 검색엔진 개발과 사업을 할 수 있는 기술자 세 명과 함께 양재동에 사무실을 내고, 온라인 광고를 유치하기 시작하였다.

네이버컴으로 분사

1999년 6월 네이버는 삼성SDS에서 독립기업인 네이버컴으로 분사하였다. 당시 자본금은 5억 원이었으나, 당시는 IMF직후 IT와 인터넷이 급부상하기 시작한 때로 11월에는 한국기술투자로부터 100억 원의 투자유치에 성공하였다. 국내 포털은 시장규모가 너무 작고 뚜렷한 수익모델도 없는 가운데 무료 서비스와 경품행사 등을 통해 무한경쟁에 나서면서 심한 성장통을 겪어야만 했다. 야후코리아, 라이코스코리아 등 해외 포털들이 막강하여 당시 업계 5위에 있었다. 어려움을 극복하기 위해서 경쟁력은 기술력이었고, 이 기술력은 소비자들이 빠르게 지각한다. 인터넷 서비스는 소비자들에게 전환비용이 없기 때문에 서비스 품질이 좋은 데로 쉽게 이동하는 특성이 있다. 네이버는 기술력에 집중하여 품질주의를 통해 인지도를 쌓아가게 된다.

한게임과의 통합

김범수씨도 삼성SDS를 퇴사하고 1998년 게임포털인 한게임을 창업하였다. 그러나 창업 후 1년 6개월 만에 한게임의 회원이 1,000만 명에 이르렀지만, 적절한 수익모델이 없었기 때문에 회사의 운영비용을 확충하는 것이 문제였다. 네이버컴은 100억 원대의 투자를 받아 자금의 여유가 있었으나 안정적 수익구조가 필요하였다. 이러한 양사의 필요로 2000년 7월 네이버컴과 한게임을 합병하게 되었다. 그러나 2000년 겨울은 인터넷 버블로 투자심리가 냉각되었고, 재무상황도 악화되어 가고 있었다. 이러한 위기를 돌파하기 위해 이해진 의장은 한게임 유료화 전략을 추구하였다. 한게임 유료화로 이용자의 감소를 방지하기 위해 기존의 무료 사이트를 존속하고, 유료화는 사용자의 편의성과 이용속도의 개선으로 이원화하였다. 합병 전 6천만 원 적자가 순이익 100억 원으로 흑자 전환되는 한게임의 이중경로가 성공하였다.

NHN으로 사명변경과 코스닥 등록

2001년 네이버는 네이버컴에서 인간의 미래지향적 의지와 가치를 상징하는 의미인 NHN(Next Human Network)으로 사명을 변경하고, 사업영역을 인터넷 포털, 게임, 모바일, 솔루션 비즈니스 등으로 확대하였다. 사업영영의 확대정책이 성공하여 2002년 코스닥 시장에 등록하게 되었다. 네이버 점유율의 급격한 상승은 2002년 10월 지식iN도입이 계기가 되었다. 지식iN은 대화형 검색서비스인 '지식iN'이다. 검색엔진의 기술이 뛰어나더라도 한글로 된 정보를 찾을 수 없는 일이 자주 발생했다. 웹사이트에 널려있는 지식을 거두는 데 머물지 말고, 사람들 개개인의 머릿속에 있는 경험과 노하우를 끄집어낼 수 있는 방안을 개발하게 된 것이다. 지식iN의 원리는 인터넷 사용자가 지식iN에 접속해 질문을 입력하면 다른 네티즌이 자신의 지식을 바탕으로 답변을 적어 올리는 방식이다. 일반적인 검색은 네티즌이 필요한 정보를 웹상에서 찾는 것인데 반해 지식iN은 네티즌들의 머릿속에 있는 지식을 웹상으로 끌어내는 방식이다. 적극적인 참여가 가능한 것은 한국 네티즌 특유의 경쟁심이었다. 또한 네이버는 기존 정액제 방식 대신에 고객이 광고주 사이트를 방문한 경우에만 광고비를 지출하는 광고방식을 도입하였다. 이 방식은 초기 투자비용 없이 저렴한 비용으로 표적광고를 할 수 있기 때문에 소액광고주들에게 검색광고 기회를 제공할 수 있었다. 2003년 상반기 네이버가 검색과 종합포털 에서 1위를 차지한다. 네이버는 네이버비즈니스플랫폼(주), LINE Corp., 라인플러스(주), 캠프모바일(주) 등 4개의 주요 종속회사 외에 26개의 자회사를 두고 있다.

01 중소기업 마케팅

1. 중소기업 마케팅의 현실

중소기업은 대체로 비전, 야망을 갖고 열심히 일하고 높게 동기를 부여받는 개인들에 의해서 창업이 시작된다. 작고 젊은 기업은 미래를 결정할 마케팅 과제에 직면하게 된다. 중소기업의 성공은 제품출시와 시장뿐만 아니라 시장 내에서 제품의 효과적인 마케팅에 달려있다. 마케팅의 기본원칙을 대기업과 중소기업에 유사하게 적용할 수 있지만, 정교한 마케팅의 부족은 중소기업에 문제가 된다. 성공적인 중소기업은 회사가 고객에게 밀접하고 변화하는 고객욕구에 신속하게 반응하는 유연성이 있고, 마케팅 지향적이지만, 기업의 열악한 자원 때문에 보통 제한된 마케팅 기법과 전술을 사용할 수밖에 없다. 따라서 중소기업의 마케팅 지향은 경영능력과 핵심적인 개인의 배경에 의해서 결정된다. 인터넷은 중소기업이 거대기업과 효과적으로 경쟁하고, 적당하고 효과적인 역동성과 다양성을 위한 중요한 기회를 창출하기 위해 현재 사용할 수 있는 마케팅 도구의 하나로 간주된다. 특정한 틈새시장에서 사업을 하는 중소기업들은 성공에 필요한 중요한 고객집단에 접근할 수 있다.

중소기업의 소유주나 경영자는 마케팅 지식의 부족을 채우기 위해 정규교육을 좀처럼 의존하지 않는 경향이 있다. 중소기업은 마케팅 비용에 인색하고, 이용할 수 있는 마케팅 기법을 잘 사용하지 않는다. 공식적인 마케팅 기법에 필요한 절차는 고유하고 유리한 유연성을 낮춘다. 많은 소유주나 경영자는 변화하는 욕구를 확인하기 위해 고객에게 가깝게 접근하거나, 변화하는 욕구에 적응하기 위해 충분한 유연성을 유지하지 않고 이전 경험과 일반적인 상식에 의존한다. 중소기업에서 마케팅과 판매의 경계는 매우 불분명하고, 대부분의 중소기업의 마케팅은 판매과정이며 판매가 마케팅이라는 시각을 갖고 있다. 어떤 마케팅 활동은 중소기업에게는 특정한 문제가 된다. 중소기업은 마케팅을 기업의 개별적인 환경과 관계없이 참고를 위한 산업규범으로 지각한다. 중소기업의 마케팅의 주요 결함은 제품의 미래수요를 예측하는 능력의 부족이며, 결국 마케팅 환경에서 일어나는 변화에 대한 반응이 수동적이다. 비공식적, 직관적 그리고 판매중심이 중소기업의 마케팅 현실이다. 중소기업에서 마케팅 원리의 실행은 가격결정, 계획, 훈련과 예측에 관한 구체적인 취약성이 있다. 이것은 마케팅 교재에서 중소기업에서 발견되지 않는 것을 기술함으로써 야기되는 증거이기도 하다. 소유주나 경영자들은 전문가보다는 다재다능한 사람의 시각을 갖고 있어, 특정한 요구사항과는 밀접한 관계가 있지 않거나 회사문제를 해결하지 못한다. 중소기업의 마케팅 활동은 마케팅에 대한 소유주나 경영자의 태도, 경험과 지식과 관련이 있다.

2. 중소기업 마케팅의 중요성

일반적으로 마케팅과 판매를 혼동하는 경우가 많이 있다. 마케팅을 판매라고 생각하거나 동일한 해결안으로 생각한다. 판매(sales)는 제품이 제공되고, 구매의사결정이 발생하고, 소비자 교환이 일어나는 국면이다. 판매행동(selling)은 제품이 개발된 후 마케팅 메시지를 전달하는 방법이다. 이에 반하여 마케팅(marketing)은 좋은 제품과 강력한 마케팅 커뮤니케이션으로 고객을 끌어들이는 것이며, 고객의 기대를 단지 만족시키는 것이 아니라 초과하는 제품과 서비스를 갖고 고객을 유지하는 것이다. 판매행동은 마케팅 과정의 중요한 부분이지만 마케팅을 대체할 수 없다. 제품특징, 가격, 포장과 유통에 의해서 제품을 시장에 적합하게 하는 모든 과업과 광고, 홍보와 촉진을 통해 인지와 관심을 개발하는 노력 없이 즉, 판매를 선행하는 모든 단계 없이 최고의 판매노력이라도 성공을 위한 기회의 작은 부분에 지나지 않는다. 이러한 노력의 보상으로 사업, 충성도와 새로운 고객의 추천이 반복된다. 기업가들이 마케팅의 중요성을 더욱 크게 강조할 때가 있다. 기업 소유주들은 예측할 수 있는 순간에 마케팅 주제에 대한 일정을 명확히 할 때는 대체로 창업할 때, 사업성공을 가속화할 때나 성공가도에 장애물이 있을 때 등이다.

중소기업 마케팅과 대기업 마케팅은 동일하지 않다. 양자를 안내하는 기본적인 마케팅 원리는 동일하지만, 범위, 예산, 위험요인과 기회영역에서 중요한 차이가 있다. 중소기업은 대기업의 마케팅 예산과 경쟁할 수 없다. 결과적으로 중소기업은 화려한 많은 직원과 높은 수익을 가져오는 지구력(staying power)을 갖고 있지 않다. 실수할 여지가 거의 없어야 하고, 일단 전략이 실패하면 거의 파멸에 이르게 된다. 중소기업 마케팅의 범위는 대기업을 특징짓는 많은 제품과 서비스의 동일한 수준으로 확대하지 못한다. 적은 자원을 결합하여 시장에 있는 변동을 추구한다. 그렇기 때문에 중소기업 마케팅 전략은 전략이 실패할 경우 손실을 최소화하기 위해서 더욱 표적화되고, 비용 효율적이고, 더 정교한 계획이어야 한다. 경쟁은 중소기업이 직면하는 가장 중요한 위험요소이다. 중소기업이 확실히 자리를 잡은 브랜드를 제거하려는 노력은 많은 과업을 가져오지만, 중소기업을 전멸시키는 것은 손쉬운 일이다. 경쟁은 중소기업에게 거대한 위협이다. 이것은 중소기업이 위협을 효과적으로 처리하는 경쟁에 관하여 매우 지식이 있어야 한다는 것을 의미한다.

중소기업에 대한 기회영역은 거대기업과 매우 다르다. 중소기업은 틈새시장과 지역 욕구와 필요를 활용할 수 있다. 중소기업은 개인적, 일대일 상호작용을 강조할 수 있고, 대기업이 할 수 없는 방법으로 실시간 출시할 수 있다. 실제로 작은 것을 더 강력하게 끝낼 수 있다. 중소기업의 특별한 마케팅 취약성을 고려할 때 마케팅 전략의 요소를 이해하는 중요성은 명확하다. 마케팅 전략은 하나 이상의 표적시장을 선정하고, 제품이나 서비스를 차별화하고, 포지션하는 방법을 결정하고, 선택된 표적시장을 성공적으로 이끄는 마케팅 믹스를 창조하고 유지하는 것이다. 마케팅 목표는 회사가 마케팅 전략으로 달성하고자 하는 것이다. 전략은 희망목록, 목표의 집합, 사명기술서나 목표의 장황한 설명이 아니다. 마케팅 전략은 회사가 하고자 하는 방법의 명확한 설명이다. 효과적인 마케팅 전략은 목표에 도달하기 위한 실행의 표현된 계획에 대한 간결한 설명이다. 전략 없는 마케팅은 실패 앞에 있는 소음이다.

3. 마케팅의 순환주기

성공적인 마케팅 프로그램은 [그림 11-1]과 같이 마케팅 순환주기를 따른다. 이 과정은 창업기업, 기존기업, 중소기업이든 대기업이든 정확하게 동일한 과정이다. 기업의 마케팅 활동은 고객, 제품과 경쟁상황 조사부터 시작한다. 마케팅 과정은 이를 근거로 제품을 개발하고 마케팅 요소를 결합하여 고객을 확보하고 유지함으로써 강력한 기업을 구축하는 과정이다. 마케팅은 일련의 과정을 계속적으로 순환한다. 표적고객과 마케팅 환경을 이해하고, 고객의 욕구, 시장환경과 사업의 경쟁 현실을 다루기 위해 제품, 가격, 포장과 유통을 조정하는 것이다. 잠재고객으로부터 관심을 끌어들여 구매의사결정을

그림 11-1 마케팅의 순환주기

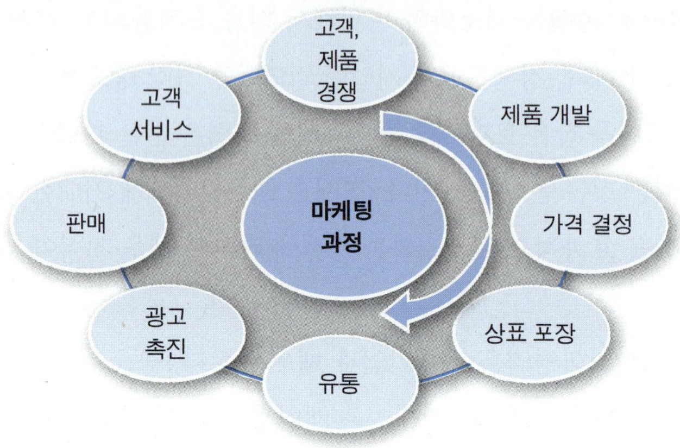

하도록 마케팅 메시지를 창조하고 계획한다. 일단 판매가 이루어지면 고객서비스 국면을 시작한다. 최초 판매가 반복구매와 구전으로 전환이 되도록 고객만족을 강화하는 활동으로 이어진다. 고객의 욕구와 필요 그리고 제품과 서비스에 관한 자료를 얻기 위해 고객과 대화를 한다. 시장과 경쟁환경으로 파악한 것을 결합하여 더 좋은 마케팅 믹스를 개발하여 사용하는 과정이 연속적으로 순환된다. 성공적인 사업을 구축하기 위해 마케팅 과정의 모든 단계를 따를 필요가 있다.

4. 창업기업의 마케팅

기업이 신생기업이라면 대체로 기존기업이 이미 겪었던 의사결정에 직면하게 된다. 기존기업들은 기업이미지를 강화하지만, 신생기업은 적절한 스토리를 쓸 일정표를 갖고 메시지를 시장과 고객들에게 전달해야 한다. 메시지를 시장에 전달하기 전에 고려해야 할 다음과 같은 질문이 있다.

- 고객은 어떤 유형인가?
- 기존제품과 어떻게 경쟁할 것인가?
- 잠재고객의 관심, 주의와 신뢰를 얻기 위해 어떤 기업이미지를 구축할 것인가?

기업이 식료품 가게 입구에 무료 전단지를 배치하여 기업이나 제품을 알리려고 하지 않을 것이다. 대신에 시장조사와 경험으로부터 표적고객을 파악하여 표적고객과 잠재고객에게 전달하려고 할 것이다. 또한 신뢰성을 구축하는 기업홍보를 위한 고품질의 우편물이나 개인적인 발표를 통해서 기업을 소개하고 더 독특하고 전문적인 이미지를 제시하려고 할 것이다. 잠재고객들은 광고비용이 제품가격에 추가되는 지표로써 판단하기 때문에 비용에 민감한 고객을 대상으로 사업하는 신생기업은 전면 전체 칼라 광고를 도입하지 않을 것이다. 기업이미지를 강력한 마케팅 입장에서 출발하기 위해 표적고객의 특성을 정의하고, 그런 다음 고객의 인지를 끌어들이고 그런 느낌을 촉진할 수 있는 커뮤니케이션을 계획한다.

1) 사업성장을 위한 마케팅

신생기업은 새로운 잠재고객을 고객으로 끌어들이기 전에 가장 영리한 경로는 기업 내부를 관찰하고, 그런 다음 제품과 서비스를 강화하고, 기존고객의 만족과 지출수준을 향상하기 위해 과업을 수행하는 것이다. 기존 회사들은 다음의 주요 경로를 추구함으로써 수익을 증가한다.

- 경쟁자와 떨어져 사업을 함으로써 시장점유율을 성장한다.
- 반복적인 사업을 하거나 구매시장에서 큰 판매를 성취함으로써 기존고객의 구매를 증가하여 고객점유율을 증가한다.

2) 목표충족을 위한 마케팅

새로운 사업을 시작하거나 기존기업의 성장을 가속화하든 성취하고자 하는 것을 정의함으로써 시작한다. 중소기업 소유주들은 마케팅 과업의 범위에 대한 불확실성에 의해서 종종 압도된다. 그들은 마케팅 행동에 얼마나 돈을 지출해야 하는지, 마케팅 전문가를 고용할 필요가 있는지, 그리고 광고, 홍보물과 웹 사이트를 해야 하는지를 확신하지 않는다. 그들은 결과적으로 마케팅 노력을 지연한다.

5. 중소기업 마케팅의 특징

모든 마케팅 프로그램은 동일한 마케팅 과정을 따를 필요가 있지만, 대기업과 중소기업 마케팅 간의 유사성은 여기에서 멈춘다. 따라서 중소기업은 대기업과 동일한 마케팅 프로그램을 추구해서는 안 된다. 대기업과 다른 점을 파악하고 새로운 접근을 추구해야 한다. 따라서 중소기업이 대기업과 다른 점을 파악하는 것이 중요하다. 중소기업의 마케팅이 열등한 원천은 예산, 인력, 창조적 접근과 커뮤니케이션 기법이며, 이는 대기업과 매우 다른 측면이지만 이러한 차이점의 대부분은 예산의 차이에서 비롯된다.

그림 11-2 중소기업 마케팅의 열등 원천

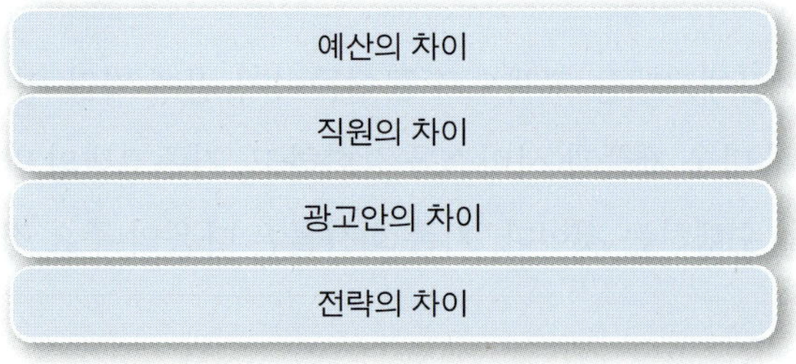

1) 예산의 차이

대기업과 중소기업의 마케팅은 많은 면에서 다르다. 가장 큰 차이점은 예산이다. 대기업은 거대 예산을 갖고 있으나 중소기업은 자본이 적다. 따라서 중소기업은 적은 예산을 신중하게 고려하고 가치가 있는 금액으로 생각한다. 예산의 거액과 소액이 대기업과 중소기업의 가장 근본적인 차이점을 이룬다.

2) 직원의 차이

주요 대기업의 조직도를 보면 대부분 마케팅 부사장을 발견할 수 있다. 그러한 직위 아래 광고 임원, 판매 임원, 온라인 마케팅 임원, 조사 임원, 고객 서비스 전문가 등을 포함한 많은 전문가가 있다. 반면에 대부분의 중소기업은 마케팅을 리더십 기능과 섞여있다. 중소기업 조직도는 마케팅에 대한 책임을 소유주에게 놓고 본질적으로 실무적인 일을 감독한다. 따라서 중소기업은 마케팅을 수행할 유능한 직원이 거의 없을 뿐만 아니라 마케팅 정보와 자료도 거의 존재하지 않는다.

3) 광고안의 차이

저명한 마케터는 브랜드에 대한 시장선호와 인지를 구축하는 유일한 목적으로 광고하기 위해 많은 금액을 사용한다. 특정한 제품이나 서비스에 관한 하나의 단어도 광고문안에 없는 경우가 많다. 중소기업은 극적으로 다른 접근을 한다. 중소기업은 가장 큰 광고주처럼 브랜드명 인지를 개발하기를 원하지만, 중소기업의 광고는 이중 목적을 수행해야 한다. 모든 중소기업 마케팅 투자는 즉각적이고 측정 가능한 시장에 전달해야 한다. 각각의 노력은 최초에 광고를 만들고 운영하는데 포함된 비용을 상쇄하기에 충분한 구매활동을 자극해야 한다. 판매를 단기적으로 달성할 수 있도록 필요한 소비자행동을 자극하고, 분명한 브랜드 정체성을 구축하고, 마케팅 커뮤니케이션에서 일관성을 유지하는 것이다. 따라서 중소기업의 광고는 브랜드 인지와 제품구매 욕구를 자극하는 이중목적을 띤다.

4) 전략의 차이

대기업에서는 사업계획의 사본이 모든 선반을 장식하지만, 많은 중소기업에서는 마케팅 계획의 용어는 죄책감의 고통을 불러일으킨다. 난해한 전문용어 없이 마케팅 계획을 수립하는 것은 매우 간단하고 합리적으로 관리할 수 있는 것처럼 보인다. 중소기업의 마케팅 계획은 현재 적게 지불하거나 후에 많이 지불하는 것 중의 하나이다. 연간 마케팅 프로그램을 계획하기 위해 선불로 시간을 조금 투자한다면, 그런 다음 계획을 추진하는 것은 쉬운 부분이 된다. 그러나 전략계획이 없다면, 경쟁행동, 시장상황과 사업에 적합하지 않고 직관과 즉흥적으로 시장기회에 반응하여 많은 시간을 소비할 것이다.

6. 중소기업 마케팅의 이점

중소기업은 대기업의 많은 돈, 직원과 조직을 선망하지만, 대기업이 부러워하는 장점도 있다. 중소기업들이 마케팅할 시간이 없다고 말하는 것을 얼마나 많이 들었는가? 이것은 무엇을 의미하는가? "고객이 없으면 기업은 기업이 아니다"라는 것은 간단한 진리이다. 마케팅은 기업이 고객을 획득하고 유지하는 과정이기 때문에 마케팅은 기업경영활동 가운데에서 기업을 유지하는 비결이다. 마케팅은 어떤 기업에서도 유일하고 가장 중요한 활동이다. 따라서 중소기업만이 가능한 마케팅의 이점을 최대한 활용하는 것이 성공적인 마케팅 전략이다. 중소기업은 고객과의 밀착성이 높고, 고객에게 더 개인적인 제공물을 줄 수 있다. 또한 회사의 전략에 구성원의 연결성이 높을 뿐만 아니라 시장환경 변화에 민첩하고, 특정한 제품전문화나 시장전문화에 집중할 수 있는 이점이 있다.

그림 11-3 중소기업 마케팅의 이점

- 회사와 고객 간의 밀착성
- 고객에 대한 개별화 서비스
- 정책의 전사적 통일성
- 환경변화에 대한 민첩성
- 제품전문화나 시장전문화의 집중성

1) 회사와 고객 간의 밀착성

중소기업은 대기업보다 고객에게 더 가까이 접촉하고 있다. 대기업은 고객자료를 유지하기 위해 복잡한 시스템을 사용한다. 중소기업은 고객을 개인적으로 앎으로써 고객자료를 유기적으로 유지할 수 있다. 더 직접적인 고객접촉이 있기 때문에 더 좋은 서비스(better service)가 가능하다. 친밀(closeness)은 고객욕구의 이해를 강화한다. 고객과의 밀착은 고객욕구를 더 잘 이해하게 되고, 고객욕구의 이해는 고객의 욕구를 더 잘 충족할 수 있는 선순환 과정이 된다. 양질의 서비스는 더 높은 수익에 이르고 고객들의 충성심을 깊게 한다. 예컨대 작은 식당을 소유한다면 특정한 일행이 매주 수요일 저녁 6시에 식당에 온다는 것을 안다. 그 손님 중에 한 사람은 블랙커피를 좋아하고 다른 사람은 크림과 설탕을 넣고, 또 다른 사람은 냉커피를 좋아한다는 것을 안다. 그래서 개인적으로 사람에 따라 맞춤형 서비스를 제공할 수 있다.

2) 고객에 대한 개별화 서비스

중소기업은 대기업보다 고객에게 더 개인적이다. 이것은 고객과 관계를 구축하는 것과 관련이 있다. 예를 들면 한 손님이 돼지고기, 양송이와 사과를 좋아한다면, 그 손님에게 양송이, 양파나 마늘을 시식하도록 제의할 수 있다. 또는 후식메뉴로 그가 좋아하는 사과를 추가할 수 있다. 이것은 고객을 그 개인의 특성에 맞게 서비스를 제공할 수 있는 중소기업의 큰 이점이다. 손님은 식당 주인이 자신의 취향을 알 때 자부심을 느끼고, 소셜 미디어에 이것을 공유할 뿐만 아니라 식당을 위한 구전(word-of-mouth)을 자발적으로 제공할 것이다. 그러나 대기업은 확실한 PR과 표준화된 서비스를 하기 위한 엄격한 지침을 고수해야하기 때문에 개별화된 맞춤 서비스에는 많은 제약이 따른다. 중소기업은 마케팅할 때 개인적이고 관계를 맺을 더 많은 자유를 갖는 것이 장점이다.

3) 정책의 전사적 통일성

중소기업은 소유주나 직원이 회사의 정책이나 마케팅 활동을 전사적으로 동일하게 수행할 수 있다. 그러나 대기업에서는 마케팅 활동을 할 때 전사적으로 통일된 목소리를 유지하는 것은 매우 어렵다. 아주 적은 종업원들에게 브랜드 전략을 전달하는 것은 가능하고 또한 유익하다. 중소기업 소유주나 경영자가 종업원들에게 고객과 의사소통하고 봉사하는 방법을 보여줌으로써 솔선수범으로 종업원을 지도할 수 있다. 그래서 브랜드 평판이 의도적인 리더십을 통해 더 잘 확립될 수 있다.

4) 환경변화에 대한 민첩성

중소기업은 환경변화에 매우 민첩하다. 그것은 의사결정단계가 짧고 소유주가 신속하게 의사결정을 내리고 실행하기 때문이다. 유연성(flexibility)은 소규모 조직의 핵심 특성 중의 하나이다. 신속하게 변화에 반응할 수 있는 능력이다. 또한 유연성은 내부환경과 외부환경에 반응하는 것을 의미한다. 중소기업은 실험을 수용할 수 있으며 길을 가다가 몇 가지 실수를 할 수 있다. 예컨대 작은 도시 식당은 새롭고 참신한 메뉴를 도입할 수 있다. 이것이 성공적이지 않을 때 다양한 수준의 관리자로부터 승인을 받지 않고 이것을 제거할 수 있다. 이뿐만 아니라 고객에 맞는 것을 신속하고 개인적으로 내놓기가 쉽다. 어제 고객의 반응은 오늘 신속하게 개선할 수 있다. 이처럼 사업계획과 마케팅 전략은 고객의 욕구와 필요에 빠른 반응을 할 수 있다.

변화(change)는 기업환경에서 상수이다. 시장은 특히 동적이고 지속적인 추적이 필요하다. 환경조건을 변경하고 조정하는 능력은 작은 조직에서 경쟁우위가 된다. 변화의 수용성은 조직문화의 기능이다. 모든 조직은 독립적이고 독특한 문화를 갖고 있다. 문화는 조직의 가치, 사업을 하는 방법과 조직의 역사와 전통으로 구성된다. 많은 중소기업의 문화는 최고경영자의 가치와 리더십에 의해 영향을 크게 받는다. 문화는 조직이 내적으로 과업을 수행하는 방법과 외부사건에 반응하는 방법에 영향을 준다. 문화는 고객을 다루는 법, 종업원을 다루는 법, 혁신을 촉진하는 법과 고객에게 보이는 많은 다른 변수를 설명한다. 좋은 조직풍토는 행복한 종업원에 이르고, 이것은 행복한 고객에게 미치고, 결국 회사는 수익과 이익을 증가한다. 마케팅은 내적으로나 외적으로나 모두 긍정적인 태도를 창조한다. 작은 조직에서는 숨기는 것이 어렵기 때문에 기업의 문화는 고객에게 명확해진다. 더 작은 조직은 변화에 항상 개방적이어야 한다. 더 작은 조직은 더 큰 조직이 되려고 노력하는 과도기에 있다. 작은 조직은 비밀이 존재할 곳이 많지 않기 때문에 고객의 소리가 은폐되지 않고 경영도 투명하다.

5) 제품전문화나 시장전문화의 집중성

중소기업은 집중을 유지할 수 있다. 전문화(specialization)는 경쟁하기 위해 소규모 조직을 위한 필수이며 또한 고객관계를 심화한다. 실행할 수 있는 거대조직을 필요로 하는 거대한 전략에 관해 걱정할 필요가 없다. 회사가 잘할 수 있는 부분, 즉 틈새시장에 집중할 수 있다. 중소기업의 민첩성과 집중은 대기업보다 더 신속하게 조정할 수 있다. 중소기업의 이러한 이점을 아는 것은 마케팅과 목표를 완성하기 위해 전략구축에 도움이 된다. 작은 조직은 더 많은 개인화된 처우와 권한부여에 대한 기회를 제공할 수 있다. 작은 조직에서 실질적인 의사소통은 일대일로 이루어진다. 따라서 중소기업은 잘할 수 있는 제품이나 시장에 전문적으로 접근하고 집중할 수 있다.

02 마케팅의 성격

1. 마케팅의 개념

고객(customer)은 제품을 구매하는 사람이거나 기업이다. 소비자(consumer)는 실제로 제품을 사용하거나 소비한다. 고객이 소비자이기 때문에 상호 교환적으로 사용되지만 제품을 구매하는 사람은 궁극적으로 소비하는 사람은 아니다. 욕구(needs)는 어떤 것에 대한 지각된 부족이다. 즉, 기본적인 만족의 결핍을 느끼고 있는 상태이다. 이것은 개인이 특정한 상품을 갖고 있지 않을 뿐만 아니라 갖고 있지 않다고 느끼는 것을 의미한다. 이 정의는 필요성(necessity)과는 관계가 없다. 인간은 복잡하고 단순한 생존 이외의 욕구를 갖는다. 예를 들면 사람들은 대부분 먹지 않으면 죽는다는 두려움보다는 즐거움으로 먹는다. 즐거움에 대한 욕구가 음식의 존재에 대한 필요성보다 먼저 온다. 이와 달리 필요(want)는 욕구에 대한 구체적인 제품이나 서비스에 대한 바람이다. 개인들은 배가 고플 때 음식을 필요로 하고 그래서 한국 사람은 밥을 먹는다. 따라서 필요는 욕구가 구체적으로 나타난 것이다. 잠재고객이 제품에 대한 지불수단을 갖고 있을 때 필요가 수요(demand)가 된다. 제품이나 서비스에 대한 필요가 구매의사와 능력이 있을 때 수요라고 한다. 그러므로 수요는 욕구, 필요와 지불능력의 함수이다. 교환(exchange)은 제품이나 서비스를 제공하고 대가를 획득하는 행위이다. 시장(market)은 기업의 제품이나 서비스를 실제적이고 잠재적으로 구매하는 모든 사람들의 집합이다. 공중(publics)은 마케팅 조직에 실제적이거나 잠재적인 영향을 갖고 있는 어떤 조직이나 개인들이며, 이에는 정부, 지역사회, 경쟁자, 압력단체, 종업원 등이 있다.

마케팅(marketing)은 탁월한 가치를 창조하여 고객에게 전달하고 그 대가로 이익을 창출하는 활동이다. 마케팅은 고객들(customers and clients), 협력자들(partners), 그리고 더 나아가 사회 전반에게 가치 있는 것을 만들고, 알리며, 전달하고, 교환하기 위한 활동과 일련의 제도 및 과정들이다(미국마케팅학회, 2007). 마케팅 관리란 표적시장을 선택하고, 우월한 고객가치의 창조, 전달 및 알림을 통해 고객을 획득, 유지, 확대하는 기술과 과학이다[1]. 마

1) Kotler & Keller(2014).

케팅의 4가지 활동은 다음과 같다.

- **창조(creating):** 탁월한 가치를 창조한다.
- **알림(communicating):** 고객으로부터 배울 뿐만 아니라 제공물을 알린다.
- **전달(delivering):** 가치를 최적화하는 방식으로 소비자에게 제공물을 전달한다.
- **교환(exchanging):** 제품과 대가를 교환한다.

그림 11-4 마케팅의 활동

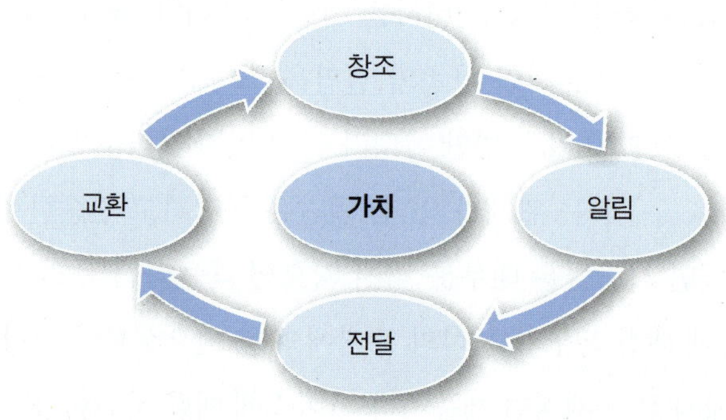

마케팅의 구성요소를 보는 전통적인 관점은 4P's이다. 마케팅은 McCarthy가 제안한 마케팅의 4P's로 마케팅 믹스(marketing mix)를 다룬다. 제품(product)은 제공물을 창조한 상품과 서비스이며, 촉진(promotion)은 광고, 홍보, 판매촉진과 커뮤니케이션이고, 유통(place)은 고객이 구매할 수 있는 곳으로 제품을 전달하는 것이다. 가격(price)은 제품에 대하여 대가로 부과한 화폐량이다. 4P's는 마케팅 계획이 4개 요소의 결합을 의미하는 마케팅 믹스이다. 4P's 모델은 제조와 물리적 제품의 마케팅에 적용할 때 유용하지만, 서비스 제품에는 충분하지 못하다. Booms와 Bitner는 4P's에다 사람(People), 과정(Process)과 물리적 증거(Physical evidence)를 포함한 7P's를 제시하였다. 실제로 모든 서비스는 고객을 직접적으로 다루고 수행하는 데는 사람(people)에 의존한다. 레스토랑에서 웨이터의 태도는 고객의 전반적인 경험에 중요한 역할을 한다. 이런 의미에서 웨이터는 고객이 구매하는 제품의 일부이다. 서비스는 대체로 고객의 존재로 수행되기 때문에 서비스가 전달되는 과정(process)은 소비자가 돈을 지불하는 것의 일부이다. 예를 들면 동일한 음식이라고 하더라도 일반 음식점과 레스토랑의 음식 간에는 서비스에서 많은 차이가 있다. 저녁을 먹는 소비자는 레스토랑의 접객 서비스와 분위기를 더 선호할 것이다. 대부분의 모든 서비스는 어느 정도 물리적 증거(physical evidence))를 포함하고 있다. 예를 들면 레스토랑 음식은 계산에 서비스의 무형적인 요소를 제공하더라도 유형적인 물건이다. 이와 마찬가지로 미장원은 완성된 머리모양을 제공하고, 심지어 보험회사는 화려한 보험증서의 문서를 제공한다. 회사는 고유한 마케팅 믹스를 갖는 경향이 있고 다른 회사와 동일한 마케팅 접근을 정확하게 수행하지 않는다. 이것은 다른 기업과 마케팅을 구별하는 특징의 하나이다.

2. 마케팅 개념의 발전

마케팅은 가치를 창조하고, 알리고, 전달하고, 교환하는 활동이다. 이러한 마케팅 목표를 달성하기 위한 지침이 마케팅 개념이다. 마케팅 개념은 시대에 따라서 여러 가지 양상으로 발전하여 왔다.

1) 생산개념

생산개념(production concept)은 수요가 공급을 초과하여 생산하면 제품이 판매되는 시대의 개념이다. 소비자들이 싸고 쉽게 구매할 수 있는 제품을 선호하기 때문에 생산의 효율성과 광범위한 유통의 확보에 집중하는 개념이다.

2) 제품개념

제품개념(product concept)은 모든 고객이 원하는 이상적인 제품을 만든다는 관점이다. 엔지니어와 디자이너가 모든 사람을 즐겁게 하기 위해 더 많고 더 좋은 특징이 있는 제품을 철저히 개발했다. 제품개념은 계속 증가하는 가격으로 더 복잡한 제품이 되는 경향이 있다. 고객들은 필요하지 않거나 문제점으로 간주되는 특징에 돈을 지불하도록 요청받고 있다. 이 개념의 문제는 다른 소비자들 간의 기호와 욕구의 차이를 허용하지 않는다는 것이다.

3) 판매개념

판매개념(sales concept)은 고객은 회사의 욕구를 충족하기 위해 회사의 제품을 충분히 구매하지 않는다는 관점이다. 그래서 더 많이 구매하도록 설득해야 할 필요성이 있다는 견해이다. 판매지향은 고객의 욕구가 아니라 판매자의 욕구에 관심이 있다. 제조자들은 타고난 판매원이 누구에게나 어떤 제품이라도 판매할 수 있고 이러한 판매원은 잉여제품을 처분할 수 있다는 관점을 갖기 시작하였다. 인적판매와 광고가 가장 중요한 마케팅 활동으로 간주되었다.

4) 마케팅 개념

마케팅 개념(marketing concept)은 고객들이 필요한 것을 알고 가치를 인식할 수 있을 만큼 충분히 총명하기 때문에 돈에 합당한 가치를 제공하지 않는다면 제품을 구매하지 않는다는 견해이다. 이를 소비자 지향이라고도 한다. 고객을 회사의 모든 활동의 중심에 위치하는 것은 쉽지 않다. 생산에서 판매 후 서비스까지 기업의 모든 영역에 영향을 미친다. 기업의 목적에 적합하게 많은 고객을 변화하려는 판매지향과 달리 마케팅 개념은 실행하기가 어렵다. 마케팅 개념은 유사한 욕구를 가진 하나 이상의 특정 집단에 적합하도록 회사의 목표를 변경하는 것이다. 고객들은 제품을 구매하고 소비하는 사람들이다. 고객들은 회사를 위해서 제품을 구매하는 전문적인 구매자일 수 있다.

5) 사회적 마케팅 개념

사회적 마케팅 개념(societal marketing concept)은 기업이 일반사회의 욕구와 제조활동의 지속가능성에 대해 책임을 져야한다는 개념이다. 이 개념은 회사와 고객 간의 즉시 교환관계를 떠나 사회일반에 장기적인 영향으로 초점을 이동한다. 이러한 욕구는 기업 고객의 당면한 욕구와 충돌하지 않는다. [그림 11-5]에서 장기적인 편익이 높고 만족이 높은 제품은 바람직한 제품(desirable product)으로 비타민이 많고 맛이 좋은 천연 과일 주스가 해당된다. 장기적 편익이 있으나 즉각적인 만족이 없는 제품은 유익한 제품(salutary product)으로 가정용 화재경보기가 해당된다. 장기적으로 소비자에게는 나쁘지만 즉각적인 만족을 주는 제품은 즐거운 제품(pleasing products)으로 술, 담배나 단음식이 해당된다. 소비자에게 좋지도 않고 만족도 주지 않는 제품은 불완전한 제품(deficient products)으로 비효과적인 몸매관리 제품이나 상처를 주는 운동장비가 해당된다. 이론에 따르면 기업은 바람직한 제품을 생산하는 것을 목적으로 해야 하지만 소비자들은 종종 즐겁게 하는 제품을 선택한다. 사회적 마케팅 개념은 기업이 사업을 하는 더 넓은 사회의 복지를 향상하는 것을 목표로 하는 것이다. 이것은 기업이 좋은 시민을 위해 책임을 진다는 것을 의미한다. 중요한 점은 기업이 소비자 욕구, 회사 이익과 전체로써 사회의 욕구를 균형을 이루어야 한다는 점이다.

그림 11-5 신제품의 사회적 분류

Source: Kotler, Armstrong, Saunders and Wong(2013).

6) 관계마케팅

전통적 마케팅은 단기집중으로 단일 거래에 집중하는 경향이 있다. 관계마케팅(relationship marketing)은 소비자의 생애가치(lifetime value)에 집중한다. 예를 들면 한 자동차 제조사는 젊은 운전자용, 다른 회사는 어린이가 있는 가족용, 그리고 다른 회사는 중년용으로 한 모델을 갖고 있다. 각 세분시장을 독립되고 독특한 실체로서 다룬다. 관계마케팅 개념에서 젊은 운전자는 각각의 라이프 스타일의 단계를 차례대로 통과하고 그런 다음 각 단계에서 다른 모델의 고객이 된다는 것을 회사는 인식한다. 관계마케팅은 고객의 일생에서 가장 충성스런 고객이 누구인지를 밝히는데 목적이 있다. 마케터는 이러한 관계를 수립하고 유지할 책임이 있다. 실무에서 관계마케팅은 B2B에서 큰 성공을 거두고 있다. 다른 회사에 판매하는 회사는 일반적으로 장기적인 협력관계를 확립하는데 가장 혁신적이다. 다른 회사의 욕구를 충족하기 위한 계획을 응용하는 능력은 원가절감과 수익확대에서 확실한 이점이 있지만 밀접한 협력활동은 경쟁자가 시장에 진입하면 어렵기 때문에 공급자 관점에서 이점이다. 관계마케팅의 핵심 요소는 고객충성심의 창조, 상호보상관계, 관계를 유지하기 위한 행동을 맞추려는 자발적인 의지이다.

03 제품관리

1. 제품의 의미

제품(product)은 고객의 욕구나 필요를 충족하는 물리적 대상, 서비스, 장소, 조직, 아이디어나 사람이다. 제품은 생산자가 제조한 생산품이라고 한다. 제품(product)은 편익의 꾸러미(bundle of benefits)이다. 이것은 제품이 물리적 특성(physical characteristics)의 합보다 더 많다는 의미이다. 즉, 브랜드 이미지, 제품포장과 전달방법과 포장의 색상과 같은 주변요소를 포함한다. 기본특성(primary)은 경쟁자와 공통으로 갖고 있는 제품의 핵심편익이다. 보조특성(auxiliary)은 제품에 독특한 특징과 편익이다. 예를 들면 배달 서비스의 치킨과 할인점 치킨을 비교해보자. 각각의 기본특성은 동일하다. 기본특성은 맛이고, 보조특성은 향기, 온도와 배달 서비스이다. 할인점 치킨은 가격이 싸고, 이미 가열된 상태로 보존되어 있고, 소비자들이 눈으로 확인하고 구매할 수 있다. 이와 달리 배달 서비스 치킨은 가격이 할인점에 비해 두 배이지만, 필요할 때 가열하고 다른 성분이나 치킨을 추가함으로써 개별맞춤화가 가능하다. 배달 치킨은 배달의 서비스 요소를 포함하고 이미 가열하여 먹을 준비가 되어있다. 분명히 편익이 다르다. 마케터는 제품범위에 의해서 제공된 편익이 욕구와 필요에 적합하도록 맞춤화될 수 있도록 소비자의 욕구와 필요가 변하고 있는 방식을 알아야 할 필요가 있다.

고객이 실제로 구매하는 것은 하나 이상의 핵심편익, 공식적인 제품발표와 A/S나 보증과 같은 확장제품으로 구성된다. 여기서 중요한 점은 고객과 최종소비자들이 확장제품을 구매하고 핵심편익은 부분적으로 확장제품으로부터 온다는 점이다. 그래서 신제품관리자는 공식적인 제품에만 집중할 수 없다. Kotler는 제품을 다차원적으로 설명하였다. 핵심제품(core product)은 소비자들이 구매하려는 제품으로부터 기대하는 본질적인 편익이다. 예를 들면 배고픔을 해결하기 위해 음식을 구매하는 경우이다. 유형제품(tangible product)은 핵심제품을 구체화한 것으로 특징, 품질, 스타일, 포장, 상표 등이 있다. 확장제품(augmented product)은 배달, 설치, 보증, A/S 등과 같은 유형적 제품속성 이외의 부가적인 서비스이다. 보장(warranty)은 제품에 문제가 발생했을 경우 제조업자가 제공해야 할 서비스 및 제품의 성능과 기능을 기술한 공식적인 보증서이다. 또한 보증(guarantee)은 제품성능이 소비자의 기대에 미치지 못할 경우 환불이나 교환과 같은 보상을 약속한 것이다. 최근에 고객만족과 기업 이미지 유지를 위해 보장을 넘어 보증까지 실시하는 기업들이 많다.

그림 11-6 다차원적 제품개념

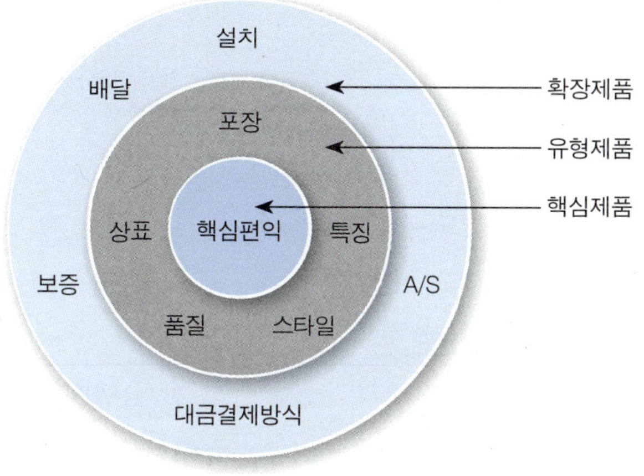

2. 신제품의 유형

소비자가 기꺼이 지불하고자 하는 제품을 찾고 시장에서 경쟁자를 이기기 위해서 기업은 신제품(new product)을 개발한다. 이러한 신제품은 정기적으로 시장에서 기존제품을 대체하고 있다. 신제품은 기업에서 이전에 생산한 제품이 특징이나 의도된 사용에서 상당히 다른 제품이나 서비스이다. 따라서 신제품은 어떤 잠재고객이 새롭다고 지각하는 제품, 서비스나 아이디어이다. 이것은 많은 잠재고객이 아직 제품을 채택하지 않았거나 제품의 정상적인 사용자가 되기로 결정하지 않은 경우에 해당한다. 또한 신제품은 기업에 새로운 제품이다. 신제품은 리포지셔닝과 원가절감뿐만 아니라 세상에 새로운 제품을 포함한다. 때로는 세상에 새로운 제품을 신제품이라고 한다. 신제품은 세상이나 기업에 얼마나 새로운가로 분류된다. 예를 들면 Arm & Hammer의 베이킹 소다는 처음에 과자와 빵을 부풀려 볼륨감 있게 만들 때 주로 사용하는 팽창제로 시판하였으나, 냉장고용 탈취제, 하수구 탈취제나 카펫 얼룩 제거제 등으로 용도를 확장하여 동일한 브랜드로 리포지셔닝하였다. 제품혁신(product innovation)은 제품제조에 새로운 기술을 적용하는 과정이다. 제품이 기술과 시장에 새로울수록 위험과 보상이 증가한다. 다음은 신제품의 유형을 5가지로 분류한 것이다[2].

그림 11-7 신제품의 유형

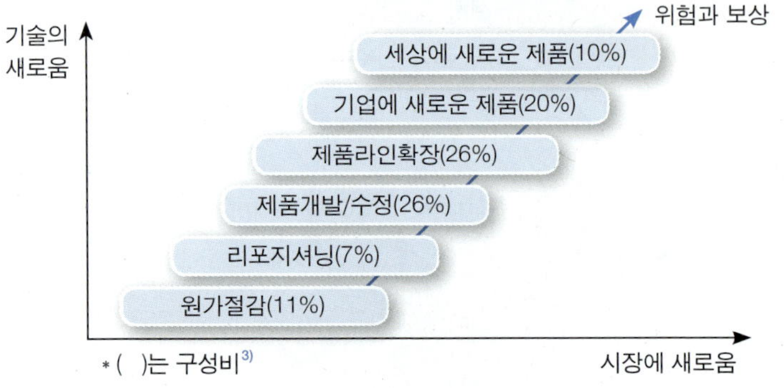

1) 세상에 새로운 제품

세상에 새로운 제품은 혁신이 있는 제품으로 기존의 제품범주를 근본적으로 변화하는 제품이다. 이러한 신제품은 혁신적인 기술을 포함하고 소비자들에게 사용설명을 필요로 한다. 신제품은 제품종류의 최초이고 완전히 새로운 시장을 창조하지만, 이러한 제품범주는 신제품 중에서 10%에 불과하다(Cooper, 2001). 실제로 새로운 제품으로 전체 새로운 시장을 창조하는 발명의 예를 들면 자동차, 비행기, 라디오, 컴퓨터, HP의 레이저 프린터나 P&G의 페브리즈 등이 있다.

2) 기업에 새로운 제품

기업에 새로운 제품은 새로운 제품라인으로 세상에는 새로운 제품이 아니지만 기업의 입장에서 새로운 제품이다. 이러한 제품은 기존제품의 모방제품이며 기업에 새로운

2) Booz, Allen, & Hamilton(1982).
3) Cooper(2001).

시장의 진입을 제공한다. 비록 제품이 시장에 존재하고, 기업이 시장에 출시한 제품이 동일하더라도 기업입장에서 신제품이라면 이것도 신제품이다. 신제품 중에서 약 20%에 해당한다(Cooper, 2001). 예를 들면 P&G의 아기 기저귀 Luvs, LG의 샴푸나 치약, 삼성전자의 휴대폰이나 컬러 TV, Canon의 레이저 프린터 등이 있다.

3) 제품라인 확장

제품라인 확장(product line expansion)은 회사의 현재 시장에 제공하는 동일한 범주의 제품을 새롭게 설계하거나 경미하게 다르게 하는 것이다. 즉, 제품계열이나 제품품목을 확대한 경우로 신제품의 26%이다(Cooper, 2001). 이러한 신제품은 회사에는 새로운 품목이며, 회사가 이미 생산하는 기존제품라인 안에서 만들 수 있다. 예를 들면 타이드 액체 세제와 같은 라인확장이나 자매상품(flanker), HP의 레이저 프린터 출시 이후 칼라 레이저나 복합기 등이 있다.

4) 제품개량이나 수정

기존제품의 개량이나 수정은 기존제품을 더욱 좋게 개량한 것이다. 실제로 시장에 출시된 모든 제품은 기존제픔의 개량이나 수정제품이 대부분이다. 이렇게 새롭지 않은 제품은 회사의 제품라인에서 기존제품의 대체라 할 수 있다. 그러나 기존제품에 비하여 향상된 성능, 기능이나 더 큰 지각된 가치를 제공한다. 이러한 제품은 신제품의 26%이다(Cooper, 2001). P&G의 아이보리 비누와 타이드 세탁세제는 여러 번 수정되어 왔다. 예를 들면 현대자동차의 장수제품인 소나타, 삼성전자의 TV, LG전자의 에어컨, Microsoft의 Windows 등이 있다.

5) 리포지셔닝

리포지셔닝(repositioning)은 제품의 판매가 침체되었거나 소비자의 욕구나 경쟁 및 환경이 변함에 따라 기존제품의 포지션을 새로운 용도나 새로운 이용으로 새롭게 조정하는 활동이다. 새로운 이용은 새로운 시장을 선택하고, 새로운 문제를 해결하고, 다른 시장의 요구를 충족한다. 이러한 제품은 신제품의 7%이다(Cooper, 2001). 예를 들면 아스피린은 기본적인 두통약과 해열제였지만 새로운 의료급여로 처리된 이후 혈병, 뇌졸중과 심근경색(heart attacks)의 예방뿐만 아니라 기본적인 두통 완화제로써 포지셔닝하였다.

6) 원가절감

회사가 갖고 있지 못한 바람직한 새로운 아이디어를 경쟁자가 갖고 있고, 기술의 차이가 기업 간에 크지 않기 때문에 제품차별화가 더욱 어렵지만, 소비자들로부터 제품가격 인하의 압박이 크다. 따라서 기업은 원가절감을 통한 가격인하로 판매와 수익을 일정 수준 유지하려고 한다. 원가절감(cost reductions)은 소비자들에게 동일한 성능을 저가격으로 제공하는 신제품이다. 원가절감을 제공하는 신제품은 라인에서 기존제품을 대체할 수 있지만, 동일한 편익과 성능을 제공한다. 이러한 제품은 신제품의 11%이다(Cooper, 2001). 예를 들면 PC나 아크릴 섬유(acrylic fiber) 등이 있다.

04 서비스 마케팅

1. 서비스의 특성

서비스란 고객과 기업과의 상호작용을 통해 고객의 문제를 해결하는 행위(deed), 수행(performance), 노력(effort)이다. 고객의 욕구충족을 목적으로 사람과 시설이나 설비에 의해 제공된다. 또한 서비스는 소유되거나 저장·수송될 수 없는 무형적 활동(intangible activity)이다. 서비스 마케팅은 서비스를 통해 고객의 필요와 욕구를 충족시키려는 개인 및 조직의 활동이다. 서비스는 무형성, 비분리성, 이질성과 소멸성 등 4가지 특성이 있고, 이러한 특성은 어느 정도 상호 공유성을 갖고 있다.

① 무형성(intangibility)

유형의 제품처럼 만지거나 볼 수 없는 특성으로 고객들은 서비스 제공자의 상징물, 건물, 시설, 가격, 종업원 복장으로부터 품질을 추론한다.

② 비분리성(inseparability)

서비스는 동시에 수행되고 소비된다. 서비스 공급자, 고객과 서비스 경험을 공유한다. 고객은 적극적으로 서비스 생산에 참여, 협조하여야 한다.

③ **이질성(heterogeneity)**

서비스의 생산과 전달과정에서 품질의 일관성에 편차가 발생할 수 있는 특성이다. 서비스 품질은 제공자와 제공상황에 따라서 다르다. 서비스 공급자들은 서비스 제공과정의 표준화와 장비나 설비에 의한 서비스 제공을 도모하여 품질의 이질성을 극소화하는 것이 필요하다.

④ **소멸성(perishability)**

저장이 불가능하고 재고화하기 어려운 서비스의 고유 특성으로 생산과 동시에 소비되는 동시성(simultaneity)이다. 따라서 비수기를 대비한 대기수요를 일정하게 유지하는 정책개발이 필요하다.

그림 11-8 서비스의 특성

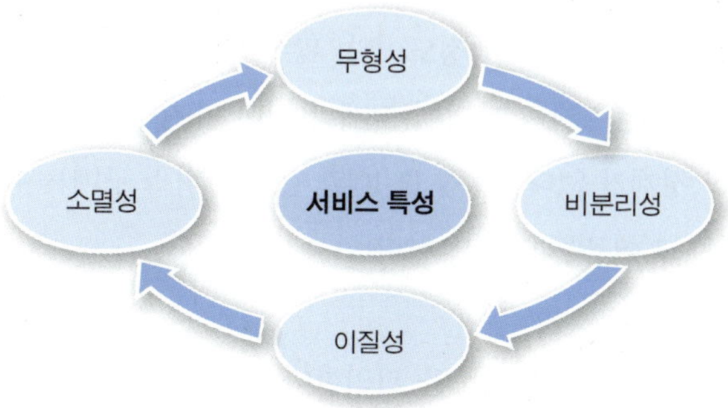

2. 서비스 마케팅 믹스

서비스 마케팅 믹스는 4P's(product, price, promotion, place)에다 물적 증거(physical evidence), 사람(people)과 과정(process)이 추가된 7P's이다. 물적 증거는 서비스가 전달되고 기업과 고객이 상호작용하는 모든 유형적인 요소로 건물, 시설, 종업원의 복장, 명함, 홍보물이나 제반 서류가 해당된다. 사람은 서비스 공급자와 구매자 등 서비스의 전달과정에 참여하는 모든 사람이다. 과정은 서비스가 전달되는 절차, 구조와 활동으로 서비스의 전달과 운영체계이다. [그림 11-9]은 7P's의 특징을 설명한 것이다.

그림 11-9 서비스 믹스의 7P's

product	price	promotion	place	process	people	physical
물리적 특성 품질 보조서비스 상품계열 브랜드	가격 유연성 차별화 거래조건 할인	인적 판매 판촉 매체광고 홍보 옥외광고	매장위치 경로방식 다입지 체인화	서비스 활동의 흐름서비스 제공단계 고객참여	직원선발 직원교육 동기부여 고객관계	건물, 시설 장비, 설비 복장, 명함 팸플릿 문서

3. 서비스 마케팅

제품을 유형제품(physical products)과 서비스로 분류할 수 있지만 서비스 마케팅과 유형제품 마케팅의 차이는 무시해도 될 정도이다. 많은 방식에서 서비스는 유형제품의 동일한 방식으로 판매된다. 마케팅 기법이 크게 차이가 나지 않기 때문에 유형제품과 서비스 간에는 분명한 경계가 없다. [그림 11-10]과 같이 서비스 구매는 유형제품의 구매와 경미한 차이가 있다. 그 이유는 다음과 같다.

- 마케터는 편익의 다발로써 제품을 정의한다. 즐거움을 찾는 개인이 어떤 좋은 극장을 가거나 새로운 셔츠를 구매함으로써 이를 달성할 수 있다. 그래서 편익은 기본적으로 동일하다.
- 정의의 어려움이다. 대부분의 유형제품은 서비스 측면을 포함하고 대부분의 서비스는 유형제품을 포함한다. 대부분의 유형제품은 다소 순수한 서비스와 순수한 유형제품의 연속체(continuum)에 따라 어느 곳에 있다.
- 소비자지향을 정의하는 것이 아니라 소비자가 생각하고, 필요로 하고, 원하는 것을 생각해야 한다는 것을 의미한다.

레스토랑의 음식처럼 서비스 요소는 제품비용의 중요한 부분이다. 여기에는 원재료 비용은 음식의 전체비용 중에서 극히 적은 부분이다. [표 11-1]은 서비스의 특징적인 요

그림 11-10 유형제품과 서비스 제품의 구매과정

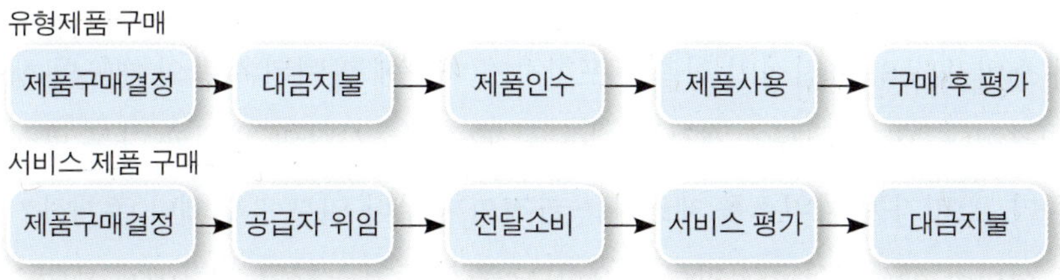

소이다. 서비스를 구매하는 위험은 불가피하게 유형제품을 구매하는 것보다 더 높다. 만족하지 않는다면 유형제품은 쉽게 환불할 수 있다. 잘못 깎은 머리를 환불하는 것은 불가능하다. 기준이 매우 불충분하다면 대금을 지불하지 않는 것은 어렵다. 이러한 영향으로 유형제품을 구매할 때보다 소비자들은 정보수집에 더 많은 시간을 기울이고 구전이나 추천에 더 의존한다. 전문 서비스의 경우 소비자는 서비스의 신뢰와 경험속성을 검토한다. 예를 들면 의사를 찾는 환자는 의사가 특정한 통증을 치료하는 경험과 자격을 알고싶어 한다.

[표 11-1] 서비스의 특징적인 요소

요인	설명과 예
무형성	보험증권은 문서에 불과하다. 핵심편익(마음의 평정)은 만져볼 수 없다.
비분리성	연극은 소비자가 연기를 즐김에 따라 동시에 실연한다.
소멸성	비행기 좌석은 아주 소멸한다. 비행기가 이륙하면 좌석을 판매할 수 없다. 서비스는 미리 생산할 수 없고 재고로 보관할 수 없다.
사전시용 불가능	머리를 깎기 전에는 시험하는 것이 불가능하다. 레스토랑 식사는 주문하기 전에 먹는 것을 허용하지 않는다.
변동성	때때로 주방장이나 웨이터가 좋지 않은 분위기에 있을 수 있다.

소비자들은 약속을 구매하기 때문에 가격으로써 품질을 간접적으로 측정한다. 더 비싼 레스토랑은 좋은 음식과 서비스를 제공한다고 가정하는 경향이 있다. 고가의 미장원은 더 좋은 미용 서비스를 제공할 것이다. 더 고가의 변호사는 소송에서 더 이길 것이다. 구매결정을 하면 소비자는 서비스 제공자에게 더 관여한다. 그래서 소비자들은 선호하는 레스토랑, 미장원과 변호사를 갖는 경향이 있다. 소비자들은 은행계좌를 전환

하는 것을 싫어하고, 문제가 명백할 때에나 전환하는 경향이 있다. 서비스 마케팅에서 Booms와 Bitner는 사람, 과정과 물적 증거를 추가하여 강조한다. 대부분의 서비스는 생산자와 소비자 간의 간접적인 접촉을 포함하기 때문에 관여된 사람의 태도와 행동은 제품의 일부이다. 또 공급자의 개성은 제품을 생산하는 사람의 개성과 다른 방식으로 영향을 준다. 소비자는 서비스를 제공하는 과정의 전부나 일부에 언제나 존재하기 때문에 과정은 서비스 시장에서 결과만큼 중요하다. 물적 증거는 다른 사람에게 보여주고 언급하는 것이다. 서비스 제품은 무형적이기 때문에 소비자가 제품에 대한 신뢰를 느끼기 위해 제시되는 것이다.

05 마케팅 믹스

1. 마케팅 믹스

마케팅 믹스(marketing mix)는 제품과 서비스를 출시하기 위해 회사가 사용하는 상이한 의사결정 변수의 결합이다. 시장을 확인하고 시장에 관한 정보를 수집한 후 고객의 욕구와 경쟁자의 도전을 대처하기 위한 도구와 전략을 결정하는 마케팅 프로그램을 수립한다. 마케팅 믹스는 회사가 수익, 판매, 시장점유율, 투자수익과 같은 목표를 성취하기 위한 모든 마케팅 요소의 결합이다. 4P's인 제품(product), 가격(price), 유통(place)과 촉진(promotion)의 네 가지 요소를 배합하는 것이 마케팅 믹스이다. 제품은 고객의 욕구와 필요를 만족하는 상품, 서비스나 아이디어이며, 가격은 제품을 얻기 위해 지불하는 돈이다. 유통은 소비자가 제품을 구매하는 장소이며, 촉진은 구매자와 판매자 간의 전달수단으로 제품이나 서비스를 소비자들이 구매하도록 정보를 제공하거나 설득하는 활동이다. 마케팅 활동은 고객의 욕구와 필요를 충족하는 것을 목표로 하고, 이를 수단으로 하는 4P's를 적절하게 사회, 문화, 경제, 기술, 정치나 법규와 환경 등 통제 불가능한 변수(uncontrollable variables)에 맞게 배합하는 것이다.

그림 11-11 마케팅 믹스

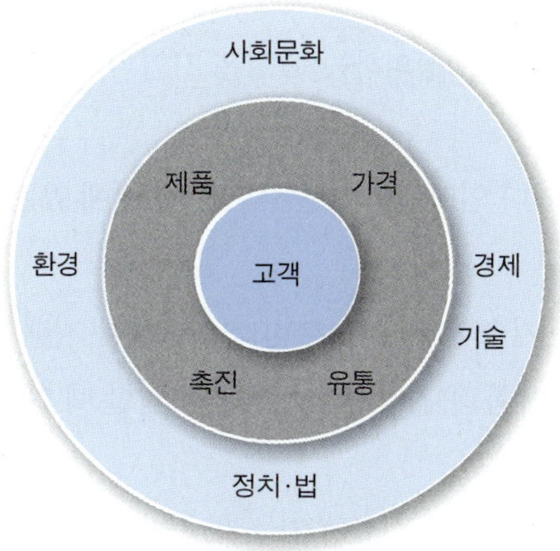

마케팅 운용의 수익성 있는 방법은 주로 마케팅 믹스와 마케팅 조건을 변화하는 환경 요인에 따라 적절하게 변경하는 것이다. 따라서 마케팅 믹스는 회사가 구매자 반응에 영향을 주기 위해 사용할 수 있는 통제 가능한 변수(controllable variables)의 집합이다. 이와 같이 마케팅 관리자는 회사의 마케팅 목표를 달성하기 위해 마케팅 지출의 수준을 결정한다. 즉, 마케팅 예산을 확정한 후 마케팅 믹스에서 다양한 도구에 대한 총 마케팅 예산을 어떻게 배분하는지를 결정하는 것이다.

[표 11-2] 마케팅 요소: 4P's

Product(제품)	가격(Price)	유통(Place)	촉진(Promotion)
품질, 특징, 스타일, 디자인, 기술, 브랜드, 포장, 크기, 보장, 서비스	정가, 할인, 보상판매가, 결제조건	경로, 유통범위, 구색, 위치, 재고, 배송	광고, PR, 인적 판매, 판매촉진, 직접 마케팅

마케팅 믹스는 기업의 전체 마케팅 전략을 추진하는 도구상자(toolbox)이다. 기술기반 시장(technology-enabled marketplace)에서 마케팅에 대한 전략적 도구를 검토하는 것은 중요하다. 제품이 기술기반 또는 전자상점은 판매 여부, 소비자 시장에서 네 가지 주요 변화가 있다. Parasuraman와 Colby는 기술기반 마케팅 안에서 이러한 이동을 확인하였다.

- 소비자들은 비기술기반 제품과 서비스보다 상이하고 매우 높은 개별화 속도로 기술을 수용한다.
- 개인화 속도와 소비자들이 정의하는 속성은 기업의 마케팅 전략과 마케팅 믹스로 이동되어야 한다.
- 제품이 기술기반이거나 인터넷의 기술주도 환경 내에 있는 소비자 서비스에 더 집중하게 된다.
- 한 회사가 까다로운 기술기반 제품, 서비스나 판매를 지배할 수 있다. 그러나 일반적으로 다른 회사가 새롭거나 최적의 기술을 도입할 때 그 위치를 상실할 수 있다.

제품의 가격이 상승하면 제품의 수요는 감소하고 더 작은 유통 요소를 필요로 한다. 반면에 제품 USP는 최적의 가격을 형성하기 위해 브랜드 인지에 최대한 집중하는 것이다. 전반적인 마케팅 믹스는 제품향상을 위한 고객반응에 근거하여 동적인 모델이 될 수 있고, 개선된 제품으로 출시할 수 있다. 경쟁우위를 확보하기 위해서 4P's의 전략적 믹스가 중요하다. 4P's에 의한 마케팅 믹스는 마법이고, 회사에 경쟁우위를 달성할 수 있는 매우 영향력이 큰 전략이다. 고객은 왕(king)이기 때문에 마케팅 관리자가 우수한 마케팅 믹스를 사용하는 것은 의무이다. 핵심요소는 고객욕구와 수요를 충족하는 것이다. 마케팅 관리는 적절한 제품(right product)을 적절한 가격, 적절한 장소, 적절한 시간에 제공하는 것이다.

그림 11-12 마케팅 믹스

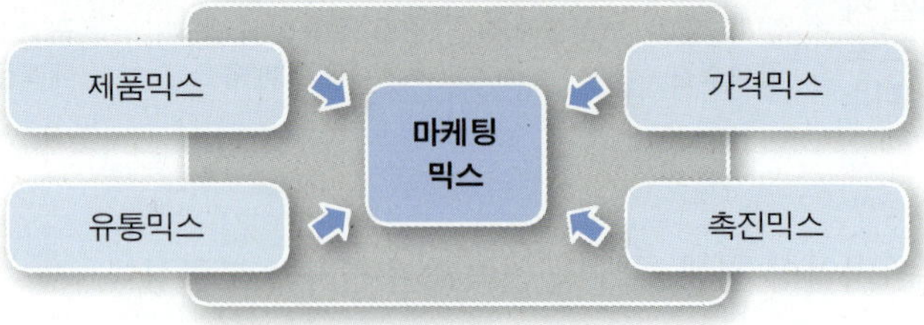

4P's는 4C's로 대체될 수 있다. 4P's가 기업의 용어에 의한 마케팅이라면 4C's는 소비자 관점의 믹스이다. 회사의 판매관점에 집중한 4P's 마케팅 믹스는 마케팅 과학과 실무의 중요한 부분이다. 기술의 영향과 컴퓨터의 보편적인 접근으로 고객지향인 고객인

식이 증가하여 마케팅 변수의 변화를 초래하였다. 판매자 중심인 4P's가 소비자 중심인 4C's로 발전했다.

① **고객 해결책**

고객 해결책(customer solution)은 소비자가 구매하기를 원하는 제품, 서비스와 아이디어를 개발하는 것이다. P(product)와 대응하는 C(customer solution)는 소비자 욕구에 대한 해결책으로 제품을 의미한다.

② **비용**

비용(cost)은 가치와 비용 간의 관계이다. 가격은 비용의 일부이기 때문에 소비자가 구매하는데 들인 노력, 시간과 심리적 부담 등은 비용이 포함된 유무형의 총 비용이다. 가격은 본질적으로 무관하다. 제품이 고객의 선호를 충족하고 기대한다면 프리미엄 가격은 쉽게 수용된다. 이것은 욕구, 필요와 관련된 비용의 평가로 전환된다.

③ **편의성**

편의성(convenience)은 고객이 제품을 구매하는데 유통경로에서 어려움이 없는 정도이다. 인터넷은 제품과 서비스를 얻는 소비자의 방법을 촉진하였다. 성공적인 회사는 제품을 얻는 소비자의 선호 방법에 근거한 다경로에 집중하고 있다. 구매 장소는 구매의 편의성을 제공하는 소비자가 구매를 편리하게 할 수 있는 장소이어야 한다.

④ **전달성**

전달성(communication)은 기업이 소비자에게 일방적이 아니라 쌍방향으로 전달하는 것이다. 제조자 시대의 모토는 구매자 위험부담 원칙(caveat emptor)이었으나 지금은 제조자

그림 11-13 4P's 에서 4C's

제조자 관점		소비자 관점
제품	→	고객해결책
가격	→	비용
유통	→	편의성
촉진	→	전달성

의 제조물책임으로 전환되었다. 제조물책임제(product liability)는 제품을 제조하는 업자 또는 판매하는 업자가 그 제품의 사용이나 소비에 의해서 일어난 생명, 신체의 피해나 재산상의 손해에 대해서 지는 배상책임이다.

2. 제품믹스

제품은 소비자가 지불준비가 있는 물리적 제품이나 서비스이다. 이러한 물리적 제품에는 제품품질과 제품특징이 중요한 요소이다. 제품특징(product feature)은 기업이 출시하여 판매하는 제품의 물리적 특징(physical characteristics)으로 이는 외관, 형태, 크기, 색상, 무게, 속도, 내구성, 재료, 기능, 성능과 같은 품질이나 변수를 포함한다. 이러한 특징이 있는 제품은 마케팅 믹스의 핵심요소이다. 제품, 서비스는 모든 마케팅 활동의 출발점이다. 또한 제품은 속성들의 결합으로 색상, 디자인, 특징, 성능과 같은 물적요소와 가치, 품질과 같은 비물적요소를 포함한다. 제품계획은 제품을 시장에 출시하는데 취해지는 다양한 의사결정이다. 제품과 관련된 의사결정은 다음과 같다.

1) 제품 디자인

제품 디자인(product design)은 고객의 주의를 끌어들이고, 제품에 집중하고, 고객의 구매결정에 영향을 주는 중요한 요소이다. 디자인은 제품의 스타일과 기능을 결합한 것으로 제품성공과 직접적으로 연결되어 있고, 다른 제품과의 차이를 내는 요소이다. Steve Jobs는 디자인은 인간이 만든 창조물로 근본적인 영혼이라고 한다. 제품 디자인은 색상, 형태, 질감과 같은 심미적 속성을 포함하지만, 촉감, 미각, 후각, 청각, 시각뿐만 아니라 기능, 인체공학, 기술과 사용성을 포함한다. 디자인은 회사의 제품과 서비스를 차별화하고 포지션하는 매우 효과적인 방법으로 회사에 경쟁우위를 제공한다. 판매와 시장점유율의 증가로 수익이 증가한다. 제품의 시각적 디자인은 호소하는 시장에 적절하고 차별화 방법이다. 디자인은 제조, 소매, 서비스, 의복, 포장재와 내구장비에서 중요하다. 잘 디자인된 제품은 생산과 유통하기가 쉽고, 고객은 보는 것이 즐겁고, 개봉, 설치, 사용, 수리와 처분을 쉽게 느낀다.

좋은 디자인에 대한 주장은 특히 큰 광고를 하지 못하는 작은 중소기업의 소비재와 창업기업에 주목을 끈다. 또한 디자인은 서비스에도 적용할 수 있다. 예를 들면 세탁소, 수리점이나 레스토랑과 같은 서비스업에서 점포 디자인은 소매점포는 물리적 공간, 직원의 외모와 도움, 설치·서비스·수리의 품질, 서비스 주문과 서비스 전달의 용이성에서 동일하다. 서비스의 무형성, 소멸성, 비분리성과 변동성은 물리적 제품과 다른 디자인 과제를 안고 있다. 중소기업이 제품, 서비스나 이들의 결합물을 제공하는 탁월한 제품디자인은 사업성공에 이르는 길이라는 데는 의문이 없다.

2) 품질과 기술

제품품질(product quality)은 제품이 갖고 있는 기능을 작동할 수 있는 능력으로 이것은 품질수준과 품질일치성으로 평가된다. 품질수준(quality level)은 제품이 본래의 기능을 제대로 작동할 수 있는 능력으로 성능품질(performance quality)을 뜻한다. 품질일치성(quality consistency)은 제품이 결점이 없고 목표성능이 일정하게 전달되는 정도이다. 품질(qualityy)은 개인이 언제나 좋은 품질을 찾기 때문에 고객들에게 이익을 주어야 한다. 기술(technology)은 제품을 구현하고 차별화하고 사용자가 선호하는 신제품을 개발하는데 사용된다.

3) 제품의 유용성

제품의 유용성(usefulness)은 시장에서 경쟁우위를 갖는 필수적인 요소이고, 시장에서 이용할 수 있는 동일한 제품과 비교하여 제품의 만족과 반복적인 사용을 이끌어 내는 요소이다. 제품차별화는 제품의 유용성을 증가함으로써 확립된다.

4) 가치와 편의성

고객이 제품의 가치(value)가 제품의 제조비용보다 더 크다고 느끼고, 대체로 만족을 느끼는 주관적인 평가이다. 제품성능과 관련된 고객수요를 충족하거나 초과하는 제품성능이 개발되어야 가치가 향상된다. 편의성(convenience)은 제품의 사용과 관련된 변수로 제품이 고객의 생활에 편리성을 가져다줄 수 있어야 한다.

5) 포장 디자인

포장(packaging)은 제품을 위한 용기를 디자인하고 제조하는 모든 활동이다. 포장은 제품의 내용물을 보호하고, 제품정보를 제공하며, 제품이미지를 전달함으로써 제품의 가치를 향상하는데 사용된다. 포장은 제품이 외부에 표현하는 방법이고, 제품품질에 관한 지각적 경험을 향상한다. 포장은 제품, 가격, 촉진과 유통 다음으로 마케팅의 다섯 번째 요소로 간주된다. 좋은 포장은 고객의 주의를 끌고, 고객에게 제품정보를 제공하여 마침내 판매를 이끌어낸다. 포장은 사람들을 의식적·무의식적으로 관여하게 한다. 포장은 물리적 구조이지만 동시에 많은 환상요소가 있다. 그래서 이성(reason)뿐만 아니라 감성(emotion)에 호소한다. 이처럼 포장은 구매자에게 감성과 기능적 편익을 전달하고 제품 차별화의 강력한 수단이 된다. 따라서 잘 디자인된 포장은 브랜드 자산을 구축하고 판매를 유인한다. 그러나 조잡하게 디자인한 포장은 고객을 쫓아내고 제품에 쉽게 접근하지 않는 결과를 가져오는 분노와 좌절을 포장하는 것이며, 종종 기업에게 해로움을 준다. 소비자들의 소득이 증가함에 따라 단순한 해결책보다는 더 많은 기능과 감성을 제공하는 제품을 소비한다. 소비자들은 신뢰와 명성을 제공하는 포장을 얻으려고 애쓴다. 따라서 좋은 포장이 갖추어야 할 특징(VIEW)은 가시성, 정보제공, 감정적 소구와 가동성이다.

그림 11-14 좋은 포장의 요건

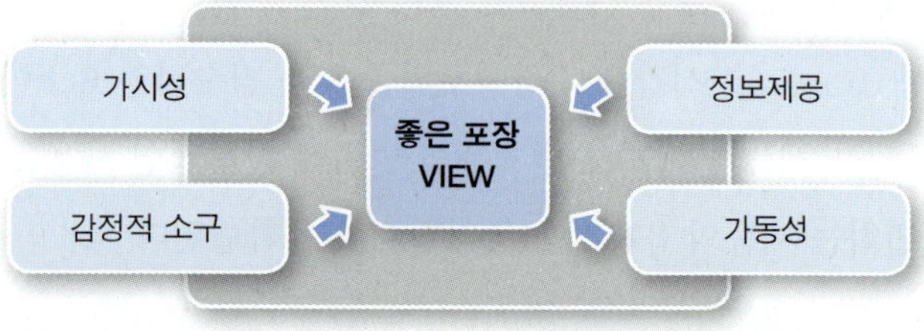

① **가시성(visibility)**

포장은 구매시점에 주의를 유발할 수 있어야 한다. 강렬한 색상의 패키지나 색다른 그림, 형태, 사이즈를 통하여 시각적 자극을 강화한다.

② **정보제공(information)**

제품 사용법, 제품이 제공하는 편익, 슬로건, 기타 제품정보(요리법, 판매촉진 제공물)를 제공한다. 시용구매를 자극하고, 반복구매를 유발하며, 정확한 제품 사용법이나 적절한 제품정보를 제공한다.

③ **감정적 소구능력(emotional appeal)**

소비자가 원하는 느낌이나 무드를 유발하고, 즐거움, 환상, 쾌감 등 감정 유발 요소를 제공한다.

④ **가동성(workability)**

제품의 본래 기능이 제대로 작동할 수 있을 뿐만 아니라 제품내용을 보호하고, 저장과 제품사용의 편리함을 제공하고, 디자인은 환경보호에 기여하도록 한다.

6) 보장

보장(warranty)은 제품의 내구성에 대해 고객에게 보장하고 시장에서 만족한 고객을 유지하는 판매 후 보증을 주는 것이다. 제품에 문제가 발생했을 경우 제조자가 제공해야 할 서비스와 제품으로부터 기대되는 기능을 보증하는 것이다. 보증(guarantee)은 제품성능이 소비자의 기대에 미치지 못할 경우 환불이나 교환 등을 약속한 것이다.

7) 브랜드

(1) 브랜드의 개념

브랜드(brand)는 판매자의 제품이나 서비스를 식별하고 경쟁자와 구별하기 위해 의도된 이름, 용어, 신호, 상징, 디자인이나 이들의 결합이다. 브랜드는 어떤 기대를 충족하겠다는 고객에 대한 약속이며, 회사의 가장 중요한 자산이다. 브랜드가 기존과 잠재고객의 욕구와 핵심가치를 표현하는 것을 확실히 하기 위해 끊임없이 브랜드를 추적하는 것이 중요하다. 고객들이 논리적 수준이 아니라 감성적 수준에서 궁극적으로 의사결정을 하기 때문에 브랜드는 감성적 수준으로 접근할 필요가 있다. 이와 같은 이유로 중소기업은 브랜드와 관련하여 가능한 많은 감각을 활용하여야 한다. 대부분 사람들은 세계에 관하여 감각을 통하여 이해한다. 인간의 감각은 기억과 연결되어 있고, 곧바로 감성을 이용한다. 브랜드의 목적은 간결한 메시지를 전달할 수 있어야 하며, 발음하기 쉽고, 회사의 신뢰성을 확인하고, 표적고객과 감성적으로 연결하고, 구매자를 자극하고, 고객충성도를 강화하는 것이다. 중소기업이 소비자 경험에 집중한다면, 기대하지 않았던 것을 추가하는 것이 브랜드를 향상하는 방법이다. 중소기업이 브랜드를 강화하거나 재브랜드를 찾기 위해서는 브랜드의 네 가지 기본적인 성질이 있다.

- 재미있고, 빠른 전달이나 탁월한 기호와 관련 있는 고객약속을 제안하고 전달한다.
- 회사는 가치제안을 전달함으로써 신뢰를 구축한다. 무엇인가 잘못 되었을 때 고객에게 알리는 것은 신뢰를 구축하고 유지할 수 있다.
- 회사는 약속을 끊임없이 개선함으로써 시장을 움직인다. 중소기업은 고객을 위해 더 좋은 것을 하려고 언제나 찾아야 한다. 전체 고객경험에 의해서 생각한다.
- 회사는 친숙성 이외에 혁신에 의해서 더 많은 이점을 추구한다.

브랜드(brand)의 유형은 기업브랜드, 공동브랜드, 개별브랜드와 브랜드수식어가 있다. 삼성, 현대, LG, SK, 농심과 쿠쿠와 같이 기업의 이름을 그대로 사용하는 브랜드는 기업브랜드(corporate brand)이다. 여러 가지 상품에 공동적으로 사용하는 브랜드는 공동브랜드(family or umbrella brand)이다. 갤럭시, 쏘나타, 신라면 등은 특정제품에만 사용하는 브랜드를 개별브랜드(individual brand)라고 한다. K5, SM5, 갤럭시 5처럼 구형 모델과 구별하기 위해 붙이는 숫자, 문자 등 수식어를 브랜드수식어(brand modifier)라고 한다. 상표를 부착할 것인가의 여부와 상표의 소유자를 누구로 할 것인가 등의 상표의 기본방향을 결정하는 것을 상표전략이라 한다. 제조업자상표(national brand)는 제조업자 자신이 상표명을 소유하며, 생산된 제품의 마케팅 전략을 제조업자가 직접 통제한다. 유통업체상표(private brand)는 도소매상이 하청을 주어 생산된 제품에 도소매상의 상표명을 부착한다. 무상표(generic brand)는 제품에 상표를 붙이지 않고, 철물, 맥주, 콜라, 설탕 등 제품의 내용만 표시한다. 브랜드확장(brand extension)은 2080 치약이 성공하여 2080 칫솔이나 구강용품에 사용하는 것처럼 기존 브랜드를 다른 제품에 사용하는 경우를 의미한다. 브랜드확장은 원래의 브랜드와 관련성이 있어야 바람직하다.

회사는 제품에 관한 지각을 창조하고, 경쟁제품과 구별하고, 표적고객과의 관계를 창조함으로써 제품에 가치를 추가하기 위해서 브랜드를 사용한다. 회사는 고객과의 연대감을 창조하는 편익을 얻고 고객은 특정한 브랜드에 충성을 하게 된다. 회사가 브랜드를 통해서 얻는 힘은 더 싼 가격을 제공하는 대체품이 있더라도 고객이 자사의 브랜드를 즉각적으로 구매하는 것이다. 잘 구축된 브랜드는 높은 상표충성도, 시장점유율과 수익을 가져다주기 때문에 기업은 브랜드 자산을 구축하기 위해 많은 투자와 노력을 기울인다. 강력하고, 호의적이고, 독특한 브랜드는 언제나 높은 품질이나 적어도 일관된 품질을 보증한다. 그래서 반복구매를 촉진한다.

(2) 브랜드 이름의 결정

브랜드는 브랜드가 표현하는 것을 신뢰하는 충성고객을 갖는다. 이것이 신규 진입자들이 브랜드와 경쟁하는 것을 어렵게 하는 이유가 된다. 예를 들면 밥보다 더 맛있는 밥으로 포지셔닝한 햇반은 제품범주와 연관성이 크고, 기억하기도 쉬워 간편식에 매우 잘 어울리는 브랜드 명이다. 논어 자로 제13편에 명부정이면 즉언불순(名不正 則言不順)하고 언불순이면 즉사불성(言不順 則事不成)이라고 기록되어 있다. 이름이 바르지 아니하면 말이 순응하지 않고, 말이 순응하지 않으면 일을 이루지 못한다는 의미로 이름의 중요성을 강조한 것이다. 바람직한 브랜드 명은 제품의 편익이나 품질과 연관성이 있다. 경쟁사와 명백히 구별되고 세상에서 흔하지 않고 독특한 느낌을 준다. 기억이나 발음하기 쉽다. 브랜드 명의 의미가 부정적이거나 혐오의 대상이서는 안 된다. 우수한 브랜드 네임이 갖추어야 할 요건은 브랜드와의 연관성, 독특성과 기억용이성이 있다.

그림 11-15 바람직한 브랜드네임의 요건

06 세분화, 표적화와 포지셔닝

1. STP

1) STP의 과정

소비재(consumer product)는 개인적 사용을 위해 최종 소비자에 의해서 구매되는 제품이나 서비스이다. 이와 달리 산업재(industrial product)는 생산이나 재판매하기 위해 직접적 또는 간접적으로 사용하기 위해서 구매한 제품이나 서비스이다. 기업은 소비재나 산업재를 구매할 고객을 목표로 시장을 세분화한다. 기업은 신제품의 기회를 확인하고, 적절한 포지셔닝과 전달전략을 개발하고, 그리고 핵심 마케팅 활동에 효과적으로 자원을 할당하기 위해 매력적인 세분시장을 확인한다. 시장세분화(segmentation: S)는 전체시장을 비교적 동일한 욕구를 가진 고객의 집단으로 나누는 것이다. 시장을 분할하기 위한 변수를 선택하고, 세분시장의 특성을 구축하여 새로운 세분시장을 확인하는 과정이다. 표적시장(target market)은 특정 제품을 구입할 가능성이 가장 높은 소비자의 특정 시장을 의미한다. 표적화(targeting: T)는 시장 세분화를 통해 목표로 하는 시장의 고객집단을 선정하는 과정이다. 포지셔닝(positioning: P)은 소비자의 지각을 이해하고, 소비자의 마음속에 제품을 자리 잡게 하는 과정이다. 시장을 세분화하고, 목표로 하는 소비자를 표적으로 선정하고, 경쟁제품보다 더 유리하게 소비자들의 마음속에 제품을 위치하게 하는 전략을 STP 전략이라고 한다. 따라서 STP 전략은 조직의 현재상황, 자원이나 능력, 제약사항과 시장진출 목적에 대한 상황분석부터 시작한다. 상황분석을 통해 시장세분화, 표적화와 제품포지션을 설정하여 마케팅 믹스를 통해 시장에 접근하는 것이다. [그림 11-16]은 STP 과정을 예를 들어 설명한 것이다. 조사를 통하여 입수한 시장정보가 여러 가지 변환과정을 거쳐서 제품이 고객에게 전달되는 과정이다. 이것은 구체적인 대상의 설정을 통하여 고객의 마음속에 추상적인 상징과 이미지를 형성하는 과정이기도 하다. 시장세분화 측면에서 시장조사를 통하여 유사 고객집단을 확인하여 동질적인 집단을 토대로 세분시장을 구축한다. 남, 여, 연령과 직업 중에서 동일한 욕구와 특성을 가진 고객의 집단을 분류한다. 표적화 측면에서 30대 여성 직장인으로 시장의 고객집단을 선정한다. 포지셔닝(positioning) 측면에서 30대 여성 직장인이 내적으로 보상을 받고 개인적 발전을 할 수 있는 제품으로 위치를 설정한다.

그림 11-16 STP 구축 과정의 예

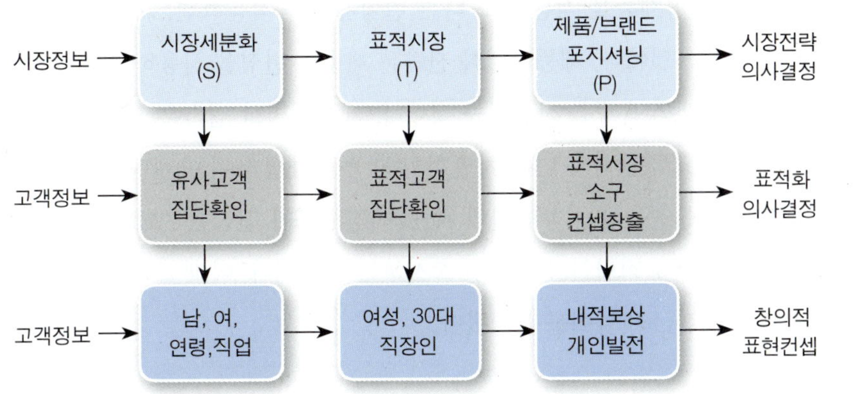

2) 시장세분화의 개념

한 기업이 단일 제품이나 서비스로 모든 구매자를 만족시킬 수 없다. 시장세분화는 시장을 명확하게 유사한 욕구와 제품의 요구사항을 갖는 고객집단으로 구분하는 것이다. 따라서 시장세분화는 고객들을 집단 내에서는 소비자의 욕구와 구매행동이 유사하고, 집단 간에는 상이하도록 소비자들을 군집하는 것이다. 적합한 시장을 확인하고 구별되는 고객집단으로 고객의 욕구 등에 따라 분할하는 것이다. 결국 공통적인 특징과 욕구가 있고, 마케팅 믹스에 유사한 반응을 나타내는 집단을 확인하는 것이다. 시장세분화의 컨셉은 처음에는 불완전한 경쟁시장에서 대체적인 시장개발기법으로 제안되었다. 동일한 제품을 판매하는 많은 경쟁자가 있는 곳에 경쟁자들이 전략을 매우 빠르게 모방하고, 제품차별화가 세분시장 욕구를 더욱 가깝게 충족하기 때문에 시장세분화와 제품차별화는 유사한 결과를 낳는다. 예를 들면 소비자들은 가처분 소득이 증가함에 따라 기호의 확산이 증가하였다. 이러한 결과로 회사는 소비자들의 소득에 따라 제품과 서비스를 계획하는 세분시장을 찾게 된다.

시장분할의 목적은 희소자원을 강화하기 위한 것이다. 즉, 특정한 고객집단의 개별적인 욕구를 충족하기 위해 가격, 유통, 제품과 촉진과 같은 마케팅 요소를 적절하게 투입하는 것이다. 회사는 유한한 자원을 갖고 있기 때문에 모든 고객을 위한 모두 만족하는 제품을 제공하는 것은 사실상 불가능하다. 선택된 고객집단을 위해 선택된 제품을 제공하는 것으로 회사가 특정한 고객의 욕구에 집중하게 된다. 그래서 시장세분화는 제품차별화(product differentiation)와 관련이 있다. 다른 시장세분을 목표로 한다면 세분시장을 충족하기 위해 다른 변형제품을 적용하고, 다른 변형제품을 적용하면, 그런 다음에 다른 세분시장에 소구하는 것이다. 제품차별화 전략은 제품의 변형을 사용하는 것이지만, 시장세분화 전략은 고객의 욕구를 사용하는 것이다. 제품차별화 접근은 고객의 욕구를 발견하여 이를 충족하고 경쟁사와 다른 차별적인 제품을 개발하여 마케팅 믹스를 계획하여 새로운 세분시장에 진출하는 방법인데 비해, 시장세분화 접근은 새로운 세분시장을 발견하여 이 세분시장에 적합한 신제품을 출시하는 전략이다. 아래 그림은 제품차별화 접근과 시장세분화 접근의 차이를 설명한다.

- **제품차별화 접근:** 고객욕구 발견 → 제품의 변형 → 세분시장 접근
- **시장세분화 접근:** 세분시장 발견 → 신제품출시

3) 시장세분화의 과정

시장은 이질적이면서 동질적인 요소를 갖고 있기 때문에 시장을 세분화하는 방법은 시장의 이질성과 동질성을 구분하는 것이다. 따라서 동일한 욕구를 가진 집단을 확인하는 것이 주된 과업이다. 시장에서 특정한 욕구를 가진 고객집단은 동일집단 내에서 욕구는 유사하나, 다른 욕구를 가진 다른 집단에 대해 이질적이어야 한다. 시장은 모두가 욕구가 다른 고객으로 구성되어 있지만, 유사한 욕구를 가진 집단을 찾을 수 있다. 세분시장 간에는 시장의 이질성을 구별할 수 있어야 하고, 세분시장 내에서는 구성원의 동질성을 확인할 수 있어야 한다. 따라서 이질적인 요소로 구성된 시장에서 동질적인 고객집단을 추출하는 것이 시장세분화이다. 시장분할은 정적 개념이 아니다. 다양한 세분시장을 구성하는 소비자들은 변화하려는 욕구를 갖고 있고, 결과적으로 소비자들은 원래 속했던 특정한 세분시장의 구성원으로 계속 남아 있지 않다. 그래서 시장세분화 프로그램은 현재 고객의 자료를 사용해야 한다. 세분화 과정은 판매회사의 욕구가 아니라 관여한 집단의 변화하는 욕구와 시장에서 널리 유행하는 조건에 의해서 변한다.

그림 11-17 세분시장의 이질성과 구성원의 동질성

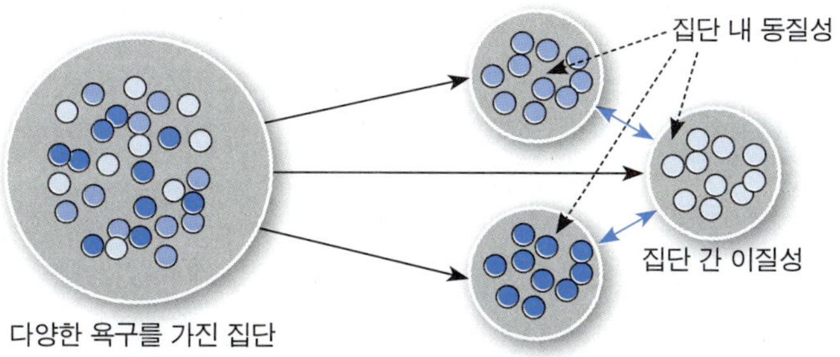

2. 표적시장의 선정

1) 시장표적화 방법

시장표적화(market targeting)는 시장세분화를 통해 목표로 하는 시장의 고객집단을 선정하는 과정이다. 시장표적화는 세분화 과정 동안에 확인된 다양한 세분시장을 평가하고 가장 잘 제공할 수 있는 세분시장의 수와 위치를 결정하는 것이다. 세분시장이 확인되면 기업은 채택할 표적마케팅 방법을 선택할 필요가 있다. 표적시장 마케팅(target marketing)은 기업이 소비자의 욕구와 필요에 따라 시장을 몇 개로 세분하여 각기 다른 마케팅 믹스를 제공하는 것이다. 시장에 관한 마케팅 전략은 4개가 존재한다. 즉, 비차별 마케팅, 차별화 마케팅, 집중화 마케팅과 맞춤 마케팅이다.

(1) 비차별 마케팅

비차별 마케팅(undifferentiated marketing)은 시장에 존재하는 고객의 욕구나 필요의 차이를 무시하고 공통점에 중점을 두어 전체시장을 단일제품과 단일 마케팅 프로그램으로 공략하는 대량마케팅(mass marketing) 전략이다. 이것은 다양한 구매자에게 적용하거나 공통적으로 보이는 특징에 집중하는 것이다. 예를 들면 초기에 Ford의 T 모델 자동차는 동일한 제품으로 전체시장에 접근하였다. 기업이 표준화된 제품을 취급하는 비차별 마케팅의 이점은 제조, 촉진과 유통에서 엄청난 비용의 경제에 대한 기회를 제공하는 것이다.

그림 11-18 시장의 마케팅 전략

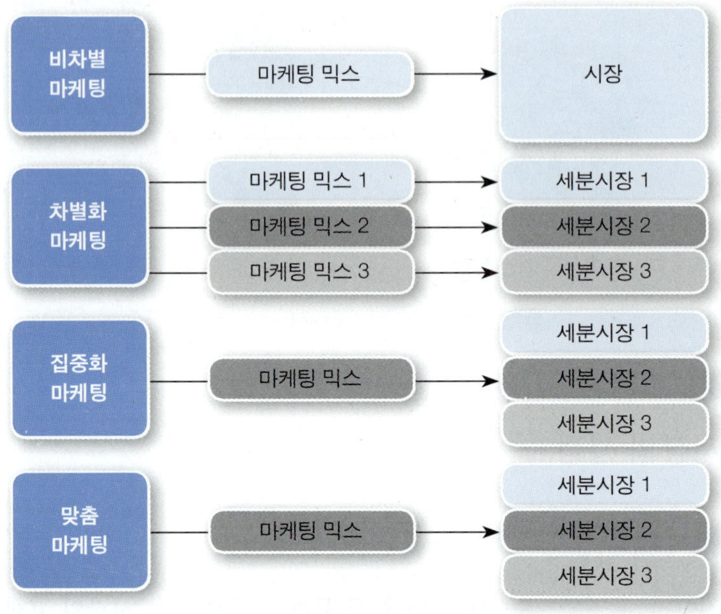

(2) 차별화 마케팅

차별화 마케팅(differentiated marketing)은 전체시장을 여러 개의 세분시장으로 나누고 각 세분시장의 상이한 욕구에 적합한 마케팅 믹스를 활용하는 전략이다. 시장의 경쟁강도가 점점 증가하고 정교화 되기 때문에 비차별 마케팅이 드물어진다는 것을 인식할 필요가 있다. 이러한 환경에서 기업은 더 넓은 시장의 영역을 목표로 하는 제품을 출시할 기회가 상당히 감소된다. 시장의 경쟁강도 심화와 정교화로 시장의 탈 대중화(demassification) 현상이 증대하여 제품다양성 마케팅과 표적마케팅의 전략이 점점 중요하다. 회사전략은 공격적인 경쟁환경에 대처하기 위해 부분적으로 변경된다. 새롭고 다른 세분시장에 호소하는 것보다 차라리 제품차별화나 제품다양성 마케팅(product-variety marketing)이 기존 구매자들에게 더 큰 다양성을 제공할 주요한 목적으로 이동할 필요성이 증가한다. 제품다양성 마케팅은 표적 마케팅으로 이동하기 위한 잠정적 단계이다. 회사는 주요 세분시장을 확인하고, 하나 이상의 세분시장을 목표로 하고, 그런 다음 각 세분시장의 특정한 수요에 맞추는 마케팅 프로그램을 개발하는 것이다.

(3) 집중화 마케팅

집중화 마케팅(concentrated marketing)은 세분시장 중에 한 시장을 선택하고 단일 마케팅 믹스로 단일 표적시장에 노력을 집중하는 전략이다. 집중화 세분시장의 장점은 특정한 시장을 확인하고 주요 표적으로서 세분시장에 광고하고 유통함으로써 비용을 통제할 수 있다. 집중화 전략의 단점은 목표로 하지 않는 고객을 놓칠 수 있는 기회이다. 기업이 경쟁자에 의해서 직접적이고 지속적인 공격을 받게 되고, 또한 표적시장의 수요가 침체할 경우 취약할 수 있다. 이것 때문에 많은 기업들은 다중시장 정책을 추구하고, 다양한 다른 세분시장 정책에 집중하고, 그런 다음 각 세분시장을 위해 다른 마케팅 믹스를 개발한다. 집중화 마케팅은 마케팅 노력을 분산하기 보다는 오히려 만족할 수 있는 가장 큰 기회를 갖는 구매자에게 집중하여 수익을 창출하는 것이다. 따라서 집중화 마케팅을 종종 산탄총(shot gun)보다는 소총(rifle)이라 한다.

(4) 맞춤 마케팅

맞춤 표적화(customized targeting) 전략은 마케팅 전략이 각 시장세분화와 관계없이 개별 고객을 위해 개별적인 전략을 개발하는 미시마케팅이다. 미시마케팅(micro marketing)은 모든 고객 속에서 개별고객을 보는 방법이다. 개별적인 고객의 욕구나 선호를 충족하기 위해 개별적인 맞춤 제품과 마케팅 프로그램을 제공한다. 개별적인 마케팅은 충족되지 않은 고객의 욕구를 발견해 내고, 그러한 욕구를 충족시켜 줄 제품을 생산하여, 고객에게 제공하는 일대일 마케팅이다. 이것은 B2B나 고객의 주문에 의한 맞춤식 자동차 제작처럼 높은 가치가 있는 주문제품에서 매우 지배적이다. 주로 소비재에서는 자동차, 보석, 식품이나 의복이, 산업재에서는 특정한 산업제품이 주문자의 요구사양에 따라 제작된다. Dell컴퓨터는 온라인 주문으로 맞춤형 PC를 제작하여 판매한다.

여러 세분시장 전략은 제조, 촉진, 유통, 재고와 관리를 포함하여 여러 분야에서 불가피하게 비용을 증가한다. 비차별 마케팅, 제품다양성 마케팅과 표적마케팅 간의 선택은 높은 전체 수익에 반하는 비용을 증가하는 일련의 상충관계를 포함한다. 이러한 네 가지 방법 중에서 하나를 선택하기 위해서 전략가는 조직의 능력, 존재하는 기회와 가능하거나 현실적인 시장범위나 수준을 확인할 필요가 있다. 상충관계의 가장 극단적인 예는 제품이나 서비스가 각 구매자의 구체적인 수요에 맞추기 위해 수정되는, 개개인의 요구에 맞거나 세분화된 마케팅에서 볼 수 있다. 특히 이것은 큰 고객의 비교적 작은 수를 갖고 있는 조직에 의해서 B2B 영역에서 종종 사용된다.

[표 11-3] 표적시장과 대상

유형	전략 방향
비차별 마케팅	불특정 다수
차별화 마케팅	특정한 고객이나 시장
집중화 마케팅	초점의 극소수의 표적고객이나 틈새시장
맞춤 표적화	개별고객

3. 포지셔닝

1) 포지셔닝의 특성

포지션(position)은 제품이 점유하는 시장에서의 위치이다. 포지션은 제품이 표적시장 내에 있는 고객의 마음 혹은 인식 속에서 차지하는 상대적 위치를 의미한다. 즉, 포지션은 어떤 제품이 소비자의 마음속에 인식되고 있는 모습이다. 포지셔닝(positioning)은 자사 제품이 경쟁제품에 비하여 소비자의 마음속에 가장 유리한 위치에 있도록 하는 과정이다. 포지셔닝은 표적고객의 마음속에 의미 있고 특징적인 경쟁적 위치를 점유하기 위해 회사의 제공물과 이미지를 계획하는 활동이다. 그러므로 포지셔닝은 제품의 속성과 편익에 관한 것으로 제품이 어떻게 전달되는가와 이러한 요소들이 고객의 마음속에 함께 결합되는 방법이다. 중요한 것은 제품의 물리적 특성(physical nature)이 아니라 성공적인 포지셔닝에 도달하는 심리적 인식이다. 따라서 포지셔닝은 고객이 경쟁자와 비교하여 제품의 가치를 어떻게 판단하는가와 제시한 약속을 전달하는 능력이다. 그러므로 포지셔닝은 소비자의 마음 또는 인식에서 경쟁 브랜드에 비해 특정 브랜드가 차지하고 있는 위치를 강화하거나 변화시키는 전략이다. 고객의 욕구와 필요를 파악하여 동질적인 시장으로 나누는 시장세분화와 경쟁제품과의 차이점을 인식시키는 제품차별화를 결합하는 것이 포지셔닝이다. 따라서 포지셔닝은 세분화된 시장에서 제품차별화를 통해 경쟁우위를 확보하는 방법이다.

포지셔닝은 구매의 순간 가장 먼저 떠오르는 제품이 되도록 제품의 차별화된 특성과 이미지를 효과적으로 전달하는 가치제안(value proposition)이며, 이를 마케팅 믹스 전략을 통

그림 11-19 포지셔닝의 진행 과정

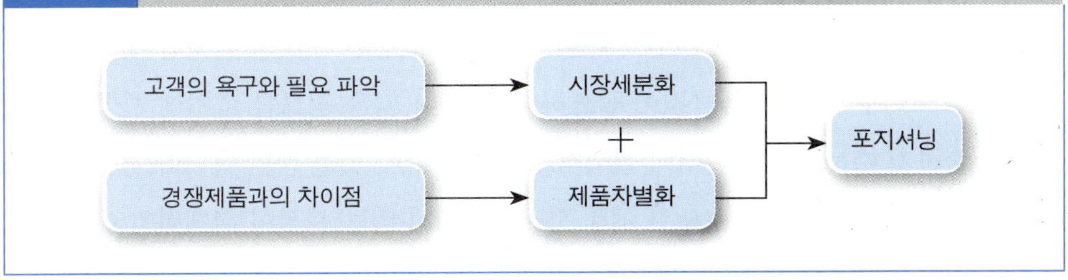

해 지속적으로 고객과 커뮤니케이션하는 모든 구체적인 마케팅 커뮤니케이션 활동을 말한다. 전략가들은 제품이 의미하는 것과 현재와 잠재적 경쟁제품과 어떻게 다른지를 고객들에게 설명한다. 예를 들면 제너시스는 성능에 기반한 차별적인 이점이 있는 자동차 시장의 고급차 시장에 위치되어 있다. 제품컨셉과 포지셔닝의 목적에는 차이점이 있어야 한다. 컨셉은 소비자의 편익을 명확하게 하여 고객 선호도를 파악할 수 있어야 하며, 포지셔닝은 경쟁제품과의 차이를 명확하게 하여 고객인식을 증진하는데 목적이 있다.

2) 포지셔닝의 전략

포지셔닝의 목적은 고객이 자사 브랜드에 대해서 경쟁제품보다 마음속에 연상을 더 유리하게 갖도록 하는 것이다. 포지셔닝 전략은 경쟁상태 내에서의 자사 브랜드의 위치, 소비자의 욕구와 제품특성 등을 통합적으로 고려해야 한다. 고객들이 특정 제품범주를 생각할 때 자사의 브랜드가 최초로 또한 우수한 제품으로 상기하도록 하는 것이다. 포지셔닝은 세분화된 시장에서 제품차별화를 통해 경쟁우위를 확보하는 방법이다. 전략에는 제품속성과 편익, 제품범주, 사용상황, 사용자, 가격과 품질, 경쟁자 대항, 경쟁자와 반대 설정과 브랜드 이미지 등이 있다.

4. 출시 및 출시 후 관리

1) 출시전략

제품을 출시하기 전에 시장의 반응과 소비자 교육을 유도하기 위해 회사는 사전 발표를 실시하기도 한다. 제품 사전발표(pre-announcing a product)는 복잡한 문제나 해결책을 시장과 소비자에게 교육하고, 경쟁자를 압박하고, 제품인지도와 자금조달을 위한 것이다. 사전발표에서 회사는 기술의 핵심요소를 기술하고, 적용한 기술을 설명한다. 제품제안을 전체적으로 분명하게 하는 것이 필요하다. 그러나 많은 정보를 조기에 제공하고 제품을 노출하기 때문에 시장환경이 실질적으로 변화할 수 있을 뿐만 아니라 경쟁자에 의해 제품이 진부화될 수 있다. 또한 제품 사전발표에서 얻는 분석이 실제적인 이상을 포함하지 않을 수 있다. 제품 사전발표 후에 전체시장에 처음으로 제품을 출시하는 것을 상업화라고 한다. 상업화(commercialization)는 신제품을 시장에 출시하는 것으로 제품출시, 안정적인 생산량 증가, 마케팅 자료와 프로그램 개발, 공급사슬 개발, 판매경로 개발, 훈련개발과 지원개발을 포함한다. 신제품의 출시목적은 아래와 같다.

- 성공적인 출시를 위해 회사는 목표를 공유하고 결속한다.
- 제품과 서비스가 표적시장의 대표가 되기 위해 전략적 증거를 제공한다.
- 독립적인 제3자로부터 포지셔닝 전략의 타당성과 전략증거를 구축한다.
- 버즈 마케팅[4]과 일관된 메시지구조로 pull 전략을 시작한다.
- 자금조달(fundraising)을 촉진한다.
- 긴 판매주기를 지원한다.
- 표적고객의 인지와 신뢰도를 확립한다.
- 시장동력을 창출하고 판매주기를 촉진한다.

제품출시(product launch)는 시장과 유통경로에 물리적인 포지셔닝(physical positioning)을 하는 과정으로 이전 개발단계에서 지출한 총비용을 훨씬 능가하는 상당한 신제품비용을 필요로 한다. 출시활동 계획에서 오는 실수, 오산과 간과는 신제품 성공에 치명적인 장애가 된다. 신제품 출시는 비용과 시간이 많이 들고, 위험이 수반하기 때문에 출시품목, 출시장소, 출시시기와 출시방법 등을 전략적으로 계획해야 한다. 전략적 의사결정은 신제품 개발단계의 초기에서 일어나지만 출시전략은 마지막 단계에서 일어난다. 신제품 출시 전략은 제품출시 전략과 제품출시 전술로 구분된다. 제품출시 전략은 제품전략,

4) buzz란 벌이나 기계 등이 윙윙대는 소리로 고객이 특정 제품이나 서비스에 열광하는 반응이다. 버즈 마케팅(buzz marketing)은 구전 마케팅(verbal marketing)으로 상품을 이용해 본 소비자가 자발적으로 주위 사람에게 긍정적인 메시지를 전달함으로써 좋은 평판이 확산된다. 광고비가 거의 들지 않지만 효과가 매우 크다.

시장전략, 경쟁자 전략과 사업전략을 포함한다. 제품출시 전술은 제품믹스, 가격믹스, 유통믹스와 촉진믹스를 포함한다. 제품출시 전략은 신제품의 물리적 개발이 완성된 후에 일어난다. 따라서 이러한 과정은 성공적인 제품출시에 관한 의사결정이다.

2) 출시 후 제품관리

출시관리는 조기에 잠재적인 문제를 발견하고, 신속하게 문제를 해결하는 과정이다. 즉, 계획했던 궤도를 이탈하지 않도록 문제를 발견하고 해결하는 과정이다. 다음은 잠재적 문제발견 및 해결절차이다. 첫째, 출시 후 발생하는 문제를 신속하게 발견한다. 잠재적으로 취약한 문제를 확인하는 단계이다. 이러한 문제는 서툰 광고나 제조와 같은 자사의 내부적인 전략이나 경쟁자의 보복과 같은 외부환경에서 발생한다. 마케팅 계획 단계에서 구매자들이 시장에서 자사제품에 높은 수준의 만족을 나타낼 것이라고 예상하였는데, 그들이 자사 신제품을 시용하게 하는데 문제를 제기한다. 경쟁자가 신제품 소식을 들은 후 보복행동에 들어가는 경우가 있다. 악마의 옹호자(devil`s advocate)[5]를 활용한다면 처음 생각했던 것이나 경쟁자들이 실시하는 무서운 경쟁전략보다 더 많은 옵션을 갖고 문제를 들추어낼 것이다. 둘째, 통제 가능한 것을 선택한다. 통제 가능한 것과 통제 불가능한 것을 구분하고 통제 가능한 문제의 우선순위를 정한다. 셋째, 관리를 위한 비상계획을 개발한다. 어려움이 실제로 발생할 때를 대비하여 수행해야 할 비상계획을 수립한다. 이러한 계획은 시간과 상황에 따라 변하지만, 최적의 비상계획은 즉각적인 행동을 위한 준비이다. 넷째, 추적 시스템을 계획한다. 이때 추적 시스템은 사용할 수 있는 자료를 신속하게 보낼 수 있는 시스템이어야 한다.

출시 후(post-launch) 제품관리는 제품수명주기의 가장 긴 단계이다. 제품의 중단이나 계속 여부에 대한 의사결정이 이루어질 때 많은 활동이 포함된다. 출시 후 단계의 주요 행동은 사업의 실제적인 진행이다. 출시 후 학습이 이루어지기 위해서 제품반응결과를 보고하는 것은 중요하다. 적절한 제품관리가 될 때 초기 출시 후 관리는 많은 정보를 제공한다. 이러한 정보와 통찰력은 현재와 잠재적 문제를 극복하고 미래 제품출시 성공을 향상하는데 도움이 된다. 그러나 출시감사와 수정행동의 실패는 언제나 경쟁자에게 좋은 기회를 제공한다. 감사의 적시성은 제품유형에 따라 다르다. FMCG(Fast-Moving

5) 악마의 옹호자(devil's advocate)는 중세 가톨릭교회의 추기경 선임 과정에서 유래한 것으로 문제점을 가능한 한 많이 들춰내 올바른 의사결정을 돕는 사람을 뜻한다.

Consumer Goods)는 신속한 평가를 필요로 한다. 대규모 B2B 제품은 감사자료를 수집하고 평가하기 위해 시장성숙, 혁신소비자나 초기수용자 조사를 필요로 한다. 출시와 초기 제품성능을 평가하는 핵심 감독자 역할을 특정인에게 부여하는 것이 중요하다. 출시 후 감사는 제품출시 계획의 모든 측면과 요소를 감사하는 것을 의미한다. 출시 후 제품관리 절차는 추적대상의 범위 결정, 검사, 지속적인 추적실시, 그리고 문제의 개선과 반영 등이 있다.

07 유통관리

1. 유통

유통(distribution)은 상품을 최종소비자에게 이전시켜주는 활동이다. 따라서 유통은 생산자와 소비자 간의 공간과 시간적 간격을 줄여주는 가치창출 활동이다. 유통경로는 상품이나 서비스를 최종소비자에게 이전하는 과정에 참여하는 조직체나 개인들이다. 이 과정에 참여하는 경로 구성원들은 제조업자, 중간상과 구매자들이다. 유통구조는 생산자와 소비자 간의 상품의 이동을 위해 구축된 유통기관 및 경로를 의미한다. 제조에서 소비로 가치가 이동하는데 관계가 있는 모든 중개기관으로 구성된 조직 간 시스템이다. 유통경로 조사는 상품이 목표고객에게 가장 효율적으로 전달되는지를 파악하는 것이다. 대체로 중소기업은 대기업보다 판매량이 적기 때문에 유통경로에 따라서 하나 이상의 중개경로를 갖는다. [그림 11-20]은 일반적인 소비재의 유통경로이다.

그림 11-20 유통경로

소비자들이 구매하고자 하는 것을 생산하는 것은 마케팅에서 단지 한 부분이다. 사람들은 이용할 수 있고 쉽게 얻을 수 있는 상품을 구매한다. 4P's에 의하면 유통은 장소를 결정하는 수단이다. 그러므로 마케터는 유통의 적절한 경로를 발견하고 가장 효율적인 방법으로 상품이 소비자에게 전달되는 것을 확보하는데 상당한 노력을 기울인다. 마케팅에서 유통은 종종 성공의 실제적인 비결이다. 회사가 취할 수 있는 가장 중요한 단계가 되기 위해 기업 구매자들은 좋은 유통망을 활용하는 것은 제조업자로부터 직접 구매하는 것보다는 오히려 중간상이나 도매상 이용이 더 유리할 수 있기 때문이다.

2. 유통경로

유통경로(distribution channel)는 제조업자로부터 최종 소비자에게로 상품이나 서비스를 이동하는 과정에 참여하는 조직이나 개인들을 뜻한다. 유통은 가상점포뿐만 아니라 물적 점포를 포함한다. 운송방법은 유통경로나 마케팅 경로에 의해서 영향을 받는다. [그림 11-21]은 소비재 상품이 통과하는 유통경로이다. 상품은 제조업자로부터 소비자에게 직접 전달되는 경우는 드물지만, 대신 도매상, 대리인이나 기타 요인의 손을 통하여 이동된다. 수입업자는 도매상으로부터 주문을 받기 위해 대리인을 사용한다. 수입업자(importer)가 동남아에서 생산한 가방을 도매상에게 대량으로 납품하고, 도매상은 이것을 소매상에게 보낸다. 도매상은 많은 수입업자와 제조업자의 상품을 소매상에게 전달한다. 소비자가 상품을 구매하기 위해 먼 거리를 직접 가지 않기 때문에 많은 시간을 절약한다. 식품은 종종 길고 복잡한 유통 시스템을 통과한다.

그림 11-21 소비재의 유통경로

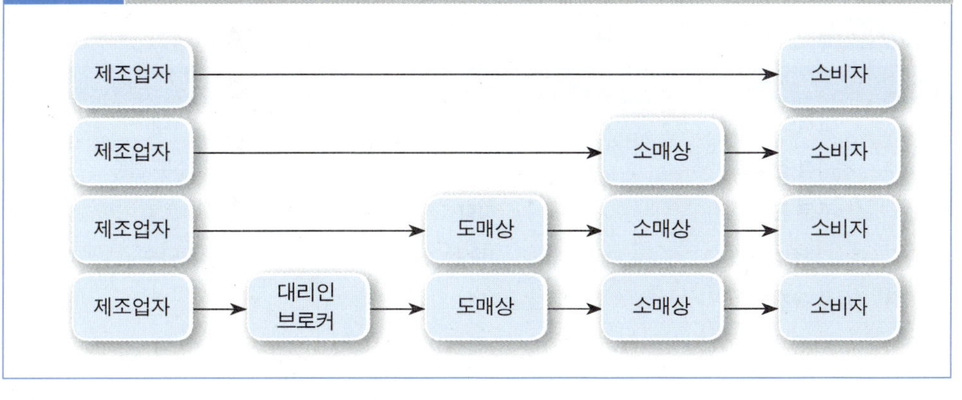

[그림 11-22]처럼 산업재의 유통경로는 소비재 유통경로와 비슷하지만 상품이 소비자가 아니라 기업과 정부에 판매되는 경우는 유통경로가 다소 다르다. 산업재 유통업자가 개입되는 경우가 많다. 산업재 경로는 기업, 정부나 대리인이 사용하는 제품을 공급하는 기업이지만 재판매를 하지 않는다.

그림 11-22 산업재의 유통경로

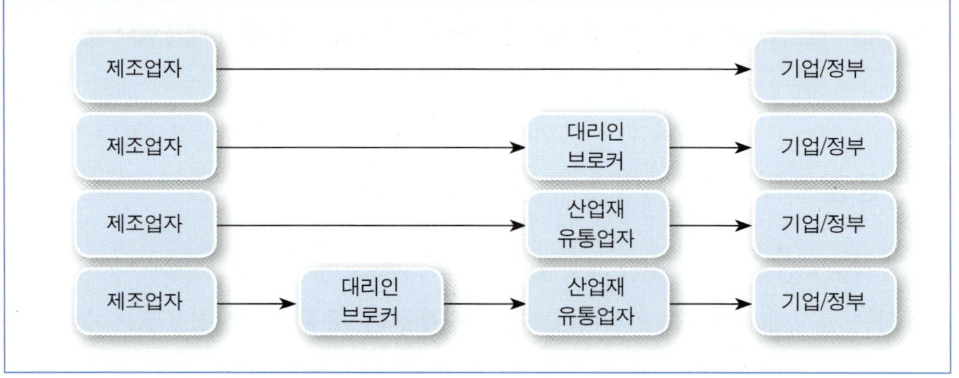

1) 유통경로의 특징

상품과 고객의 유형은 이용할 중개기관의 유형과 수를 결정한다. 중개기관의 수가 증가함에 따라 또한 유통경로의 길이가 증가한다. 일반적으로 유통경로가 길수록 수익이 더 작아지고 경로망이 더욱 넓어진다. 일반적으로 긴 유통경로는 저수익이지만, 상품을 판매하는 것을 더욱 쉽게 한다. 짧은 경로는 대체로 더 많은 네트워크를 필요로 하고 높은 수익으로 전환할 수 있는 판매자의 편에서 일을 한다. 경로의 길이가 짧을수록 고객의 수는 적지만, 지리적으로 집중되어 있고, 주문이 다량이고, 상품이 복잡하기 때문에

[표 11-4] 유통경로별 요인 비교

요인	짧은 경로	긴 경로
고객의 수	소	대
지리적 집중도	고수준 집중	저수준 집중
주문 규모	다량	소량
복잡성	고수준	단순
상품 유지보수	대	소
자원	대	소

상품 유지보수가 더욱 필요하고 자원이 크게 소요된다. [표 11-4]는 유통경로별로 요인을 비교한 표이다.

2) 유통경로의 유형

직접경로는 미장원 같은 인적서비스의 일반적인 경로로써 중개기관의 사용이 불가능하고 주택수선과 같은 주요 자본구매이다. 이것은 이러한 상품이 더 작은 단위로 쪼개거나, 분류하거나 집하할 수 없기 때문이다. 이러한 경우는 중개인이 수행해야 할 기능이 없다. 유통망이 효율적으로 관리되면 상품은 경로로 내려오고 정보는 올라온다. 소매상은 소비자들이 필요로 하는 정보를 줄 수 있다. 공식적으로 제조업자나 도매상에게 정보를 전달해 주고, 비공식적으로 소매상은 판매하는 것을 주문 받고, 제조업자는 소비자들에 의해서 얻는 정보로 시장과 고객 상황을 추론한다. 훌륭한 판매원은 정보경로의 역할을 하며 소매상에서 제조업자까지 정보를 전달해 줄 뿐만 아니라 소비자가 생각하는 것을 소매상으로부터 발견할 수 있다. 주요 제조업자는 종종 몇 개의 유통경로를 갖고 있다. 식품처리 회사는 음식공급자와 소매상 경로를 분리하고, 자동차 제조사는 소매 딜러 망을 통하여 운영하기보다는 대형 차량 운영자와 직접 거래 할 수 있고, 전자 제조업자는 소비상품을 대리점과 직영점 방식으로 운영할 수 있으나, 방산상품은 대체로 인적판매 방식의 경로로 운영할 수 있다.

[표 11-5] 경로 구성원의 분류

구성원	기능
대리점	대리점은 일반적으로 실제로 상품을 구입하지 않고, 제조사의 판매 부문으로 순수하게 행동한다. 상품에 대한 소유권을 갖지 않는다. 대리점 판매대표는 다수의 제조업자를 위해 주요 소매상과 도매상을 방문하고, 주문을 받아 배송을 처리한다. 단지 작은 상품범위를 전달하기 위해 많은 판매원을 운영하는 비용을 제조업자에게 절약 시킨다.
도매상	도매상은 실제로 제조업자, 종종 대리점으로부터 상품을 구매하고, 그런 다음 소매상이나 때때로 최종 소비자에게 상품을 판매한다.
소매상	소매상은 소비자에게 직접 상품을 판매하는 조직이다. 이것은 우편주문, 방문판매와 온라인 판매를 포함한다.
브로커	구매자와 판매자 간의 거래를 중개하는 역할을 수행한다. 재고를 보유하지 않아 거래에 대한 위험이 없고, 거래에 따라 일정한 보수를 받는다.

(1) 소매상

소매상(retailer)은 소비자, 가족이나 친구의 사용을 위해 상품을 판매한다. 사업적 필요가 아닌 구매라면 어떤 구매라도 소매상의 영역이다. 소매상은 반드시 중심가 점포나 시장상인이 아니다. 우편주문판매나 방문판매도 소매상이다. 소매상은 많은 상품을 소비자에게 노출하는 상이한 브랜드의 상품들을 보유하고 고객과 직접 대면하기 때문에 고객과 강한 관계를 갖는다. 대체로 상품과 서비스는 소매상들에 의해 촉진되고 상업화된다. 전통적으로 대부분의 소매점은 도시 중심이나 시외 번화가에 있다. 구매자들이 중심지역에 밀집하는 것은 부분적으로 구매자의 편의성을 고려하기 때문이다. 최근에는 시외에 판매점들이 성장하고 있다. 이러한 이유는 다음과 같다.

- 소비자들이 큰 차량을 소유하게 됨에 따라 거주하는 지역이 아닌 다른 지역에서 구매하는 것이 증가하고 있다.
- 번화가의 임대료와 부동산 세금이 크기 때문에 소매상들은 도심 밖 위치를 더욱 매력적으로 느낀다.
- 도시 계획자들은 도시의 가장 자리에 쇠퇴하는 산업지역을 재건하는 방법으로써 소매단지를 사용한다. 비록 도심 소매상 지역이 이전되더라도 이러한 도심 밖 지역은 반드시 모든 도시 중심 소매상을 해치는 것은 아니다. 조제식품과 전문음식점을 제외하고 식품 소매상은 주로 주요 도시의 중심지역에서 나가는 경향이 있다.

(2) 소매상의 성공요인

고객의 욕구가 급속하게 변하기 때문에 소매업에서도 유행이 있다. 소비자의 욕구에 반응하는 것은 모든 마케터에게 중요하고, 소매상은 가장 어려운 곳에 있고 변화하는 추세에 신속하게 적응할 수 있어야 한다. 다음과 같은 요인은 소매업 성공에 중요하다.

① 위치

소비자가 쉽게 점포를 찾을 수 있고 소비자들이 그러한 점포가 있을 것이라고 기대하는 곳이 점포의 성공적인 위치이다. 구두점은 대체로 도심이나 번화가에 위치하고 있으나, 가구 창고는 도심 밖에 위치해 있다. 가전제품, 컴퓨터나 한약재상들은 특정 지역에 몰려 있는 경향이 있어 소비자들이 특정 제품과 지역을 연상할 수 있다.

② **적절한 상품과 적절한 재고**

소비자가 구매하기를 원하는 것을 공급할 수 있는 적절한 상품을 구입하고 적절한 수량을 확보한다. 품절은 판매기회의 상실일 뿐만 아니라 고객의 이탈이 될 수 있다.

③ **적절한 서비스 수준 제공**

서비스 수준이 고객이 기대한 것보다 못하면 고객은 실망하고 다른 점포에서 구매할 것이다. 서비스 수준이 너무 높으면 비용이 증가하고 고객은 가격이 비싸다고 의심할 수 있다. 고객들은 할인점이 서비스 수준이 낮을 것으로 기대하고 가격이 싸다는 것을 믿음으로써 반응한다.

④ **점포 이미지**

점포와 상품이 상류층을 대상으로 한다면 소비자의 마음속에는 상류층의 이미지가 있어야 한다. 상품편익이 기대한 대로가 아니라면 구매 후 부조화가 따를 것이다. 이처럼 점포 이미지는 고객의 단골화와 제품평가와 직접적으로 관련이 있다.

⑤ **분위기**

구매를 장려하는 점포 디자인의 물적요소이다. 적절한 색채, 조명, 녹음 음악과 향기의 사용은 구매행동에 크게 영향을 미친다. 예를 들면 어떤 슈퍼마켓은 빵의 매출을 증가하기 위해 인공적으로 신선한 빵 굽는 냄새를 사용한다.

⑥ **제품믹스**

소매상은 어떤 상품이 소비자에게 소구하는지를 파악해야 한다. 때때로 소비자가 본 최초 상품으로부터 이동은 완전히 관련이 없는 영역으로 이동할 수 있다. 최근 소매추세는 계산 대기를 빠르게 하기 위해 EPOS(electronic point-of-sale)[6]와 레이저 스캐너를 도입하고 고객의 유지를 위해 충성도 카드를 사용한다. 이 카드는 주어진 기간에 점포에서 구입한 금액에 근거하여 추가적인 할인을 고객에게 주는 제도이다. 이 카드사용의 목적은 할인을 얻기 위해 동일한 점포에서 고객이 더 많은 제품구매를 촉진하는 것이다. 경제적 혜택을 포함한 충성도 프로그램은 고객유지에 긍정적인 영향을 준다. 이 계획은 소매상의 고객점유율을 증가하는데 도움이 된다. EPOS 기술로 고객의 구매습관의 기록을 유지할 수 있고 고객의 구매패턴을 규정할 수 있다. 소매상이 어떤 상품이 팔렸는지를 알 수 있기 때문에 이론적으로 이것은 고객이 특정 상품을 적게 구매했는지를 계산대에서 상기할 수 있다.

6) 판매시점 정보관리 시스템(EPOS): 판매시점에 곧바로 직접 거래를 기록하는 시스템

(3) 도매상

도매상(wholesale)은 최종소비자에게 상품을 판매하지 않고 주로 소매상, 다른 도매상이나 기업 고객들에게 판매하는 중간상이다. 도매상들은 소매상과 비교하여 상품의 가격을 자주 인하한다. 도매상들은 제조업자의 판매를 촉진하기 위해 브로슈어를 제작하고, 판매, 재고보유, 자금결제와 판촉활동을 수행한 대가로 전체 판매에서 수수료를 받는다. 상거래는 거래 상대방 확인, 상품의 내용과 품질확인, 거래조건 합의, 상품전달과 대금결제로 이루어진다. 이러한 거래 과정 속에 사용되는 비용을 거래비용(transaction costs)이라 하는데 중간상은 거래비용을 줄여 상거래를 원활히 한다. 도매상이 존재하지 않는다면 이러한 모든 기능은 각각의 제조업자에 의해서 개별적으로 수행되어야 한다. 많은 제조업자를 위해서 이러한 기능을 수행함으로써 도매상은 규모의 경제를 달성한다. 도매상은 소매상에게 다음과 같은 서비스를 제공한다.

- 정보수집과 보급
- 광범위한 제품범위의 원스톱 쇼핑
- 소량구매의 촉진
- 신속한 배송, 때때로 현금 무배송
- 유연한 주문: 수요변동에 따른 주문

(4) 기타

① 인터넷

많은 고객들이 웹 사이트를 이용하여 온라인으로 상품을 구매한다. 인터넷의 주요 장점은 틈새상품의 장벽이 낮고, 방대한 사람들에게 도달할 수 있다는 점이다. 비교적 적은 비용으로 구축하기 때문에 전자상거래에서 거대한 성장이 인터넷을 경유한 무역과 소비로 이동하고 있는 추세이다.

② 직접판매

직접판매(direct sale)는 유통업자나 중개자 없이 수행되며, 촉진에 의해서 회사는 고객과 직접 커뮤니케이션하는 것을 의미한다. 델 컴퓨터 회사의 판매는 대부분 유통업자를 통하지 않고 인터넷으로 상품을 주문하는 판매방식이다.

③ 다경로

다경로(multi channel)는 상이한 상품과 서비스에 대한 시장점유율을 갖는 매우 유용한 방법이기 때문에 제조업자나 공급자들은 다양한 유통경로를 사용한다. 예를 들면 다이아몬드 반지를 세공업자로부터 전화나 인터넷으로 직접 구매할 수 있다. 요즘 대부분의 소비재들은 온라인이나 오프라인, 회사의 직영점이나 대리점 등 다경로를 활용한다.

3. 유통범위

경로대안을 개발할 때 유통경로 상에 필요한 중간상의 수를 결정하는 것을 유통범위라 한다. 유통범위에는 집약적 유통, 전속적 유통과 선택적 유통이 있다.

1) 집약적 유통

집약적 유통(intensive distribution)은 청량음료나 사탕처럼 저가상품을 가능한 한 많은 소매상들이 취급하도록 하는 전략이다. 소비자들은 이러한 상품을 적은 노력으로 구매할 수 있다. 중요한 요소는 시간과 장소이다. 소비자들이 상품을 찾지 못한다면 그들은 경쟁상품을 구매할 것이다. 집약적 유통의 장점은 소비자의 인지도와 구매 편의성의 증가 등이나, 단점은 저 마진, 소량주문, 재고관리와 중간상의 통제 어려움이 있다.

2) 전속적 유통

전속적 유통(exclusive distribution)은 각 판매지역별로 하나 혹은 소수의 중간상에게 자사 상품의 유통에 대한 독점권을 부여하는 전략이다. 상품은 보통 높은 가격 범위이고, 판매점은 자세한 상품정보를 필요로 한다. 전속적 유통은 전문품에 적당하다.

3) 선택적 유통

선택적 유통(selective distribution)은 소비자들이 주변에서 보다 많이 구매하려 하고, 제조업자가 큰 지리적 확산을 원하는 장소에서 컴퓨터와 같은 상품판매에 주로 사용된다. 제조업자는 주로 판매지역별로 상품을 취급하고자 하는 중간상들 중에서 자격을 갖춘 소수의 중간상들을 선택한다.

[표 11-6] 시장 유통범위의 비교

구분	집약적 유통	전속적 유통	선택적 유통
점포전략	가능한 한 많은 점포	한 지역에 하나 점포	한 지역에 제한된 수
통제력	낮음	매우 높음	제한된 범위에서
상품유형	편의품	전문품	선매품

제12장

조직관리와 경영전략

제1절 조직관리

제2절 인적자원

제3절 경영전략

Focus Lens 기업은 사람이다

뽀로로, 콘텐츠로 세계를 사로잡는 아이코닉스

최종일 대표는 1996년부터 금강기획 애니메이션 신사업팀으로 발령이 나면서 애니메이션에 관한 지식과 관련 업무를 진행하게 되었다. 당시 우리나라는 미국, 일본 다음으로 세계 3위의 애니메이션 제작국이었지만, 기술수준은 미국과 일본에서 기획한 애니메이션을 임가공하는 수준밖에 되지 않았다. 애니메이션을 기획하는 미국, 일본과는 달리 뛰어난 기술과 저렴한 인건비로 미국의 디즈니나 일본의 도에이 애니메이션 등으로부터 하청을 받아 그림을 색칠하고, 촬영하는 등의 OEM이 주류였다. 2001년 최종일 대표는 금강기획 애니메이션팀에 있던 직원 4명과 (주)아이코닉스(ICONIX Co.,Ltd)를 설립했다.

뽀로로는 국산 캐릭터의 세계화

애니메이션 산업은 프리프로덕션(pre-production: 기획, 캐릭터 개발, 시나리오), 프로덕션(production: 색칠, 촬영)과 포스트 프로덕션(post-production: 녹음, 효과음, 음악)의 단계를 거친다. 또 제작된 이후에는 배급과 캐릭터 산업이라는 단계를 거치게 된다. 뽀로로를 기획한 최종일 아이코닉스 대표는 "왜 우리는 미국과 일본처럼 못하지?"경쟁국인 일본의 성공사례를 분석했다. 일본의 경우 아동, 청소년, 성인을 대상으로 하는 애니메이션이 대부분이며, 유아용 애니메이션이 거의 없었다. 또한 대부분 오락성이 강해 폭력적이고 선정적이라 7세 미만이 시청하기 적합하지 않았다. 이 점에 주목하여 경쟁자들이 시도하지 않은 유아물로 목표를 정했다. 일본은 상대적으로 유아용 애니메이션을 많이 만들지 않는다는 것을 알게 되었고, 유아용 애니메이션을 제작한다면 해외진출에 유리하겠다고 생각했다. 아이들이 좋아하는 동물 펭귄을 주인공으로 하는 애니메이션에 관심이 있었다. 그러나 핑구는 강력한 펭귄 캐릭터로 시장에서 구축되었다. 핑구를 극복하기 위해서 더 좋은 디자인, 좋은 스토리, 좋은 이름을 가진 애니메이션을 제작한 것이 몇 차례의 실패 끝에 바로 '뽀롱뽀롱 뽀로로'였다. 뽀로로는 EBS와 공동으로 제작하고 EBS에서 방영되었다. 뽀로로 애니메이션은 아이들 사이에서 '뽀통령'이라는 별명으로 선풍적인 인기를 끌게 되면서 킬러 콘텐츠가 되었고 자연스레 아이코닉스도 성장하게 되었다. "야~뽀로로다! 노는 게 제일 좋아~♬""뽀롱뽀롱 뽀로로"오프닝 곡이 들리면 울던 아이는 울음을 멈추고, 떼쓰던 아이가 순식간에 얌전해지는 '뽀로로 효과'를 톡톡히 본 부모들은 '육아의 절반은 부모가 하고, 나머지 반은 뽀로로가 한다'는 말에 크게 공감하게 된다. 2003년 이후 뽀로로는 아이들의 사랑을 한 몸에 받으며 아이들의 대통령으로 군림을 하고 있다. 뽀로로의 출시로 뽀로로의 경제적 효과는 5조 7,000억 원, 브랜드 가치는 8,000억 원으로 추정된다. EBS에서 시청률 5%로 시작한 뽀로로는 이후 전 세계 100여 개국으로 수출되어 프랑스에서는 4~7세 대상 평균 시청률이 47%를 기록하기도 했다.

영국, 인도, 멕시코 등 세계 110 여개국에 수출되고 있으며, 중국, 네덜란드까지 확장되며 새로운 한류 붐을 일으키고 있다. 외국 아이들 사이에서는 대한민국이라는 국가명보다도 뽀로로의 나라가 더 익숙하다. 뽀로로의 성공을 발판으로 꼬마버스 타요, 코코몽, 로보카 폴리, 라바 등의 다양한 국산 캐릭터들이 제작하여 해외로 수출한다.

세계로 향하는 아이코닉스

꼬마버스 "타요"가 아이들에게 선풍적인 인기를 얻으며 애니메이션 한류를 이끌고

있다. 아이코닉스는 국내 및 해외시장에서의 다양한 프로젝트 경험을 통해 축적된 기획력과 노하우, 범세계적 네트워크를 기반으로 창작 애니메이션의 개발과 캐릭터 비즈니스 사업을 전개하고 있다. 수호요정 미셸, 뽀롱뽀롱 뽀로로, 치로와 친구들, 제트레인저, 태극 천자문 등 매년 2개 이상의 창작 애니메이션 프로젝트를 수행하고, 자체 제작 애니메이션 및 국내 대표 애니메이션의 적극적인 해외 배급을 하고 있다. 애니메이션 캐릭터를 기반으로 출판, 완구, 음악, 공연, 테마파크, 라이선스, 뉴미디어 등의 다양한 국내 캐릭터 사업을 전개하여 캐릭터 산업 영역을 확장하고 있다.

01 조직관리

1. 경영과 조직의 원리

1) 경영의 기능

모든 중소기업은 경영원리에 대해 관심을 가질 필요가 있다. 경영의사결정은 사업의 성공, 작업환경의 활력과 성장에 영향을 준다. 경험에 의한 경영이 일시적으로 작동하지만 어리석음은 결국 사업에 타격을 준다. 경영(management)은 의미 있는 조직의 목표를 성취하는데 가능한 가장 효율적인 방법으로 계획, 조직, 채용, 지휘와 통제 기능의 적용이다[1]. 경영은 사람과 자원으로 조직의 목적을 달성하는 기능이다. 경영원리는 모든 조직에 적용한다. 중소기업의 실패에 가장 큰 원인은 경영의 실패이다. 중소기업 소유자와 경영자는 다양한 활동의 결합을 사용한다. 각각의 활동에 소비하는 대부분의 많은 시간을 하나 이상의 경영기능에 부여할 수 있다.

그림 12-1 경영의기능

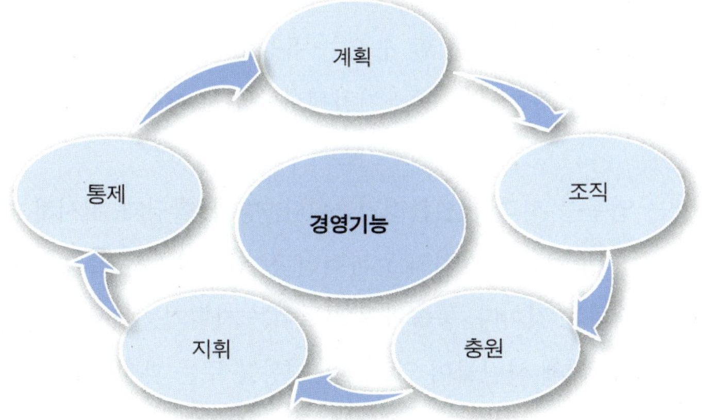

1) John M. Ivancevich and Thomas N. Duening(2007).

① 계획

계획(planning)은 미래의 사건과 상황을 예상하고 조직목표를 달성하기 위한 행동방향을 결정하는 과정이다[2]. 계획은 가장 흔히 빠트리는 중소기업을 운영할 때 하나의 조치이지만 기업을 궤도에 올려놓고 유지할 수 있는 조치이다. 따라서 계획은 기업이 비전을 실현하고, 비전을 끝낼 수 없을 때와 적절하게 이루어지지 않는 이유를 보여주고, 실수를 예방하고, 비전을 달성하는데 필요한 자원을 파악하는데 도움이 된다.

② 조직

조직(organizing)은 과업과 사명을 적절하게 수행하기 위해 사람을 집단으로 만들고 활동을 할당하는 과정이다. 경영계층을 수립하는 것은 조직기능을 수행하기 위한 토대이다. 조직의 효과성과 근로자의 만족은 리더십으로부터 명확하고 단호한 지휘를 필요로 하기 때문에 조직화는 조직과 근로자에게 중요하다. 명확하고 단호한 지휘는 책임, 권한, 책무, 권한의 명료화, 통일된 명령, 명확한 승인과정과 종업원 행동을 허용할 수 있는 규칙 등을 포함한다. 중소기업 소유자는 홀로 경영하지만, 모든 중소기업은 경영계층이 필요하다. 기업에 있는 각 구성원은 책임을 수행할 권한을 갖고 있고 다른 상사로부터 상충되는 지시를 받지 않는다. 조직설계와 중소기업의 구조는 조직화의 중요한 부분이다.

③ 충원

충원(staffing)은 종업원을 선택, 훈련, 개발, 보상과 평가하는 것을 포함한다. 중소기업은 기업이 성공하는데 필요한 과업을 할 수 있는 유능한 직원으로 충원해야 한다. 유능한 직원을 보유한다면 매우 유익하다. 중소기업에서 충원과 관련된 문제는 사람이다.

④ 지휘

지휘(directing)는 업무를 시작하는 관리기능이다. 명령, 할당과 지시하고, 달성해야 하는 것을 하도록 동기부여하는 직원의 효과적인 집단을 구축하고, 명령을 실행하고, 실수를 확실하게 교정하는 것이다. 통솔과 동기부여는 지휘기능에서 함께 나타난다. 통솔(leading)은 공통목적을 위해 사람들이 일하도록 영향을 주는 과정이고, 동기부여(motivating)는 사람들이 조직의 최고이익으로 일하는 이유를 제공하는 과정이다. 리더십(leadership)의 유형은 상황에 따라서 다르다. Kurt Lewin은 주요 리더십의 유형을 전제, 민주와 방임

---

2) David L. Kurtz(2011).

형으로 분류한다[3]. 훌륭한 리더가 상황에 따라 세 가지 유형을 모두 사용하지만, 서투른 리더는 한 가지만 고수하는 경향이 있다.

전제형 리더십(autocratic leadership)은 리더가 다른 사람을 참여하지 않고 단독으로 의사결정하고, 종업원들에게 해야 할 과업과 수행방법을 지시할 때 나타난다. 이러한 유형은 가장 많은 불만을 야기하지만, 의사결정에 필요한 모든 정보가 있을 때, 의사결정할 시간이 거의 없을 때, 다른 사람들의 참여 결과로 의사결정이 바뀌지 않을 때, 종업원들이 충분히 동기부여될 때와 추후 조치를 수행할 사람들의 동기부여가 의사결정의 관여 여부에 의해 영향을 받지 않을 때 효과적이다. 전제형 리더십은 자주 사용되지 않는다.

민주형 리더십(democratic leadership)은 부하, 동료, 상사와 다른 이해관계자를 의사결정에 포함하는 유형이지만, 리더가 최종결정을 한다. 리더십의 참여형은 다른 사람들에 대한 존경을 나타내기 때문에 강점의 신호이다. 참여의 정도는 리더의 영향력, 선호, 신념과 결정에 따라 매우 다르지만, 조직에 결정을 충분히 위임하는 정도이다. 이러한 리더십은 리더가 부분적인 정보만 갖고 있고 종업원이 다른 정보를 갖고 있을 때 매우 효과적이다. 참여는 윈윈 상황이고, 이익은 상호적이다. 어떤 사람들은 보통 이러한 리더십을 높이 평가하지만, 의견이 다양하고, 적절하고, 최종적인 결정을 하는데 명확한 방법이 없다면 문제가 될 수 있다. 민주형 리더십은 가장 효과적이다.

방임형 리더십(laissez-faire leadership)은 또는 위임형 리더십은 의사결정할 때 리더의 관여를 최소화한다. 종업원들에게 의사결정이 허용되지만, 리더는 아직도 의사결정에 책임이 있다. 리더의 역할은 목표를 수행하는데 도움이 되는 지도를 제공하는 담당자의 역할이다. 이 유형은 종업원들이 자기 동기화되어 있고 의사결정에서 유능할 때 매우 효과적이기 때문에 중심적인 조정이 필요가 없다. 계층에 있는 리더의 아래에 있는 사람들을 충분히 신뢰하는 것을 가정한다. 사람들이 자신의 과업에 밀착되어 있지 않는 경향이 있고 뚜렷하고 활동적인 리더십을 가질 때 힘을 쏟으려하지 않기 때문에 이 유형은 문제가 있다. 탁월한 리더십은 모든 중소기업에 필요하다. 종업원들이 최선을 다하도록 고무하고, 동기를 주고, 존경하는 사람을 필요로 한다.

⑤ 통제

통제(controlling)는 감시하는 것이다. 목표를 확실히 달성하기 위해 계속적인 활동을 평

---

3) David Lewin Kurtz(2011).

가하고, 조절하는 과정이다. 통제는 미래 계획에 대한 평가정보를 제공하고, 계획에서 벗어났을 때 행동과 성과를 수정하는 것이 목표이다. 통제과정은 주로 기준설정, 성과측정, 성과비교와 수정조치 등 4단계가 있다.[4] 성과기준설정은 첫 단계이다. 기준은 시간, 품질, 수량 등의 용어로 종업원들이 기대하는 것을 알도록 한다. 성과측정은 실제성과나 결과를 결정하는 것이다. 성과비교는 실제성과와 기준을 비교하는 것이다. 마지막 단계인 수정조치는 궤도상에서 필요한 교정을 조치하는 것이다. 목표가 달성될 때까지 모든 단계가 주기적으로 반복하기 위해서 통제기능은 순환적인 행동이다.

그림 12-2 통제의 기능

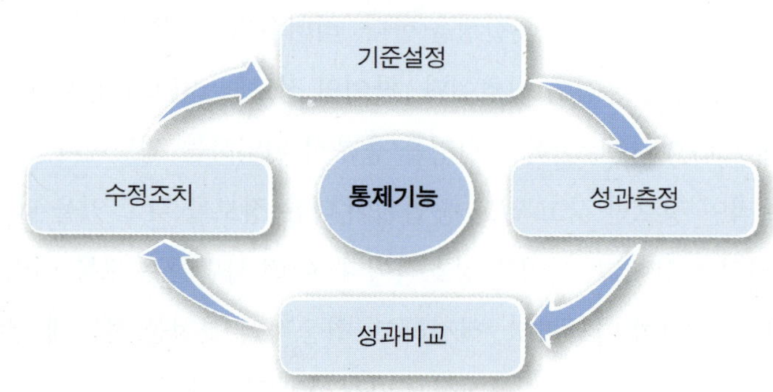

2) 경영의 수준

중소기업이 성장함에 따라 경영의 단계에 관심을 가져야 한다. [그림 12-3]처럼 경영은 최고경영자, 중간관리자와 일선관리자가 있다. 회사의 목표를 달성하기 위해 세 수준의 조정이 있어야 한다. 최고경영자(top management)는 임원으로 회사의 모든 자원을 이끌고 통제한다. 이 수준은 사장, CEO, CFO[5], CMO[6]와 부사장[7] 등을 포함한다. 최고경영자는 회사의 사명, 장기계획과 전략에 대부분의 시간을 보내고, 기업을 위한 대변인으로서 정부를 다루고, 교육기관, 공동체 활동에서 기업을 대표한다. 중간관리자(middle management)는 경영자의 가장 큰 집단이다. 이 수준은 지역관리자, 공장관리자, 지사관리자, 마케팅 관리자와 프로젝트 관리자와 같은 직위를 포함한다. 최고경영자와 일선관리자의 연결

4) John M. Ivancevich and Thomas N. Duening(2007).
5) chief financial officer
6) chief marketing officer
7) vice president

자인 중간관리자는 특정한 생산, 제품이나 소비자집단에 집중하고, 회사의 전략계획을 실천하는 상세계획과 절차를 개발하는 책임을 갖는다. 일선관리자 또는 감독자는 제품이나 서비스를 생산하고 판매하는 사람들과 함께 직접적으로 일하는 집단이다. 그들은 중간관리자의 계획을 실행하고, 종업원을 관리하고, 함께 일하는 시간을 대부분 보내고, 종업원을 동기부여하고, 질문에 답하고, 일상의 문제를 해결하는 활동을 조정하고 감독한다. 일선관리자는 감독자, 부문장, 관리자. 십장과 팀장이다. 중소기업 소유자는 문제나 위기에 반응할 때는 중간이나 최고경영자와 함께 대개 일선관리자 역할을 수행하는 것이 흔하다. 이것은 좋은 상황이 아니다. 중소기업이 경영의 세 수준을 가질 정도로 크다면 명확하게 구분하는 것이 중요하다. 중소기업 소유자는 최고경영자이어야만 한다. 이것은 책임과 책무 간의 혼동을 제거할 것이다.

그림 12-3 경영의 수준

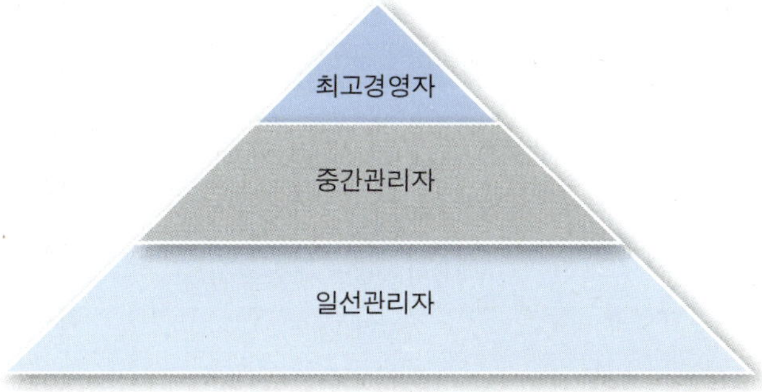

3) 경영기술

경영기술(management skill)은 함께 일하면서 사람과 다른 조직의 자원으로 조직의 목표에 도달하는 과정을 수행하는 능력이다. 경영기술을 소유하는 것은 성공에 필수적이다. 능력이 있는 관리자는 기술, 개념, 대인과 의사결정 등 4가지 기술의 유형을 숙달할 수 있는 관리자이다. 기술능력(technical skill)은 특정한 부문의 기술, 지식, 도구와 장비를 이해하고 사용하는 관리자의 능력이다. 이 기술은 공정이나 물리적 대상과 관련이 있다. 공학, 회계와 컴퓨터 프로그래밍과 같은 기술능력은 일선관리자에게는 특히 중요하지만, 최고경영자에게는 중요성이 훨씬 적다. 기술능력에 대한 필요성은 회사의 성격과 규모에 달려있다. 개념적 기술(conceptual skill)은 전체 조직의 각 부분이 다른 부분과 어떻게 상호작용하는 것을 이해하고 통일된 전체로써 조직을 보는 관리자의 능력이다. 기업의 미래 방향을 위한 장기계획을 개발하는 것은 이 수준이기 때문에 이 기술은 최고경영자에게 가장 중요하다. 개념적 기술은 일선관리자에게는 크게 관련되어 있지는 않으나, 중간관리자에게는 중요하다. 모든 중소기업 소유자는 이러한 기술을 필요로 한다. 대인기술(interpersonal skill)은 할당된 활동을 완성하기 위해 구성원 간의 협력을 구축하고, 의사소통하고, 동기를 부여하고, 종업원을 지휘하는 능력이다. 이러한 기술이 없는 관리자들은 성과를 내는데 어려운 시간을 갖는다. 대인기술은 중간관리자에게 매우 중요하고, 일선관리자에게는 조금 중요하다. 의사결정 기술은 문제나 기회를 확인하고, 대체적인 해결안을 개발하고, 대안을 선택하고, 해결안을 실행하기 위해 권한을 위임하고, 해결안을 평가하는 능력이다. 훌륭한 결정은 결코 쉽지 않지만, 그렇게 하는 것은 중소기업의 성공과 분명히 관련이 있다. 지식과 건전한 추리에 근거한 결정은 회사를 장기적인 성장으로 이르게 한다.

그림 12-4 경영의사결정 과정

2. 조직설계

조직은 과업과 기업의 사명을 적절하게 수행하기 위해 종업원들을 분류하고, 활동을 할당하는 과정이다. 조직화의 결과는 기업의 목적과 목표를 달성하는데 필요한 개인과 부분 간의 상호작용을 허용하는 전체 구조가 되어야 한다. 중소기업 소유자가 경영의 조직원리를 고수할 필요가 없다고 믿는다면 곤란하다. 조직원리는 관리자가 결정할 때 사용할 수 있는 지침을 준다. 그것들은 돌에 새겨진 법칙이 아니며, 명시된 방법대로 정확하게 사용될 수 있고, 어떤 때에는 수정되거나 완전히 무시될 수 있다. 중소기업 소유자는 원리를 사용하거나 수정하는 시점과 장소를 경험을 통해서 배워야 한다. 효과적으로 또 적절한 상황에서 사용될 때 원리는 조직의 효율을 가져오고, 그래서 기업의 성장에 이르게 된다. 조직화에 대한 단일의 최적 방법은 없다. 오히려 조직의사결정은 기업규모, 시장, 제품믹스, 경쟁, 종업원의 수, 역사, 목적과 목표와 가용재무자원을 포함한 다양한 요인에 근거한다. 중소기업은 조직설계가 기업에 가장 적합한 것을 결정해야 한다.

1) 조직의 원리

관리자가 명확한 목표, 조정, 공식과 비공식 조직, 조직도, 공식적 권한, 집중화와 분권화와 같은 의사결정을 할 때 고려해야 할 몇 가지 기본적인 문제가 있다.[8] 이러한 기본을 이해하는 것은 중소기업에 매우 적합한 조직구조의 창안을 쉽게 할 수 있다.

(1) 명확한 목표

성취하려는 목표(objectives)를 결정하고 종업원들이 이루어야 할 과업에 의미를 준다. 목표는 기업을 조직하는 지침을 제공하고, 목표를 달성하기 위해 이루어야 하는 과업을 확인하는데 도움이 된다. 이러한 과업은 인력충원 결정의 근거가 된다.

(2) 조정

중소기업의 자원과 종업원은 중복을 최소화하고 효과를 최대화하기 위해 조정되어야 한다. 조정(coordination)은 매일 종업원들 간에 비공식적인 의사소통을 필요로 한다. 모든 기업은 다른 사람의 활동을 계속적으로 조정해야 한다. 기업의 리더는 종업원들이 기업의 기본에 확실히 답하도록 해야 한다. 자신의 과업, 역할과 성과, 회사의 비전, 사명과 가치 등을 명확하게 인식해야 한다.

8) John M. Ivancevich and Thomas N. Duening(2007).

(3) 공식과 비공식 조직

중소기업이 종업원을 증원할 때 위계는 누가 무엇을 하는가를 나타내는데 필요하다. 이러한 위계는 종종 종업원의 역할과 책임을 상세하게 한 공식조직이다. 공식조직(formal organization)은 정적인 경향이 있지만, 누가 무엇을 책임지는지를 나타낸다. 이것은 혼란을 예방하는데 도움이 된다. 공식조직 구조는 종업원들이 명령의 사슬이 무엇인지 정확하게 알기 때문에 안전하게 느끼는데 도움이 된다. 공식조직 구조의 단점은 관여된 많은 사람들 때문에 의사결정과정이 더 느리다는 점이다.

비공식조직(informal organization)은 결코 분명하게 나타나지 않는다. 조직이 실제적인 네트워크를 통해 사람들이 어떻게 작업을 하는지와 관련된 모든 연결과 관계이다. 비공식조직은 공식조직에 의해서 만들어진 공백을 보충한다. 비공식조직이 어떤 곳에도 문서화되어 있지 않지만 동료들이 부여한 힘을 통해 역할을 하는 자연적인 조직이기 때문에 중소기업의 성공에 매우 큰 영향이 있다. 비공식집단과 비공식 포도덩굴은 비공식조직에 확고하게 내재되어 있다. 포도덩굴(grapevine)[9]은 조직에 있는 비공식 의사소통망이며 조직의 공식적인 의사소통 경로보다 더 빠르다. 중소기업 소유자는 포도덩굴의 존재를 인식해야 하고 건설적으로 사용하는 법을 찾아야 한다.

(4) 조직도

조직도(organization chart)는 기업의 공식적인 조직을 시각적으로 조직의 구조, 관계와 위치의 상대적 서열로 표현한 것이다. 하부집단에 대한 경영통제의 방향을 나타내는 작업 위치를 조직하는데 도움이 된다. 심지어 1인 중소기업은 기능이 수행되는 것을 알기 위해 조직도를 사용할 수 있다. 조직도는 다음과 같은 이점을 제공한다.

- 조직, 종업원과 기업정보를 효과적으로 의사소통한다.
- 관리자에게 자원에 관한 의사결정을 허용하고, 변화를 관리하는 틀을 제공하며, 조직에 운영정보를 의사소통한다.
- 기업에서 미래에 발생하는 일에 관하여 투명하고 예측가능하다.
- 기업에 있는 공식계층에 관해 신속하게 파악할 수 있다.
- 보고자와 책임자를 분명하게 알 수 있다.

9) 정보가 퍼지는 경로, 비밀 정보망.

그러나 단점도 많이 있다. 조직이 변하고 성장국면을 통과할 때 종종 정적이고, 탄력적이지 못하고, 구식이다. 비공식조직에서 실제로 일어나는 것을 이해하는데 도움이 되지 않는다. 외주, 정보기술, 전략적 제휴 등으로 기업의 변화하는 외부를 대처할 수 없다.

그림 12-5 중소기업 조직도의 예

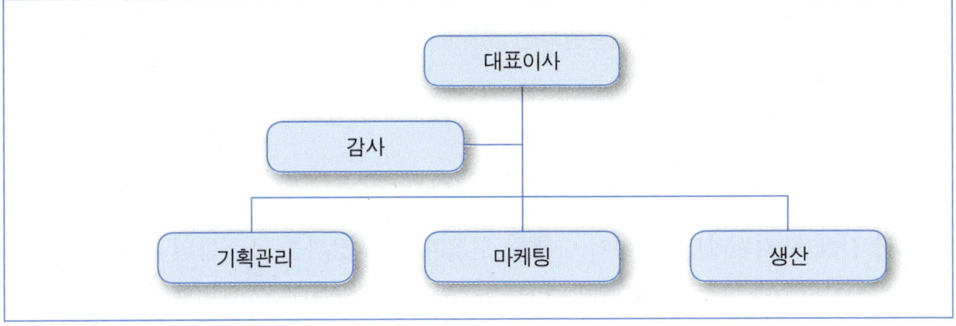

(5) 집중화와 분권화

집중화와 분권화는 권한위임과 관계가 있다. 집중화(centralization)는 권한과 작업활동을 부하에게 거의 위임하지 않는 것을 의미한다. 상대적으로 적은 일선관리자가 의사결정을 하고, 경영자가 대부분의 권한과 힘을 갖고 있다. 분권화(decentralization)는 이와 반대이다. 권한과 작업활동을 소수의 경영집단에 의해서 보유하기보다는 하부구조에 위임한다. 많은 요인에 따라서 조직은 분권화의 연속선을 왔다갔다 이동한다. 예를 들면 위기관리는 결정이 신속해야 하기 때문에 더 많은 집중화된 결정을 필요로 한다. 위기가 없거나 정상적인 과업 상황은 분권화된 의사결정을 선호하고 종업원들에게 권한위임을 장려한다. 집중화나 분권화에 대해 보편적으로 인정되는 지침은 없지만, 최적의 조직은 변하는 외부환경에 반응하여 집중화의 수준에서 유연하게 이동할 수 있는 조직이다.

(6) 조직화 지침

조직구조를 설계할 때 어떤 경영원리를 지침으로 사용할 수 있다. 이때 고려할 요소가 많지만, 초점은 명령의 일원화, 분업, 감독의 한계와 사다리원리이다. 이러한 원리들은 중소기업에 적용할 수 있다.

① 명령의 일원화

명령의 일원화(unity of command)는 부하가 한 사람의 상사를 갖고 있다는 것을 의미한다. 기업의 각 구성원은 의사결정하고 일을 하는 권한을 주는 사람을 알아야 한다. 다수의 상사로부터 충돌적인 명령을 받는 것은 혼돈과 좌절을 만들어 낸다. 명령의 일원화를 위배하는 것은 권한을 해치고, 충성도를 분열시키고, 책임을 회피하고, 노력이 중복되는 상황을 만든다. 명령의 일원화를 준수하면 규율, 안전과 질서를 상사와 부하 간의 조화로운 관계로 제공한다. 명령의 일원화는 모두에게 가장 의미가 있지만, 종종 중소기업에서 위반되는 경향이 많이 있다.

② 분업

분업(division of labor)은 주의와 노력이 과업의 분리된 부분에 집중되기 위해 과업이 개인과 집단 간에 분리된다면 더 많이 수행될 수 있다고 주장하는 조직화의 기본원리이다. 일정한 과업이 있는 사람은 전문화된다는 논리이다. 결과적으로 자원을 더욱 효율적으로 활용하고 더 큰 생산성을 이루게 된다. 중소기업은 복합적인 모자를 쓰는 사람으로 보통 충원된다. 기업이 클수록 효율성과 생산성을 향상하기 위해 사람들을 전문화하는 것이 더욱 바람직하다.

③ 감독의 한계

감독의 한계(span of control)는 관리자가 감독하는 많은 사람이나 부하와 관련이 있다. 어떤 사람이 경영계층으로 상승함에 따라 감독의 한계는 대체로 더 작아진다. 모든 관리자에게 마법의 숫자는 없지만 숫자는 관리자와 부하의 능력, 이루어지는 과업의 성격, 종업원의 위치, 계획과 조정에 대한 욕구에 근거한다. 성장추세에 있는 기업은 감독의 더 넓은 폭을 사용한다. 그래서 회사는 관리계층을 감소함으로써 구조를 낮추려고 한다. 이러한 과정은 종업원에게 주는 의사결정 책임을 증가한다. 중소기업이 성장함에 따라 중소기업 소유자가 편편한 조직에 전념하지 않는다면 더 많은 조직계층이 될 수 있다.

④ 사다리원리

사다리원리(scalar principle)는 Henry Fayol의 관리의 14원칙[10] 중 하나로 조직의 모든 구

10) 분업(division of work), 권한과 책임(authority), 규율(discipline), 명령 일원화(unity of command), 지휘 일원화(unity of direction), 전체 이익에 대한 개인의 복종(subordination of indivisual interests to general interests), 공정한 보상(remuneration), 집권화(centralization), 계층조직(scalar chain), 질서(order), 공평(equity), 종업원의 지위 안정(stability of tenure of personnel), 주도권(initiative), 종업원 단결(sprit de corps)

성원이 수직적 계층으로 연결되어 계층구조를 형성한다는 원칙이다. 상하의 연결된 계층구조에 따라서 권한이 발휘되고 지휘 체제가 확립됨으로써 의사결정도 질서있게 이뤄진다는 원칙이다. 조직 내의 모든 명령은 계층구조에 의해서 전달되며, 수직적 계층구조는 모든 사람이 누구에게 보고하며 누구로부터 지시를 받을 것인지를 분명히 알게 한다. 사다리원리(scalar principle)는 권한과 책임이 상층관리자에서 하층관리자에게 분명하고 손상되지 않는 선 안에서 흐른다고 주장한다. 이 원리를 준수하는 것은 결과적으로 조직의 다양한 수준에서 효과적인 의사결정과 의사소통이 이루어진다. 이 사슬을 깨면 관계의 혼란과 종업원 좌절에 이르게 된다.

2) 조직구조의 유형

조직구조에 관한 지식은 초기 단계의 중소기업뿐만 아니라 이미 상승하고 성장하고 있는 중소기업에게도 중요하다. 조직은 매일 변화하고 있고, 그래서 상황적 접근법을 사용함으로써 조직이 필요로 할 때 중소기업 소유자는 구조를 변경할 수 있도록 충분히 유연해야 한다. 현재 조직구조에 관한 상황적 접근법(contingency approach)은 모든 조직에서 적절한 최선의 구조는 아니다. 오히려 이러한 접근법은 조직에 대한 최선의 구조가 당시 상황에 맞는 필요와 적합해야 한다. 중소기업이 15명 이하의 종업원을 고용한다면 조직구조에 지나치게 염려할 필요는 없다. 그러나 기업이 15명보다 더 많은 사람을 고용한다면, 회사의 소유자, 관리자, 종업원, 투자자와 대출자에게 이익이 되기 때문에 조직구조를 갖는 것은 의미가 있다. 조직구조에는 기능, 부문, 매트릭스, 네트워크나 가상구조가 있다.

(1) 기능구조

기능구조(functional structure)는 압도적으로 많은 창업기업들이 선택하며, 오늘날 가장 흔히 사용하는 구조이다. 이 구조는 기업을 조직의 목적이나 과업에 따라 조직하고 단일 기능이나 목적에 집중하는 부문에 의해서 쉽게 인식된다. 창업기업은 [그림 12-6]과 같은 조직을 갖고 있지 않고, 단지 하나 또는 두 개의 조직 정도이다. 중소기업이 성장함에 따라 추가적인 부문에 대한 욕구가 일어난다. 기능구조는 종업원과 각각의 부문에 그들의 과업에 대한 명확한 목표와 목적을 제공한다. 회계부서 직원은 그들의 과업을 수행하기 위해 지식과 기술을 향상하는데 집중할 수 있다. 이러한 구조는 상대적으로 안정된 환경에서 운영하는 기업에 효과적이다. 동시에 기능구조는 갈등이 발생할 때 부서 간의 분할을 만들 수 있고, 이것은 기업의 목적과 환경이 부문 간의 조정을 필요로 할 때 방해가 될 수 있다.

그림 12-6 기능구조의 예

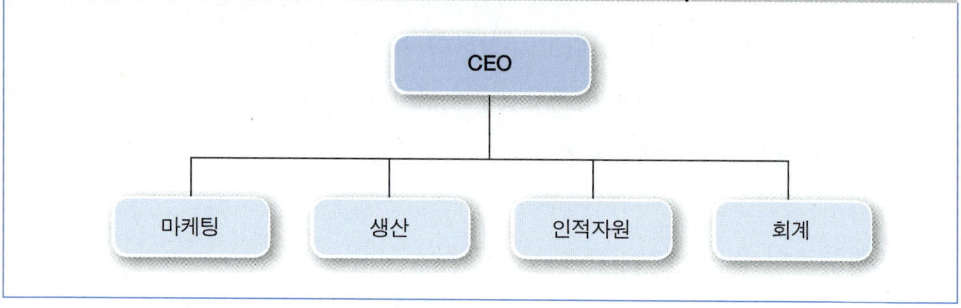

(2) 사업부제구조

사업부제구조(divisional structure)는 기능구조의 분권화이다. 조직 내에서 독자적인 구조를 지닌 분화되어 있는 조직형태이다. 사업부 조직의 경우 사업부 간에 갈등이 유발될 수 있고 조정이 어려울 수 있다. 또한 사업부 간의 중복으로 예산낭비, 사업부 간 이기주의의 초래 등 문제점이 발생 할 수 있다. 사업부 형태의 조직은 변화가 심하지 않은 조직에 적합하며, 급격한 변화가 초래되는 조직에는 적합하지 않다. 기능은 아직도 조직 내에 존재하지만, 주로 제품, 지역이나 고객에 근거한다. 각 사업부는 독자적인 기능부문을 갖고 있다. 이것은 운영의 효율성과 사업부의 최고 지식과 더 높은 사기에 기여하는 공통문화와 단결심의 구축을 가능하게 한다. 중소기업이 시장의 지역이나 고객기반에서 다양한 제품으로 성장하기 시작할 때 기능구조에서 사업부구조로 진화한다. 그러나

그림 12-7 사업부제구조의 예

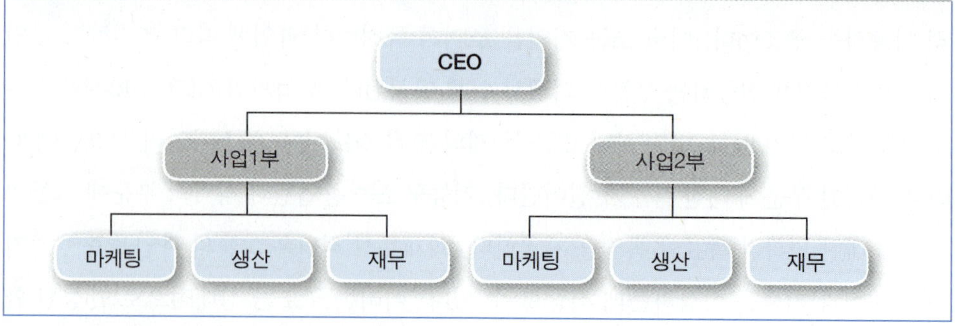

단점도 있다. 경쟁적인 사업부는 전략적 사고보다는 오히려 정치적으로 일하게 되고, 사업부가 너무 구분되어 제품 간의 호환성에 문제가 될 수 있다.

(3) 매트릭스구조

매트릭스구조(matrix structure)는 단기적으로 다른 프로젝트에서 일하는 사업의 다른 영역으로부터 전문가와 함께 일함으로써 기능과 사업부구조의 요소를 결합한 것이다. 프로젝트팀의 각 구성원은 직속 상사와 프로젝트 관리자 두 상사에게 보고한다. 관리는 수행해야 할 주요 기능이고, 마케팅, 기술, 제조와 자금은 다른 조직이나 개인에게 외주된다. 개별적인 전문가는 사무실을 공유하거나 하지 않을 수 있고, 조직은 지리적으로 분산되어 있고, 조직의 구성원은 정보기술을 통해서 그들의 과업을 의사소통하고 조정한다. 시간과 위치의 장벽이 제거된다. 특히 매트릭스구조는 첨단기술, 다국적, 컨설팅, 항공회사와 병원에서 인기 있고, 전문가 배치의 유연성, 신속한 환경변화에 대한 신속한 대응, 주요 제품과 문제에 자원집중, 종업원에 대한 동기부여와 만족의 높은 수준이 있는 환경의 조성 등 핵심적인 이점이 있다. 그러나 권한, 책임과 책무의 이중성 때문에 명령의 일원화에 위배되어 종업원들은 좌절과 혼돈을 경험할 수 있다. 기능과 프로젝트 관리자 간의 권력투쟁, 과도한 집단의사결정, 과도한 집단회의, 성격차이와 정의되지 않은 개인적 역할 등이 단점이 된다.

그림 12-8 매트릭스구조의 예

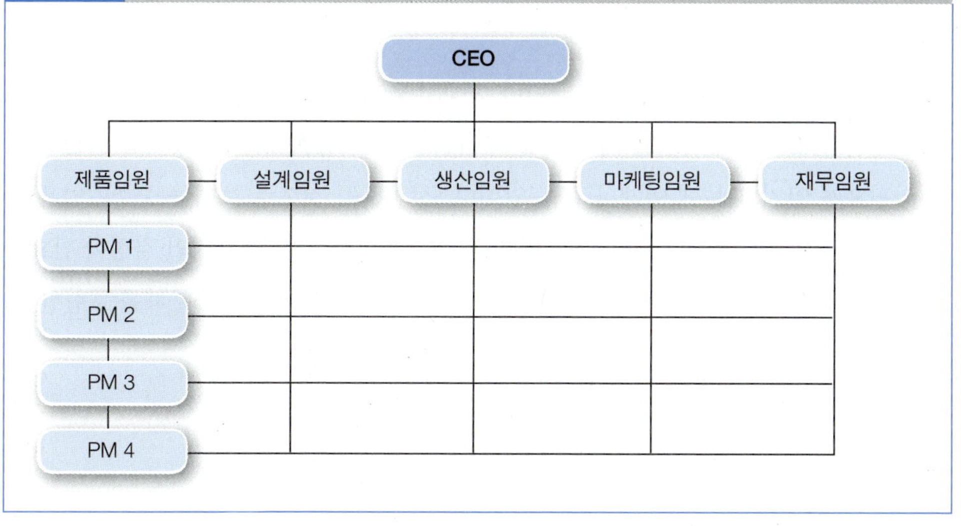

(4) 가상조직

가상조직(virtual organization) 또는 네트워크 조직은 중요한 자원, 인력과 물류문제를 설명하는 수단으로써 점점 인기가 있는 기업조직이 되고 있다. 주로 일정 기간 동안 특정 목적을 이루기 위해서 구성되었다가 목표가 달성되면 자동적으로 해체되는 조직을 말한다. 가상조직은 둘 이상의 독립된 기업이 우수한 제품과 서비스의 제공을 목표로 각 조직의 인적자원 및 기술 등을 일시적으로 통합, 제휴하는데 주로 이용된다. 이러한 가상조직의 유형은 사이버 공간에서 활동하는 사이버 가상조직과 중앙에는 핵심관리 기능만 유지하고 구성원들은 전자 네트워크를 이용하여 업무를 수행하는 네트워크 가상조직 등이 있다. 가상조직은 조직을 구분하는 물리적 요소들이 존재하지 않기 때문에 조직의 경계를 확인하기 어렵고, 조직의 경계는 심리적으로 설정된 경계의 형태를 띤다. 이 조직은 정보 네트워크를 통해 업무가 이뤄지므로 의사결정단계가 줄어들고, 환경변화에 보다 신속하고 유연하게 대응할 수 있는 장점이 있다. 또한 네트워크를 통해 정보를 공유하기 때문에 참여기업들이 멀리 떨어져 있는 경우에도 지속적인 협력이 가능하다.

02 인적자원

많은 중소기업은 종업원 없이 운영한다. 단독소유자는 때때로 가족이나 친구의 도움으로 개별적으로 전체 사업을 처리한다. 고용결정은 급여, 복지, 해고나 다른 사항을 걱정할 필요가 있기 때문에 언제나 큰 도약이다. 성장하는 것으로 보이는 중소기업은 고용결정에 직면하게 되고, 보상, 복지, 유지, 훈련과 해고에 관한 추가적인 결정이 필요하다. 중소기업의 성장에 관한 또 다른 문제는 외주, 생산성 향상과 법적 문제를 포함한다.

1. 직무분석

채용목적은 회사에 유능한 직원을 유치하는 것이다. 이러한 목표를 달성하기 위해 보충해야 할 직위를 정의하고, 성공적으로 수행하는데 필요한 자격요건을 기술하는 것이다. 직무분석은 직무기술서를 준비하고, 직무명세서의 목록과 종업원들의 대안적 원천을 확인하는 것이다. 이러한 목록은 직무를 정의하고 기술하고 필요한 종업원의 능력을 결정하는데 많은 시간이 소요되지만, 기업에 적합한 직원을 채용하는 것이 목적이기 때문에 중요하다. 직무분석은 직무에서 성취해야 할 내용과 방법, 직무를 수행하는 사람과 직무범위를 나타낸다. 이것은 모든 인적자원의 기초가 되고, 법정에서 방어의 근거가 된다. 직무분석을 완성하는 첫 단계는 종업원들이 직무를 가장 잘 알기 때문에 종업원들의 지원과 협조를 얻는 것이다. 그런 다음 분석해야 할 직무를 선택한다. 일반적으로 이용할 수 있는 시간과 돈, 회사의 성공에 필요한 특정한 직무의 중요성은 분석하는 직무의 순서와 수를 결정한다. 마지막으로 각 직무에 관한 정보를 얻기 위해 사용하는 직무분석 기법을 확인한다. 많은 기법이 있지만, 비용, 사용의 용이성과 시간절약의 이유로 가장 흔히 사용되는 기법은 설문지이다. 설문지는 대개 다음과 같은 정보를 수집하기 위해 사용한다. 직무에 관한 사실 확인, 필요기술, 요구되는 노력, 직무 책임과 작업조건이다. 일단 직무를 분석하면 직무기술서와 직무명세서를 준비한다.

1) 직무기술서

직무기술서(job description)는 직위의 의무, 과업과 책임을 확인한다. 직무기술서에 대한 표준 형태는 존재하지 않지만, 일반적으로 직무기술서는 다음과 같은 사항을 포함한다.

① 직무확인

회사 내의 직책(job title), 위치와 부서와 직무코드, 급여범위, 수당과 분석자의 이름을 포함한다.

② 직무요약

직무요약은 직무담당자의 책임, 권한의 범위와 보고해야 할 상사를 개괄한다.

③ 필수의무 목록

이 목록이 필수적·비필수적 의무를 포함하더라도 고용결정이 직무의 본질적인 요소에 근거하기 때문에 필요하다. 의무는 가장 중요한 의무가 있는 중요성의 순서로 열거되어야 한다.

④ **과업기술**

과업기술은 전체 의무를 완성하는데 필요한 활동이나 논리적 단계를 열거한다. 이 기술은 수행하는 방식보다는 산출이나 결과에 중점을 두어야 한다. 과업기술은 직무를 수행하는데 필요한 지식, 기술과 교육수준을 확인하고 직위에 대한 성과기준을 제정하는데 도움이 된다. 일반적인 근로조건, 출장요건, 사용 장비와 도구 및 직무관련 자료는 직무기술서에 포함된다.

2) 직무명세서

직무명세서(job specification)는 근로자가 직무를 성공적으로 수행하는데 필요한 기술, 능력, 지식, 경험과 다른 개인적인 요건이다. 직무명세서를 기술할 때 기술된 요건이 직무의 성공적인 수행에 필요한지를 확실히 주의하는 것이다. 예를 들면 어떤 경우에는 대학학위가 직무에 필요하다고 기술하는 것은 어려울 수 있다. 이러한 이유로 동등과 같은 요건을 추가하고 관련되고 필요한 직무에 조건을 붙인다. 직무명세서는 직무기술서와 종종 통합된다.

2. 신규직원 채용

모든 기업은 기업의 목표를 성취하는데 필요한 활동을 수행할 수 있는 자격이 있는 종업원을 유치, 개발과 보유하기를 원한다. 대부분의 중소기업이 이러한 기능을 수행할 부서가 없더라도, 이러한 기능은 동일하게 수행되어야 한다. 처음으로 소수의 직원을 채용하는 것은 매우 간단한 것 같지만, 채용을 계속함에 따라 더 정상적인 채용과정이 되어야 한다. [그림 12-9]는 단독소유자나 대기업의 기본적인 채용과정이다.

1) 직무요건 확인

직무요건(job requirement)은 직무의 수행에 필요한 책임, 전문지식, 정신적, 신체적 조건이다. 중소기업 소유자는 신규 채용자가 무엇을 할 것인지와 기업의 목표를 어떻게 달

그림 12-9 채용과정

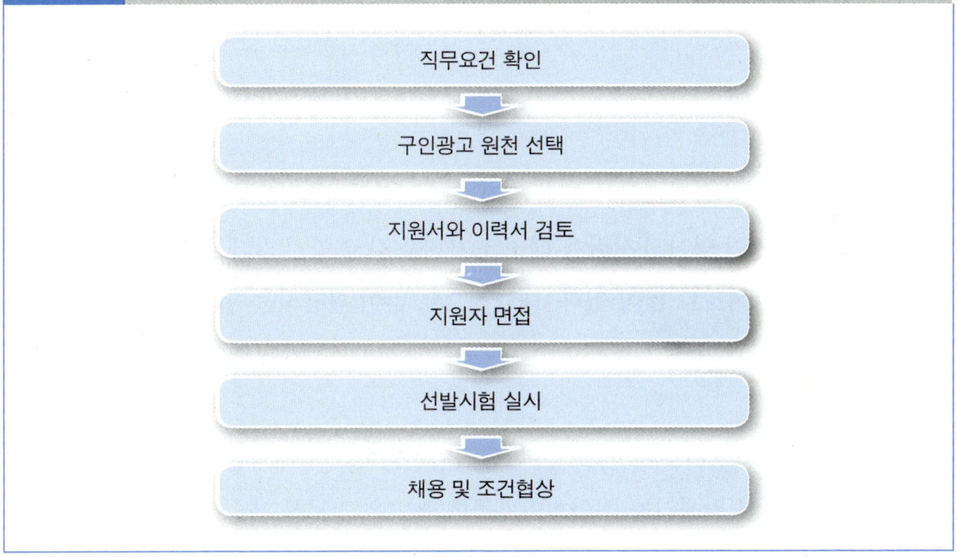

성하는지에 관한 명확한 아이디어가 있을 때까지 신규 채용을 진행해서는 안 된다. 인력운용계획(workforce planning)은 적절한 시간에 적절한 과업을 수행할 수 있는 적절한 기술, 경험과 능력이 있는 사람을 배치하는 과정이다. 이러한 계획의 범위는 기업이 적을 때는 매우 제한적이지만, 기업이 성장함에 따라 더욱 더 중요성이 커진다. 첫 신규채용은 미래의 채용의 기초를 확립한다. 현재나 미래의 신규직원을 예측하는 것은 인력계획의 일부분이다. 예측은 완벽하지 않지만, 채용결정의 기초를 제공한다. 사용자로서 모든 중소기업은 선발과정을 시작하기 전에 직무명세서를 준비해야 한다. 직무명세서(job description)는 종업원의 직무나 직위를 기술할 뿐만 아니라 수행해야 할 의무, 보고할 사람, 근로조건, 교육수준, 기능·기술 수준, 지식, 정신적 특성, 육체적 능력, 작업경험, 책임, 직무에 사용되는 도구와 장비 등을 포함한다. 새로운 것을 시도하고 직무를 더욱 생산적으로 수행하는 방법을 학습하기 위해 직무명세서는 유연하게 만드는 것이 중요하다.

2) 구인광고 원천 선택

신규 종업원의 채용은 비용이 들어가는 과정이기 때문에 중소기업이 제공하는 것에 가장 관심이 많은 사람들에게 접근하는 잠재력이 있는 원천을 선택하는 것이 중요하다. 이러한 원천을 아는 것이 언제나 가능하지는 않지만, 원천의 복합적인 선정은 타당하다.

① 인터넷

인터넷은 취업기회를 광고하는데 많은 장소를 제공한다. 특히, 기업이 작을 때 효과적이다. 기업은 꽤 멀리 떨어진 사람을 데려올 자원을 갖고 있지 않다. 개별적인 직업을 전문으로 하는 웹 사이트도 많이 있다. 대표적으로 많이 활용하는 웹 사이트는 잡코리아(www.jobkorea.co.kr), 인크루트(www.incruit.com)와 워크넷(www.work.go.kr) 등이 있다.

② 학교와 대학

직무의 성격에 따라 다르지만, 고등학교, 직업전문학교나 대학은 구인의 훌륭한 원천이다. 학교의 취업지원센터는 취업희망자들에게 많은 정보를 제공하고, 취업정보를 신속하게 알린다.

③ 종업원 추천

추천은 언제나 고려할 만한 가치가 있다. 추천하는 종업원들은 회사와 추천대상자를 잘 알고 있다. 이러한 경로는 비교적 신뢰할 만한 직원을 신속하게 확보할 수 있다.

④ 내부승진

내부승진은 오래된 관행이다. 소유자는 종업원에 대한 승진과 관리에 여유가 있다는 긍정적인 신호를 종업원들에게 보낸다. 내부승진은 외부에서 채용하는 것보다 비용이 적게 들고 신속하고, 많은 정보를 이용할 수 있기 때문에 더 쉽다. 반면에 승진자와 동료간의 문제가 있을 수 있고, 조직은 외부에서 채용하는 사람의 신선한 아이디어를 얻지 못한다.

⑤ 구인광고

기업이 지역이나 전국적으로 찾는다면 구인광고는 중소기업에게 매우 효과적이다. 구인광고가 역동적일수록 더 좋은 후보자를 유인할 수 있다. 신문이나 잡지는 첫 고려대상이지만 관련된 전문 조직이나 단체의 뉴스에 광고도 고려할 수 있다.

3) 지원서와 이력서 검토

최적의 유자격 지원자를 찾을 때 기업의 목표와 신규직원 채용의 관련 이유를 명확히 한다. 또한 관련법을 아는 것은 중요하다. 사용자는 지원자가 제출한 서류를 검토하여 채용조건에 적합한지 지원자를 선정하여 면접대상자를 추출한다.

4) 지원자 면접

면접을 시작하기 전에 지원자로부터 알기 원하는 것을 사전에 준비한다. 직무명세서와 자격요건을 검토한다. 지원자를 면접하여 채용요건에 적합한지를 파악한다. 면접할 때에 종교, 국적, 인종, 장애, 성, 정당 가입, 재산이나 신용에 관한 사항은 신중해야 한다. 직무, 자격요건과 자질에 집중적으로 면접하는 것이 바람직하다. 다음은 효과적인 면접을 실시하는 방법이다.

① 직무기술서와 직무명세서 검토

직무기술서와 직무명세서를 검토함으로써 시작을 준비한다. 직무를 이행할 사람을 찾기 전에 회사의 필요가 무엇인지를 알아야 한다. 그런 다음 지원자의 지원서를 검토한다. 장점과 단점, 갈등 부문 및 모호하게 표현하거나 답변하지 않은 채로 남아있는 질문을 찾는다. 면접에 들어가는 시간은 이력서와 자기소개서에 포함된 정보를 검토하는 것이 아니라 더 깊게 탐구하는데 사용되어야 한다.

② 면접단계 설정

면접시간과 장소를 정한다. 면접을 정시에 시작한다. 면접 장소는 비밀과 편리를 제공하여야 하고, 회사의 올바른 이미지를 나타내야 하고, 간섭 없이 말할 수 있어야 한다. 전화로 말하기, 종업원 질문에 대답하기나 다른 작업을 하는 것은 지원자의 불안감을 자아내고 좋은 이미지를 표현하거나 좋은 의사소통을 촉진하지 못한다.

③ 구조화된 면접형태 사용

반응을 비교하기 위해 각 지원자에게 질문할 면접질문을 개발한다. 직무기술서와 명세서는 질문의 주요 원천이고, 질문은 직무와 관련이 있어야 한다. 그러한 형태는 많은 정보를 수집하고, 관심이 있는 영역을 포함하며, 유사한 정보를 기준으로 지원자를 쉽게 비교할 수 있다. 몇 명의 지원자를 면접한다면 나중에 기억하고 비교하기 위해 지원자가 제공한 답변을 적는다.

④ 다양한 질문기법의 사용

폐쇄형 질문이 적당하더라도 몰입을 찾거나 정보를 검증할 때 매우 제한적이기 때문에 직무와 관련된 질문을 하거나 개방형이나 탐구형 질문을 사용할 수 있다. 개방형이나 탐구형 질문은 지원자가 말하는 것을 촉진하고, 지원자의 많은 정보와 통찰력을 제공한다.

⑤ 질문유형 확인

면접 질문은 직무기술서나 직무명세와 관련이 있고 질문으로부터 얻는 정보가 지원자를 구별하는데 어떻게 사용되는지를 알려준다.

⑥ 기록유지

면접사항을 기록한다. 면접기록은 선발도구로 지원자의 적격성을 해석하거나 훗날 문제가 발생할 경우 방어하는데 도움이 된다. 채용 여부의 결정은 건전한 기업의 분별에 근거하거나 면접 중에 증명된 사실에 근거한다.

5) 선발시험 실시

선발시험은 지원자를 심사하기 위해 사용된다. 효과적인 시험은 종업원을 선발할 때 정확성을 향상할 수 있다. 지원자를 비교하기 위한 객관적인 수단을 제공하고, 훈련, 개발이나 상담에 필요한 정보를 제공한다. 이러한 장점은 단점에 비해 신중하게 평가되어야 한다. 시험의 오류는 시험이 모든 것을 측정할 수 없다는 사실이다. 입사시험이 이치에 맞는지를 판단하여야 한다. 면접 중에 지원자의 직무성취, 근로윤리, 출석, 태도 등을 토의한다. 지원자의 자격, 경험과 면접 중에 제시된 다른 정보를 객관적으로 평가한 후 관련 서류를 검토하는 것은 현명하다. 사용된 유형에 관계없이 채용은 간단한 시험이나 이유로 결정하지 않아야 하고, 또한 모든 시험결과는 엄격하게 비밀로 유지해야 한다. 보통 사용되는 시험은 다음과 같은 내용을 포함한다.

(1) 자질, 적성 및 성격 검사

자질, 적성 및 성격 검사는 개인이 경험이나 교육의 결과로써 성취한 특정한 기술을 측정하는 것이다. 이러한 검사결과는 관리자에게 쉽고 저렴하다. 타당성과 직무 관련성의 증명은 또 다른 문제이다. 선발과정 중에 사용을 정당화하는 설득력 있고 업무 관련성이 있는 이유를 갖고 있어야 한다.

(2) 능력검사

능력검사는 직무를 수행할 수 있는 지원자의 능력을 평가하는 것이다. 이 검사는 능력의 직접적이고 관찰할 수 있는 증거를 제공한다. 그것들을 쉽게 관리할 수 있고, 직접적으로 업무와 관계가 있으며, 실시하는데 비교적 저렴하다. 장애자를 위해 합리적인 시설이 검사 중에 제공되어야 한다.

(3) 신체검사

신체검사는 지원자가 직무의 의무를 수행하지 못하는 어떤 신체나 의학적 제약을 발견하는 것이다. 건강과 다른 사람의 안전에 직접적인 위협을 초래할 수 있는 것이 발견되지 않는다면 검사의 결과로써 개인을 실격자로 처리할 수 없다. 모든 의학적 발견은 개인적인 파일과 별도로 보관해야 하며, 선발된 직원에게만 이용할 수 있다.

(4) 약물검사

기업들은 지원자를 선별하기 위해 약물검사를 점점 많이 하고 있다. 미국 약물교육위원회(American Council for Drug Education)에 따르면 약물을 사용하는 종업원들은 업무에 지장이 있거나, 생산성이 적거나, 업무관련 사고에 더 많이 노출된다. 일반적으로 이러한 검사 비용과 사생활 보호를 정당화하기 위해서 작업장이나 서비스에서 안전에 대한 강력한 욕구를 보여줄 수 있어야 한다.

6) 채용과 조건협상

지원자를 선정하고 조건을 협상한다. 보상, 직무성과와 기대 등을 고려한다. 보상은 임금, 상여와 복리후생이다. 근로기준법 제18조에서 임금이라 함은, 사용자가 근로의 대상으로 근로자에게 임금, 봉급 기타 어떠한 명칭으로든지 지급하는 일체의 금품을 말한다. 신규 직원은 성과기대를 알고 이해하기 원한다. 이것은 기업이 이러한 기대가 무엇인지를 결정해야 한다는 것을 의미한다. 신규 직원은 기업의 목표와 근무할 부서를 이해해야 한다. 회사는 종업원의 과업이 회사의 목표달성에 긍정적으로 어떠한 영향을 미치는지를 명확히 해야 한다.

3. 직원의 배치와 훈련

1) 신입직원의 예비교육

신입직원을 채용한다. 종업원 예비교육은 신입직원에게 기업, 기존직원, 기업문화와 업무를 하는 방법을 소개하는 과정이다. 보통 첫날 예비교육을 하는데, 이 교육은 신입 종업원의 성공과 생산성에 중요하다. 이러한 교육에 시간과 돈을 사용하는 것은 훌륭한 고용을 유지하는데 중요하다. 예비교육은 공식적이거나 비공식적일 수 있으나, 회사가 신입직원을 기꺼이 받아들이는 과정이어야 한다. 다음은 예비교육 중에 달성되어야 할 목표이다.

① 회사를 소개한다.

회사 역사, 설립자, 조직과 문화를 소개한다. 회사의 뿌리는 신입직원이 회사의 근간이 되는데 중요하다.

② 신입직원을 신나게 한다.

신입직원들이 회사, 종업원, 제품과 서비스의 긍정적인 인상을 확실히 받도록 한다.

③ 신입직원이 새로운 환경에 적응할 수 있는 방법을 제공한다.

신입직원들은 모든 것이 낯설기 때문에 압도될 수 있다. 상사에게 신입직원을 지도하도록 요청하는 것은 도움이 된다.

④ 업무의 기대를 정의한다.

신규직원이 해야 할 업무를 확실히 알도록 한다. 절차와 기대한 결과를 토의하는데 시간을 소비한다.

2) 직원의 훈련과 개발

종종 경영자가 간과하는 것은 동기부여의 도구인 종업원의 훈련과 개발이다. 훈련(training)은 특정한 직무나 회사목표를 충족하기 위한 종업원의 지식과 기술을 향상하는 것으로 과업중심과 단기 지향적이다. 개발(development)은 회사 안에 있는 새롭고 좀 더 힘든 과업을 수행하는데 필요한 지식, 기술과 능력을 제공하기 위한 장기적인 방법이다. 훈련받은 종업원은 회사에 경쟁자가 쉽게 모방하기 어려운 경쟁우위를 제공할 수 있다. 계속적인 훈련과 개발 프로그램으로 이러한 이점을 유지하고 향상할 수 있다. 훈련 프로그램의 목적에 따라 이용할 수 있는 방법이 있다. 가장 널리 활용하는 방법은 직무훈련(On the Job Training: OJT), 강의, 회의, 프로그램 학습, 역할수행 연습(role-playing), 직무순환과 통신교육이 있다.

(1) 직무훈련

직무훈련(On the Job Training: OJT)은 직장 내에서 업무를 통해 행해지는 교육이다. OJT는 업무를 하는 동안 학습이 수반된다. 이 방법과 유사한 개인적인 보충 지도(coaching)와 풍부한 경험과 지식을 갖고 있는 상사나 감독자가 일대일로 지도와 조언을 하는 멘토링(mentoring)이 있다. 이 방법은 신입직원이 장비를 사용하는 방법을 가르치는 것뿐만 아니라 종업원, 멘토와 기업 간의 유대를 이상적으로 강화한다. 다음은 OJT가 효과적이기 위한 단계이다.

- 훈련을 할 신입직원을 준비한다. 종업원이 시작하기 전에 어떤 정보를 아는 것이 중요한가?
- 수행할 과업을 개략한다. 신입직원이 필요한 자원을 어디에서 얻는지를 확실히 알도록 한다.
- 과업을 실증한다. 신입 직원이 쉽게 따라할 수 있는 단계로 과정을 분해한다.
- 신입직원에게 과업을 수행하는 것을 관찰하게 한다.
- 반응결과를 제공한다. 종업원이 과업을 실증하면, 그가 훌륭하게 과업을 수행한 것을 알게 하거나 그의 과정을 향상하도록 더 많은 정보를 제공한다. 관찰과 반응결과 제공은 OJT에서 중요한 단계이다.

(2) 강의

강의(lecture)는 설명이나 아이디어를 다른 사람에게 전달하는 것이다. 이 방법은 비용이 저렴하고, 정보의 전달이 신속하고, 많은 직원을 수용할 수 있기 때문에 종종 사용한다. 그러나 종업원의 참여가 제한적이고, 개인적인 차이가 고려되지 않는 것이 단점이다.

(3) 회의

회의(conference)는 집단토론으로 종업원이 배울 때 적극적으로 관여되는 것을 제외하고는 강의법과 유사하다. 이 방법이 강의보다 더 많은 아이디어를 산출하지만, 시간이 많이 소요되고, 제한된 직원만이 참여할 수 있다.

(4) 프로그램 학습

프로그램 학습(programmed learning or instruction)은 학습 내용을 아주 작게 여러 부분으로 나눠서 학습자가 한 부분을 성공적으로 마쳐야 그 다음 단계로 넘어가도록 하는 방식이다. 지도가 교사의 속도에 의하여 진행되는 것이 아니라 학습자의 속도에 응하여 주어지는 개별 지도이다. 종업원은 즉각적인 반응결과를 받고 자신의 속도로 학습한다.

(5) 역할수행 연습

역할수행 연습(role-playing)에서 종업원은 회사 내에서 새로운 역할을 떠맡고, 가능한 현실적으로 상황을 실연해 보인다. 상황을 녹화한다면 테이프를 되돌려 보고 결과를 토의한다. 일정한 상황을 설정하고, 신입직원이 에 일정한 역할을 주어 행동하도록 연기를 시키는 것이다. 신입직원이 자신의 입장만이 아니라 다른 사람의 입장도 이해할 수 있다. 역할수행 연습이 끝난 뒤 참가자들에게 좋은 점이나 나쁜 점을 자유롭게 토론하도록 하거나, 녹화한 비디오를 보여주면 직무의 습득이 빨라진다.

(6) 직무순환

직무순환(job rotation)은 종업원을 회사 내에서 다른 직무로 이동하는 것이다. 종업원이 다양한 직무기술과 지식을 확실히 습득하는 것 이외에도 어떤 종업원이 병가나 퇴직이 있는 경우 훈련된 대체인력으로 직무를 수행할 수 있도록 하는 것이다. 직무순환은 일반적으로 깊이나 전문훈련을 제공하기 어려운 것이 단점이다.

(7) 통신교육

통신교육이나 인터넷 교육은 현재의 지식을 갱신하고 새로운 정보를 습득하는데 특히 유용하다. 이 방법은 종업원이 교육에 참석하기 위해 작업장을 떠나지 않고 전문적인 훈련을 받을 수 있다. 근무 중에는 교육을 제공할 수 없지만, 비용을 줄일 수 있는 방법이다. 이러한 방법으로 종업원은 배우려는 동기가 부여되어야 한다.

03 경영전략

1. 전략계획의 수준

회사가 제품과 서비스의 가격, 촉진과 판매를 결정하는 것은 경영의사결정에서 중요한 부분이다. 회사는 일반적으로 계획과 전략을 개발한다. 그러한 계획은 자원, 역량과 기술 등 회사의 현재 내부상황을 고려해야 한다. 또한 계획은 회사가 하고자 원하는 것에 영향을 주는 경제, 경쟁자와 정부규제와 같은 외부환경을 고려해야 한다. 장기적 전략을 개발하고 회사의 강점과 자원을 이용할 수 있는 기회에 맞추고, 필요하다면 변화하는 환경에 따라 계획을 조절해야 한다. 전략계획은 조직이 시장에서 기회를 활용하기 위해 자원을 할당하는데 도움이 되는 과정으로 일반적으로 장기적인 과정이다. 큰 조직에서 전략계획을 다수의 다른 수준에서 수립한다. 예를 들면 최고경영자는 전체로서 회사를 위한 전략계획을 개발하는데 이를 기업수준계획(corporate level plan)이라 한다. 많은 사업부를 갖고 있는데 이를 전략사업단위라고 한다. 전략사업단위(Strategic Business Unit: SBU)는 조직 안에 자신의 경쟁자, 고객과 회계목적으로 이익센터를 갖고 있는 사업이나 제품계열이다. 회사의 SBU는 자신의 사명선언문을 갖고 있고, 일반적으로 스스로 전략계획을 개발한다. 이를 사업수준계획(business level plan)이라 한다. 회사나 SBU 안에서 회사는 마케팅 계획, 회계계획이나 재무계획을 개발할 수 있는데 이를 기능수준계획(functional level plan)이라고 한다. 수준의 수는 조직의 크기와 구조에 따라서 변할 수 있다. 모든 조직이 모든 수준이나 모든 수준의 계획을 갖고 있는 것은 아니다. 기능수준에서 시행되는 전략과 행동은 서로 일치해야 하고, 사업과 기업수준에서 조직이 목적을 달성하는데 도움이 되어야 한다. 사업수준에서 SBU는 기업수준 목적과 일치해야 하고, 조직이 기업 목적을 달성하는데 도움이 된다. 예를 들면 회사가 기업수준에서 이익을 증가하기를 원한다면 각 단위는 자신의 이익과 전체로써 회사의 이익을 증가하기 위한 전략을 개발할 수 있다. 기능수준에서 회사의 마케팅 부문은 가장 수익이 있는 제품의 판매와 시장점유율을 증가하기 위해 전략계획을 개발할 수 있고, 사업수준에서 이익을 증가하고 회사의 수익을 향상한다. 회사의 기업수준전략 목표를 달성하기 위해 사업수준과 기능계획은 회사가 이익을 증가하는데 도움이 되어야 한다.

[그림 12-10]은 한 음료회사의 전략계획을 수준별로 나열한 것이다. 기업수준계획은 음료의 판매와 이익을 증가하는 것이지만, 각 사업부는 전체 기업수준계획 및 기능수준계획과 일치하는 사업수준계획을 수립하여 판매와 이익을 실현해야 한다. 모든 세 사업단위는 사회와 환경에 기여하면서 동시에 이익이 있는 제공물을 위한 전략계획을 개발해야 한다. 기능수준에서 종업원들은 회사가 더 큰 시장점유율을 확보하기 위해 더 건강한 제품을 개발하고 환경 친화적인 포장을 사용해야 한다. 조직은 조직의 다양한 목적을 달성하기 위해 기업 내에 있는 다른 수준에서 복합적인 방법과 전략을 이용할 수 있다. 그러나 전략계획 과정의 기본적인 구성요소는 각 다른 수준에서 동일하다.

그림 12-10 전략계획 수준

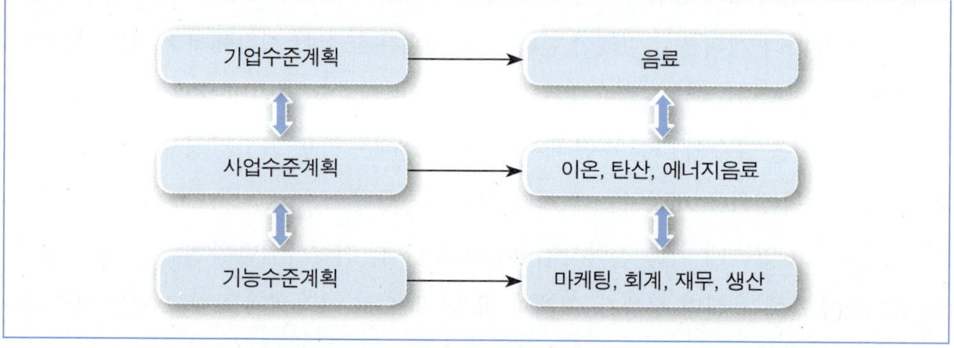

2. 마케팅 전략계획의 수립

전략계획의 한 부분으로써 상황분석(situation analysis)은 회사가 구체적인 행동을 결정하기 전에 수행된다. 상황분석은 외부와 내부환경을 분석하는 것이다. 재무자원, 기술자원, 인적자원과 그들의 성과와 같은 기업의 내부환경을 조사해야 한다. 또한 경제와 경쟁자와 같이 기업이 직면하는 외부환경을 조사하는 것이 중요하다. 외부환경은 기업의 의사결정에 상당한 영향을 주고 그래서 계속적으로 평가해야 한다. 예를 들면 2015년 경제침체 동안 많은 경쟁자들이 제품가격을 인하하였다. 어떤 회사들은 포장 크기나 제품의 양을 줄였다. 어떤 회사들은 무료배송, 무료 기프트 카드, 리베이트 등 소비자 인센티브를 제공하였다. 한 회사가 경쟁자들이 하는 것을 통제할 수 없지만, 내부자원에 의존하여 경쟁을 유지하기 위해 어떤 행동을 결정해야 한다. [그림 12-11]에서 전략계획과정은 전략계획의 구성요소를 보여준다. 전략계획의 수립과정은 외부환경과 내부환경을 평가하고, 기업의 조직의 목적과 존재이유인 기업사명과 회사가 지향할 목표를 설정한다. 회사가 고객들에게 제공할 가치제안을 설정하고 이를 실현하기 위한 구체적인 전략을 수립하는 절차이다.

그림 12-11 전략계획 과정

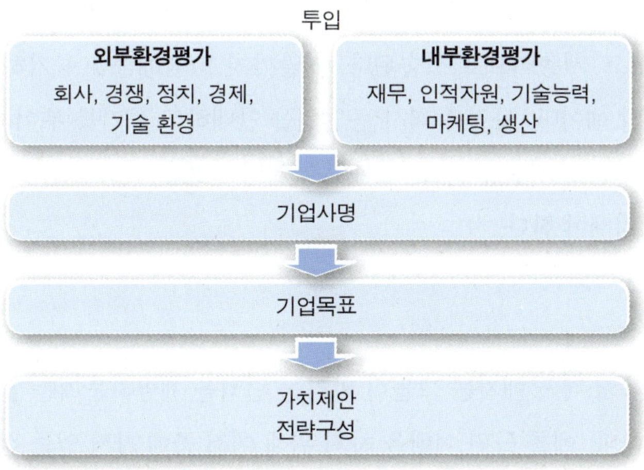

1) 기업의 사명 선언문 설정

비전(vision)은 기업이 되고자 하는 미래이며, 비전 선언문(vision statement)은 장기적 목적과 회사가 되고자 하는 것의 이상화한 관념을 명확히 표현한 것이다. 즉, 회사가 지향하는 것을 명확하게 설명한 것이다. 이와 달리 기업의 사명 선언문(mission statement)은 조직의 목적과 존재이유(organization's goal and reason for existence)를 기술한다. 사명 선언문(mission statement)은 회사의 강령으로 사업의 기본적인 성격을 분명하게 표현한 것이다. 즉, 회사가 존재하는 이유와 활동영역을 설명한 것이다. 사명문에는 명확한 가치의 제공, 기업이 활동할 사업영역, 종업원들의 동기유발과 기업 장래에 대한 비전(vision) 등이 포함되어야 한다. 다음은 사명문에 반영할 내용들이다.

- 어떤 사업을 하고 있는가?(what is our business?)
- 고객은 누구인가?(who is the customer?)
- 고객들에게 어떤 가치를 제공하는가?(what is value to the customer?)
- 사업이 앞으로 어떻게 될 것인가?(what will our business be?)
- 사업이 앞으로 어떻게 되어야 할 것인가?(what should our business be?)

2) 기업목표의 개발

목적(objective)은 최종적으로 성취하기 원하는 방향이다. 목표(goal)는 행동을 통해 달성하고 싶은 대상으로 목적의 특정 사항에 초점을 둔 구체적이고, 현실적이고, 측정가능하고, 일관성이 있고, 계층적으로 서술된다. 연말까지 10% 매출을 증가하는 것은 조직이 개발하는 목적의 예이다. 목적은 회사 종업원을 안내하고 동기를 부여하며 경영자에게는 성과를 평가하는 준거점을 준다. 회사의 마케팅 목표는 기업수준과 사업수준처럼 회사의 목적과 일치해야 한다.

3) 가치제안

개인 구매자와 조직 구매자는 그들이 바라는 편익을 제공하는지를 알기 위해 제품과 서비스를 평가한다. 예를 들면 여행을 하기 위해 여러 곳에 가서 얻는 각 여행지의 편익과 가치를 알기 원한다. 회사가 전략을 개발하거나 전략적 계획을 수립하기 전에 먼저 가치제안을 개발해야 한다. 가치제안(value proposition)은 제품이나 서비스 제공물이 구매자에게 제공하는 구체적인 편익(specific benefits)이고, 제품이나 서비스가 경쟁자의 제공물보다 왜 우수한지를 나타낸다. 가치제안이 회사에 수익이 되더라도 회사가 소비자에게 가치제안을 제시할 때 회사의 이익을 언급하지 않는다. 이것은 목표가 외부시장에 집중하거나 고객이 원하는 것이기 때문이다. 회사는 다른 표적시장을 위한 다른 가치제안을 개발한다. 가치제안은 고객이 제품이나 서비스를 구매하는 이유를 고객에게 알리는 것이다. 제품이나 서비스의 편익이 분명하면 회사는 가치제안을 지원하는 전략을 개발하여야 한다. 판매컨설팅 회사의 경우 개발하는 전략은 의뢰인이 판매를 증가하는데 도움이 되어야 한다. 이와 같이 회사의 가치제안은 회사가 가장 좋은 제품과 많은 점포를 갖고 있는 지역에서 가장 큰 소매상이라는 것을 알린다면, 점포개설과 재고증가는 회사전략의 중요한 부분이다.

4) 전략구성

전략(strategies)은 목적에 이르는 수단이거나, 회사가 목적을 충족하고자 하는 것이다. 성공적인 전략은 경쟁자가 쉽게 모방할 수 없는 경쟁우위를 확립하고 유지하는데 도움이 된다. 회사는 종종 목적을 달성하고 마케팅 기회를 이용하기 위해 여러 가지 전략을 사용한다. 예를 들면 저비용 전략을 추구하는 것 이외에 Walmart는 동시에 전 세계적으로 신속하게 신설점포를 개점하는 전략을 추구한다. 많은 회사가 전사적인 계획의 일부분으로써 마케팅 전략을 개발한다. 어떤 회사들은 독립적인 마케팅 계획을 준비한다.

(1) Ansoff의 제품 - 성장전략

마케팅 계획은 회사의 마케팅 부서에 방향을 제공하는 기능수준의 전략계획으로 경쟁상황을 한층 깊게 이해하는데 도움이 된다. 마케팅 계획은 회사가 목적을 충족하기 위해 종업원들이 해야 할 필요가 있는 과업을 분배하고 자원을 할당하는데 도움이 된다. 마케팅 계획을 개발하기 전에 회사가 추구하는 기본적인 시장전략의 다른 유형을 검토한다. 앤소프는 4가지 전략 중 하나를 사용함으로써 기업이 성장잠재력을 갖는다

그림 12-12 Ansoff's Matrix

	기존제품	신제품
기존 시장	시장침투 (Market Penetration)	제품개발 (Product Development)
신 시장	시장개발 (Market Development)	다각화 (Diversification)

위험

는 Ansoff Product-Growth Matrix를 발표하였다. 이 전략은 기존의 제품과 시장, 신제품과 시장을 도입하여 시장침투, 시장개발, 제품개발과 다각화로 설명한다. 앤소프 매트릭스는 기업의 제품과 시장의 복합적인 4가지 가설과 방향을 바탕으로 기업의 성장방향과 위험도를 예측하고 분석하여 기업의 성장방향을 결정하는 도구이다.

① 시장침투전략

시장침투(market penetration)는 기업이 판매를 증가하기 위해 판매촉진을 하거나 가격을 인하함으로써 기존제품의 판매를 증가하고 시장에 침투하는 것이다. 회사가 기존고객에게 기존제품의 판매를 증가하는 것에 집중하는 전략이다. 회사는 종종 제품의 사용을 증가하고 제품구매를 촉진하기 위해 소비자들에게 특별한 촉진이나 저가격을 제공한다. 이 전략은 기업이 제품과 시장을 알기 때문에 가장 낮은 위험 전략이다. 시장침투는 슈퍼마켓과 큰 소매점에서 자주 사용된다.

② 제품개발전략

제품개발(product development)은 기존의 고객집단에 신제품을 판매할 목적으로 신제품을 기존시장에 도입하는 전략이다. 즉, 기존고객에게 새로운 제품을 제공하는 것이다. 신제품은 전반적으로 새로운 혁신, 개선된 제품이나 향상된 가치이다. 예를 들면 세계적인 기업인 삼성전자가 스마트폰 갤럭시를 생산하면서 웨어러블 갤럭시 기어를 생산한 경우이다. 기존시장을 목적으로 기존모델에 추가할 필요가 있는 신제품의 예이다. 기업이 시장을 잘 알지만 새로운 제품을 잘 알지 못하기 때문에 제품개발은 중간 수준의 위험전략이다.

③ 시장개발전략

시장개발(market development)은 기업이 신시장에 기존제품을 판매하는 전략이다. 즉, 기존제품으로 새로운 시장에 진입하는 것이다. 신시장은 다른 연령집단, 새로운 지역이나 국제시장과 같은 새로운 고객집단이다. 예를 들면 어느 한 지역에서 잘 판매하고 있는 주방가전 판매점이 다른 지역에 또 다른 주방가전 판매점을 개점하는 전략이다. 시장개발을 통해 주방가전 판매점은 전국적인 체인점이 되는 잠재력을 갖는다. 연령, 배경, 관심과 소득이 다른 고객집단을 대상으로 제품을 판매하기 위해 다른 지역을 포함하는 새로운 시장으로 정의하기도 한다.

④ 다각화전략

다각화(diversification)는 새로운 시장에 새로운 상품을 판매하는 전략이다. 현재 사업이 아닌 다른 사업을 하거나 새로운 제품으로 새로운 시장에 진출하는 것이다. 다른 시장이나 다른 제품에 대한 경험이 적은 기업이 다른 회사를 인수함으로써 제품계열을 종종 다각화한다. 다각화는 수익성이 있으나 회사가 전략을 성공적으로 추진하는데 필요한 전문지식이나 자원이 없다면 위험하다. 예를 들면 식품을 가정에 판매하는 기업이 우레탄 수지를 기업에 판매하는 경우이다. 다각화는 기업이 제품과 표적시장을 잘 알지 못하기 때문에 매우 높은 위험전략이다. 그러나 기업이 위험을 감수할 준비가 되어 있다면 높은 보상을 창출할 수 있는 잠재력을 갖고 있다.

(2) 제품수명주기

신제품이 시장에서 제품수명주기 상에 어디에 위치하고 있는지를 파악한다. 왜냐하면 제품수명주기 단계에 따라서 사용할 전략이 다르기 때문이다. 최근에 제품수명주기가 단축되는 이유는 소비자의 선호급변과 신기술의 급속한 개발이다. 기업은 신제품개발을 신속히 해야 하고 막대한 R&D 비용이 발생한다. 따라서 기업은 제품개발 기술과 대량생산 기술을 동시에 구축해야 하며, R&D, 자금, 기술의 확보를 위한 전략적 제휴와 세계 시장의 확보가 필요하다. 신제품이 도입기라면 초기 혁신자들을 대상으로 제품확산에 주력하고, 제품의 인지도 구축에 초점을 맞추는 것이 필요하다. 시용구매를 유도하여 반복구매와 구전을 이끌어내야 한다. 아래 표는 각 단계별로 추진해야 할 전략이다.

[표 12-1] 제품수명주기별 전략

구분	도입기	성장기	성숙기	쇠퇴기
마케팅 목표	제품인지와 시용구매의 창출	시장점유율 확대	점유율 유지	지출감소 또는 수확
제품	기본 형태	품질향상	제품의 다양화	단계적 철수
가격	고가격·저가격	시장침투가격	방어적 가격	저가격
유통경로	선택적 유통	집중적 유통	집중적 유통	선택적 유통
광고	인지도 구축	인지도·관심제고	제품편익 강조	최소한의 광고
판매촉진	시용구매	판촉비 감소	상표전환 유도	감소

(3) 시장전략

새로 진출하고자 하는 산업은 시장의 규모가 커서 충분한 이익을 창출할 수 있어야 하지만, 중요한 것이 시장의 성장성과 제품수명주기 단계이다. 제품수명주기 상에서 성숙기나 쇠퇴기보다는 가격경쟁이 치열하지 않은 초기나 성장기이어야 한다. 이러한 시장은 신규진입자와 신제품 도입을 잘 받아들이기 때문에 더 매력적이다. 따라서 신사업의 타당성을 결정하는 주요요인은 산업의 매력성이다. 사업전략유형은 시장선도자 전략, 시장도전자 전략, 시장추종자 전략과 틈새시장 추구자 전략이 있다. 아래는 매력적인 시장에서 기업의 시장위치에 따라서 추진할 수 있는 전략이다.

- **선도자 전략:** 전체시장 규모의 확대, 현 시장 점유율의 방어나 확대
- **도전자 전략:** 시장점유율의 확대
- **추종자 전략:** 현 점유율 유지
- **틈새시장 추구자 전략:** 특정 세분시장에서의 전문화를 통한 수익성 추구

(4) 경쟁전략

마이클 포터(M. Porter)는 저서 『경쟁전략(Competitive Strategy)』에서 기업이 취할 수 있는 경쟁전략의 유형을 크게 3가지로 유형화했다. 첫째, 전반적 원가우위(overall cost leadership) 전략은 제품의 저원가나 저비용을 통해 경쟁우위를 확보하기 위한 것이다. 둘째, 차별화(differentiation) 전략은 경쟁사들이 제공하지 못하는 독특한 가치의 제공을 통해 경쟁우위를 획득하는 것이다. 셋째, 집중화(focus) 전략은 기업의 목표 또는 자원의 제약으로 전체시장을 대상으로 하지 않고 특정 세분시장에 자원과 노력을 집중하는 것이다.

[표 12-2] 본원적 전략의 특징

구분	저 원가 전략	차별화 전략	집중화 전략
제품차별화	low	high	low or high
	가격집중	독특성 집중	가격이나 독특성 집중
시장세분화	low	high	low
	대량생산과 단일시장	다량의 세분시장	하나 또는 소수
차별적 역량	제조와 물류	연구개발	다양한 차별적 역량

자료: Charles, Hill & Jones(2004), "Strategic Management: An Approach," Houtghton Mifflin Company, Boston.

성장기 시장이 매력적인 이유는 시장점유율의 확대가 상대적으로 용이하고, 점유율 확대가 성숙기에 비해 기업에게 더 많은 수익을 줄 뿐만 아니라 상대적으로 가격경쟁이 비교적 크지 않기 때문에 핵심영역을 강화하여 시장확대에 주력하는 것이 필요하다. 성장기에는 선도자와 후발자의 진입전략에서 많은 차이가 있다.

(5) 제품차별화

고객이 가장 중요하게 생각하는 구매기준이 자사제품과 적합해야 한다. 이를 위해서는 자사 제품의 강점을 평가하고 제품차별화 요인을 찾아야 한다. 시장은 대체로 동질적(homogeneous)이 아니라 이질적(heterogeneous)이고, 항상 변하는 가변적 성질을 지니고 있다. 표적고객이 각기 다르고 고객마다 독특한 욕구를 가지고 있기 때문에 제품차별화는 표적고객에게 경쟁사보다 유리한 차별화 우위를 실행하는 것이다. 차별화 우위(differentiation advantage)는 소비자에게 독특한 가치를 제공하고, 그 대가로 차별화에 소요되는 비용 이상으로 높은 가격 프리미엄을 얻는 것이다. 따라서 제품차별화(product differentiation)는 제품의 표적고객에게 편익, 가격, 품질, 스타일이나 서비스 등에서 경쟁제품과 다르고, 소비자가 바람직하게 지각하는 속성의 개발이나 결합이다. 즉, 소비자가 원하고, 동일한 제품범주에 있는 다른 경쟁제품이 제공하지 않는 것을 제공하는 것이다. 제품의 광고와 촉진은 차별화 속성에 근거한다. 제품차별화는 경쟁방법을 결정하는 것이지만, 시장세분화는 시장특성을 분석하는 것이다. 시장분석을 통해 차별화 기회를 찾아 표적고객들에게 크기, 모양, 기술 등 제품의 유형적 측면이나 소비자가 느끼는 사회적, 감성적 측면을 경쟁제품과 다르고 독특하게 제공하는 것이다. 제품차별화 방법으로는 일반적으로 제품 자체의 외관, 품질, 성능 등 물리적 특성을 변경하는 것과, 물리적 특성을 거의 변경하지 않지만 제품에 대한 가격, 이미지, 상징, 서비스 등 사회, 심리적 특성을 변화하는 방법이 있다. 성숙기 제품은 기술격차가 거의 없고 품질차이가 없기 때문에 차별화 요인을 만들어 차별화하는 것이다. 경쟁제품과 의미 있게 다르게 하면 차별화이다. 차별적인 우위(differential advantage)의 보증이 되는 네 가지 중요한 기준이다.

- **중요성(importance):** 차별적 우위는 구매자에게 가장 중요하다. 높은 품질을 전달할 때 수많은 과정과 요소가 필요하지만, 이러한 요소가 구매자에게 중요하지 않다면 차별적 우위가 아니다.
- **지각(perception):** 탁월한 차별적 우위는 고객이 지각할 수 있어야 한다. 시장이 중요하다고 보는

요소를 기업이 갖고 있을 때 고객이 이러한 장점을 확실히 지각할 수 있어야 한다.

- **독특성(uniqueness):** 제품이나 서비스가 다른 제공자와 독특하게 달라야 한다.
- **지속성(sustainability):** 차별적 우위를 찾을 때 기업이 일정 기간 지속되는 경영이나 사업의 측면에 집중하는 것을 고려하는 것이 필수적이다.

기본적인 마케팅 전략은 시장세분화와 마케팅 믹스 차별화이다. 시장세분화(market segmentation)는 고객의 욕구를 충족하기 위해 하나 이상의 표적시장을 선택하고 독특한 마케팅 믹스를 개발하는 목적으로 전체시장 내에서 작고 유사한 시장을 구분하는 과정이다. 이러한 시장세분화의 목적은 표적고객에게 선호브랜드를 제공할 수 있는 수익성이 있는 틈새시장을 확인, 개발 및 이용하는데 있다.

제13장

커뮤니케이션

Focus Lens 기업은 사람이다

제1의 창업 시대: 최종건 회장

선경의 창업주 최종건 회장(1926~1974)은 짧은 생애를 살면서 가장 많은 업적을 이룩한 기업인이었다. 그는 경성직업학교 기계과를 졸업하고 1944년 4월 18세의 나이로 일본인이 경영하는 선경직물에 견습기사로 입사하여 6.25 직전까지 생산부장으로 재직하였다. 8.15해방 후 공장을 나온 최종건은 포목상, 석유유통업, 비료판매업 등에 손을 댔으나 경험 부족으로 잔뜩 손해만 입고 말았다. 그러던 중 6·25전쟁이 일어나 선경공장은 폭격으로 완전히 폐허가 되었다. 폐허가된 공장을 1953년 3월 정부로부터 인수하였다. 1956년 3월 24일 수원등기소에 등기하여 선경직물주식회사가 설립되었다. 1953년 직물직기 4대로 출범한 선경직물은 5년 사이에 직물직기 1천대를 돌파하였고, 곰보나이론 직물을 국내 최초로 개발하였다. 최종건 회장의 경영방침은 품질 제일주의로 제품생산에 심혈을 기울였다. 성장기는 60년대 초반 국내 굴지의 직물생산업체로 성장하여 선경합섬(주)를 비롯한 섬유 기업집단으로 성장하였고, '섬유에서 석유까지' 전략으로 1973년 선경석유(주)를 설립하였다. 선경직물의 社勢는 최종건 회장을 1964년 4월 한국직물공업협동조합 연합회 회장에 피선되게 하였고, 1967년 3월에는 한국직물수출조합 이사장으로 피선되어 업계에 많은 업적을 남겼다.

제2의 창업 시대: 최종현 회장

최종현 회장(1929~1998)은 50년대 서울대 농대 재학 중 미국위스콘신대 생화학과에 편입해서 졸업했다. 시카고대 경제학대학원에서 경제학 석사 학위까지 땄다. 대부분 총수들이 국내파나 일본파가 많았던 시기에 일찌감치 미국유학파로 글로벌 경영감각을 선보였다. 최종현 회장은 선경직물 창립 초기 서울대학교 농과대학 농화학과를 다니면서 최종건 선대회장을 도와서 원사를 사들이고, 직물판매 업무에 종사한 적이 있었다. 62년 11월 미국 유학중 급거 귀국하여 선경직물(주)의 부사장으로 취임하였다. 그는 미국 유학시절 사귄 미 8군사령부의 장교로부터 중요한 정보를 얻어 인견사 수입권을 최대한 사들였다. 이게 대박을 쳤다.

미국대외원조처가 이듬해 원사수입권을 가진 한국 회사만 실을 수입할 수 있도록 하는 조치를 내렸기 때문이다. 최 회장은 다른 무역상들로부터 사들였던 원사수입권을 이용해 실을 대거 사들여 비싸게 팔았다. 나일론실크원단을 홍콩에 대규모로 수출하는 데 성공했다. 자금난에 숨통이 트였다. 그 결과 3천여만 원의 회사채무 전액을 1년 만에 반제하고 직기증설의 박차를 가하여 선경직물(주)을 정상의 자리로 끌어 올렸다.

최 회장은 75년 '석유에서 원사'까지 수직계열화를 선언하고 제2창업에 나섰다. 80년에는 비디오 테이프도 개발하는 성과를 거뒀다. 미국 3M, 독일 바스프, 일본 소니에 이어 세계 4번째로 이룩한 성과였다. 세계최고를 추구하는 일등주의, 선진국 기업을 따라잡아야 한다는 도전정신, 남보다 앞서야 한다는 혁신의 열정이 낳은 귀중한 열매였다. 80년 11월 유공을 인수한 것은 SK그룹사에 획기적인 이정표가 됐다. 그룹 사업 구조를 석유에서 원사까지 수직계열화를 완성하는 계기가 됐기 때문이다. 최 회장은 70년대 초기부터 정유사업을 추진해왔다. 유공은 이후 SK에너지로 상호를 변경하였고, 한국이동통신 인수 후 SK텔레콤으로 상호변경하여 에너지와 정보통신사업이라는 양대축을 형성하였다. 최 회장이 타계하기 전인 97년 그룹 외형은 45조원으로 재계5위였다. "사람은 일정 기간 기여하다 떠나는 것이고 기업은 영원히 존속한다"는 SKMS(SK Management System)

는 최 회장이 70년대 창안한 경영원칙과 가치였다. SKMS는 패기 지식 사교 자세 가정 및 건강관리 등 핵심부문별로 SK맨이 되기 위한 자격요건을 정립했다. 수펙스(SUPEX)는 SKMS를 실천하려는 지침이었다. 수펙스는 인간의 능력을 이룰 수 있는 최고의 단계를 계속 추구하는 것이다.

수펙스 5단계 추구법도 제시했다. 회사의 목표를 이루기 위해 필요한 일이 무엇인지 파악한다. 파악한 일을 성공시키기 위해 필요한 것이 무엇인지 찾아낸다. 그 성공요소를 바탕으로 수펙스 목표를 세운다. 수펙스 목표를 이루는데 장애가 되는 것이 무엇인지 파악한다. 패기로 장애를 극복한다.

01 커뮤니케이션

1. 커뮤니케이션

커뮤니케이션(communication)이란 관계를 맺고 있는 사람이나 세상을 통하여 메시지를 교환하고, 해석하는 과정으로 음성적 또는 비음성적인 메시지로 표현된 느낌이나 생각을 주고받고 이해하는 의식적, 무의식적, 우연적 과정이다. 따라서 의견을 소통하고, 정보를 교환하고, 감정을 이입하는 행위이다. 커뮤니케이션의 특색을 나타내는 생각의 교환은 대화, 몸짓, 문서와 그림에 의해서 이루어진다. 커뮤니케이션은 상징의 의도적인 사용으로 의미가 교환되는 둘 이상의 당사자 간의 거래 과정이다.

인간은 이심전심(telepathic)하는 존재가 아니기 때문에 모든 커뮤니케이션은 필요한 의미를 전달하는 상징으로 원래의 개념을 전환할 필요가 있다. 이것은 커뮤니케이션을 하는 개인이나 회사가 개념을 일련의 상징으로 축소하고 메시지의 수신인에게 전달하는 것을 의미한다. 수신인은 원래의 메시지를 얻기 위해 상징을 해독해야 한다. 과정에 참여하는 참여자들은 포함된 상징이 실제로 의미하는 것의 공통적인 시각을 공유해야 한다. 실제로 당사자들은 경험의 공유영역을 공유해야만 한다. 이것은 [그림 13-1]에서 보여준다. 발신인과 수신인의 경험영역은 적어도 공통언어를 갖고 있는 정도에서 중첩된다. 대부분 마케팅 커뮤니케이션에서 중첩 부분은 가장 복잡하고 미묘하다. 광고는 속담 및 일상적인 언어에서 TV 쇼처럼 인기 있는 문화로부터 참고하고, 관련된 문화적 준거인(referent)을 알기 때문에 청중이 완성할 수 있는 문장을 사용하거나 말장난을 종종 한다. 이것은 외국 TV 광고가 종종 의도하지 않게 유머나 심지어 이해할 수 없게 보이는 이유이다. 잡음(noise)은 커뮤니케이션 과정에 나타나는 주변의 집중을 방해하는 것이며 광고방송 중에 노는 어린아이들부터 잡지를 사로잡은 표제어까지 다양하다. 간섭(interference)은 지능적인 커뮤니케이션으로 청중의 주의를 산만하게 하는 의도적인 시도이다. 예를 들면 자동차 운전자가 라디오 광고(잡음)를 듣거나 재미있는 광고판(간섭)을 봄으로써 주의가 산만해질 수 있다. 마케팅 커뮤니케이션을 구성하는 요소는 다음과 같다.

- **발신인(sender):** 다른 개인이나 집단에 메시지를 보내는 당사자
- **메시지(message):** 전달하고자 하는 내용
- **부호화(encoding):** 전달하려는 생각을 말, 문자나 그림 등으로 상징화하는 과정
- **매체(media):** 발신인이 수신인에게 메시지를 전달하는 데 사용하는 경로
- **해독(decoding):** 발신인이 부호화하여 전달한 메시지를 해석하는 과정
- **수신인(receiver):** 발신인이 전달한 메시지를 받는 당사자
- **반응(response):** 메시지에 노출된 후 나타나는 수신인의 행동
- **피드백(feedback):** 수신인이 받은 메시지에 대해 발신인에게 보이는 반응
- **잡음(noise):** 의사전달과정에서 계획되지 않은 현상이나 왜곡이 일어나는 것
- **간섭(interference):** 지능적인 커뮤니케이션으로 청중의 주의를 산만하게 하는 의도적인 시도

그림 13-1 커뮤니케이션 과정의 모델

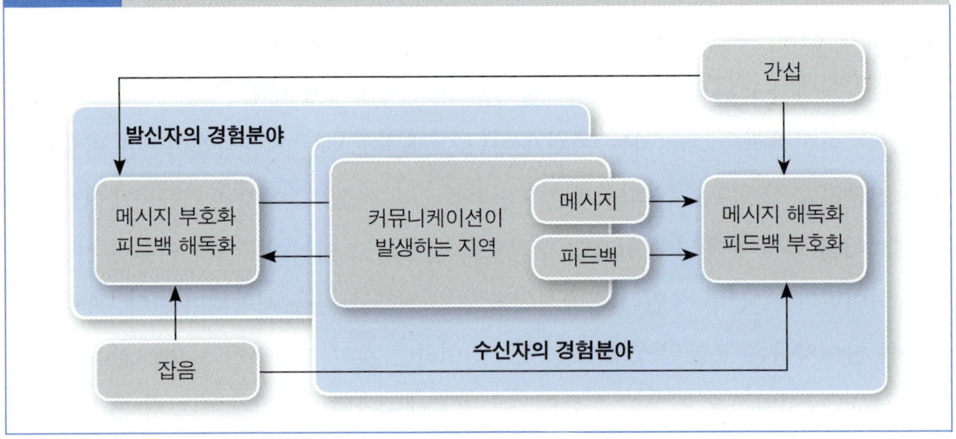

[그림 13-1]은 커뮤니케이션 모델이지만 이것은 너무 단순하다. 커뮤니케이션은 이와 같이 단일 단계로 발생하지 않는다. Katz와 Lazarsfield에 의하면 메시지는 여론주도자를 통해 여과되고, 대부분의 경우 메시지는 몇 가지 경로에 의해 수신인에게 도달한다. 하나 이상의 경로로 동일한 메시지를 보내는 것을 중복(redundancy)이라 하고, 이것은 메시지를 전달하는 좋은 방법이다. [그림 13-2]에서 발신인은 다른 경로로 거의 확인할 수 있는 메시지를 보낸다. 잡음과 간섭의 효과는 메시지를 왜곡하고, 여론주도자는 메시지를 조절하지만, 세 가지 다른 경로를 사용함으로써 메시지의 의미가 더 많이 전달된다. 이것이 마케팅 커뮤니케이션을 통합하는 근거이다. 커뮤니케이션의 다른 견해는 의미의 공동 창조와 관련이 있다. 이 견해에서 커뮤니케이션은 한 사람이 다른 사람과 하는 것이 아니다. 커뮤니케이션은 최초 발신인, 이해자를 포함함으로써 더 나은 생각을 할 수

있다. 공동 의미의 수용은 최초 발신인의 의도에서 오는 것이 아니라 이해자의 선택에서 일어난다.

그림 13-2 커뮤니케이션의 중복

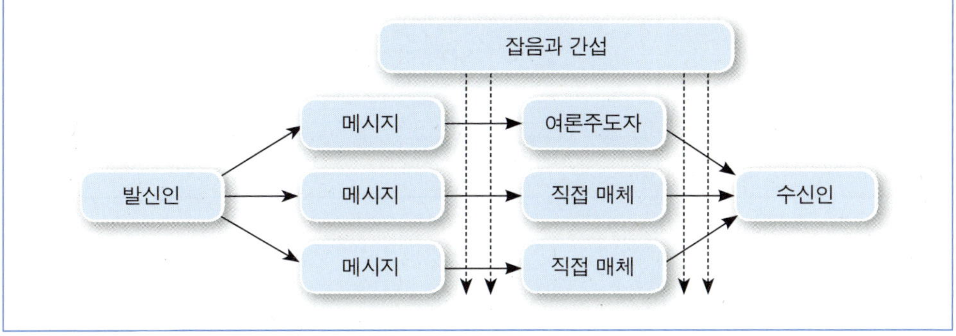

송신자는 커뮤니케이션 상황에서 메시지를 전달하는 사람이다. 아리스토텔레스는 수사학에서 설득의 세 요소를 성품(ethos), 감성(pathos)과 이성(logos)로, 밀러(Miller)는 화자의 요건을 송신자의 역량, 정보의 신뢰성(trust-worthiness) 및 역동성(dynamic)을 든다. 송신자의 성실하고 진실한 자질, 안정성과 상황에 따라 변화하는 발전적 성격이 커뮤니케이션에 미치는 주된 요소이다. 송신자의 신뢰성은 외모, 학력, 사회적 지위, 종교적인 신념, 윤리적 가치관 등이 결정요인이 된다.

설득력의 3요소는 로고스, 파토스와 에토스이다. 에토스(Ethos)는 화자가 전하는 메시지의 신뢰성이다. 즉, 화자의 인격과 신뢰감으로 믿을 만한 사람이 믿을 만한 메시지를 통해 수신자의 공감을 얻을 수 있어야 설득이 된다. 파토스(Pathos)는 청중을 설득하기 위해 사용하는 감정적인 소구, 즉 정서적 호소와 공감이다. 로고스(Logos)는 논리적이고 이성적으로 화자의 주장을 실증하는 소구방법, 즉 논리적 근거이다. 로고스(logos)는 이성(ratio)인 동시에 말(oratio)이다. 이성과 언어가 로고스라는 단어의 양면을 이루면서도 실제로는 한 몸체를 구성한다. 인류학적 관점에서 인간이 동물과 구별되는 것은 문화 때문이며, 이 문화는 언어를 전제로 할 때 가능하다. 에토스(Ethos)는 화자의 성격을 뜻하고 파토스는 청중의 심리적 경향·욕구·정서 등을 뜻하며 로고스는 담론(텍스트)의 논증, 논거의 방식들이다. 따라서 믿을 만한 사람이 믿을 만한 메시지를 통해 수신자의 공감을 얻을 수 있어야 설득이 된다는 말이다.

그림 13-3 설득의 3요소

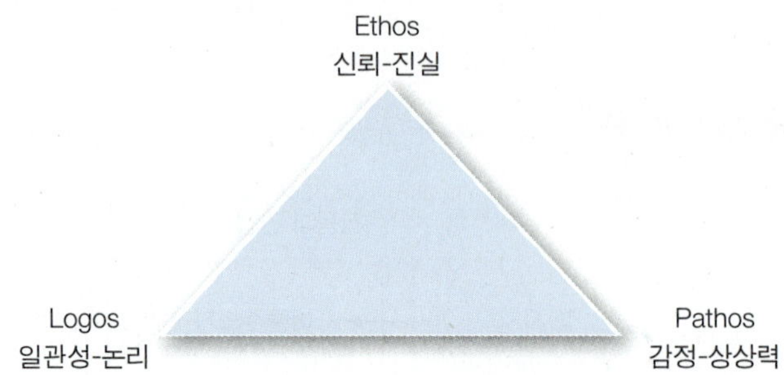

2. 커뮤니케이션의 기능

커뮤니케이션 수단에 의한 구분방법은 말과 글에 의해 정보를 전달하는 언어 커뮤니케이션과 말 또는 글 이외의 수단을 사용하는 비언어 커뮤니케이션이 있다. 커뮤니케이션이란 상징을 통하여 이루어진 의미를 공유하고 해석하는 상호작용의 과정이라 할 수 있다. 이러한 커뮤니케이션의 기능으로는 정보전달 기능, 동기유발 기능, 통제기능과 감정표현 기능 등이 있다.

① 정보전달 기능

의사결정의 촉진, 의사결정 문제 식별, 문제해결을 위한 대안평가나 개인이나 집단의 의사결정에 필요한 정보를 전달하는 기능이다.

② 동기유발 기능

성과기준에 따라 우수한 성과를 낸 종업원, 성과를 낼 수 있는 방법과 성과개선, 구체적인 목표의 설정이나 피드백과 바람직한 행동의 강화기능 등이 있다.

③ 통제기능

커뮤니케이션은 구성원의 행동을 통제하는 기능이 있다. 직무관련 고충을 상사와 커뮤니케이션하거나, 직무 기술서를 따르거나, 기업정책에 순응한다.

④ 감정표현기능

작업집단(work group)은 사회적 상호작용의 원천이 된다. 그래서 구성원들의 만족감과 좌절을 표현하는 기본적인 체제인 것이다. 따라서 구성원들의 사회적 욕구의 충족과 감정표현 가능하게 한다.

3. 커뮤니케이션의 개발

커뮤니케이션은 언제나 비용이 든다. 표적청중이 메시지를 이해하기 위해 시간과 노력을 투입하는 것이 가치 있어야 한다. 커뮤니케이션은 종종 AIDA를 따른다. AIDA 모델은 소비자가 제품이 있다는 것에 먼저 주의를 기울인 후에 그 제품에 대해 관심이 생기고, 관심이 생기면 제품을 소유하고 싶은 욕망이 유발되어 결국 제품을 구매하게 된다. 따라서 이것을 마케팅 커뮤니케이션에 활용할 수 있다. 첫째, 마케터가 고객의 주의를 끌어야한다. 수신인이 관심이 없다면 메시지는 전달되지 않는다. 둘째, 마케터는 메시지를 흥미 있게 만들어야 한다. 그렇지 않으면 수신인이 주의를 기울이지 않을 것이다. 메시지가 적합하다면 수신인이 제품에 대한 열망에 이르게 된다. 이 모델은 간단하지만 촉진계획에 유용한 지침을 제공한다. 이러한 이유로 마케터는 언제나 촉진믹스라고 하는 다른 요소에 결합하여 사용한다.

[표 13-1] AIDA와 마케팅 전략

단 계	AIDA	마케팅 전략
인지적 단계	주의(Attention)	· 제품 자체의 속성 제공 · 제품 출시 정보 제공
감정적 단계	관심(Interest)	· 구체적인 정보를 제공하는 메시지
	열망(Desire)	· 제품에 대하여 갖고 있는 태도와 느낌 전환
행동 단계	행동(Action)	· 구매의욕 자극

소비자들은 많은 잡음에 둘러싸이고 선택적 주의를 기울일 뿐만 아니라 정보를 주관적으로 판단하고 항상 듣고 싶은 것만 듣는 경향이 있다. 또한 장기기억 속에 정보의 일부만 저장한다. 따라서 소비자의 주의를 끌고 설득력이 있는 메시지를 개발하여 효과적인 매체를 통해서 전달하는 것이 중요하다. 다음은 효과적인 마케팅 커뮤니케이션의 개발 절차이다.

① 표적고객을 확인한다. 메시지를 받을 사람을 확인한다.

② 찾을 반응을 밝혀낸다. 메시지를 받은 후 마케터는 청중의 구성원들이 무엇을 하는 것을 원하는가를 파악해야 한다.

③ 메시지를 선택한다. 광고 문안을 작성하거나 적절한 이미지를 제작한다.

④ 매체를 선택한다. 신문, 잡지, TV나 라디오를 결정한다.

⑤ 원천의 속성을 선택한다. 전달할 필요가 있는 것이 제품이나 회사에 관한 무엇인지를 결정한다.

⑥ 반응을 수집한다. 수신인의 메시지에 대한 반응을 확인하고 효과를 측정할 수 있는 피드백 채널을 확보한다.

4. 커뮤니케이션의 효과

커뮤니케이션은 한 번에 모든 결과를 창출하지 않는다. 일련의 커뮤니케이션은 [그림 13-4]처럼 수신인에게 사다리 효과로 이동한다. 사다리의 바닥에 있는 사람들은 현재 출시된 제품을 완전히 잘 알지 못하는 사람들이다. 사다리의 꼭대기에는 제품을 실제로 구매하는 사람들이 있다. 각 단계에 있는 소비자의 관여도의 성격이 다르다면 어떤 단

그림 13-4 커뮤니케이션 효과의 단계

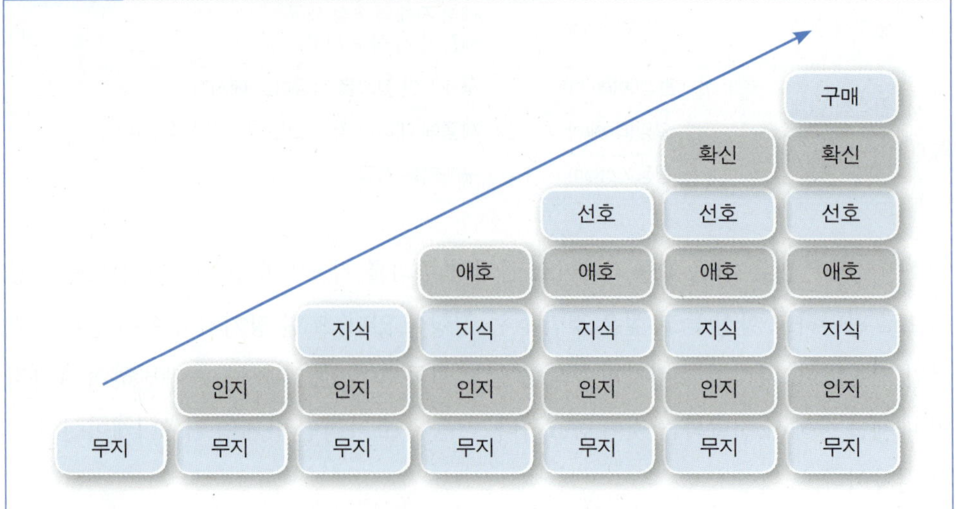

일 커뮤니케이션 방법도 모든 단계에 효과적으로 작용하지 않는다. 이와 같이 모든 소비자들은 동시에 동일한 단계에 있지 않다. 그래서 몇 가지 다른 커뮤니케이션 방법을 통합하여야 효과적으로 작용한다.

① 제품무지(brand ignorance)

잠재고객은 출시한 브랜드에 대해서 잘 알지 못한다. 그래서 브랜드를 알리기 위해 광고, PR, 제품설명회, 시연행사 등이 필요하다.

② 제품인지(brand awareness)

제품출시의 초기 단계에서 브랜드를 모르는 소비자에게 브랜드를 알게 하는 것은 주로 광고에 의존한다. 첫 번째 마케터는 고객의 주의를 끌고 상세한 정보를 고객들에게 제공한다. 티저광고(teaser)가 인지도(awareness)를 창출하는데 대체적으로 관계가 있다.

③ 제품지식(knowledge)

표적청중이 제품을 알게 되면 다음 단계는 제품지식을 알게 하는 것이다. 대량광고는 중요한 역할을 하지만 제품이 복잡하다면 직접 우편이나 개인적인 커뮤니케이션이 필요하다. 이때 제품에 관한 정보를 제공하는 것에 집중한다. 제품이 무엇인지, 무엇에 사용하는 것인지, 어떻게 사용하는 것인지 등이다. 어떤 경우에 사전지식의 요소를 가정할 수 있다. 예를 들면 대부분 사람들은 불소는 치약의 중요한 성분이라고 안다. 그러나 충치를 예방하고 어떻게 작용하는지를 잘 알지 못한다.

④ 제품애호(liking)

제품을 좋아하는 것은 아마 판매촉진을 통해서, 긍정적인 좋은 뉴스를 읽고 난 후, 설득광고를 본 후이다. 제품을 좋아하면 시용해보고 싶은 마음이 일어난다. 애호는 제품에 대한 태도이며 정서, 인지, 그리고 행동의도의 요소를 갖고 있다.

⑤ 제품선호(preference)

제품에 대한 선호는 다른 브랜드와 비교하여 더 좋아하는 것이며, 그래서 포지셔닝과 매우 관련이 있다. 중요한 점은 제품이 초기 광고에서 주장한 것 이상일 때에만 선호는 발생할 수 있다는 점이다. 광고 주장이 정확하지 않고, 비현실적이거나 단순히 오해받는다면 소비자들은 실망하고 제품을 다시 구매하지 않을 것이다. 또한 선호는 소비자들이 다른 브랜드의 장점과 단점에 관하여 충분한 지식을 갖고 있다는 것을 암시한다. 판매원은 고객들이 경쟁 브랜드의 단점을 지적할 수 있기 때문에 제품이 가치가 크다면 큰 역할을 할 것이다.

⑥ **제품확신(Conviction)**

가치가 크고 관여도가 높은 제품이라면 확신은 시용구매 후나 판매원과의 긴 토론 후에 오는 것이다. 고객들은 제품에 대한 확신이 있을 때 제품의 지각된 위험이 감소하여 구매를 하게 된다.

⑦ **제품수용(Adoption)**

최종적인 단계로 소비자가 제품을 구매하는 단계이다. 소비자들은 제품을 구매하고 만족하거나 불만족하게 된다. 이때 구매 후 부조화를 느낄 수 있다. 고객이 제품구매를 확신하기 위해 고객관계를 긴밀하게 유지하고 지속적인 광고와 홍보가 필요하다.

02 비언어 커뮤니케이션

인간 커뮤니케이션 연구에 과학적 방법의 도입을 주장했던 베이컨(Francis Bacon)은 몸짓에 대한 과학적 연구를 제안해 냈고, 이를 바탕으로 존 불워(John Bulwer)는 『수화법』이라는 책을 편찬해 비언어적 방식을 통한 사고와 감정의 표현에 대한 연구를 진행했다. 손은 모든 언어를 구사하는 보편성을 지니는 이성처럼 모든 민족에 의해 이해되고 인식된다. 손짓은 언어이고 배우지 않고도 모든 인간이 한눈에 쉽게 이해할 수 있는 인간 본성의 보편적인 언어라고 하였다. 영국의 극작가 윌리엄 셰익스피어(William Shakespeare)가 트로일러스와 크레시다(Troilus and Cressida)에서 "그녀의 눈, 볼, 입술에서 말이 나온다. 그녀의 발도 말을 한다."라고 한 것은 몸짓 언어의 중요성을 강조한 것이다.

1. 비언어 커뮤니케이션의 개념

비언어 커뮤니케이션(nonverbal communication)은 언어가 아닌 다른 수단으로 정보를 전달하고 해석하는 과정이다. 즉, 외모, 목적물, 소리, 시간, 냄새, 후각 등을 사용하여 사회적으로 공유된 의미를 갖고 다른 사람에게 의미를 자극하는 인간의 행동이나 속성이다. 비언어 커뮤니케이션에는 얼굴표정, 눈 동작, 몸짓과 신체방향과 같은 시각·동작 단서, 음량, 음높이, 속도와 억양과 같은 준언어 단서, 공간과 거리 같은 공간 단서, 후각 단서, 장식물이나 용모 단서, 색상 단서와 시간 단서 등이 있다. 이러한 비언어 단서는 내면의 동기와 감정을 드러내는 것이기 때문에 대인관계는 언어보다 비언어에 더 많은 영향을 받는다. 사실상 비언어 단서들은 마음의 상태, 기대와 자아감을 알리는 메시지이다. 상대방의 겉으로 드러낸 언어로만은 속마음을 파악하기 힘들다.

미국의 심리학 교수인 앨버트 메라비언(Albert Mehrabian)은 『침묵의 메시지(Silent Messages)』에서 메라비언의 법칙(The law of Mehrabian)을 발표하였다. 이 법칙에 따르면 한 사람이 상대방으로부터 받는 이미지는 신체언어가 55%, 청각이 38%, 언어가 7%로 구성된다. 시각 이미지는 태도나 자세 등 신체언어이며, 청각은 목소리 톤이나 음색 등이다. 비언어 부분이 93%나 차지한다. 신체언어를 통해 보는 시각적 요소 55% 중에서도 표정이 35%, 태도가 20%라고 한다. 사람들은 표정을 통해 듣는다는 것이다. 전체 커뮤니케이션의 93%가 비언어적 행위에 의해 이루어지고, 비언어적 커뮤니케이션 행위를 통해 전달할 수 있는 표현이 거의 70만 가지 이상이라고 한다. 비언어 커뮤니케이션은 언어 커뮤니케이션과 달리 뇌의 변연계에서 이루어지기 때문에 전달자의 숨은 뜻을 감추기 어렵다. 언어는 인간 커뮤니케이션의 핵심이지만, 생각과 의견을 언어만으로 전달하기에는 한계가 있다. 언어만으로 커뮤니케이션 할 경우 오해 발생의 가능성이 더 크다. 언어가 커뮤니케이션에서 핵심을 이루는 요소임은 분명하지만, 그렇다고 언어만으로 생각이나

그림 13-5 커뮤니케이션의 영향력

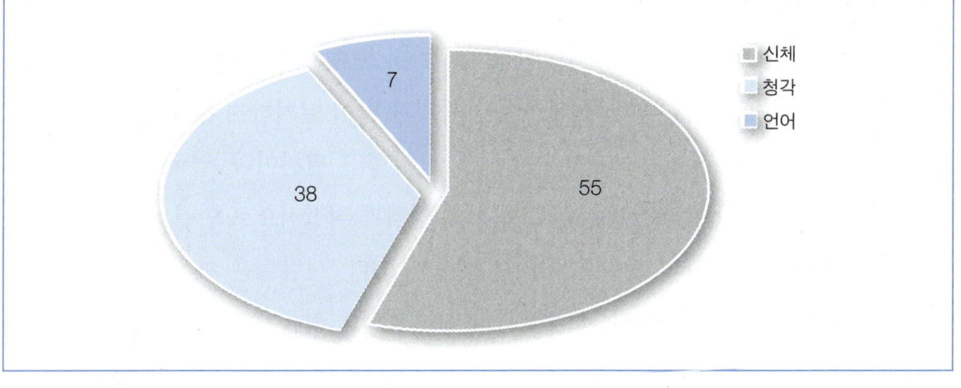

의견이 전달되는 것은 아니다. 신체언어는 인간의 생각, 욕구, 의도, 감정, 느낌과 태도를 전달하는 작용을 한다. 언어를 대신할 뿐만 아니라 대화를 조절하고 대화내용을 명확하게 해준다. 상호작용을 원활하게 해주고, 커뮤니케이션의 내용을 예측하게 하는 기능도 수행한다. 이러한 신체언어는 생물학적 의미 이외에 정치, 경제, 사회, 문화, 종교와 교육 등 복합적인 맥락을 포함한다.

2. 비언어 커뮤니케이션의 유형

비언어 커뮤니케이션의 유형은 동작언어, 준언어, 공간언어, 촉각언어, 후각언어, 옷과 인공치장물, 색채언어, 시간언어와 기호학 등이 있다.

1) 동작언어

동작언어(kinesics)는 움직임의 메시지(messages of movement)로 언어에 의하지 않고, 몸짓·손짓·표정 등 직접적인 신체동작으로 의사나 감정을 표현·전달 또는 이해하는 행위를 연구하는 학문이다. 즉, 말을 할 때에 나타나는 몸짓, 손짓, 얼굴표정, 눈 동작, 자세와 걸음 속도의 의미를 파악하는 것이다. 신체동작과 그 의미를 포착하면 상대방의 기분과 태도를 파악할 수 있다. 신체언어로 감정을 읽는 것이다. 신체언어를 침묵의 언어(silent language)라고도 한다. 상대를 응시하거나 회피하는지, 어깨를 똑바로 하는지, 입술에 미소로 피어있거나 냉소로 경멸을 보이는지, 걸음걸이가 열망이나 불안을 나타내는지 등은 비언어 커뮤니케이션 행위이다.

(1) 신체단서의 유형

피터 드러커(Peter Drucker)는 커뮤니케이션에서 가장 중요한 것은 상대방이 입으로 말하지 않은 것을 듣는 것이라 한다. 신체언어는 몸짓과 말이 일치하지 않는 실수가 거짓말할 때 자주 누출된다. 신체는 누출과 속임수 단서의 좋은 원천이다. 얼굴이나 음성과 달리 대부분의 신체동작은 감정에 포함된 두뇌의 영역과 직접적으로 연결되어 있지 않다. 그렇기 때문에 신체동작의 관찰은 어려울 이유가 없다. 사람들은 자신의 신체가 나타낸 것을 종종 느끼고 볼 수 있다. 신체행동에서 누설되는 것을 주로 무시하기 때문에 신체단서(bodily cues)가 누출된다. 또한 사람들은 누출과 속임수 단서를 제공할 수 있는 언어 실수를 한다. 거짓말쟁이를 발견하는 것, 진실판단의 오류를 줄이는 것과 가능하지 않은 때를 아는 것 등은 신체언어로 가능하다. 특징적인 보행이나 자세로 다른 사람을 구별할 수 있다. 신체의 동작과 정돈은 커뮤니케이션한다. 신체의 메시지는 다른 사람들이 의식적이든 무의식적이든 대인 상호작용을 효과적으로 촉진한다. 이러한 비언어 행동을 상징 동작, 설명 동작, 조절 동작, 감정 표현과 적응 동작 등 다섯 가지가 있고,[1] 여기에 거울 동작을 추가한다.

[표 13-2] 신체단서의 유형

분류	정의	보기
상징 동작	언어로 변환하는 신중한 신체동작	엄지 세우기, 손을 흔들어 인사하기
설명 동작	언어를 지지, 강화하는 신체단서	방향 안내
조절 동작	교대순서에 영향, 의도된 단서	머리 끄덕이기, 눈 귀띔
감정 표현	감정 상태를 반영, 비의도적 동작	구부정한 신체, 자신 있는 신체
적응 동작	신경성 신호, 비의도적 동작	코 긁기, 머리 회전
거울 동작	상대방의 몸짓에 따른 맞장구	상대방이 하는 동작 따라 하기

① 상징 동작

상징 동작(emblem)은 말과 구절을 대신하는 비언어 동작신호이다. 이러한 신호는 한 단어나 한 구절로 대체될 수 있을 정도로 정교하고 구체적이다. 말없이는 대부분의 몸짓은 많은 의미를 갖지 못하지만 상징 동작은 그렇지 않다. 상징은 말 대신 사용되거나 말이 사용할 수 없을 때 사용된다. 상징 동작은 거의 신중하게 수행된다. 오라는 의미의 손 흔드는 신호나 괜찮다는 의미의 엄지 세우기처럼 몸짓은 의식적으로 전달하고 쉽게 전환되는 신체동작이다. 경매나 스포츠 심판 등이 사용하는 수화도 해당된다. 상징 동작은 한 문화집단에 속하는 사람들이 모두 아는 아주 확실한 의미를 나타낸다. 어깨를 으쓱하기는 나도 모른다는 의미이고, 가운데 손가락을 펴는 것은 욕을 의미하는 동일 문화권에서 통용되는 의미 행동이다.

② 설명 동작

설명 동작(illustrator)은 이야기하는 내용을 설명해주는 동작이다. 단어나 문구를 강조하

1) Paul Ekman(1999).

기 위해 강세 부호나 밑줄을 긋는 행동, 생각의 흐름을 나타내기 위해 마치 지휘를 하듯이 허공에 손짓을 하는 것이나 말하는 내용을 반복하거나 강조하기 위해 허공에 그림을 그리는 동작이다. 설명 동작은 발화와 직접적으로 관련이 있는 몸짓이다. 요점을 강조하거나 의미를 반복하거나 보충할 때 사용된다. 설명 동작은 언어 메시지를 수반하거나 강화하는 비언어 동작이다. 언어로 전달되는 내용과 함께 또는 직접적 관련을 갖고 사용되는 비언어 행위이다. 이는 지지하거나 강화함으로써 언어의 이해를 향상하는데 사용되는 신체단서이다. 말을 대변하는 것이 아니라 특정 의미를 부각하는 것이다. 예를 들면 "예"를 말할 때 고개를 끄덕이는 것이다. 축구 경기에서 선수가 골을 넣는 장면을 보고 있던 관중이 "이겼다." 하면서 두 손을 들어 올릴 경우 이 행동은 이겼다는 언어표현을 설명해 주는 것이다. 손은 공간 속에서 그림을 그릴 수 있고 들은 것을 반복하거나 확대하는 행동을 보일 수 있다. 그것은 비록 눈썹과 위 눈꺼풀 동작이 종종 강조하여 설명 동작을 제공하더라도 통상 언어를 설명하는 동작은 손이다. 설명 동작은 들은 것과 관련성이 있을 때 증가한다. 사람들은 분노하고, 공포에 떨고, 매우 동요하고, 비탄에 빠지거나, 매우 열중할 때 보다 많이 설명 동작을 하는 경향이 있다. 관심이나 열중을 위장하는 사람들은 설명 동작이 증가하여 자신의 언어를 잘 수행하지 못한다.

③ 조절 동작

조절 동작(manipulators)은 커뮤니케이션의 흐름이나 보조를 통제하는 비언어 동작이다. 조절 동작은 신체의 일부를 매만지기, 주무르기, 잡기, 꼬집기, 긁기, 머리 만지기, 입술 깨물기, 입술 빨기, 입술 닦기, 턱 불기 등의 하나가 다른 신체 부분을 조절하는 것이다. 일반적으로 손은 조절 동작의 지시자이자 연기자가 될 수 있다. 대체로 조절 동작의 수행자는 손, 귀, 코나 가랑이이다. 조절 동작은 얼굴 안에서 수행된다. 두 사람이나 그 이상의 사람들이 커뮤니케이션할 때 상호간에 말하고 듣는 것을 조절하는 역할이다. 상대방이 말할 때 고개를 빠른 속도로 계속 끄덕이는 행위는 말을 빨리하고 끝내라는 의미이다. 예를 들면 대화 멈추기를 원할 때 전환하기 위해 시작하고, 흥미가 없을 때 마루를 응시하거나 눈길을 돌리거나, 지루할 때 시계를 보거나 하품을 하는 경우이다. 만일 다른 사람의 조절 동작 사용을 무시하거나 알지 못한다면, 무례나 둔감으로 비난을 받을 것이다. 조절 동작의 사용이나 오용은 사회적 기술을 알려주는 것이다.

④ 감정 표현

감정 표현(affect displays)은 감정을 보이기 위해 사용되는 얼굴과 신체의 비언어 동작이다. 감정 표현은 사람의 감정 상태를 반영하는 신체동작이다. 얼굴이 경험하는 감정의 주요 지표이고, 감정의 강도를 나타내는 것은 신체이다. 감정 상태를 나타내는 것은 얼굴표정이나 신체접촉 행위이다. 감정 표현은 언어 표현을 반복하거나 상반되거나 관련이 없는 경우도 있다. 예를 들면 다른 사람이 패배하거나 슬럼프에 빠진 경우 조용하고 동작이 없고, 자신감이 있거나 승리에 차있다고 묘사할 수 있다. 감정이나 느낌이 부족하다고 보이는 사람들은 다른 사람들이 의미 있게 관계를 맺는 것이 특히 어렵게 된다.

⑤ 거울 동작

거울 동작(mirroring)은 상대방의 몸짓을 그대로 따라 하는 맞장구 동작이다. 목적은 두 가지가 있다. 첫째, 대화에 동참하는 모습을 보여줌으로써 상대방으로부터 편안함을 느낀다는 것을 보여주는 방법이다. 즉, 상대방의 행동을 거울처럼 비추는 행동을 함으로써 상대방이 대화를 편안히 진행하게 하는 것이다. 이것은 호감이나 동의를 나타내는 단서이다. 예를 들면 상대방이 몸을 앞으로 기울이거나 뒤로 기대면 그대로 따라서 하는 것이다. 이처럼 발화패턴, 음성의 강약, 숨소리까지도 비슷하게 따라서 한다. 거울 동작은 상대방의 행동 후 10~20초 후에 이루어져야 자연스럽다. 둘째, 상대방의 의견을 존중하고 수용한다는 것을 의미한다. 상대방이 마음을 닫고 있거나 저항할 때 거울 동작은 상대를 편안하게 해주는 방법이다.

(2) 신체언어의 종류

① 얼굴

말 다음으로 중요한 요소는 표정이다. 표정은 자아의 표시이자 상징으로 사람들을 구별하는 많은 정보를 제공하는 중요한 부분이다. 또한 감정은 표정을 통해서 드러난다. 목소리나 몸짓은 표정만큼 많은 정보를 제공하지 못한다. 거짓말하는 사람은 말과 표정에 많은 주의를 기울인다. 사람들은 자기 표정을 잘 인식하지 못하며, 대부분 표정의 감각에 관심을 잘 기울이지 않는다. 말보다는 표정에서 거짓말 단서를 더 많이 찾을 수 있다. 표정은 감정과 연관된 두뇌영역과 직접적으로 연결되어 있지만, 말은 그렇지 않다. 감정이 고조되면 자신도 모르게 안면근육이 경련을 일으킨다. 표정은 이중적이다. 표정은 위장하거나 왜곡할 수 있다. 얼굴표정은 개인의 성격, 관심, 반응에 대한 정보 및 감정의 상태를 전달해 주는 다면적 메시지 체계이다. 얼굴표정이 나타내는 의미는 다양하다. 첫째, 얼굴은 상호작용 당사자가 유쾌하거나 불쾌한 판단을 한다. 둘째, 개인이 접촉을 유지 또는 종료에 얼굴은 관심이나 몰입 등의 긍정적 의사와 무관심, 반대 등의 부정적 의사를 전달하기도 한다. 셋째, 얼굴은 어떤 상황에 대한 몰입의 정도를 나타낸다. 넷째, 얼굴은 접촉하는 동안 반응이 자발적인가 통제하는가의 정도를 나타낸다. 다섯째, 얼굴은 이해나 공유의 정도를 나타낸다. 여섯째, 얼굴은 감정의 주요 전달자이다. 얼굴 표정에 나타난 감정을 읽는 능력은 다른 사람의 느낌에 반응할 수 있는지를 결정한다. 일곱째, 얼굴특징은 다른 사람을 확인하고 식별하는데 사용하는 가장 분명하고 신뢰할 수 있는 수단이다. 이외에도 얼굴 외관은 신체적 매력성과 접근성을 판단하는데 영향을 준다.

② 눈

눈은 속내를 그대로 드러내기 때문에 마음의 창이다. 눈은 대인간의 접촉을 시작, 유지와 종결하기 위해 사용하는 대인간 커뮤니케이션이다. 눈은 관계를 수립하거나 증진하려는 노력으로 행동의 동기성이나 반사를 향상하기 위해 사용할 수 있는 단서를 제공한다. 말을 들을 때 대체로 상대방의 눈을 더 많이 응시한다. 눈 접촉이 많을수록 더 좋게 평가되며 진정성이 전달되어 상호간의 적극적인 관계가 성립된다. 대화중에 상대방의 눈이 아닌 주위를 응시하는 것은 상대방을 탐탁지 않게 생각하는 것으로 보여 경멸이나 무시의 결과로 오해할 수 있다. 눈 접촉이나 상대방의 응시를 회피하는 것은 무언가를 숨긴다거나 자신감이 부족하다거나 어떤 문제에 대하여 잘 모른다는 인상을 줄 수 있다. 대화중 상호작용은 눈 접촉의 증가와 상관관계가 있으나, 빈번한 눈 회피는 복종의 인상을 생성한다. 눈 접촉은 커뮤니케이션의 채널이 개방적인지를 알려준다. 눈 접촉을 하지 않는다면 상호작용을 회피하는 것이다. 대부분의 사람들은 자신의 진심을 잘 노출하려 하지 않기 때문에 시선을 회피한다. 대화주제가 수치, 슬픔이나 난처한 것이라면 더욱 응시가 감소한다. 대부분 대화중에는 눈높이를 맞춰야 하지만, 장애나 결함이 있는 사람에 대하여는 의도적으로 시선이 감소한다. 상대방에게 호감을 있을 때 적극적이고 외향적인 사람이 수동적이고 내향적인 사람보다 응시의 빈도나 지속기간이 더 길다. 여성들이 남성보다 더 자주 또 오랫동안 응시하는 경향이 있다. 사회적 지위가 낮은 사람이 높은 사람을 더 많이 응시하여 상대방에 대한 존경을 표하고 의도를 파악한다. 사회문화적인 배경에 따라 차이가 많이 나타난다.

③ 몸짓

몸짓(gesture)은 생각을 표현하거나 음성을 강조하는데 도움이 되거나, 표현하기 위해 만들어진 손, 발이나 몸의 동작을 말한다. 태도나 의도의 신호나 형식으로써 이루어진 행동이나 발언이다. 의사소통을 하기 위해서 손, 발, 표정 등과 같은 몸을 사용하는 기호이다. 가시적인 육체적 행동이 말을 대신하거나 결합하여 특정한 메시지를 전달하는 비언어 커뮤니케이션의 한 형태이다. 몸짓은 손, 얼굴이나 신체의 다른 부분의 동작을 포함한다. 몸짓은 단순한 표현, 공간이나 공동 관심의 표현처럼 특정한 메시지를 전달하지 않는 신체적 비언어 커뮤니케이션과는 다르다. 몸짓은 개인들에게 경멸과 적대감부터 인정과 애정까지 말할 때 단어뿐만 아니라 신체언어와 함께 종종 다양한 느낌과 생각을 전달하게 한다. 열린 신호는 팔이 벌어지거나 몸통 양측에 가지런히 놓고, 손바닥은 노출되며 다리도 꼬지 않는다. 이런 자세는 개방적이며 수용적인 자세이다. 마음을 열고 상대방의 접근을 허용하며 상호작용에도 적극적인 신호이다. 닫힌 신호는 팔짱을 끼고 다리를 꼬고 상대방과 반대로 자세를 취한다. 머리를 숙이는 것은 실제보다 작게 보여 위협적이지 않도록 하는 것이다. 몸을 웅크리는 것은 낮은 지위를 의미한다. 여성은 좋아하는 사람과 함께 앉아 있으면 팔이 벌어지고 그렇지 않으면 가슴 앞으로 팔짱을 끼는 경향이 있다. 이처럼 열린 자세와 닫힌 자세는 그 동작의 방향이나 의미가 거의 반대이다.

㉮ 머리 흔들기: 질문을 받았을 때 머리를 흔들어 의사표시를 한다. 머리를 흔드는 방법이 그것이다. 머리를 끄덕이면 예를, 머리를 좌우로 돌리면 부정을, 고개를 갸우뚱거리면 대답하기 곤란한 경우를 의미한다.

㉯ 손짓: 손바닥을 벌리는 것은 결백, 정직, 충실과 복종을 의미한다. 손바닥을 위로 향하는 행위는 거지가 돈이나 음식을 요구할 때, 손바닥을 아래로 향하는 행위는 우세함을 보일 때이다. 자신의 결백함을 보이고 싶을 때 손바닥을 보여준다. 양 손바닥을 문지르는 것은 긍정적인 기대를 하고 있다는 것이다.

㉰ 악수: 악수는 인사·감사·화해 등의 뜻으로 두 사람이 손을 마주 내어 잡는 동작이다. 손바닥을 아래로 하는 것은 좀 우월함, 손바닥을 위로 보이는 경우는 타협이나 순종을 의미한다.

㉱ 다리 몸짓: 다리를 꼰 자세는 부정적이거나 방어적인 태도를 나타낸다. 가슴에 팔

을 X자로 얹는 것은 마음과 신체상위 부분을 보호하기 위한 행위이다. 다리를 꼬는 것은 논쟁적이거나 쟁의적인 태도를 나타내기도 한다.

㉮ 팔짱 끼기: 아무도 없을 때 혼자 하는 팔짱에는 자기 접촉이라는 위로의 감정이 담겨져 있어 안정감을 가져다준다. 이에 비해 다른 사람들과 함께 있을 때 혼자 하는 팔짱에는 중립으로 방관자적 태도이다. 상대와 말할 때 팔짱 끼는 행위는 상대의 의견에 별다른 공감을 느끼지 못한다는 자세이다. 옆 사람의 팔에 자기 팔을 끼는 팔짱은 다정함을 남에게 보이기 위해서 하는 동작이다. 남녀 간 팔짱을 끼는 행위에서 여성이 남성의 구부린 팔에 손을 얹게 되는 것은 상징적이며 서로의 소유권을 나타내는 신호로 보고 있다.[2)]

2) 준언어

음성(voice)으로 보내는 메시지를 준언어(paralinguistics)라 한다. 상호작용의 결과를 결정하는 것이 아니라 말하는 방법이다. 대체로 사람들은 음성 단어의 진짜 의미를 결정하는데 도움이 되는 음성단서를 신뢰한다. '예'라는 단어는 진심이거나 빈정거리는 투로 말하는지 여부에 따라 다른 의미를 전달하고 이러한 단어의 해석은 상대방에게 반응하는 방법에 영향을 준다. 준언어의 요소는 목소리의 톤(tone), 음높이(pitch), 음량, 속도, 조음, 발음, 주저와 침묵이 있다.

(1) 목소리의 톤

목소리의 톤(tone)은 전달하려고 하는 생각을 전달하는데 도움을 주거나 은폐하려고 하는 생각을 노출할 수 있다. 목소리의 톤은 말하는 단어를 강화하거나 부정할 수 있고, 다른 사람에게 음성의 톤으로 감정상태, 태도, 개성, 신분과 상호작용 유지나 순서교대, 욕구를 나타냄으로써 커뮤니케이션한다.

(2) 음높이

음높이(pitch)는 음성의 고저로 음계(musical scale)의 음높이와 유사하다. 고음은 여성의 음성과 저음은 남성의 음성과 관계가 있다. 저음은 힘, 성적 매력과 성숙, 고음은 조력, 긴

2) Desmond Morris(2004).

장과 신경성과 관련이 있다. 지루하다면 관심의 결여를 반영하는 단조음으로 말하는 것이고, 활기찬 음높이는 상호작용을 촉진하는 것이다. 이처럼 음높이는 감정 상태를 표현한다.

(3) 음량

음량(volume)은 음성의 힘, 음의 세기(loudness)로 의도된 의미의 지각에 영향을 준다. 어떤 사람은 아주 작게 속삭이고, 다른 사람은 크게 외친다. 대체로 크게 말하는 사람은 다른 사람들을 소외시킨다. 그러한 사람은 종종 위압적 또는 공격적으로 간주된다. 반대로 부드럽게 말한다면 소심한 사람으로 해석될 수 있다. 효과적인 대인 커뮤니케이션은 의미 있는 상호작용을 촉진하기 위해 음량을 조절한다. 음량은 메시지의 성질, 자신이 있는 공간의 크기와 음향, 다른 사람에 대한 근접과 경합하는 소음이나 대화를 반영한다. 대체로 특정한 단어와 아이디어를 강조하고 감정의 강도를 반영하기 위해서는 음량을 증가한다. 갑작스런 음량의 감소는 불안을 증가하지만 다른 사람의 주의를 유지할 수 있다. 다양한 음량의 커뮤니케이션은 변화를 주고 상호작용을 이끌 수 있어 효과적이다.

(4) 말 속도

말 속도(speech rate)는 말하는 속도로 의미의 전달에 영향을 미치는 음성단서이다. 대부분의 사람들은 1분에 150 단어를 평균적으로 말한다. 속도를 높이면 말하는 것을 이해하기 어려워 실제로 메시지를 이해하기 어렵다. 반대로 너무 천천히 말하면 상대방에게 우유부단하거나 자신감이나 이해력이 부족한 사람으로 지각된다. 지나치게 신중한 말하기 속도는 지루함, 주의력 부족과 타인에 대한 무반응의 원인이 된다. 말 속도는 전념과 분위기의 판단에 영향을 주기 때문에 진지한 주제를 말할 때 속도를 낮추나 가벼운 주제를 말할 때는 보통 속도를 높인다. 동요, 흥분과 행복을 전달할 때는 속도를 빠르게 하고, 진지함, 정숙이나 슬픔을 전달할 때는 낮춘다.

(5) 조음과 발음

조음과 발음(pronunciation)은 신뢰성의 지각과 메시지의 이해력에 영향을 준다. 조음(articulation)은 개별적인 음을 발음하는 방법이다. 개인 간 접촉 중에 언어의 음은 날카롭고 뚜렷하다. 조음의 중심은 언어음(speech sounds)의 발음이지만, 발음의 중심은 단어를 정확하게 말하는지 여부이다. 한 단어를 잘못 발음할 때 신뢰성을 훼손하게 되고, 상대방은 말을 잘 이해하지 못한다.

(6) 주저와 침묵

주저와 침묵(hesitations and silence)은 마지막 준언어이다. 휴지 시점을 아는 것은 대화의 중요한 기술이다. 일반적으로 종종 사람들은 의미 없는 음이나 구를 삽입함으로써 휴지를 채우는 경향이 있다. 또한 극도의 불안이나 고민의 순간 중에 침묵하는 경향이 있다. 이런 비유창성이나 주저현상으로 언어의 자연스런 흐름을 방해하기 때문에 대화의 상대방에게 자신의 능력과 자신감에 나쁜 영향을 준다. 언어의 속도를 느리게 하고 주요 아이디어를 강조하는 것 이외에 침묵이나 휴지의 짧은 기간은 생각할 기회를 주지만, 지속된 휴지는 사람을 무시한다는 의미를 줄 수 있다.

3) 공간언어

공간언어(proxemics)는 공간과 거리를 사용하는 방식으로 공간과 거리의 대화(space and distance talks)이다. 상대방과 이야기 할 때도 허락되는 거리가 있어 너무 가깝거나 멀게 되면 불편을 느끼게 된다. 공간과 거리의 사용은 자신에 대하여 어떻게 느끼는가와 다른 사람에 대하여 무엇을 생각하는가를 나타낸다. 일반적으로 커뮤니케이션의 요구와 혐오를 알리기 위해 물리적 근접과 거리를 사용한다. 가까울수록 서로를 좋아하는 기회는 더 커진다. 근접이나 근접의 결여는 인간관계에서 지배적이거나 복종적인지를 나타낸다. 더 지배적이라고 느낄수록 다른 사람에게 더 가까이 이동한다. 이와 대조적으로 복종적이라고 느낄수록 상호작용 거리를 더 감소하려고 한다. 사생활과 사회적 접촉 욕구뿐만 아니라 우호성이나 비우호성과 외향성이나 내향성의 지각은 공간적 관계를 반영한다. 공간적 관계(spatial relationships)는 가깝거나 먼 관계이다. 에드워드 홀(Edward T. Hall)은 상호작용의 종류를 네 가지 거리로 구별하였다.

(1) 친밀한 거리

친밀한 거리(intimate distance)는 피부 접촉에서 다른 사람의 45cm 범위이다. 이 거리에서 신체적 접촉은 정상적이다. 이 거리는 보통 신뢰하고 감정적 유대를 공유하는 사람과 함께 친밀감을 공유하는 한편 신체적 다툼과 성희롱에 사용되는 거리이기도 하다. 연인이나 부모님, 배우자, 자녀, 친한 친구 등이 해당된다.

(2) 개인적 거리

45cm에서 120cm에 이르는 개인적 거리(personal distance)는 친밀한 거리보다 덜 가깝거나 개인적이다. 보통 손을 뻗어 접촉할 수 있는 거리이다. 가족이나 서로 친한 친구 사이의 거리이다. 이 거리에서 다른 사람의 손을 잡고 흔들 수 있지만 단지 비공식적으로 대화를 할 가능성이 높다. 만일 개인과 친밀한 거리 간의 간격을 일방적으로 접근한다면, 상호작용하는 사람을 불편하게 만드는 것이다. 반면 거리를 넓힌다면 그를 거절하는 것이 된다. 사교 모임, 친구들과의 만남, 다소 친분이 있는 사람과의 거리이다.

(3) 사회적 거리

사회적 거리(social distance)는 120cm에서 360cm이다. 개인 혹은 집단 간의 친근성 정도를 말한다. 공감에 기인한 이해도가 친근성의 정도로 나타난다. 사회적 집단 등 사회의 공식적, 비공식적 관계에서의 거리이다. 이 거리에서 개인적인 문제에 대해서는 이야기를 적게 하는 경향이 있고, 팔을 뻗을만한 거리를 유지할 수 있고, 사업을 경영하거나 사적이거나 개인적인 것이 아닌 문제를 토의한다. 식사, 회의 중에 많은 토론은 사회적 거리 범위 내에서 개최된다. 이 경우 개인 간 또는 집단 간의 수평적 거리와 함께 사회계층이나 지위의 차이로 인한 수직적 거리도 존재한다. 집단외적 감정이 많아지면 사회적 거리는 멀어져 집단과 조직의 해체를 갖고 온다. 낯선 사람과의 거리이다.

(4) 공적 거리

공적 거리(public distance)는 360cm 이상으로 커뮤니케이션은 큰 목소리와 몸짓에 의해서 이루어진다. 낯선 사람과 커뮤니케이션하거나 큰 집단에서 발언하기 위해 상호작용으로부터 자신을 물리적으로 제거하기 위해 사용되는 거리이다. 대규모의 연설이나 군중을 상대로 할 때의 거리이다.

4) 촉각언어

비언어적 의사소통 수단인 신체접촉 행위는 인간 상호간의 감정이나 느낌을 전달하는 가장 기본적이고 보편적으로 요구되는 신호이다. 촉각언어(haptics)는 인간과 인간의 신체가 접촉하면서 이루어지는 의사소통으로 보통 매우 친밀한 관계 안에 포함된다. 접촉은 신체의 부분, 상황, 시간과 장소에 따라 의미하는 바가 다르다. 손, 팔, 다리, 발 등 모든 신체부분의 접촉이 의미하는 것에 차이가 있다. 또 기쁨, 행복이나 호의와 불쾌, 적대감과 같은 감정에 따라서도 차이가 있다. 접촉은 손, 팔, 머리, 어깨, 무릎 등 상체에서 주로 일어난다. 기타 머리, 몸, 어깨나 팔 흔들기, 스치기, 만지기, 핥기, 깨물기, 쥐기, 차기, 간질이기나 키스하기 등이 있다. 접촉은 대인 커뮤니케이션에서 중요한 도구이고 커뮤니케이션하는 메시지는 다양하다. 인정할만한 접촉의 양은 문화적으로 다르다. 접촉은 개방성, 관계의 편안함과 느낌을 표현하는 능력과 긍정적인 상관관계이다. 그러나 신체접촉의 부위를 상대방과의 관계에 따라서 접촉의 의미가 다르다. 자칫 성희롱이 되지 않도록 세심한 주의를 해야 한다.

5) 옷과 인공 치장물

물건이나 사용언어는 비언어 단서로써 의복과 다른 인공치장물(clothing and other artifacts)의 사용을 의미한다. "의상은 날개이다"라는 말처럼 사람의 옷은 의식과 무의식에 관한 정보를 많이 제공한다. 옷은 그 사람의 성격뿐만 아니라 신분을 나타낸다. 옷은 연령, 직업, 신분, 소득 등을 표현한다. 개성이나 생활양식을 표현한다. 옷은 격식과 품위를 표현한다. 때, 장소와 분위기에 어울리는 옷은 자신의 교양이나 품위를 나타낸다. 자신의 외모와 개성을 표현하는 기능이 있다. 자신만의 독특한 개성에 대한 욕구를 연출하는 것이 바로 옷이다. 인공치장물(artifacts)은 보석, 머리 스타일, 화장품, 자동차, 지팡이, 시계, 구두, 서류 가방, 모자, 안경, 문신, 보디 피어싱(body piercings)과 심지어 치아 충전재 등을 포함한다. 옷과 장신구는 연령, 성, 신분, 역할, 사회경제적 계급, 집단 구성원, 개성과 이성 관계(relation to the opposite sex)를 커뮤니케이션한다. 인공치장물 커뮤니케이션은 반응에 영향을 미친다. 관계의 초기단계에서 입은 것과 보는 방법은 첫인상에 영향을 주고 수용이나 거절로 이르게 된다. 또한 옷과 보석은 다른 사람이 성공, 개성, 권력과 능력에 관한 판단을 형성하게 한다. 일반적으로 수상쩍고 받아들이기 곤란한 옷을 입은 사람들보다 잘 차려입은 사람에게 더 긍정적으로 반응한다.

의복과 인공물은 실재적 자아라고 믿는 개인의 유형을 명확히 한다. 개인적 표현을 가능하게 하고 창조적인 자아표현의 욕구를 만족한다. 표현의 수단으로써 옷을 사용하는

데 관심이 있는 사람은 높은 수준의 자아실현을 나타낸다.[3] 비싼 디자이너 옷을 입는 여배우는 모든 사람들에게 언제나 비싼 것을 입는다는 것을 보여준다. 옷은 권위와 역할을 커뮤니케이션한다. 의사들은 자신의 역할을 알리기 위해 흰 가운을 입는다. 흰 가운은 치료와 건강을 나타내는데 설득의 상징적 수단인 것이다.[4] 문신과 신체 뚫기와 같은 신체수정은 인공물의 한 형태이다.

6) 후각언어

후각기관에 호소하고 사용하려는 욕망은 향기, 구강 청결제, 냄새 제거제, 가정 소독약, 향기양초와 향기요법과 같은 제품의 원인이 된다. 냄새와 좋은 기억과 나쁜 기억의 회상은 서로 관련된다. 나쁜 일이 일어날 때 후각기관은 날카로워진다. 상쾌한 냄새와 관련되어서는 좋은 기억을 갖는다. 냄새물질이 오면 후각세포의 흥분이 일어난다. 냄새는 체취와 구취의 자연적인 것과 향수나 화장품 같은 인공적인 것이 있다. 냄새는 신상이나 정신 상태를 알려주는 정보를 제공한다. 사람의 체취는 성, 연령, 직업이나 신분에 관한 정보를 포착할 수 있다. 이러한 냄새는 대화의 분위기 조성에 중요한 역할을 한다. 후각이 없으면 미각의 대부분을 잃고, 특히 여러 감각이 동시에 작용할 때 종종 후각이 우선한다. 동물은 이성을 유인할 때 냄새를 사용한다. 익숙한 냄새는 관계를 확인, 강화하고 접촉을 증진한다. 냄새는 인간의 성생활, 동기부여, 기억과정에 영향을 미치고 위험한 상황에 직면하게 되면 경계기능을 자극한다.

7) 색채언어

색채언어(color)는 연상과 연결이다. 색채는 생리적 조건, 심리적 상황과 정서적 상태를 반영한다. 연령·성별·교육정도 등 개인적 특성, 민족성, 지리적 배경 등에 따라 좋아하는 색채가 다르다. 색채는 자신과 자신의 주변에 관하여 말한다. 색상은 우리 주변에 관하여 말을 한다. 붉은 색에 노출될 때 신경계가 흥분하고 혈압, 호흡수와 심박 수가 증가한다. 반면에 진한 푸른색에 노출될 때 진정효과가 나타나고 혈압, 호흡수와 심박 수가 감소한다. 색상은 행동을 빠르게 하거나 느리게 하고, 편안함을 주거나 동요하게 한다. 붉은 옷을 입는 사람들은 색상을 회피하는 사람들보다 더 활동적이고 외향적이고 급하

---

3) Perry, Schutz, & Rucker(1983).
4) Panja(2004).

다. 색은 예술에서 미적 표현이며 자기 연출이다. 색은 독특한 특성과 방식을 각각 갖고 있다. 예를 들면 사랑, 정열은 빨강색, 지혜나 통찰력은 노랑, 진실이나 희망은 푸른색, 순결과 청순은 흰색, 그리고 권위와 엄숙은 검정색 등이다. 색이 의미하는 바는 문화에 따라서 매우 다르다.

8) 시간언어

에드워드 홀(Edward T. Hall)은 "시간이 말을 한다(Time speaks)"고 하였다. 침묵은 금이라는 속담처럼 의도적인 침묵 시간도 대화를 하고 있는 것이다. 이처럼 시간이 전하는 메시지는 언어 메시지보다 조작이나 왜곡하기가 더욱 어렵다. 이와 같이 시간언어(chronemics)는 시간과 메시지를 조직하고 사용하는 방법이다. 시간을 사용하는 방식으로 시간을 사용하는 것과 타이밍은 커뮤니케이션에 있어 중요한 요인이 된다. 사람들은 언제 말하고 언제 침묵할 것인지, 언제 많이 말하고 언제 적게 말할 것인지 등에 의도적인 결정을 내리는데 이것이 커뮤니케이션에 영향을 미친다. 시간은 거시적으로 의미하는 바가 다르다. 과거, 현재와 미래를 어떻게 인식하는가? 어떤 사람은 과거를 높게 평가하여 지나간 과거를 기억할 수 있는 사진이나 기념품을 수집한다. 어떤 사람은 미래에 살고 언제나 꿈을 추구하거나 미래를 계획한다. 어떤 사람은 현재에 살고 현재 시간을 절약한다. 이와 달리 시간은 미시적으로 의미하는 바가 다르다. 연락하는 시간은 사안의 중대성에 따라 다를 수 있다. 긴급한 전화라면 밤중이라도 관계없지만 대수롭지 않다면 실례가 된다. 가족이나 애인이라면 시간의 한계라 별로 없다. 기다리는 시간도 사회적 지위를 나타낸다. 상사, 손님이나 연인을 기다리는 시간은 다른 사람을 기다리는 시간과 다르다. 상사가 부하보다 더 많이 시간을 사용할 수 있어 시간을 사용하는 양도 상황에 따라 매우 다르다. 이처럼 시간은 신분, 지위, 관계의 정도, 친밀도와 상황의 중요성을 반영한다.

9) 기호학

기호학(semiotics)은 기호의 기능과 본성, 의미 작용과 표현, 의사소통과 관련된 다양한 체계를 연구하는 학문 분야이다. 사람들이 사용하는 기호를 지배하는 법칙과 기호 사이의 관계를 규명하고, 기호를 통해 의미를 생산하고 해석하며 공유하는 행위와 그 정신적인 과정이다. 기호학은 기호(signs)의 체계이다. 가장 분명한 체계는 단어이지만 다른 체계도 존재한다. 예를 들면 영화는 전체 의미를 창조하기 위해 구어의 부호체계, 배우의 몸짓, 녹음음악과 영화감독의 규약을 사용한다. 전체 의미는 부호체계와 관찰자나 독자의 상호작용의 결과로써 창조된다. 평론가들은 기존의 지식과 태도에 비추어 정보를 해석한다. 브랜드는 의미를 창조하기 위해 브랜드 이름, 로고, 색상과 포장 디자인 등 하나 이상의 부호체계를 사용함으로써 중요한 상징이다. 기호학에 견지에서 브랜드는 4가지 수준을 갖고 있다.

- 실용적 부호(utilitarian sign)는 제품의 실용적인 측면으로 신뢰성, 효과성과 적합성의 의미를 포함한다.
- 상업적 부호(commercial sign)는 돈이나 비용 효과성에 대한 가치의미를 전달한다.
- 사회문화적 부호(socio-cultural sign)는 제품을 구매하는 사회적 영향으로 열망집단의 구성원이나 사회적 역할을 충족하기 위해 제품의 적합성에 관한 의미이다.
- 제품의 신화적 가치(mythical values)에 대한 기호는 제품에 관한 영웅이야기이다. 신화(myths)는 삶의 모순이 해결될 수 있는 개념적 틀을 제공하고 브랜드는 이것을 구축할 수 있다.

03 언어와 표정의 심리학

1. 언어의 심리학

속이는 사람은 자신의 모든 행동을 언제나 감시하고 통제하고 위장할 수 없지만, 다른 사람들이 관찰하고 있다고 예상하고 진실을 은폐하고 왜곡한다. 또 자신의 단어 선택에 매우 신중하고 발언에 많이 주의한다. 많은 내용이 얼굴, 음성이나 신체에 의해서 보다 발언에 의해서 매우 빠르게 전달되기 때문이다. 이외에도 전달하고 싶지 않은 메시지를 신중하게 은폐하고 전달한 말을 검열한다. 발언을 신중하게 추적하고 종종 위장하는 주요 이유는 사실이 아닌 허위를 말하기 때문에 불일치와 상대방의 의심탐지 우려 때문이다. 고도로 훈련된 사람만이 얼굴 표정, 제스처와 음성 변화를 매우 정밀하게 계획할 수 있다. 거짓말쟁이는 그가 말하는 것을 들으면서 계속적인 피드백을 하고 그의 메시지를 미세 조정한다. 얼굴, 신체와 음성경로의 피드백은 그다지 정확하게 파악하기가 쉽지 않다. 판단할 정보로는 말, 이야기의 중단, 음성, 표정, 머리동작, 제스처, 자세, 호흡, 안색, 발한 등이다. 이러한 요소는 동시에 또는 연속적으로 나타난다.

속이는 사람은 설득력 있는 말을 논리적으로 구성하려고 노력한다. 모순된 말을 회피하고 상대방이 알거나 발견할 수 있을 것 같은 내용을 은폐하여 실수하지 않도록 노력한다. 속이는 사람들이 사용하는 문장구조, 즉 단어와 구절의 선택은 속임수를 암시하는 단서가 된다. 긴장, 불안, 피로 등 생리적, 심리적 요인이 언어표현에 영향을 미친다. 물론 속이는 사람들이 사용하는 단어나 구절이 이상하다고 해서 모두 거짓말 단서라고 할 수는 없지만, 그들이 사용하는 전략적 우회적인 표현은 의심의 대상이다. 기만자는 전략적 표현을 계획하고 특정한 답변을 회피하려고 노력하기 때문에 특정한 질문회피와 의심을 전환하기 위해 사용하는 문장패턴이 있다. 이러한 문장패턴에는 반복어법, 죄책감 유발어법, 항의어법, 강조어법, 분리어법, 완곡어법, 비단축형 부정어법, 구체적 부정어법, 부정확한 대명사의 사용, 대체용어, 회색진술, 종교적 진술, 과도한 예의와 유력인사 언급 등이 있다.

1) 반복어법

반복어법(repetition sentence)은 속이는 사람이 상대방이 한 질문을 듣고 그대로 반복하는 것이다. 반복하는 동안 상대방의 말에 경청하는 듯이 보이면서 답변을 할 시간을 벌려는 속셈인 것이다. '아', '어' 등과 같이 말을 끌거나 '나는, 나는, 내가 생각한 것은, 사실은'과 같이 말을 반복하는 것, "지-진짜로 좋아하고, 좋아해, 정말로 좋은, 아주 좋은 기회야"처럼 한 단어를 나누어 발음하는 것이다. 이런 화법과 말의 중단에서 발생하는 음성 단서는 두 가지로 서로 연관되어 있다. 거짓말쟁이가 속임수의 전체적인 줄거리를 짜 맞추어 놓지 못했을 경우이다. 거짓말을 하게 될 줄 몰랐거나, 알았더라도 세밀한 사항까지 거짓말을 예측하지 못했다면 망설이거나 실수를 하게 된다. 그러나 거짓말의 줄거리가 잘 조직화하여도 발각될지도 모른다는 두려움 때문에 생각해 두었던 줄거리를 잊어버리거나 말을 더듬게 된다. 더욱이 거짓말할 내용을 잘 준비해 두지 못한 사람들은 두려움으로 더 많은 실수를 하게 된다. 자신의 목소리가 이상하게 들린다고 여겨지면 거짓말이 탄로날까봐 더욱 두려워하게 되고 더 많은 실수를 한다.

2) 공격적 어법

공격적 어법(aggressive statements)은 속이는 사람이 오히려 공격적인 자세로 상대방이 방어적 태도를 취하게 유도하여 상황을 얼버무리는 전략이다. 상대방의 기선을 제압하고 대화를 자신이 주도적으로 유도하려는 속셈이다. 질문에 대한 반발을 통해 거짓말쟁이로 취급을 받을 만한 이유가 없다는 것을 강조하면서 대응하려는 것이다. 이때 장황하게 말을 하는 것은 말 어디에도 질문에 대한 대답을 상대방이 찾지 못하도록 하기 위한 전략이다. 또한 상대방이 대화에 끼어들 여지를 주지 않고 자신이 계속적으로 이끌어나가려고 한다.

3) 방어적 어법

방어적 어법(defensive statements)은 속이는 사람이 상대방의 질문에 수동적으로 응답함으로써 상대방의 반발을 감소하고 상황을 일시적으로 모면하려는 회피전략이다. 거짓말쟁이들이 자신을 방어태세로 몰아넣어 가급적 단서를 누출하지 않으려는 소극적인 어법을 사용하는 경우이다. 질문에 대답할 준비로 의식적으로나 무의식적으로 최선의 답을 찾고 있다. 가급적 과묵한 자세를 취하여 추가적인 틈새를 주지 않으려는 어법이다.

4) 강조어법

강조어법(bolstering statements)은 속이는 사람이 자신의 말이 설득력 있고 진심이라는 것처럼 들리도록 강조 문장을 사용한 어법이다. 강조 문장은 한정적 어구를 사용한다. 예를 들면 '절대로, 내가 아는 한, 내 기억으로는'과 같이 거짓 장담이나 과대포장으로 비난을 모면하거나 자신의 발언에 대한 책임을 회피하려고 한다.

5) 분리어법

분리어법(distancing statements)은 속이는 사람이 거짓말 속에서 자신을 꺼내어 배제하려고 하는 어법이다. 거짓말 상황과 자신을 분리하는 것이다. 말과 상황 속에서 자신을 빼면 거짓말쟁이가 진실한 사람으로 둔갑하는 것이다. 이와 같이 사기꾼, 거짓말, 기만 등과 같은 부정적인 단어를 속이는 사람은 가급적 표현하려 하지 않는다. 이러한 부정적 언어와 자신을 분리하려는 전략은 속임수의 확실한 단서가 된다. 상황과 부정적 언어에서 자신을 독립시키는 전략이다.

6) 완곡어법

완곡어법(euphemism statements)은 속이는 사람이 행동을 표현할 언어를 신중히 선택하는 어법이다. 아주 강도가 부드러운 완곡어로 표현하여 가급적 특정 사건과 자신을 관련시키지 않으려고 노력한다. 그러나 혐의를 부인하면서 감정이 결여된 완곡 표현은 의심의 단서이다.

7) 비단축형 부정어법

비단축형 부정어법(non-contracted denial)은 속이는 사람이 단축형을 쓰지 않고 완전한 문장과 혐의를 부인하는 문장을 사용하는 경향이다. 또한 자신의 거짓을 숨기기 위해 평소와는 매우 달리 정식적인 문법을 사용할 가능성이 높다. 본능적으로 가장 빠르고 강력하게 혐의를 부인하려는 의지가 잠재해 있기 때문이다. 속이는 사람은 말의 속도가 느려지는 것을 이용하여 다음 말을 준비할 시간을 벌고 덜 감정적이면서 이성적 사고를 부각하려고 한다.

8) 구체적 부정어법

구체적 부정어법(specific denial statements)은 속이는 사람이 자신의 부정행위에 대해 전반적으로 구체적인 부정어법을 사용하는 경향이다. 예를 들면 "단연코, 결코 누구를 속여 본 적이 한 번도 없다" 등이 있다. 자신의 진실이나 정직에 관하여는 구체적인 부정어를 사용하지만 기만이나 허위에는 강력한 부정어법을 사용한다. 이러한 부정어법을 지나치게 강조하여 사용하는 것이 단서이다.

9) 부정확한 대명사의 사용

부정확한 대명사의 사용(pronoun inaccuracies)은 속이는 사람이 불안한 주제를 다룰 때 언어를 통해 자신의 개입을 최소화하는 방식인 대명사 '나'를 '당신'으로 바꾸는 경향이 높다. 이것도 자신을 특정한 상황에서 배제하려는 의도이다.

10) 대체용어의 사용

대체용어(replaced terms)의 사용은 속이는 사람이 기만행위의 실체를 피하고자 대체표현을 하는 어법이다. 즉, 본질을 벗어난 표현법을 사용한다. 자신을 특정한 상황에서 배제하려는 의도이다.

11) 회색진술

회색진술(gray statement)은 어떤 질문에 답할 때 해석이 모호한 가치 진술을 사용하는 경우이다. 경계선이 불분명하고 명쾌한 답변이 거의 없다. "~ 이지 않을까", "하지만 오래전 일이라서"와 같이 애매모호한 의견 진술이다.

12) 종교적 진술

종교적 진술(religious statements)은 종교적 신념이나 가족관계를 표현하는 문구에서 온다. '신, 하나님, 성경, 부모나 자식의 이름을 걸고'와 같이 요란하게 말하는 사람일수록 진실을 말하지 않고 있을 가능성이 매우 높다. 숨길 것이 있는 사람은 자신의 의견과 종교를 관련지어 진실하다는 것을 표현하려고 노력한다. 자신의 말에 신빙성을 부여하기 위하여 종교적 진술을 사용한다. "하늘에 대고 맹세한다", "종교적 상징물을 들고 온다", "하나님께 맹세한다"

13) 과도한 예의

과도한 예의(excessive courtesy)는 자신을 아주 예의바른 사람으로 보이기 위해 극진한 예의를 갖추는 경우이다. 교양이 있고 예의바른 사람이 거짓말을 하지 않는다는 것을 확신시키려는 속셈이다. 교양인은 예의도 바르고 예의가 바른 사람은 사회규범과 질서를 존중하기 때문에 정직하다는 것을 자신과 대입하는 것이다. 거짓말쟁이를 진실한 사람으로 둔갑하는 전략이다.

14) 유력인사 언급

유력인사 언급(celebrity mention)은 유력인사 이름이나 언행을 언급하여 자신의 사회적 지위나 관계를 과시하여 신뢰할 수 있는 사람으로 인지하도록 하는 어법이다. 유력인사 이름이나 언행을 거명하는 사람은 많은 것을 숨기고 자신을 진실한 사람으로 위장하려는 것이다. 유력인사와 친분을 과시하고 자신을 그 유력인사와 동일시하려는 전략이다. 자신이 속이지 않는다면 굳이 유명인사의 이름을 거명할 필요가 없을 것이다.

2. 표정의 심리학

사실을 말하지 않을 때 몸짓보다 말을 반복하는 경향이 있다. 신중한 사람이라도 말실수 때문에 거짓말이 탄로 날 수 있다. 이런 말실수는 프로이트(Sigmund Freud)에 의해 처음 개념화되었다. 『일상생활에서의 정신병리』라는 책에서 프로이트는 말실수를 하거나, 익숙한 이름을 갑자기 잊어버리는 행동, 실수로 잘못 읽거나 쓰는 것 같은 일상생활에서의 불완전한 행동들은 우연한 것이 아니라 내부의 심리적 충동을 드러내는 의미 있는 사건이라고 하였다. 실수로 나온 표현은 사실은 자신이 말하고 싶지 않았던 표현으로 그는 자아폭로라고 한다. 허위를 말하는 사람은 감정에 휩싸여 있기 때문에 스스로 거짓말의 단서를 드러내는 결과를 초래하게 된다. 속이는 사람이 냉정을 잃고 스스로 비밀을 누설하는 것은 불안, 공포, 분노, 긴장, 혹은 고통과 같은 감정에 압도되어 심리적 압박을 받기 때문이다. 거짓말 탐지의 문제는 정보의 동시발생성이다. 말 중단, 목소리, 표현, 머리 동작, 제스처, 자세, 호흡, 얼굴 붉힘, 창백함 등 너무 많은 원천이 있다. 이런 모든 원천이 동시에 한꺼번에 드러나 주의를 경합한다. 대화 중의 모든 정보가 모두 신뢰할 수 있는 것이 아니기 때문에 거짓말 탐지자가 듣고 본 모든 것을 동일한 주의로 정밀하게 분석할 필요는 없다. 사람들은 말과 얼굴 표정 같은 최소한의 신뢰할 수 있는 정보에 주로 주의하기 때문에 쉽게 속는 경향이 있다. 거짓말할 때와 진실을 말할 때에는 태도와 행동에서 많은 차이가 있다. 기만할 때 나타나는 새로운 변화에는 자율신경계의 변화, 태도와 행동의 변화, 행동과 감정의 부조화, 비대칭 표정, 상황에 부적합 행동, 순서불일치, 감정 표현의 지속시간과 강도, 그리고 빈번한 주기 등이 있다.

1) 자율신경계의 변화

신경(nerve)에는 중추신경, 말초신경, 자율신경, 감각신경과 운동신경이 있다. 인간의 신경은 신경세포들의 그물망으로 구성되어 있으며, 인체의 외부 자극을 감각신경계를 통해 받아들여 척수를 거쳐 뇌로 전달한다. 그 중 자율신경계는 의지와 관계없이 신체

내부의 기관이나 조직의 활동을 지배하는 신경계이다. 자율신경계는 대뇌의 직접적인 영향을 받지 않고 몸의 기능을 자율적으로 조절하는 신경계이다. 그 말단이 내장과 혈관에 분포되어 주로 소화, 순환, 호흡 등 생명유지 활동 및 항상성 유지와 관련된 기능을 담당한다. 교감신경은 동공을 확장시키나, 부교감신경은 동공을 축소시킨다. 이와 같이 자율신경은 감정이 증가함에 따라 여러 가지 변화를 일으킨다. 즉, 교감신경이 활성화되었을 때 눈 깜빡임, 심박 수, 혈압, 호흡수가 올라가고, 얼굴이 창백해지거나 붉어지고, 땀이 나고, 동공이 커지며 침이 마르게 된다. 침이 마른다는 것은 소화 작용을 억제하는 것이다. 이러한 현상들은 감정에 의해서 유발되어 무의식적으로 발생하기 때문에 의도적으로 억제하기 어렵다. 그래서 자율신경계에서 나타나는 현상은 거짓말 단서로 써 신뢰할 수 있다. 속이는 사람은 공포, 고통, 죄책감, 수치심이나 쾌감 등의 감정을 느끼고 심박 수, 혈압, 침, 발한, 호흡수나 증가하거나 확대하는 변화가 일어나는 것이고 이러한 원리를 이용한 것이 거짓말탐지기(lie detector)[5]이다.

2) 태도와 행동의 변화

거짓말할 때는 평상시와 다른 변화가 나타난다. 거짓말할 때 나타나는 태도와 행동의 변화는 평상시와 다른 태도나 행동의 출현 및 소멸과 변화, 시간 간격 단축과 화제전환, 모순적이거나 상세한 답변, 투사답변이다. 이러한 태도와 행동은 언어적, 비언어적이거나 심리적인 변화를 포함한다. 말을 들을 때 이러한 현상이 나타난다면 거짓말이라고 결론을 내려도 좋을 것이다.

① 평상시와 다른 태도나 행동의 변화

눈 시선, 몸동작, 음성이나 몸짓 등 비언어적이나 언어적 변화가 나타나고, 평상시에 갖고 있는 견해와 신념이 다르다면 거짓말로 인해 평상시와 다른 태도나 행동이 변화한 것이다.

② 시간 간격 단축과 화제전환

거짓말쟁이가 거짓말을 할 때 계속되는 행동을 하는 시간의 간격을 줄이고 다른 주제

5) 윌리엄 마스턴(William Marston)은 1915년에 혈압 변화를 이용해 처음으로 현대적인 거짓말 탐지기를 고안했다. 존 라슨(John Larson)은 마스턴의 논문을 읽고 혈압, 맥박, 호흡을 동시에 자동적으로 기록하는 기계인 폴리그래프(polygraph: 여러 가지를 한 번에 기록한다는 뜻)를 만들었다.

로 화제를 전환하려고 한다. 또한 초조해 하거나 황급히 원래의 모습으로 다시 되돌아 가려고 노력한다.

③ 모순적이거나 상세한 답변

상반되는 여러 개의 질문을 빠르게 할 때 거짓과 진실 사이에서 내적인 불일치를 경험하기 때문에 속이는 사람의 대답이 모순적일 수 있다. 시간을 벌고 생각할 시간이 필요하고 교묘히 회피하기 때문에 대답이 장황하고 상세한 내용일 수 있다.

④ 투사답변

거짓말쟁이는 사건으로부터 자신을 분리하고 주의를 분산하려고 한다. 그렇기 때문에 자신이 관여된 행동을 기피하려 한다. 이럴 때 타인의 행위를 질문하는 투사 질문 기법으로 간접적으로 질문하는 것이 필요하다. 이 때 비난하는 내용이 포함되지 않는 것이 중요하다. 예를 들면 부인을 구타한 적이 있느냐고 묻는다면 구타한 적이 있는 남편이라도 대답하지 않는다. 주변에 남편이 부인을 구타하는 것을 보거나 들은 적이 있느냐고 물으면 경험이 있는 사람은 상세하게 답변할 것이다. 자신의 예기를 남을 빗대어 간접적으로 말하는 것이다.

3) 행동과 감정의 부조화

니체(Friedrich Wilhelm Nietzsche)는 사람들은 입으로 거짓말하지만, 거짓말할 때 사용하는 입술로 진실을 말하기도 한다고 했다. 입은 거짓과 진실을 함께 말한다. 인지부조화(cognitive dissonance)는 사회심리학자인 레온 페스팅거(Leon Festinger)에 의해 도입된 이론이다. 자신의 신념이나 가치가 행동과 일치하지 않을 때 자신의 선택을 정당화할 수 있는 방향으로 기존의 신념이나 가치를 바꿔 행동과 일치하여 평형상태를 유지하려고 한다. 인지부조화 상태는 사람들에게 심리적 긴장감을 불러일으키기 때문에 사람들은 이러한 부조화를 해소하기 위한 방안을 모색하게 되며 이를 통해 태도나 행동이 변화하게 된다. 거짓말을 준비하거나 실행하는 행동은 감정이나 생각과 일치하지 않기 때문에 감정과 얼굴 표정, 신체언어나 말을 일치하려고 한다. 거짓말하기 전에 말하려는 내용에 집중하여 얼굴 표정이나 신체행동에는 상대적으로 소홀히 하게 되어 부조화가 나타난다. 에크만(Paul Ekman)에 의하면 얼굴이 감정을 직접적으로 반영하기 때문에 거짓말쟁이가 드러내는 표정의 부조화는 거짓말 탐색에 중요하다. 잭 내서(Jack Nasar)는 거짓말할 때 얼굴에 나타나는 감정은 표현감정과 은폐감정이라고 한다. 인위적인 미소는 긴장된 감정을 은폐하려는 동작이다. 얼굴에는 의식적 표정과 무의식적 표정이 공존한다. 의식과 무의식은 서로 다른 뇌 영역에서 조정을 받는다. 즉 의식과 무의식이 작용하는 뇌의 영역이 다르다. 거짓말쟁이가 의도하는 감정이 얼굴 다른 부분과 조화를 이루지 않게 된다.

4) 비대칭적 표정

얼굴 표정의 불균형은 얼굴의 양쪽에 나타나는 표정의 강도가 서로 다르기 때문이다. 이 표정은 어느 한 쪽에만 나타나는 단독표정이 아니다. 단독표정은 한 쪽 눈만 깜빡이는 윙크나 한 쪽 눈썹만 치켜 올리는 의심의 표시처럼 상징 동작의 일부이다. 얼굴의 한 쪽이 다른 쪽보다 강한 비대칭적인 표정은 가짜 감정을 표현하고 있는 것이다. 감정을 억제하고 태연하게 보이려는 인위적인 얼굴 표정을 비대칭적 표정이라고 한다. 진실한 감정은 얼굴 표정과 조화를 이룬다. 인위적인 얼굴 표정은 얼굴 좌우나 상하 한쪽에 더 강한 감정이, 다른 쪽은 약하게 나타나 표정의 차이가 있어 비대칭이라고 한다. 필요에 의해서 만드는 의도적인 가짜 표정이나, 얼굴 좌우에 자연스럽게 나타나는 균형 표정은 무의식적으로 드러나는 진짜 표정이다. 표정의 불균형은 표현하고 있는 감정은 느끼지 않는 위장 감정이라는 증거가 된다. 감정을 정말로 느끼지 않았을 경우에 드러나는 미소는 일차 근육의 움직임이 어느 한 쪽의 얼굴에 더 강하게 나타난다. 표정을 위장하는 사람은 전형적으로 얼굴의 왼쪽 부분이 오른쪽보다 강한 움직임을 보인다. 표정의 불균형은 부정적인 감정에서도 가짜 감정을 꾸미는 경우에는 나타나고, 실제로 느끼는 감정을 표현할 경우에는 나타나지 않았다. 느끼지도 않는 가짜 감정을 의미하는 표정이 얼굴에 나타난다. 가짜 표정에는 신뢰근육의 움직임이 나타나지 않는다는 사실이 밝혀졌다.

5) 상황에 부적합 행동

상황에 부적합한 행동은 납득할 만한 이유 없이 웃거나, 우호적인 칭찬을 자주 하거나, 도움을 주려는 것처럼 행동하는 것이다. 상황에 맞지 않거나 이유 없는 호의는 그 후에 사건을 예고하는 징후에 해당하는 경우이다. 상황에 부적합하기 때문에 이 부적합한 상황에 맞는 표정을 연출하는데, 이는 진짜 감정의 표현이 아니라 고의적으로 꾸며낸 가짜 감정의 표현인 것이다. 몸짓과 맞물려 있지 않은 표정은 속임수가 있다는 확실한 단서일 가능성이 높다. 거짓말 탐지여부는 거짓말뿐만 아니라 속이는 사람이 꾸며놓은 거짓말의 내용, 상황, 변명의 선택 폭에 따라 달라진다. 또한 억제하는 진짜 감정과 꾸미는 가짜 감정 등으로부터 영향을 받기 때문에 거짓말 탐지는 매우 어려운 문제이다. 거짓말을 찾아내려면 어떤 단서가 특정한 정보를 담고 있으며 또 어떤 정보가 단순히 일반적인 정보만을 담고 있는지 항상 기억하고 있어야 한다.

6) 순서 불일치

말과 얼굴 표정의 시점이 중요하다. 진실한 표정은 말보다 먼저 나타난다. 말한 시점보다 표정이 먼저 나타났다면 순서불일치인 것이다. 진짜 반응이라면 무의식적인 표정과 행동이 먼저이고 말이 뒤에 따르는 것이다. 선 표정과 행동 후 말의 순서가 진행되어야 진짜 반응인 것이다. 제품을 구매하려고 할 때 추가적으로 또 가격할인을 요구하니까 손해난다고 화를 낼지도 모른다. 얼굴을 보니까 찌푸리고 나서 못 팔겠다고 말한다면 진짜로 손해를 보는 경우일 것이다. 신체적 표현 또는 발성법과 표정의 타이밍은 효과적인 단서이다. 진실한 감정의 지표는 대개 동시에 나타난다. 그러나 조작된 신호는 빠르게 연속적으로 지나간다. 예를 들면 격분한 척하는 사람은 팔짱을 끼고 쏘아볼 것이다. 그 사람이 정말로 화가 났다면 팔의 동작과 노려보는 행동이 동시에 일어난다. 성형미인이 자연미인보다 더 섬세하듯이 조작된 표정은 더 물 흐르듯 유창하게 보인다.

7) 감정 표현의 지속 시간과 강도

실제로 느껴지는 감정 표정은 오랫동안 지속되는 경우가 드물다. 긴 시간 동안 지속되는 표정은 대부분 그 표정이 가짜 감정일 것이다. 희열의 절정, 격분의 끝, 혹은 절망의 바닥에 떨어진 경우가 아니라면 진짜 표정은 몇 초 이상 지속되는 일이 없다. 실제로 느낀 감정 상태에서 나타나는 표정들은 짧은 시간 동안 다양한 종류의 표정이 나타난다. 놀라움의 표정만 제외하면 표정이 시작되는 시점과 사라지는 시점을 통해 속임수에 대한 단서를 얻을 수 있다. 진짜로 놀랐을 때 나타나는 표정은 시작, 중단, 그리고 지속 시간 모두 1초 이내로 아주 짧게 나타났다가 사라진다. 10초 이상 오랫동안 지속되는 표정의 경우 거의 가짜 표정이고, 5초 이상 머무르는 대부분의 표정도 가짜일 확률이 높다. 지속시간이 길면 숨기려하거나 새로운 것을 꾸미려는 증거이다. 그 이상 긴 시간 동안 지속되는 것은 가짜 놀라움이거나, 놀라움을 의미하는 상징 동작, 혹은 잘못된 표정임을 의미한다. 동일한 감정이 오랫동안 얼굴에서 지속된다면 이는 거짓 감정일 것이다. 이는 의도적으로 동일한 감정을 오랫동안 유지하려고 노력하는 인위적인 감정 표현이다. 거짓말쟁이가 행위를 합리화하려고 연기하기 때문이다. 진실한 표정은 짧은 순간에 짧게 나타나 없어진다. 거짓말쟁이들에게 진실이 아니라고 하면 오히려 크게 화를 내는데, 이는 과장된 행동이 나타난 결과인 것이다. 얼굴에 나타난 표정이 오래 지속되거나 반응하는 강도가 크다면 이는 거짓말 징후에 해당한다.

8) 빈번한 주기

거짓말쟁이는 감정을 속여서 표현하려하기 때문에 대화 도중에 감정이 자주 교차한다. 특히 감정의 기복이 심한 것은 아이들이다. 아이들은 부모에게 요구할 때는 조르기도 하고 아양도 떨면서 감정의 표현이 자주 바뀐다. 거짓말하는 사람은 대화 도중에 거짓말하는 부분에서는 기분이 교차하기 때문에 감정의 기복이 생기는 것이다. 시작과 중단은 갑작스러운 것일 수도 있고 점진적인 것일 수도 있다. 시작과 중단은 감정이 발생하는 상황에 따라 달라진다. 유머 감각도 없고, 분위기 파악도 제대로 못하는 친구가 농담 같지도 않은 농담을 몇 번이나 반복했다면 이는 무엇을 의미할까? 웃음이 시작되기까지의 시간은 웃음을 터뜨리는 부분이 어떤 것이냐에 따라 달라질 것이다. 점진적인 것인지, 약간 우스운 것인지 또는 갑작스러운 것인지에 따라 다르게 된다. 누구나 가짜 즐거움을 표현하는 거짓 미소를 꾸밀 줄 알지만, 미소의 시작시간과 종료시간까지 특정한 상황에 어울리도록 조정할 수 있는 사람은 많지 않을 것이다.

04 촉진믹스

1. 촉진믹스의 개요

촉진믹스(promotional mix)는 광고, PR, 판매촉진, 인적 판매, 직접판매, 전시와 실연 등이 있다. 광고는 촉진믹스의 매우 효과적인 요소이다. 광고의 주요 목적은 시장에서 제품의 이미지를 창조하고 개발하는 것이다. 매체는 회사가 메시지를 전달하는 방법이다.

그림 13-6 촉진믹스

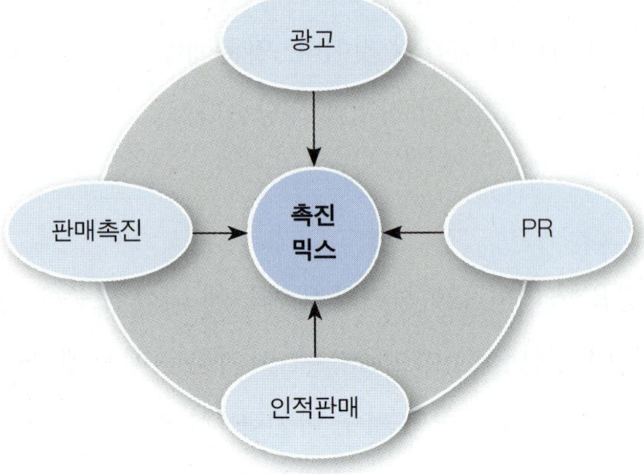

PR은 매체를 통하여 기업과 좋은 관계를 유지하고 기업의 이미지를 높여 판매를 증대하기 위한 활동이다. 판매촉진은 마케팅 믹스에서 단기적으로 가장 효과적인 요소로 판매원이 고객에게 효과적인 방법을 제시하고 구매를 유인하는데 도움이 된다. 따라서 회사의 제품을 구매하도록 표적고객을 설득하고 의사소통하는 것을 의미한다. 촉진믹스는 표적시장에서 제품의 포지셔닝을 결정하는 것이지만, 제품의 원가를 추가하는 요인이기 때문에 사전에 지출을 고려해야 한다. 회사는 표적시장의 확인된 욕구를 충족하는 제품을 선택하고 동시에 적절한 유통경로로 소비자들이 제품을 이용할 수 있도록 해야 한다. 촉진믹스를 마케팅 커뮤니케이션 믹스라고도 한다.

효과적인 촉진은 각각의 제품 수명주기에서 적절하게 촉진전략을 실시하는 것이다. 도입단계에서는 광고와 PR이 인지도를 높이는데 효과적이지만, 초기 시용구매를 유도하는 데는 판매촉진이 유용하다. 성장기에는 광고와 PR을 지속적으로 수행하여 차별적 광고를 실시한다. 성숙기에는 판매촉진이 광고에 비해 중요한 역할을 수행하며, 상기광고가 효과적이고, 경쟁사 고객을 빼앗기 위한 판촉을 실시하기도 한다. 쇠퇴기에 광고를 거의하지 않고, PR의 활용을 감소시키고, 판매촉진을 높은 수준으로 유지하는 것이 효과적이다. 소비자의 구매의사결정에서 촉진의 역할은 다음과 같다.

- 광고와 PR은 인지와 지식의 단계에서 중요한 역할을 수행한다.
- 인적판매는 소비자의 호감, 선호 및 확신 단계에서 효과적이다.

- 촉진수단은 의사결정의 마지막 단계인 구매단계에서 효과적이다.

2. 촉진믹스의 과정

촉진이 효과적이기 위해서 적절한 시간에 적절한 양으로 성분을 추가하는 요리와 같다. [그림 13-7]은 제품과 회사에 관한 메시지가 소비자, 종업원, 압력단체와 기타 공중에게 촉진믹스의 요소를 통해서 전달되는 과정이다. 각 집단은 하나 이상의 전달도구로부터 메시지를 수신하기 때문에 메시지가 충돌하지 않도록 메시지의 요소는 서로에게 공급된다. 요리에 있는 요소는 상호 교환적이지만 촉진믹스의 요소는 상호 교환적이 아니다. 인적 판매를 요청하는 과업은 광고에 의해서 수행될 수 없고, 또한 공중관계 과업도 판매촉진을 사용함으로써 수행될 수 없다. 촉진믹스는 가장 효과적인 방법으로 고객에게 메시지를 전달하는 것이며, 방법의 선택은 메시지, 수신인과 바라는 결과에 달려있다. 촉진믹스의 목적은 고객들에게 정보를 제공하고, 고객들을 설득하고, 상기하고, 연상하는 것이다.

그림 13-7 촉진믹스

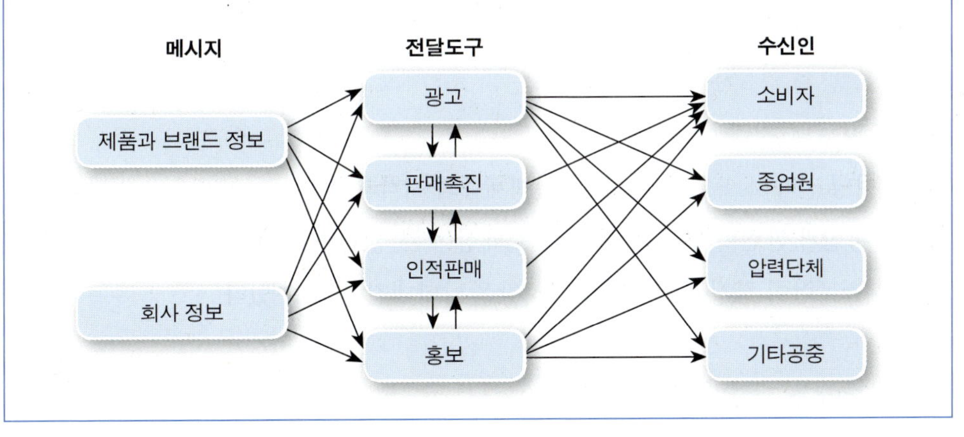

3. 촉진활동의 목적

대부분 촉진활동은 예산이 확정되고 동의한 후에 한다. 촉진활동은 많은 목표를 달성하기 위해 수행된다. 신제품 출시뿐만 아니라 제품이 성숙기에 접어들었을 때, 또는 시장점유율을 끌어올릴 목적에도 실행하여 매출을 증가하는데 기여한다.

1) 이미지 구축

이미지 구축활동(image-building)은 제품의 특정한 위치를 전달하기 위해서, 사용자의 라이프 스타일을 보충하는 방법을 강조하기 위해 계획한다. 예를 들면 볼보는 외양보다는 자동차의 신뢰성과 기술성을 촉진한다.

2) 제품차별화

제품차별화(product differentiation)는 차이점을 강조함으로써 경쟁제품보다 더 우수한 것을 나타내는 것이 목적이다. 대부분 이것은 독특한 판매제안(unique selling proposition: USP)의 형태를 띤다. USP는 경쟁제품과 다르고 소비자들에게 독특한 편익을 전달하는 특징을 뜻한다. 성숙기 제품은 성능에서 다른 제품과 아주 근소하게 다르다. 그래서 USP는 때때로 포장이나 유통에 의해서 확인될 수 있다. 따라서 USP는 소비자에게 의미가 있을 때 효과적이지만, 그렇지 않다면 구매의사결정에 영향을 미치지 않을 것이다.

3) 포지셔닝 전략

포지셔닝 전략(positioning strategies)은 경쟁제품의 지각과 비교하여 제품을 소비자들이 지각하는 방법과 관련이 있다. 예를 들면 소매상이 큰 점포보다 더 싼 가격을 강조할 수 있거나, 레스토랑이 경쟁사보다 더 고급시장을 나타내길 원할 수 있다.

4) 직접반응

직접반응(direct response)은 구매, 광고 전단의 요청이나 점포 방문 시 소비자의 즉각적인 반응이 나타나는 것이다. 예를 들면 소매상이 가격할인 쿠폰(money-off coupon)을 신문에 끼어 광고할 수 있다. 광고 목적은 고객들이 점포를 방문하는 것을 촉진하는 것이다. 쿠폰을 휴대하고 점포를 방문한 고객을 통해서 직접적인 반응을 알 수 있다.

4. 촉진믹스의 유형

1) 광고

(1) 광고의 개념

광고(advertising)는 광고주가 비용을 지불하고 매체를 통해서 제품, 품질, 특징과 이용성에 관하여 현재와 잠재고객들에게 정보를 알리는 수단이다. 광고는 확인된 광고주에 의해 제품, 아이디어, 서비스나 조직에 관하여 매체를 통해 비인적(non-personal) 커뮤니케이션의 유료 형태(paid form)이다. 광고는 표적시장으로부터 고객을 확보하기 위해서 의사소통의 중요한 수단이고, 인지를 창조하고, 정보를 전달한다. 광고는 신문, 잡지, 광고판과 같은 인쇄매체와 라디오, TV 같은 공중매체로 이루어진다. 매체를 통하여 광고되는 제품은 소비자들에게 표준적이고 합법적인 제품임을 전달하는 효과가 있다. 또한 동일한 메시지를 반복적으로 전달함으로써 소비자들을 수동적으로 학습시킨다. 색상, 음향, 배경 등 다양한 표현이 가능하다. 그러나 광고는 많은 사람들에게 신속하게 전달할 수 있지만, 비인적 커뮤니케이션이기 때문에 인적 판매처럼 설득적이지 못하다.

(2) 광고목표의 설정

① 정보제공광고

신제품을 처음 출시하는 시장 초창기에 소비자를 대상으로 브랜드명, 사용방법, 효과 및 특성 등에 관한 정보를 제공하는 것을 목적으로 하는 광고이다.

② 설득광고

경쟁이 심한 시장 성장기 혹은 성숙기 초기에 소비자에게 제품에 대한 태도를 긍정적으로 형성시키고 제품에 대한 선호도, 확신 등을 심어 주어 구매를 하게 만드는 광고이다.

③ 상기광고

특정 브랜드를 기억하고 있는 성숙기 시장이나 쇠퇴기 시장의 소비자에게 브랜드를 상기시킴으로써 반복구매를 유도하기 위한 광고이다.

④ 강화광고

소비자가 특정 브랜드를 구입하고 나서 올바른 선택을 했다거나 혹은 현명한 구매를 했다는 점을 강조함으로써 구매에 대한 확신을 주기 위해 실시하는 광고이다.

(3) 메시지의 표현방식

① 이성적 광고

소비자에게 제품의 성능, 속성, 편익 등을 논리적으로 강조하여 제품구매를 유도하는 광고로 주로 논리적인 설득을 기초로 하는 광고이다.

② 감성적 광고

감성에 주로 호소하는 광고로 호의적인 느낌이나 감정을 형성하는 것을 광고목표로 하며, 제품기능이나 편익보다는 이미지를 주로 표현방법으로 사용한다.

③ 성적소구 광고

성적인 매력을 제품 호소의 기본으로 사용하는 광고이다. 화장품 등 성적 매력과 관련성이 높은 제품범주에서 주로 사용되는 광고이다.

④ 증언형 광고

이성적 광고의 한 유형으로 유명인사 혹은 표적시장 고객과 일치하는 일반인 소비자가 광고모델이 되고 제품의 사용경험을 증언하는 표현형식을 사용한 광고이다.

⑤ 티저 광고

티저(teaser)는 "괴롭히다, 놀리다"라는 의미를 지닌 'tease'에서 시작된 용어로 소비자의 호기심이나 주의를 환기시키는 광고로 시작 부분에서는 메시지의 일부만 노출시키고 시간이 지남에 따라 점차 구체적으로 광고내용을 밝히는 예고광고이다.

(4) 기타 광고

광고인의 상품추천(endorsement)은 소비자가 역할 모델이나 유명인을 따르고 소비자의 마음에 변화를 일으킨다. 전단지 · 포스터(leaflet · poster)는 고객에게 제품정보를 전달하는 직접적인 전달방법이다. 직접우편(direct mailing)은 고객자료에 근거하여 표적고객에게 집중하여 직접 홍보물을 전달하는 방식이다. 중소기업이 보통 사용하는 촉진방법은 지방신문과 무역업계 간행물에 있는 유료광고(paid advertisement)이다. 유료광고처럼 효과가 있는 다른 촉진방법은 네트워킹의 실천이다. 유료광고는 회사가 제공하는 서비스와 경쟁우위를 명확하게 제시해야 한다. 유료광고의 중요한 측면은 광고 안에 있는 메시지가 표적고객에게 적합해야 한다. 회사에 관한 광고전단 개발은 사업을 위한 효과적인 촉진이 될 수 있다. 신문과 협회 간행물의 유료광고 비용은 일반적으로 단어의 수와 크기에 근거한다. PC와 잉크젯 프린터는 잠재고객이 긍정적인 의사결정을 하는데 도움이 되기 위해서 조직역량을 개괄적으로 제공하는 정보전단을 만드는데 사용된다. 가능하다면 전문작가, 그래픽 디자이너를 고용하는 것은 투자가치가 있을 것이다.

2) PR

(1) PR의 개요

PR(Public Relations)은 홍보보다 더 넓은 개념으로 매체를 통하여 기업과 좋은 관계를 유지하고 기업의 이미지를 높여 판매를 증대하기 위한 활동이다. 매체에서 돈을 받지 않고 신제품개발, 뉴스나 행사활용으로 PR에 사용되는 메시지가 일종의 정보라고 생각하기 때문에 광고보다 소비자들로부터 높은 신뢰를 얻을 수 있다. 제품속성이나 기능에 대한 신뢰를 형성하는데 효과적이다. PR의 수단은 홍보활동을 포함하고, 언론, 사회, 봉사활동, 정치, 정부 기관에 기업활동에 관한 것을 합법적으로 설득하는 행동이다. 회사는 항상 제품에 대한 흥미로운 이야깃거리를 찾아내어 홍보거리를 제공할 수 있어야 한다. 또한 언론기관과 호의적인 유대관계를 형성하는 것이 필요하다.

(2) PR의 역할

- 신제품 출시에 도움
- 성숙기에 있는 제품의 리포지셔닝에 도움
- 제품범주에 대한 관심 고조
- 특정 표적집단에 대한 영향
- 공중이 제기한 불리한 문제에서 제품을 보호하는 데 유용
- 우호적인 기업 이미지 구축

(3) PR의 수단

- 연간 기업보고서, 브로슈어, 논문집, 시청각 자료집, 기업사보 및 잡지 등
- 기자회견, 세미나, 전시회, 음악회, 운동경기 등을 주관 혹은 후원

- 골프, 테니스, 연주회 등을 후원하면서 기업 혹은 제품의 브랜드 이름을 후원자 혹은 후원브랜드로 삽입
- 기업, 제품, 혹은 종업원 등에 관한 흥미로운 기삿거리를 찾아내거나 개발
- 환경보호 운동, 불우이웃 돕기, 심장병어린이 돕기 등 사회 운동 참여나 후원

(4) 홍보

홍보(publicity)는 제품과 기업에 대한 호의적인 태도에 기여하는 방대한 커뮤니케이션을 만들어내는 무료(non-paid) 과정이다. 회사가 어떠한 돈도 지불하지 않는 형태이다. 회사는 회사와 제품의 호의적인 이미지를 얻기 위해 많은 시간과 노력을 들인다. 신문기사, 기자회견, 발표나 뉴스가 있다.

3) 인적판매

인적판매는 판매원이 고객과 직접 대면, 자사의 제품이나 서비스의 구매를 권유하는 커뮤니케이션 활동이다. 대면접촉을 통하여 메시지가 전달되기 때문에 소비자들이 제품에 대하여 확신을 갖게 하고 구매를 유도하는 촉진방법이다. 특히 고객과의 대면적인 상호작용으로 추가적인 질문이나 불만을 즉각적으로 처리할 수 있고, 고객의 반응을 신속하게 포착할 수 있다. 소비자와 판매원 사이의 다양한 관계를 형성하고, 고객들은 광고보다 메시지에 더 집중하는 경향이 있는 것이 장점이다. 그러나 판매조직의 크기를 쉽게 변화시키기 어렵기 때문에 상당한 고정비용이 발생한다. 판매는 기업이 갖고 있는 가장 강력한 마케팅 도구이다. 판매원이 가망고객 앞에 앉아있고, 고객욕구를 토의하고, 제품의 편익을 설명하는 것은 어떤 광고, PR이나 판매촉진보다 사업을 얻을 가능성이 더 높다. 불행하게도 판매는 기업에 가장 비싼 촉진도구이다. 어떤 소매점 종업원들은 판매기법을 훈련받는다. 전자제품이나 구두점과 같은 점포에서는 고객이 조언을 필요로 한다. 이런 경우에 소매상은 제품범위의 기술성과 판매기법을 판매원에게 훈련하는데 상당한 시간과 노력을 소비한다. 비록 다른 사람들보다 어떤 사람들은 판매에 재능을 갖고 있더라도 판매는 배우는 것이고 타고난 판매원은 없다. 역할에 따라서 판매원을 네 가지로 분류한다.

- **주문개척자(order creator):** 신규고객을 찾고 구매를 하도록 준비하는 사람이다.

- **주문달성자(order getter):** 신규와 기존고객에 대한 해결책을 발견하고 구매하도록 설득하는 사람이다.
- **주문접수자(order taker):** 이미 구매하기로 결정된 고객으로부터 상품주문을 접수하는 사람이다.
- **지원직원(support staff):** 기술제품을 시연하고 사용자가 채용하도록 설득하는 기술 사원이다.

판매원에 대한 회사 기대는 고객이 회사제품을 구매하도록 설득함으로써 계약을 맺는 것이다. 기업은 판매원이 고객욕구에 의해 제품편익을 설명할 수 있기를 원한다. 어떤 판매원은 제품을 강요하고 능숙하게 속이기 때문에 평판이 나쁘다. 성공적인 판매원은 기업이 판매목적을 달성하는데 도움을 주는 만큼 고객을 도와야 한다는 것을 안다. 훌륭한 판매원은 고객욕구를 발견하고 회사의 어느 제품이 고객의 욕구를 잘 충족하는지를 계속적으로 알아낸다. 다음 단계는 고객에게 제품편익을 설명하고 제품편익과 고객의 욕구를 연결한다. 마지막으로 판매원은 주문을 요청함으로써 거래를 종결한다. 이러한 경우 판매는 미시마케팅(micro-marketing)이다. 경험이 있는 판매원들에게 가장 어려운 과업은 판매를 얻는 것이 아니라 의사결정을 얻는 것이다. 고객이 의사결정에 도달하기 위해 판매원은 제품지식과 고객욕구의 지식을 결합한다.

4) 판매촉진믹스

(1) 판매촉진의 개요

판매촉진(sales promotion)은 광고, PR, 홍보, 인적판매 이외의 단기간에 판매를 증진하기 위해 중간상, 소비자, 판매원들을 대상으로 실시하는 모든 프로그램 활동으로 중간상 판매촉진과 소비자 판매촉진이 있다. 중간상 판매촉진은 중간상들이 자사의 신제품을 판매하고, 많은 재고를 보유하며, 넓은 진열공간을 확보하기 위한 것이다. 소비자 판매촉진은 단기적으로는 판매를, 장기적으로는 시장점유율을 증대하기 위한 것이다. 판매원 판매촉진의 목적은 자사의 제품판매에 많은 관심을 갖고 소비자들에게 판매를 유도하도록 하기 위한 것이다. 판매촉진은 구매나 좋은 제품의 시용을 유인하기 위한 단기적이고 임시적인 유인이다. 무료나 쿠폰, 할인, 무료 액세서리, 출시 기념품 등이 있다. 판매촉진 활동은 종종 소매점 수준에서 추진한다.

- **중간상 판매촉진(trade promotion):** 중간상 할인, 협동광고, 교육훈련 프로그램 등
- **소매상 판매촉진(retailer promotion):** 가격할인, 소매점 쿠폰, 특수 진열, 소매점 광고 등
- **소비자 판매촉진(consumer promotion):** 샘플링, 쿠폰, 사은품, 경연, 추첨, 보너스 팩, 가격할인, 환불 등

(2) 판매촉진의 특성

판매촉진은 제품판매의 일시적 증가를 위해서 계획된 단기적 활동이다. 판매촉진의 목적은 구매결정을 미리 하고 구매의사결정에 긴박성을 추가함으로써 단기적인 매출을 증가하는 것이다. 이러한 판매촉진의 특성은 다음과 같다.

- **매력성(attractiveness):** 소비자가 촉진을 바람직하게 지각하는 정도가 높아야 한다.
- **제품범주의 적합성(fit to product category):** 제품과 관련이 없는 촉진은 고객들에게 소구하지 못한다.
- **제시지연(reception delay):** 촉진상품이나 할인이 계획된 시간 안에 도착하지 않는다면 매력적이지 않다.
- **가치(value):** 고가치의 촉진은 저가치보다 효과가 더 크나, 중요한 고객이 지각한 가치이어야 한다. 제품범주에 적합하다면 이러한 특징은 상호작용이 이루어진다.

(3) 중간상 판매촉진

① 중간상 할인(trade allowance)

구매할인, 판매촉진 지원금과 제품진열 보조금 등이 있다. 구매할인(buying allowance)은 일정량 이상을 구매한 중간상에게 가격을 할인해 주는 방법이며, 판매촉진 지원금(promotional allowance)은 중간상이 하는 판촉에 대한 지원금이다. 제품진열 보조금(slotting allowance)은 자사의 제품이 좋은 진열위치를 차지하기 위해 제공하는 지원금이다.

② 협동광고(cooperative advertising)

협동광고에는 수평적 협동광고와 수직적 협동광고가 있다. 수평적 협동광고는 제조업자들이 특정 제품군의 수요를 확대하기 위해 공동으로 해당 제품을 광고하는 것이나, 수직적 협동광고는 중간상이 특정상표에 대해 광고 시 제조업자가 비용을 분담하는 형태 이다.

③ 교육·훈련 프로그램(training program)

판매원은 소비자와 직접적인 접촉을 통해 구매를 설득하는 역할을 수행하기 때문에 판매원들에게 제품에 대한 정보와 경쟁제품과의 차별성 교육이 필요하다.

(4) 소매상 판매촉진

① 가격할인(price-offs)은 소매상이 취급하는 제품에 대해 가격할인을 실시하는 것으로 강력한 판촉도구이다.

② 소매점 쿠폰(retail coupons)은 소매점에서 발행하여 소비자들에게 제공하는 쿠폰이다.

③ 전단지 광고(feature advertising)는 소매상에서 발행하는 전단 등에 특정 제품을 소개하거나 각종 판촉활동에 대한 내용 광고이다.

④ 특수진열(special display)은 특정제품이나 브랜드를 매장 내에 특별하게 진열하는 형태의 판촉도구이다.

(5) 소비자 판매촉진

① 샘플링(sampling)은 제품을 고객에게 알리는 확실한 방법으로 시용을 유도하기 위해 소비자에게 견본을 무료로 제공하는 것이다. 신제품을 도입할 때 시용구매를 유도하는데 가장 효과적이지만, 가장 많은 비용이 필요하다.

② 쿠폰(coupon)은 표시된 금액만큼 구매제품에 적용될 할인액, 할인조건 및 유효기간 등을 명시한 증서이다. 시용구매와 반복구매를 유도하고, 가격할인 효과가 있으며, 소비자에게 직접 전달할 수 있다.

③ 사은품(premium)은 제품을 구매할 때 무료로 제공되는 선물이다. 사은품은 충동구매를 유발할 만큼의 가치를 제공해야 효과적이다.

④ 경연(contest)과 추첨(sweepstake)은 소비자에게 소정의 상금이나 상품을 제공하는 것이다. 양자는 차이점이 있다. 경연은 소비자의 지식과 노력이 요구되지만, 추첨은 완전히 운에 의해 결정된다.

⑤ 보너스 팩(bonus pack)은 정상가격으로 보다 많은 양의 제품을 제공하여 판매하는 것이다. 가격할인과 비교 시 할인의 효과는 같으면서 다량을 일시에 구매하도록 유도하는 방법이다.

⑥ 가격할인(price-offs)은 제품가격을 일시적으로 인하시키는 것으로 판촉효과가 가장

명백하게 나타나는 방법이다.

⑦ 환불(rebate)은 소비자가 영수증 등 구매증명 서류를 제조업자에게 보내면 제조업자가 일정금액을 되돌려주는 방법이다.

(6) 판매촉진의 기법

판매촉진은 저가제품에 유용하고 통합적인 촉진활동의 일부로써 사용할 때 가장 효과적이다. 이것은 광고와 PR이 장기적 판매를 구축지만, 판매촉진과 인적판매는 판매에 신속한 증가를 가져오기 때문이다. 두 방법의 결합은 톱니효과(ratchet effect)[6]가 된다. 판매는 판매촉진으로부터 신속한 증가를 보이고 점진적으로 광고 활동의 생명이 구축된다. 너무 자주 반복되는 판매촉진은 소비자 기대의 일부가 될 수 있다. 소비자들이 촉진 때까지 소비를 미룰 수 있다. 판매촉진의 결과로써 브랜드 전환은 일반적으로 일시적이다. 장기적인 사업이 단기적인 판촉으로 구축되지 않는다. 촉진은 제품을 구매하는 고객에게는 이익이 된다. 그래서 지출의 일정 부분은 효과적으로 절약된다. 좋은 표적화는 이것을 극복하는데 도움이 되지만 기존고객들이 촉진제공을 받지 않기 때문에 불공정하게 대우받는다고 느끼지 않아야 한다. 가격할인은 심각하게 브랜드 가치를 훼손할 수 있다. 가격이 할인된 것만큼 제품이 지각될 뿐만 아니라 널리 품질신호로써 사용되기 때문에 훼손가능성은 분명하다.

[표 13-3] 주요 판매촉진의 기법

판매촉진 기법	예
테스트용 무료샘플	신제품을 출시할 때 소비자가 제품을 직접 경험할 수 있고 제품을 구매해야 하는 작은 의무를 느낀다. 이 기법은 효과적이지만 비용이 든다.
할인증서 광고에 첨가	증서가 홍보로부터 왔는지를 점검함으로써 광고의 효과를 검토하는 이점이 있다. 단기적인 브랜드 전환을 유도하는 경향이 있다.
하나의 가격에 두개	단기적인 브랜드 전환을 촉진한다. 가격에 민감한 소비자들은 저가로 전환할 것이다. 기존고객에게 보상하고 촉진하는 것은 유용하다.
경쟁제품에 무료 쿠폰 첨가	브랜드 충성도가 있기 때문에 브랜드 침투할 때 매우 성공적이다. 무료 샘플 브랜드와 경쟁제품 간의 브랜드 전환을 촉진하지 않는다. 다른 제품의 라벨 뒤에 증서 사용할 수 있다.
현장 추첨	제품 관심 증가와 사용으로 인한 구매의도를 끌어낼 수 있다.
구매 시 무료 선물권	브랜드 전환을 유도하고 지속적인 구매를 이끌어낼 수 있다.

6) 한 번 올라간 소비 수준이 쉽게 후퇴하지 않는 현상

5) 구전

구전(word-of-mouth: WOM)은 사람들의 입에서 입으로 정보가 전해지는 형태의 비공식 전달과정이다. 구전은 비상업적 전달자와 수신인 간에 제품, 브랜드나 서비스에 관한 정보를 전달하는 것을 의미한다. 인터넷, 소셜 네트워크 등을 통하여 제품, 브랜드나 회사에 관한 정보 공유를 eWoM(electronic word of mouth)이라고 한다. 이와 같은 구전은 온오프라인에서 가장 강력한 커뮤니케이션 매체이다. 구전의 힘이 있는 이유는 다음과 같다.

- 당사자와의 토론을 포함한 상호작용성이 있다. 마케터의 문제는 회사의 통제 하에 언제나 있지 않은 양 당사자 간에서 상호작용이 일어난다는 점이다.
- 메시지의 피드백과 확인이 허용된다.
- 마케터에 의해서 창출되는 커뮤니케이션보다 친구나 지인과 같은 원천이 더 큰 신뢰성을 전달한다.

사람들은 자주 제품과 서비스에 관해서 토론한다. 사람들은 최근 구매에 관하여 말하고, 다른 사람에게 조언하고, 친구와 가족에게 보여주고, 심지어는 토론하는 것을 좋아한다. 마케터의 문제는 회사가 좋아하든 싫어하든 사람들이 제품과 회사에 관하여 말하는 것이다. 구전 커뮤니케이션은 긍정적이거나 부정적일 수 있고, 나쁜 소식은 좋은 소식보다 소비자에게 미치는 영향이 더 크다. [표 13-4]는 마케터가 긍정적인 구전을 증가할 수 있는 방법이다.

[표 13-4] 긍정적 구전을 촉진하는 방법

방법	설명과 예
기자회견	다른 촉진과 연결하여 좋은 보도 가치가 있는 기자회견은 토론을 자극할 것이다. 예를 들면 골프 스쿨을 위한 스포츠 경기를 발표하는 기자회견은 골프 선수들 중에 구전을 창출할 것이다.
친구 초청 계획	기존고객은 작은 보상에 대한 대가로 친구를 모집하기 위해 초정된다. 어떤 경우에 보상은 소개자보다는 친구에게 주어진다. 어떤 사람들은 친구에게 판매하는 것에 대한 보상을 받는 것을 불편하게 느낀다. 예를 들면 헬스클럽은 친구가 하루 무료로 모든 시설을 이용할 수 있을 때 친구를 초청하는 날을 개최한다. 회원들에게 클럽을 자랑할 기회를 주고 친구가 함께하는 것을 촉진한다.
수상 및 인증	상패와 인증을 진열하고 그것에 관하여 말한다. 예를 들면 권위 있는 공공기관의 제품 성적서나 특허 인증서, 정부의 표창, 소비자단체나 시민단체의 상패 등은 회사의 이미지와 신뢰도를 향상할 수 있다.
티셔츠	프로모션 의류는 종종 친구들의 의견을 흥분시킨다. 디자이너 라벨, 브랜드의 이름, 콘서트 장소의 이름 등은 모두 친구나 지인으로부터 언급을 자극한다.

많은 구전 커뮤니케이션은 불행하게도 부정적이다. 불만족한 고객은 만족한 고객보다 제품에 관해서 세배 말을 한다고 한다. 사실이라면 부정적인 구전을 예방하는 것은 긍정적인 구전을 창출하는 것보다 마케터에게 더 긴급한 문제이다. 고충처리는 핵심적인 사안이다. 마케터의 문제는 시장에서 여론주도자를 확인하는 것이다. 기자, 산업계의 영향력 있는 개인과 조직과 저명한 TV 전문가는 확인이 쉽지만 일반 대중 속에서 특정한 제품에 대해 여론주도자를 확인하는 것은 세밀한 조사가 필요하다. [표 13-4]는 여론주도자의 특징이다.

05 온라인 커뮤니케이션

1. 웹 사이트의 중요성

회사는 기술의 진보로 이미지와 시장점유율을 향상할 수 있는 효율성을 상당히 높였다. 인터넷은 표준언어를 사용함으로써 커뮤니케이션을 하는 다양한 매체를 통해서 연결된 수백만의 컴퓨터 네트워크이다. 연결은 시간과 공간의 제약을 극복하고 정보와 경제의 효율성을 높이고 항상 새로운 사회적 변화를 이끌고 있다. 사람들은 컴퓨터로 파일에 접근할 수 있고 정보를 읽을 수 있다. 인터넷은 고객에게 접근하는 다양한 광고 수단을 제공한다. 인터넷은 기존의 마케팅 프로그램을 대체하는 것이 아니라 보완하는 수단이다. 마케팅의 두 가지 기능은 고객에게 전달수단을 제공하고 수익을 창출하는 것이다. 마케팅을 위한 인터넷 사용의 의사결정은 이러한 두 가지 원칙에 근거해야 한다. 인터넷 홈페이지는 다른 광고를 보충할 수 있다. 웹 페이지를 구축한다면 모든 촉진을 광고해야 한다. 또한 인터넷 사용의 목적이 회사의 마케팅 목적을 충족하고 일치해야 한다. 인터넷은 기존고객에게 더 좋은 서비스를 제공하고, 새로운 고객에게 정보를 제공하며, 지속적인 광고나 홍보를 제공하고, 거래비용을 줄인다. 회사의 웹 사이트는 제품이나 서비스의 한 부분이다. 고객들은 당연히 회사의 웹 사이트가 있을 것이라고 기대한다. 웹 사이트가 없는 기업은 매출손실 위험을 감수해야 한다. 웹 사이트가 없을 때 고객들은 기업의 문제와 위기로 인식하고 회사에 대해서 이상하게 지각할 것이다. 웹 사이트는 기업의 현재 상태를 고객에게 커뮤니케이션하는 중요한 수단이다. 따라서 중소기업은 웹 사이트를 고객과 의사소통하는 채널뿐만 아니라 회사의 명성과 이미지를 전달하는 수단으로 인식하고 항상 자료를 갱신하는 것이 필요하다.

중소기업 소유자는 웹 사이트에 관한 기본적인 이해를 갖고 전문가와 작업할 때, 다른 웹 사이트를 평가할 때, 웹 사이트를 계획하거나, 개편할 때 효과적으로 의사소통해야 한다. 좋은 디자인은 신뢰를 환기하고, 탐색을 분명하게 하고, 표적고객에게 호소하고, 브랜드를 구축하고, 사업에 관하여 좋은 느낌을 준다. 디자인은 작업하는데 비싸지 않다. 조직을 표현하고 방문객에게 호소할 필요가 있다. 전문디자인은 돈을 낭비하는 것이 아니라 신뢰, 포지셔닝과 장기 마케팅에 투자하는 것이다. 웹 사이트의 목적은 의도된 청중에게 양질의 콘텐츠를 전달하는 것이다.

2. 웹 사이트의 디자인

웹 사이트는 기업의 인지도, 특정한 브랜드나 서비스의 인지도를 구축하고, 지원자, 고객과 이해관계자들에게 제품이나 현안에 관한 정보를 제공하고, 제품이나 서비스를 판매하고, 고객과 관계를 구축하고, 새로운 마케팅 전략을 개발하거나, 기존 전략을 강화하고, 이벤트를 관리하고, 회사이미지를 구축하고, 마케팅 정보를 수집할 수 있다. 사람들은 시각적 디자인만으로 웹 사이트를 즉시 평가한다. 이미지는 온라인의 모든 것이다. 고객과 소통하고 회사의 이미지나 신뢰도를 증가할 수 있는 웹 사이트 디자인의 기본적인 요소는 배치, 색상, 활자, 그래픽, 상호작용, 탐색, 사용성, 콘텐츠와 연출이다.

1) 웹 사이트의 배치

배치(layout)는 웹 페이지를 구성하는 다양한 요소의 위치 잡기이다. 즉, 각각의 텍스트나 이미지가 페이지나 스크린 상 어디에 위치하는지, 칼럼의 폭과 길이, 텍스트의 선 사이에 위치하는 공간, 사용되는 좌측 · 중앙 · 우측정렬, 그래픽 등을 적절하게 배열하는 것이다. 웹 사이트를 방문했을 때 방문자가 지각하는 첫 번째이기 때문에 배치는 매우 중요하다.

2) 색상

색상(color)은 디자인의 매우 영향력이 있는 요소로 분위기와 정서에 영향을 미치고, 시간과 장소와 관련된 연상을 환기한다. 사람들은 콘텐츠에 몰입하기 전에 색상을 보기 때문에 사이트의 환경을 정의할 때 색상은 중요하다. 웹 사이트 디자인에서 표적청중의 기대와 일치하도록 색상을 효과적으로 사용한다. 재무 서비스 사이트는 많은 그림이 아니라 텍스트를 설명하는 단순한 도표가 있는 녹색이나 청색의 공식적인 색상을 사용하는 경향이 있다. 여성 청중을 목표로 하는 사이트는 많은 그림과 많은 흰색 공백을 특징으로 하는 자유로운 디자인으로 보통 파스텔(pastel)과 같은 밝은 색상을 특징으로 하는 경향이 있다. 게임 사이트는 섬광효과(flash effect)와 매우 높은 애니메이션 그래픽을 특징으로 하는 경향이 있다. 색상은 사이트의 목적을 반영하고 디자인을 향상하는 것으로 선택되어야 한다. 색상의 의미와 색상의 문화적 사용과 색상이 어떻게 상호작용을 하는지를 이해하는 것은 올바른 톤과 메시지를 전달하고 사이트가 바라는 반응을 환기하기 위해 중요하다. 잘못된 선택은 회사의 판매와 이미지에 부정적인 영향을 미친다. 다음은 색상의 지각에 관한 사항이다.

① 분홍색(pink): 낭만, 사랑, 우정, 섬세, 여성 등을 의미하며, 관계 지도, 꽃집, 유방암 인식의 사이트에 적합하다.
② 보라색(purple): 존귀, 영성, 변형, 창의성, 새로운 시대 등을 의미하며, 창조적인 영역에서 영성 기반 또는 새로운 시대의 사업과 기업에 적합하다.
③ 청색(blue): 견고, 소통, 조용, 지혜, 신뢰, 안심 등을 의미하며, 금융기업, 보험 회사, 변호사에 적합하다.
④ 녹색(green): 성장, 돈, 풍요, 다산, 신선, 건강, 환경 등을 의미하며, 식료품, 환경사업, 치료사, 의료 사업에 적합하다.
⑤ 적색(red): 에너지, 힘, 열정 등을 의미하며, 권력과 전문가를 기반으로 한 대담한 사업에 적합하다. 특징을 보여주기 위해 종종 흑색과 결합하여 사용한다.
⑥ 흑색(black): 권력, 정교한, 우아, 공식, 스타일, 극적인, 심각한 등을 의미하며, 훌륭한 식사 시설에 적합하다. 일반적으로 강조 색상으로 사용된다.

⑦ 황금과 황색(gold and yellow): 부, 지혜, 명성, 권력, 에너지, 기쁨, 선명도, 빛, 지식, 낙관론 등을 의미하며, 건설업에 적합하다.

⑧ 백색(white): 순수, 선, 단순성, 깨끗함을 의미하며, 거의 모든 사업에 적합하다.

⑨ 갈색(brown): 우정, 투박한, 소박한, 편안, 만족, 신뢰, 튼튼한 등을 의미하며, 행정 지원과 관련된 기업에 적합하다.

⑩ 오렌지색(orange): 활기찬, 열정, 에너지, 온정 등을 의미하며, 창조적인 기업 및 교육 사업에 적합하다.

⑪ 회색(gray): 안전, 침착, 품질, 전문, 안정 등을 의미하며, 법률산업에 적합하다.

3) 활자학

활자학 또는 인쇄술(typography)은 인쇄 단어를 사용함으로써 커뮤니케이션을 설계하는 기술로 디자인에서 활자체(typeface)의 사용이다. 활자체는 특정한 형태나 서체(font)이다. 예를 들면 고딕체, 명조체, 굴림체, 바탕체 등이 있다. 인쇄술은 웹 디자인의 통합이고 웹의 심미감에서 중요한 역할을 한다. 웹에 있는 정보의 약 95%는 문서언어이고, 그래서 웹 디자이너는 문서정보의 형태를 이해하는 것이 논리이다. 적절하지 못한 활자체를 선택하면 웹 방문객의 약 50% 이상을 날려 보낸다는 연구가 있다.

4) 그래픽

사진, 삽화, 동영상이나 비디오와 같은 그래픽(graphics)을 정확하게 사용한다면 매우 효과적이다. 그래픽은 관심, 정보, 재미와 심미감을 제공할 수 있지만, 보여 지는데 시간이 걸리기도 하고, 화면에 적합하지 않으면 의미가 없거나 유용하지 않을 수 있다. 이미지는 웹 페이지를 향상하지만, 신중하게 생각해야 하고 선택해야 한다. 그래픽은 메시지의 적절한 분위기를 전달하기 위해 사용되어야 한다. 그림 하나는 천 단어의 가치가 있듯이 이미지의 적절한 사용은 표적청중의 관심과 이해를 높일 수 있다. 그래픽은 분위기나 공간의 의미를 창조하는데 도움이 된다. 그래픽의 사용은 웹 사이트의 속도를 고려한다. 고급이미지는 판매를 신장하고 방문객의 경험을 향상한다. 웹 사이트에서 제품을 훑어보는 소비자들은 높은 양질의 이미지에 의해서 제시된 제품을 보기를 원한다. 사람들은 볼 수 없는 제품을 구매하지 않는다. 그래서 이미지의 해상도와 품질이 높을수록 결과는 더욱 좋다. 웹 사이트에 그래픽을 원하는 중소기업을 위한 핵심은 그래픽이 사용자 경험에 가치를 높이는 방법을 고려해야 한다. 그래픽은 기업이 아니라 사용자의 직접적인 편익을 위한 것이어야 한다. 많은 이미지와 애니메이션은 읽기 매우 어려운 웹 페이지를 만들 수 있기 때문에 신중해야 한다. 그래픽은 디자인의 중요한 부분이다.

3. 웹 사이트의 운영

1) 사이트 탐색

고객들이 회사의 사이트를 탐색할 수 있어야 방문할 수 있다. 사람들이 길을 찾지 못한다면 웹 사이트를 사용하지 않을 것이다. 웹 사이트 사용자들은 찾고자 하는 것을 찾을 수 없거나 사이트가 어떻게 조직되었는지를 알지 못한다면 오래 머무르지 않거나 되돌아 갈 것이다. 사이트 탐색의 목적은 방문객들이 웹 사이트에서 필요한 정보를 신속하고 쉽게 찾도록 하는 것이다.

웹 사이트의 탐색은 방문자가 깊게 생각하지 않아도 탐색을 쉽게, 예측할 수 있게, 일관적이고, 그리고 직관적이어야 한다. 효과적인 탐색의 설계는 회사가 사이트에 제공하는 것을 방문객들이 시험적으로 이용할 수 있도록 유인할 수 있어야 한다. 탐색을 이해하는 핵심은 너무 사용하거나 찾기 어렵다면 웹 방문객은 매우 짧은 순간에 가버리고 결코 재방문하지 않는다는 것을 깨달아야 한다. 이것은 중소기업에서 의미하는 바가 무엇인가? 그것은 다름 아닌 잃어버린 판매와 기회이다.

2) 사이트의 사용성

사용성(usability)은 쉽게 사용할 수 있는 정도이다. 사용성은 인터넷에서 생존을 위한 필수이다. 웹 사이트가 사용하기 어렵다면, 사람들은 떠날 것이고 부정적인 경험에 관하여 SNS에서 알고 있는 모든 사람들에게 말하는 경향이 있다. 중소기업 소유자들은 최적의 사용자 경험을 확보하기 위해 도움이 되는 사이트 구축 후 사용성 테스트를 고려해야 한다. 이러한 것은 구글 애널리틱스(www.google.com/analytics/ko-KR)에서 분석할 수 있다. 구글 애널리틱스는 무료로 구글에서 제공하는 것으로 웹 로그 분석 서비스, 방문자 통계, 유입 키워드, 이용 방법 등을 안내한다. 웹 사이트의 사용성은 온라인 경험을 만들거나 껠 수 있고, 직접적으로 사이트의 성공과 상관관계가 있다. 웹 사이트의 사용성은 웹 사이트와 상호작용할 때 사용자 경험의 질을 측정하고, 사이트 탐색과 함께 작업을 한다. 사용성은 5가지 요인의 결합이다.

① 학습용이성(ease of learning)

기본적인 과업을 달성하기 위해 얼마나 빨리 학습할 수 있는 사용자 인터페이스를 갖추고 있는가? 사용자 인터페이스는 개인이 웹사이트와 상호작용하는 방법이다.

② 사용의 효율성(efficiency of use)

경험 사용자가 웹 사이트를 사용하는 것을 학습했다면, 과업을 얼마나 빨리 달성할 수 있는가?

③ 기억성(memorability)

사용자가 전에 웹 사이트를 사용했다면, 모든 것을 학습과 기억이 쉽고, 학습효과가 지속되어 얼마나 쉽게 다시 사용할 수 있는가?

④ 실수 발생빈도(error frequency)

사용자가 웹 사이트를 사용하는 동안 얼마나 자주 실수를 하는가? 이러한 실수가 얼마나 심각한가? 사용자들은 이러한 실수로부터 얼마나 회복하는가?

⑤ 주관적 만족(subjective satisfaction)

사용자들이 얼마나 많이 웹 사이트 사용을 좋아하는가?

3) 사이트 상호작용

사이트 상호작용(interactivity)은 방문객들로부터 어떤 행동을 유발하는 회사의 웹 사이트에 관한 것이다. 방문객들은 사이트에 몰입하게 되고, 오래 머무르고, 회사가 제공하는 것을 보기 위해 사이트를 깊게 들여다보고, 다른 사이트로 잘 이동하지 않고, 공동체의 일부로 연결되어 있다는 것을 느낀다. 이것이 그들을 사이트에 되돌아오게 하는 것이다.

4) 콘텐트

콘텐트(content)는 기업이 웹 사이트에 표현하는 단어, 이미지, 제품, 소리, 비디오, 대화형 그림과 다른 재료를 의미한다. 방문자가 찾는 것은 콘텐트이고, 이를 회사가 사이트에 게시하여 유지하는 것이다. 고품질 콘텐트는 사람들에게 흥미를 유지하고, 더 많이 되돌아오도록 할 것이다. 빈약하고 비효과적인 문서 웹 사이트는 웹 사이트의 효율성에 역효과를 가져온다. 따라서 웹 사이트 뒤에 있는 브랜드나 회사에 부정적인 인상을 준다. 좋은 콘텐트가 없다면 웹 사이트는 빈 상자에 불과하다. 사용자 제작 콘텐트의 황금 표준은 고객평이다. 고객평(customer reviews)은 사이트 트래픽(site traffic)을 증가한다. 긍정과 부정평가의 게시에 관해서 회사가 건설적으로 반응을 설명한다면 사용자는 제품의 부정과 긍정평가를 게시하는 조직을 신뢰할 것이다. 좋은 콘텐트는 관련성이 있고, 고객 중심적이다. 회사의 콘텐트가 표적청중과 적합하지 않다면 웹 사이트는 좋은 결과를 가져오지 못할 것이다. 대부분의 중소기업은 모든 웹 사이트 콘텐트를 만들어야만 한다고 생각할 것이다. 그러나 최적과 가장 성공적인 콘텐트는 만들기가 가장 쉽다. 그것은 바로 웹 사이트 사용자가 제작하는 콘텐트이기 때문이다. 사용자 제작 콘텐트가 회사의 홈 페이지보다 더 검색엔진의 랭킹이 높다는 것은 특이한 경우가 아니다.

5) 제품진열

웹 사이트에 제품을 진열하는 방법은 웹 사이트의 성공에 영향을 준다. 결과적으로 제품진열(product display)은 웹 사이트 디자인의 문제로 보아야 한다. 웹 사이트에서 이용할 수 있는 제품의 각 범주에 대한 핵심 의사결정은 특징이 되는 제품의 선택, 제품상세 페이지의 제공방법, 구매자가 이용할 수 있는 옵션 분류와 특별한 품목이 페이지에 배치되는 위치 등을 포함한다. 제품명세에 많은 내용이 있기 때문에 개별 제품에 대한 개별 페이지가 선호된다. 아무리 웹 사이트의 디자인이 잘되고 콘텐트의 질이 높더라도, 로딩하는데 오래 걸리는 웹 사이트는 방문객을 잃게 될 것이다. 웹 사이트의 로딩 속도는 페이지가 사용자의 요청에 얼마나 빨리 반응하는 정도이다. 빠른 사이트 속도는 최적 둘러보는 경험을 원하는 사용자들과 높은 수입과 높은 매출을 원하는 중소기업이 선호한다. 사용자들은 더 빠른 속도를 원한다. 빠른 로딩 사이트의 방문은 즐거운 경험이다. 사용자의 컴퓨터 연결속도가 아니라 웹 사이트의 로딩속도를 느리게 하는 요인들이 있다. 이것은 웹 디자이너와 사이트 소유자의 통제 밖에 있다. 그러나 가장 큰 원인은 단일 페이지 상에 있는 큰 그래픽이나 몇몇 작은 그래픽이다. 낮은 속도의 영향은 사이트 게시 전에 검사해야 하고 후에는 추적을 해야 한다. 중소기업 소유자는 회사의 웹 사이트 속도를 측정하기 위해 무료로 이용할 수 있는 인기 있는 도구를 이용할 수 있다. 구글 페이지 스피드(pagespeed.googlelabs.com)는 구글이 제공하는 온라인 웹 페이지 속도 분석 사이트로 모바일용, 브라우저별 사이트 속도 성능을 분석할 수 있다. 문제영역을 확인하면 개선조치를 취할 수 있다. 결론적으로 웹 사이트의 구축 목적은 흥미 있고 빠른 사이트를 갖는 것이다.

제 14 장

협상, 판매기술과 고객관리

Focus Lens 세기의 경영인 잭 웰치

제너럴일렉트릭(General Electric Company)은 1878년 발명가 토머스 에디슨(Thomas Edison)이 설립한 에디슨제너럴일렉트릭과 톰슨휴스턴을 1892년에 합병한 회사로 2014년 브랜드 가치는 480억 1천 900만 달러로 8위이다. 잭 웰치(Jack Welch)는 제너럴일렉트릭(General Electric Company)의 회장을 지낸 경영인으로 GE를 세계 최고 기업으로 성장시켰다. 퇴임까지 경영의 달인, 세기의 경영인 등 많은 별칭으로 불리며 1,700여건의 기업 인수 합병을 성사시켰다.

1960년 일리노이대학교에서 화공학 박사 학위를 취득하고, GE에 입사해 독특하면서도 뛰어난 경영 방식으로 승진을 거듭해 1981년 최연소로 GE 회장이 되었다. 이후 "고쳐라, 매각하라, 아니면 폐쇄하라"는 경영전략을 통해 10만 명 이상의 직원을 해고함으로써 중성자탄 잭이라는 별명을 얻었다. 속도(speed), 간결성(simplicity), 자신감(self-confidence)으로 요약되는 웰치의 3S 리더십으로도 유명하다. 다음은 잭 웰치의 4E 1P이다.

- 적극적인 에너지(Energy): 환경을 대처하고 과업을 추진하는 능력이다. 적극적인 힘이 있는 사람들은 외향적이고 낙관적이며, 의욕적으로 과업을 수행한다.
- 동기부여(Energize): 사람들이나 집단에 활기와 격려를 주고 동기를 부여하는 능력이다.

- 결단력(Edge): 어려운 일이라도 판단하고 결정을 내릴 수 있는 용기가 있다.
- 실행력(Execute): 과업을 수행하는 실행력이 있다.
- 열정(Passion): 마음에서 진실로 과업에 몰입한다. 학습하고 성장하며, 주변 사람들의 성장에 자극을 받는다.

잭 웰치의 명언

· 사람에게 투자하라. 가장 소중한 것은 일하는 사람들이며 그들의 자질이다.
· 시장을 지배하지 못하면 차라리 물러나라. 주저는 시간과 돈을 낭비할 뿐이다.
· 현실에 안주하지 마라. 한 곳에 머물지 않고 끊임없이 변화하라.
· 서비스를 지향하라. GE를 제조업체 겸 서비스업체로 변모시켰다.
· 과거는 버리고 미래를 준비하라. IT나 인터넷 등 새로운 것은 무엇이든 포용한다.
· 학습하는 리더가 되어라. 끊임없이 학습하고 올바른 의사결정을 위해 노력하라. 실패를 통한 학습은 성공의 기쁨보다 훨씬 중요하다.
· 독불장군은 곤란하다. 사람들과의 의사소통을 중시한다.
· 관료주의를 타파하라. 최고경영자에 오른 직후 관료제와 전면전에 돌입했다.
· 인내심을 가져라. 한 조직에 머물면서 모든 것을 이루어 낸다.
· 구멍가게라도 경영하라.

01 협상

1. 협상의 개념

협상(negotiation)은 어떤 사람이 다른 사람으로부터 무엇인가를 원하고 그것을 얻기 위해 협력을 찾을 때 사용되는 상호 커뮤니케이션 과정이다. 협상은 이익에 도달하고, 차이점을 해결하거나, 대화의 결과로 이점을 얻고, 행동의 방향에서 일치점을 찾고, 개인적이거나 집단적 이익을 위해 상담하고, 당사자의 다양한 이익을 만족하는 것을 포함하여 둘 이상의 사람들 간의 대화이다. 협상 과정에 관여된 당사자가 과정이 끝날 때까지 이익을 얻으려고 노력하는 과정이다. 협상은 타협을 목표로 한다. 이러한 협상은 사업, 비영리조직, 정부, 법적 처리나 국가 등에서 일어난다. 전문적 협상가는 노조 협상가, 부채인수 협상가, 평화 협상가, 인질 협상가처럼 전문화되어 있거나 외교관, 입법가나 중개인과 같은 칭호로 협상하기도 한다. 협상은 조정과 다르고, 중립적인 제3자가 각 측의 주장을 듣고 양측 간의 합의를 끌어내려고 노력한다. 중재(arbitration)와 비교될 수 있는데, 법적인 처리에서는 비슷하다. 중재는 양측이 각자의 장점에 관하여 토의하고 중재자가 결과를 결정한다.

주제, 관계, 과정과 결과는 협상가가 어떤 협상을 계획하고 실행할 때 지속적으로 명심해야 할 주요 요소이다. 협상한 후 어떤 합의가 악수에서 행동으로 효과적으로 이동을 확실히 해야 한다. 주제(substance)는 구체적인 목적을 달성하는데 중요하다. 관련이 있는 대상에 관하여 대화를 할 필요가 있다. 관계(relationships)는 대화 상대자와 실질적인 교섭관계를 수립하는 것이다. 이것은 우정의 깊은 연대를 필요로 하지는 않지만, 대화를 계속하고, 합의를 존중하고, 실행의 공동감시를 허용하는 어떤 연결이 있어야 한다. 과정(process)은 활발한 대화의 과정이 대화 행동 자체를 돕기 위해 회의 장소와 시간을 결정하고, 기본적인 규칙과 절차를 설정하는 것이다. 결과(results)는 긍정적인 변화를 이루는 실제적인 결과를 성취하기 위한 협상이 되는 것이다. 합의에 도달하는 것은 필요조건이지만, 합의만으로는 충분하지 않다. 어떤 합의가 실행될 수 있고 근거에 따라 행동이 수반되도록 확실히 하는 것은 협상결과의 검증이다. 어떤 협상의 결과는 합의가 실행될 때 영향을 받는 집단에 나타나는 것이다.

그림 14-1 협상의 4요소

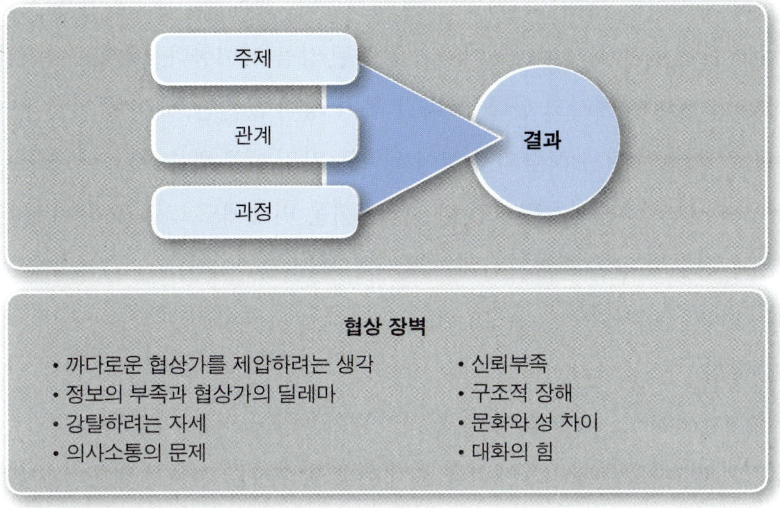

2. 협상전략

협상은 특정한 조직을 위해 행동하는 훈련된 협상가로부터 친구들 간의 비공식적인 협상가가 있다. 협상전략에는 분배협상과 통합협상이 있다. 분배협상은 사전에 그 규모가 제한되어 있는 자원의 배분을 둘러싼 경쟁적 교섭 전략으로써 제로섬(zero-sum) 교섭이다. 분배협상에서 협상 일방의 이득은 다른 일방의 손실을 가져온다. 통합협상은 협상 당사자들이 자신들의 이해관계를 통합한 합의를 도출해냄으로써 서로 극대화된 이익을 얻기 위해 협력하는 경우이다. 분배협상은 한쪽이 이익을 보면 다른 한쪽에서는 손해를 보는 win-lose 협상이나, 통합협상은 상호협조에 의해 양쪽이 모두 이익을 얻을 수 있는 win-win 협상이다.

1) 분배협상

분배협상(distributive negotiation)은 거의 양보하지 않는 협상이다. 이것은 시장에서 흥정의 모델로 협상에 접근하는 경향이다. 분배협상에서 각 측은 수용되지 않을 것이라는 것을 알면서 종종 극단적인 입장을 취하고, 그런 다음 결론에 이르기 전에 가능한 적게 양보하기 위해 교활, 허풍, 그리고 벼랑 끝 전술(brinkmanship)[1]을 사용한다. 분배적 협상가는 확정된 가치를 분배하는 과정으로써 협상을 생각한다. 분배적(distributive)이라는 용어는 관계된 사람들 간에 분배되거나 나누어지는 확정된 양을 의미한다. 때때로 이러한 협상은 확정된 몫(fixed pie)의 분배라고 한다. 돌아갈 몫이 많지 않지만, 배분될 비율은 가변적이다. 한 사람의 이득이 다른 사람의 손실이 된다는 가정 때문에 승-패(win-lose)라고도 한다. 분배협상은 종종 이전에 상호관계가 없거나 가까운 미래에도 그럴 것 같지 않은 사람들을 포함한다. 단순한 예는 자동차나 주택을 구입하는 경우이다.

2) 통합협상

통합협상(integrative negotiation)은 협상 당사자들이 자신들의 이해관계를 통합한 합의를 도출해냄으로써 서로 극대화된 이익을 얻기 위해 협력하는 경우를 말한다. 이런 협상에서는 가치창출과 자기 몫 획득이 동시에 추구된다. 즉, 분배협상과는 달리 협상 당사자 혹은 관련자 모두가 승리하는 협상을 말한다. 통합이란 용어는 협력(cooperation)을 포함한다. 그래서 통합협상은 이해기반이나 원칙협상이라고 한다.

3. 협상전술

협상의 필수적인 요소는 과정, 행동과 내용이다. 과정은 당사자들이 협상하는 방법이다. 즉, 협상의 맥락, 협상 당사자, 양측이 사용하는 전술과 이 모든 것을 유발하는 후속 조치와 단계이다. 행동은 당사자들 간의 관계이다. 당사자들 간의 의사소통과 채택하는 형식이다. 내용은 당사자들이 협상하는 것이다. 의제, 문제, 선택과 합의 사항이다. 협상의 또 다른 시각은 전략, 과정, 도구와 전술이다. 전략은 관계와 최종 결과를 포함하는 최고 수준의 목표이다. 과정과 도구는 수반되는 단계와 다른 측에서 준비하고 협상할 때 취하는 역할을 포함한다. 전술은 상세한 말, 행동과 다른 사람의 말과 행동에 대한 반

1) 배수진을 치고, 협상을 막다른 상황까지 몰고 가는 초강수를 띄워 위기에서 탈출하는 특유의 협상전술

응을 포함한다. 추가되는 요소로 설득과 영향력이 있다.

1) 협상방식

협상에는 5가지 유형이 있다.[2] 개인들은 다양한 유형에 대해 강력한 성격을 가진다. 협상하는 동안 사용하는 유형은 상대방의 이익과 맥락에 의존한다. 또한 유형은 시간에 따라 변할 수 있다.

① 수용

상대방의 문제를 해결하고 개인적인 관계를 유지하려는 사람, 즉 수용하는 사람들은 상대방의 정서상태, 신체언어와 구두신호에 민감하다. 그들은 상대방이 관계를 거의 강조하지 않는 상황을 이용할 수 있다.

② 회피

보장되지 않는다면 협상을 하려고 하지 않고 하지도 않는다. 협상할 때 회피자들은 협상의 대립국면을 미루고 회피하는 경향이 있다. 그러나 그들은 재치 있고 요령 있게 알아챌 수 있다.

③ 협력

창조적인 방법으로 문제를 해결하려는 협상을 즐긴다. 협력자는 상대방의 관심과 이익을 이해하기 위해 협상을 사용하는데 능숙하다. 그러나 그들은 단순한 상황을 더욱 복잡한 상황으로 전환함으로써 문제를 만든다.

④ 경쟁

이길 수 있는 기회가 나타나기 때문에 협상을 즐긴다. 경쟁력 있는 협상가들은 협상의 모든 측면에 대한 능숙한 소질을 갖고 있는 종종 전략적이다. 그들의 유형이 협상과정을 지배하기 때문에 경쟁력 있는 협상가들은 종종 관계의 중요성을 소홀히 한다.

⑤ 타협

협상 과정에 관계된 모든 당사자들에게 공정하고 균등하게 행동함으로써 거래를 종결하려고 한다. 타협은 거래를 종결할 시간이 임박할 때 유용하다. 그러나 타협은 종종 불필요하게 협상과정을 서두르게 하고 너무 빠르게 양보를 한다.

2) Shell, R.G. (2006).

2) 불성실 협상

협상을 가장하지만, 은밀히 타협의도를 갖고 있지 않을 때 불성실하게 협상하고 있는 것으로 간주된다. 불성실(bad faith)은 당사자들이 타결에 이르려는 이유를 위장하지만, 협상할 의도를 갖고 있지 않는 협상이론의 개념이다. 예를 들면 한 정당이 타협할 의도를 갖고 있지 않고 정치적 효과를 위해 협상을 가장할 수 있다. 정치과학과 정치 심리학에서 불성실은 타협에 이를 진정한 의도가 없는 협상전략을 의미한다.

3) 협상의 정서

정서(emotion)는 협상과정에서 중요한 역할을 한다. 정서는 협상에서 긍정적이거나 부정적인 역할을 하는 잠재력을 갖고 있다. 협상 중에 타결여부에 관한 결정은 정서적 요인에 부분적으로 달려있다. 부정적인 정서는 극단적이고 비논리적인 행동을 야기하고 갈등을 악화하고 협상을 결렬하게 할 수 있다.

(1) 긍정적 정서

협상을 시작하기 전이라도 긍정적인 기분을 갖고 있는 사람은 협력적인 전략을 사용하기 위한 계획을 갖고 있고, 더 큰 신뢰를 갖고 있다. 협상하는 동안에 긍정적인 기분을 갖고 있는 협상가는 상호작용을 더 즐기고, 다투는 행동을 잘 보이지 않고, 공격적인 전술을 적게 사용하고, 더 협조적인 전략을 사용하는 경향이 있다. 이것은 당사자들이 목적에 도달하고, 통합적인 이익을 찾는 능력을 향상하는 가능성을 증가한다. 부정적이거나 중립적인 정서를 갖고 있는 협상가와 비교하면 긍정적인 정서를 갖고 있는 협상가들은 더욱 합의에 도달하고 합의를 더욱 존중하는 경향이 있다. 이러한 호의적인 결과는 유연한 사고, 창조적인 문제해결, 상대방의 견해에 대한 존중, 위험을 감수하고 더 큰 신뢰를 가지려는 의지와 같은 요소에 기인한다. 협상 후 긍정적인 정서는 유용한 결과를 갖는다. 이것은 성취한 결과의 만족을 증가하고 미래 상호작용에 대한 기대를 증가한다. 긍정적인 정서는 양자의 관계를 촉진하고, 결과적으로 추후 상호작용을 만드는 정서적인 약속이 된다.[3] 긍정적인 정서에도 단점이 있다. 성취가 현실보다 상대적으로 더 낫다고 판단되는 자기 성취의 인식을 왜곡한다. 따라서 성취한 결과에 대한 자기보고에 편견이 있을 수 있다.

---

3) Barry, Fulmer,& Van Kleef(2004).

(2) 부정적 정서

비록 다양한 부정적인 정서가 협상결과에 영향을 주더라도 부정적 정서는 협상과정의 다양한 단계에서 해로운 결과를 갖는다. 분노협상가는 협상이 시작하기 전에 더 많은 경쟁전략을 사용하고 잘 협조하지 않으려는 계획을 갖고 있다. 이러한 경쟁전략은 공동결과를 감소한다. 협상 중에 분노는 신뢰의 수준을 감소하고, 상대방의 판단을 흐리게 하고, 상대방의 주의집중을 좁게 하고, 합의에 이르는 가장 중요한 목표를 변경함으로써 협상과정을 방해한다. 분노는 협상가를 자기중심적으로 만들기 때문에 이익이 되는 제안을 거절할 가능성을 높인다. 실제로 화를 내는 상대방은 실수할 가능성이 높고, 오히려 상대방의 이익이 될 수 있다. 분노한 협상가는 자력으로 주장을 계속적으로 하지 않기 때문에 분노는 협상 목표를 달성하는데 도움이 되지 않고, 공동이익을 감소하고, 개인적인 이익을 증대하는데 도움이 되지 않는다. 부정적 정서는 긍정적인 이익이 없는 해결을 수용하게 되지만, 이는 오히려 부정적인 이익을 갖게 된다. 그러나 협상 중에 부정적인 정서의 표현은 때때로 유용할 수 있다. 정당하게 표현된 분노는 자신의 약속, 성실과 요구를 나타내는 효과적인 방법이 될 수 있다. 비록 통합작업에서 이익이 감소되더라도 분배작업에서 긍정적인 정서보다는 더 좋은 전략이다.

(3) 협상 과정의 정서영향에 대한 조건

협상자의 정서는 협상과정에 영향을 주지 않는다는 연구가 있다. 능력과 동기와 관련된 정서적 영향에 대한 두 가지 조건이 있다.[4] 이 모델에 의하면 정서는 한 쪽은 높고 다른 쪽은 낮을 때에만 협상에 영향을 준다. 동기와 능력이 모두 낮을 때 정서는 확인되지 않고, 양자가 모두 높을 때, 정서는 확인되지만 판단과 관련이 없다. 긍정적인 정서가 협상 중에 영향이 있다면 동기나 능력이 낮을 때에만 나타난다.

4) 다양한 협상전술

전술은 협상하는 과정의 중요한 부분이다. 협상은 종종 펄쩍펄쩍 소리치는 것이 아니다. 협상은 다양한 목적으로 사용되고 까다롭고 어렵다. 전술은 분배협상에서 자주 사용된다. 많은 협상전술이 있지만, 다음은 주로 사용하는 전술이다.

4) Albarracin & Kumkale,(2003).

① **경매(auction)**

입찰과정은 경쟁을 유도하는 것이다. 당사자들이 동일한 것을 원할 때 상대방에 대해 함정을 판다. 사람들이 무엇인가를 잃는다고 알 때, 사람들은 더 많은 것을 원한다. 입찰되는 것을 원할 뿐만 아니라 이기기를 원하고, 이기려고 한다. 다른 사람의 경쟁심을 이용하는 것은 값을 올리는 것이다.

② **벼랑 끝 전술(brinksmanship)**

협상하는 한 측이 동의를 받아 내거나 압승해야 할 정도로 공격적으로 추구하는 전술이다. 벼랑 끝 전술은 한 측이 상대방을 벼랑 끝으로 밀어붙여 수용하게 하는 어려운 협상방법이다. 이 벼랑 끝 전술은 제안을 수락할 수밖에 없고 제의한 합의에 대한 채택할 대안이 없는 것을 확신할 때 사용한다.

③ **유령전술(bogey)**

협상가는 자신에게 거의 중요하지 않은 문제가 가장 중요한 척하는 유령전술을 사용한다. 그런 다음 협상에서 문제가 실제적인 중요한 것의 양보를 얻기 위해 거래를 한다.

④ **겁쟁이(chicken)[5)]**

협상가는 상대방이 겁을 먹고 그만 두고 자신들이 원하는 것을 내놓도록 강요하는 극단적인 조치를 취한다. 이러한 전술은 상대방이 굽히지 않으려 하고 극단적인 조치를 고수할 때 위험하다.

⑤ **심층방어(defence in depth)**

여러 수준의 의사결정 권한이 있고, 합의가 권한의 다른 수준을 통과할 때마다 더 많은 양보를 허용하기 위해 사용된다. 제안이 의사결정자에게 갈 때마다 의사결정자가 거래를 종결하기 위해 또 다른 양보를 추가하도록 요청하는 것이다.

⑥ **마감시한(deadlines)**

상대방에게 의사결정하도록 마감시한을 주는 것이다. 이 방법은 상대방에게 압력을 적용하는 시간을 사용하는 것이다. 마감시한은 실제적이거나 인위적일 수 있다.

⑦ **꽁무니 빼기(flinch)**

꽁무니 빼기는 강한 부정적인 신체적 반응을 보이는 것이다. 꽁무니 빼기의 예는 한

5) chicken game: 두 대의 차가 마주 보고 돌진하다가 먼저 피하는 쪽이 패배하는 게임이다. chicken은 겁쟁이로 1970년대 미국의 갱들이 주도권 쟁탈을 위해 벌이곤 했던 일종의 사망유희로 충돌 직전 핸들을 꺾으면 살 수 있지만 먼저 피한 쪽은 목숨을 건지는 대신 겁쟁이로 조직의 문패를 내려야 한다.

숨을 쉬거나 충격의 놀라는 표정을 보인다. 꽁무니 빼기는 의식적이거나 무의식적일 수 있고, 제안이 거북스럽다는 것을 상대방에게 신호를 주는 것이다. 신체적 반응을 보이는 것은 내가 충격을 받았다고 말하는 것을 상대방이 듣게 하는 것보다 더 신뢰할 수 있다.

⑧ **선인/악인(good guy/bad guy)**

선인/악인은 팀의 한 구성원이 극단적이거나 불합리한 요구를 하고 다른 사람은 좀 더 합리적인 접근 제안하는 것이다. 이 전술은 경찰의 심문기법을 본 따서 명명한 것이다. 선인은 합리적이고 이해심이 있고 그래서 함께 협상하기 쉽게 보인다. 본질은 협력을 이끌어내기 위한 상대성의 법칙(law of relativity)이다. 선인은 악인보다 비교적 더 동의하는 것처럼 보인다. 이 전술은 자주 사용되기 때문에 간파하기 쉽다.

⑨ **높은 공/낮은 공(highball/lowball)**

판매나 구매여부에 따라 판매자나 구매자는 결코 이루어질 수 없는 터무니없는 높거나 낮은 개시 제안을 사용한다. 이 이론은 극단적인 제안이 상대방에게 자신의 제안을 재평가하고 합의에 도달하려는 점으로 가깝게 이동하도록 한다는 것이다. 또 다른 이점은 극단적인 요구를 하는 사람은 보다 더 유연해져서 더 합리적인 결과를 향해 양보를 하게 한다. 위험한 점은 상대방이 협상을 시간의 낭비로 생각할 수 있는 점이다.

⑩ **약간 관심 보이기 (nibbling)**

작은 것 하나를 더 받아 내는 기술이다. 약간 관심 보이기는 거래를 종결하기 전에 이전에 토의하지 않은 작은 양보를 요청하는 것이다. 이 방법은 한 가지 더 추가함으로써 상대방의 종결 희망을 이용하는 것이다.

⑪ **감언이설(snow job)**

협상가는 어떤 것이 중요한지를 판단하는데 어려움이 있는 상대방을 많은 정보로 제압하는 것이다. 협상가들은 비전문가가 물은 질문에 간단히 답하기 위해 기술언어나 전문용어를 사용한다.

4. 비언어 의사소통

의사소통은 협상의 핵심적인 요소이다. 효과적인 협상은 정보를 효과적으로 전달하고 해석하는 것이 필요하다. 협상의 참여자들은 언어와 신체언어와 몸짓의 비언어로 정보를 전달한다. 비언어 의사소통이 어떻게 효과적으로 작용하는지를 이해함으로써 협상가는 상대방이 비언어적으로 누출하는 정보를 판단하는데 도움이 된다. 어떤 사람은 언어적으로 자신의 상황을 표현하여 이점을 얻을 수 있다. 가능하다면, 협상장의 밖에 편안한 장소에 함께 시간을 보내는 것이 도움이 된다. 상대방이 협상 밖에서 비언어 의사소통을 어떻게 하는지를 아는 것은 협상장 안에서 언어와 비언어 의사소통의 불일치를 아는데 도움이 된다.

① 개인적 공간(personal space)

테이블 맨 위쪽에 있는 사람은 힘의 명백한 상징이다. 협상가는 상대방이 위치한 장소에 가깝게 위치함으로써 위치의 전략적 이점을 쫓아낼 수 있다.

② 첫인상(first impression)

긍정적인 제스처와 열정으로 협상을 시작한다. 진지하게 상대방의 눈을 응시한다. 시선접촉을 유지하지 않는다면, 상대방은 무언가를 속이거나 성실하지 못하다고 생각할 수 있다. 굳게 악수한다.

③ 비언어 커뮤니케이션 파악

상대방의 비언어 의사소통을 읽는 것은 의사소통의 과정에서 중요하다. 상대방의 언어와 비언어 의사소통의 불일치를 인식함으로써 협상가는 더 높은 결론에 이를 수 있다. 신체언어의 불일치는 다음과 같은 것을 포함한다.

④ 신경질적인 웃음

웃음이 상황과 일치하지 않는다. 이것은 과민성이나 불편의 신호이다. 이런 현상이 나타날 때 진짜 느낌을 발견하기 위해 질문을 탐색하는 것이 좋다.

⑤ 긍정적인 단어와 부정적인 신체언어

어떤 사람이 나에게 질문하고, 그가 신경질적이고 날카롭게 반응한다면, 무엇인가 자신을 속이고 있다는 것을 생각해본다.

⑥ 꽉 쥔 상태에서 올리는 손

이러한 손은 웃을 때라도 좌절을 나타내는 것이다. 이러한 사람은 부정적인 태도를 유지하고 있다는 신호이다.

⑦ 얼굴과 눈

제의를 잘 받아들이는 협상가는 미소를 짓고, 많은 시선접촉을 한다. 이것은 듣는 것보다 더 많은 관심이 있다는 생각을 전달한다. 반면에 제의를 잘 받아들이지 않는 협상가는 시선접촉이 거의 없다. 이러한 사람은 눈을 가늘게 뜨고, 턱 근육을 떨고, 머리는 상대방으로부터 회피한다.

⑧ 팔과 손

이해력을 보이기 위해 협상가는 팔을 늘리고, 테이블 위에서 손을 열거나 무릎을 벌린다. 협상가는 그의 손이 꽉 쥐어져있고, 교차되어 있고, 입 앞에 위치하여 있거나 목의 뒤를 문지를 때 수용성이 부족하다.

⑨ 다리와 발

제의를 잘 받아들이는 협상가는 다리를 함께 하거나 다른 사람 앞에 한 다리를 내밀고 앉는다. 서 있을 때 그들은 몸무게를 균형 있게 하고 손을 말하는 사람을 향해 엉덩이 위에 놓는다. 반면에 제의를 잘 받아들이지 않는 협상가는 다리를 교차해서 서있고, 말하는 사람으로부터 벗어나 있다.

⑩ 몸통

제의를 잘 받아들이는 협상가는 의자의 끝에 앉아있고, 말하는 사람을 향해 몸을 비스듬하게 하고 상의의 단추는 닫혀있다. 반면에 제의를 잘 받아들이지 않는 협상가는 의자에 등을 기대고 상의의 단추를 열고 있다. 제의를 잘 받아들이는 협상가는 손을 펴고 손바닥을 노출한다.

5. 협상단계

훌륭한 협상실천은 분석 국면, 전략 국면, 대면접촉 국면과 추적감시 국면의 네 단계로 구성된다. 분석 국면에서는 상황을 평가한다. 전략 국면에서는 협상계획을 분석기준에 의거 안출한다. 대면접촉 국면에서는 테이블에 모여서 대화를 하는 단계이다. 추적감시 국면은 합의가 실행되고 근거에 따라 실행여부를 검토하는 국면이다. 실천이 어떻게 이루어지는지에 따라 협상을 재시작할 필요가 있다. 이러한 네 국면은 개념적으로는 유용하지만, 단계는 종종 중첩되고 전체 협상 과정 내내 재발된다.

그림 14-2 협상단계

02 고객의 발견

1. 고객의 특성

고객(customer)은 화폐나 다른 가치 있는 대상을 지불하고 공급자나 제조자로부터 얻는 제품, 서비스나 아이디어를 구매하는 사람이거나 기업이다. 때때로 기업가들은 모든 고객들이 자신들의 편이고 그들의 제품이 광범위한 소구를 갖고 있다고 생각한다. 회사가 모든 고객들에게 판매하려고 한다면 모든 사람에게 광고를 해야 하기 때문에 불가능하고 바람직하지도 않다. 해답은 회사가 제공할 사람들에게 정확하게 집중하기 위해 고객 특성을 발견하여 고객정의를 좁히는 것이다.

1) 고객의 정의

고객이 존재하는 곳을 알아낸 후 다음 단계는 회사의 고객특성에 적합한 사람들에게 마케팅 의사결정을 결정하기 위해서 고객들이 누구인지를 정의하는 것이다. 연령, 교육수준, 인종적 배경, 수입, 결혼상태, 전문직, 성별과 가족규모를 근거로 하여 고객을 정의하기 시작한다. 그리고 고객에 관한 질문에 답한다.

- 고객들은 여성인가? 남성인가?
- 고객들은 어린이들, 십대, 젊은 성인, 조기 은퇴자나 노인인가?
- 고객들의 학력은 학생, 고졸, 대졸인가?

- 고객들의 직업은?
- 고객들은 독신, 무자녀 부부, 가장, 조부모나 최근 빈둥지가족[6]인가?

2) 하위집단 분류

구매제품의 종류나 고객들이 회사와 거래한 년 간 회수에 의해 분류된 하위집단으로 시장을 분리한다. 예를 들면 평일 점심 고객과 저녁 시간의 고객을 분석하는 레스토랑은 제품이 매우 다른 인구 통계적 특성이 있는 고객을 끌어당긴다. 결과적으로 평일 점심 고객들은 주로 인근 지역에서 온 사업가들로 구성되어 있고, 저녁 시간은 대부분 여행 가족들이라는 것을 알았다. 이것은 두 가지 매우 다른 표적촉진의 개발이 된다. 상공회의소의 뉴스 레터나 저가의 지역 기업 홍보물로 촉진하고, 인근 회사 집단을 목표로 점심시간을 무료로 제공한다. 7살 이하의 어린이들은 여행객들을 목표로 먹을 것을 무료로 제공하고, 호텔 데스크, 직원과 지방 여행객 홍보물을 통하여 촉진한다.

고객이 어디에 있고 고객이 누구인지에 관한 통계적 사실은 마케팅 메시지를 전달하는 적절한 의사소통 수단을 선택하는 정보를 제공한다. 회사가 무엇을 말하고 메시지를 어떻게 제시할 것인지를 결정할 때 고객의 태도, 신념, 구매패턴과 행동에 관하여 가능한 많이 알기를 원한다. 이러한 정보는 잠재고객을 관심 있게 하는 마케팅 메시지를 형성하고 그들이 구매하도록 자극하는데 도움이 된다. 이와 달리 잠재고객이 아닌 사람이 누구인지를 정의함으로써 시작할 수 있다. 때때로 고객특성 정보수집을 시작하는 가장 쉬운 방법은 자사의 제품을 구매하지 않을 사람에 관하여 생각하는 것이다. 고객들이 갖고 있는 공통점을 찾는다. 가장 적게 발생하는 서비스 문제와 가장 큰 이익을 차지하는 사람인 최고의 고객성향을 조사한다.

3) 유통경로 추적

유통은 제품을 소비자에게 전달하는 수단이다. 회사가 고객을 창출하는 경로와 각각 유통경로를 통해서 오는 사업의 기회를 조사한다.

---

6) 빈둥지가족(empty nesters)은 자녀들이 취업이나 결혼으로 분가하면서 부모로만 구성된 가족 형태이다. 이러한 가족이 경험하는 슬픔, 외로움과 상실감을 빈둥지증후군(empty nest syndrome)이라 한다.

① **유통경로에 의한 변화를 추적한다.**

유통경로 쇠퇴를 철저하게 알아보려면 경로를 더 많이 집중하고 유통손실을 대체하기 위한 다른 경로를 강화할 필요가 있다.

② **각 경로의 수입비중이나 판매비중을 비교한다.**

어느 경로가 평균보다 더 높게 또는 평균보다 더 낮게 단위판매 당 수익이 산출되는지를 파악해야 한다. 단위판매 당 수익이 평균보다 낮게 산출되는 경로는 평균보다 낮은 마케팅 투자를 필요로 하거나 회사에 어떤 다른 이익을 산출해야 한다.

③ **각 유통경로의 의사결정자와 커뮤니케이션한다.**

경로와 각 경로에 영향을 주는 사람을 알면 구체적인 촉진제공이나 마케팅 정보와 접촉하는 사람을 정확하게 안다. 고객이 누구인지, 어디에 있는지와 구매의사결정에 무엇이 동기를 주는지를 많이 알면 알수록 긍정적인 결과를 낳는 마케팅 의사결정은 더욱 쉬워진다.

2. 고객의 발견

사업은 경쟁, 경영층의 변경 등으로 고객을 계속적으로 잃는다. 현재 고객의 특성을 갖고 있는 사람들은 고객이 될 수 있다. 이것은 표적마케팅이 고객지식으로 시작하는 이유이다. 자사로부터 현재 구매하는 사람들에 관하여 가능한 한 모든 것을 앎으로써 그와 동일한 특성을 갖고 있는 다른 사람에게 마케팅 노력을 기울일 수 있다. 새로운 고객을 발견하는 방법은 여러 가지가 있다. 고객의 발견과 유지는 중소기업의 주요한 기능 중의 하나이다. 새로운 시장에 진입하거나 영업을 확장한다면 관심이 있는 시장의 현재와 미래측면을 조사할 필요가 있다. 새로운 고객을 발견하기 위해 기존고객으로부터 시작한다.

1) 잠재고객 관찰조사

고객들은 어떤 종류의 차를 모는가? 점포 방문 중에 얼마나 머무르는가? 그들은 혼자, 친구나 가족과 함께 도착하는가? 그들은 점포의 어디에 머무르는가? 이러한 관찰은 제품결정에 도달하는 동안 고객특성을 정의하는데 도움이 된다. 부인과 함께 쇼핑하는 사람들이 점포에서 시간과 돈을 지출한다면, 회사는 이들에게 어떤 날에 쇼핑한 후 두 시간 동안 점심을 제공하는 촉진정책을 줄 수 있다.

(1) 광고의 반응 추적

광고와 직접우편의 반응을 추적한다. 광고, 광고전단, 제품샘플, 이벤트에서 나타난 반응을 분석하여 잠재고객의 특징을 발견한다. 관찰이나 설문조사를 통해 잠재고객의 반응 자료를 수집할 수 있다.

(2) 웹 사이트 방문자 분석

온라인으로 방문하는 잠재고객을 알기 위해 웹 보고서를 조사한다. 이용할 수 있는 보고서와 수집한 정보를 조사하는 방법을 토의하기 위해 웹 사이트 회사와 함께 작업한다. 스스로 조사를 하는 것은 스스로 모든 것을 할 수 있다는 것을 의미하지 않는다. 여기에 전문가의 상담에 투자하는 것이 성공하는 이유가 있다.

(3) 대면조사

가장 쉬운 방법은 현재의 고객과 대화하는 것이다. 질문을 통하여 알기 원하는 고객특성을 찾아낸다. 문장 구성, 순서와 형태를 검토하기 위해 훈련된 마케터나 시장 조사자를 활용한다. 그들은 회사를 대신하여 좋은 시각적 인상을 주기 위해 유인물이나 우편물을 준비한다. 고객의 의견과 경험에 관심을 가지는 강력하고 진보적인 조직으로서 기업을 설명하고 조사를 수행하는 이유를 설명하는 편지나 서문을 포함한다. 고객들은 이미 회사와 더불어 거래를 시작하고 그래서 아마도 회사에 호의적인 견해를 갖고 있다. 회사가 제공하는 제품이나 서비스를 알고 있는 것처럼 고객들이 다른 회사에 대해 알고 있는지를 묻는다. 현재 고객에게 잠재적인 새로운 고객의 추천을 요청한다. 추천이 새로운 고객이 될 때 감사장을 보낸다. 현재 고객들은 제품계열에서 변화에 관한 정보를 제공할 수 있다. 추가적으로 고객들은 제품구매를 증가하거나 감소하는지를 전달할 수 있다. 고객에게 말을 할 때 현재 회사로부터 구매하지 않는 새로운 제품을 고려하는지를 묻는 것이 도움이 된다. 중요한 것은 고객들이 관여하고 있는 시장의 미래에 관하여 생각을 제공할 수 있다. 또한 회사를 대신하여 질문하는 외부집단을 고용한다. 회사가 질문을 요청할 때 편견, 선입관이 개입하기 쉽고, 회사 압력이 스며들어 고객을 동요할 수 있다. 결과를 왜곡하지 않도록 질문을 위장하는 것은 실제 기술이다. 실제로 고객들은 제3자에게 정직한 편이다. 사람들은 면전에서 말하지 않는 것을 뒤에서 기꺼이 말하는 경향이 있다. 이러한 경향을 고객조사에 적용한다.

(4) 표적집단면접

신제품 아이디어에 관하여 우연히 말할 호의적인 고객집단을 모은다면 실시하기가 좋다. 그러나 외부인으로부터 유용한 정보를 끌어내려고 한다거나 고객 서비스나 가격 결정처럼 미묘한 영역에 관한 의견을 알기 원한다면 단일 유력한 참여자가 집단결과를 조정하지 않도록 경험이 있는 전문가를 사용한다.

(5) 직업별 전화번호부

직업별 전화번호부를 살펴봄으로써 잠재적인 새로운 고객을 확인할 수 있다. 많은 직업별 전화번호부가 발간되고 다른 나라와 이웃 나라에 있는 사업체를 확인하는데 도움이 된다. 새로운 고객을 끌어들이는 도구로써 인터넷을 사용한다.

(6) 무역박람회와 산업협회 행사

무역박람회는 개인들이 제품과 시장 잠재력을 조사할 수 있고, 매우 적격의 잠재고객을 확인하는 공개 광장이다. 인적 판매 다음으로 무역박람회는 제품에 대한 중요한 촉진장소이다. 무역박람회 참석과 진열의 이익을 극대화하는데 집중한다. 박람회에서 달성하고자 하는 것에 대한 전략을 개발한다. 회사의 제공물에 집중적인 관심이 있는 지역을 상세히 열거한 산업시장 분석에 관해 질의한다. 제공물이 지역시장을 넘어 수출될 수 있다면 달리 고려되지 않은 국가나 국제시장기회를 발견할 수 있을 것이다.

(7) 협회 간행물, 대학연구소와 정부기관의 정보

고객이나 경쟁자를 관찰하는 문제는 행동에서 보이지 않는 요인(unseen factors)을 찾아내는 것이다. 다행히도 시장에 관한 계량정보를 제공하는 정보원천이 많이 있다. 구독형 마케팅 간행물은 산업과 관련된 다양한 세분시장에 대한 시장예측을 제공한다. 많은 협회는 뉴스레터와 회원명부를 발간한다. 다른 회사가 무엇을 하는지와 어디에 위치하고 있는지에 관한 정보를 제공한다. 뉴스레터는 중요한 주제와 함께 시장전망을 게재한다. 시장조사에 관한 정보의 다른 원천은 대학이다. 많은 대학연구소는 마케팅 교수를 보유하고 있다. 대학연구소는 주로 시장조사 제공에 집중하는 연구센터를 갖고 있다. 대학연구소 접촉을 늘리는 것은 사업을 하는데 필요한 자격 있는 후보자 발견을 촉진한다. 도서관의 연구자료나 도서를 통해 라이프 스타일이나 관심이 동일한 사람들의 지역을 발견하고 목표로 정할 수 있다. 예를 들면 애완용품과 같은 제품을 제공한다면 이러한 도서는 애완동물 소유자의 집중된 시장영역에 이를 수 있다. 사업에 쉽게 접근할 수 있고 구매자의 특성에 적합한 지리적 영역을 발견할 때마다 지역적 표적시장의 목록에 있는 지역을 발견하게 된다. 정부는 제품의 활용과 마케팅을 돕는 전문가를 갖고 있기 때문에 정부기관의 정보를 탐색한다.

2) 경쟁자 관찰

경쟁자의 행동관찰은 시장이 얼마나 건강한지에 관한 통찰력을 제공한다. 경쟁자가 신제품을 출시하거나 제품을 제거하는지를 조사하는 것은 시간이 걸리지만 중요한 정보를 얻을 수 있다. 경쟁자의 광고가 신문과 협회 간행물에 종종 나타난다면 경쟁자들은 시장이 건강하고 많은 잠재적 새로운 고객들이 있다는 것을 알고 있는 것이다.

3) 시장의 안정성 평가

고객의 행동은 특정한 시장이 얼마나 안정적인지에 관한 좋은 기준이 될 수 있다. 원자재와 장비의 구매증가는 시장이 성장잠재력이 있다는 것을 암시한다. 종업원의 해고와 경영층의 갑작스런 변경은 시장의 미래를 불안하게 느끼고 간접비를 축소하려는 것을 암시한다.

4) 시장영역 관찰

서울, 뉴욕에 위치하고 파리, 베이징에 있는 고객에게 제공한다는 사실은 사업을 위해 그 도시를 반드시 표적시장으로 하는 것은 아니다. 목표시장을 지리적으로 결정하기 위해서 어디에서 잠재고객을 더 잘 찾을 수 있을까와 어디에서 회사의 마케팅 투자를 상쇄할 정도로 충분한 판매를 이룰 수 있을까를 질문할 필요가 있다. 다음은 이러한 질문에 대한 답이다.

(1) 기존고객의 영역 탐구

기존고객의 지역에서 시작한다. 기존고객이 집중한 곳이라면 대체로 잠재고객이 집중한 곳이다. 기존고객은 동일한 특성과 동일한 구매행태를 갖고 있기 때문에 브랜드 전환을 위해서는 제품차별화를 부각하여야 한다. 여기에 광고노력과 돈을 투자할 수 있는 곳이다.

(2) 문의자 관심정도 분석

문의자의 관심정도는 고객들마다 매우 다르지만, 문의자의 관심은 제품이나 서비스를 기다리는 고객이다. 고객들이 회사의 제품이나 서비스를 구매하기 위해 의사결정을 하지 않았더라도 레이더 화면에 단순히 잠깐 나타난 고객들이 아니다. 문의 결과는 회사가 제공하는 제품과 서비스에 관심을 보이는 표적지역을 정의할 수 있다. 첫 번째 목표는 문의관심을 구매행동으로 전화하는 것이다. 문의의 후속노력은 잠재고객들이 제품을 구매하지 않는 이유를 알아내는데 도움이 되고, 정보는 제품, 가격, 유통이나 의사전달 등을 개편하는데 도움이 된다.

(3) 비고객의 발견

비고객(noncustomer)은 현재 고객의 특성을 갖고 있으나 회사로부터 구매하지 않는 사람들이다. 이러한 비고객들이 집중된 지역이나 집단을 확인한다. 이러한 사람은 잠재고객이 될 수 있는 비고객들이다. 이러한 잠재고객들이 거주하는 지역이나 집단을 발견함으로써 잠재시장 확장을 위한 지역이나 집단을 발견한다. 언론이나 잡지를 조사하거나 조사회사, 광고회사, 마케팅 회사나 여론조사회사를 통하여 회사의 목표고객 특성에 적합한 자료를 무료나 유료로 얻을 수 있다.

3. 고객의 유형

1) 구매유무에 따른 고객

(1) 구매준비고객

구매준비고객(ready-to-buy customer)은 구매의 필요성을 갖고 제품탐색과 구매의사결정

중에 있기 때문에 종종 긴박감을 갖고 있다. 그들은 예비조사를 실시하거나 적어도 필요로 하는 것을 생각한다. 왜냐하면 필요한 것과 충족할 수 있는 것이 무엇이고 실제적인 욕구(actual needs)가 있기 때문이다. 고객이 필요한 것을 제시하면 고객이 된다. 가장 좋은 방법으로 상황을 다루면 가장 수익이 있는 결과가 가능하고, 반복고객이 된다.

(2) 잠재고객

잠재고객(potential customer)은 점포나 웹 사이트를 방문한 모든 사람이지만, 이러한 고객은 단순히 정보를 수집하거나 제품을 구경할 수 있다. 제품구매가 당장 필요가 없기 때문에 이러한 유형의 고객은 언제나 구매를 서두르지 않는다. 이때 고객에게 메시지를 제시하고 쉽게 판매하거나 서비스를 계약하도록 적절한 판매 메시지 전략을 갖고 있는 것은 도움이 된다.

(3) 반복고객

반복고객(repeat customer)은 가장 충성스런 고객으로 정기적으로 서비스를 사용하고 제품을 구매하는 고객이다. 이런 유형의 고객은 사업의 원천이다. 왜냐하면 그들이 처음 만족했기 때문에 더 많은 제품이나 서비스를 위해 또 반복구매를 하기 때문이다. 그래서 고객의 욕구를 계속 만족시켜 주는 한 반복고객을 유지할 수 있다. 신규고객을 유치하는 것은 기존고객을 유지하는 노력보다 5배 이상이 든다는 연구결과가 있다. 따라서 고객의 유지를 위해 고객관계관리에 마케팅 노력을 집중할 필요가 있다.

2) 구매자의 구매특성에 따른 유형

구매자들의 구매행동은 이성적인 판단과 감성적인 판단에 의해 나타난다. 이것은 개인의 개성, 사고유형과 상황에 따라 다른 특성이 있다. 구매자를 구매특성에 따라 유형을 8가지로 분류할 수 있다. [그림 14-3]과 같이 구매자의 유형으로는 충동구매자, 끼어드는 구매자, 할인이용 구매자, 방어적 구매자, 결단력이 있는 구매자, 우유부단 구매자, 사교적 구매자와 충성구매자 등이 있다.

(1) 충동구매자

충동구매자(impulsive shopper)는 소비자가 진열된 상품이나 광고 등 여러 가지 자극에 의

그림 14-3 구매자의 유형

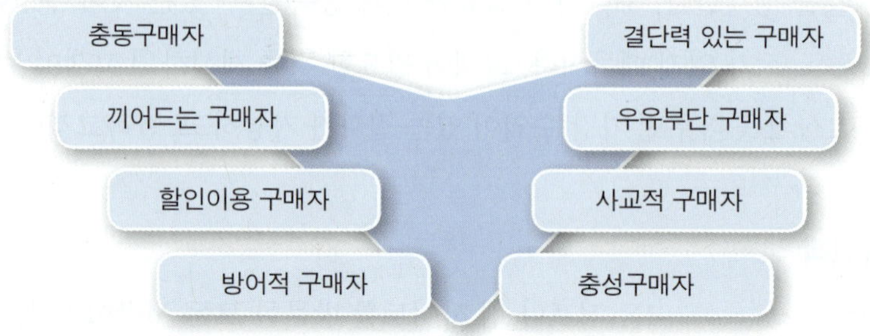

해 즉석에서 구매를 결정하는 비계획적인 행동으로 가장 예측하기 어려운 고객이다. 그들은 의사결정을 매우 빠르게 전환한다. 그들은 결정을 바꾸고 점포에서 어떤 물건을 구매하는 생각을 포기하는 바로 그 순간에 신속한 구매결정을 한다. 충동적인 행동 때문에 때때로 이런 고객은 충성고객으로 변하여 수익성이 있는 고객이 된다. 충동 또는 훌륭한 영업 프레젠테이션에 따라 구매결정을 내리는 충동고객은 언제나 특별히 필요한 상태에 있지 않다. 그들은 필요한 것을 구매하기 위해 점포나 웹 사이트를 방문하고 나서 다른 제품을 보고 있다. 종종 이런 고객의 유형은 필요하지 않는데도 특정한 시간에 좋게 보이는 제품을 즉석에서 의사결정할 수 있다.

이러한 고객은 하나의 결정을 고수하지 않거나 신속한 결정이나 충동적인 행동으로 쉽게 인식된다. 동일한 점포에 다시 거의 돌아오지 않더라도 빠른 결정을 하고 그런 후 소중한 시간을 절약하기 때문에 판매원에게는 수익성이 있는 고객이다. 그러나 그들의 심리와 신체언어를 이해할 정도로 충분히 판매원이 영리하다면 가능하다. 그들은 최종 구매결정에 도달하는 경향이 보이는 순간에 즉시 종결하려고 한다. 강압적인 판매전략은 이러한 유형의 고객에게 효과적이다. 소매상은 종종 광고, 홍보와 판매촉진 활동의 도움으로 새로운 고객을 창조하는데 집중한다. 이러한 전략은 새로운 고객을 확인하고, 다루고 분류하는데 도움이 되지만 소매상은 소매상 판매의 대부분을 차지하는 20%의 빈번한 구매고객의 집중을 느슨하게 하지 말아야 한다.

(2) 끼어드는 구매자

끼어드는 구매자(interruptive shopper)는 매우 성급하고 판매원의 말에 귀를 기울이지 않고 항상 제품지식을 판매원에게 과시하는데 열중한다. 그들은 원하는 것을 많이 알고 있다고 말하면서 종종 판매원의 말을 중단한다. 또한 자신의 방대한 지식을 보여줌으로써 판매원에게 제품을 상세히 알려주는데 관여한다. 판매원은 그들과 맞서지 말고 그들의 지혜와 지식을 인정하는 것이 바람직하다. 판매원이 그들의 박식한 견해에 귀를 기울이기 위해 겸손하고 인내한다면 이러한 고객은 쉽게 감명을 받는다. 말을 하지 않는 대신 그들을 말하게 하고 그들이 제품에 대해서 알고 있는 단서를 얻을 때까지 온화한 미소를 지으면서 "내가 말할 수 있는 것을 이미 고객이 다 알고 있다. 그래서 제가 얼마나 포장해야 하는가요?"라고 말한다.

(3) 할인이용 구매자

할인이용 구매자(discount shopper)는 구매하기 원하는 상품을 점포에서 할인 판매할 때 이용하는 고객이다. 그들은 할인판매 기간에 고정적으로 구매하고 신문광고와 점포 광고전단을 열심히 읽고 특별한 거래에 주의를 기울인다. 매장을 방문하기 전에 가격비교 온라인을 조사한다. 대부분의 구매결정은 판매가격 인하가 가장 높은 것을 근거로 한다. 할인고객의 방문은 점포가 제공하는 할인금액과 유형에 달려있다. 그들을 점포로 끌어들이는 유일한 방법은 소매상이 제공하는 할인과 제공물이다. 그들은 단지 인하된 가격표에 끌리기 때문에 그들에게 서비스는 제한되지만 현금창출자들이다. 이월재고판매나 할인판매를 정기적으로 알려준다. 경영과 마찬가지로 소매는 과학일 뿐만 아니라 기술이다. 과학적 배경지원은 점포를 관리하는 방식과 재무적 건전성에서 오지만 소매의 기술은 고객을 다루고 고객들을 위해 기억에 남는 경험을 판매하는 점포 직원의 효율성과 효과성에 달려있다. 그들은 구매뿐만 아니라 놀랄 만한 구매경험을 즐기고 다른 사람들과 동일한 경험을 공유하기 위해서 점포를 다시 찾는다.

(4) 방어적 구매자

방어적 구매자(defensive shopper)는 판매원을 불신하고 판매원이 제안하는 제품에 관하여 언제나 의심한다. 이러한 고객 유형은 제공되는 조언에 반응하는 방식에 의해서 쉽게 확인할 수 있다. 이러한 고객은 혼자 있는 것을 선호하고 스스로가 의사결정을 한다. 판매원은 말을 많이 하지 않고 단지 요청할 때만 자문한다.

(5) 결단력 있는 구매자

결단력 있는 구매자(decisive shopper)는 박식하지만 판매원에 과시하지는 않고 대신 판매원의 말에 참을성 있게 귀를 기울이고 타당한 질문을 한다. 그들은 새로운 아이디어와 제안에 개방적이다. 확신한다면 이런 구매자는 쉽게 고객이 될 수 있고 고객이 되면 역시 충성고객이 될 수 있다. 그들에게 판매원이 하는 가장 큰 실수는 기분을 상하게 하는 것이다. 그들은 의사결정을 매우 확신하고 많은 생각을 한 후에 새로운 아이디어나 제안으로 실험할 준비가 되어있다. 그들은 의사결정에 시간이 필요하지만 일단 확신하면 의사결정을 고수한다. 판매원은 이러한 구매자와 품위 있는 시간을 보내고 강요하는 태도를 보이지 말아야 한다. 고객이 자신의 속도로 결정하도록 한다.

(6) 우유부단 구매자

우유부단 구매자(indecisive shopper)는 자신이 실제로 원하는 것을 결정하지 못하지만 적절하게 다룬다면 높은 수익이 있는 고객이다. 판매원이 잘 대우해주고 가장 중요하게 구매결정에 도달할 수 있도록 도와준다면 쉽게 충성고객으로 전환될 수 있다. 우유부단 구매자가 판매원에게 제의하는 가장 큰 이점은 의사결정할 능력이 없다는 것이다. 판매원은 지친 또는 깜짝 놀라게 모습으로 점포를 배회하는 태도로부터 고객의 단서를 얻을 수 있다. 그들은 어떤 것을 선택하고 그리고 새로운 것을 선택하기 위해서 이미 선택한 것을 포기한다. 때때로 조언을 요청하기도 하거나 어떤 것을 실제로 보지 않고 점포를 떠나기도 한다. 판매원의 주요 역할은 점포에 있는 것을 둘러보는 것이 아니라 최종 구매결정을 할 때 도움을 주는 것이다. 도움은 판매원이 고객을 위해 의사결정을 하는 것을 고객이 느끼지 않는 방식으로 제공되어야 한다. 고객이 준비가 되어 있지 않거나 추가적인 구매를 꺼린다고 생각된다면 교차판매(cross selling)[7]나 고가판매(up selling)[8]를 제시하지 않는다. 다음에 다시 돌아오게 하면 한 번에 끝내는 것보다 오히려 더 많은 판매를 얻게 된다.

(7) 사교적 구매자

사교적 구매자(sociable shopper)는 판매원과의 상호작용을 즐기고 친근하게 비교적 오랫

7) 같은 고객에게 관련된 다른 상품을 함께 판매하는 기술
8) 같은 고객에게 보다 가치 있는 높은 가격의 상품을 제시해서 판매하는 기술

동안 대화를 즐긴다. 모든 판매원은 황금시간을 피하기를 원하고 그들이 구매할지는 분명하지 않기 때문에 경솔한 판단을 하기 쉽다. 점포를 종종 다시 방문하여 구매하는 경향이 있기 때문에 무시할 수 없고 궁극적으로 점포 충성고객이 된다. 또한 그들은 구전홍보의 원천이 될 수 있다. 점포가 하는 주요 실수는 그들을 밉지 않은 방랑자로 여기는 것이다. 점포 직원과 잡담할 때 우호적인 행동과 관심으로 쉽게 파악할 수 있다. 그들에게 점포 상품을 보여주면서 가벼운 말을 시작하는 것이 바람직하다. 그런 고객의 특징은 의사결정할 때 많은 시간이 걸린다는 점이다.

(8) 충성구매자

점포매출의 절반은 충성구매자(loyal shopper)로부터 온다. 충성구매자는 고객의 20%에 지나지 않지만 매출의 50% 이상을 구성하는 고객이다. 그들은 특정 점포와 연결되어 있고 점포를 또 다시 생각나게 할 필요가 없다. 우편, 전화나 문자를 통한 규칙적인 추적은 필수이다. 신상품이 입고될 때마다 그들이 아는 첫 번째 사람이어야 한다. 특별한 할인이나 이러한 구매자에게 특별히 계획된 촉진을 제공한다. 제공하는 것이 최고라 하더라도 충분하지 못하다. 그들에게 더 많은 서비스를 제공할수록 더 많은 특권으로 여기고 다른 사람들에게 더 많이 추천한다.

3) 고객분석

표적시장에 있는 고객의 물리적 특성, 욕구와 생활양식을 분석한다. 고객은 어떤 특정한 편익을 찾는가? 제품이 어떤 욕구와 필요를 충족하는가? 구매를 결정하는 개인에 관하여 알 필요가 있다. 제품을 구매하고 사용하는 방식이나 형태는 사람마다 다르다. 예를 들면 어른은 음식을 사지만 어린이는 그것을 먹고 구매결정을 통제한다.

대부분의 고객들은 가치, 편의성, 서비스, 품질, 가격이나 전문성을 평가하여 구매결정을 한다. 대부분의 중소기업은 소유자가 개인적 서비스를 제공하기 때문에 고객들에게 두드러진 서비스를 제공하는 경우가 많다. 고객은 특별한 품목이나 시의적절한 서비스를 제공하려는 예의가 바르고 개인적인 노력을 하는 사람을 높게 평가한다. 중소기업은 큰 기업보다 이것을 효과적으로 제공할 수 있기 때문에 이점이 된다. 크고 확립된 경쟁자들이 규모의 경제와 풍부한 자금을 갖기 때문에 중소기업이 가격으로 경쟁하는 것은 어렵다. 큰 기업은 새로운 진입자의 가격전쟁을 일반적으로 오래 버틸 수 있다. 제공물의 상태나 가치를 알맞게 하는 확립된 평판을 필요로 하기 때문에 신규사업자가 제품이나 서비스를 최고수준의 가격으로 성공적으로 제공하는 것은 어렵다. 대부분 중소기업 소유자는 중간 가격 수준으로 경쟁하는 것이 더 쉽다고 안다. 상황을 신중히 관찰하고 잠재고객이 가장 중요한 것으로 여기는 선호를 선택해야 한다.

03 판매기술

1. 판매기술

고객들이 많은 것을 기대하기 때문에 기대에 기꺼이 반응하고 충족한 제품이나 서비스를 제공해야 고객을 획득하거나 유지할 수 있다. 판매는 제품만으로 이루어지지 않는다. 우수한 제품에 우수한 판매기술이 결합되어야 탁월한 판매실적을 올릴 수 있다. 훌륭한 판매사원은 우수한 판매기술이 판매도구이다. 이러한 기술은 배우고 개발할 수 있다. 자신의 약점을 확인하고 기술과 정보를 통하여 강화하는 것이 영업하기 전에 갖추어야 할 요소이다. [그림 14-4]와 같이 판매기술에는 청취기술, 의사소통 기술, 문제해결 기술, 대인관계 기술, 정리기술, 자아동기 기술, 설득기술, 고객 서비스 기술과 진실성 등이 있다.

그림 14-4 판매기술

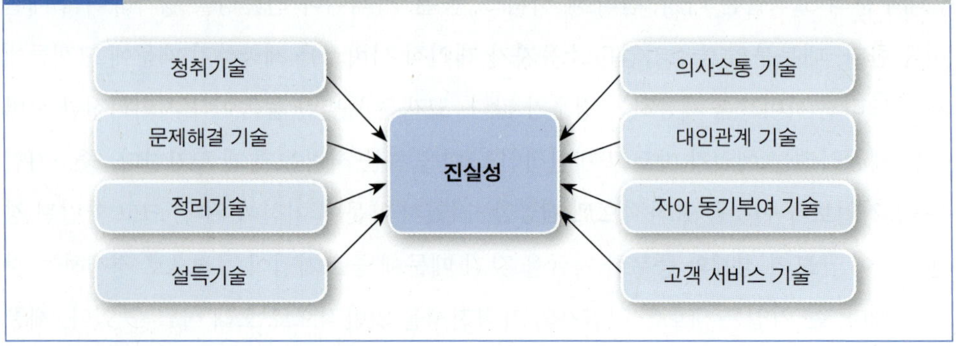

1) 청취기술

유능한 판매사원은 잠재고객이나 고객이 말하는 것을 경청한다. 그들은 고객이 필요로 하는 것을 알 수 있는 시간을 기꺼이 갖고 고객이 해결하려고 하는 문제를 확인한다. 성공적인 판매는 구매자가 진짜 욕구를 확인하는데 도움을 주는 판매사원이 되는 것이다. 판매사원은 구매자가 하는 말을 청취하고 이해할 수 있는 기술이 있어야 한다. 연구에 의하면 대부분의 청취자는 듣는 것의 50% 이하를 기억한다고 한다. 훌륭한 청취자는 오늘날 드물다. 상사, 동료나 고객과 대화할 때 들을 기회는 보통 절반인데도 불구하고 의사소통이 잘 안 된다. 훌륭한 판매자는 훌륭한 청취자가 되어야 하고, 훌륭한 청취자가 되기 위해서 적극적인 청취기술을 연습해야 한다. 적극적인 청취자가 되는 5가지 측면이 있다. 이미 일부는 사용하고 있을 수 있지만 다른 것은 연습할 필요가 있다. 청취기술을 익히면 고객에 관해서 더 많은 것을 알게 되고 더 훌륭한 대화를 할 수 있다.

(1) 세심한 주의를 기울인다.

화자에게 전념(undivided attention)하면 화자가 이를 인정하게 되어 훌륭한 의사소통이 이루어질 수 있다. 커뮤니케이션은 양방향 소통이기 때문에 상호 간에 세심한 주의가 필요하다. 실제로 청취하고 있다는 증거는 언어와 비언어 도구를 사용할 때 나타난다.

(2) 듣고 있는 것을 신체적으로 보여준다.

세상과 인간의 몸은 모두 언어이다. 판매에서 주로 사용하는 언어는 구두언어, 신체언어나 공간언어이다. 상대방이 말할 때 모든 언어를 상황에 적절하게 사용하여 주의 깊게 듣고 경청하고 있다는 신호를 보여준다. 의사소통은 언어와 비언어 신호를 적절하게 사용한다. 다음은 경청의 자세를 보여줄 수 있는 비언어 요소의 일부이다.

- 적절할 때 때때로 고개를 끄덕인다.
- 적절한 안면표정을 사용한다.
- 자신의 신체언어를 점검한다. 폐쇄적이고 긴장한 모습보다는 오히려 자유롭고 편안하게 자세를 유지한다.
- '음', '예', '맞아'와 같은 맞장구 언어를 사용한다.

(3) 이해정도 확인

지각의 차이와 주관적 해석으로 다른 사람의 메시지를 오해할 가능성이 있다. 그래서 의도되지 않은 메시지를 듣는 경우가 발생한다. 응답하기 전에 도구를 사용하여 상대방의 대화에 대한 자신의 이해를 확인하는 것이 중요하다.

① 의역하기(paraphrasing)[9]

"귀하가 말하고 있는 것을 내가 듣기로는 ~", "내가 정확하게 들었다면, 귀하는 ~ 라고 말하고 있는 것이죠?", "나는 귀하가 말하는 것을 ~ 라고 생각합니다"처럼 말함으로써 메시지를 정확하게 들었는지를 확인한다.

② 화자의 의미를 명확하게 하는 질문을 한다.

"귀하는 ~ 에 관하여 나에게 말하는 거죠?", "귀하가 말하는 것은 무엇을 의미하나요?", "나는 귀하가 말하는 것은 ~라고 생각합니다"처럼 질문을 한다.

③ 때때로 들은 것을 요약한다.

들은 것을 정확히 기억하기 위해서 대화가 끝날 때까지 기다리지 않고 때때로 들은 것을 요약해서 말하여 상대방으로부터 피드백을 얻는다.

(4) 말 가로 채기를 하지 않는다.

화자가 말할 때 말 가로채기 하는 것은 매우 좋지 않다. 화자의 말을 가로채는 것은 대화가 단절되어 중요한 메시지를 모두 들을 수 없고 화자가 좌절하게 되기 때문에 메시지를 이해할 수 있는 기회를 제한할 뿐이다.

(5) 적절한 반응

적극적인 청취를 하는 것은 얻고자 하는 정보를 입수할 있을 뿐만 아니라 화자에게 존경을 보여주는 것이다. 상대방이 대화할 때 적절한 맞장구나 반응을 보임으로써 상대방이 청취하고 있다는 것을 알 수 있게 한다. 정직, 개방, 존경과 철저는 생각을 표현할 때 취하는 적절한 반응이다.

9) 상대방의 말을 자신이 이해한 대로 다시 기술하는 것, 즉 같은 표현을 다른 표현으로 바꾸어서 의미는 같게 하는 것으로 오해의 여지가 있을 때 정확한 이해를 위해 필요하다.

2) 의사소통 기술

직접적인 대면대화뿐만 아니라 전화나 문서로 고객에게 잘 반응할 수 있어야 한다. 고객이 계속적으로 제품을 구매한다면 고객의 문제에 대한 해결안을 제공해야 한다. 의사소통 기술은 효과적인 의사소통을 방해하는데 사용하는 도구이다. 청자는 벽의 한쪽에 있고 화자는 벽의 다른 쪽에 있다고 상상해 보자. 벽은 장애물로 둘러싸여 있다. 이 장애물이 각 개인마다 다를 수 있는 가치관, 문화, 기대, 지식, 경험, 지각이나 의사소통 스타일 등이다. 이러한 장애물 중 하나만을 경험할 수 있고, 또는 그들 중 모두를 경험할 수 있다. 다른 사람에게 메시지를 전달할 때 장애물이 존재한다는 것을 인식해야 한다. 장애물의 반대편에 있는 사람도 마찬가지이다. 상대방을 정확하게 이해하는 능력은 의사소통 기술을 사용하는 능력에 달려있다. 의사소통의 성공은 안정적인 기회가 된다. 그래서 메시지를 명확하게 받는 것을 확실히 하기 위해서는 의사소통기술을 사용할 수 있어야 한다.

사람들은 의사소통의 신체언어와 다른 비언어로 말하는 것을 본능적으로 지각한다. 다른 사람과의 의사소통에 단 하나의 요소만 있는 것은 아니다. 성공적인 의사소통이 되기 위해서 의사소통의 장벽이 의사소통 과정에서 여러 면에서 나타난다는 것을 아는 것이 중요하다. 또한 의사소통 기술이 언어와 비언어 의사소통이 결합되어 나타난다는 것을 기억해야 한다. 다른 사람과 의사소통할 때 말하는 비언어 측면은 실제로 사용하는 언어보다 더 중요하다. 언어와 비언어가 충돌한다면 사람들은 대부분 비언어 의사소통을 믿는다. 비언어 의사소통(non-verbal communication)은 주로 목소리 톤과 신체언어이다. 목소리 톤(tone of voice)은 전달하는 메시지의 약 35-40%에 해당하고, 말할 때 음성에 있는 음량, 감정과 강세를 포함한다. 전달하는 메시지의 절반 이상은 신체언어에 기인한다. 신체언어는 의사소통하는 무의식적인 반응이지만 본능적으로 인식한다. 기본적으로 언어는 말하는 것과 언어 이외의 몸으로 하는 것이다.

3) 문제해결 기술

판매사원은 고객이 갖고 있는 문제를 확인하기 위해 고객과 함께 일하는 문제해결자(problem-solver)이며 고객의 문제나 상황에 맞는 해결안을 제시하기 위해 정보를 사용하는 동반자이다. 고객이 해결하려는 문제가 고객에게 실제로 존재하고, 실제 문제를 확실히 파악해야 한다. 예를 들면 고객은 특정한 소프트웨어를 필요로 한다고 말을 한다. 고객에게 소프트웨어를 단지 팔기만 하면 그것이 끝이 된다. 대신에 고객이 해결하려고 하는 문제가 무엇인지를 파악하기 위해 고객에게 질문하면 해결해야 할 고객의 문제가 복합적이고 단계적일 수 있다. 문제해결의 첫 단계는 고객이 해결하려는 문제가 해결을 필요로 하는 실제적인 문제인지를 확인하는 것이다. 그런데 제공하려고 하는 해결책과 다를 수 있다. 고객에게 진실을 말하는 것이 신뢰를 쌓을 수 있다. 이때 고객에게 제시하는 방법이다.

- 고객이 필요하거나 원했던 것을 알지 못하는 더 넓은 해결책을 제시한다.
- 고객이 묻는 특정한 것보다 더 좋은 제품이나 해결책을 제시한다.
- 매출을 증대하고 고객기대를 초과하는 추가적인 제품이나 서비스를 제시한다.
- 고객이 갖고 있는 추가적인 욕구를 확인하고 그때 다른 제품이나 서비스로 해결하기 위해 제시할 수 있다.
- 고객문제를 해결할 수 있는 제품이나 서비스를 실제 갖고 있는지 파악한다.

4) 대인관계 기술

대인관계 기술(interpersonal skill)은 대인관계에서 복잡한 문제를 풀고 상호 간의 이익을 가져오는 의사소통 기술로 갈등을 해결하는 사람 다루는 기술(people skill)이다. 대인관계 기술은 고객들과 함께 일하고 그들과 라포를 구축하는데 도움을 줄 뿐만 아니라 조직 내에서 동료와 함께 고객을 지원하는데도 도움이 되고, 오랫동안 고객을 유지하는데 중요한 장기적 관계를 구축하는데 도움이 된다. 다음은 대인관계 기술이다.

① 공손(courtesy)

좋은 매너는 비용이 들지 않는다. 공손은 관계를 증진하고 다른 사람을 편안하게 해준다.

② 존경(respect)

대접받고자 원한다면 다른 사람을 대접하라는 황금률(golden rule)을 적용한다. 존경의 참된 표현은 판매사원이 고객을 존경하는 만큼 고객은 판매사원을 존경할 것이다.

③ 사물을 다른 사람의 관점에서 보는 능력(易地思之: 역지사지)

고객이 어떠한 일로 흥분해 있다면 판매사원은 과도하게 반응한다고 느낄 것이다. 그러나 일어난 일이 고객에게 어떻게 영향을 주었는지를 파악할 필요가 있다. 판매사원에게 하루 늦게 배달된 것은 큰 일이 아니다. 그러나 고객에게 늦게 배달하는 것은 회사 측에서 보면 판매손실, 생산성 손실과 실망이다. 고객이 인정하기 위해 판매사원은 고객에게 이해를 표현해야 한다.

④ 다양한 의사소통 유형을 이해하는 능력

사람들은 각자 세상과 의사소통하는 특유한 방법이 있듯이 고객의 의사소통 방법은 구매자 입장이기 때문에 매우 다를 수 있다. 이러한 차이로 고객들이 어떻게 욕구, 문제와 불만을 표현하는지를 이해하지 못한다면 소통하기 어려운 장벽을 지각하지 못한 것이다.

5) 정리기술

판매사원으로서 성공하려면 자료준비와 정리를 잘 해야 한다. 판매사원은 제품, 고객과 사업에 관한 정보를 필요로 한다. 고객이나 내부직원과의 회의 일정표, 촉진과 절차에 관한 정보도 갖게 된다. 이러한 자료가 잘 정리되면 고객과의 신뢰와 소통이 원활하고 친밀한 관계구축이 가능하다. 다음은 정리기술을 향상하기 위한 제안이다.

① 업무와 개별적인 약속이 있는 일정표를 유지한다. 함께 만나는 사람에 관한 접촉정보뿐만 아니라 회의위치도 포함한다. 다음 날 해야 할 일을 작업종료 시점에 작성하는 습관이 중요하다.

그림 14-5 판매협상 깔때기

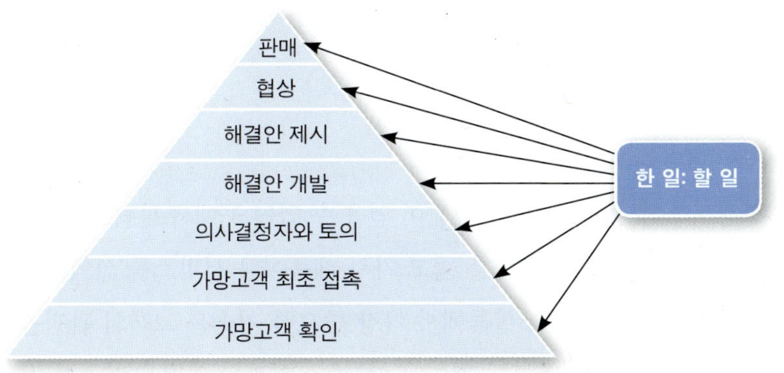

② 고객과 접촉하는 판매단계를 추적하기 위해 판매 깔때기를 만든다. [그림 14-5]처럼 이 깔때기는 판매를 성사하기 위해서는 수많은 가망고객을 확인하고 최종 판매 지점에 가서는 소수의 사람과 협상하여 판매를 종결짓는 과정을 설명한다. 각 단계별로 만날 사람과 과업을 계획하고 각 단계에서 진행한 일들을 정리하여 계획과 달성의 정도를 파악한다.

6) 자아 동기부여 기술

판매사원으로서 자신을 스스로 동기 부여할 수 있어야 한다. 동기부여(motivation)는 추구하려는 목적을 필요로 한다. 판매협상 깔때기를 바닥에서 상층으로 이동할 때 필요한 다음 단계에 취할 예정사항과 전 단계의 정보가 협상전략에 도움을 주기 때문에 스스로가 설정한 목표 안에서 원하는 것을 실천할 수 있다. 다음은 동기를 부여하는 방법이다.

① 동기부여는 목표를 필요로 한다. 목표가 무엇인지를 결정하고 기록한다. 그리고 단기, 중기와 장기 목표를 고려한다.
② 목표를 실행한다. 일을 하고 싶지 않은 날이 있다. 그러나 판매에서 모든 날과 모든 접촉은 항상 중요하다. 하고 싶지 않더라도 그것을 어떻게든 한다. 하면 할수록 일은 더욱 쉬워진다.
③ 미루지 않는다. 자신의 리스트에 있는 것보다 다른 일을 하는 것은 어렵다. 꾸물거리는 시점을 알 필요가 있다. 꾸물거리는 순간에 기회는 허공으로 날아가 버리지만, 떨어지는 것은 초조함과 아쉬움이다.
④ 자신을 위해 보상을 설정한다. 목적을 완성할 때 자신을 위해서 성공을 축하한다. 이러한 긍정적인 강화는 다음 목표를 향해 일하는 것을 자극하고 다음에는 그에 상응하는 보상이 주어질 것이다.

7) 설득기술

오늘날의 경쟁시장에서 소비자들은 그들이 얻을 수 있는 곳에서 선택할 수 있다. 설득기술(persuasion skill)은 고객이 경쟁제품을 뚫고 자사 제품이나 서비스를 선택하도록 장려하는데 사용할 수 있는 기술이다. 설득에서 가장 중요한 기술은 고객의 관점을 이해하고 제품편익에 관한 정보를 제공하는 것이다. 시연은 지각된 위험을 감소한다. 사람들은 대체로 보이지 않는 것은 믿지 않는 경향이 있다. 그래서 판매사원은 보다 많은 증거를 보여주고 전문가로서의 지식과 경험을 제공해야 한다. 고객이 제품이나 서비스로부터 어떻게 혜택을 받는지에 집중할 필요가 있을 때 판매사원은 제품특징에 집중하는 경향이 있다. 예를 들면 알람시계를 판매한다고 가정하자. 그러나 간단한 예이지만 특징과 편익의 차이를 알아야 한다. [표 14-1]은 제품특징과 편익을 비교한 예이다. 더 복잡한 제품에 대해 제품특징과 편익이 무엇인지를 고려하고 집중해야 한다. 다음은 고객을 설득하는 방법이다.

[표 14-1] 특징과 편익의 예

특징	편익
알람시계	늦잠을 자지 않거나 다른 사람과의 약속을 지킬 수 있다.
큰 조명 LED 넘버	불을 켜지 않고 시간을 쉽게 볼 수 있다.
내구성 플라스틱 케이스	취급 부주위로 인한 케이스 손상을 방지한다.
AM/FM Radio	언제나 음악을 즐기고 방송을 들을 수 있다.
보증기간 일 년	투자를 보호한다. 지각된 위험을 감소한다.

① 이해를 보여준다.

고객의 신을 신는 것은 고객이 직면한 문제를 보고 그 문제에 대한 최적 해결안을 발견하는데 집중할 수 있다. 따라서 고객의 입장에서 고객을 이해한 것을 고객에게 설명한다면 고객으로부터 공감을 얻을 수 있고, 공감은 설득의 큰 자원이 된다. 고객과 함께 일할 때 나타나는 상호작용은 고객에 관한 것이어야 한다.

② 우호성과 반응성

우호와 반응의 영향을 과소평가하지 않는다. 고객과 함께 일할 때, 욕구를 충족할 때와 요청을 처리할 때의 태도는 반응성과 우호성이 중요하다. 반응성(responsiveness)은 고객의 요구에 얼마나 신속하게 반응하는지와 그들의 기대를 얼마나 잘 충족하는 정도이다. 이것은 고객이 의사결정할 때 중요한 요소이다. 좋은 규칙은 과소약속과 과도한 전달이다. 고객들이 미래에 다시 경험하기를 원하는 고객 서비스의 예외적인 수준을 보여주는 것이다.

③ 더 많은 증거를 제공한다.

고객에게 많은 증거로 증명할 수 있어야 한다. 제품이나 서비스는 고객을 위한 최선의 선택이다. 제공물이 경쟁사가 할 수 없는 방법으로 고객에게 얼마나 이익이 되는지를 정확하게 설명한다. 다른 고객으로부터 고객증언을 제시하고 제공물이 경쟁사가 갖지 못한 차별성을 증명하는 증거를 보여준다. 중요한 것은 충분히 검증 가능해야 한다.

④ 전문지식을 보여준다.

제시하는 것은 모두 충분히 이해하고 있다는 것을 고객들에게 보여주고, 업계가 직면하는 도전이나 미래 추세를 이해하고 고객과 함께 일할 때 정보를 공유한다. 이렇게 하면 신뢰성이 스며들어 고객들이 경쟁제품보다 자사의 제품을 선택할 수 있게 된다.

8) 고객 서비스 기술

판매사원과 회사는 가능한 한 최고의 서비스 주준을 제공한다. 제품을 판매하고 고객을 유지할 때 고객 서비스의 힘을 과소평가해서는 안 된다. 고객들이 필요할 때마다 회사가 신속하게 반응하고 효과적인 우수한 고객 서비스 직원이 접근한다는 것을 안다면 많은 고객들은 어떤 특징이 없이도 높은 가격을 지불한다.

① 고객의 경험에 책임을 진다: 첫 접촉뿐만 아니라 판매 후에도 고객의 경험에 책임을 진다. 고객들은 한번 구매할 수도 있고 반복구매를 할 수도 있다. 심지어 구매를 하지 않는다고 해도 고객 서비스에 대한 인상을 가질 수 있고 그래서 다른 사람들에게 좋든 싫든 말할 수 있다.

② 회사는 많은 고객들로부터 동일한 문제를 수없이 다루지만 고객은 처음이라는 것을 기억해야 한다. 고객들의 문제가 어떻게 자신들에게 영향을 주는지를 이해하기 위해 노력해야 한다.

③ 소통하고, 또 소통하고, 또 소통하라: 고객에게 진행되는 것을 알려주는 동안 고객은 상황을 더욱 잘 이해할 수 있고 회사에 대한 신뢰가 높아진다. 고객과 소통을 유지하는 것은 아무리 강조해도 지나치지 않다.

④ 자신의 말을 존중하라: 약속을 할 때 지킬 수 있는지를 확실히 한다. 지키지 않은 말은 고객에게 그 동안 구축되었던 명성을 파괴할 수 있다. 한번 한 말은 반드시 지켜야 하기 때문에 신중하게 약속을 제시해야 하고 한번 제시한 약속은 꼭 이행해야 한다.

9) 진실성

어떤 사회적 관계와 마찬가지로 진실성(integrity)은 고객과의 관계에서 필수적이다. 진실성이 있는 사람은 자신의 가치와 약속에 부합되게 행동한다. 진실하게 행동한다면 기업의 가치뿐만 아니라 자신의 가치를 성취할 수 있다는 것을 의미한다. 진실성이 있다는 것을 고객에게 보여줄 때 신뢰받는 사람이 될 수 있고 고객을 위해 최선의 의도를 가질 수 있다. 이것이 가치 있고 신뢰하는 동반자 관계를 형성할 수 있다. 고객과 일을 할 때마다 자신의 진실성을 보여줄 수 있는 기회가 있다는 것과 반면에 고객으로부터 평가받고 있다는 것을 모두 기억해야 한다.

2. 방문준비

회사의 제품을 사용할 수 있는 고객을 확인하면 그 다음은 접촉하는 것이 필요하다. 접촉하기 전에 사전에 준비할 사항들을 계획하고 체계적인 접근방법을 구상한다. 전화걸기는 잠재적 새로운 고객에게 회사를 표현하는 첫 단계이다. 전화의 4P's는 목적(purpose), 준비(prepare), 소개(present)와 탐색(probe)이다. 전화의 4P's는 접촉을 시도하는 첫 고객에게 매우 깊은 신뢰감과 안정적인 이미지를 전달할 수 있다.

1) 목적

접촉하는 사람들은 항상 바쁘기 때문에 통화목적을 명확하게 말하는 것이 중요하다. 다음은 전화통화의 목적에 관한 표준서술문의 예이다. "저의 전화 목적은 우리 회사의 신제품인 웨어러블 워치를 소개하는 것입니다. 이 워치는 완벽하게 승용차의 원격조정이 가능합니다." 이러한 서술문의 형태를 준비하면 방문목적과 회사가 제공하는 것을 분명하게 전달할 수 있다.

2) 준비

전화를 하기 전에 가장 중요한 과업 중의 하나는 준비이다. 전화통화를 하기 전에 회사에 관한 정보를 가능한 많이 수집한다. 대화중에 사람들로부터 어떤 질문을 받을 수 있다. 이러한 예상 질문에 대한 답변을 사전에 준비한다. 미리 답변을 준비하는 것은 경험이 많은 전문가라는 인상을 받게 될 것이며, 또한 회사에 대한 신뢰를 높일 수 있다. 다음은 호의적인 전화 예절이다.

- 전화 시간을 계획한다. 이른 아침과 늦은 오후는 낮보다 더 좋다.
- 목소리를 낮게 한다.
- "아, 음, 알다시피"와 같이 휴지(pauses)를 피한다.
- 열정적으로 한다.
- 준비하지만, 사업처럼 들리지 않게 하고, 딱딱하지 않게 한다.
- 인터뷰하는 동안 잠재고객의 이름을 사용한다.
- 경청한다.

3) 소개

긍정적인 관점에서 자신과 회사를 소개하기 위해 적절한 전화 예절을 연습한다. 제품 구매에 관한 의사결정을 하는 사람을 움직이는 것은 종종 어렵다. 비서와 안내원은 종종 여러 가지 일을 하고 있고, 대화할 필요가 있는 사람이 항상 직접적으로 연결되는 것은 아니다. 대부분 사무실 상황에서 비서와 안내원은 그들의 상사가 생각하는 바가 무엇인지를 알아낼 때 많은 힘을 갖고 있다. 그래서 비서와 안내원에게 항상 예의 바르고 우호적이어야 한다. 이들은 전화에 답변을 하지 않을 수 있지만, 대부분은 상대적인 태도에 따라 반응할 수 있다. 잠재고객과 직접적으로 전화로 대화할 때 조직화된 방법으로 아이디어나 컨셉을 제시한다. 조직화되고 전문적으로 보이기 위해 아이디어를 단계적으로 제시한다. 대화중에 단계적으로 회사나 아이디어를 소개하는 것은 자신이 누구인지와 자신이 제공하는 것이 무엇인지를 사람들이 쉽게 이해할 뿐만 아니라 또한 사람들을 경청하게 한다.

4) 탐사

전화통화는 이전에 수집할 수 없었던 정보를 탐사하고 수집하는 기회이다. 공손한 방법으로 회사가 하는 구매의사결정에서 무엇이 중요한지를 확인하도록 한다. 탐사는 회사의 중요점과 측면을 반복하는 것을 포함한다. 즉, 품질, 가격, 전달, 서비스, 후속조치나 사업연도 등이다. 통화중에 적극적인 청취를 하는 것이 또한 중요하다. 잠재고객이 무엇을 말하는지를 경청함으로써 많은 것을 알 수 있다. 불가피하게도 모든 전화가 성공적일 수 없다. 다음은 자사의 제품이나 서비스에 관심이 없는 일반적인 응답이다.

- 귀사의 가격이 너무 비쌉니다.
- 우리는 현재 공급자에 만족하고 있습니다.
- 우리는 현재 구매하지 않습니다.
- 저는 귀사의 제품을 보았고, 우리가 사용할 수 있는 품질이 아닙니다.
- 우리는 과거에 귀사와 거래를 했습니다만, 문제가 있었죠.

이러한 의견은 실망할 수 있지만, 사전에 이러한 반응에 대해 준비하는 것이 중요하다. 이러한 응답에 대한 가장 중요한 측면은 예의 바르고 공손한 것이다. 미래는 예측불가능하지만(unpredictable), 회사가 미래에 제품이나 서비스를 요청할 수도 있기 때문에 무례하고 거절에 쉽게 상처를 받을 필요가 없다. 반드시 접촉 중에 하나는 잘 풀리고 사업거래가 발생할 것이다. 회의가 거래를 확정짓는데 필요하다면 전문적인 판매제시를 준비한다.

04 인적판매 기법

판매(selling)는 마케팅 개념의 확장이다. 이것은 기업의 장기적 생존을 위해 고객욕구를 확인하고 고객의 필요에 가장 적합한 제품을 제공함으로써 고객의사결정을 돕는 것이다. 판매 면담은 특정한 고객과의 상호작용을 통하여 행동을 일치하기 위한 기회이다. 판매사원이 특정한 상황에 따라 방법을 맞추기 때문에 이를 적응판매(adaptive selling)라고 한다. 적응판매는 판매사원의 성과와 관련이 있다. 이것은 실제 세계에서 개인적 설득의 중요성을 부정하지 않는다. 이것은 모든 점에서 경쟁제품에 비해 분명한 이점을 갖고 있지는 않더라도 판매사원이 제품이 갖고 있는 우수한 특징과 편익을 강조하는 판매기능의 한 부분이다. 그러나 인적판매를 위한 모델은 욕구확인자와 문제해결자로서 행동하는 판매사원의 기능이다. 판매사원을 말재주 있고, 빠르게 말하는 자신감이 있는 협잡꾼으로 보는 견해는 대부분의 판매자가 반복사업을 하고 판매의 많은 부분이 전문구매자에 의해서 이루어지는 세계에서 비현실적이다. 판매사원이 고객이 욕구를 충족하는 구매를 결정하도록 도움으로써 마케팅 개념을 실천하는 것은 고객지향판매(customer orientated selling)이다. 고객지향판매는 다음과 같은 특징이 있다.

- 고객의 만족스런 구매결정 지원
- 고객이 그들의 욕구를 평가하도록 조력
- 고객욕구를 만족하는 제품제공
- 제품을 정확하게 설명
- 사기나 조작적인 전술회피
- 고압적 판매기법 사용금지

고객지향판매를 촉진하기 위해 회사는 고객을 이해하고 고객을 위해 가치를 창조하는 기업문화를 확립해야 한다. 또한 고객지원, 판매사원과 상호작용의 만족, 판매사원의 윤리적 행동에 대한 고객지각 등의 측정을 포함한 평가절차를 개발할 필요가 있다. 회사는 판매사원 훈련 과정에 윤리를 포함하고 윤리규정과 정책을 장려하고 강화하는 판매관리자를 고용해야 한다. Schuster와 Danes가 제시한 성공적인 판매를 위한 판매사원의 자세이다[10]. 즉, 질문요청, 제품정보 제공, 비교와 요구사항을 지원하기 위한 증거제공, 고객의 관점 인정, 고객지각 동의, 고객지원, 긴장완화, 고객에 대한 풍부하고 상세한 지식, 지속적인 노력과 자신의 능력 신뢰 등이 있다.

판매훈련은 기술향상보다는 잘 수행할 수 있다는 지각된 능력의 자아확신을 증진하여 판매성과를 향상할 수 있다. 인적판매 기술을 개발할 때 판매사원은 구매자가 바라는 판매사원의 특성을 알아야 한다.

구매자가 바라는 판매사원의 핵심 특성은 회사의 제품과 시장에 관한 전문지식, 좋은 의사소통 능력, 문제해결 능력, 고객의 욕구를 해결하고 만족하는 능력, 준비의 철저성과 주문의 신뢰하고 신속한 배달 능력 등이 있다.

10) Schuster and Danes(1986).

많은 회사들은 판매훈련생의 행동을 관찰하고 교정하는 상황에서 판매기술을 개발할 기회를 제공한다. [그림 14-6]처럼 인적판매 기술을 개발하기 위해서 판매과정의 7단계를 구분하는 것이 유용하다. 반대는 제시나 협상 중에 발생하고 시용주문 요청은 구매자의 관심이 높을 경우 어느 단계에서나 시도할 수 있다. 협상은 특정 단계에서 발생하거나 하지 않을 수 있다. 뛰어넘는 판매과정은 판매사원이 일반적으로 판매과정의 다양한 단계를 수행한다고 가정하지만, 판매요청이 잘 발생하지 않는다. 오히려 시간이 끝난 후 판매회사의 여러 직원들이 수행하여 발생하기도 한다.

그림 14-6 인적판매 과정

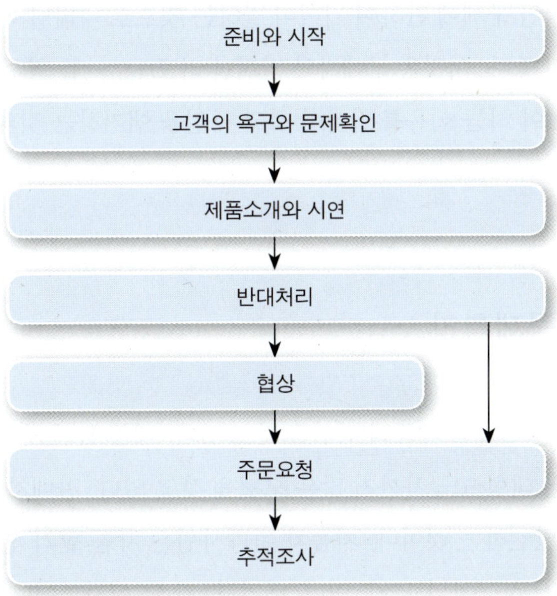

1. 준비와 시작

첫인상(initial impression)은 훗날 지각을 둔화할 수 있다. 그래서 호의적인 첫 반응을 얻을 수 있는 방법을 고려하는 것이 중요하다. 구매자들은 판매사원이 개인적인 외모와 행동에서 실무적이기를 기대한다. 단정치 못한 머리와 엉성한 옷차림은 신뢰를 얻지 못한다. 구매자가 바쁜 사람이라는 사실을 인식하지 않는 판매사원은 구매자의 편에서 짜증을 자아낼 수 있다. 판매사원은 첫 만남에서 미소, 악수로 시작하고, 구매자를 잘 알지 못하는 상황에서 자신과 회사를 소개한다. 고객을 방문했을 때 일반적인 예절을 따라야 한다. 예를 들면 구매자가 앉으라고 가리키는 때를 기다려야 하고, 적어도 구매자에게 앉는다고 요청한다. 오른손은 악수하기 위해 사용되기 때문에 왼손에 서류가방을 드는 것처럼 상세한 것에도 주의를 기울인다. 구매자가 인사할 때 손을 뻗을 때 서류가방이 혼란스럽게 좌우로 이동되는 어색한 순간을 제거한다.

판매사원이 추후 판매 면담을 위해서 주도권을 잡기 때문에 첫 말은 매우 중요하다. 방문의 목적이 사업이기 때문에 보통 판매사원은 사업과 관련된 대화이어야 한다. 또 구매자에게 시간을 낭비하지 않으려는 것을 보여주어야 한다. 구매자가 잘 알고 구매자의 견해가 사회적인 문제에 관하여 기꺼이 말하는 것으로 나타날 때 판매사원은 이를 분명히 따르는 것이 좋다. 이것은 구매자와 밀접한 라포(rapport)를 형성할 수 있으나 판매사원은 거기에 있어야 하는 이유를 알아야 하고 사업을 얘기하는 것과 지나치게 떨어지지 않아야 한다.

2. 고객욕구와 문제확인

대부분 판매사원은 판매할 제품의 범위를 갖고 있다. 예를 들면 자동차 판매사원은 소형 경제적인 차부터 대형 고급차까지 많은 모델을 갖고 있다. 판매자의 첫 목적은 고객의 문제와 욕구를 발견하는 것이다. 자동차 판매사원은 차를 팔기 전에 고객의 환경을 이해할 필요가 있다. 자동차의 크기, 연비, 배기량, 가격, 디자인이나 색상 등을 고려해야 한다. 이러한 정보를 얻으면 판매사원은 구매자의 욕구에 가장 적합한 모델을 판매할 상황에 놓여있다. 컴퓨터 판매사원은 적절한 컴퓨터를 제안하기 전에 고객의 필요사항을 조사해야 한다. 욕구분석은 판매과정의 초기에 판매사원이 질문과 듣기 자세를 수용하는 것이다. 판매사원은 구매자가 자신의 문제와 욕구를 말하는 것을 장려하고, 폐쇄형 질문보다는 오히려 개방형 질문을 사용한다. 개방형 질문(open question)은 한 단어나 한 구절의 답변보다 더 많은 것을 대답하게 하는 질문이다. 이와 달리 폐쇄형질문(closed question)은 한 단어나 한 구절로 대답하는 것이다. 이것은 단지 사실적 정보를 얻기 위해 사용되지만 계속적인 질문은 라포를 방지하고 대화의 단절로 이어질 수 있다.

실제로 다양한 질문이 판매 면담 중에 이루어질 수 있다. [표 14-2]는 질문의 유형과 목적이다. 판매사원은 고객의 욕구를 발견하지 않고 제품소개(sales presentation)를 하는 유혹을 피해야 한다. 일관성이 있고 엄격한 방식으로 제품소개를 시작하는 것은 쉽지 않다. 질문은 고객의 상황을 이해하기 위해 유용하다. 질문의 끝 부분에서 판매사원은 구매자를 이해하기 위해 확인한 문제를 요약하는 것은 유용하다.

[표 14-2] 인적판매에 사용되는 질문의 유형

질문의 유형	목적	예
고정형질문	확인이나 전망	회계용 프로그램을 원합니까?
유도질문	고객의 생각 안내	이 바지는 어떻습니까?
선택질문	두개 또는 이상의 대안을 선택하도록 강요함으로써 답을 추출	흰색 또는 청색 바지 중 어느 색을 좋아합니까?
설명질문	설명을 반영하도록 강요하는 질문	이 기계는 3,000rpm으로 회전하고 분당 10단위를 생산합니다. 생산성에 대해 어떻게 생각하십니까?
수용질문	고객을 어떤 상황에 수용한다.	우리 상점이 흰색 바지를 구해오는 것을 원합니까?
정보수집질문	사실 수집	종업원은 몇 명입니까?
의견수집질문	의견이나 느낌 수집	높은 석유 가격에 관하여 어떻게 느낍니까?
확인질문	특정한 주제에 관한 동의나 거부를 추출	저의 추천을 이해하시나요?
명료화질문	모호성	상대방이 말할 때, 정확히 무슨 말입니까?
포함질문	위험이 적은 방식으로 고객의 고려사항에 대한 문제 제시	나는 당신이 대형자동차에 관심이 있다고 생각하지 않습니다. 그런 건가요?
반대편향질문	잠재적으로 당황하는 상황을 만들어 민감한 정보를 얻는다.	조사결과 대부분 운전자가 속도제한을 초과하는 것으로 나타났다. 당신도 그렇습니까?
전환질문	판매과정의 다음 단계로 연결	이것 외에 알기 원하는 다른 것이 있습니까? 배달일자를 말씀해 드릴까요?
역질문	질문을 질문으로 대답함으로써 대화를 고객에게 계속하게 함	제가 언제 배달할 수 있을까요? 언제 배달을 원하는가요?

Source: DeCormier and Jobber(1993).

3. 제품소개와 시연

구매자의 문제와 욕구가 확인되면 상품소개가 자연스럽게 뒤따른다. 첫째, 제품소개와 설명이다. 고객의 요구사항을 충족하는 범위로부터 가장 적절한 제품을 선택한다.

둘째, 판매사원은 고객이 원하는 것을 충분히 토의한 후 강조해야 할 제품편익을 포착해야 한다. 소개할 제품은 소비자에게 편익을 제공하는 잠재적 특징의 범위를 갖고 있을 것이지만, 고객들마다 우선순위가 다를 수 있다. 고객의 문제와 욕구를 확인한 후 상품소개는 구매자에게 해결안을 제공한다는 것을 확신하게 할 수 있는 기회이다. 이 과업의 핵심은 고객에게 상품을 소개하는 동안 구매자가 어떤 제품특징과 편익에 관심이 있는지를 확인하는 것이다. 판매사원은 고객이 관심 갖는 고객편익을 끌어내는데 집중해야 한다. 편익은 두 가지 수준에서 분석해야 한다. 특정한 제품 자체에서 얻는 편익과 제품의 특정한 공급자로부터 얻는 편익이다. 예를 들면 자동세탁기 판매사원은 회사의 자동세탁기가 경쟁제품보다 우수한 편익 이외에도 반자동과 비교되는 자동세탁기의 독특한 편익을 고려할 필요가 있다. 이것은 다양한 판매상황을 만날 때 판매사원에게 최대한의 유연성을 제공한다. 제품편익보다 오히려 제품특징을 판매하는 위험은 특히 산업재 판매에서는 높은 기술적 특징과 판매사원보다는 오히려 판매 엔지니어를 고용하는 경향 때문에 심각하다. 상품을 소개할 때 제품특징과 제품편익을 관련하는 간단한 방법은 다음과 같은 구절을 사용함으로써 양자를 연결할 수 있다.

- 특징은 ~ 이라는 편익을 의미한다.
- 특징은 ~ 이라는 결과를 의미한다.
- 특징은 ~ 을 가능하게 해준다.

예를 들면 부동산중개업자는 "주택은 일하는 직장으로부터 2km 거리에 위치해 있고(제품특징), 도보로 10분 이내에 도착할 수 있는 거리이다(고객편익)"라고 말할 수 있다. 자동차 판매사원은 "이 모델은 과속방지를 장착하고 있고(제품특징), 이것은 고속도로에서 연료소비를 절감한다(제품편익)"라고 말할 수 있다. 질문의 중요성은 욕구와 문제확인 단계에만 국한되지 않는다. 상품소개의 한 부분으로써 질문은 두 가지 기능이 있다. 첫째, 판매자는 구매자가 찾고 있는 편익을 이해했는지를 확인한다. 편익을 설명한 후 "이것이 귀하께서 찾고 있는 것입니까?"라고 구매자에게 묻는 것은 건전한 방식이다. 둘째, 질문은 판매자가 한 말을 구매자가 이해했는지를 확인하는 것이다. 이해하는데 주요 장애물은 구매자가 이해하기 어려운 기술적인 전문용어의 사용이다. 상품소개는 부득이 전문적이고 복잡하고 길지만, 판매사원은 다양한 관점을 취하고 구매자가 어떤 질문이 있는지를 간단히 묻는 것이 필요하다. 이것은 구매자가 거의 분명하지 않게 이해한 부분을 질문할 기회를 주는 것이다. 이러한 질문 절차로 판매사원이 상품소개의 속도와 내용을 맞출 수 있다. 구매자는 배경, 기술지식과 정보수준을 다르게 갖고 있다. 질문은 판매자에게 필요한 정보를 제공해주기 때문에 판매사원이 더 효과적으로 의사소통하게 해준다.

많은 판매상황은 구매자에게 위험을 포함시킨다. 판매사원이 설명한 어떤 편익도 구매자는 예측하지 못한 문제가 발생할 수 있기 때문에 현재 공급자나 현재 모델을 변경하는 것을 꺼리는 경향이 있다. 배송이 예측하기 어렵거나 새로운 모델을 신뢰하지 못할 수 있다. 판매사원의 확신을 전체적으로 확신하지는 않고, 결국 위험은 판매를 실패하게 하는 많은 숨겨진 이유(hidden reason)이다. 그래서 판매사원은 고객욕구를 정확하게 확인하고 제품편익과 고객의 욕구를 관련짓는다. 구매자가 많은 반대를 하지는 않지만 왠지 구매하지 않는 경우가 있다. 제품교체로 인한 상황 악화의 위험을 우려하여 안전위주로 현재 공급자나 현재 모델을 고수하기 때문이다. 그렇다면 판매사원은 위험을 어떻게 줄일 수 있을까? 준거판매, 시연, 보증과 시용주문 네 가지 주요 방법이 있다.

1) 준거판매

준거판매(reference selling)는 제품의 효과성을 구매자에게 확신시키기 위해 만족한 고객을 인용하는 것이다. 준비단계 중에 제품유형에 따라 정리한 만족한 고객의 명단을 작성해야 한다. 신뢰를 구축하기 위해 판매소개 때 만족한 고객의 일화나 편지를 제시하고 활용한다. 이때 고객은 다른 고객에 의해서 문제가 해결된 것을 확신할 수 있기 때문에 제품을 확신시키고자 할 때 이 기법은 매우 효과적이다.

2) 시연(試演)

시연(demonstration)은 제품을 구매자 앞에서 실제로 사용해 보면서 제품의 작동과정이나 사용법을 설명하는 과정이다. 제품기능과 편익을 증명하기 때문에 지각된 위험을 감소한다. 지각된 위험(perceived risk)은 제품의 구매사용에 의하여 발생할 수 있는 예상치 않은 결과에 대한 소비자의 불안감을 뜻한다. 소비자들은 위험을 줄이기 위하여 보다 많은 정보를 탐색하거나 소량으로 구매한다. 다음은 지각된 위험이다.

- **재무적 위험(financial risk):** 구매한 제품을 수선하거나 대체하기 위하거나 구매를 위하여 소비한 금액의 손실이 발생할 가능성으로 소비자가 지각하는 위험이다.
- **성능위험(performance risk):** 구매한 제품이 제대로 기능을 수행하지 못할 가능성으로 인하여 소비자가 지각하는 위험이다.
- **신체적 위험(physical risk):** 구매한 제품의 안전성이 결여되어 신체에 상해를 줄 가능성으로 소비자가 지각하는 위험이다.
- **심리적 위험(psychological risk):** 구매한 제품이 자아 이미지나 자아개념과 일치하지 못할 가능성으로 지각하는 위험이다.
- **사회적 위험(social risk):** 구매한 제품이 타인들로부터 인정받지 못 할 가능성으로 인하여 지각하는 위험이다.
- **시간적 위험(time risk):** 구매한 제품이 제 기능을 못 할 때 그 수선이나 대체를 위하여 시간이 소요될 가능성으로 지각하는 위험이다.

예를 들면 판매훈련 영화의 주요 제작자는 훈련 관리자에게 품질을 증명하기 위해 지역적 시연을 조직한다. 산업재 제조자들은 제품성능을 보여주기 위해 시연을 준비한다. 자동차 판매사원은 고객들에게 자동차 시운전을 허용한다. 단순한 제품을 제외하고는 시연을 두 단계로 구분하는 것은 바람직하다. 첫 단계는 제품특징과 편익을 설명하고 제품이 어떻게 작동하는지에 실제로 보여주는 것이다. 둘째 단계는 실제적으로 시연을 하는 것이다. 두 단계 접근법의 이유는 제품이 작동하는 것을 관찰하고 동시에 제품이 작동하는 원리를 이해하도록 설명하는 것은 매우 어렵다. 판매사원이 두 가지 일을 동시에 진행하기 때문이다. 판매사원의 목소리, 장비의 불빛과 소음이 혼합되어 구매자의 주의가 분산될 수 있다. 일단 장비가 작동하면 판매자의 관리 하에 구매자가 사용해보도록 권유한다. 구매자의 욕구에 적합한 정확한 장비가 시연용으로 선택되고 신뢰할 수 있게 기능을 수행하면 시연은 구매하는데 더 가까워진다. 이때 인적판매의 중요한 부분으로 간주되는 실용적인 조언을 곁들인다. 시연이 없다면 판매사원은 주요 판매도구의 하나를 잃는 것이다. 이처럼 판매획득에 중요한 시연을 효과적으로 진행하는 데에는 시연 전 절차와 본 절차가 있다.

(1) 시연 사전 절차

① 시연은 짧고 적절하게

시연과정은 가능한 짧게 하지만 주문을 얻는 판매목적을 달성할 수 있을 정도이어야 한다. 판매사원이 개인적 상황을 판단하고 시연을 조절해야 하므로 균형이 있어야 한다. 어떤 잠재구매자들은 다른 사람들보다 기술적 시연을 더 길거나 많이 요구한다.

② 시연은 가능한 간단하게

잠재구매자들은 기술적으로 복잡하면 집중력이 떨어지고 흥미를 잃는다. 그래서 시연 과정을 가능한 간단하게 한다. 잠재구매자들이 체면손상(loss of face)을 우려해서 이해하는 척하기 때문에 기술성을 과장하지 않는다. 시연을 줄곧 관찰하고 구매결정을 지연하기 위해 끝부분에서 어떤 이유를 말할 수도 있다. 이러한 경우는 대개 구매하지 않는다. 과도한 기술적 시연 후에 많은 잠재적 판매가 실제로 사라진다는 사실 때문에 이점을 더욱 강조한다.

③ 사전 예행연습

동료와 함께 고객의 입장에서 그럴 듯한 반대에 접근하는 방법을 연습한다. 이 동료는 거북한 구매자, 즉 악마의 옹호자(devil's advocate)[11)]로 행동하게 한다. 시연 후에 그러한 반대를 어떻게 다루고 극복할 것인지를 알아낸다. 비디오 사용은 실수를 점검하기 때문에 유용하고, 더 나은 시연과 소개를 위해 예행연습은 꼭 필요한 사전절차이다. 제품의 판매요점을 정리하고 시연의 과정 중에 진행하는 것을 미리 준비한다. 판매요점은 소비자에게 편익에 의해서 제시되어야 한다. 그런 다음 구매자 행동을 미리 확인해야 한다. 그렇게 함으로써 구매를 요청할 가능성을 극대화할 수 있다.

④ 만일의 사태 예상과 준비

적절하게 미리 예행연습이 이루어졌다면 시연이 잘못되지 않을 것이다. 그러나 때때로 기계는 고장 나고 전원은 들어오지 않을 수 있다. 이러한 만일의 사태(eventualities)를 준비한다. 예기치 않게 우발적으로 발생할 수 있는 것을 사전에 준비한다.

11) 의도적으로 반대 입장을 취하면서 선의의 비판자 역할을 하는 사람

(2) 시연 본 절차

① 잠재구매자들이 시연과정에 어떻게 참여하는지를 설명해준다.

② 시연하거나 증명할 것을 간단하게 표현한다.

③ 가능한 흥미 있게 시연을 한다.

④ 제품특징이 구매자의 욕구를 어떻게 충족할 수 있는지 또는 그들의 문제를 어떻게 해결할 수 있는지를 보여준다.

⑤ 구매자의 욕구를 구매하고 싶은 욕망으로 전환하도록 노력한다.

⑥ 판매사원은 고객이 시연을 완전히 만족할 때까지 구매자 곁을 떠나지 않는다. 만족은 최종 구매를 정당화하는데 도움이 되고 구매 후 일어날 수 있는 불만의 발생 정도와 고통을 감소할 것이다.

⑦ 시연 중에 제언한 구매혜택을 재강조하고 주요 요점을 요약한다. 구매혜택은 개인적인 구매행동과 관련이 있기 때문에 구매혜택을 특별히 언급한다.

⑧ 시연의 목적을 달성한다. 판매사원이 판매를 즉각적으로 달성하나, 미래 협상을 위한 길을 준비한다.

⑨ 미래 협상을 위한 것이라면 미팅, 전화, 편지나 다른 의사결정자에게 추가적인 시연 등의 형태로 의사소통을 약속한다.

(3) 시연의 장점

① 시연은 판매과정에서 유용한 보조수단이다. 시연은 단순한 언어설명이나 시각적 제시보다 더 인간적인 감각을 사용하기 때문에 판매과정에서 사실성이 나타난다.

② 잠재고객이 시연에 참여할 때 판매사원이 구매행동을 확인하기 위해 질문하는 것은 더욱 쉽다.

③ 시연은 잠재구매자에게 회사의 혜택을 극대화할 수 있다. 판매사원은 제품편익을 잠재구매자의 행동과 일치시킬 수 있고 창조적인 방법을 채택할 수 있다.

④ 고객들이 시연과정에 참여하는 것을 설득할 수 있다면 고객의 구매반대를 더 쉽게 극복할 수 있다. 시연과정이 타당하지 않기 때문에 사실 많은 잠재적 반대가 나타나는 것이 아니다. 반대가 초기에 거의 일어나지 않는다면, 심지어 그러한 반대가 만족스럽게 극복된다면 판매가 뒤따를 가능성이 크다.

⑤ 제품편익을 명확하고 빨리 확인하기 위해서 고객들이 더 실제적인 방법으로 질문

할 수 있게 한다.

⑥ 시연은 구매 억제를 더욱 신속하게 극복할 수 있고 구매자는 자신의 구매 관심을 더욱 신속하게 표현할 수 있다. 이것이 시연을 매우 효과적인 판매도구로 만드는 이다.

⑦ 일단 고객이 참여하면 고객후회의 가능성은 적다. 시연에 참여하고 그 결과를 무언으로 받아들이기 때문에 구매자는 제품을 구매하게 된다.

3) 보증

벌칙 조항에 의해 지원되는 제품 신뢰성, 판매 후 서비스와 배달 등의 보증(guarantee)은 판매사원의 판매주장에 대한 자신감을 향상하고 제품이 잘못될 경우 구매자의 비용을 감소한다. 이러한 규정제정은 판매사원의 재량권보다는 회사의 정책에 더 중요하지만, 제공된 경우라도 판매사원은 판매소개에서 재량권의 중요성을 과소평가하지 않는다.

4) 시용주문

회사와 판매사원에게 비경제적이라도 위험을 감소하는 마지막 전략은 확실히 재구매가 가능할 때 판매사원이 시용주문(trial order)을 장려하는 것이다. 한 회사로부터 습관적으로 구매하는 구매자들은 구매변경은 보증되지 않은 위험을 포함한다고 인식할 것이다. 이러한 난국을 뚫고 새로운 공급자가 되는 유일한 방법은 지속적으로 높은 품질의 제품을 제공하는 회사의 능력을 시연할 기회인 작은 주문을 확보하는 것이다. 이렇게 구축된 신뢰는 장기적으로 고객에 대한 회사의 점유율을 높인다.

4. 반대처리 기법

반대(objection)는 구매자가 제기한 우려 또는 질문의 표현이다. 어떤 반대는 판매사원이 제시한 설명이나 정보에 대한 혼돈, 의심이나 부정의 표현이지만, 판매사원은 이를 언제나 실망으로 간주할 필요는 없다. 많은 반대는 많은 관심의 표현이다. 특히 판매사원이 말한 것에 관심이 있기 때문에 구매자가 질문하는 것은 추가적인 정보이다. 구매자가 아직도 확신하지 못하는 것이 문제이다. 반대는 구매자에게 중요한 사안에 집중된다.

그림 14-7 반대처리 기법

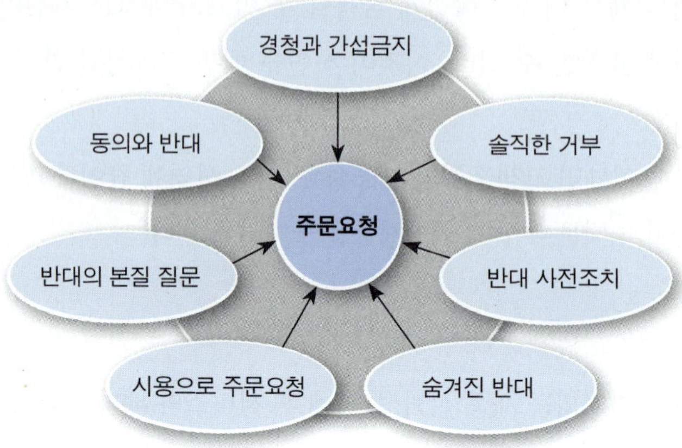

고객의 반대는 실제로 마음속에 있는 것에 대한 단서(signpost)일 뿐만 아니라 추가적인 정보에 대한 욕구의 표현이다. 반대를 다루는 효과적인 방법은 두 가지가 있다. 확신하는 답을 준비하는 것과 구매자의 편에서 체면손상 없이 대답의 수용을 허용하는 방식으로 반대에 답하는 것이다. [그림 14-7]은 반대를 처리하는 기법들이다.

1) 경청과 간섭 금지

상대방의 말을 가로채면 반대 뒤에 가려져 있는 실제적인 본질을 오해하게 된다. 따라서 고객의 말을 오해하지 않는 정확한 방법은 신중하고, 주의 있고, 존경스럽게 경청하는 것이다. 이렇게 하면 판매사원은 문제의 본질을 충분하고 명확하게 이해할 수 있다. 구매자는 판매사원이 심각하게 문제를 다루고 있는 사실을 신뢰할 것이다. 잠재고객이 말하는 도중에 말을 가로채어 중단시키는 판매사원이 구매자에게 주는 것은 다음과 같이 믿기 때문이다.

- 반대는 분명히 잘못된 것이다.
- 그것은 사소한 것이다.
- 구매자가 계속 말하는 것은 더 이상 가치가 없다.

2) 동의와 반대

동의는 판매사원이 구매자에게 보여주는 존경이다. 판매사원은 대안을 제시하기 전에 구매자가 말하는 것이 현명하고 합리적이라는 것을 동의한다. 이것은 반대를 완화하고 갈등보다는 오히려 우호적인 분위기를 만든다. 준거판매 기법의 사용은 반대에 대한 강력한 반대를 제공하는 동의와 반대 방법을 결합하는 것이다.

3) 솔직한 거절

이 방법은 판매사원이 피하고 싶은 적대감을 가져오는 위험이 있기 때문에 신중하게 다루어야 한다. 회사의 제품과 편익이 구매자의 기대와 필요사항을 충족하기에는 너무 거리가 먼 경우 회사의 이미지와 신뢰를 도모하고, 긍정적인 구전을 형성하기 위해 진솔하게 표현하는 것이 바람직하다. 이것은 구매자가 실제로 사실적 정보를 찾을 때 사용될 수 있다.

4) 반대의 본질 질문

때때로 대응하기 어려운 너무 일반적인 반대가 발생한다. 예를 들면 고객이 제품의 외양을 좋아하지 않아 제품의 품질이 좋지 않다고 말할 것이다. 이러한 상황에서 판매사원은 현재의 특정한 문제를 명확하게 하기 위해 반대의 본질을 질문할 수 있다. 때때로 이것은 쉽게 처리할 수 있는 정도로 약한 반대이거나 관심의 표현이 된다.

5) 반대 사전조치

이 방법으로 판매사원은 반대를 처리하는 계획을 예상할 뿐만 아니라 실제로 판매제시의 한 부분으로써 반대한다. 이렇게 하는 데는 두 가지 장점이 있다. 첫째, 반대의 타이밍을 판매사원이 통제할 수 있다. 결과적으로 효과적으로 처리하기 위해 가장 적절한 시간에 발생하도록 계획할 수 있다. 둘째, 판매사원이 하는 것이기 때문에 그들이 방어해야 한다고 느끼는 문제를 제기하는 상황에 구매자는 있지 않다. 이 방법을 사용하는 위험은 구매자에게 발생하지 않은 문제를 판매사원이 부각하는 것이 된다. 구매자들은 산업에서 극소수의 회사에서 작용하는 문제를 끊임없이 제기한다. 이럴 때를 예상하고 문제를 거론하여 해결책을 제시할 수 있다.

6) 반대를 시용주문 요청으로 전환

시용주문 요청은 판매과정에서 기회를 놓치지 않고 판매사원이 판매를 맺도록 시도하는 것이다. 판매사원이 반대를 시용구매로 전환하는 능력은 완벽한 타이밍과 상당한 판단에 달려있다. 판매사원은 대체로 판매과정이 잘 진행하고 있는 중에 단지 하나의 반대가 존재한다고 판단한 후에 시도할 수 있다. 단지 우려한 문제가 기우가 되도록 제품을 사용해보도록 권장한다.

7) 숨겨진 반대

어떤 가망고객이라도 반대를 잘 말하지 않는다. 반대를 하는 것은 불쾌를 야기하거나 판매 상호작용을 연기하기 때문에 아무 것도 말하지 않는 것을 선호한다. 그러한 사람들은 판매사원과 우호적인 말로 기다리는 것과 제안에 대해서 생각하겠다고 면담 끝에 말하고 구매하지 않는 상황이 최선의 전략이라고 믿는다. 숨겨진 반대를 파악하는 것은 성공적인 판매에 중요하다. 숨겨진 반대(hidden objections)를 찾기 위한 방법은 그들의 본심을 파악하기 위한 질문을 하는 것이다. 구매자가 진짜 반대를 나타내지 않으려는 것을 안다면 판매사원은 다음과 같은 질문을 할 수 있다.

- 아직도 확신이 가지 않는 것이 있습니까?
- 귀하의 마음은 무엇인가요?
- 무엇이 귀하를 설득하는데 걸리는가요?

5. 협상

어떤 판매상황에서 판매사원은 판매의 조건에 대해 재량권을 어느 정도 갖고 있다. 협상(negotiation)은 판매과정에서 재량권의 범위 내에서 판매조건의 타협을 이루어내는 과정이다. 판매자는 가격, 신용조건, 배송시간, 거래금액과 기타 상업적 거래 등을 협상할 수 있다. 구매의도에 도달한 거래는 힘의 균형과 각 당사자의 협상기술에 달려있다. 구매자의 욕구, 공급자가 직면하는 경쟁, 구매자의 기업에 관한 지식과 그들에 대한 압박을 추정하여야 한다. 다음은 협상과정에서 실제로 판매사원을 돕는 지침이다.

1) 협상은 크게 시작하되 현실적인 고객의 기대 안에서

시작 입장을 높게 하는 것은 몇 가지 좋은 이유가 있다. 첫째, 구매자가 동의할 수 있다. 둘째, 협상할 여지를 제공한다. 구매자는 구매에 대한 보답으로 판매자로부터 양보를 기대하게 된다. 이런 상황은 자동차 시장에서 보편적이다. 자동차 판매사원은 자동차의 광고된 가격을 할인하지 않는 것이 일반적이다. 그 대신 옵션에서 협상을 시작하려고 한다. 조건을 높게 진행할 때 고려 요소는 구매자의 현실적인 기대 안에서 유지해야 한다. 그렇지 않으면 시작부터 판매자에게 협상하는 것을 꺼릴 것이다.

2) 양보를 위한 양보를 얻으려는 시도

때때로 판매를 확보하기 위해서 양보를 하는 것이 필요하다. 판매자가 가격을 대폭 인하한다면 구매자는 구매하려는 것을 말할 것이다. 판매자가 어떤 협상 여지를 남겨둔다면 대체로 수용할 수 있을 것이다. 그러나 특히 판매자가 구매자의 요구사항을 경쟁자보다 더 잘 만족시킬 수 있는 힘을 갖고 있을 때 판매자는 구매자로부터 양보를 비교적 쉽게 얻어낼 수 있다. 이를 달성하는 간단한 방법은 '만일 ~ 그러면' 기법이다. 판매자뿐만 아니라 구매자에게 비용과 가치의 견지에서 가능한 양보의 범위를 평가하는 것은 준비단계에서 매우 현명하다.

3) 행동기술 구현

다음은 Graham이 연구하여 제시한 성공적인 협상기술이다.

① 다량의 질문

질문은 정보를 찾고 구매자의 느낌을 확인한다. 질문을 하는 사람이 대화의 주제를 이끈다. 구매자가 대답하는 동안 구매자는 판매사원에게 통제권을 주고, 생각할 시간을 준다.

② 정리 행동

이것은 사용되는 행동을 알린다. 예를 들면 정리하는 행동은 "내가 질문을 해도 좋은가요?", "두 가지를 반드시 하고 싶습니다", "요약해도 될까요?"이다.

③ 모순 간의 충돌

자신의 주장을 확보하는 가능한 방법은 구매자의 주장과 모순되는 다른 사람의 예를 들어 설명하는 것이다.

④ **이해와 요약 체크**

이해 점검은 이해되었는지를 확인하려는 행동이다. 요약은 이전 토의의 내용을 압축하여 다시 확인과 인식을 시키는 행동이다. 이러한 방법은 지각의 객관성을 확보하려는 것이다.

⑤ **감정 표현**

전통적인 지혜와 달리 능숙한 협상가는 무표정한 얼굴이 아니다. 그들은 감정을 표현하고 그들을 인간으로 보이고, 신뢰의 분위기를 창조하고, 확실한 정보를 주는 대안일 수 있다.

⑥ **역제안 회피**

구매자의 제안을 고려하지 않는다. 역제안은 언제나 중지를 의미한다. 구매자는 구매할 의사를 갖지 않고 있고, 역제안은 대부분 현실적이지 못하다.

⑦ **짜증사용 금지**

이것은 고객에 대한 칭찬이나 겸손을 통해서 고객에게 고통과 안정을 주는 행동이다.

⑧ **우호적 표현**

우호적인 표현은 채택을 얻는 가장 정확한 방법이다. 이것은 강력한 점을 희석하는 약한 주장의 위험을 피한다.

6. 주문요청

효과적으로 상품을 소개하면 구매자가 제품을 요청한다고 어떤 판매사원은 믿는다. 이것은 때때로 발생하지만 보통 판매사원이 주도권을 갖는 것이 필요하다. 아무리 판매사원이 구매자 욕구를 확인하고, 제품편익과 그것들을 일치하고 반대를 극복하더라도 구매자의 마음속에는 아직도 어떤 의심이 있다. 이 의심은 결정을 지연하고자 하는 의도가 명백하다. 왜 판매사원들은 주문을 요청하는 것을 꺼리는가? 대부분의 판매사원들이 거절을 두려워한다는 것은 사실이다. 주문요청은 구매자에게 긍정이나 부정을 말하도록 요청하는 것이다. 때때로 판매사원은 거절을 당한다. 주문요청을 피한다고 많은 판매가 되는 것이 아니지만, 거절당했을 때의 심리적 상실감을 우려한다. 그러나 가장 중요한 점은 주문요청을 두려워하지 않아야 한다. 어떤 구매자들은 불가피하게 부정적으로 반응하지만, 주문요청이 사용되지 않는다면 구매가 이루어지기 어렵다. 단지 주요 고려사항은 타이밍이다. 일반적인 규칙은 구매자가 관심과 제품을 구매하려는 분명한 의도를 보일 때 주문을 요청하는 것이다. 판매사원은 구매신호(buying signals)를 정확하게 찾아내야 하고 신속하게 반응해야 한다.

구매의도는 판매소개 내내 계속적으로 성장하는 것이 아니다. [그림 14-8]처럼 구매의도는 상품소개가 진행되는 동안 등락이 있다. 이러한 상황은 일련의 최고점과 최저점에서 움직인다. 판매자가 구매자의 욕구와 정확히 일치하는 핵심편익에 관하여 말할 때 구매의도는 급상승한다. 그러나 구매자가 문제를 제기하거나 의문이 생기면 수준이 떨어지지만, 판매자가 반대를 극복하거나 주장을 구체화하면 증가한다. 실제로 주문을 요청할 때를 아는 것은 어렵다. 구매자는 관심이 거의 없는 것으로 위장할 수 있고 사실 판매 면담을 통해 내내 몇 번 정점이 발생한다. 이때 어느 정점이 좋은지는 경험에 달려있다. 경험이 있는 판매사원은 반응이 가치 있는 주문요청에 충분히 호의적인지를 직관적으로 안다. 욕구와 문제확인이 적절하게 수행되면 판매사원은 대체로 모든 제품편익이 고객욕구와 일치된 후가 주문을 요청할 시점이라는 것을 안다. 이론적으로 판매자는 구매의도가 정점일 때 주문을 요청해야 한다. 판매사원은 계획된 판매소개가 완전히 끝나지 않았을 때에도 주문요청을 준비해야 한다. 이럴 때 사용하는 방법은 시용주문(trial order)다. 이 기법은 주문요청의 타이밍이 시기상조라면 상품소개는 최소한 중단하는 방식으로 주문을 요청하는 것이다. 구매자가 아직 결정하지 않았다고 말하더라도 판매사원은 상품소개를 계속하거나 고객에게 질문할 수 있다.

그림 14-8 제품소개 진행 중 구매의도의 변화

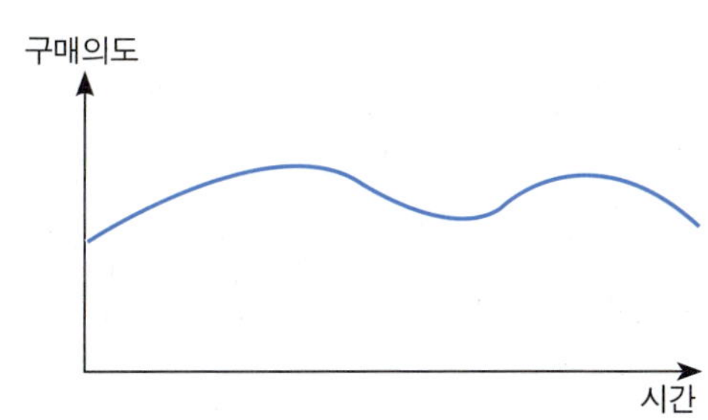

판매사원이 모든 제품편익을 설명하고 고객의 질문에 답하는 판매 면담 중에 구매의 사결정 시간이 온다. 구매자들은 열정적이지만 주저한다. [그림 14-9]는 이럴 때 판매사원이 주문을 요청할 수 있는 주문요청 기법이다. 판매사원은 긍정이나 부정을 포함하는 폐쇄형 질문을 한다. 주문을 간단히 요청한다. 이때 중요한 점은 주문을 요청한 후 침묵을 유지하는 것이다. 침묵을 효과적으로 깨는 것이 구매자의 주의분산을 방지한다. 구매자는 판매사원의 마지막 언급에 대답할 것이다. 가장 간단한 기법은 주문을 직접 요청하는 것이다.

- "주문을 예약해도 될까요?"
- "귀하는 제품을 구입하시겠습니까?"
- "귀하는 이것을 원하시나요?"

그림 14-9 주문요청 기법

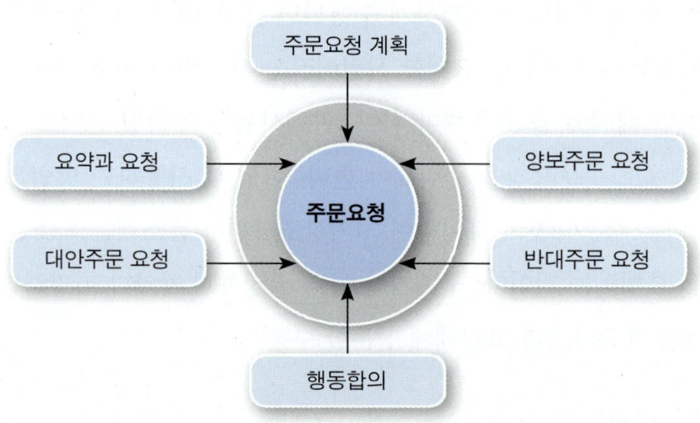

1) 요약과 주문요청

이 기법은 마침내 구매자에게 의사결정할 순간이 오고 구매는 상품소개의 자연스런 확장이다. 구매자가 결정하는 순간에 판매주장의 주요 요점을 구매자가 상기하도록 하는 것이다. 따라서 구매자의 별 다른 반대가 없는 경우에 상품소개를 요약하고 주문을 요청한다.

2) 양보주문 요청

양보주문 요청은 동의에 대한 최종 독려로써 사용하기 위해 양보를 비축해 놓는 것이다. 구매자의 입장을 고려하여 양보할 수 있는 준비된 안을 제시하여 구매가 이루어지도록 한다. "지금 주문을 하신다면 추가적으로 5%를 할인해 드리겠습니다."

3) 대안주문 요청

대안주문 요청은 구매자가 구매를 기꺼이 하려고 하지만 색상, 배송일자나 지급조건 등에 관하여 유보적이라고 가정한다. 이러한 상황에서 판매사원은 주문을 요청하기 위해 두 가지 제안을 할 수 있다.

- "붉은 색 혹은 푸른 색 중 어느 색을 좋아하시나요?"
- "화요일 또는 수요일 중 어느 날에 배송할까요?"

4) 반대주문 요청

반대주문 요청은 구매를 자극하는 수단으로 반대를 사용하는 것이다. 반대가 판매에 주요 장애물이라고 확신하는 판매사원이 말로써 구매자의 위탁을 얻을 수 있다. "이 모델이 동급에서 가장 경제적이라고 귀하를 확신시킨다면 귀하는 이것을 구매하시겠습니까?"구매자로부터의 긍정적인 반응과 판매자의 반대제시를 위한 통계비교의 근거는 주문을 효과적으로 받을 수 있다.

5) 행동합의

어떤 상황에서 행동합의(action agreement)는 주문을 요청하는 시도로 부적합하다. 많은 산업재에 관해 판매주기는 길고 초기 회의에서 주문을 요청하려는 판매사원은 골칫거리이다. 예를 들면 의약품을 판매할 때 판매사원은 주문을 요청하려고 하지 않고 대신 그들이 다음 회기 전에 판매사원과 의사가 무엇인가를 하기로 동의하는 행동합의를 성취하려고 한다. 이 기법은 의사와 판매사원 관계를 진전하고 계속하는 것을 돕는데 효과가 있다. 판매사원에 대한 유용한 특성은 끈기(persistence)이다. 많은 돈을 투자하는 의사결정에는 쉽지 않다. 대부분 판매상황에서 평가기준으로 경쟁자보다 더 좋은 것은 없다. 이것은 모든 제품에 대해서 판매사원은 성공의 기회가 있다는 것을 의미한다. 최종

결정은 제품이 구매자의 욕구를 충족하는 고객을 설득할 때 가장 끈기 있는 판매사원에게 갈 수 있다. 어린아이들은 그들이 원하는 것을 처음 거절을 받는다면, 두세 번 요청으로 성공한다는 것을 매우 빠르게 배운다. 비결은 끈기가 골칫거리가 되기 전에 해결하는 것이다. 일단 판매를 동의하면 판매사원은 두 가지 규칙을 따라야 한다. 첫째, 판매사원은 감정을 결코 보이지 않는다. 판매가 아무리 중요하고 판매사원이 즐겁더라도 판매사원은 침착하고 전문가적인 기질을 유지해야 한다. 행복감에 도취할 기회는 나중에 많이 있다. 둘째, 가능한 업무는 신속하고 태도는 공손하게 유지한다. 오래 머무를수록 구매자가 그의 마음을 변경할 기회는 더욱 커지고, 주문을 취소할 기회도 더욱 커진다. 그래서 신속한 마무리가 중요하다.

7. 추적조사

추적조사(follow-up)는 판매과정의 마지막 단계로 고객이 구매에 만족하고 배송, 설치, 제품사용 등에서 어떠한 문제도 발생되지 않도록 확실히 하는 것이다. 대부분의 회사에서 반복구매는 성공의 보증이기 때문에 추적조사는 판매에만 관심이 있다는 것보다 오히려 고객을 실제로 돌보는 것을 보여줌으로써 중요한 역할을 할 수 있다. 추적조사 방문은 구매가 적절하다는 확신을 제공하는데 사용될 수 있다. 많은 고객들은 그들이 적절한 선택을 했는지를 걱정하는 인지부조화로 고통을 당할 수 있다. 기술의 진보로 추적조사에도 변화가 있다. 전통적인 방법은 전화, 감사편지, 제품이 문제가 있는지와 제품이나 판매사원이 기대를 충족했는지를 묻는 것 등이 있다. 지금은 이 메일이나 문자를 자주 사용된다. 이 메일이나 문자는 고객을 접촉하고 어려움이 발생할 경우 신속하게 응대할 수 있기 때문에 효율적이다. 웹 사이트는 구매 후 지원에 관해 구매자가 편리하게 이용할 수 있게 하고 판매사원이 온라인으로 구매자와 공개 대화를 유지할 수 있다. 따라서 고객과의 동반자 관계를 유지하는 것은 판매 후 관리에 달려있다.

05 고객관리

1. 고객유지

중소기업은 새로운 고객을 찾으려는 문제에 항상 직면한다. 고객을 끌기 위해서 모두가 간절히 필요로 하는 광고, 진열과 가격정책에 사로잡혀 있다. 새로운 고객을 추구하는데 집중하는 것은 현명하고 필요하지만, 동시에 점포를 해칠 수 있다. 가장 좋은 고객인 20% 고객에게 실제로 집중해야 한다. 현재 가장 좋은 고객에게 집중하는 것은 계속적인 기회로 간주된다. 고객유지(customer retention)는 회사의 지속적인 성공의 비결이다. 우수한 기업은 성공의 두 가지 측면이 있다는 것을 인식한다.

1) 관계성공(relationship success)

회사와 우호적인 관계를 맺고 있는 열성적인 고객(committed customer)은 회사를 신뢰하고 회사에 충성적이다. 회사의 실수를 어느 정도 감내한다. 열성적인 고객은 회사와 더 솔직하게 의사소통하고, 미래 경쟁력을 향상하기 위해 중요한 정보의 원천이 된다.

2) 경제적 성공(economic success)

고객유지는 대부분 판매량에 직접적인 영향을 준다. 그러나 고객유지는 수익성이 있는 고객의 창조나 긍정적 구전뿐만 아니라 집중적인 제품사용, 대체조달 원천의 감소나 교차구매와 같은 잠재적인 경제적 혜택이 있다. 또한 열성적인 고객은 기꺼이 지불하려고 하고 가격민감도가 낮다. 고객의 유지비용은 시간이 지남에 따라 대폭적으로 감소하는 경향이 있다. 안정적인 사업관계의 과정에서 비용감소는 오랜 고객을 다룰 때 시간과 노력의 감소로 이어진다. 고객유지의 집중은 높은 고객만족을 확보하는 것만 아니다. 고객만족은 고객유지의 선행조건이지만, 보증은 아니다. 반대로 많은 부분에서 만족한 고객은 공급자에게 충성심이 적을 수 있다. 적극적인 고객보유관리는 단지 고객만족을 확보하는 것 이상이 필요하다. 고객보유는 무료가 아니라 많은 투자를 필요로 한다. 매력적인 고객보유 관리는 고객만족을 확실히 하는 것으로는 부족하다. 판매전략은 고객보유를 향해 개발되어야 할 자원과 도구에 관한 정보를 제공해야 한다. 효과적인 판매전략은 고객집중을 필요로 한다. 일반적으로 고객보유는 [그림 14-10]과 같은 노력과 행동이 포함된다. 고객만족은 다음과 같은 역할을 한다.

- 고객만족을 창조하거나 보장
- 부가가치 서비스
- 개인적 관계를 확립, 강화 또는 통합
- 충성고객을 위한 경제나 사회적 이익을 창조
- 전환장벽

그림 14-10 고객유지 창조 접근법

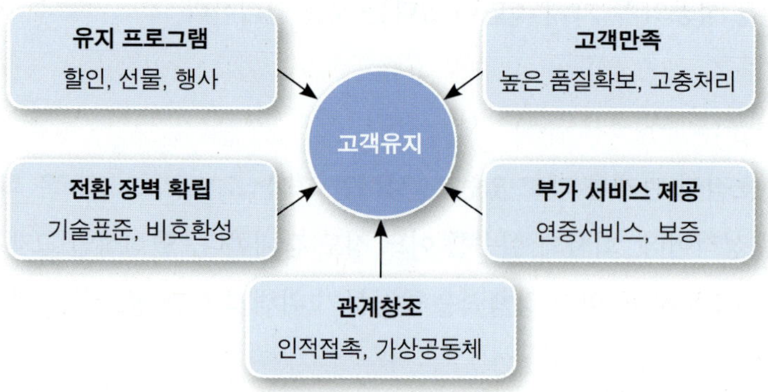

2. 고객만족 전략

고객만족을 향상하기 위해서 어떻게 해야 하는가? 고객만족(customer satisfaction)은 제공물이 기대(expectation)를 충족할 때 고객이 경험하는 느낌으로 고객만족을 향상하기 위해서는 중요한 두 가지 방법이 있다. 첫째, 고객의 마음속에 적절한 기대를 형성하는 것이다. 둘째, 이러한 기대를 전달하는 것이다. 일반적으로 만족한 고객이 좋은 경험을 갖고 있는 것보다 불만족한 고객은 많은 친구들에게 부정적인 경험을 말한다. 미충족 기대에는 극적인 사건이 많이 있기 때문이다. 충족한 기대에 관한 이야기는 지루하여 평균적으로 짧게 친구들에게 말하는 경향이 있지만, 감동한 고객은 만족을 과장함으로써 반복 구매와 긍정적인 구전이 일어난다. 평범한 만족에 관한 이야기가 따분하다는 사실은 영향력이 있는 사람들에게 중요하다. 영향력이 있는 사람은 이야기 할 새로운 소재가 있고 주제가 재미있고, 다른 구매자들이 그들의 의견을 알기를 원한다. 고객의 마음속에 있는 적절한 기대를 형성하는 것은 판매자가 하는 구매 전 커뮤니케이션의 기능이다. 판매자가 기대를 너무 낮게 설정하면 사람들은 제품을 구매하지 않을 것이다. 판매자가 기대를 너무 높게 설정하면 구매자들은 실망할 위험이 있다. 그래서 과소제안(underpromise)과 과대전달(overdeliver)이라는 평범한 말이 있다. 즉, 열광하는 감동고객(delighted customer)을 창조하기 위해 고객의 기대를 조금 낮게 설정하고 실제 제품성능을 고객의 기대를 초과하는 제품을 제공하는 것이다. 판매자는 열광적인 고객이 그들의 친구에게 판매자의 제품을 많은 긍정적인 구전을 확산할 것이라고 희망한다.

3. 고객불만관리 전략

구매자들이 제품이나 회사에 관하여 불평(complaint)을 할 때 많은 이유를 갖고 있다. 그들은 속이 상한 것을 회사에 불평을 하고, 친구들에게 말하거나 인터넷에 게시하기도 한다. 회사를 맹비난하기 위해 가능한 모든 인터넷 사이트를 사용하는 사람을 언어테러(verbal terrorist)라고 한다. 회사는 언어테러를 왜 걱정해야 하는가? Lou와 Homburg의 연구에 의하면 고객불평 점수가 고객만족 점수보다 회사의 성공이나 실패에 더 큰 영향을 미친다. 회사가 고객의 불평을 잘 해결한다면 회사에 대한 고객의 태도는 심지어 원래의 만족 수준보다 더 높게 향상되는 연구가 있다. 따라서 훌륭한 전략은 문제를 잘 해결하여 고객을 열광적으로 만드는 것이다. 실무적으로 가장 좋은 실천은 고객의 기대를 기대 이상으로 충족하여 불평이 거의 발생하지 않게 하는 것이다.

아무리 회사가 고객의 욕구를 충족하려고 하더라도 불평을 하는 고객은 있기 마련이다. 때때로 불평은 제안의 형태로 있고 단순히 경험을 향상하기 위한 기회를 반영한다. 불평은 제품이나 서비스의 실패이다. 불평이 있을 때 반응하는 과정은 결과만큼 중요하다. 고객은 원했던 것을 얻을 수 있을 때 회사를 올바르게 판단한다. 이러한 이유로 어떤 회사들은 불평에 잘 반응할 수 있는 특별히 훈련된 직원으로 고객서비스부서를 둔다.

서비스가 기술적일 때 마케터들은 때때로 기술서비스를 제공할 수 있는 회사에 불평해결을 위탁한다. 고객들이 무엇을 기대하는지를 알 필요가 있다. 심지어 고객이 결과를 좋아하지 않더라도 불평해결은 고객과의 과정을 커뮤니케이션하고 해결안에 대한 동의를 얻는 과정이다. 실패로 인하여 화가 나거나 속이 상한 고객은 단골고객이 되는 것을 원하지 않을 수 있다. 상황이 고객에게 중요하면 불평반응과 경청이 회사에 중요하다. 다음은 이때 회사가 신속하고 정확하게 처리해야 할 과업이다.

- 불평에 주의 깊게 경청한다.
- 고객의 느낌을 알아준다.
- 문제의 근본적인 원인을 파악한다.
- 해결책을 제시한다.
- 해결책에 대한 동의를 얻고 해결과정을 전달한다.
- 적절하다면 추적 검사한다.
- 불평과 조치를 기록한다.

고객의 불평을 분석하는 것은 고객의 기대가 불합리한 잠재적인 오해뿐만 아니라 제품에 있는 서비스 과정이나 설계결함의 약점을 발견하는데 도움이 된다. 이러한 분석을 하기 위해 불평의 완전한 기록이 필요하다. 불평처리 과정 자체가 불평이 될 수 있다는 것을 기억해야 한다. 고객이 어떻게 만족하는지와 불평이 어떻게 처리되었는지를 회사는 추적 점사해야 한다. 불평기록은 실패한 제공물에 대한 주요 이유를 반영한다. 실패는 대체로 다음과 같은 4가지 갭[12]으로 발생한다.

- **커뮤니케이션 갭(communication gap):** 제공물의 성능수준이 과대한 경우 고객의 입장에서 높은 기대가 낮은 제품성능으로 실망하게 된다.
- **지식 갭(knowledge gap):** 회사가 고객의 기대나 욕구를 이해하지 못해 고객을 만족시키지 못하는 제품을 생산한 결과이다.
- **기준 갭(standards gap):** 고객의 요구사항에 관하여 알려져 있음에도 불구하고 너무 낮은 성능기준을 설정한 경우이다.
- **전달 갭(delivery gap):** 제공물에 대해 설정한 성능기준을 충족하지 못한 경우이다.

12) Levy, Michael, and Barton(2004).

4. 고객관계관리

고객관계관리(Customer Relationship Management: CRM)는 고객의 행동양식에 대한 이해를 바탕으로 기업경영의 질을 높이기 위한 전략 과정 및 기술상의 변화 과정을 의미한다. CRM은 고객에 대한 정보를 수집하고 수집된 정보를 효과적으로 활용하여 〈신규고객 획득→우수고객 유지→고객가치 증진→잠재고객 활성화→평생 고객화〉와 같은 사이클을 통하여 고객을 관리하고 유지하며 고객의 가치를 극대화시키는 과정이다. 기업은 고객이탈의 최소화와 고객유지의 극대화를 통해 비용절감과 수익증대를 기대할 수 있다. [표 14-3]은 CRM의 기대효과이다.

[표 14-3] CRM의 기대효과

영역	기대효과
마케팅 기회분석	고객평생가치 증대 신규 고객확보 및 기존 고객유지
마케팅관리	시장에서의 경쟁력 있는 제품파악 수익성 높은 고객분류와 표적마케팅 시장변화 및 고객욕구에 맞는 제품개발 상품에 대한 시장반응의 대응
고객서비스	고객충성도 고객유지율 고객만족 고객행동 이해 교차판매와 상향판매의 기회 활용
고객경로 관리	고객니즈에 맞는 최적의 경로 제공

어떤 구매자와 판매자는 서로 강한 관계를 구축하는데 관심이 크다. 모든 마케터들은 큰 고객들과 강한 관계를 형성하는데 관심이 있다. 심지어 큰 고객이 수량할인을 받더라도 큰 고객에게 제공하는 것은 작은 고객보다 더 큰 수익이 있기 때문이다. 많은 작은 고객들에게 제품과 서비스를 제공하는 것은 모든 주문을 처리하고 불평을 다룰 때 시간과 비용이 든다. 그래서 마케터는 더 크고, 더 수익성이 많은 고객을 원한다. 뿐만 아니라 선도사용자처럼 혁신적인 고객과의 강한 관계를 원한다. 회사는 종종 큰 고객에게 판매할 때 전체 트럭으로 보냄으로써 낮은 배송비와 같은 경제의 규모를 달성할 수 있다. 판매사원은 고객이 아닌 시장 영향력이 있는 사람들과 관계를 유지하기 위해 노력

한다. 친구나 다른 사람들과의 관계는 친밀성이나 신뢰의 연속선을 따라 움직인다. 어떤 친구나 사람들을 신뢰할수록 그 사람들과 더 많은 친밀한 정보를 공유하고 관계는 더욱 강력해진다.

그림 14-11 관계의 연속선

판매원과 고객과의 관계(relationship)는 사람들과의 관계와 유사하다. 몰입의 수준은 종종 결혼에 비유된다. 사업관계는 한 번 구매로부터 종종 결혼에 비유되는 전략적 관계(strategic partnership)에까지 이른다. [그림 14-11]처럼 친구와 같이 보이는 기능과 친화관계는 중앙에 위치해 있다. 범위의 한 끝에는 거래적 관계(transactional relationship)가 있다. 각 판매가 독립된 교환이고 당사자들이 계속적인 거래를 유지하는데 관심이 거의 없다. 기능적 관계(functional relationship)는 욕구가 충족되는 한 구매자가 습관적으로 판매자로부터 제품을 계속적으로 구매할 때 제한된 계속적인 관계를 의미한다. 가격, 품질과 서비스가 차이가 없는 경우에는 기능적 관계가 형성된다. 친화적 관계(affiliative relationship)는 구매자가 판매자로부터 필요한 많은 지식을 얻고 신뢰가 중요한 문제일 때 발생된다. 전략적 관계(strategic partnership)는 구매자와 판매자가 서로를 위해 전체규모(pie)를 확대하기 위해 시간과 돈을 쓰는 경우이다. 거래관계에서는 구매자는 모든 거래 후에 얻은 가치를 계산한다. 관계가 강화됨에 따라 가치계산은 덜 거래 지향적이 된다. 5%의 고객이탈을 방지하면 최소한 이익이 25% 늘어난다는 말이 있다. 따라서 신규고객의 창조와 고객이탈을 최소화하는 고객유지는 고객만족과 고객과의 장기적 동반자 관계가 형성될 때 더욱 강한 중소기업이 될 것이다.

찾아보기

ㅊ

ㅋ

ㅌ

ㅍ

ㅎ

A

B

C

D

E

F

G

H

I

J

K

M

N

O

P

Q

R

S

T

V

W

참고문헌

김위찬, 르네 마보안(2005), 블루오션전략, 서울: 교보문고.

박정웅(2015), 정주영 이봐, 해봤어?(세기의 도전자, 위기의 승부사), 서울: 프리이코노미북스.

송년식(2007), 대한민국 기업인 이병철, 서울: 영림카디널.

유순근(2014), 속임수와 기만탐지전략, 서울: 좋은땅.

유순근(2015), 중소기업마케팅, 서울: 북넷.

유순근(2015), 창의적 신제품개발, 서울: 북넷.

유영수(2007), 연암 구인회(전자화학 산업의 선구자), 서울: 소담출판사.

유일한연구편찬위원회(1994), 유일한 연구, 서울: 경영사학회.

윤선희 (2015), 특허의 이해(제2판), 서울: 법문사.

이경윤(2013), 구인회처럼(불모의 땅에서 개척자 정신으로), 서울: FKI미디어.

이병철(2014), 호암자전, 서울: 나남.

자본시장연구원(2013), 창조금융 활성화를 위한 자본시장의 역할, 서울: 자본시장 연구원.

정주영(2001), 시련은 있어도 실패는 없다, 서울: 제삼기획.

서울산업통상진흥원, http://www.sba.seoul.kr.

소상공인시장진흥공단, http://www.semas.or.kr.

소상공인포털, http://www.seda.or.kr.

중소기업연구원, http://www.kosbi.re.kr.

중소기업진흥공단, http://www.sbc.or.kr.

중소기업청, http://www.smba.go.kr.

창업넷, http://www.startup.go.kr.

창업보육네트워크시스템, http://www.bi.go.kr.

창업정보관리시스템, http://www.changupnet.go.kr.

창업진흥원, http://www.kised.or.kr.

한국산업단지공단, http://www.kicox.or.kr.

한국창업보육협회, http://www.kobia.or.kr.

Acs, Z.J. and E. Amorós(2008), "Entrepreneurship and Competitiveness Dynamics in Latin America, *Small Business Economics*, 31(3), 305-322.

Albarracin D. & Kumkale, G.T.(2003), "Affect as Information in Persuasion: A Model of Affect Identification and Discounting," *Journal of Personality and Social Psychology*, 84(3) 453-469.

Alexander Ardichvilia, Richard Cardozob, & Sourav Ray(2003), "A Theory of Entrepreneurial Opportunity Identification and Development," *Journal of Business Venturing*, 18, 105-123.

Alexander Hiam(1998), *Creativity*, *Amherst*, MA: Harvard University Press. Press.

Andersen, H. H., Fl ø cke, T., Mikkelsen, K., & Roepstorff, C.(2010), "Measuring Enterprise Proactiveness in Managing Occupational Safety," *Safety Science Monitor*, 14(1), 1-8.

Armstrong, G., Adam, S., Denize, S., & Kotler, P.(2014), *Principles of Marketing 15E: Global Edition*,

Pearson.

Armstrong, Robert, Neil Bodick and Eric Bonabeau(2008), "*A More Rational Approach to New-Product Development*," Harvard Business Review, March, 96-102.

Arora, Raj,(2006), "Product Positioning based on Search, Experience and Credence Attributes Using Conjoint Analysis," *Journal of Product and Brand Management*, Vol:15, No:5, 285-292.

Barry, B., Fulmer, I. S., & Van Kleef, G. A.(2004), *I laughed, I cried, I settled: The Role of Emotion in Negotiation*, The handbook of negotiation and culture, 71-94.

Bayus, B. L.(2008), "Understanding Customer Needs," *Handbook of Technology and Innovation Management*, Edited by Scott Shame, 115-141.

Belliveau, P., Griffin, A., & Somermeyer, S. M.(2004), *The PDMA Toolbook 2. for New Product Development*, New York: Wiley.

Booz, Allen, & Hamilton(1982), *New Product Management for the 1980's*, New York: Booz, Allen, & Hamilton, Inc.

Carlgren, L.(2013), "Identifying Latent Needs: Towards a Competence Perspective on Attractive Quality Creation," *Total Quality Management & Business Excellence*, 24(11-12), 1347-1363.

Casson, M.(2003), *The Entrepreneur: An Economic Theory*, Northampton: Edward Elgar Publishing.

Charles, Hill & Jones(2004), *Strategic Management: An Approach*, Houtghton Mifflin Company, Boston.

Christensen, Clayton M., Richard Bohmer, and John Kenagy(2000), "Will Disruptive Innovations Cure Health Care?." *Harvard Business Review*, 78(5), 102-112.

Cooper, Robert G. (2001), *Winning at New Products: Accelerating the Process from Idea to Launch*, Cambridge, MA: Perseus Publishing.

Cooper, R. G., & Edgett, S.(2008), "Ideation for Product Innovation: What are the Best Methods," *PDMA Visions Magazine*, 1(1), 12-17.

David Lewin Kurtz(2011), *Contemporary Business*, 13th Edition Update, Hoboken, NJ: John Wiley & Sons.

DeCormier, R. and Jobber, D.(1993), "The Counsellor Selling Method: Concepts, Constructs and Effectiveness," *Journal of Personal Sales and Management*, 13 (4), 39~60.

Deming, W. E.(1981), "Improvement of Quality and Productivity through Action by Management," *National Productivity Review*, 1(1), 12-22.

Dew, N., Read, S., Sarasvathy, S.D. and Wiltbank, R.(2009), "Effectual versus Predictive Logics in Entrepreneurial Decision-Making: Differences between Experts and Novices," *Journal of Business Venturing*, 24(4), 287-309.

Ducker, Peter(1985), *Innovation and Entrepreneurship*, William Heinemann Ltd., London Publishing.

Drucker, Peter(2014), *Innovation and Entrepreneurship*. Routledge.

Goffin, K., & Mitchell, R.(2010), *Innovation Management*(2nd ed.), Hampshire, UK: Palgrave Macmillan.

Gutman, Jonathan(1982),"A Means-End Chain Model Based on Consumer Categorization Processes." *Journal of Marketing*, 46(2), 60-72.

Hagan, Everett-E (1962), *Theory of Social Change: How Economic Growth*, The Dorsey Press, Homewood, Illinois, USA.

Hisrich, R., Peters, M., and Shepherd, D.(2010), *Entrepreneurship*, 8th ed., New York: McGraw Hill.

John M. Ivancevich and Thomas N. Duening(2007), *Business: Principles, Guidelines, and Practices*, Mason, OH: Atomic Dog Publishing.

Jones, R., & Rowley, J.(2011), "Entrepreneurial Marketing in Small Businesses: A Conceptual Exploration," *International Small Business Journal*, 29(1), 25-36.

Kahn, K. B.(2006), *New Product Forecasting: An Applied Approach*. Armonk, NY: ME Sharpe.

Kahn, K.(2014), "Solving the Problems of New Product Forecasting," *Business Horizons*, 57.5, 607-615.

Kano, N., N. Seraku, F. Takahashi and S. Tsuji(1984), "Attractive Quality and Must-be Quality," *Journal of the Japanese Society for Quality Control*, 39-48.

Kärkkäinen, H., Piippo, P., Puumalainen, K., & Tuominen, M.(2001), "Assessment of Hidden and Future Customer Needs in Finnish Business to Business Companies," *R&D Management*, 31(4), 391-407.

Kariv, D.(2011), *Entrepreneurship: An International Introduction*, New York: Routledge.

Kilby, P., (1971), *Entrepreneurship and Economic Development*, New York, Free Press

Koners, U., Goffin, K., & Lemke, F.(2010), *Identifying Hidden Needs: Creating Breakthrough Products*, New York: Palgrave Macmillan.

Kotler, P., Armstrong, G., Saunders, J. and Wong. V.(2013), *Principles of Marketing 14/e*. Pearson.

Kotler, P., Keller, K. L., Ancarani, F., & Costabile, M.(2014), *Marketing management 14/e*, Pearson.

Kuratko, D.F. & Hodgetts, R.M. (2007). *Entrepreneurship: Theory, Process, Practice*. (7th ed.), Mason, OH: Thomson.

Leach, C., & Melicher, W.(2012), *Entrepreneurial Finance(4th ed.)*, Boulder: University of Colorado.

Levy, Michael, and Barton A(2004), *Retailing Management*, McGraw-Hill/Irwin.

Li, H. and Sun, J.(2013), "Predicting Business Failure Using an RSF-based Case-Based Reasoning Ensemble Forecasting Method," *Journal of Forecasting*, Vol. 32(2), 180-192.

McClelland, D. C. (1961), *The Achieving Society*, D.Van, Nostrand Co., Princeton, New York, 210-30.

Mc Namee, P., Greenan, K., & Mc Ferran, B.(1999), "The Competitive Analysis Model: A New Approach to Strategic Development for Small Businesses Benchmarking," *An International Journal*, 6(2), 125-146.

Morrish, M.H., Pitt, L.F., and Honeycutt, E.D. (2001), *Business to Business Marketing*, 3rd ed., London: Sage Publications Ltd.

Morrish, M. H., Schindehutte, M., & LaForge, R. W.(2002), "Entrepreneurial Marketing: A Construct for Integrating Emerging Entrepreneurship and Marketing Perspectives," *Journal of Marketing Theory and Practice*, 1-19.

Morrish, S.(2011), "Entrepreneurial Marketing: A Strategy for the Twenty-first Century?," *Journal of Research in Marketing and Entrepreneurship*, 13(2), 110-119.

Peng, L., & Finn, A.(2008), "Concept Testing: The State of Contemporary Practice," *Marketing Intelligence & Planning*, 26(6), 649-674.

Porter, M. E.(1980), *Competitive Strategy: Techniques for Analyzing Industries and Competitors*, New York: Free Press

Sarasvathy, S. D., Dew, N., & Velamuri, S. R.(2002), "A Testable Typology of Entrepreneurial Opportunity: Extensions of Shane & Venkataraman(2000)," Academy of Management Review.

Say, Jean-Baptiste(1821), *A Treatise on the Political Economy*, Wells and Lilly, Boston.

Schumpeter(1959), Theory of Economic Development, Cambridge, Mass. *Harvard University Press*, 89-105.

Schumpeter, Joseph A(2013), *Capitalism, Socialism and Democracy*. Routledge.

Schuster, C.P. and Danes, J.E.(1986), "Asking Questions: Some Characteristics of Successful Sales Encounters," *Journal of Personal Selling and Sales Management*, 6, May, 17-27.

Singh, R. (2001), "A Comment on Developing the Field of Entrepreneurship through the Study of Opportunity Recognition and Exploitation," *Academy of Management Review*. 26: 10-12.

Terwiesch and Ulrich(2009), *Innovation Tournaments: Creating and Identifying Exceptional Opportunities*, Harvard Business Press, Boston.

Timmons, J. A.(1999), *New Venture Creation*(5th. ed.), Burr Ridge, IL: Irwin McGraw-Hill.

Ulrich K.T. and S.D. Eppinger(2011), *Product Design and Development 5th ed.*" McGraw-Hill, New York.

Urban, B.(2011), *Frontiers in Entrepreneurship, 1st ed.*, Johannesburg: Heinemann.

Vesper, K. H., and W. B. Gartner(1997), "Measuring Process in Entrepreneurship Education," *Journal of Business Venturing*, 12(5), 403-421.

Young, Frank (1971), *A Macro Sociological Interpretation of Entrepreneurship in Peter Kilby(ed.)*, Entrepreneurship and Economic Development, Free Press New York, p139.

Zacharakis, A. and W. Bygrave(2013), *Entrepreneurship*, 2nd ed., New York, John Wiley and Sons.

저 · 자 · 소 · 개

유순근

- 한림대학교 교수
- 고려대학교 경영대학 졸업
- 숭실대학교 대학원 졸업(경영학 박사)
- 법무부장관상 수상(2013)

[주요 저서]

- 신상품마케팅
- 기업가 정신과 창업경영
- 중소기업마케팅
- 창의적 신제품개발
- 속임수와 기만탐지전략

[주요 논문]

- 기업의 편파행위가 기업신뢰와 브랜드 위험에 미치는 영향: CSR과 관리인의 조절효과, 한국전략경영학회(2014).
- 실제적 자아일치성과 이상적 자아일치성이 브랜드 충성도에 미치는 영향: 브랜드 태도와 정서적 브랜드 애착의 매개효과, 한국기업경영학회(2012).
- 소비자의 기능적, 쾌락적 및 사회적 혁신성이 구매의도에 미치는 영향: 지각된 사용성과 성능의 매개효과, 한국마케팅관리학회(2012) 외 논문 다수

- E-mail: yutopia@daum.net

기업가 정신과 창업경영

2016년 1월 12일 초판 인쇄
2016년 1월 15일 초판 1쇄 발행

저 자: 유순근
발행인: 정광식
발행처: **비앤엠북스**
서울특별시 금천구 가산디지털1로 70 B1-103
등 록 2004. 12. 29. / 제313-2004-00298호
전 화 2627-5710~13, 팩스 2627-5720
홈페이지 www.대학교재.net
이 메 일 bnmbook@daum.net

정가 30,000원 ISBN 978-89-6821-039-6